W0056042

UTB 1504

Eine Arbeitsgemeinschaft der Verlage

Böhlau Verlag · Köln · Weimar · Wien
Verlag Barbara Budrich · Opladen · Farmington Hills
facultas.wuv · Wien
Wilhelm Fink · München
A. Francke Verlag · Tübingen und Basel
Haupt Verlag · Bern · Stuttgart · Wien
Julius Klinkhardt Verlagsbuchhandlung · Bad Heilbrunn
Lucius & Lucius Verlagsgesellschaft · Stuttgart
Mohr Siebeck · Tübingen
Orell Füssli Verlag · Zürich
Ernst Reinhardt Verlag · München · Basel
Ferdinand Schöningh · Paderborn · München · Wien · Zürich
Eugen Ulmer Verlag · Stuttgart
UVK Verlagsgesellschaft · Konstanz
Vandenhoeck & Ruprecht · Göttingen
vdf Hochschulverlag AG an der ETH Zürich

Jörn Altmann

Volkswirtschaftslehre

Einführende Theorie mit praktischen Bezügen

7., völlig überarbeitete Auflage

202 Abbildungen

Lucius & Lucius Stuttgart

Anschrift des Verfassers:

Prof. Dr. Jörn Altmann
ESB Business School
Hochschule Reutlingen/Reutlingen University
Alteburgstraße 150, 72762 Reutlingen
Tel. 07121-271-3053, -3054,
Fax 07121-271-3056
joern.altmann@reutlingen-university.de
www.esb-reutlingen.de

1. Auflage	1988
2. Auflage	1990
3. Auflage	1991
4. Auflage	1994
5. Auflage	1997
6. Auflage	2003
7. Auflage	2009

Bibliografische Information der Deutschen Nationalbibliothek

Die Deutsche Nationalbibliothek verzeichnet diese Publikation in der Deutschen Nationalbibliografie; detaillierte bibliografische Daten sind im Internet über http://dnb.d-nb.de abrufbar

ISBN 978-3-8282-0468-3 (Lucius & Lucius)

© Lucius & Lucius Verlagsgesellschaft mbH · Stuttgart · 2009
Gerokstraße 51 · D-70184 Stuttgart

Satz: Sibylle Egger, Stuttgart
Druck und Einband: CPI Ebner & Spiegel, Ulm
Printed in Germany

UTB-Bestellnummer: 978-3-8252-1504-0

Für Sybille, Fabian, Patrick, Linda und Elke

Vorwort zur 7. Auflage

Dieses Lehrbuch vermittelt grundlegende Kenntnisse der Volkswirtschaftslehre. Durch aufeinander abgestimmte Teilbereiche erschließen Sie sich, lieber Leser, sukzessive das Fundament für weiterführende ökonomische Studien.

Besonders liegt mir am Herzen, die Zusammenhänge zwischen den hier vermittelten ökonomischen Theorien und der wirtschaftlichen Realität anhand von praktischen Beispielen deutlich werden zu lassen. Nach dem Studium dieses Buches sollten Sie die gerade erworbenen Kenntnisse und Zusammenhänge im täglichen Wirtschaftsleben mühelos wiedererkennen können und sich nicht nur darüber freuen, sondern auch praktischen Nutzen daraus ziehen können.

Die der Volkswirtschaftslehre häufig unterstellte Praxisferne ist sicherlich nicht immer von der Hand zu weisen, jedoch sind die in diesem Buch beschriebenen ökonomischen Theorieansätze in unserer marktwirtschaftlichen Realität leicht wiederzufinden.

In vielen Zusammenhängen bleiben akademische Feinheiten bewusst im Hintergrund. Daher wird auch auf einen umfassenden Fußnotenapparat mit Belegen und weiterführenden Literaturhinweisen verzichtet. Diese werden weitgehend im Literaturverzeichnis zusammengefasst. Dennoch werden in einigen Abschnitten theoretische Zusammenhänge recht ausführlich behandelt. Dies erfolgt aus zwei Gründen: Erstens, weil Meinungen und Wertungen solide fundiert sein sollten, was im volkswirtschaftlichen Zusammenhang eine theoretische Basis erfordert. Zweitens, weil dieses Lehrbuch auch Einführungsveranstaltungen an Hochschulen begleiten soll. Somit ist ein Mindestmaß an Theorie unabdingbar. Mir ist bewusst, dass ich mich dabei im Grenzbereich zwischen Praxisnähe und theoretischer Abrundung – wie immer die Gestaltung auch ausfallen mag – grundsätzlich sowohl der Kritik der Theoretiker als auch der Praktiker aussetze: Die Praktiker beklagen meist ein Zuviel an „überflüssiger grauer" Theorie; den Theoretikern ist die Theorie oft zu elementar und nicht umfassend oder tief genug dargestellt.

In einem meiner anderen Bücher habe ich Eugen Roth zitiert und möchte es auch hier tun, weil er dieses Problem so schön beschreibt:

„Der Leser, traurig aber wahr, ist häufig unberechenbar:
Hat er nicht Lust, hat er nicht Zeit,
dann gähnt er: Alles viel zu breit!
Doch wenn er selber etwas sucht, was ich, aus Raumnot, nicht verbucht,
wirft er voll Stolz sich in die Brust:
Aha, das hat er nicht gewusst.
Man weiß, die Hoffnung wär' zum Lachen,
es allen Leuten recht zu machen."[*]

Auf jeden Fall aber ist Kritik willkommen: Viele Studenten, Kollegen, Schüler und andere Leser haben Anregungen gegeben und Verbesserungen vorgeschlagen, für die ich sehr dankbar bin und die ich soweit wie möglich auch bei Neuauflagen berücksichtige.

Wenn Ihnen das Buch gefällt, würde ich mich über eine kurze Nachricht freuen, ebenso, wenn Sie Verbesserungsvorschläge machen möchten. Egal, ob an den Verlag oder an mich – eine Antwort wird garantiert.

Um Missverständnissen vorzubeugen: Dieser Band beschränkt sich auf die Darstellung einiger Themenkreise, die üblicherweise der Allgemeinen Volkswirtschaftslehre zugerechnet werden. Negativ ausgedrückt bedeutet dies, dass eine Reihe von grundlegenden Sachthemen nicht behandelt werden können. Siehe oben: Eugen Roth. Dessen ungeachtet ist der vorliegende Band in sich geschlossen und verständlich. Ergänzende Themenbereiche werden in anderen meiner UTB-Lehrbücher behandelt. Um das fachliche Spektrum vollständig anbieten zu können, muss ich daher den Vorwurf penetranter Eigenwerbung in Kauf nehmen:

Komplementär zu diesem Band ist insbesondere „Wirtschaftspolitik – Eine praxisorientierte Einführung" (UTB 1317, 8. Auflage 2007) zu sehen. Dort werden Problemkreise wie Arbeitslosigkeit, Inflation, Konjunktur und Wirtschaftswachstum, Staatsverschuldung, Geld-, Finanz- und Währungspolitik sowie Außenhandels- und Entwicklungspolitik behandelt.

Natürlich lässt sich über die Abgrenzung zwischen Volkswirtschaftslehre und Wirtschaftspolitik ohne weiteres streiten. In der hier vorliegenden Volkswirtschaftslehre werden u.a. in Kapitel 5 mit der Ordnungspolitik, in Abschnitt 6.3.3 mit dem Kartellrecht,

---

[*]   Eugen Roth, Tierleben, München 1989, S. 5f.

dem EU-Agrarmarkt in Abschnitt 7.5.2 oder Anti-Dumping-Zöllen in Abschnitt 7.5.2 Themen angesprochen, die durchaus auch der Wirtschaftspolitik zugeordnet werden könnten, während umgekehrt z. B. Inflations- oder Konjunkturtheorien durchaus auch in diesem volkswirtschaftlichen Lehrbuch gut aufgehoben wären. Bei einem Taschenlehrbuch sollte sich der Umfang aber in Grenzen halten, so dass eine Reihe von Themen eben nicht hier, sondern in der Wirtschaftspolitik behandelt werden. Gleichwohl sind beide Bände in sich abgeschlossen und unabhängig voneinander.

Eine Vielzahl von gleichfalls volkswirtschaftlich relevanten Aspekten internationaler Wirtschaftsbeziehungen wird zudem behandelt in „Außenwirtschaft für Unternehmen – Binnenmarkt und Weltmarkt" (UTB 1750, 3. Auflage 2009), insbesondere die institutionellen und rechtlichen Rahmenbedingungen der Weltwirtschaft (u. a. EG-Recht, EG-Vertrag und EU-Institutionen, EG-Währungsunion, WTO, Dumping, nichttarifäre Handelshemmnisse etc.); zudem erfolgt dort eine Vertiefung mit Blick auf die Praxis und die Abwicklung des Außenhandels (Vertragsgestaltung, Außenwirtschafts- und Zollrecht, Zahlungs- und Währungsrisikomanagement, Außenhandelsfinanzierung etc.).

Wie sagt Eugen Roth so schön?

„Die Wissenschaft, sie ist und bleibt, was einer ab vom anderen schreibt. Doch trotzdem ist, ganz unbestritten, sie immer weiter fortgeschritten."[**]

Für die Mitarbeit bei der Überarbeitung dieser Auflage möchte ich insbesondere Herrn Markus Rühl danken, der alle Texte inhaltlich und formal geprüft hat – ich bin ihm für zahlreiche wertvolle Anregungen verbunden. Weitere inhaltliche Zuarbeiten haben geleistet Dipl.-Volkswirt Klaus Sannache, Dr. rer. pol. Werner Engel, Lian Jing, MBA und Frau Dipl.-Volkswirtin Michaela Berthold. Das Register hat Herr Markus Rühl erarbeitet sowie die redaktionelle Überarbeitung durchgeführt. Ihnen möchte ich besonders danken, aber auch zahlreichen Lesern, die mir Bestätigungen zum Konzept und Hinweise auf Verbesserungsmöglichkeiten gegeben haben.

Reutlingen, Februar 2009 Jörn Altmann

[**] Eugen Roth, a. a. O.

Inhalt

Verzeichnis der Abkürzungen und Formelzeichen

A	Angebot, Produktionsfaktor Arbeit
c. p.	ceteris paribus
Δ	(Delta, das griechische D) Symbol für den Unterschied zwischen zwei Werten derselben Kategorie
ε	(Epsilon, das griechische E:) Symbol für die Einkommenselastizität
f	Funktion von
μ	(„mü", das griechische M:) Symbol für die Preiselastizität
N	Nachfrage
N_A	nachgefragte Menge von Gut A
p	(Güter-)Preis
X	(Güter-)Menge
X_A	angebotene Menge, alternativ: Menge von Gut A
X_N	nachgefragte Menge
Y	Einkommen

1 Volkswirtschaftstheorie und Wirtschaftspolitik

1.1 Zum Image der Ökonomen

Volkswirtschaftslehre kann eine ausgesprochen trockene Materie sein, die schon manchen gutwilligen Interessierten, der sich mit ihr auseinandersetzen wollte, durch unverständliche Sprache, mathematische Darstellungen oder mangelnden Bezug zur Realität abgeschreckt hat.

Dies ist bedauerlich, denn für einen Wirtschaftswissenschaftler kann kein Zweifel daran bestehen, dass die meisten Probleme dieser Welt im Kern vorrangig ökonomischer Natur sind. Somit ist die Wirtschaftswissenschaft, natürlich insbesondere die Volkswirtschaftslehre, die wichtigste wissenschaftliche Disziplin überhaupt. Andere Disziplinen sind bei der Problemanalyse dann nur Hilfswissenschaften der Wirtschaftswissenschaft.

Leider sehen die Vertreter anderer Disziplinen dies oft ganz anders, indem sie wiederum ihr Fachgebiet für das wichtigste überhaupt halten; dies ist für einen Volkswirt natürlich nicht leicht nachzuvollziehen. Überhaupt hat die Ökonomie in manchen Kreisen kein gutes Image:

Auf der ersten Etappe der „Reise um die Welt in 80 Tagen" von Jules Verne benutzten die Reisenden einen Ballon. Über Frankreich wurde der Ballon von Wolken umhüllt, die Ballonfahrer verloren die Orientierung und mussten tiefer gehen. Als sie auf einem Feld einige Bauern sahen, riefen sie hinunter: „Können Sie uns sagen, wo wir uns befinden?"

Einer der Bauern antwortete: „Sie befinden sich genau über meinem Feld in einem Ballon." Die Ballonfahrer überlegten einige Zeit, was der Bauer wohl gemeint haben könnte.

Einer von ihnen fand des Rätsels Lösung: „Dieser Mann da unten muss ein Ökonom sein", sagte er. Die anderen wollten von ihrem Mitfahrer wissen, wie er dies wohl herausgefunden habe.

„Ganz einfach", sagte dieser, „der Mann hat die Situation genau beschrieben, aber das hilft uns nicht weiter."[1]

Dieses Buch versucht, dieses Vorurteil zu widerlegen und Lesern ohne (volks)wirtschaftliche Vorkenntnisse elementare volkswirtschaftliche Zusammenhänge näher zu bringen, wobei insbesondere die „Verwendbarkeit" theoretischer Überlegungen durch ihren Bezug zur Realität verdeutlicht werden soll. Ich werde mich dabei um eine verständliche Sprache und um eine Darstellungsweise bemühen, die in ihren einzelnen Schritten nachvollziehbar ist, insbesondere wenn es sich um etwas sprödere Theoriebausteine handelt.

Die obige Geschichte hat übrigens einen (inoffiziellen) zweiten Teil, der meist unterschlagen wird. Der gerade befragte Bauer sagte dann zu seinem Knecht: „Der da oben muss ein Manager sein." – „Wieso?" – „Na ja, er wusste nicht, wo er sich befand und auch nicht, wo er hinging, und er machte andere dafür verantwortlich, eine Lösung zu finden." (Soweit zu den Einschätzungen über Betriebswirte.)

Etwas Wasser werde ich abschließend in Kapitel 8 in den guten Wein des volkswirtschaftlichen Denkgebäudes gießen und dort dem Einfluss der Volkswirtschaftslehre auf das konkrete wirtschaftspolitische Geschehen nachgehen.

1.2 Theorie und Politik

Die Einschätzung von Ökonomen nach Art der oben zitierten Ballonfahrer beruht offensichtlich darauf, dass dabei nur eine von drei Betrachtungsweisen der Wirtschaftswissenschaft berücksichtigt wird. Grundsätzlich kann jedes Problem auf dreierlei Weise betrachtet werden:

(1) Eine *historisch-beschreibende* Betrachtung geht nicht auf Ursachen und Zusammenhänge ein, sondern beschränkt sich nur auf die *Darstellung* von Situationen oder Abläufen. Dieses Vorgehen

---

[1]   Von Prof. Charles Wolf jr., The Rand Corporation, Santa Monica, California, zitiert in der Frankfurter Allgemeinen Zeitung, 14.8.1980.

bietet sich an, wenn die Vorgeschichte bestimmter Ereignisse zusammengestellt werden soll und beschäftigt sich mit Fragestellungen wie „Was ist?" oder „Was war?".

(2) Eine *theoretische* Betrachtung untersucht die Beziehungen zwischen Ursachen und Wirkungen. Im Gegensatz zur reinen Beschreibung will die Theorie *erklären,* wobei die Aussagen verallgemeinerungsfähig und nicht auf eine bestimmte Zeit oder ein bestimmtes Land beschränkt sein sollen. Außerdem sollen sie objektiv, also *frei von Werturteilen sein* (sogenannte *positive* Theorie). Theoretische Untersuchungen bilden somit auch die Basis für Vorhersagen zukünftiger Ereignisse. Sie sind überprüfbar und gegebenenfalls auch widerlegbar.

(3) Sofern *Bewertungen* vorgenommen werden, etwa mit den Kategorien „gut" oder „schlecht", handelt es sich nicht um theoretische, sondern um *politische* Aussagen. Dann lautet die Fragestellung nicht „Was ist und warum?", sondern „Was sollte sein?". Neben Beschreibung und Erklärung kommt die Möglichkeit der Beeinflussung hinzu („Wie ist der gewünschte Zustand am besten zu erreichen?"), wobei auf die Erkenntnisse der Theorie zurückgegriffen wird (sogenannte *normative* Theorie). Subjektive Wertungen können allenfalls auf ihre logische Widerspruchsfreiheit untersucht werden, nicht aber hinsichtlich der eigentlichen Wertung.

Ob sich eine Regierung beispielsweise eher für die Bekämpfung von Inflation oder für die Senkung der Arbeitslosigkeit entscheidet, ist vorrangig keine theoretische, sondern eine *politische* Frage. Überprüfbar ist dann aber, ob die ergriffenen Maßnahmen den gültigen Theorien von Ursachen und Wirkungen entsprechen.

Die erwähnten Ballonfahrer ignorieren offensichtlich, dass wirtschafts*theoretische* und wirtschafts*politische* Betrachtungen über die reine Beschreibung hinausgehen und somit durchaus „weiterhelfen" können.

Die Darstellungen in diesem Buch werden sich weitgehend im theoretischen Bereich bewegen, denn es sollen vor allem verallgemeinerungsfähige Aussagen über Zusammenhänge zwischen Ursachen und Wirkungen behandelt werden. Dies umfasst sowohl die Untersuchung von Ursachen bestimmter Probleme als auch die von Maßnahmen zur Herbeiführung beabsichtigter Wirkungen (vergleiche Abschnitt 1.3). Dabei wird es nicht ausbleiben, dass gelegentlich auch persönliche Meinungen einfließen, die durchaus nicht den Anspruch der Allgemeingültigkeit erheben.

Werturteile (Meinungen, Ideologien) sind bei allem Bemühen um Objektivität nur schwer zu vermeiden. Beispielsweise stellt die *Auswahl* der Themenbereiche und die Art und Weise ihrer Behandlung in diesem Buch bereits eine subjektive Wertung dar. Viele Aspekte werden gar nicht behandelt, weil ich der Ansicht bin, dass sie an dieser Stelle und in diesem Zusammenhang entbehrlich sind, andere werden nur kurz dargestellt, wieder andere sehr ausführlich.

Hierzu ein Werturteil über Werturteile: Nach meiner Meinung (!) haben Werturteile, auch wenn sie eindeutig unwissenschaftlich sind, eine sehr nützliche Funktion, weil sie zum einen auch „Farbe" bedeuten, zum anderen aber auch die Position des jeweiligen Autors, Redners etc. verdeutlichen. Sie sollten aber als solche klar erkennbar und von objektiven Tatsachen deutlich abgegrenzt werden. Ich werde mich daher bemühen, subjektive Wertungen deutlich zu machen und nicht unter der Hand als bestätigte Tatsachen zu verkaufen. Um dem Leser eine Hilfe an die Hand zu geben, wie bestimmte Formulierungen tatsächlich gemeint sind, gebe ich hier einige Beispiele wieder, die ich einem – sehr zu empfehlenden – Buch von Orestes V. Trebeis[2] entnommen und an einigen Stellen leicht abgewandelt habe:

„Es ist schon seit langem bekannt, dass ..."
= Ich habe mir nicht die Mühe gemacht, bei der ursprünglichen Quelle nachzusehen.

„Von großer theoretischer und praktischer Bedeutung ist ..."
= interessiert mich selbst sehr.

„Die besten Ergebnisse stammen von Friedrich Meis."
= Er ist mein Schüler.

„Es wird vorgeschlagen/man glaubt/es könnte sein, dass ..."
= Ich meine.

---

[2] Klartext: Prof. Dr. Horst Siebert, damals Direktor des Instituts für Weltwirtschaft, Kiel. Das Buch heißt *Nationalökonomologie* (kein Druckfehler!), 7. Auflage, Tübingen 1994 (keine neue Auflage). Die zitierten Passagen entstammen dem Beitrag von C. D. Graham jr., *Geläufige Wendungen in Forschungsberichten*.

„Man glaubt allgemein, dass …"
= ein paar andere außer mir glauben das auch.

„Man könnte einwenden, dass …"
= Ich habe eine so gute Antwort auf diesen Einwand parat, dass ich ihn nun auch vorbringen will.

„Mein Dank gebührt Ottmar Schneck für die Unterstützung bei den Experimenten und Nello Gaspardo für wertvolle Diskussionen."
= Schneck hat die Arbeit getan, und Gaspardo hat klar gemacht, wozu sie eigentlich gut ist.

1.3 Gegenstand der Volkswirtschaftslehre

Bevor es richtig „losgeht", muss kurz geklärt werden, womit sich Volkswirtschaftslehre beschäftigt. Grundsätzlich gibt es zwei Hauptdisziplinen ökonomischer Wissenschaft: die **Volkswirtschaftslehre** (VWL) und die **Betriebswirtschaftslehre** (BWL).

1.3.1 Entwicklung der Ökonomie als Wissenschaft

Historisch gesehen wurden die Fundamente der Ökonomie in der Antike gelegt. Die ersten schriftlich fixierten ökonomischen Lehren sind dabei betriebswirtschaftlich orientiert. Ein uraltes Tontäfelchen, datiert auf ungefähr 3000 v. Chr., ist als Buchhaltungsbeleg zu werten; aus Ägypten, Griechenland und Rom stammen aus dieser Frühzeit Verhaltensregeln für ökonomisch richtige Viehfütterung, Sklavenhaltung und Wahl der Ehefrau ebenso wie Anleitungen zur Produktionsplanung und Verkaufsstrategien: Empfohlen wurde, das Vieh vor dem Verkauf, also bevor es gewogen wird, anständig zu füttern und zu tranken usw. Um 2000 v. Chr. gab es in Ägypten die ersten Handelsschulen; in Babylon wurde 1728 v. Chr. die Buchführungspflicht für Kaufleute eingeführt.

Die Bezeichnung **Ökonomie** geht auf Aristoteles (384–322 v. Chr.) zurück. Er unterscheidet die königliche, die provinzielle, die städtische und die private Wirtschaft des freien Bürgers – eine den heutigen Ebenen der Gebietskörperschaften (Bund, Länder, Gemeinden) nicht unähnliche Einteilung. Das Haus des freien Bürgers heißt *oikos*, woraus sich „Ökonomie" ableitet.

In der Zeit von der Antike bis zum Mittelalter war die Ökonomie stark mit der Philosophie verwoben. Im 12. Jahrhundert wurde die Philosophie in vier Bereiche unterteilt: die theoretische Philosophie (sie umfasst die Disziplinen Theologie, Mathematik, Physik), die praktische Philosophie (Ethik, Politik, Ökonomie), die mechanische Philosophie (sie entsprach in etwa den heutigen Ingenieurwissenschaften), und die logische Philosophie (Rhetorik, Grammatik, Dialektik).

Eine nachhaltige (wissenschaftliche) Betonung der Ökonomie erfolgte erst ab etwa 1600, mit dem Aufkommen des **Merkantilismus** (lat. *mercantium* = Handel; ca. 1600–1750). Der Merkantilismus ist vor dem Hintergrund des Übergangs von Söldnerheeren zu stehenden Heeren zu sehen. Die merkantilistische Wirtschaftsphilosophie bemühte sich, dem daraus resultierenden zunehmenden Finanzbedarf der Fürsten Rechnung zu tragen, indem insbesondere die inländische Güterproduktion gefördert werden sollte, um auch durch protektionistische Maßnahmen Handelsüberschüsse gegenüber dem Ausland zu erzielen. Die deutsche Version des Merkantilismus wird **Kameralismus** genannt (etwa im 18. Jahrhundert). Der Kameralismus stellte auf die Stärkung der Verwaltung und der Einnahmen der Fürstengüter (lat. *camera = Kammer)* ab und übertrug einzelwirtschaftliche Erkenntnisse und Prinzipien auf den Wirtschaftsbetrieb „Staat". Aus dieser Epoche stammt übrigens die sogenannte kameralistische Buchführung, die bis heute die Rechnungslegung der öffentlichen Finanzwirtschaft von Bund, Ländern und Gemeinden prägt.

Die beginnende Industrialisierung, die im Außenhandel einherging mit einer Phase des Liberalismus (Freihandelsprinzip), brachte auch den Aufschwung der Nationalökonomie, d.h. der VWL, als Wissenschaft. Die VWL löste sich von den finanzwirtschaftlich orientierten Kameralwissenschaften und entwickelte liberalistische Theorien sowohl für die Außenwirtschaft als auch für die Nationalökonomie. Mit Liberalismus ist dabei gemeint, dass sich der Staat jeglicher Eingriffe in den Wirtschaftsprozess enthält und u.a. die Preisbildungsprozesse dem freien Markt überlässt (sogenannten Klassik); in Abschnitt 5.6 über ordnungspolitische Konzeptionen wird dies vertieft.

1.3.2 Mikro- und Makroökonomie

(1) Die klassische volkswirtschaftliche Theorie war **Mikrotheorie**, d. h. sie ging vorrangig von *einzelwirtschaftlich* orientierten Analysen aus. Mikroökonomische Fragestellungen sind zum Beispiel, ob und ggf. weshalb Haushalte bei steigendem Einkommen ihre Nachfrage nach bestimmten Gütern verändern, beispielsweise mehr höherwertige Güter kaufen und die Nachfrage nach Billigprodukten reduzieren, ob sie bei Benzinpreissteigerungen weniger Auto fahren, bei steigenden Tomatenpreisen auf Paprika ausweichen etc.

Der konkrete einzelne Haushalt ist dabei natürlich als Erkenntnisobjekt uninteressant, sondern er dient nur als Erfahrungsobjekt, um aus der Beobachtung einer Vielzahl von Haushalten Verhaltensweisen verallgemeinern zu können.[3] So kann man sagen, dass Haushalte typischerweise bei Preissteigerungen bei einem bestimmten Gut (Schweinefleisch,) ihre Nachfrage verringern und stattdessen auf ein anderes Gut (Hühnerfleisch) (Substitutionsgut oder Ersatzgut) ausweichen.

Gleichermaßen kann man das unternehmerische Verhalten mikroökonomisch untersuchen und beispielsweise analysieren, wie ein typischer Anbieter (Unternehmen) auf eine Steigerung seiner Produktionskosten reagiert und ob und warum Unternehmen sich zu Kartellen zusammenschließen. Auch hier geht es darum, grundsätzliche theoretische Zusammenhänge abzuleiten.

Schließlich führt die Mikrotheorie die Analysen von Nachfrage und Angebot zusammen in der Untersuchung der Preisbildung am Markt. Dies erfolgt unter einer Reihe von teilweise sehr restriktiven Annahmen (beispielsweise wird *Markttransparenz* unterstellt, d. h. *jeder* Marktteilnehmer hat *immer* den vollen Überblick über den Markt). Diese Annahmen sind tendenziell sehr realitätsfern, doch ist das grundsätzliche Untersuchungsziel, Erkenntnisse zu gewinnen, die für idealtypische marktwirtschaftliche Rahmenbedingungen gelten. Wir kommen darauf zurück.

---

[3]   Man nennt dies ein *induktives Vorgehen*: aus dem Konkreten das Allgemeine ableiten. Der Gegensatz ist das *deduktive Vorgehen*, bei dem man aus einer allgemeinen Erkenntnis (Theorie) Rückschlüsse auf konkretes Verhalten ableitet. Siehe auch nochmals etwas weiter unten.

Abb. 1.3/1. Wirtschaftswissenschaften

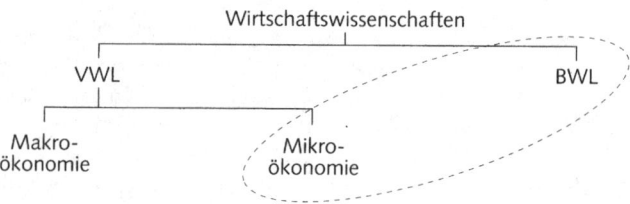

Bei vielen Fragestellungen überschneidet sich die volkswirtschaftliche Mikrotheorie dabei mit der Betriebswirtschaftslehre (BWL) (Abbildung 1.3/1), die auf den grundsätzlichen Erkenntnissen der Mikrotheorie aufbaut. Auch die BWL beschäftigt sich mit unternehmerischem Verhalten und versucht, allgemeingültige Erkenntnisse abzuleiten. Im Vordergrund steht dabei jedoch nicht – wie in der Volkswirtschaftslehre – das Zusammenspiel von Angebot und Nachfrage bei der Preisbildung, sondern sie versucht, konkrete Handlungsempfehlungen für die Unternehmenspraxis zu geben: Produktion, Kostenrechnung, Bilanzierung oder Marketing sind keine Problemfelder der volkswirtschaftlichen Mikrotheorie.

Die klassische Mikroökonomie ist stark mathematisiert und erschwert es gelegentlich, den Bezug zur Realität zu erkennen; werfen Sie doch schon einmal einen Blick in Kapitel 8; es gibt einen Eindruck davon. Aber es gibt auch zahlreiche andere Themen, auf die wir zuvor eingehen werden.

(2) Das Pendant zur Mikrotheorie ist die **Makroökonomie**, die sich mit *gesamtwirtschaftlichen* Zusammenhängen beschäftigt. Beispielsweise wird untersucht, welche Funktionen Geld in einer Volkswirtschaft ausübt, welche Wirkungen Monopole haben, weshalb sich Konjunkturschwankungen ergeben, wie Inflation entsteht, welche Konsequenzen die Staatsverschuldung hat, usw. Innerhalb der makroökonomischen Volkswirtschaftslehre gibt es daher eine Vielzahl von Spezialdisziplinen, die sowohl theoretisch als auch *wirtschaftspolitisch* orientiert sind, z.B. Finanztheorie und -politik, Geld-, Inflations-, Außenwirtschafts-, Wettbewerbstheorie und -politik etc.

‚Politik' ist dabei grundsätzlich als ‚Theorie der Politik' zu verstehen, so wie es oben im Abschnitt 1.2 ausgeführt wurde: Auch die

‚politische' Analyse soll grundsätzlich frei von Werturteilen sein (sogenannte *positive* Theorie), aber sie gibt Handlungsempfehlungen. Beispielsweise untersucht die Geldtheorie den Einfluss von Geldmengenveränderungen auf das Preisniveau, die (Theorie der) *Geldpolitik* beschäftigt sich u. a. mit Instrumenten, mit denen man die Geldmenge beeinflussen kann. Ob und wie dies in der Praxis geschieht, ist abhängig von der wirklich ‚politischen' Geldpolitik in der täglichen Praxis.

Vereinfacht lässt sich darstellen:

> Allgemeine Theorie: Ursachen → Wirkungen
> Theorie der Politik: Instrumente → Ziele

Es wird einleuchten, dass in einem einleitenden Lehrbuch zur Volkswirtschaftslehre wie dem vorliegenden nicht alle diese Aspekte behandelt werden können. Eine gewisse Auswahl ist unumgänglich, wobei die Interessen des Lesers sich nicht immer mit den Überlegungen des Autors decken werden (ich verweise nochmals auf das schöne Zitat von Eugen Roth im Vorwort). Dieses Buch umfasst daher weder eine erschöpfende Darstellung der Mikrotheorie noch der Makrotheorie, sondern beschränkt sich auf eine Auswahl von Themenkreisen, die ich für besonders wesentlich halte (Werturteil). Die Darstellungen werden inhaltlich ergänzt durch mein Lehrbuch „Wirtschaftspolitik", auf das bereits im Vorwort Bezug genommen wurde. Dessen ungeachtet ist das vorliegende Buch in sich geschlossen und für sich verständlich.

1.4 Theoretische Modellbildung

Einige grundsätzliche Anmerkungen zur theoretischen Betrachtung sind erforderlich. Wenn Ihnen das Thema zu spröde ist, können Sie ja vielleicht später einmal hierher zurückkehren.

(1) Durch theoretische Analysen sollen einzelne Beobachtungen aus der Realität verallgemeinert werden (sogenannte **Induktion**: vom Einzelfall zum Allgemeinen), d. h. es sollen Gesetzmäßigkeiten erkannt werden, oder es sollen aus der Anwendung allgemeiner

Grundsätze einzelne Beobachtungen erklärt werden (**Deduktion:** vom Allgemeinen zum Besonderen). Die Vielschichtigkeit eines konkreten Problems wird dabei meist vereinfacht und zu einem Modell verdichtet.

(2) Auch Modelle, welche die Wirklichkeit stark vereinfachen, können für die Praxis verwertbare Aussagen liefern. Ein Strichmännchen beispielsweise ist sicher ungeeignet, den Einfluss der Bewegung auf den Blutdruck zu beobachten, wohl aber lässt sich der Bewegungsablauf beim Treppensteigen darstellen. Anders ausgedrückt: Theorien oder Modelle müssen so beschaffen sein, dass das, was sie untersuchen oder aussagen sollen, anhand (realistischer) Annahmen und Modellkomponenten zu leisten ist.

(3) Alle Theorien und Modelle arbeiten mit bestimmten Annahmen bzw. Restriktionen („wenn ...", oder: „unter der Voraussetzung, dass ..."). Eine Standardannahme ist z.B., dass die nicht explizit im Modell enthaltenen Größen sich nicht verändern. Wenn man beispielsweise die Veränderung des Bremsweges eines Autos in Abhängigkeit von unterschiedlicher Nässe der Fahrbahn untersuchen will, darf man während der Versuche z.B. nicht den Fahrer auswechseln (und er muss immer gleich wach sein), und man darf nicht den Zustand des Autos verändern (z.B. andere Reifen aufziehen), weil man sonst vielleicht zu der Schlussfolgerung käme, dass zum Beispiel der Bremsweg um so kürzer ist, je nasser die Fahrbahn ist. Diese Vorgehensweise, dass man bei mehreren Einflussfaktoren jeweils nur einen verändert (Fahrbahnnässe), die übrigen aber konstant gehalten werden, fasst man als Bedingung *„unter sonst gleichen Voraussetzungen"* zusammen (lateinisch **ceteris paribus***, gelegentlich nur als *c.p.* abgekürzt – verwenden Sie das Kürzel doch einmal unerklärt in einem Meeting...). Zwar bildet ein solches Modell dann nicht die komplette Wirklichkeit ab, in der sich meist mehrere Größen gleichzeitig verändern, doch ermöglicht nur die Ceteris-paribus-Betrachtung, den Einfluss einer einzelnen Variablen in einem komplexeren Zusammenhang zu isolieren. Wenn man beispielsweise den Einfluss von Preiserhöhungen auf das Nachfrageverhalten nach Urlaubsreisen untersuchen will, muss durch eine c.-p.-Betrachtung ausgeschlossen sein, dass gleichzeitig eine Einkommenserhöhung die Preiserhöhungen kompensieren.

(4) Die Güte eines Modells oder einer Theorie hängt dabei auch von der Wirklichkeitsnähe ihrer Annahmen ab. Eine Aussage, die

beispielsweise von der Unterstellung eines dreibeinigen Menschen ausgeht, mag theoretisch interessant sein, ist aber ohne jeden praktischen Nutzen. Eine wichtige Gattung von Annahmen stellen sogenannten **Axiome** (griechisch *„was für wichtig erachtet wird"*) dar. Axiome sind Grundsätze, die weder beweisbar sind noch eines Beweises bedürfen, allgemein z. B., dass jedes Ereignis einen Grund hat (im Sinne von Ursache-Wirkung-Zusammenhängen); in der Ökonomie ist z. B. die Unterstellung rationalen Handelns (vergleiche Abschnitt 2.1.3) ein Axiom.

(5) Wirtschaftstheoretische Aussagen gehen in sehr vielen Fällen von Annahmen aus, die im Hinblick auf die Praxis schlicht unrealistisch sind. Beispielsweise stützt sich das gesamte Kapitel 7 über die **Marktpreisbildung** (und nicht nur dieses) auf die Annahme, dass der betrachtete Markt den Bedingungen **vollständigen Wettbewerbs** genügt. Dies umfasst einige sehr präzise und umfassende Voraussetzungen (vergleiche insbesondere Abschnitt 6.1), die in ihrer Gesamtheit einfach nicht gegeben sind. Dass man sich dennoch soviel Mühe mit der Analyse von in der Praxis nicht wieder zu findenden Tatbeständen gibt, liegt daran, dass man (d. h. die Wissenschaft) der Meinung ist (Werturteil), dass sich aus dem Gegenüberstellen eines theoretischen Sollzustandes mit dem konkreten Istzustand z. B. Erkenntnisse ableiten lassen, die als Grundlage für (wirtschafts-)politische Entscheidungen dienen können.

(6) Das wissenschaftliche Spezialgebiet, das sich mit der Entwicklung und Anwendung solcher quantitativer Modelle beschäftigt, bezeichnet man als **Ökonometrie** (griechisch *metron* = Messung, Maß).

Modelltheoretisch sind einige wichtige Begriffe zu unterscheiden.

• Zunächst gibt es Total- und Partialmodelle. **Totalmodelle** versuchen, die Gesamtheit aller in Betracht kommenden Variablen und Parameter und ihre Zusammenhänge zu erfassen. Dies gelingt in der Regel um so weniger, je komplexer die zugrunde liegenden Probleme sind.

Partialmodelle beschränken sich hingegen auf Problemausschnitte und verweisen nicht betrachtete bzw. nicht erfasste Aspekte in die Annahmen und Nebenbedingungen (vergleiche oben in (2) die Ausführungen zur Ceteris-paribus-Bedingung). Hinsichtlich des betrachteten Zeithorizonts unterscheidet man statische, komparativ-statische und dynamische Modelle. **Statische** Modelle sind zeitpunktbezogen, ignorieren folglich Veränderungen im Zeitablauf. **Komparativ-statische** Modelle vergleichen zwei Zeitpunkte, können somit Veränderungen im Zeitablauf zwar feststellen, aber den Veränderungsprozess nicht erklären. Dies leisten **dynamische** Modelle. **Ex-post**-Modelle blicken in die Vergangenheit zurück, **Ex-ante**-Modelle versuchen, zukünftige Ereignisse vorherzusagen und zu erklären.

• In der Ökonometrie spricht man von **Schätzung**, wenn die Werte bestimmter statistischer *Parameter* bestimmt werden, z. B. *Koeffizienten* wie der Anteil des Einkommens, der konsumiert wird *(Konsumquote)*, *Wahrscheinlichkeiten* des Eintretens bestimmter Ereignisse, *Streuungen* beobachteter Daten (das Alter befragter Personen wird in einer Schulklasse weniger streuen als bei den Passagieren eines Flugzeugs) oder *Korrelationen* (Abhängigkeiten) zwischen Variablen (z. B. sagt der Volksmund, dass die Weisheit mit dem Alter zunimmt: Dies wäre eine *positive* Korrelation). Hierfür werden bestimmte statistische Verfahren angewendet, u. a. um sicher zu stellen, dass sich aus Stichproben – aufgrund der Modellkonstruktion! – einigermaßen realistische Werte ableiten lassen. Etwas salopp ausgedrückt legt die Schätzung die verschiedenen Komponenten eines Modells fest, in dem alle wichtigen Parameter und Variablen enthalten sind.

• Dabei gibt es verschiedene Varianten. In **interdependenten** Modellen z. B. hängen die Variablen gegenseitig voneinander ab (A hängt von B ab, aber B reagiert auf Änderungen von A, z. B. Geldmenge und Zinsen). In **rekursiven** Modellen hängt A von B ab, nicht aber B von A (oft nicht, weil es in der Realität so ist, sondern zur Vereinfachung der Modellkonstruktion oder weil entsprechende Daten fehlen).

• Von **Prognose** spricht man dabei dann, wenn man eine erwartete zukünftige Entwicklung bestimmter Variablen beschreibt. Dies setzt zumeist die Existenz eines Schätzmodells voraus. Typische Beispiele sind Prognosen bezüglich der Entwicklung des Wirtschaftswachstums oder der Inflationsrate, wobei man zwischen **Punktprognose**, die eine einzige Zahl liefert („die Inflationsrate wird 2,5 % betragen"), und **Intervallprognose** unterscheidet, die einen Zahlenbereich definiert („zwischen 2 % und 3 %"); es liegt nahe, dass Punktprognosen leichter „danebengehen".

• Für Prognose- bzw. Schätzmodelle sind einige wichtige Beziehungen zu unterscheiden: (1) Reaktionsgleichungen oder Verhaltensgleichungen beschreiben die Abhängigkeit einer Variablen von einer anderen, z. B. die Veränderung des Sparvolumens in Abhängigkeit vom Zinssatz. Solche ökonomischen „*Gesetzmäßigkeiten*" sind meist empirisch aus Beobachtungen abgeleitet worden. (2) Definitionsgleichungen oder Identitäten erklären bestimmte Variablen genauer, z. B. ist „Wert" definiert als Produkt aus Menge mal Preis. (3) Gleichgewichtsbedingungen sind Identitäten, die für den Eintritt eines bestimmten Zustands erfüllt sein müssen, sie sind also zukunftsgerichtet, und es wird vorausgesetzt, dass sie erfüllt werden: z. B. ist Marktgleichgewicht dann gegeben, wenn Angebot und Nachfrage übereinstimmen. Die Abgrenzung zu Definitionsgleichungen ist nicht immer streng möglich; in der Rückschau *(ex post)* sind Identitäten jedoch immer erfüllt, während eine Gleichgewichtsbedingung sich tatsächlich vielleicht nicht realisiert (vergleiche das Beispiel zum „Außenbeitrag" in Abschnitt 4.4). (4) Annahmen bzw. Restriktionen setzen bestimmte Ereignisse oder Größen voraus bzw. grenzen sie aus, so wie oben ausgeführt.

(7) Es wäre vorstellbar zu versuchen, Theorien zu entwickeln, die den Wirtschaftsprozess in seiner Gesamtheit darstellen sollen. Dies ist wegen der Komplexität der abzubildenden Strukturen und Zusammenhänge eine nicht lösbare Aufgabe. Natürlich gibt es sehr differenzierte gesamtwirtschaftliche ökonometrische Modelle, die eine Vielzahl von Variablen erfassen können. Dessen ungeachtet sind auch dies nur reduzierte Modelle, die viele Details einfach ausblenden (müssen). Hingegen gibt es eine Fülle von Teiltheorien und Partialmodellen, die sich jeweils auf einen bestimmten Problemausschnitt beschränken und eine große Zahl von Variablen in den als gegeben unterstellten Datenkranz verweisen. Günstigerweise sollten solche Teiltheorien sich gegenseitig ergänzen. In vielen Fällen ist dies auch der Fall, in vielen anderen jedoch nicht, u. a. weil die jeweiligen Annahmen nicht kompatibel sind.

Die außerhalb von Expertenkreisen vielfach zu beobachtende Unzufriedenheit mit ökonomischen Theorien und Modellen ist auf zwei Hauptgründe zurückzuführen: *Erstens* haben modelltheoretische Ansätze oft ein für den Laien abschreckendes formales Niveau. Für viele Leser wird diese Aussage vielleicht bereits auf Kapitel 7 zutreffen, doch handelt es sich dabei ja noch um einen relativ geringen Schwierigkeitsgrad (wie gesagt: *relativ*). Nicht selten ist die Formalisierung auch unnötig; Kapitel 8 enthält ein schönes Beispiel.

Zweitens lässt sich die – damit zusammenhängende – Frage, was man mit diesen Modellen denn in der Praxis anfangen könne (Praxisrelevanz), häufig nicht überzeugend beantworten. Dies liegt wiederum an zwei Gründen: *Einmal* sind die Modellannahmen und Nebenbedingungen oft sehr restriktiv und können beispielsweise die simultane Veränderung mehrerer Variablen oder Veränderungen im Zeitablauf nicht erfassen, (natürlich gibt es auch dynamische Modelle, die dies – zumindest partiell – leisten. *Zum anderen* sind diese Modelle meist **monokausal ökonomisch** und können beispielsweise nur in begrenztem Umfang die Erkenntnisse von gesellschaftswissenschaftlichen Nachbardisziplinen wie der Politologie, der Soziologie, der Psychologie oder der Rechtswissenschaften einfangen. Diese Einschränkungen führen dazu, dass auch mit komplizierten Modellen weder ex post bereits realisierte Vorgänge – umfassend! – erklärt noch mit Hilfe von dynamischen Ex-ante-Modellen Prognosen für die Zukunft gegeben werden können. Ganz wesentliche Ursachen dafür sind die Unsicherheiten über die Eintrittswahrscheinlichkeit bestimmter Ereignisse und hinsichtlich des Verhaltens menschlicher Akteure. Bestimmte Modelle bewegen sich am Rande des Normativen. So gehen beispielsweise Gleichgewichtsmodelle in der Regel davon aus, dass keine staatlichen Interventionen erfolgen, sondern der freie Markt bei Störungen des Gleichgewichts selbst zu einer Lösung kommt, d. h. eine neue Gleichgewichtssituation findet (vergleiche z. B. Abschnitt 7.4). Die Unterstellung, dass der Staat dabei überflüssig ist, ist prinzipiell ein Werturteil, allerdings ein offenes und kein verstecktes, denn diese Annahme gehört zu den expliziten Modellannahmen.

2 Grundbegriffe des Wirtschaftens

2.1 Bedürfnisse

Ausgangspunkt mikroökonomischer Überlegungen ist die Tatsache, dass jeder Mensch bestimmte Bedürfnisse oder Wünsche verspürt und danach trachtet, sie zu befriedigen. Alles, was dazu geeignet ist, wird als **Güter** bezeichnet; sie teilen sich auf in **Sachgüter, Dienstleistungen** und **Rechte**. Sofern dieses Verhalten vom Verstand gelenkt (d. h. rational) ist, bezeichnet man es als „**Wirtschaften**". Nach der volkswirtschaftlichen Einteilung der handelnden Aktoren, die man etwas spröde auch als „Wirtschaftssubjekte" bezeichnet, werden Güter von Haushalten nachgefragt und von Unternehmen angeboten. Wir werden zunächst noch einige Begriffe klären.

2.1.1 Bedürfnisentstehung

Ein Bedürfnis ist das Empfinden eines Mangels, d. h. man möchte irgendetwas haben, über das man nicht verfügt. Wenn man Hunger hat, hat man das Bedürfnis nach Nahrung. Wenn einem die gebratenen Tauben in den Mund flögen, wäre das Bedürfnis augenblicklich befriedigt und das Problem erledigt. In der Realität macht die Bedürfnisbefriedigung allerdings *Mühe*, und dies ist hier der entscheidende Aspekt.

Bedürfnisse können sich auf alles Mögliche erstrecken. Elementare Bedürfnisse sind z. B. Existenzbedürfnisse wie Hunger, Durst, Schlafen, während am anderen Ende der Skala „höhere" Bedürfnisse wie der Wunsch nach sozialen Kontakten, nach Selbsterfüllung o. Ä. stehen mögen. Bedürfnisse sind *subjektiver* Natur: *Nur* der betreffende Mensch kann entscheiden, ob er ein Bedürfnis hat, d. h. ob ein Mangel vorliegt oder nicht. Diese Tatsache macht es auch so schwierig, individuelle Bedürfnisse „von außen" befriedigen zu wollen, im Kleinen (bei einem gut gemeinten Geburtstagsgeschenk ist der Beschenkte gar nicht begeistert) wie im Großen (der Staat versorgt seine Bürger mit den Gütern, die seitens der Behörden für richtig gehalten werden; die Probleme sozialistischer Planwirtschaften (vergleiche Abschnitt 5.2.2) in dieser Hinsicht verdeutlichen dies).

In der Subjektivität des Bedürfnisbegriffs besteht auch der Unterschied zu dem eng verwandten Begriff **Bedarf**. Bedarf ist schon eher objektiv abgrenzbar: Zum Beispiel hat der menschliche Körper einen recht genau bestimmbaren Bedarf an Vitaminen oder Kalorien oder Flüssigkeit, oder ein Taxiunternehmen hat bei einer bestimmten durchschnittlichen Kilometerleistung einen entsprechenden Benzinbedarf, oder ein Haushalt hat unter bestimmten Nebenbedingungen wie Wetter oder Wärmebedürfnis (!) einen bestimmten Bedarf an Heizöl. „Bedarf" leitet sich also aus gegebenen Rahmenbedingungen ab (zu denen auch explizit formulierte und realisierbare Bedürfnisse gehören können) und übersetzt sich eher in konkrete **Nachfrage** als ein – vielleicht auf ewig unerfüllbares – Bedürfnis nach der eigenen Villa im Tessin.

Bedürfnisse sind also *nicht objektiv überprüfbar* und daher auch *nicht vergleichbar.* So ist es nicht möglich zu entscheiden, ob ein Mensch ein stärkeres *Hungergefühl* verspürt als ein anderer (vergleiche den folgenden Abschnitt). Bedürfnisse entstehen auf der einen Seite „aus dem Menschen selbst heraus" (**endogen**), aber auf der anderen Seite wirken eine Vielzahl äußerer (**exogener**) Faktoren auf die Bedürfnisentstehung ein.

Zum Nachdenken 2.1:[*]

Überlegen Sie Beispiele für exogene Einflüsse auf die Bedürfnisentstehung.

---

[*]   Kapitel 9 enthält Lösungshinweise

Allerdings wird diese Tatsache oft als negativ gewertet: Der Mensch fühlt sich „manipuliert" durch Einflüsse von außen, die er selbst nicht kontrollieren kann. Ein Hauptziel der Werbung ist es, dem Konsumenten das Gefühl eines endogenen Bedürfnisses zu geben (zu suggerieren), weil solche Bedürfnisse als „natürlich" und „gut" gewertet werden. Endogen empfundene Bedürfnisse werden in der Bedürfnisskala deshalb die oberen Plätze einnehmen. Daher hat es der berühmte Staubsaugervertreter an der Tür so schwer, der Hausfrau klarzumachen, dass sie ganz dringend einen neuen Staubsauger braucht. Erst wenn es durch ein geschicktes Verkaufsgespräch oder eine andere Werbemaßnahme gelingt, im Kunden ein als „eigen" empfundenes Bedürfnis zu wecken, wird dieser sich zum Kauf entschließen. Solange man das Gefühl hat, etwas aufgeschwatzt zu bekommen, wird man eine Abwehrhaltung einnehmen.

Berühmt-berüchtigt ist der dem Coca-Cola-Konzern zugeschriebene Einfall, in einen Spielfilm ab und zu einzelne Werbebilder einzufügen. Bei einem Spielfilm laufen in der Regel 24 Bilder pro Sekunde am Auge vorbei. Diese einzelnen Bilder werden zwar über die Augenoptik aufgenommen, aber nicht bewusst als Einzelbilder, sondern als fließende Bewegung wahrgenommen. Die – sozusagen nicht registrierten – Einzelinformationen jedoch werden alle im Unterbewusstsein gespeichert. Die so latent aufgebaute Information über einen potentiellen Durstlöscher bedarf dann nur eines auslösenden optischen Reizes, z.B. des tatsächlichen Sehens der unbewusst registrierten Flasche, um ein bewusstes und vor allem als endogen empfundenes Bedürfnis zu wecken.

Der Filmklebe-Einfall ist als tatsächliche Werbemaßnahme von dem Getränkeunternehmen meines Wissens nie durchgeführt worden; in dieser Hinsicht ist es also ein unzutreffendes Gerücht. Das Unternehmen hat aber vor schon rund 30 Jahren ein Marktforschungsinstitut mit Versuchen über die Wahrnehmungsschwelle beauftragt, wobei mit Hilfe eines sogenannten Tachistoskops die optischen Reize von Werbebotschaften analysiert wurden. Dabei sind auch diese Filmeinklebeeffekte untersucht worden, ohne dass diese – nach Angaben des Unternehmens – jemals im Filmbereich umgesetzt wurden (dem Coca-Cola-Konzern gehört u.a. auch ein Filmkonzern).

Derartige Werbemaßnahmen sind nach amerikanischem Recht (gerichtlich) verboten, weil bzw. wenn derartige Einblendungen nicht als bezahlte Werbung kenntlich gemacht sind. Im deutschen Werberecht stützt sich das entsprechende Verbot zum einen allgemein auf § 1 UWG (Gesetz gegen unlauteren Wettbewerb), wonach Maßnahmen verboten sind, die gegen die guten Sitten verstoßen, zum anderen auf (verschiedene, bundesländerspezifische) Mediengesetze sowie (wegen des Aufkommens von Privatsendern) auf eine sinngemäße EU-Verordnung, wonach eine klare Trennung zwischen Programmteilen (Film) und Werbeteilen (Flaschen-Bild) vorliegen muss; (dies entspricht den o. a. Bestimmungen des US-Rechts bezüglich der Kenntlichmachung von bezahlter Werbung). Aus diesem Grunde werden in Funk und Fernsehen die Werbeteile mit dem ausdrücklichen Hinweis „Werbung" eingeleitet, und in der Presse muss die „Anzeige" erkennbar sein.

In einer legalen Grauzone bewegen sich die *„product placements"*, bei denen – gegen Bezahlung – z. B. in Spielfilmen der Schauspieler ein bestimmtes Auto fährt oder das Etikett der Bierflasche gut zu sehen ist oder ein Lastwagen mit erkennbarem Markenzeichen an der Karosserie die Straße entlangfährt. Dies kann (unbezahlt) natürlich auch ein Regieeinfall sein – in der Praxis gibt es zahllose gerichtliche Auseinandersetzungen hierüber.

Auf der einen Seite hat jeder Mensch eine Vielzahl von Bedürfnissen, auf der anderen Seite reichen die zur Verfügung stehenden Güter (siehe Abschnitt 2.2) nicht aus, alle Bedürfnisse gleichzeitig im gewünschten Umfang zu erfüllen. Man sagt daher, dass die Güter *knapp* sind. **Knappheit** bezeichnet also einen Zustand, in dem etwas in geringerem Maße zur Verfügung steht als gewünscht.

2.1.2 Nutzenmessung

Ein grundsätzliches Problem besteht darin, dass es – wie erwähnt – nicht möglich ist, den individuellen Nutzen (die Wohlfahrt, die Freude etc.) objektiv zu *messen*. Man kann also zum Beispiel nicht sagen: Das Brathähnchen hatte für mich letzte Woche den Nutzenwert 8, heute 10, also ist es mir um 25 % wichtiger geworden als vorher. Dadurch ist es auch unmöglich, den Nutzen zwischen zwei Personen objektiv zu *vergleichen*. Man kann also z. B. nicht sagen: Das Brathähnchen hat für A den Nutzen 5, für B den Wert 10, also hat er für B den doppelten Nutzen wie für A. Formaler ausgedrückt: Nutzen ist **kardinal** (d. h. zahlenmäßig) nicht messbar, und damit ist interpersoneller Nutzenvergleich (Nutzenvergleich zwischen zwei Menschen) unmöglich.

Ein Ausweg besteht manchmal darin, dass Nutzen individuell wenigstens **ordinal** messbar ist (lat. *ordo* = Ordnung), d. h. man kann eine individuelle Rangfolge dergestalt aufstellen, dass der Nutzen des Brathähnchens für B *größer* ist als der eines Schnitzels, weil B – vor die Wahl zwischen beiden Alternativen gestellt – das Brathähnchen wählt. Hierbei wird (axiomatisch; siehe oben) rationales Handeln unterstellt; Abschnitt 2.1.3 geht gleich darauf ein.

Nach wie vor ist es aber nicht möglich, einen – auch nur ordinalen – Vergleich zwischen dem Brathähnchennutzen für A und B anzustellen, in dem Sinne, dass der Nutzen für B höher sei als für A. Damit würde man behaupten, dass der Nutzenentgang für A durch Nichterhalt des Hähnchens kleiner sei als für B. Intuitiv möchte man das vielleicht behaupten, z.b. wenn A sich gerade satt gegessen hat und B seit zwei Tagen hungert. Dennoch könnte es prinzipiell möglich sein, dass der Nutzenwert für A trotzdem größer wäre als für B, weil er durch den Hähnchenverlust vor Wut oder Neid fast platzt, während B auch gerne nur einen Apfel äße oder er vielleicht gerade eine Fastenwoche begonnen hat, und schon gar nicht könnte man sagen, wie groß der Nutzenunterschied zwischen A und B ist (wir kommen sofort dazu, dass die beiden sich das Hähnchen vielleicht teilen sollten). Noch mal: Interpersoneller Nutzenvergleich *ist nicht möglich*, weder kardinal noch ordinal.

Das ist unbefriedigend, also hat man nach Auswegen gesucht. In der sogenannten **Wohlfahrtstheorie** gibt es ein zentrales Prinzip, das nach seinem Entdecker **Alfredo Pareto** (1848–1923) **Pareto-Kriterium** genannt wird: Danach ist eine Situation X einer Situation Y dann vorzuziehen, wenn es in X wenigstens einem Beteiligten besser geht als in Y, *ohne* dass es irgendeinem anderen schlechter geht. Anders gesehen ist eine Situation dann Pareto-optimal, wenn es nicht möglich ist, eine Person besser zu stellen, *ohne* eine andere (auch nur subjektiv) schlechter zu stellen. Hähnchenmäßig gesprochen würde danach A das Hähnchen nur dann erhalten, wenn es B egal ist (X), während es A nicht egal wäre, wenn B das Hähnchen kriegt (Y).

Möglich wäre aber auch, dass diejenigen, die von einer Veränderung profitieren, die anderen entschädigen, die dadurch – zunächst – Nachteile erleiden (sogenanntes **Kaldor-Hicks-Kriterium**): A müsste B so viel von seinem Hähnchen abgeben, bis B nicht widerspricht, dass A das Hähnchen (zunächst) erhält. Jede Situationsveränderung würde damit – als politischer Entscheidungsprozess gesehen – voraussetzen, dass alle Beteiligten zustimmen, mit einem Vetorecht für jeden einzelnen Unzufriedenen. Die erforderliche Einstimmigkeit kann folglich durch **Kompensationszahlungen** (vulgär auch: Bestechung) erkauft werden. In unserem konkreten Fall läge es nahe, dass A und B sich das Hähnchen teilen, A zumindest soviel an B abgibt, bis dieser Ruhe gibt. Dafür braucht man keinen interpersonellen Nutzenvergleich, denn das kann man durch Beobachtung (der sogenannten **Revealed-preference-Theorie**: „Theorie der – aufgrund von Handlungen – offenbarten Präferenzen") oder ggf. durch eine Abstimmung feststellen (vergleiche dazu den folgenden Abschnitt 2.1.3). Das praktische Problem besteht darin, dass A möglicherweise vor der Abstimmung B eine Teilung verspricht, an die er sich anschließend nicht hält. Dieses Problem der *Durchsetzbarkeit von Sanktionen* ist jedoch in erster Linie kein theoretisches Problem.

In der politischen Wissenschaft ist der Gedanke der Kompensation von Ronald H. **Coase** bekannt gemacht worden, dessen **Coase-Theorem** – verkürzt gesagt – im Rahmen der Theorie externer Effekte besagt, dass jemand, der durch das Verhalten eines anderen geschädigt wird (z.B. durch Lärm), den Verursacher in privaten Verhandlungen, also ohne Eingreifen des Staates, durch Kompensationszahlungen von diesem Verhalten abzubringen versuchen solle.

2.1.2.1 Nutzen und Präferenzen

Ungeachtet der Unmöglichkeit, Nutzen zu messen, hat die Theorie Instrumente entwickelt, mit denen der individuelle Nutzen zumindest beschrieben werden kann. Dabei liegt die Hypothese zugrunde, dass der Mensch grundsätzlich nach einer Maximierung seines Nutzens strebt. Wenn Sie jetzt vielleicht einwenden, dass es auch altruistische Menschen gibt, dann wendet die Theorie wieder ein, dass ein altruistischer Mensch gerade aus diesem Verhalten einen Nutzengewinn erhält.

Grundsätzlich unterstellt die Mikrotheorie, dass ein Mensch aus dem zunehmenden Konsum eines Gutes immer weniger Nutzen zieht. Dies ist intuitiv einleuchtend: Wenn Sie richtig Durst haben, werden Sie den ersten Schluck eines Getränks wahrscheinlich extrem genießen, danach nimmt der Genuss pro Schluck ab, bis hin zu der Situation, wo Sie weiteres Trinken ablehnen, und möglicherweise würde Ihnen sonst schlecht. Abbildung 2.1/1 verdeutlicht diesen Zusammenhang.

Abb. 2.1/1: Abnehmender Grenznutzen

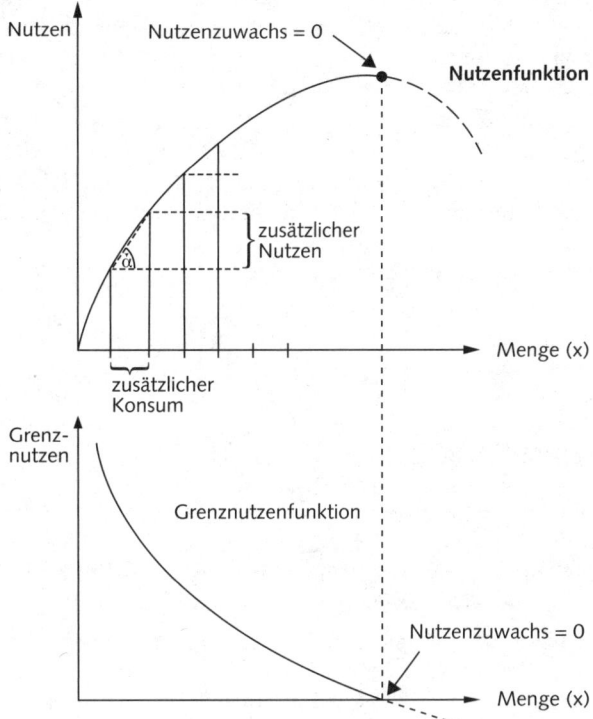

Formaler gesprochen, betrachten wir hier gerade den Grenznutzen eines Gutes. Der Grenznutzen ist der zusätzliche Nutzen, der mit dem Konsum einer zusätzlichen Einheit des betrachteten Gutes verbunden ist. Formal betrachtet ist der Grenznutzen der Quotient aus „zusätzlicher Nutzen" / „zusätzlicher Konsum"; dies entspricht dem Tangens des Winkels Alpha (α) in Abbildung 2.1/1. Jede weitere Konsumeinheit bringt immer weniger zusätzlichen Nutzen: Der Grenznutzen nimmt ab und wird ab Punkt F möglicherweise sogar negativ. Der Zuwachs einer Größe – hier an Nutzen (Grenznutzen) – wird üblicherweise mit dem Symbol Δ dargestellt (Delta ist das griechische ‚D' und steht für ‚Differenz').

In der mathematischen Mikrotheorie wird nun gerne in ganz kleinen Einheiten gedacht, so dass der zusätzliche Konsum gedanklich minimal ist. Mathematisch reduziert sich dadurch der Vergleich von Strecken zu einer Punktbetrachtung: Statt Differenzen betrachten wir Differentiale, und ΔX geht über in dX.

Nach seinem „Entdecker" Hermann Heinrich Gossen (1854) nennt man das „Gesetz des abnehmenden Grenznutzens" – bei einem Gut – auch Erstes **Gossen'sches Gesetz**. (Das Zweite Gossen'sche Gesetz postuliert, dass sich bei mehreren Gütern die jeweiligen Grenznutzen angleichen – „Gesetz vom Ausgleich der Grenznutzen" (bei verschiedenen Gütern)).

Gossens Ansätze gehen von der Messbarkeit des Nutzens aus; er ist ein Vertreter der kardinalen Nutzentheorie. Da Nutzen jedoch nach heutigem Wissensstand nicht messbar ist, schlägt die ordinale Nutzentheorie einen Ausweg vor: Die Nutzenvorstellungen eines Menschen können mit Begriffen wie „besser/schlechter als" oder „größer/kleiner" beschrieben werden. Hierzu ermitteln wir seine „Präferenzen". Im folgenden Abschnitt 2.1.4 nehmen wir das Beispiel eines Menschen, der sich zwischen verschiedenen Urlaubszielen entscheiden sollte, und daraus ließ sich seine Präferenzordnung ableiten. Nun versuchen wir, Güterkombinationen zu finden, zwischen denen der Mensch unentschieden (indifferent) ist.

Beispielsweise mag er gerne Erdbeeren, aber auch Kirschen. Nun bieten wir ihm zunächst einen Obstkorb an mit 10 Erdbeeren und 10 Kirschen. Dann fragen wir ihn, auf wie viel Erdbeeren er verzichten würde, wenn er 11 Kirschen bekäme: Vielleicht sähe der Obstkorb dann aus 9:11, und der würde unserem Probanden den gleichen Nutzen stiften wie 10:10. Und wenn wir noch eine Erdbeere wegnehmen? So langsam werden die Erdbeeren knapp, Kirschen gibt es genug – es ist plausibel, dass man unseren Probanden nach und nach mit immer mehr Kirschen bestechen müsste, wenn wir ihm eine weitere Erdbeere vorenthalten, er aber den gleichen Nutzen empfinden soll. (Probieren Sie dies einmal im Bekanntenkreis aus. Mich würden die Fragen interessieren, die man Ihnen dabei stellt.) Bei einer analogen Befragung würden wir im Tausch mehr Erdbeeren gegen weniger Kirschen anbieten und insgesamt zu einer Situation kommen wie sie Abbildung 2.1/2 darstellt:

Abb. 2.1/2: Indifferenzkurve

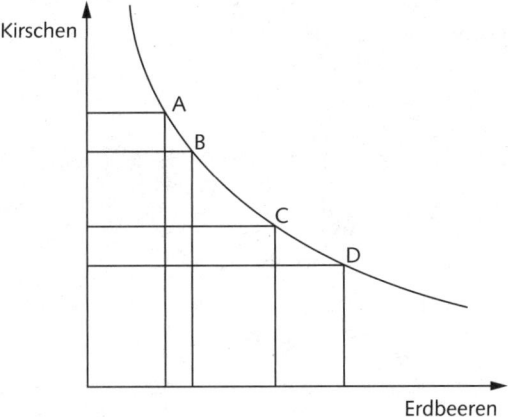

Die Indifferenzkurve zeigt alle Güterkombinationen, zwischen denen ein Mensch indifferent (unentschieden) ist, weil sie für ihn den gleichen Nutzen bedeuten (daher auch synonym **Isonutzenkurve**). Aufgrund des Ersten Gossen'schen Gesetzes nimmt die Grenzrate der Substitution ab, d. h. die Erdbeeren „verlieren an Kraft", wenn sie Kirschen ersetzen sollen, so dass eine immer größere Erdbeermenge zur Substitution erforderlich ist; die längeren „Treppenstufen" in Abbildung 2.1/2 bei der Bewegung von Punkt A zu B im Vergleich mit C zu D verdeutlichen das.

Wenn wir die Befragung ausdehnen auf eine größere (geringere) Güterversorgung, indem wir Indifferenzsituation für 5+5 Kirschen und Erdbeeren bzw. 25+25 Stück, erhalten wir eine Schar von Indifferenzkurven wie in Abbildung 2.1/3. Grundsätzlich gibt es daher unendlich viele Indifferenzkurven, die wir nur zur Darstellung auf wenige reduzieren.

Die einzelnen Indifferenzkurven sind zueinander nicht parallel, sondern haben grundsätzlich einen unterschiedlichen Verlauf, weil sich die Nutzenvorstellungen nicht streng mathematisch verändern. Es müsste aber einleuchten, dass Indifferenzkurven sich weder berühren noch schneiden dürfen, weil wir sonst intransitive (unlogische) Ergebnisse erhalten. In Abbildung 2.1/4 beispielsweise

Abb. 2.1/3: Indifferenzkurven-System

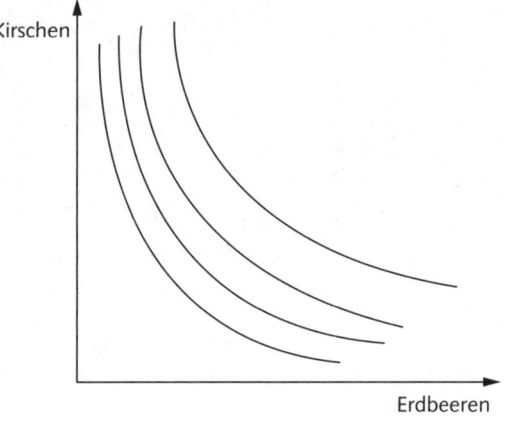

würde dann die Güterkombination X auf der „höherwertigen" Indifferenzkurve I-2 mit geringerer Güterversorgung einen höheren Nutzen stiften als die Güterkombination Y mit höherer Güterversorgung auf der Indifferenzkurve I-1.

Abb. 2.1/4: Sich schneidende Indifferenzkurven?

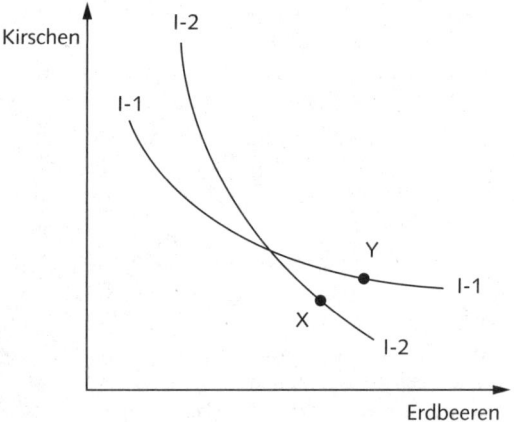

Das Konzept der Indifferenzkurven ist mit den Isoquanten der Produktions- und Kostentheorie vergleichbar. Eine **Isoquante** ist eine Darstellung gleicher Mengen, die mit alternativen Kombinationen von Produktionsfaktoren hergestellt werden können (beispielsweise kann ein großer LKW genauso viele Güter transportieren wie zwei entsprechend kleine), eine Indifferenzkurve eine Darstellung gleicher Nutzen aus alternativen Güterkombinationen.

2.1.2.2 Nutzenmaximierung

Wünsche und Bedürfnisse sind ziemlich unbegrenzt, das verfügbare Einkommen, um sie zu befriedigen, leider nicht. Um seinen individuellen Nutzen unter den gegebenen Bedingungen zu maximieren, muss der Mensch also seine Ressourcen berücksichtigen. Nehmen wir an, unser Obstesser verfügt über 10 Euro, ein Pfund Kirschen kostet 5 Euro, ein Pfund Erdbeeren 2,50 Euro. Folglich kann unser Kandidat die 10 Euro komplett für Erdbeeren ausgeben oder komplett für Kirschen oder Kombinationen wählen, die alle 10 Euro kosten. Abbildung 2.1/5. stellt dies graphisch dar.

Die Verbindungslinie zwischen den Maximalwerten 4 Pfund Erdbeeren bzw. 2 Pfund Kirschen kosten alle 10 Euro. Man bezeichnet diese Linie als **Budgetlinie** (sie wird auch betriebswirtschaftlich so interpretiert). Wenn man die Budgetlinie in ein Indifferenzkurvensystem einzeichnet (Abbildung 2.1/6), bedeutet der Berührungs-

Abb. 2.1/5 Budgetlinie

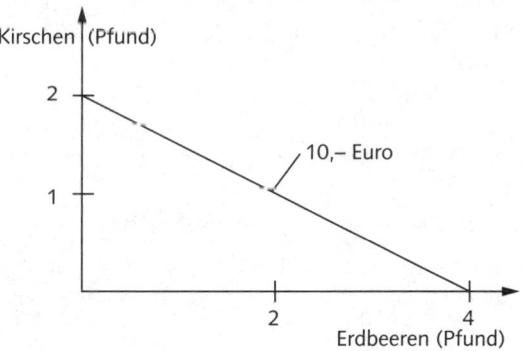

Abb. 2.1/6: Konsumoptimum

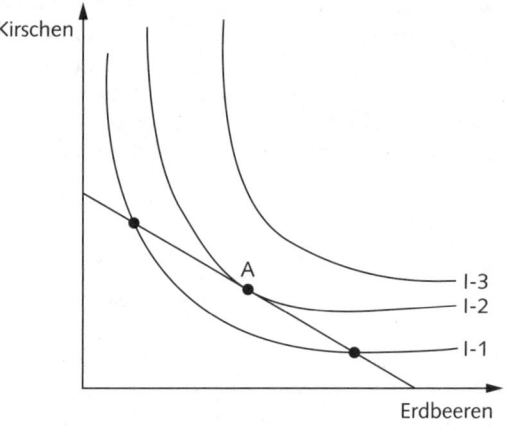

punkt A (Tangentialpunkt) zwischen Budgetlinie und der höchsten zu erreichenden Indifferenzkurve I-2 das Nutzenmaximum oder Haushaltsoptimum. (Versuchen Sie doch mal, sich beim nächsten Einkauf Ihre Budgetlinie vorzustellen.)

Die Budgetlinie schneidet die Indifferenzkurve I-1 an zwei Stellen, d. h. auch diese Punkte wären realisierbar, aber sie bedeuten einen geringeren Nutzen für unseren Obstesser. Noch besser wäre die Indifferenzkurve I-3, aber sie ist mit dem gegebenen Budget eben nicht zu erreichen. Bitte beachten: Grundsätzlich existieren unendlich viele Indifferenzkurven, aber aus Gründen der Übersichtlichkeit ist die Darstellung hier auf drei Beispiele reduziert.

> Zum Nachdenken 2.2:
>
> Könnte die Budgetlinie die X- oder die Y-Achse schneiden?

2.1.2.3 Substitutions- und Einkommenseffekte

Das **Nutzenoptimum** (A) in Abbildung 2.1/6 gilt unter den gegebenen Rahmenbedingungen. Wenn nun der Preis der Kirschen (Y) auf 6 Euro steigt, kann unser Obstesser leider nur noch Nutzenkombinationen mit weniger Kirschen realisieren; in Gütermengen

Abb. 2.1/7: Substitutions- und Einkommenseffekt

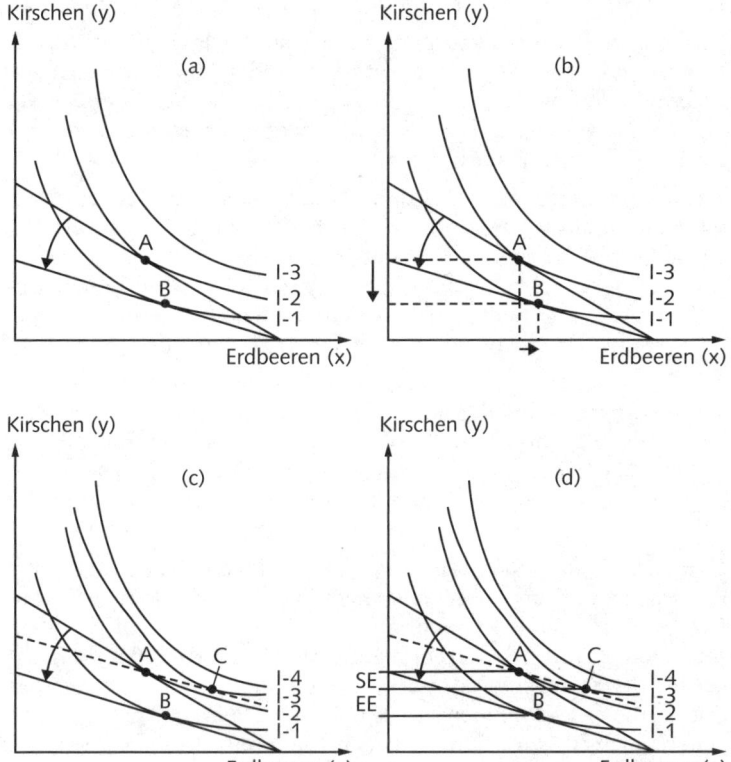

gerechnet hat sich sein (Real-)Einkommen vermindert. Dies setzt voraus, dass die Nachfrage nach Kirschen (Y) ‚normal' auf Einkommensveränderungen reagiert, d.h. bei einer Einkommensverminderung sinkt. Y ist also ein superiores und kein inferiores Gut. (Wir sortieren diese Begriffe nochmals in Kapitel 3.) Das bedeutet, dass die Budgetlinie sich im Schnittpunkt mit der Erdbeer-Achse (X) nach innen bzw. links dreht (Abbildung 2.1/7a). Dadurch sind jetzt leider nur noch Indifferenzkurven mit niedrigerem Nutzenniveau zu realisieren als vorher. Die höchstmögliche ist die Kurve I-1, und das Nutzenmaximum liegt im Punkt B. Dieser zeigt im

Vergleich zum bisherigen Optimalpunkt A den Nutzenverlust aufgrund des gesunkenen Realeinkommens (Bewegung I-2 zu I-1).

Punkt B zeigt aber auch im Vergleich zu A, dass sich das „Mischungsverhältnis" zwischen Kirschen und Erdbeeren durch die Preisveränderung (Kurvendrehung) verändert hat – es werden weniger Kirschen (Y), aber (ein wenig) mehr Erdbeeren (X) nachgefragt) (Abbildung 2.1/7 b).

Wenn man unterstellt, dass der Obstesser aber kein anderes Mischungsverhältnis wünscht, als es vorher für A galt, müsste er über ein höheres Einkommen verfügen, um A weiterhin zu realisieren. Wir stellen es ihm fiktiv zur Verfügung (hypothetische Kompensation der Preiserhöhung), so dass sich die neue Budgetlinie parallel nach rechts verschiebt und I-2 im Punkt A schneidet (Abbildung 2.1/7 c).

Verfügte unser Kandidat aber tatsächlich über das für A erforderliche höhere Einkommen, würde er nicht A, sondern Punkt C auf der Indifferenzkurve I-3 realisieren, wenn er seinen Nutzen maximieren will (und das ist ja die axiomatische Unterstellung in der Mikrotheorie).

C bedeutet aber in jedem Fall eine geringere Nachfrage nach Erdbeeren aufgrund der Preissteigerung, und die Mengenveränderungen bei der Bewegung von A zu C nennt man den Substitutionseffekt (hier: SE) (Abbildung 2.1/7 d) aufgrund der Preissteigerung der Kirschen. Da unser Obstesser aber leider nicht über das erforderliche Einkommen für A oder C verfügt, zeigen die Mengenunterschiede von C nach B den Einkommenseffekt (hier EE). Die Zerlegung in die beiden Effekte bezeichnet die Literatur nach ihrem Entdecker als **Slutsky-Effekt** – Evgeny Evgenievich Slutsky (1880–1949) war ein berühmter russischer Mathematiker und Wirtschaftswissenschaftler.

Eine Anmerkung: Sofern Sie die Abbildung 2.1/7 einmal freihändig selbst entwickeln wollen, müssen Sie die Indifferenzkurven so listig zeichnen, dass sich die gerade dargestellten Effekte auch tatsächlich einstellen. Bei anderen Verläufen der Indifferenzkurven kann sich zeigen, dass sich sowohl die Nachfrage nach Kirschen als auch nach Erdbeeren verringert...

2.1.3 Rationalität

Wenn die Bedürfnisse zahlreich, die Güter aber knapp sind, muss man sich entscheiden, welche Bedürfnisse vordringlich befriedigt werden sollen oder müssen, welche möglicherweise nur teilweise und welche gar nicht. Dies setzt logisches Verhalten voraus, erfordert also Rationalität, denn der Mensch muss sich über die Rangfolge seiner Bedürfnisse klar werden und eine Bedürfnisskala aufstellen, bei der die Bedürfnis-Intensität eine eindeutige Richtung hat. Formal bedeutet dies, dass eine rationale Bedürfnisskala *monoton steigend* darstellbar sein muss, so dass es ausgeschlossen ist, dass zwar das „wichtigste" Bedürfnis intensiver empfunden wird als das zweite oder dritte, dass aber das fünfte wiederum wichtiger wäre als das dritte. Sofern solche Widersprüche ausgeschlossen sind, spricht man auch von einer **transitiven**[4] **Ordnung** der jeweiligen Bedürfnisse.

Betrachten wir ein Beispiel: Jemand möchte in der Hauptreisezeit eine Urlaubsreise buchen. Daher bittet ihn das Reisebüro, drei verschiedene Länder zu nennen, in denen ein Urlaub in Frage käme. Der Kunde möchte am liebsten nach Aland, wenn das nicht geht, nach Benesien, und wenn auch das nicht geht, nach Cedonien. Ob die Reihenfolge A vor B oder C transitiv, d. h. *widerspruchsfrei* ist, lässt sich überprüfen. Wenn das Reisebüro dem Kunden sagt: „Benesien ist ausgebucht, aber Aland und Cedonien sind frei", dann muss der Reisende Aland wählen. Wenn das Reisebüro sich am nächsten Tag meldet und sagt, es sei doch noch eine Reise nach Benesien möglich, dann darf sich der Kunde nun nicht plötzlich für Benesien entscheiden, denn die Alternative Aland hatte er als wichtigste oder beliebteste angegeben.

Transitive Bedürfnisordnungen wären die in Abbildung 2.1/8 dargestellten Beispiele, wobei eine Gleichordnung dann Gleichwertigkeit („ebenso gut wie") bedeutet oder analog auch als **Indifferenz** (Unentschlossenheit) bezeichnet wird, während sich in Abbildung 2.1/9 ein *intransitiver Zirkel* ergibt.

---

[4]   lat. *transire* = (hin)durchgehen.

Zum Nachdenken 2.3:

Ein Student offenbart Ihnen folgende Präferenzen
(> bedeutet ‚besser als'):

d > a, a > b, b > c, c > d.

Leiten Sie daraus seine Präferenzordnung ab.

Abb. 2.1/8: Transitive Bedürfnisordnung

Rangfolge	Person		
	x	y	z
1.	A	A	A–B
2.	B	B–C	C
3.	C		

Abb. 2.1/9: Intransitiver Zirkel

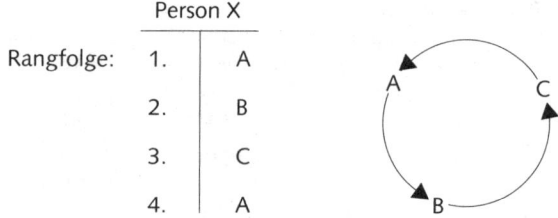

Person X

Rangfolge: 1. | A

2. | B

3. | C

4. | A

Intransitive Bedürfnisordnungen können auch bei demokratischen Mehrheitsentscheidungen auftreten. Drei Personen X, Y und Z (Vater, Mutter und Kind) wollen über das Urlaubsziel demokratisch befinden. Dabei soll über die drei Urlaubsziele *Aland* (A), *Benesien* (B) *und Cedonien* (C) jeweils paarweise abgestimmt werden („lieber A oder B?"). Die – in sich transitiven – individuellen Präferenzordnungen (Präferenz = Vorliebe) seien in Abbildung 2.1/10 dargestellt. Zuerst wird zwischen A und B abgestimmt. X und Y ziehen A der Möglichkeit B vor, Z entscheidet sich umgekehrt, doch gilt als Mehrheitsentscheidung: A vor B (Abbildung 2.1/10b). Bei der Entscheidung zwischen B und C ergibt sich mehrheitlich:

B vor C, so dass für die drei Personen insgesamt die Reihenfolge gilt: A vor B und B vor C. Aber: Eine Kontrollentscheidung zwischen A und der bislang eindeutig als drittrangig ermittelten Alternative C ergibt die erstaunliche Mehrheitsentscheidung: C vor A (Abbildung 2.1/10b und 2.1/10c).[5]

Abb. 2.1/10: Wahlparadox

(a) individuelle Präferenzordnungen

	X	Y	Z
1.	A	C	B
2.	B	A	C
3.	C	B	A

(b) Abstimmungen

	X	Y	Z	Ergebnis
A:B	A	A	B	A
	B	B	A	B
B:C	B	C	B	B
	C	B	C	C
C:A	A	C	C	C
	C	A	A	A

(c) kollektive Präferenzordnung

A vs. B:	A
	B
B vs. C:	C
C vs. A	A

2.1.4 Bedürfnisse und (Wirtschafts-)Politik

Das gerade abgeleitete Phänomen, dass sich aus transitiven, individuellen Präferenzordnungen bei paarweisen Abstimmungen durchaus ein intransitives Gesamtergebnis (kollektive Ordnung) ergeben kann, wird in der Literatur als Abstimmungsparadox (oder **Wahlparadox**) der demokratischen Mehrheitswahl bezeichnet. Es wurde bereits 1785 von **Antoine de Condorcet** beschrieben und insbeson-

---

[5]   Falls es Sie interessieren sollte: Ich habe im Zuge meines Promotionsverfahrens vor vielen, vielen Jahren eine bahnbrechende Dissertation verfasst mit dem eingängigen Titel „Rationale kollektive Entscheidungen durch Amalgamation individueller Präferenzen" – viel Einfluss auf die internationale Wirtschaftspolitik hat diese Arbeit leider nicht gehabt.

dere 1951 durch ein Buch von **John Kenneth Arrow** bekannt gemacht *(Social Choice and Individual Values)*. In der praktischen Politik dürfte sich dieses Phänomen konkret kaum auswirken, da die beschriebene paarweise Abstimmungsprozedur in der Regel nicht angewendet wird. Ein anderes Problem ist jedoch praxisnäher: Bedürfnisse können nicht *gemessen* werden („Wer freut sich mehr, X oder Z?"), also kann man auch nicht *vergleichen*. Bei einer knappen Entscheidung hat die Mehrheit mit 51 % der Stimmen „gewonnen", doch sind die Betreffenden möglicherweise gar nicht sonderlich an dem zu entscheidenden Problem interessiert. Die überstimmten 49 % der „Minderheit" hingegen empfinden vielleicht ihre Niederlage sehr viel intensiver als die Mehrheit ihren Sieg.

Die gleichwertige Gewichtung jeder einzelnen Stimme (die beispielsweise auch in der Vollversammlung der Vereinten Nationen, innerhalb der WTO (World Trade Organisation) oder bei einfachen Mehrheitsentscheidungen innerhalb des Rates der Europäischen Union praktiziert wird, wo jedes Land – unabhängig von seiner Größe oder Bedeutung – über eine Stimme verfügt), ist angesichts der Unmöglichkeit, Bedürfnisintensitäten zu *messen,* eine Notlösung, die den vordergründigen Vorteil hat, technisch einfach zu sein. Überzeugend ist die *„1 Mann – 1 Stimme*-Regel" nicht immer. Es gibt durchaus eine Reihe von Abstimmungsverfahren, die es erlauben, etwa durch Verteilung von 10 Stimmpunkten auf 3 Alternativen unterschiedliche Bedürfnisintensitäten zum Ausdruck zu bringen, doch sind diese Verfahren offensichtlich komplizierter zu handhaben.

Zum Nachdenken 2.4:

Ermitteln Sie im Internet, wie sich das Stimmrecht im Internationalen Währungsfonds (IWF) oder bei der Weltbank bestimmt.

Die Tatsache, dass die individuellen Bedürfnisse nicht (objektiv) quantifizierbar sind, wirkt sich in vielfältiger Weise auch auf die (Wirtschafts-)Politik aus. Im Idealfall sollten (wirtschafts-)politische Entscheidungen der größtmöglichen Zahl individueller Bedürfnisordnungen entsprechen, um eine größtmögliche Zustimmung der einzelnen Wirtschaftssubjekte zu erreichen. Bei Entscheidungen, über die im Wege direkter Demokratie jeweils von allen Beteiligten abgestimmt werden kann, so wie in vielen Fällen – auch Detailfra gen – in der Schweiz, käme man diesem Ziel bereits relativ nahe, ohne aber das Problem zu lösen, ob und wie stark die Intensität der Pro-Bedürfnisse von der der Contra-Bedürfnisse abweicht.

Dies gilt umso mehr, je weniger die individuellen Präferenzen direkt – wenn auch unscharf – durch Abstimmungen oder Wahlen erfragt werden können. Jede gewählte Regierung steht nach Erteilung des Mandats vor der Notwendigkeit, während der Legislaturperiode die jetzt nicht mehr im Einzelnen erfragbaren individuellen Präferenzen „nach bestem Wissen und Gewissen" in eigener Entscheidung bestmöglich zu berücksichtigen. Wie das vorangehende 51 %-Beispiel zeigt, müsste dabei jeweils z. B. abgewogen werden können, ob der Verlust der Benachteiligten insgesamt kleiner ist als der Gewinn der Begünstigten, so dass diese aus ihrem Gewinn die Verlierer ganz oder teilweise entschädigen (kompensieren) könnten und per Saldo alle Beteiligten sich danach besser gestellt sähen als vorher.

Zu diesem Zweck wäre es wünschenswert, wenn man sie zusammenfassen (**aggregieren**) oder sie in sonstiger Weise zu einer kollektiven Entscheidung verschmelzen (amalgamieren) könnte. In der sogenannten Wohlfahrtstheorie, der Nutzentheorie und der Theorie der individuellen bzw. kollektiven Entscheidungen sind eine Vielzahl von Vorschlägen erarbeitet worden, wie dieses Problem am besten zu lösen wäre. Keiner dieser Ansätze ist jedoch in der Praxis anwendbar, so dass die Bedürfnisse bzw. Präferenzen der einzelnen Wirtschaftssubjekte (d. h. auch Wähler) nur in größeren Abständen, und dann durch Wahlprogramme meist recht diffus gebündelt, abgefragt werden können.

Da nicht alle Bedürfnisse gleichzeitig und vollständig befriedigt werden können, müssen die zur Verfügung stehenden Mittel nach subjektiven Kriterien auf die verschiedenen Bedürfnisse verteilt werden. Oftmals handelt es sich um Bedürfnisse, die durch käuflich zu erwerbende Güter zu befriedigen sind, so dass das Problem in der Einteilung einer verfügbaren Geldsumme besteht. Es wird noch zu zeigen sein, dass das Problem des Wirtschaftens durchaus nicht immer mit Geld verbunden ist.

Die Zuordnung nicht ausreichend vorhandener (knapper) Mittel zu einer Vielzahl von Bedürfnissen bezeichnet man also als **Wirtschaften**. Dabei sind verschiedene Vorgehensweisen möglich. So ist es z. B. denkbar, dass der eine Mensch bestrebt ist, Bedürfnisse möglichst vollständig zu befriedigen, so dass er viele nachrangige

Bedürfnisse lieber unbefriedigt lässt, als sie nur teilweise abdecken zu können. Ein anderer mag hingegen zufriedener sein, wenn von all seinen Bedürfnissen möglichst viele, wenn auch nur jeweils teilweise befriedigt werden. Dies wiederum ist eine subjektive Entscheidung, die sich jeder externen Beurteilung entzieht.

2.2 Güter

Nach der Klärung des Begriffes *Bedürfnis* ist zu untersuchen, was geeignet ist, Bedürfnisse zu befriedigen. Es wurde bereits festgestellt, dass Bedürfnisse grundsätzlich ein subjektiv empfundener Mangel sind. Ebenso gilt für die Bedürfnisbefriedigung, dass nur derjenige, der ein Bedürfnis empfindet, darüber befinden kann, was geeignet ist, diesem Bedürfnis abzuhelfen. Alles, was subjektiv zur Befriedigung von Bedürfnissen dient bzw. dienen kann, bezeichnet man als **Gut**. Wie sich schon bei der Unterscheidung verschiedener Bedürfnisarten zeigte, können sich Bedürfnisse auf materielle und immaterielle Güter erstrecken. Materielle Güter bezeichnet man als **Sachgüter**, während man bei den immateriellen Gütern zwischen **Dienstleistungen** und **Rechten** unterscheidet (Abbildung 2.2/1).

Abb. 2.2/1: Güter

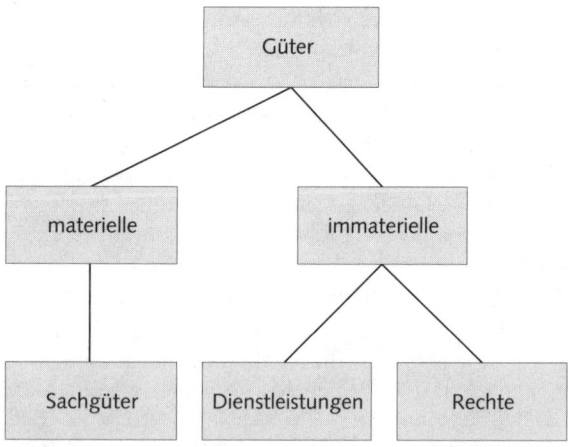

Ein Sachgut ist beispielsweise ein Kühlschrank oder ein Joghurt-
topf; Haareschneiden, der Besuch eines Kinos oder der Abschluss
einer Versicherung sind Dienstleistungen; das Recht, in einem See
zu baden, ist ebenso ein Gut wie das Recht, Patente zu nutzen.
„Güter" ist ein Oberbegriff, der Sachgüter, Dienstleistungen und
Rechte zusammenfasst. Die immer wieder anzutreffende Formulierung „Güter und Dienstleistungen" ist daher prinzipiell genauso
unlogisch und sachlich falsch, als ob man sagte, es gibt Tiere und
Pferde. Auch hier scheint eine unscharfe Übersetzung aus dem
Englischen verantwortlich zu sein, da es dort *„goods and services"*
heißt. Korrekt wäre *„goods"* in diesem Zusammenhang also mit
„Waren" bzw. „Sachgütern" zu übersetzen. Die Unterteilung des
Güterbegriffs spiegelt sich auch in der **Zahlungsbilanzstatistik**
eines Staates wider, in der Sachgüter in der Handels- bzw. Waren-
bilanz und Dienstleistungen und Rechte in der Dienstleistungsbilanz erfasst werden.

Zum Nachdenken 2.5:

Ein kleiner Junge sammelt rostige Nägel. Sind die Nägel ökonomisch ein Gut?

Ein Mangelempfinden bedeutet, dass von einem bestimmten Gut
aus subjektiver Sicht zu wenig zur Verfügung steht. Die Knappheit
des betreffenden Gutes ist dabei gleichfalls eine subjektive bzw.
relative Knappheit, die von einer anderen Person durchaus nicht
in gleicher Weise empfunden werden mag. Wenn man daher von
knappen Gütern spricht, so ist die Knappheit in der Regel nicht als
absolute und objektive Knappheit zu verstehen. Güterknappheit
kann verschiedene Ursachen haben:

- naturbedingt: Es sind nur begrenzte Naturvorkommen vorhanden (Öl, Erdgas, Kupfer);
- technisch bedingt: Die Nutzung ist nicht oder nicht unbegrenzt
  möglich. Das kann auch sein:
- wirtschaftlich bedingt: Die Nutzung oder Ausbeutung ist zu
  teuer (Meerwasserentsalzung als Trinkwasser);
- menschlich bedingt: Die Nutzung ist begrenzt durch die physische Leistungsfähigkeit; hierzu zählt auch:
- politisch bedingt: Die Nutzung wird untersagt oder begrenzt
  (Naturreservate).

In jedem Fall aber gilt als Knappheit eine Diskrepanz zwischen verfügbaren und gewünschten Gütern.

Wenn von knappen Gütern gesprochen wird, so muss es auch Güter geben, die nicht knapp sind. Solche Güter bezeichnet man als **freie Güter**, doch wird es in zunehmendem Maße schwierig, Beispiele dafür zu finden. Freie Güter müssen zwei Bedingungen erfüllen: Sie müssen in (subjektiv) *unbegrenzter Menge* zur Verfügung stehen, und ihre Beschaffung darf *keine Mühe* bereiten.

Grundsätzlich könnte man die zum Leben notwendige Atemluft als „frei" bezeichnen, doch lässt sich andererseits oft argumentieren, dass Luft ein knappes Gut ist, z. B. in Smog-belasteten Großstädten, in Bergwerken oder für Taucher. Ob ein Gut knapp oder frei ist, hängt demnach von den jeweiligen Umständen ab. Geht man einen Schritt zurück, so sind alle Güter, die bei der Betrachtung der Bedürfnis-Güter-Beziehung in Betracht kommen, knappe Güter.

Ein wichtiger Punkt muss an dieser Stelle hervorgehoben werden: Wenn von Knappheit die Rede ist, wird häufig ausgeführt, dass knappe Güter einen **Preis** haben. Dies ist grundsätzlich auch richtig, nur darf man es nicht so verstehen, dass knappe Güter *Geld* kosten müssen. Dann müssten alle Güter, die nichts kosten, freie Güter sein, und das ist ja wohl nicht richtig. Zum Beispiel kosten vierblättrige Kleeblätter kein Geld, sind aber offenbar ein knappes Gut. Der „Preis" eines knappen Gutes kann sich selbstverständlich auf Geldeinheiten beziehen, und wir werden noch darauf zurückkommen, dass Preise „Knappheitsbarometer" sind. Aber auch knappe Güter, die kein Geld kosten, haben ihren Preis. Angenommen, ein Opernliebhaber müsse sich zwischen zwei Opern entscheiden, die im Fernsehen in verschiedenen Kanälen gleichzeitig gesendet werden (von der Möglichkeit der Video-Aufzeichnung sei abgesehen). Die Entscheidung für die eine Oper „kostet" den Verzicht auf die andere.

Dies gilt auch für in Geld ausgedrückte Preise. Kauft man ein bestimmtes Gut, verzichtet man darauf, dieses Geld für andere Verwendungszwecke auszugeben. Daher spricht man auch von *Verzichtskosten* oder **Opportunitätskosten**, das heißt frei übersetzt: „Kosten der verpassten Gelegenheiten". Ein finanzielles Beispiel: Die Investition von Kapital in einer Anlage mit einer Rendite von 8 % statt in einer alternativen Anlage mit einer Rendite von 10 % bedeutet Opportunitätskosten von 2 Prozentpunkten. Die Oppor-

tunitätskosten des Lesens dieses Buches könnten im Verzicht auf
das Lesen eines Krimis bestehen, etc. (hm, ein schlechtes Beispiel). Im Folgenden wird noch kurz auf einige weitere Güter-Be-
griffspaare eingegangen (vergleiche Abbildung 2.2/2).

Abb. 2.2/2: Güterpaare

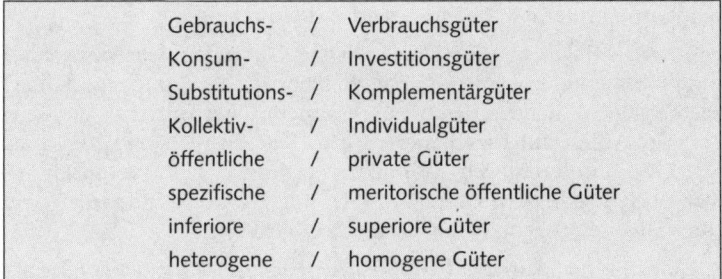

Gebrauchs-	/	Verbrauchsgüter
Konsum-	/	Investitionsgüter
Substitutions-	/	Komplementärgüter
Kollektiv-	/	Individualgüter
öffentliche	/	private Güter
spezifische	/	meritorische öffentliche Güter
inferiore	/	superiore Güter
heterogene	/	homogene Güter

• In Abhängigkeit vom Nutzungszeitraum eines Gutes unterscheidet man zwischen **Gebrauchsgütern**, die dauerhaft sind und längerfristig zur Verfügung stehen, und **Verbrauchsgütern**, deren Nutzung ihre Vernichtung bedeutet.

• Entsprechend ihrer Zweckbestimmung im Produktionsprozess
spricht man von **Konsumgütern**, wenn die betreffenden Güter am
Ende des Produktionsprozesses stehen und direkt der Bedürfnisbefriedigung dienen (sowohl als Gebrauchs- als auch Verbrauchsgü-
ter), während **Investitionsgüter** dazu dienen sollen, ihrerseits andere Güter zu produzieren (hierzu gleich noch mehr).

• Als **Substitutionsgüter** gelten solche Güter, die sich hinsichtlich
ihrer Verwendbarkeit gegenseitig ersetzen können, während **Kom-
plementärgüter** nur zusammen und gleichzeitig benutzt werden
können. Komplementär sind z.B. Radio und Antenne, während
ein Auto der Marke X durch ein Auto der Marke Y ersetzt werden
kann.

• **Inferiore** Güter werden bei steigendem Einkommen *weniger*
nachgefragt und durch **superiore** Güter ersetzt; z.B. nimmt dabei
die Nachfrage nach *No-name-Produkten* ab und die nach (substitutiven) Markenartikeln zu.

• Sofern ein Gut sinnvollerweise nur von einer Mehrzahl von Wirtschaftssubjekten genutzt werden kann bzw. nur von einer Mehrzahl zusammen nachgefragt wird, spricht man von einem **Kollektivgut**, anderenfalls von einem **Individualgut**. Kollektivgüter setzen demnach immer die Existenz einer Gruppe von Nutzern (Familie, Dorf-, Stadtbevölkerung, Nation etc.) voraus. Beispiele sind Schulen, Krankenhäuser, die Polizei, Versicherungen etc.; ein Kaugummi oder ein Surfbrett sind Individualgüter.

• Sofern es sich um verschiedenartige Güter handelt, bezeichnet man sie als **heterogene**, sind sie gleichartig, als **homogene Güter**. Heterogene Güter werden oft unter einem Oberbegriff zusammengefasst (Apfel und Kirschen als Obst; Kneifzangen und Sägen als Werkzeug) und dadurch „homogenisiert" (z. B. beim Vergleich der Versorgung der Nationen X und Y mit Nahrungsmitteln, wobei durchaus heterogene Güter betrachtet werden).

• Eine für die Wirtschaftspolitik bedeutsame Unterscheidung ist die zwischen privaten und öffentlichen Gütern. **Private Güter** sind solche, für die ein Markt existiert und für die der Interessent einen (Geld-)Preis bezahlen muss. Wer dies nicht will oder kann, wird von der Nutzung des Gutes ausgeschlossen. Für **öffentliche Güter** kann oder soll dieses Ausschlussprinzip nicht durchgesetzt werden: Für die Straßenbeleuchtung wird der „normale" Nutzer in der Regel nicht bereit sein, freiwillig etwas zu bezahlen *(„Trittbrettfahrer")*. Wenn andererseits die Möglichkeit der Zahlungserzwingung fehlt, wird sich auch kein privater Anbieter für dieses Gut finden. Es gibt nur sehr wenig überzeugende Beispiele für solche spezifischen öffentlichen Güter wie z. B. die öffentliche Sicherheit. Sie sind somit nur indirekt über Zwangsabgaben (Steuern) finanzierbar und können daher nur vom Staat angeboten werden.

Daneben gibt es öffentliche Güter, die sowohl staatlich als auch privat angeboten werden (können), da bei ihnen das **Ausschlussprinzip** funktioniert und die somit auch direkt über Benutzergebühren finanzierbar sind, wie z. B. die Müllabfuhr, Schulen und Autobahnen. Aus gesellschaftlichen Gründen sollen aber bestimmte Güter der ganzen Bevölkerung zur Verfügung stehen. Daher werden sie teils vom Staat selbst, teils von staatlich subventionierten privaten Anbietern entweder umsonst oder zu nicht kostendeckenden Preisen angeboten, so dass sich der Staat durch dieses günstige Güterangebot ein Verdienst (englisch: *„merit")* erwirbt. Solche Güter wie z. B. Schulen, Kindergärten, Museen, öffentliche Verkehrsmittel, Sozialwohnungen oder Hochschulen, die quasi „unter Preis" angeboten werden, bezeichnet man daher als **meritorische** öffentliche **Güter**. Ob hierzu auch das Fernsehen oder der Rundfunk zu zählen sind, ist allerdings weniger eine ökonomische als eine politische Frage. Abbildung 2.2/3 gibt einige Kostendeckungsgrade kommunal angebotener öffentlicher Güter wieder.

Abb. 2.2/3: Kostendeckungsgrade

	Stadt Lahr		Stadt Sigmaringen		Deutscher Städtetag
	42 000 Einw.		17 000 Einw.		(Durch- schnitt)
	2007	2005	2007	2005	2007
Stadtwald	116,70	131,67	84,6	111,2	
Sulzberghalle	76,56	69,91			
Festhalle	53,51	72,66			
Stadthalle	14,24	9,25			
Friedhöfe	61,30	56,88	38,9	38,5	88,4
Märkte	82,01	63,66			
Parkhaus	24,51	35,92			
Kindergarten R	34,72	33,68	22,9	26,5	38,4
Volkshochschule	83,55	87,69			
Städt. Musikschule	62,10	61,48	58,5	59,6	
Theater und Konzerte	48,74	42,88			27,1
Feuerwehr			18,7	13,1	
Verkehrsamt			17	14	
Bäder					44,2
Museen					3,7
Büchereien					12,6
Abwasser					99,2
Straßenreinigung					93,6

Quelle: Angaben der befragten Stellen

Der Staat als Güteranbieter trägt jedoch im Gegensatz zum (nicht subventionierten) privaten Anbieter kein betriebswirtschaftliches Unternehmensrisiko, da eventuelle Verluste aus dem Staatshaushalt gedeckt werden. Daher stellt sich häufig die Frage, ob bestimmte öffentliche Güter nicht privat kostengünstiger bzw. effizienter angeboten werden könnten. Auch dies ist eine politische Entscheidung.

• Das oben angesprochene Trittbrettfahren bedeutet, dass durch das Verhalten einzelner Wirtschaftssubjekte anderen Wirtschaftssubjekten bzw. der Allgemeinheit Kosten aufgebürdet werden, die nicht der Nutzer (Konsument) trägt. Das gleiche gilt für Kosten, die Produzenten verursachen, aber auf andere abwälzen, z.B. bei der Umweltverschmutzung. Solche Wirkungen, die nicht den Verursacher, sondern andere treffen, nennt man **externe Effekte,** wobei es sowohl negative als auch positive externe Effekte gibt. Die obigen Beispiele beziehen sich auf negative externe Effekte. Wenn aber jemand zum Beispiel die wunderschöne Fassade seines Hauses renovieren lässt, können sich andere umsonst daran erfreuen: ein positiver externer Effekt. Wenn es durch entsprechende Maßnahmen gelingt, z.B. dem Verursacher negativer externer Effekte die Kosten durch entsprechende Steuern oder andere Abgaben doch aufzuhalsen, spricht man von einer Internalisierung externer Effekte (vergleiche dazu auch Abschnitt 5.3).

2.3 Produktionsfaktoren

2.3.1 Einteilung

Die Aussage, dass Güter der Bedürfnisbefriedigung dienen, lässt die Frage offen, woher diese Güter kommen. Güter sind in der Regel das Ergebnis eines Prozesses, in dem sogenannte Produktionsfaktoren eingesetzt und miteinander kombiniert werden. Güter werden also geschaffen, hergestellt, bereitgestellt, ausgegraben oder wie auch immer man sich diesen Prozess vorstellen mag. Natürlich sind auch Produktionsfaktoren für das Unternehmen, das sie einsetzt, Güter. Aber dies ist ein betriebswirtschaftlicher Blickwinkel.

Aus volkswirtschaftlicher Sicht haben wir also zumeist den Endverbraucher im Auge. Siehe auch weiter unten.

Volkswirtschaftlich unterscheidet man drei Produktionsfaktoren
(auf die Abgrenzung zur betriebswirtschaftlichen Betrachtung gehen wir später ein):

1. Der Produktionsfaktor **Natur** umfasst den Boden (Land und
Wasser) mit allen in ihm enthaltenen Bodenschätzen sowie alle natürlichen Energiequellen. In vielen Lehrbüchern wird dabei vom
Produktionsfaktor **Boden** gesprochen. Dieser gängige Begriff ist
daher streng genommen nicht umfassend genug, weshalb ich stattdessen von „Natur" spreche.

Dass „Boden" begrifflich einen viel zu engen Blickwinkel bedeutet, wird insbesondere daran deutlich, dass die **Umwelt** als Produktionsfaktor zu berücksichtigen ist. Die natürlichen Ressourcen
gehen als Input in den Produktionsprozess ein, und zwar weitgehend im Sinne öffentlicher Güter, also kostenlos: Die dadurch verursachten negativen externen Effekte werden in der Regel ebenso
wenig vom Umweltnutzer kompensiert (bezahlt) wie die sich aus
der Produktion oder dem Konsum ergebenden negativen Effekte
im Sinne von Umweltbelastung oder -zerstörung. Das sogenannte
Verursacherprinzip (**Polluter-pays-Prinzip**: PPP) findet im Umweltschutz bislang nur höchst unzureichend Anwendung (wieder ein
Werturteil).

Die Länder dieser Welt sind in sehr unterschiedlicher Weise mit
nutzbarem Boden ausgestattet. In vielen Riesenstaaten (Russland,
China, Saudi-Arabien) werden die Bodenflächen nur in geringem
Maße produktiv genutzt; immense Flächen liegen brach, weil sie
keinen ökonomischen Nutzen versprechen. Theoretisch könnte
man die Sahara in Grünflächen verwandeln; entsprechende Pilot-
projekte haben gezeigt, dass im Saharasand Unmengen an Samen
und Keimen enthalten sind – was fehlt, ist „nur" das Wasser. Und
das ist eben zu teuer. Die Ausbreitung der Wüstenflächen wird sich
auch auf die Wanderungsbewegungen der Bevölkerung auswirken;
vergleiche unten. Abbildung 2.3/1 zeigt beispielhaft die Bodennutzung in Deutschland.

Abb. 2.3/1: Bodennutzung

53 %	30	13	2	2
Landwirt-schaftsfläche	Waldfläche	Siedlungs- und Verkehrsfläche	Wasserfläche	sonstige Nutzung

So nutzen wir unseren Boden

Bodenfläche in Deutschland insgesamt 357 093 Quadratkilometer

Nutzung der 46 050 Quadratkilometer großen Siedlungs- und Verkehrsfläche:

353 qkm Friedhöfe

775 Betriebs-fläche*

3 338 Erholung

17 538 Verkehr

24 047 Gebäude und zu-gehörige Flächen

Stand 2005

Quelle: Stat. Bundesamt

*unbebaute Fläche, die z.B. gewerblich genutzt wird (ohne Abbauland)

1075 © Globus

2. Unter dem Produktionsfaktor **Arbeit** versteht man die menschliche Arbeit, und zwar sowohl körperliche als auch geistige Arbeit.

Die beiden Produktionsfaktoren Natur und Arbeit gibt es schon seit Anbeginn der Menschheitsgeschichte, weshalb man sie als **originäre** (ursprüngliche) **Produktionsfaktoren** bezeichnet.

3. Als Produktionsfaktor **Kapital** bezeichnet man alle bei der Produktion von Gütern verwendeten Produktionsmittel außer Arbeit und Natur, wie z.B. Maschinen, Werkzeuge, Gebäude etc. Im Gegensatz zu den Produktionsfaktoren Natur und Arbeit muss Kapital erst geschaffen werden. Dies geschieht durch Kombination der ursprünglichen Produktionsfaktoren, weshalb man Kapital auch als abgeleiteten (derivativen) Produktionsfaktor bezeichnet: durch Abbrechen (Arbeit) eines Astes (Natur) wird z.B. ein Werkzeug oder eine Waffe hergestellt.

Kapitalbildung bedeutet Konsumverzicht: Die Zeit, die man darauf verwendet, Produktionsmittel herzustellen, kann z.B. nicht als Muße genutzt werden. Mit Hilfe der produzierten Produktionsmittel soll sich das Produktionsergebnis verbessern, so dass sich die

Mühe lohnt. Offensichtlich ist der Produktionsfaktor Kapital als **Sachkapital** zu verstehen und nicht gleichzusetzen mit Geldkapital. Die Rolle des Geldes in der Volkswirtschaft werden wir später noch ausführlich behandeln. Geld ist selbst kein Produktionsfaktor, sondern allenfalls ein Mittel zum Beschaffen von Produktionsfaktoren. Da sich Kapital aus der Kombination von Arbeit und Natur ableitet, wird (Sach-)Kapital gelegentlich auch als vorgeleistete Arbeit bezeichnet.

Abb. 2.3/2: Produktionsfaktoren I

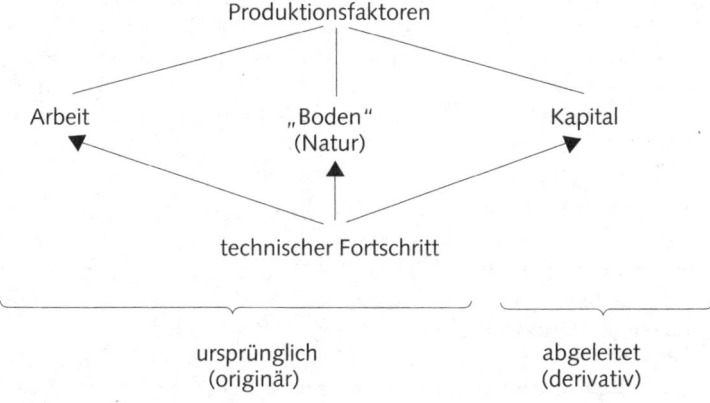

In verschiedenen Lehrbüchern wird die Auffassung vertreten, dass ein vierter Produktionsfaktor existiere: der **technische Fortschritt**. Dieser beeinflusst die Qualität, oder allgemeiner: die Wirksamkeit der Produktionsfaktoren Kapital, Boden und Arbeit (vergleiche Abbildung 2.3/2). Es ließe sich lange darüber diskutieren, ob technischer Fortschritt ein eigenständiger Produktionsfaktor oder eher ein Bestandteil der anderen Produktionsfaktoren ist. Diese Diskussion wollen wir hier nicht ausbreiten; ich neige aber dazu, technischen Fortschritt auf die Kombination von Arbeit, Natur und Kapital zurückzuführen und nicht als eigenständigen Faktor anzusehen. So gesehen, steckt er in Arbeit und Kapital ‚drin'. Unbestritten ist aber, dass die ökonomische Entwicklung eines Landes auch davon abhängt, wie sehr die Nation auf den technischen Fortschritt setzt. Hierfür existiert jedoch kein allgemein anerkannter

Indikator. Man behilft sich daher mit Näherungslösungen, indem man z. B. die Ausgaben für Forschung und Entwicklung (FuE), Patentanmeldungen und den Weltmarktanteil FuE-intensiver Produkte erfasst. Unabhängig davon schließen wir uns hier der traditionellen Betrachtung an, dass es aus volkswirtschaftlicher Sicht die drei Produktionsfaktoren Arbeit, Natur und Kapital gibt, auf die technischer Fortschritt einwirkt.

Bei den ‚Preisen' für die Produktionsfaktoren unterscheidet man (volkswirtschaftlich) **Lohn** (für Arbeit), **Pacht** oder **Miete** (für Boden) sowie **Zins** (für Kapital). Natürlich kann man auch Sachkapital mieten (Maschinen, Gebäude). Zivilrechtlich und betriebswirtschaftlich sind diese Zahlungen zwar Miete, doch aus der Sicht des Kapitalbesitzers ‚verzinst' sich dadurch seine Investition (**Rendite**). Gelegentlich wird in Lehrbüchern auch allgemeiner von ‚Renten' gesprochen. Damit ist nicht die Altersversorgung gemeint, sondern ‚Rente' ist ein (etwas verstaubter) Begriff für das, was man durch die Vermarktung von Produktionsfaktoren erzielen kann.

Ein kleiner Exkurs: In der Betriebswirtschaftslehre werden Produktionsfaktoren anders definiert und abgegrenzt; es gibt dort vier Produktionsfaktoren. Hinsichtlich der menschlichen Arbeit wird unterschieden zwischen dispositiver Arbeit und ausführender Arbeit. **Dispositive Arbeit** umfasst dort Entscheidungsfunktionen in den Bereichen Betriebsführung, Organisation, Planung, Kontrolle etc., während die **ausführende Arbeit** von der dispositiven Arbeit gelenkt wird. Die Abgrenzung ist insofern schwierig, als z. B. der Leitende Angestellte von der faktischen Funktion her dispositiv tätig ist, arbeitsrechtlich jedoch weisungsgebunden und somit ausführend ist. Allgemein wird er jedoch dem dispositiven Faktor zugerechnet. Die beiden anderen Produktionsfaktoren sind Betriebsmittel und Werkstoffe. **Betriebsmittel** sind z. B. Grundstücke, Gebäude, Büroeinrichtungen, Kraftfahrzeuge, Maschinen und Werkzeuge; sie können also volkswirtschaftlich sowohl „Boden" als auch Kapital sein. **Werkstoffe** sind Stoffe, aus denen durch Substanzveränderung, Umformung oder auch Einbau Fertigprodukte hergestellt werden. Sie werden unterteilt in **Rohstoffe**, die z. B. be- oder verarbeitet werden, sowie **Hilfsstoffe**, z. B. Kühlmittel, und **Betriebsstoffe** wie Energie (RHB). Auch Hilfs- und Betriebsstoffe können volkswirtschaftlich somit sowohl Boden als auch Kapital sein. Die Faktoren ausführende Arbeit, Werkstoffe und

Betriebsmittel werden auch als **Elementarfaktoren** bezeichnet. Abbildung 2.3/3 fasst die Abgrenzung zwischen den volks- und betriebswirtschaftlichen Produktionsfaktoren zusammen; das oben angesprochene Problem der Zuordnung des technischen Fortschritts wird dabei vernachlässigt.

Abb. 2.3/3: Produktionsfaktoren II

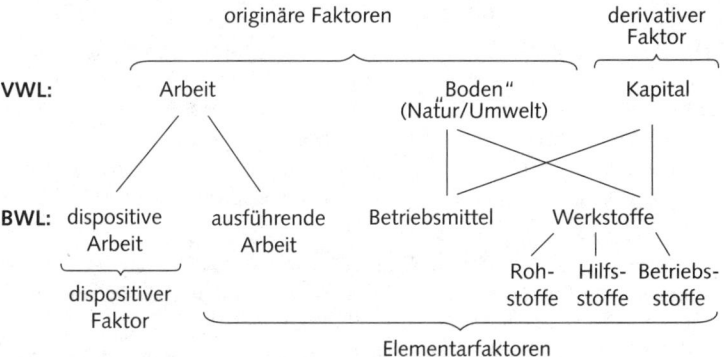

An dieser Stelle bietet sich ein weiterer kleiner Exkurs zur Beziehung zwischen Produktionsfaktoren und dem Güterbegriff an. Sind Maschinen nun Güter (Investitionsgüter) oder Produktionsfaktoren (Kapital), oder beides? Denn es gibt dabei keine direkte Beziehung zur subjektiven individuellen Bedürfnisbefriedigung (Gut → Bedürfnisbefriedigung, vergleiche Abschnitt 2.2). Ein Joghurtbecher ist sicherlich ein Gut, warum aber auch die Abfüllmaschine? **Investitionsgüter** sind – aus der Sicht der Bedürfnisbefriedigung, oder formaler gesprochen: aus der Sicht der Nutzentheorie – eigentlich keine Güter, sondern nur Mittel zum Zweck (Maschine → Konsumgut → Bedürfnisbefriedigung). Etwas anderes gilt für einen Sammler von alten Maschinen, der sich an der Maschine einfach so freut, ohne dass er mit ihr Güter produzieren will (Maschine → Bedürfnisbefriedigung).

Für den Unternehmer dient die Maschine auch nicht direkt dazu, seine Bedürfnisse zu befriedigen, z. B. eine Urlaubsreise zu machen, sondern sie verschafft ihm lediglich die Mittel (Geld), mit denen er sich wiederum das erforderliche Gut (Flugreise = Dienstleistung) beschaffen kann. *Produktionsfaktoren* sind daher – hinsichtlich der Bedürfnisbefriedigung – *keine Güter,* und auch Geld ist somit nutzentheoretisch gesehen kein Gut, weil die Beziehung Bedürfnis – Bedürfnisbefriedigung nicht direkt ist.

Natürlich sind Investitionsgüter und Produktionsfaktoren aus einer anderen Sicht gesehen ‚Güter‘, denn der Güterbegriff dient verschiedenen Zwecken: Erstens wird er verwendet, so wie gerade geschehen, um in der *Nutzentheorie* zu entscheiden, ob sich ein bestimmtes Bedürfnis durch ein bestimmtes Objekt befriedigen lässt. Damit dient der so verwendete Güterbegriff auch zur Unterscheidung des *Zwecks* der betrachteten Objekte, indem Konsumgüter direkt der Bedürfnisbefriedigung dienen, während Investitionsgüter dazu beitragen, diese Konsumgüter oder andere Investitionsgüter herzustellen, selbst aber *keine* Mittel zur Bedürfnisbefriedigung sind.

Produktionsfaktoren werden eingesetzt, um jede Art von Gütern – Konsum- wie Investitionsgüter, Waren, Dienstleistungen oder Rechte – herzustellen, dienen selber aber nicht der Bedürfnisbefriedigung: Wer Hunger hat, ist wild auf ein Brötchen, aber nicht auf die erforderliche Arbeit, um es herzustellen. Folglich sind Produktionsfaktoren wie Investitionsgüter keine Güter zur *direkten* Bedürfnisbefriedigung.

Wenn man den Aspekt der Bedürfnisbefriedigung aber beiseite lässt, wird der Güterbegriff – zweitens – auch zur Klassifizierung und Einteilung verwendet. So sind Konsumgüter, aber auch Investitionsgüter und alle Produktionsfaktoren *knappe Güter,* die im Gegensatz zu freien Gütern nicht beliebig zur Verfügung stehen, die also bewirtschaftet werden müssen (in der betriebswirtschaftlichen Kostenrechnung wird dies besonders deutlich). Der Güterbegriff bezieht sich hier so also nicht auf die *Bedürfnisbefriedigung* und den *Verwendungszweck,* sondern auf die *Verfügbarkeit* des betrachteten ‚Gutes‘. (Eine Beratung durch einen Rechtsanwalt kann der Bedürfnisbefriedigung dienen (= Konsumgut) oder im Produktionsprozess nützlich sein (= Investitionsgut), ist in jedem Fall ein knappes Gut (= ‚kostet‘ etwas).

2.3.2 Verfügbarkeit

Nach diesem kurzen Exkurs in die Betriebswirtschaftslehre wenden wir uns wieder der volkswirtschaftlichen Betrachtung zu. Die *Ausstattung mit Produktionsfaktoren* ist eine wichtige Bestimmungsgröße für den Wohlstand einer Volkswirtschaft. Fehlende Bodenschätze oder unzureichende landwirtschaftlich nutzbare Flächen können die wirtschaftliche Entwicklung genauso hemmen wie fehlende oder unzureichend qualifizierte Arbeitskräfte oder Kapital. Die *Verfügbarkeit* von Produktionsfaktoren – einerlei, ob im Land vorhanden oder „von außen" importiert – ist allerdings nur eine notwendige, nicht aber hinreichende Voraussetzung für ökonomische Entwicklung, denn ob und wie Produktionsfaktoren *genutzt* werden, ist eine andere Frage als ihre Verfügbarkeit. So hängt die sinnvolle Nutzung von „Natur", Geld- und Sachkapital u. a. davon ab, ob der komplementäre Produktionsfaktor Arbeit (auch im Sinne von *know how)* in hinreichendem Maße zur Verfügung steht.

Dabei muss man sich vor Trugschlüssen hüten: In vielen Entwicklungsländern steht der **Produktionsfaktor Arbeit** auf den ersten Blick in hohem Maße zur Verfügung, denn in vielen Ländern wächst die Bevölkerung so schnell, dass sie sich innerhalb einer Generation verdoppelt (vergleiche Abbildung 2.3/4). Es handelt sich dabei jedoch meist um ein Überangebot an *unqualifizierter* Arbeit, während *qualifizierte* Arbeitskräfte knapp sind. Diese Prognosen werden alle paar Jahre auf den letzten Stand gebracht, aber abgesehen von leichten numerischen Fluktuationen ändert sich nichts an der Wachstumstendenz – es wird enger auf der Erde. Im Jahr 2015 werden 7 Milliarden Menschen auf der Erde leben, die 6 Mrd.-Grenze liegt erst ein paar Jahre zurück. Die Bevölkerung in Indien (derzeit 1,1 Mrd.), wird bis dahin die von China (derzeit 1,3 Mrd.) „überholen". Das Weltbevölkerungswachstum wird im Zusammenhang mit knappen Ressourcen (Wasser, Land, Umwelt, Ernährung) zunehmend an Brisanz gewinnen, und wir werden im Zeitablauf in zunehmendem Maße mit Wanderungsbewegungen (Migration) konfrontiert werden.

In Ländern mit stagnierender oder sogar schrumpfender Bevölkerung wie Deutschland hingegen kann die demographische Entwicklung u. a. zu Problemen im Hinblick auf die Altersversorgung

Abb. 2.3/4: Wachstum der Weltbevölkerung

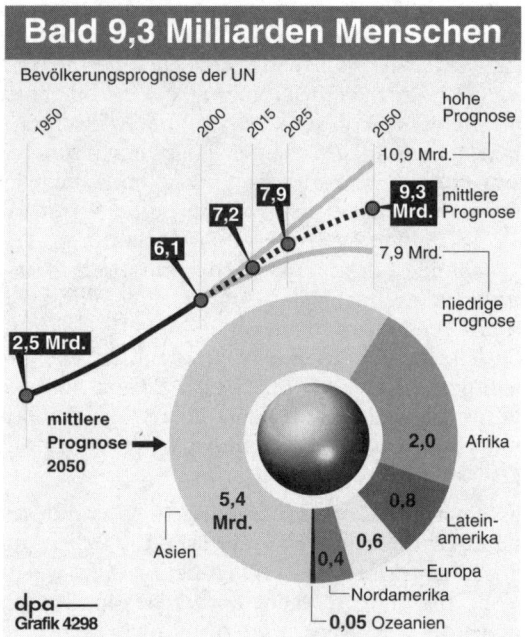

führen, indem immer weniger Personen, die Beiträge zur Sozialversicherung leisten, immer mehr Anspruchsberechtigte finanzieren müssen. Abbildung 2.3/5 und 2.3/6 zeigen die Veränderung
der Altersstruktur der Bevölkerung Deutschlands, die – unter sonst
gleichen Voraussetzungen – beispielsweise zu Finanzierungsproblemen in der Rentenversicherung führt; rein rechnerisch müsste dies
zu höheren Einzahlungen, d. h. Beitragsleistungen, und/oder sinkenden Auszahlungen führen, denn die „aktiven" Erwerbstätigen
müssen immer mehr Rentner „tragen". *Ceteris paribus* ist im Jahr
2050 jeder dritte Bundesbürger im Rentenalter. Die „zerzausten"
Lebensbäume 1950/2000 in Abbildung 2.3/6 stehen in klarem Gegensatz zur Bevölkerungsstruktur noch von 1910, die sich als sehr
gleichmäßige Pyramide darstellte (ohne Abbildung). Die Vereini-
gung von Bundesrepublik und DDR hat die Gesamtbevölkerung
zwar statistisch verjüngt. Dies bedeutet aber auch verstärkte An-

Abb. 2.3/5: Bevölkerungsentwicklung in Deutschland

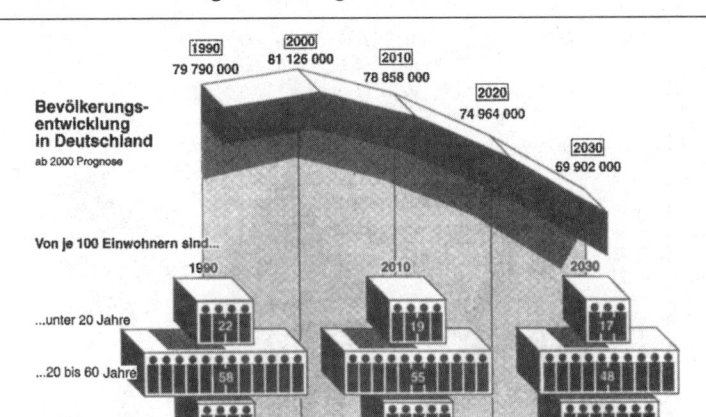

Es ist noch nicht lange her, da grämten sich Politiker aller Parteien, die Deutschen könnten aussterben. Das war vor der Wiedervereinigung, die Deutschen-Ost zählten in der Statistik-West nicht. Die Angst vor der Auszehrung der Nation hatte der bei jungen Paaren verbreitete Trend ausgelöst, sich mit maximal zwei Kindern zu begnügen. Nach dem Fall der Mauer ist das quantitative Problem vorerst gelöst. Die Schwierigkeiten, die aus einer niedrigen Fruchtbarkeitsrate für das soziale Sicherheitssystem erwachsen, sind aber nur hinausgeschoben. Bereits 2030 wird nach den Prognosen der Anteil der über Sechzigjährigen mit 35 Prozent der Einwohner doppelt so hoch sein wie der Anteil der unter Zwanzigjährigen. Zudem müssen immer weniger Erwerbstätige das Bruttoinlandsprodukt für die anderen erwirtschaften.

forderungen an die öffentlichen Haushalte (Kindergärten, Schulen, Hochschulen).

Das Bevölkerungswachstum verlangsamt sich in Deutschland jedoch immer mehr. Nach Schätzungen des Instituts der deutschen Wirtschaft, Köln, wird bis zum Jahre 2010 die Wohnbevölkerung – trotz Zuwanderungen – möglicherweise zurückgehen, mindestens aber stagnieren. Die Verringerung der Bevölkerung kann nur durch entsprechende Zuwanderung „behoben" werden – ein Aspekt mit erheblicher sozialer Brisanz, welcher nicht nur in Deutschland deutlich zu bemerken ist, zum Beispiel ist auch Spanien massiv auf Einwanderer angewiesen. Wenn die Bevölkerung aber sinkt, wird sich dies nicht nur auf die oben angesprochenen Probleme der

Abb. 2.3/6: Bevölkerungsstruktur

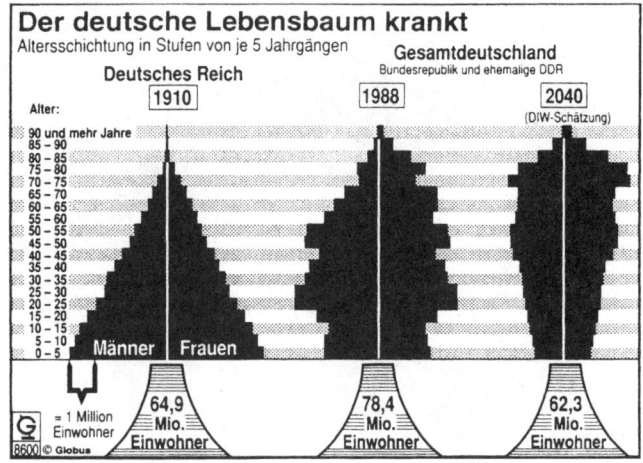

Der deutsche Lebensbaum krankt
Altersschichtung in Stufen von je 5 Jahrgängen

Deutsches Reich

Gesamtdeutschland
Bundesrepublik und ehemalige DDR

1910   1988   2040 (DIW-Schätzung)

Alter:
90 und mehr Jahre
85 – 90
80 – 85
75 – 80
70 – 75
65 – 70
60 – 65
55 – 60
50 – 55
45 – 50
40 – 45
35 – 40
30 – 35
25 – 30
20 – 25
15 – 20
10 – 15
5 – 10
0 – 5

Männer   Frauen

≙ 1 Million Einwohner
© Globus

64,9 Mio. Einwohner   78,4 Mio. Einwohner   62,3 Mio. Einwohner

Sozialversicherungen auswirken. Auch Nachfrage- bzw. Wachstumsimpulse schwächen sich ab – dies wiederum kann zu Lasten der Beschäftigung gehen. Schulen müssen geschlossen werden, die Zahl der Pflegebedürftigen steigt – Japan ist weltweit das Land mit dem höchsten Anteil an alten Menschen. Also geht es nicht ohne Zuwanderung. Und hierfür ist es erforderlich, dem Aspekt der Integration erheblich mehr Aufmerksamkeit zu widmen, als dies bislang zu beobachten ist.

Der für **Industrieländer** nicht untypische Trend der Bevölkerungsabnahme steht in klarem Gegensatz zu einer Vielzahl von **Entwicklungsländern,** in denen die Wachstumsrate der Bevölkerung oft 3-4 % beträgt: Eine Wachstumsrate von 3 % bedeutet eine Verdoppelung der Bevölkerung in rund 23 Jahren, bei 4 % sind es nicht einmal mehr 18 Jahre. Die Zahlen in Abbildung 2.3/4 sind daher keineswegs überraschend. Es ist davon auszugehen, dass der aus der Bevölkerungszunahme in Entwicklungsländern ausgehende Zuwanderungsdruck verstärkt wird durch klimatische Veränderungen. Gegenwärtig sieht es nicht so aus, als ob die Industrieländer hierauf hinreichend vorbereitet seien. Das Propagieren von Methoden der Familienplanung kann hier lediglich unterstützende Wirkungen haben.

2.4 Das ökonomische Prinzip

Das ökonomische Prinzip (auch Rationalprinzip genannt) ist ein zentraler Aspekt des Wirtschaftens. Um einen übergreifenden Begriff für natürliche und für juristische Personen zu haben, die beide Gegenstand ökonomischer Betrachtung sind, ist es üblich, (etwas gestelzt) von Wirtschaftssubjekten zu sprechen. *Wirtschaften* kann somit definiert werden als das rationale Handeln eines Wirtschaftssubjekts, um knappe Güter mit (unbegrenzten) Bedürfnissen in Einklang zu bringen. Dies setzt voraus, dass der wirtschaftende Mensch eine *Wahl* zwischen verschiedenen Möglichkeiten zu treffen hat, wie die vorhandenen knappen Güter (Mittel) eingesetzt werden sollten. Diese Wahl muss eine *rationale* Wahl sein, d. h. sie muss planvoll (im Gegensatz zu zufällig) erfolgen (Axiom, vergleiche Abschnitt 1.4). Man sagt daher auch verkürzt: „Wirtschaften heißt Wählen". Sofern ein Wirtschaftssubjekt nur so viele Güter zur Verfügung hat, wie zur Sicherung seines physischen Existenzminimums erforderlich sind, hat das Wirtschaftssubjekt gar keine Wahlmöglichkeit, die knappen Güter für alternative Bedürfnisse einzusetzen. Wirtschaften bedeutet daher im engeren Sinne Beschaffung und Verwendung eines *Überschusses* über das reine Existenzminimum. Wie dieses Existenzminimum zu definieren wäre, soll hier nicht betrachtet werden, da es ein Beispiel dafür ist, dass ein häufig verwendeter Begriff je nach Bedarf, Absicht oder Annahmen mit verschiedenen Inhalten gefüllt werden kann. Wirtschaften kann – methodisch gesehen – auf zweierlei Weise erfolgen. Hierzu zwei Beispiele:

1. Der Student A eignet sich für eine Prüfung gerade so viel Wissen an, dass er den Mindestanforderungen zu entsprechen glaubt.

2. Der Student B lernt bis zur physischen und geistigen Erschöpfung, um ein bestmögliches Prüfungsergebnis zu erzielen (dies kann für ihn durchaus nur mit einer „vier" enden).

Die Vorgehensweise des Studenten A bezeichnet man als **Minimalprinzip**. Es bedeutet, ein genau bestimmtes Ziel (Ergebnis) mit möglichst geringem Mitteleinsatz zu erreichen. Hingegen verfolgt Student B das **Maximalprinzip**, welches besagt, mit den verfügbaren gegebenen Mitteln das bestmögliche Ergebnis zu erzielen (Abbildung 2.4/1). *Jede andere Auslegung des Rationalprinzips ist* *falsch.* Insbesondere falsch ist die Koppelung von Minimal- und Maximalprinzip, die jedoch sehr häufig vertreten wird: mit geringstem Mitteleinsatz das bestmögliche Ergebnis zu erzielen. Dies entspricht bildhaft dem Versuch, gleichzeitig links und rechts um einen Baum herumlaufen zu wollen. Daher sei betont, dass jeder sich rational verhaltende Mensch sich grundsätzlich nur nach dem Minimal- *oder* dem Maximalprinzip verhalten kann: Man kann z.B. nicht gleichzeitig versuchen Weltrekord zu laufen und dabei seinen Kalorienverbrauch minimieren wollen. Für jegliche Entscheidungssituation, also nicht nur für wirtschaftliche Entscheidungen im engeren Sinne, gilt, dass man nicht gleichzeitig den Mitteleinsatz (Input) minimieren und das Ergebnis (Output) maximieren kann.

Abb. 2.4/1: Rationalprinzip

	Mitteleinsatz	Ergebnis
Minimalprinzip	minimieren	konstant
Maximalprinzip	konstant	maximieren

Formal bedeutet dies, dass die Zielfunktion nur einen Extremwert hat, der *entweder* ein Minimum *oder* ein Maximum darstellt. Beim Minimalprinzip ist das Ergebnis E eine Konstante, der Mitteleinsatz M eine zu minimierende Variable ($E \rightarrow M^{min!}$), beim Maximalprinzip ist der Mitteleinsatz eine Konstante und das Ergebnis eine zu maximierende Variable ($M \rightarrow E^{max!}$).

Wir können nunmehr zusammenfassen: Die Aussage „*Wirtschaften heißt Wählen*" macht deutlich, dass zum Wirtschaften der Verzicht auf andere Handlungs- und Entscheidungsmöglichkeiten gehört; vergleiche auch die Ausführungen zum Begriff der Opportunitätskosten in Abschnitt 2.2. Wirtschaften bedeutet jede rationale Handlung, mit der knappe Güter einer Vielfalt von Bedürfnissen zugeordnet werden.

Die **Güterknappheit** kann in zweierlei Weise verringert werden:

• Erstens kann eine *vorhandene* Gütermenge durch eine andere Verteilung der Güter möglicherweise besser genutzt werden, indem durch Umverteilung Überfluss an einigen und Knappheit an anderen Stellen verringert wird (sogenannten optimale Güterallokation).

• Zweitens kann die verfügbare Gütermenge *erhöht* werden (Wirtschaftswachstum). Hierbei spielt auch der technische Fortschritt eine Rolle. Insbesondere aber kann durch eine *bessere Nutzung der Produktionsfaktoren* eine größere Gütermenge produziert werden (optimale Faktorallokation). Dieser Aspekt wird im Folgenden vertieft.

Die bei der Betrachtung des Rationalitätsprinzips abgeleiteten Konzepte des Minimal- bzw. Maximalprinzips lassen sich nun dazu verwenden, eine ökonomisch sinnvolle Organisation des Wirtschaftens durch Arbeitsteilung zu untersuchen.

2.5 Arbeitsteilung und Produktivität

2.5.1 Grundmodell

Robinson Crusoe ist ein Paradebeispiel für eine sich selbstversorgende (autarke) Wirtschaftseinheit, in der über Arbeitsteilung nicht nachgedacht zu werden braucht. In dem Moment, wo der Eingeborene Freitag hinzukommt, möge die Ausgangssituation wie in Abbildung 2.5/1 gelten.

Abb. 2.5/1: Arbeitsteilung und Produktivität I

	Angel	Kokosnüsse
Robinson	8	4
Freitag	12	2

Robinson (R) benötigt zur Herstellung einer Angel 8 Zeiteinheiten und zum Pflücken einer Kokosnuss 4 Zeiteinheiten. Freitag (F) pflückt eine Kokosnuss in 2 Zeiteinheiten und braucht zur Herstellung einer Angel 12 Zeiteinheiten. Sofern R und F jeder eine Angel bauen und je eine Kokosnuss pflücken, benötigen sie insgesamt 26 Zeiteinheiten, z.B. Minuten (von wirklichkeitsbezogenen Einwänden ist hier bitte abzusehen…)

Dies ist nicht chronologisch zu verstehen, d.h. wenn sie um 9.00 Uhr anfangen, sind sie nicht erst um 9.26 Uhr fertig, sondern bereits um 9.14 Uhr (soviel Zeit benötigt F). Dennoch sind insgesamt

26 Arbeitsminuten aufgewendet worden. In der Industrie spricht man dabei von Mann-Minuten, Mann-Stunden oder Mann-Monaten etc. Wenn ein Handwerksmeister zwei Gesellen für eine Reparatur schickt und diese von 9.00 Uhr bis 10.00 Uhr arbeiten, dann wird die Rechnung auch auf 2 Arbeitsstunden lauten.

Die Güterproduktion kann offensichtlich verbessert werden, indem R und F die Arbeit anders zwischen sich aufteilen. Jeder spezialisiert sich auf das, was er besser (schneller) kann als der andere: R wird sich um den Angelbau kümmern, und F wird Kokosnüsse pflücken. Für dasselbe Produktionsergebnis (2 Angeln, 2 Kokosnüsse) werden dann insgesamt statt 26 nur noch 20 Zeiteinheiten benötigt. Diese Betrachtung entspricht offensichtlich dem Minimalprinzip, doch lässt sie sich auch analog mit dem Maximalprinzip anstellen; hierauf ist noch zurückzukommen.

Historisch gesehen waren die ursprünglichen Wirtschaftseinheiten selbstständige Hauswirtschaften, deren Mitglieder alle anfallenden Arbeiten für sich ausführten (sogenannte **Autarkie** *[griech.]* = Selbstversorgung, auch „Robinson-Wirtschaft" genannt). **Arbeitsteilung** führte zur Entstehung von Handwerkern bzw. Berufen, wodurch sich die Produktionsleistung verbesserte, gleichzeitig aber auch die gegenseitige *Abhängigkeit* zunahm: Auf der einen Seite produziert jeder Einzelne mehr, als er für die eigenen Bedürfnisse benötigt, und ist daher in der Lage, andere mitzuversorgen. Auf der anderen Seite ist er nicht (mehr) in der Lage, alle seine Bedürfnisse selbst zu befriedigen, sondern ist darauf angewiesen, von anderen mitversorgt zu werden. Das Ergebnis sind *Tauschvorgänge,* bei denen die Überschüsse der jeweiligen eigenen Aktivitäten ausgetauscht werden.

Die Aufgabenverteilung auf verschiedene Berufe bezeichnet man als *gesellschaftliche* Arbeitsteilung. Innerhalb jedes Berufes tritt wiederum eine weitere, *technische* Arbeitsteilung auf, wobei die Spezialisierung immer weiter fortschreitet. Weitreichende *Arbeitszerlegung* ist eine Voraussetzung für den Einsatz von Maschinen, um einzelne Arbeitsgänge oder Handgriffe zu ersetzen. Es ist hier nicht der Ort, um Vor- und Nachteile von Arbeitsteilung, Arbeitszerlegung und Mechanisierung zu diskutieren. Offensichtlich aber stehen Vorteilen wie höherer Produktivität (auf diesen Begriff wird gleich eingegangen), niedrigeren Produktionskosten oder u.U. mehr Freizeit auch Nachteile wie Unselbstständigkeit oder Monotonie der Arbeit gegenüber.

Das Prinzip der Arbeitsteilung lässt sich auch auf andere Bereiche übertragen. So spricht man von *internationaler* Arbeitsteilung zwischen Ländern und Regionen. Theorien über die Weltwirtschaftsordnung wird vielfach die Hypothese zugrunde gelegt, dass die Welt insgesamt profitiert, wenn sich jedes Land auf die Produktion solcher Güter spezialisiert, für deren Herstellung es besonders gut ausgerüstet ist. Konsequenterweise müssen die über den nationalen Bedarf hinausgehenden produzierten Güterüberschüsse getauscht werden, so dass unbehinderter Handel (Freihandel) erforderlich ist, um die Vorteile internationaler Arbeitsteilung nützen zu können. Das Freihandelspostulat ist auch Grundlage des internationalen Abkommens über die Welthandelsorganisation (**WTO**; World Trade Organisation). Dass dabei offenbar Theorie und Praxis erheblich auseinander gehen, kann hier nicht diskutiert werden. Ein wichtiges Stichwort ist jedoch die Verteilung der Kosten und Nutzen auf die Beteiligten, und zwar sowohl *zwischen* als auch *innerhalb* der Staaten. Siehe auch weiter unten.

2.5.2 Gesamt- und Teilproduktivitäten

Unser Robinson-Beispiel können wir zur Erläuterung eines volks- und betriebswirtschaftlich wichtigen Begriffs verwenden. Bezieht man das Produktionsergebnis (engl. **output***)* auf den zur Erzielung dieses Ergebnisses erforderlichen Mitteleinsatz (engl. **input**), so spricht man von **Produktivität**:

$$\text{Produktivität} = \frac{\text{Produktionsergebnis}}{\text{Mitteleinsatz}} = \frac{\text{Output}}{\text{Input}}$$

Je nachdem, welche Produktionsfaktoren man dabei in die Betrachtung einbezieht, unterscheidet man zwischen Arbeits-, Kapital-, Boden- oder Gesamtproduktivität aller Faktoren (totale Faktorproduktivität[6]). Der Produktivitätsbegriff kann sich also auf einen einzelnen Produktionsfaktor beziehen oder auf eine Mehrzahl von Produkti-

---

[6] In der Literatur wird der Begriff „totale Faktorproduktivität" im Zusammenhang mit den statistischen Schätzungen des BIP auch verwendet in Bezug auf den partiellen Einfluss des technischen Fortschritts (neben Arbeit und Kapital) auf das BIP. Ich sehe die sprachliche Gleichsetzung eines partiellen Faktoreinflusses mit totaler Produktivität zumindest als missverständlich an.

Abb. 2.5/2: Produktivitäten

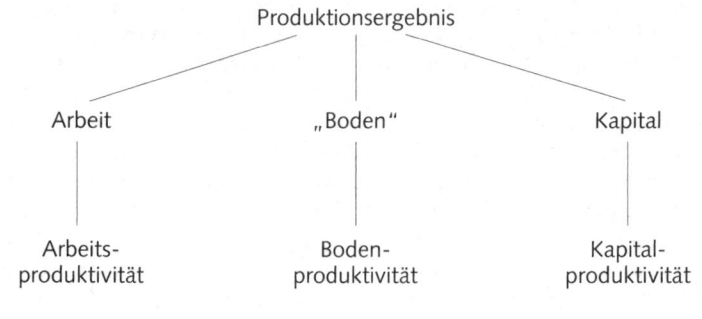

onsfaktoren (Abbildung 2.5/2). Wenn man das Produktionsergebnis nur auf die eingesetzte Arbeit bezieht, spricht man also von Arbeitsproduktivität. Und dabei wiederum kann man den Arbeitseinsatz in *Zeiteinheiten* (z. B. Stunden) bemessen, woraus sich die **Stunden-Produktivität** ergibt, oder mit der *Zahl* der eingesetzten Arbeitskräfte (Pro-Kopf-Produktivität), oder auch in Geldwerten, z. B. Produktionsergebnis pro eingesetzter Lohnsumme (Lohnproduktivität). Eine Steigerung der Arbeitsproduktivität kann dazu führen, dass – im Sinne des *Minimalprinzips* – das gleiche Produktionsergebnis mit *weniger* Arbeitskräften als vorher produziert werden kann, so dass Arbeitskräfte entbehrlich, d. h. arbeitslos werden können. So „freigesetzte" Arbeitskräfte können daher nur dann wieder in den Wirtschaftsprozess eingegliedert *(re-integriert)* werden, wenn sich neue, zusätzliche Beschäftigungsmöglichkeiten bieten, die vorher nicht gegeben waren. Dies setzt wirtschaftliches Wachstum voraus. Um den Freisetzungseffekt, d. h. zunehmende Arbeitslosigkeit, zu vermeiden, setzen sowohl eine wachsende Bevölkerung als auch steigende Arbeitsproduktivität *neue* Beschäftigungsmöglichkeiten voraus, und dies bedeutet wirtschaftliches Wachstum, das üblicherweise mit dem Wachstum des (realen Brutto-)Inlandsprodukts gemessen wird (vergleiche Kapitel 4).

• Anwendung auf das Beispiel

Untersuchen wir in unserem obigen Beispiel der Abbildung 2.5/1 einmal die Arbeitsproduktivität in der Kokosnussproduktion: Vor der Einführung der Arbeitsteilung benötigte R für das Pflücken einer Nuss 4 Minuten, d.h. *seine* Arbeitsproduktivität war 1:4 = *0,25*. Da eine Produktivitätszahl das Produktionsergebnis auf den Mitteleinsatz bezieht, ist *„0,25"* hier so zu lesen, dass 0,25 Kokosnüsse pro Zeiteinheit geerntet werden. F hingegen hatte eine um 1 höhere Arbeitsproduktivität von 1:2 = *0,5*. Die *Gesamt-Arbeitsproduktivität* in der „Kokosnussproduktion" von R und F zusammen betrug somit vor der Arbeitsteilung 2:(4 + 2) = 0,33, während sie sich nach der Arbeitsteilung (nur Freitag produziert Kokosnüsse) auf 2 Kokosnüsse:4 Zeiteinheiten = 0,5 (Minimalprinzip) oder 3:6 = 0,5 (Maximalprinzip) verbessert (Abbildung *2.5/3*). Nach dem Minimalprinzip also wäre dasselbe Produktionsergebnis wie vor der Arbeitsteilung (2 Kokosnüsse) mit *weniger* Arbeitsleistung als vorher zu erzielen. Aus der Sicht eines Kokosnussfabrikanten wäre es also einleuchtend, den relativ unproduktiven Robinson (R) zu entlassen und stattdessen einen weiteren Freitag (F) einzustellen bzw. – und das ist hier im Hinblick auf den Beschäftigungseffekt der wichtige Aspekt – ggf. den Faktor Arbeit durch den Faktor Kapital zu ersetzen (zu substituieren), indem z.B. eine Kokosnuss-Pflückmaschine eingesetzt wird. Zur Vervollständigung noch ein Blick auf die Gesamt-Arbeitsproduktivität in der Angelgeräte-Industrie unseres Beispiels: Vor der Arbeitsteilung betrug sie 2:20 = 0,1 Angeln pro Zeiteinheit, nach der Arbeitsteilung 2:16 = 0,125 Angeln (Minimalprinzip) oder 2,5:20 = 0,125 (Maximalprinzip) (Abbildung *2.5/3)*.

Abb. 2.5/3: Arbeitsteilung und Produktivität II

	vor Arbeitsteilung	nach Arbeitsteilung
Angelproduktion	0,1	0,125
Kokosnussproduktion	0,33	0,5

• Produktivitätsfortschritt und Tausch

Da jeder Spezialist nur noch ein Gut herstellt, aber wahrscheinlich über beide Güter verfügen möchte, ist ein Austausch der produzierten Güter erforderlich. Dies ist dann offensichtlich eine Frage des *Tauschverhältnisses:* Wenn in unserem Beispiel die Beteiligten einig sind, dass eine Angel einer Kokosnuss entspricht, ergeben sich keine Probleme, und die Vorteile der Arbeitsteilung sind unbestreitbar.

Dies ist jedoch nicht immer eindeutig: Vor der Arbeitsteilung benötigte R für beide Güter 8 + 4 = 12 Minuten, F hingegen 12 + 2 = 14 Minuten. Durch die Spezialisierung wird R arbeitsmäßig benachteiligt (er arbeitet nun 16 statt 12 Minuten), F begünstigt (4 statt 14 Minuten). Das Austauschverhältnis zwischen Angel und Kokosnuss wird demnach wohl kaum 1 : 1 sein: Für R dürfte eine Angel vor der Arbeitsteilung soviel wert gewesen sein wie zwei Kokosnüsse (8 : 4 = 2), für F hingegen soviel wie sechs Kokosnüsse (12 : 2 = 6). Für beide Beteiligten wird ein Tausch daher nur dann günstig, wenn R für seine Angel *mehr* als zwei Kokosnüsse erwarten kann und F für eine Kokosnuss *mehr* als – rechnerisch – 1/6 Angel. Ein Tausch ist somit nur dann für beide Beteiligten lohnend, sofern sich ein Tauschverhältnis einstellt, das *zwischen* den ursprünglichen individuellen Tauschrelationen von 1 Angel = 2 Kokosnüsse (R) und 1 Angel = 6 Kokosnüsse (F) liegt, beispielsweise 1 Angel = 4 Kokosnüsse. R erhält dann relativ gesehen mehr Nüsse, als er selbst erzeugen könnte, und F muss pro Angel weniger Nüsse „bezahlen"[7] als bei Eigenproduktion.

Welches Preisverhältnis sich tatsächlich einstellt, kann nicht theoretisch beantwortet werden (es könnte auch 1 Angel = 5 Kokosnüsse oder sonst wie lauten), so dass es durchaus möglich ist, dass bei einem solchen Tauschvorgang der eine Beteiligte deutlich mehr profitiert als der andere. Dieses Problem stellt sich insbesondere auf internationaler Ebene, wo zwischen Industrie- und Entwicklungsländern aufgrund unterschiedlicher Spezialisierungsmuster die hauptsächlichen Exporte der Entwicklungsländer (Rohstoffe und landwirtschaftliche Produkte) relativ gesehen ungünstig gegen die Industrieländerexporte (Fertigprodukte) „getauscht" werden, eine Situation, die als **asymmetrischer Tausch** bezeichnet wird.

2.5.3 Komparative Vorteile

Von diesen Überlegungen einmal abgesehen, legt eine Situation wie in Abbildung *2.5/3* eine Spezialisierung eindeutig nahe. Wie verhält es sich aber, wenn der eine Tauschpartner *beide* Güter schneller (billiger) herstellt als der andere, so wie es Abbildung 2.5/4 darstellt? Dabei würde für F keinerlei Anreiz bestehen, mit R zu

---

[7]   Man denke an den Begriff der Opportunitätskosten in Abschnitt 2.2.

tauschen, da R beide Güter teurer (weil langsamer) herstellt als F. Und dennoch wäre eine Arbeitsteilung – unter Nichtbeachtung des gerade erwähnten Problems des asymmetrischen Tausches – grundsätzlich sinnvoll: Wenn R sich auf die Produktion von A konzentriert und F das Gut K herstellt, sinkt der Mitteleinsatz von bisher insgesamt (10 + 8 + 8 + 2) = 28 Einheiten auf (2 x 10) + (2 x 2) = 24 Einheiten (eine umgekehrte Spezialisierung würde den Mitteleinsatz auf 32 Einheiten ansteigen lassen.

Abb. 2.5/4: Arbeitsteilung und Produktivität III

	Angel	Kokosnüsse
Robinson	10	8
Freitag	8	2

Der Grund liegt darin, dass die Produktivitätsunterschiede zwischen F und R bei der Produktion von A *kleiner* sind als bei K. R ist bei Gut K viermal schlechter als F, bei Gut A hingegen nur 1,25-mal schlechter. Man sagt daher auch, dass R bei Gut A einen **komparativen** (Kosten-)**Vorteil** hat, d.h. mit anderen Worten, dass eine Spezialisierung auf Gut A zwar für sich gesehen einen Nachteil mit sich bringt (die Produktivität sinkt von 0,111 auf 0,100), doch wird dies überkompensiert durch die Entwicklung der Produktivität bei der Produktion von Gut K, die von 0,2 auf *0,5* ansteigt. Die Relation von 10 : 8 = 1,25 bei Gut A ist somit *vergleichsweise* vorteilhafter als die von 8 : 2 = 4 bei Gut K. In derartig gelagerten Fällen ist eine Spezialisierung also – gesamtwirtschaftlich betrachtet – auch dann sinnvoll, wenn der eine Tauschpartner *beide* betrachteten Güter schneller und somit billiger herstellt als der andere – eine Situation, die man sich sowohl im Kleinen als auch im internationalen Maßstab vorstellen kann. Wie aber oben ausgeführt, hängt es von dem sich ergebenden Tauschverhältnis ab, ob beide Tauschpartner durch die Spezialisierung gleichmäßig profitieren oder nicht.

Der Begriff des komparativen (Kosten-)Vorteils wird sprachlich gelegentlich unscharf verwendet: Grundsätzlich und im engeren Sinn bezieht er sich – so wie gerade ausgeführt – darauf, dass z.B. der eine Produktionsfaktor – oder ein Tauschpartner oder ein Land – bei *beiden* betrachteten Alternativen schlechter ist, also *in beiden Fällen einen absoluten Nachteil hat,* dass aber der absolute Nachteil bei der einen Alternative *vergleichsweise (komparativ, relativ* gesehen) geringer ist als bei der anderen. Ein „komparativer Vorteil" ist so gesehen also identisch mit einem relativ geringeren *absoluten Nachteil.* Im Sprachgebrauch wird jedoch – unabhängig von dieser ganz speziellen Situation – oft auch allgemein von komparativen Vor- oder Nachteilen gesprochen in dem Sinne, dass nur eine Alternative betrachtet wird (Robinson kann schlechter Kokosnüsse pflücken als Freitag), ohne dass auch eine weitere Alternative mit ebenfalls einem absoluten Nachteil in die Betrachtung einbezogen würde. Der „komparative" Vorteil in diesem weiten Sinne ist dann identisch mit einem *absoluten Vorteil* und nicht, wie im engeren Sinne, mit einem absoluten Nachteil.

2.5.4 Produktivität und internationaler Handel

Unterschiedliche **Faktorproduktivitäten** können somit unterschiedliche *Wettbewerbsfähigkeit* konkurrierender Anbieter bedeuten, sofern die Faktorkosten in direktem Zusammenhang mit den Angebotspreisen stehen. Auf freien Märkten könnten sich unproduktive Anbieter dann auf Dauer nicht behaupten, sondern würden von produktiveren Konkurrenten verdrängt. Sollen derart gefährdete Unternehmen oder Branchen – und damit Arbeitsplätze – gesichert werden, müssen sie Schutz erhalten.

Dies geschieht in der Regel durch staatliche Maßnahmen, um die Wettbewerbsposition zu verbessern, entweder in Form von Subventionen, welche die Angebotspreise senken helfen, oder durch künstliche Verteuerung der Konkurrenten, etwa durch Schutzzölle auf ausländische Konkurrenz-Importe oder sogar Importverbote. In der Bundesrepublik (bzw. der EU) gibt es viele Bereiche, die z. B. durch Subventionen und/oder Schutzzölle geschützt werden (sogenannte Protektion), u. a. der Bergbau, die Stahlindustrie, der Schiffbau, die Textilindustrie und die Landwirtschaft. Ohne derartige **protektionistische Maßnahmen** würde ein erheblicher Strukturwandel eintreten, indem in unproduktiven Bereichen Unternehmen schließen müssten.

Gegen protektionistische Maßnahmen ist – auch unter marktwirtschaftlichen Gesichtspunkten – nichts einzuwenden, sofern sie als

vorübergehender Schutz gedacht sind. Schutzzölle oder andere
Maßnahmen können den begünstigten Wirtschaftsbereichen Luft
verschaffen, die sie zur Erhöhung ihrer Produktivität und damit
zur Verbesserung ihrer Wettbewerbsfähigkeit nutzen können. Ziel
sollte dabei also sein, die vorübergehende Protektion wieder abzubauen und abzuschaffen. Je größer der aktuelle oder potentielle
Druck der Konkurrenz (insbesondere auf den Weltmärkten) ist,
desto stärker ist die Notwendigkeit, Produktivitätsverbesserungen
zu erreichen, um sich gegen die Konkurrenz behaupten zu können.
Es kann als gesichert gelten, dass offene Märkte zu höherer Produktivität führen als künstlich abgeschottete.

Wenn protektionistische Maßnahmen allerdings auf Dauer bestehen bleiben, dann besteht die Gefahr, dass die innovativen Kräfte
erschlaffen und die volkswirtschaftlichen Strukturen verkrusten, so
dass Ressourcen (Arbeitskräfte, Kapital, Boden etc.) unproduktiv
eingesetzt werden. In dieser Hinsicht besteht daher nur vordergründig ein Zielkonflikt zwischen der (künstlichen) Sicherung von (allerdings unproduktiven) Arbeitsplätzen und dem wirtschaftlichen
Wachstum, denn unproduktive Wirtschaftszweige können die
wirtschaftliche Entwicklung durchaus behindern und langfristig
zu größeren Beschäftigungsproblemen führen, als aufgrund eines
rascheren Strukturwandels anzunehmen wäre. Es braucht nicht betont zu werden, dass die Arbeitsplatzsicherung ein hochpolitisches
Problem ist, bei dem sicher nicht nur produktivitätstheoretische
Überlegungen eine Rolle spielen.

Die traditionelle Außenhandelstheorie, die auf der Grundlage von
Überlegungen wie in den Abschnitten *2.5.1* und *2.5.3* den internationalen Freihandel propagiert und sich u.a. auch im Vertragstext
der Welthandelsorganisation (WTO) niederschlagt, berücksichtigt
nicht die *Auswirkungen* des Freihandels in den beteiligten Ländern
(dies gilt analog für interne Arbeitsteilung innerhalb eines Landes).
Dies bezieht sich insbesondere auf die internationale *Preisbildung*
auf den Weltmärkten, insbesondere den Rohstoffmärkten, die sich
nur schwerlich mit den Konzepten der freien, marktwirtschaftlichen Preisbildung erklären lässt, ferner auf den Strukturwandel
durch Importkonkurrenz sowie den dadurch u.U. bewirkten Ar-
beitsplatzabbau. Weltwirtschaftlich, d.h. gesamtwirtschaftlich betrachtet könnte Freihandel (analog: Spezialisierung) sowohl nach
dem Minimal- als auch nach dem Maximalprinzip insgesamt von

Vorteil sein. Die Frage lässt sich aber kaum theoretisch beantworten, wie sich diese Vorteile auf die Beteiligten verteilen bzw. viel wichtiger: verteilt werden. Dies sind normative, politische Aspekte, die mit dem Instrumentarium theoretischer Handelsmodelle, die sich typischerweise als stark von der Wirklichkeit abweichende 2-Länder-/2-Güter- bzw. 2-Sektoren-/2-Faktorenmodelle darstellen, bisher nur sehr unzureichend angesprochen werden konnten.

In Abschnitt 2.1.2 wurde dargelegt, dass ein **interpersoneller Nutzenvergleich** nicht möglich ist. Dieses Problem ist auch hier von Bedeutung, wenn man die Wahl hat zwischen einer Situation X *mit Freihandel* und einer Situation Y *ohne*. Wie oben erwähnt, könnte man nach dem **Pareto-Kriterium** einen Ausbau des internationalen Freihandels dann befürworten, wenn kein Land den sich daraus ergebenden Strukturveränderungen widerspräche, weil alle (subjektiv) gleichmäßig davon profitieren. Das ist unrealistisch. Nach dem **Kaldor-Hicks-Kriterium** könnten die Länder, die aus dem Freihandel Nutzen zögen, die „Verlierer" nun entschädigen: Schon besser, aber dazu müssten Gewinne und Verluste vergleichbar, möglichst quantifizierbar sein, und – wie auch oben ausgeführt – dieser interpersonelle Nutzenvergleich ist nicht möglich.

In der Praxis ist daher zweierlei zu beobachten: Erstens wird im politischen Raum mit den theoretischen Vorzügen des Freihandels argumentiert, ohne auf die Auswirkungen (Strukturwandel, Kompensationen) einzugehen: „Sprechblasen" und Lippenbekenntnisse. Zweitens finden tatsächlich Kompensationsvereinbarungen statt, z. B. bei „Handelskriegen" zwischen der EU und den USA nach dem Motto: „Behinderst Du meine Exporte nicht mehr, behindere ich auch Deine nicht mehr", oder im Rahmen von Selbstbeschränkungsabkommen z. B. zwischen der EU oder den USA und Japan. Ganz konkret ist dieses Problem auch in den mühsamen Verhandlungen im Rahmen der WTO zwischen der EU und den USA zu beobachten, wo versucht wird, der jeweiligen Gegenseite durch eigene Zugeständnisse an anderer Stelle etwas abzuringen, z. B. im Bereich des Abbaus von EU-Agrarsubventionen. Ein geradezu klassisches Beispiel für die Nichtanwendung des Pareto-Prinzips stellt die EU-Bananen-Marktordnung dar (seit 1993), mit Hilfe derer der Import sogenannter Dollar-Bananen insbesondere aus Zentralamerika behindert wird, um den Absatz sogenannter EU- und AKP-Bananen von EU-Produzenten bzw. aus den mit der

EU in Präferenzabkommen verbundenen Staaten Afrikas, der Karibik und des Pazifik (AKP-Staaten) zu fördern. Natürlich ist dabei keine Rede von (Kaldor-Hicks-analogen) Kompensationen seitens der EU an die Produzenten in Zentralamerika oder betroffene Importeure, insbesondere in Deutschland, und schon gar nicht an den Konsumenten teurer Dollarbananen.

2.5.5 Produktivität und Lohnpolitik

Die Produktivität, vor allem die Arbeitsproduktivität, zählt zu den wichtigsten ökonomischen Indikatoren, sowohl auf nationaler als auch Branchenebene. Grundsätzlich können aus der **Arbeitsproduktivität** in Tarifverhandlungen Spielräume für eventuelle Lohnsteigerungen abgeleitet werden. Ein Anstieg der Gesamtproduktivität regt aus Gewerkschaftssicht zu Lohnforderungen an. Eine Erhöhung der Arbeitsproduktivität bedeutet bei Anwendung des Minimalprinzips, dass dasselbe Produktionsergebnis nun mit weniger Arbeitseinsatz erzielt werden kann. Dies bedeutet eine Ersparnis bei den Lohnkosten. Die so pro Produktionseinheit eingesparte Lohnsumme könnte daher als Lohnerhöhung an die Arbeitnehmer ausgeschüttet werden, ohne dass dies für den Arbeitgeber eine Erhöhung der Lohnkosten bedeutete (sogenannte *produktivitätsorientierte Lohnerhöhung)*. Ob diese Hypothese richtig ist, hängt jedoch auch davon ab, aus welchem Grunde die Arbeitsproduktivität gestiegen ist:

Liegt die Erhöhung der Arbeitsproduktivität ausschließlich an einer besseren Arbeitsleistung, ist die Forderung nach einer (kostenneutralen) Lohnerhöhung zweifellos berechtigt. „Halt", erschallt es dann von der Arbeitgeberseite, „dies liegt nicht an besserem Arbeitseinsatz, sondern an vermehrtem Kapitaleinsatz!" Denn der Fall liegt anders, wenn die Arbeitsproduktivität zwar rechnerisch steigt (Produktionsergebnis bezogen auf den Arbeitseinsatz), eine Steigerung des Produktionsergebnisses (Maximalprinzip) bzw. eine Verringerung des Arbeitseinsatzes (Minimalprinzip) aber auf – kostenverursachende – Veränderungen beim Faktor *Kapital* zurückzuführen ist, z. B. aufgrund der Einführung neuer Maschinen, rechnerisch also die Kapitalproduktivität sinkt – anders gesagt: Pro Kopf wird mehr produziert, die Arbeitsproduktivität steigt also, während gleichzeitig die Kapitalproduktivität sinkt, wegen des

Abb. 2.5/5: Arbeitsproduktivität

Bruttowertschöpfung als Maß der Wirtschaftsleistung

Die Bruttowertschöpfung mißt die in einzelnen Wirtschaftszweigen oder in der gesamten Volkswirtschaft erbrachte wirtschaftliche Leistung. Sie enthält außer Abschreibungen die zu zahlenden Produktionssteuern (minus Subventionen) sowie die entstandenen Erwerbs- und Vermögenseinkommen. In der gewerblichen Wirtschaft wird sie „subtraktiv" berechnet als Differenz zwischen den Produktionswerten und den Vorleistungen. Wenn man die Bruttowertschöpfung auf die einzelnen Arbeitnehmer umlegt, die an ihr beteiligt sind, erhält man ein Maß der Arbeitsproduktivität.

Für die staatliche Wirtschaft gilt derselbe Zusammenhang; der Einfachheit halber wird dort die Bruttowertschöpfung jedoch durch Summierung der gezahlten Einkommen aus unselbständiger Arbeit, die Produktionssteuern sowie der Abschreibungen „additiv" berechnet.

Zieht man von den Produktionswerten Lagerbestandsveränderungen und selbsterstellte Anlagen ab, gelangt man zur Nettowertschöpfung. Um das Bruttoinlandsprodukt zu berechnen, müssen die nichtabzugsfähige Umsatzsteuer sowie Einfuhrabgaben zur Bruttowertschöpfung hinzugefügt werden. *(orn.)*

Mehreinsatzes von Sachkapital (Maschinen). Folglich reklamiert die Arbeitgeberseite den Produktivitätszuwachs für sich, weil sie die entstandenen Kapitalkosten für Maschinen und Anlagen trägt.

In der Praxis erschweren diese Überlegungen mehrere Faktoren. Zum einen gibt es keine eindeutigen Zahlen zur Produktion im Sinne von Wertschöpfung, also dem Zähler des Produktivitätsquotienten Wertschöpfung/Arbeitseinsatz. Die Wertschöpfung entspricht dem Bruttoproduktionswert eines Sektors, vermindert um die von anderen Sektoren oder dem Ausland bezogenen Vorleistungen. Abbildung 2.5/5 als wörtliches Zitat aus einer Tageszeitung verdeutlicht dies wohl weniger als die ausführlichen Ausführungen in Abschnitt 4.2.1.1. Zur Verfügung stehen die Industriestatistik (des produzierenden Gewerbes) und die Volkswirtschaftliche Gesamtrechnung (VGR), deren jeweilige Methodiken nicht kompatibel sind, so dass sich – je nach Basisdaten – unterschiedliche Produktivitäten errechnen.

Aber auch für die Bezugsgröße im Nenner des Quotienten – Arbeitseinsatz, d.h. Beschäftigung – gibt es divergierende Daten in der VGR und der Industriestatistik: Die Produktivität kann gemessen werden entweder am Umsatz (Industriestatistik; Vorteil: detailliertere Branchengliederung, sehr viel aktueller) oder an der **Bruttowertschöpfung** (Volkswirtschaftliche Gesamtrechnung, VGR), Vorteil: exaktere Messung der erwirtschafteten Leistung, Herausrechnen insbesondere der zugekauften Vorleistungen). Eine polemische Klassifikation sagt, die Industriestatistik sei detailliert, aktuell, aber systematisch falsch, die VGR hingegen im Ansatz genau, aber unbrauchbar, weil uralt.

In der Folge ergeben sich höchst unterschiedliche Daten über die Entwicklung der Produktivität, die je nach Interessenlage auch unterschiedlich interpretiert werden können (Abbildung 2.5/6).

Abb. 2.5/6: Produktivität und Löhne

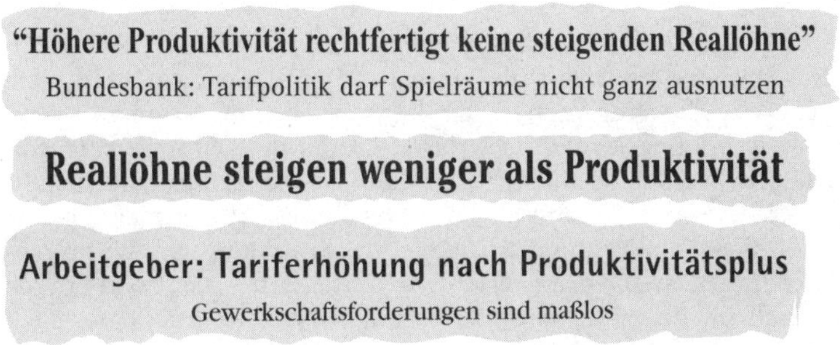

"Höhere Produktivität rechtfertigt keine steigenden Reallöhne"
Bundesbank: Tarifpolitik darf Spielräume nicht ganz ausnutzen

Reallöhne steigen weniger als Produktivität

Arbeitgeber: Tariferhöhung nach Produktivitätsplus
Gewerkschaftsforderungen sind maßlos

Man sollte dabei auch im Blick behalten, dass mit dem Produktivitätsargument durchgesetzte Lohnerhöhungen sich immer nur auf die Beschäftigten beziehen, also die Arbeitslosen ausklammern, deren Ausscheiden aus dem Wirtschaftsprozess möglicherweise erst zu der rechnerischen Produktivitätssteigerung geführt hat. Und der Anstieg der Lohnkosten regt Arbeitgeber wiederum dazu an, Arbeitskräfte durch vermehrten Kapitaleinsatz zu ersetzen – dann wiederholt sich die Argumentation. Dass Deutschland von den Arbeitskosten her der teuerste Industriestandort der Welt ist, ist ein wesentlicher Grund für die Verlagerung von Produktionsstandorten in „Billiglohnländer". Allerdings hat sich dies in vielen Fällen als Trugschluss erwiesen, denn billige, weil unqualifizierte Arbeiter produzieren selten beste Qualität, so dass die Kosten der Qualitätssicherung und der Produktionsüberwachung den Lohnkostenvorteil oft zunichte machten.

In den verschiedenen Branchen bestehen deutliche Produktivitätsunterschiede. Dabei besteht eine Tendenz, den teuren Maschinen-
park am liebsten rund um die Uhr laufen zu lassen, während der
Arbeitseinsatz zurückgeht; man spricht dabei von Entkopplung
von Mensch und Maschine. Ermöglicht wird dies natürlich durch
die Schichtarbeit, durch Überstunden, durch flexible Arbeitszeit-
modelle, die – über den Tag gesehen – 10–12-Stunden-Tage ermög-
lichen sowie durch versetzte Pausenzeiten der Arbeiter (also nicht
alle zugleich), so dass trotz Pausen die Anlagen weiterlaufen können.

2.5.6 Produktivität und Preisniveau

Aus Unternehmersicht wird daher eine arbeitsproduktivitätsorien-
tierte Lohnpolitik meist als Voraussetzung dafür dargestellt, dass
die Preise der erzeugten Güter konstant bleiben können. Lohn-
kostenerhöhungen, die nicht durch Produktivitätsfortschritte auf-
gefangen werden können, stellen dann *ceteris paribus* eine Gefahr
für die **Preisniveaustabilität** dar, oder anders ausgedrückt: Lohnerhöhungen sind nur im Ausmaße der Erhöhung der Arbeitsproduktivität kostenneutral. Da – wie ausgeführt – der rechnerische
Fortschritt der Arbeitsproduktivität jedoch insbesondere auch
durch Kapitalinvestitionen bedingt ist, kann – aus Arbeitgeber-
sicht – natürlich auch nur der Teil des Produktivitätsfortschritts
sich in Lohnerhöhungen widerspiegeln, der die erhöhten Kapitalkosten übersteigt: Nicht der gesamte Produktivitätsfortschritt steht
als Verteilungsspielraum bei Lohnverhandlungen zur Disposition
(vergleiche oben Abbildung *2.5/6*). Andererseits können Lohnerhöhungen auch höher sein als der Produktivitätsfortschritt hergibt,
wenn andere Kostenfaktoren billiger werden (Zinsen, Lohnnebenkosten, Importpreise etc.). Dieses Konzept wurde vom Sachverständigenrat als Kostenniveau-neutrale Lohnpolitik bezeichnet, wobei
also nicht die Lohnstückkosten, sondern die *gesamten* Stückkosten
betrachtet werden (vergleiche Abschnitt 4.2 zur Lohnquote). Eine
weitere wichtige Unterscheidung betrifft die physische Produktivität (z.B. Tonnen pro Kopf) und die Wertproduktivität (z.B. Produktionswert pro Kopf). Gestiegene physische Produktivität kann
durch Preisverfall leicht verwässert werden. Für die Lohnpolitik ist
daher die Wertproduktivität die entscheidende Größe.

Inflation wird danach also im Wesentlichen als (hausgemachte) **Kostendruckinflation** verstanden. Gewerkschaften argumentieren hingegen eher, dass Lohnforderungen nicht *Ursache*, sondern *Folge* von Preiserhöhungen seien, die vor allem durch die Verteuerung von Importgütern verursacht werden (importierter Kostendruck). Folglich müsse eine Lohnerhöhung neben dem Produktivitätsfortschritt auch die allgemeine Preisentwicklung berücksichtigen (Inflationsausgleich). Die Diskussion, ob es sich um eine Lohn-Preis-, Preis-Lohn- oder um eine Lohn-Lohn-Spirale handelt, bei der sich im Laufe eines Jahres die Tarifabschlüsse an den Ergebnissen der bereits abgeschlossenen Lohnrunden orientieren, kann hier nicht vertieft werden. Für die aktuelle Wirtschaftspolitik ist jedoch die Tatsache von Bedeutung, dass Lohnkostensteigerungen, die nicht durch Produktivitätssteigerungen kompensiert werden können, aus betriebswirtschaftlicher Sicht einen Anreiz darstellen, den Produktivitätsfaktor Arbeit durch Kapital zu substituieren. Dieser Arbeitslosigkeit fördernde Aspekt wird verschärft durch unterschiedlich hohe Lohnkostenniveaus im internationalen Vergleich, so dass Branchen, die kostengünstigerer ausländischer Konkurrenz gegenüberstehen (beispielsweise das Baugewerbe, die Textilindustrie, der Schiffbau), von zunehmender, strukturell bedingter Arbeitslosigkeit bedroht sind.

Für die durch **Strukturveränderungen** „freigesetzten", d. h. entlassenen Arbeitskräfte – sei es aufgrund von sogenannten Rationalisierungsinvestitionen oder aufgrund von Importkonkurrenz – ergibt sich nur dann kein Beschäftigungsproblem, wenn sie in anderen Branchen wieder Anstellung finden. Anders ausgedrückt: Wenn Arbeitskräfte aus produktivitätsschwachen Sektoren überwechseln in produktivere Bereiche, verbessert sich die volkswirtschaftliche Produktivität. Es muss daher bei näheren Analysen unterschieden werden zwischen den Produktivitätseffekten aufgrund technologischer Veränderungen und den sogenannten Wanderungseffekten zwischen den Sektoren (was hier nicht näher geschehen soll).

2.6   Volkswirtschaftliche Gesamtrechnung und Sektorenbildung

Eingangs wurde bereits die Notwendigkeit erläutert, die komplexen wirtschaftlichen Beziehungen der Realität in der Betrachtung zu vereinfachen. Ein wesentlicher Baustein hierfür ist die Zusammenfassung von gleichartigen Wirtschaftssubjekten zu Sektoren. Die Sektorenbildung ist auch Element der Volkswirtschaftlichen Gesamtrechnung (**VGR**), mit deren Hilfe die wirtschaftlichen Vorgänge in einer Volkswirtschaft statistisch erfasst und ausgewertet werden, beispielsweise bei der Ermittlung des Inlandsprodukts (vergleiche Kapitel 4). Die VGR gibt ein umfassendes, tief gegliedertes, quantitatives Gesamtbild einer Volkswirtschaft. Dabei werden alle Funktionen einbezogen: produzieren, verteilen, konsumieren, finanzieren, investieren. Um ein übersichtliches Gesamtbild zu erhalten, werden gleichartige Tätigkeiten zu Sektoren zusammengefasst. Aus dem wirtschaftlichen Geschehen werden Kenngrößen abgeleitet wie das Bruttoinlandsprodukt. Die statistische Darstellung erfolgt teils in einem geschlossenen Kontensystem mit doppelter Buchführung, so wie es auch in der kommerziellen Buchhaltung eines Unternehmens erfolgt, oder in Form von Tabellen. Die Erfassung des Inlandsprodukts ist vor allem Grundlage für die Konjunkturbeobachtung und Konjunkturanalyse. Daneben werden Input-Output-Rechnungen erstellt, welche die güter- und produktionsmäßige Verflechtung der Volkswirtschaft abbilden und Grundlage sind für Strukturanalysen (branchenmäßig und regional) sowie die Auswirkungen von Preis-, Lohn-, Produktions- und Nachfrageänderungen widerspiegeln.

Zuletzt erfolgte 2005 eine sehr umfassende Revision der VGR, die allerdings bereits ab 1995 schrittweise auf das Europäische System Volkswirtschaftlicher Gesamtrechnungen (ESGV) umgestellt wurde, welches an das „*System of National Accounts*" (SNA) der Vereinten Nationen angelehnt ist.[5] Damit werden die VGRs in der EU weitgehend nach einem einheitlichen Schema geführt. Im Ergebnis unterscheidet sich die heutige VGR erheblich von dem zuvor angewendeten System, sowohl im methodischen Bereich als auch bezüglich der verwendeten Begriffe und Definitionen. Man kann aber gewiss nicht sagen, dass die Abgrenzungen jetzt griffiger geworden sind, ganz im Gegenteil. Die teilweise etwas kraus anmutenden Bezeichnungen sind aus den entsprechenden englischen Begriffen abgeleitet worden. Beispielsweise heißt das frühere Bruttosozialprodukt (wohlbekannt durch den Song „Jetzt wird in die Hände gespuckt, wir steigern das Bruttosozialprodukt!") nunmehr **Bruttonationalprodukt**, in Anlehnung an den international üblichen Begriff *Gross National Product* (GNP). Daneben gibt es das **Bruttoinlandsprodukt** *(Gross Domestic Product)* – siehe dazu Kapitel 4.

Als kleinste Darstellungseinheit (Systembausteine) werden für die Inlandsproduktberechnung sogenannte statistische Einheiten verwendet, die für Organisationen stehen, die entweder selbst bilanzieren oder bei denen es aus rechtlicher oder wirtschaftlicher Sicht möglich wäre. Diese Einheiten werden zu Sektoren zusammengefasst (Abbildung 2.6/1). Innerhalb der Sektoren werden Wirtschaftsbereiche erfasst, die teilweise in mehreren Sektoren auftreten (z. B. ,Vermietungen' kommt in allen vor). Die auffallendste Änderung gegenüber dem früheren System ist, dass es keinen umfassenden Unternehmenssektor gibt, der alle unternehmerischen Aktivitäten vereint, sondern drei, von denen zwei auch Produktionsunternehmen umfassen und der dritte Banken und Versicherungen. Folgende Sektoren werden nunmehr unterschieden:

(1) Nichtfinanzielle Kapitalgesellschaften

Die nichtfinanziellen Kapitalgesellschaften umfassen Unternehmen in den Formen der AG und der GmbH ebenso wie Personengesellschaften wie OHG und KG sowie rechtlich unselbstständige Eigenbetriebe des Staates und der privaten Organisationen ohne Erwerbszweck, beispielsweise Krankenhäuser, Pflegeheime und Wirtschaftsverbände. Die Sektorbezeichnung ist folglich überhaupt nicht kongruent mit dem gesellschaftsrechtlichen Begriff einer Kapitalgesellschaft, warum auch immer.

(2) Finanzielle Kapitalgesellschaften

Zu den finanziellen Kapitalgesellschaften zählen im Wesentlichen Banken, Versicherungen und entsprechende Hilfsgewerbe (u. a. Börsen und Versicherungsmakler) sowie Vermietungsfirmen.

Finanzielle Kapitalgesellschaften bieten tendenziell ganz andere Güter an als die nichtfinanziellen Kapitalgesellschaften. Im Wesentlichen handelt es sich hier um finanzbezogene Dienstleistun-

Abb. 2.6/1: Wirtschaftsbereiche und volkswirtschaftliche Sektoren

Wirtschaftsbereich	Nichtfinanzielle Kapitalgesellschaften	Finanzielle Kapitalgesellschaften	Staat	Private Haushalte	Private Organisationen ohne Erwerbszweck
Land- und Forstwirtschaft	Kapitalgesellschaften: *Aktiengesellschaften (AG), Gesellschaften mit beschränkter Haftung (GmbH), Genossenschaften*		örtliche fachliche Einheiten bei: – *Forstwirtschaft*	*Selbstständige Landwirte*	
Fischerei					
Produzierendes Gewerbe ohne Baugewerbe			– *Wasserversorgung*	*Einzelunternehmer im Produzierenden Gewerbe, Handwerker (einschl. Eigenleistung beim Bau)*	
Baugewerbe					
Handel, Gastgewerbe	Quasi-Kapitalgesellschaften: *Personengesellschaften*		– *Hilfs- und Nebentätigkeiten im Verkehr*	*Händler, Gastwirte, selbstständige Verkehrsunternehmer*	
Verkehr					

		Banken, Versicherungen, Hilfsgewerbe		selbständige Versicherungsvertreter u. a.	
Kredit- und Versicherungsgewerbe		Banken, Versicherungen, Hilfsgewerbe		selbständige Versicherungsvertreter u. a.	
Grundstückswesen, Vermietung, Dienstleistungen für Unternehmen	Offene Handelsgesellschaft (OHG), Kommanditgesellschaft (KG)	Vermietung (örtliche fachliche Einheit bei Versicherungsgesellschaften)	– Grundstückswesen – Forschung	Vermietung und Eigennutzung von Wohnraum, „Dienstleister" als Einzelunternehmer	Wohnungsvermietung (örtliche fachliche Einheiten, Forschungseinrichtungen)
Öffentliche Verwaltung	rechtlich unselbständige Eigenbetriebe des Staates und der Organisationen ohne erwerbszweck Wirtschaftsverbände		**Bund, Länder, Gemeinden/Gemeindeverbände, Sozialversicherungsträger**		
Erziehung, Unterricht			– Erziehung – Gesundheit – Entsorgung – Kultur	Selbständige „Freiberufler"	
Gesundheit, Sozialwesen					
Erbringung sonstiger öffentlicher und privater Dienstleistungen					z. B. Politische Parteien, Gewerkschaften, Kirchen, Wohlfahrtsverbände, Vereine
Häusliche Dienste					

Quelle: Stat. Bundesamt, Revision des VGR; in: Wirtschaft und Statistik 4/1999

gen, obgleich die Unternehmen heute – marketingorientiert – gerne von ihren „Produkten" sprechen. Das Führen eines Girokontos ist folglich ein Produkt, ebenso eine Haftpflichtversicherung.

(3) Private Haushalte

Der Sektor private Haushalte verlangt besonderes Umdenken. Er umfasst Einzelpersonen und Gruppen von Einzelpersonen als Konsumenten, also Nachfrager nach Gütern, aber auch als Produzenten (Anbieter von Gütern), wie z. b. selbstständige Landwirte, Einzelunternehmer (!), Händler (!), Gastwirte, selbstständige Verkehrsunternehmer, selbstständige Versicherungsvertreter, Freiberufler (Ärzte, Rechtsanwälte, Steuerberater, beratende Ingenieure usw.).

Wir wollen die sich möglicherweise aufdrängende Frage nach der Logik der Abgrenzung dieser drei Sektoren hier weder aufgreifen noch beantworten. Warum beispielsweise eine Autoreparaturwerkstatt in der Rechtsform KG dem Sektor Nichtfinanzielle Kapitalgesellschaften zugerechnet wird, in der Rechtsform eines Einzelunternehmens jedoch als Privater Haushalt gilt, ist spontan nicht überzeugend. Die Struktur der VGR ist jedoch von international gängigen statistischen Zweckmäßigkeiten und Erkenntnisobjekten geprägt, die sich dem Normalbürger nicht ohne weiteres erschließen. Nehmen wir sie also hin wie das Wetter. Wer doch mehr in die Tiefe gehen will, kann unter www.destatis.de eine Fülle methodischer Erläuterungen finden.

(4) Private Organisationen ohne Erwerbszweck

Zu diesem Sektor zählen Gewerkschaften, politische Parteien, Kirchen, Vereine, Wohlfahrtsverbände etc. Der Sektor wird aus statistischen Gründen meist mit den privaten Haushalten zusammengefasst.

(5) Staat

Der Sektor Staat umfasst alle Gebietskörperschaften (in Deutschland sind das Bund, Länder und Gemeinden) sowie die Sozialversicherungen, anders gesehen: die öffentlichen Haushalte. Die im Besitz des Staates befindlichen öffentlichen Unternehmen sind Teil der Unternehmenssektoren. Die Abgrenzung von den privaten Haushalten leuchtet ein: Der entscheidenste Unterschied liegt in der Art der Einnahmeerzielung. Während ein privater Haushalt Faktorleistung anbieten muss, um Einnahmen zu erzielen, gilt für öffentliche Haushalte das Prinzip von Leistung und Gegenleistung nicht, denn ihre Einnahmen sind (im Wesentlichen) Zwangsabgaben (Steuern), für die keine konkret zurechenbare Gegenleistung besteht. Der zweite Unterschied besteht in der Art der Wirtschaftsplanung: Während ein privater Haushalt die Höhe seiner Ausgaben von seinen zu erwartenden Einnahmen abhängig machen muss, können öffentliche Haushalte – unter bestimmten Voraussetzungen und in bestimmten Grenzen – die Höhe der Einnahmen aufgrund des Zwangscharakters von Steuern und vieler Gebühren von der Höhe der zu leistenden Ausgaben abhängig machen. Im Notfall macht man Schulden: Im Bundeshaushalt ist die Kreditaufnahme als Einnahme definiert – so einfach ist das.

(6) Übrige Welt

Alle Wirtschaftseinheiten mit ständigem Sitz (Wohnsitz) außerhalb des „Wirtschaftsgebiets" werden als „übrige Welt" zusammengefasst. Das Wirtschaftsgebiet entspricht in etwa dem deutschen Hoheitsgebiet.

Auf die Beziehungen zwischen den Sektoren werden wir später verschiedentlich zurückkommen. Wie schon angedeutet, dienen Zusammenfassungen einzelner Beziehungen als Grundlage für bestimmte Statistiken bzw. Analysen. So lässt sich z. B. aus der Summe der Beziehungen zum Sektor Ausland die Zahlungsbilanz herausarbeiten, während der Sektor Staat (die „öffentliche Finanzwirtschaft") sich in den Bundes-, Länder- und Gemeindehaushalten widerspiegelt. Durch Zusammenfassung bestimmter anderer Ströme lassen sich ferner verschiedene Inlandsproduktsgrößen ermitteln usw. Die Kapitel 3 und 4 gehen hierauf näher ein.

2.7 Einige Abgrenzungsprobleme und Impulse zum Nachdenken[8]

• **Ist ein Vermieter ein Unternehmer?**

Üblicherweise gilt als Abgrenzungskriterium zwischen Haushalt und Unternehmer die Stellung auf den Güter- und Faktormärkten: Der Unternehmer produziert Güter und bietet diese an (Anbieter); der Haushalt konsumiert (Konsum-)Güter (Nachfrager) und bietet Faktorleistungen (Arbeitskraft) an, die der Unternehmer nachfragt.

Wenn aber ein Haushalt sein Grundstück an einen Unternehmer verpachtet (oder eine Wohnung an einen Mieter) und von den Pacht- bzw. Mieteinnahmen lebt – wird er dadurch (weil Anbieter) – nicht selbst zum Unternehmer?

Die Verpachtung an den Unternehmer durch den Haushalt erfolgt, um Einnahmen zu erzielen, die zum Kauf von Gütern benötigt werden (Pacht → Einnahme → Konsumgüter → Bedürfnisbefriedigung). Historisch betrachtet, ging man in der Theorie eher vom armen Haushalt aus, der außer seiner Arbeitskraft nichts anbieten konnte. Unter dieser Annahme stimmt auch die Aussage uneingeschränkt, dass ein Haushalt Faktorleistungen (Arbeitskraft) anbietet und ein Unternehmer diese nachfragt. Der Grundstücks-, Häuser- und Bankkonten-besitzende ‚Arbeitnehmer‘ ist historisch in der ursprünglichen volkswirtschaftlichen Theorie nicht vorgesehen, denn dann wird die Abgrenzung des Haushalts zum Unternehmer verschwommen: Wenn jemand aus Vermietung und Verpachtung von Immobilien oder Überlassung von Geldkapital Einkommen erzielt (Miete, Zinsen), dann wird er bis zu einem – leider nicht präzise zu definierenden – Schwellenwert als Haushalt gelten, d.h. wenn es sich nur um Nebeneinnahmen handelt. Wer nur von seinen Miet- und Zinseinnahmen lebt, d.h. faktisch ‚hauptberuflich‘ vermietet oder Geld verleiht, der ist zwar schon mit 1 1/2 Beinen im Unternehmerlager, gilt aber noch solange als *Haushalt,* wie er dies *nicht gewerbsmäßig* tut. Wer gewerblich Produktionsfaktoren gegen Entgelt anbietet, dadurch nicht lohnabhängig wird und dies

---

[8]   Einige Aspekte sind im Zusammenhang mit den Kapiteln 3 und 4 zu sehen. Manches ist recht technisch oder statistisch. Zur Not also: Weiterblättern...

nicht nur mal nebenbei macht, der ist volkswirtschaftlich gesehen Unternehmer. Im Einkommensansatz der Volkswirtschaftlichen Gesamtrechnung (VGR) (vergleiche Kapitel 4) sind Mieteinnahmen Teil der Unternehmens- und Vermögenseinkommen.

• **Warum werden staatliche und private Anbieter vergleichbarer Güter nicht grundsätzlich als Unternehmen gewertet?**

Der ‚Staat' gilt nur solange als eigener Sektor (in Abgrenzung zu privaten Unternehmen und Haushalten), wie er sich untypisch verhält, d. h. nicht wie private Unternehmen und Haushalte. Staatliche Unternehmen werden im Unternehmenssektor erfasst, egal in welcher Rechtsform (AG, GmbH, Eigenbetriebe etc.). Dies gilt auch für Institutionen wie Krankenhäuser und Sozialversicherungsträger, die wie Unternehmen Güter produzieren und zwar nicht gewinnorientiert sind, aber nach Kostendeckung trachten (Quasi-Kapitalgesellschaften in der VGR). Zum Sektor Staat im Sinne von ‚öffentlichen Haushalten' zählen u. a. die Polizei, die Lehrer, die allgemeinen Verwaltungen, die Verteidigung, die Bundes- und Landtags- sowie die Gemeindeverwaltungen. Öffentliche Haushalte verschaffen sich im Gegensatz zum privaten Haushalt ihr Einkommen nicht durch Vermarktung (Verkaufen, Vermieten) von Faktorleistungen oder Gütern, sondern durch Zwang (Steuern, Gebühren und Beiträge). Die Abgeordneten in den Parlamenten gelten interessanterweise als Unternehmer, da sie Dienstleistungen anbieten (darüber könnte man streiten).

Kirchen, Gewerkschaften und ähnliche Institutionen werden zunächst in einem Sektor ‚Private Organisationen ohne Erwerbszweck' erfasst, gehen bei der Aggregation in der Volkswirtschaftlichen Gesamtrechnung aber in den Sektor Private Haushalte ein. Sofern sie sich über Zwangsabgaben finanzieren, werden die sogenannten Parafisci (TÜV, Industrie- und Handelskammern) wie staatliche Haushalte behandelt.

Die Anbieter von Gütern wie Lotterien und Glücksspiralen sind Dienstleistungsunternehmen. Private Spielcenter (oder ähnliche Betriebe) zählen zu den privaten Unternehmen, ebenso die staatlichen Lotterien, denn sie sind zwar privat organisiert, werden aber staatlich überwacht (u. a. muss der Einnahmeüberschuss bis zu einem bestimmten Satz als Gewinn wieder ausgeschüttet werden). Gewinne der privaten Spieler – ebenso wie Einkommen aus Spekulationsgeschäften – sind privates Einkommen, allerdings im ersten Jahr nach der Einnahmeerzielung steuerfrei und gehen solange folglich auch nicht in das Volkseinkommen ein. Das geschieht erst dann, wenn der Gewinn danach noch auf dem Konto steht (und auch in der Steuererklärung angegeben wird...) oder ausgegeben wird: Dann erhöht er das Einkommen bei denjenigen, bei denen er ausgegeben wird. Spekulationsgeschäfte beruhen auf Dienstleistungsgeschäften (Vermittlung, Makler, Kapitalanlage) und gehen – weitgehend – in das BIP ein, sofern sie marktmäßig abgewickelt werden (sie werden üblicherweise über Banken abgewickelt, werden dort als Umsätze erfasst und sind oftmals börsenumsatzsteuerpflichtig).

Nebenbei: Viele der privaten Spielsäle dürften Geldwaschanlagen sein: Wenn beispielsweise Profite aus Drogenhandel oder Prostitution gemacht werden, ist das ‚heißes‘, weil illegales Geld. Wenn nun ein Spielomat-Salon behauptet, er hätte im Jahr 15 Millionen Euro eingenommen und versteuert diese brav, dann ist das ‚Restgeld‘ sauber und gilt als ‚ehrlich‘ verdient. Ähnliche Wäschereien gibt es wohl auch bei Pizzerias und Dönerbuden, aber da ist es schon schwieriger, weil man aus den Vorleistungen (Materialeinkauf) in etwa auf den Umsatz schließen kann – die Schummelspanne für heißes Geld ist also geringer. Aber eine Spielhalle hat außer dem Automateneinsatz kaum Vorleistungen, und die möglichen Gewinne können kaum geprüft werden.

Wer privat ein Nutzungsrecht – privates Museum, private Sauna, Badeanstalt etc. – anbietet, ist Unternehmer (Unternehmereinkommen im VGR-Einkommensansatz). Wer privat eine Mautgebühr für eine Brücke oder Straße erheben kann, ist Unternehmer. Wenn aber der Staat eine Autobahngebühr erhebt...?

Würde der Staat die Autobahnnutzung über eine GmbH abwickeln, wäre diese dem Unternehmenssektor zuzurechnen. Dass derartige *staatliche* Aktivitäten nicht im Unternehmenssektor erfasst werden, ist in erster Linie ein organisatorisches Abgrenzungsproblem, weil die staatliche Aktivität nicht unternehmerisch organisiert ist.

• Sind Schauspieler und andere Künstler Unternehmer?

Künstler sind Unternehmer, sofern sie selbstständig sind (Mick Jagger, Julia Roberts, Harald Schmidt). Das schließt nicht aus, dass sie vertragliche Bindungen (Platten-, Film-, Werbevertrag) eingehen, das tun beispielsweise auch Zulieferunternehmen, die das Volkswagenwerk beliefern, und trotzdem bleiben sie Unternehmer. Die Grenze beginnt wiederum da zu fließen, wo sich aus der formal nur kurzfristigen, zeitlich begrenzten vertraglichen Bindung eine dauerhafte Abhängigkeit ergibt. Dann ist möglicherweise kein Unterschied zum Angestellten mehr gegeben, und dann wären Künstler, Sportler oder Schauspieler lohnabhängige angestellte Haushalte (z. B. Berufsmusiker im Stadttheater oder Schauspieler mit festem Engagement). Berufsfußballspieler oder andere Sportler, die fest engagiert sind oder hauptberuflich für einen bestimmten Sponsor arbeiten, sind lohnabhängig, d. h. keine Unternehmer, dies gilt auch für Journalisten und andere.

Zwar hat man das in der volkswirtschaftlichen Theorie früher nicht so definiert, aber im konkreten Fall kann man heute sagen: Einkommen über Lohnsteuerkarte = Haushalt, selbstständige Einkommen aus Honoraren und mit Rechnung, die den Lebensunterhalt sichern (sollen) = Unternehmer. Nebenberufliche, hobbymäßige Tätigkeit dient nicht primär dem Einkommenserwerb und macht den Hobbymusiker in der Band damit noch nicht zum Unternehmer. Wer aber davon seinen Lebensunterhalt nachhaltig und gewerbsmäßig – gegen Honorar – bestreitet, der ist Unternehmer. Wenn jemand ‚sowohl als auch‘ macht, d. h. z. B. ein bisschen musiziert, aber auch einem Lohnjob nachgeht, wird zumindest solange nicht als Unternehmer gelten, wie er nicht hauptsächlich von seiner Musik lebt. Um Missverständnissen vorzubeugen: Wir betrachten hier die Einnahmeseite. Auf der Ausgabenseite ist ein Unternehmer – als natürliche Person – natürlich wieder als Haushalt einzuordnen, indem er Güter zu seiner Bedürfnisbefriedigung nachfragt.

• **Wer ist der eigentliche Anbieter von Geldkapital: Haushalte, Unternehmen, Banken?**

Man kann der geliehenen Mark nicht ansehen, woher sie kommt, d. h. wer sie ursprünglich zur Verfügung gestellt hat: Haushalte sparen bei Banken, Unternehmen führen Guthabenkonten bei Banken, Banken leihen diese Einlagen aus. Vom Güterbegriff her – Anbieter von Gütern, d. h. hier: Dienstleistungen – sind Banken völlig richtig als Unternehmer anzusehen. Aber eigentlich stammt ein Großteil der Einlagen aus dem Sparvolumen der Haushalte. Sind sie daher nicht die eigentlichen ‚Anbieter‘?

Des Rätsels Lösung liegt darin, dass der Güterbegriff nicht monetär definiert ist (natürlich könnte man darüber diskutieren). Geld ist kein Gut, folglich ist der Anbieter von Geld kein Unternehmen, und Banken sind nur durch einen Umweg Unternehmen, weil sie Dienstleistungen anbieten (Abwicklung, Beratung etc.). (So ganz glatt ist diese Abgrenzung allerdings nicht!)

• **Warum sind Zinsen und Mieten mehrwertsteuerfrei?**[9]

Zinsen und Mieten tragen zweifellos zur Entstehung von Mehrwerten bei. Danach müssten sie eigentlich – so wie jede andere Vorleistung auch – der Mehrwertsteuer unterliegen.

Die Steuerbefreiung der Vermietung und Verpachtung hat nicht nur einen sozialpolitischen Zweck, sondern wird auch mit dem zur Erfassung aller privaten Vermieter sonst erforderlichen Verwaltungsaufwand gerechtfertigt, der in keinem Verhältnis zum steuerlichen Erfolg stehen würde.[10]

Bei den meisten Bankumsätzen wird von der an sich notwendigen Besteuerung aus ‚technischen‘ Gründen abgesehen und nicht aus verbrauchssteuerideologischen Gründen, weil den Vorgängen eine Spartätigkeit (also Vermögensbildung) zugrunde liegt, denn die Dienstleistungen der Kreditinstitute sind verbrauchbare Leistungen. Allerdings besteht ein Wahlrecht (Option): Unternehmen können sich Mieten und Kreditzinsen mit Mehrwertsteuer berechnen lassen. Dies ist für Unternehmen immer dann interessant, wenn der Vorsteuerabzug für ein Unternehmen steuerlich lohnender ist.

• **Ist die Berücksichtigung von Wertminderungen als Abschreibungen angemessen?**[11]

Die Abschreibungen werden erfasst als steuerliche Absetzung für Abnutzung (AfA) (so heißt es tatsächlich im Steuerrecht). Diese stimmen natürlich nicht mit dem tatsächlichen Werteverzehr überein, aber die Abweichungen, die sich aus einer periodengerechten Erfassung im Vergleich mit einer tendenziell willkürlichen Gleichsetzung ergäben, sind in der Summe der gesamten Volkswirtschaft relativ gering. Das hat auch praktische Gründe: Die AfA ist ziem-

---

[9] Im Zusammenhang mit Kap. 3 und 4.
[10] Quelle: Rau/Dürrwächter/Flick/Geist, *UStG-Kommentar* zu §§ 4f, S. 3.
[11] Im Zusammenhang mit Kap. 3 und 4.

lich genau aus den Steuerbilanzen der Unternehmen zu entnehmen (und auf die Gesamtwirtschaft hochzurechnen). Die exakte abnutzungsgerechte Abschreibung ergäbe sich korrekt nur aus den betrieblichen Kalkulationen, die von außen kaum seriös zu schätzen und legal kaum zu beschaffen wären. Folglich vereinfacht man gesamtwirtschaftlich und gibt einen AfA-Näherungswert wieder, der sich natürlich aus finanzpolitischen Zielen ableitet (Abschreibungen vermindern die zu versteuernden Unternehmensgewinne).

Abschreibungen gelten in der volkswirtschaftlichen Gesamtrechnung nicht explizit als Faktorkosten, da sie kein direktes Entgelt (d. h. tatsächliche Bezahlung) für die Bereitstellung von Produktionsfaktoren darstellen. Das Nettoinlandsprodukt zu Faktorkosten (d. h. das Volkseinkommen) erfasst die Summe der den Eigentümern der Produktionsfaktoren zufließenden Einkommen (Löhne, Mieten, Pachten, Zinsen). Abschreibungen sind in der unternehmerischen Kostenrechnung *kalkulatorische* Kosten, die unmittelbar niemandem zufließen. Sie mindern aber – letztendlich – den Gewinn. Gewinn aber ist Verzinsung des eingesetzten Kapitals, so dass auf diesem Umweg die Abschreibungen die Verzinsung verringern (als *Faktorkosten* oder *Faktoreinkommen,* je nachdem auf welcher Seite man steht) (genauso wie irgendein anderer Kostenfaktor) und indirekt also doch bei den Faktorkosten berücksichtigt werden.

• **Warum werden bei der Berechnung des Volkseinkommens aus dem Bruttoinlandsprodukt zwar indirekte, nicht aber direkte Steuern abgezogen?**

Direkte Steuern (Einkommen-, Gewerbe-, Kapitalsteuer) werden nicht berücksichtigt, weil sie nicht die Entstehung, sondern die *Verteilung* des entstandenen Volkseinkommens betreffen: Sie verändern die Primärverteilung des Volkseinkommens zur Sekundärverteilung – sozusagen was netto übrig bleibt: das *verfügbare Einkommen.*

• **Gibt es eine plausible Abgrenzung zwischen Staatskonsum und staatlicher Investition?**

Die Abgrenzung zwischen Staatskonsum und Staatsinvestition hat schon manches Rätsel aufgegeben. Man könnte Parallelen zum privaten Bereich ziehen: Im privaten Bereich ist ein Auto im Haushalt Konsum, für ein Taxiunternehmen eine Investition:

Der Erwerb eines Gutes wird dann zur (privaten) Investition, wenn es zu vermarktende Leistungen produzieren soll. Eine private Investition soll die künftige Güterproduktion sichern, usw. Beispiele für Staatskonsum sind Uniformen, Stühle im Bundestag etc. Bereits die Anschaffung gilt als Konsum, also nicht der Verbrauch im Sinne von Aufgebrauchtsein. Staatliche Werbung (Bundeswehr, Aidskampagne) ist Konsum im Zeitpunkt des Aufwandes. Aber was genau ist eine Staatsinvestition? Keiner weiß es. Der Vergleich mit dem privaten Bereich führt letztlich nicht zu einer zwingenden Abgrenzung zwischen Staatskonsum und Staatsinvestition, denn der Kauf eines Polizeiautos wird als Investition erfasst, der Kauf eines Autos für die Bundeswehr als Konsum.

Die Abgrenzung Konsum = Verbrauchs- und Investition = Gebrauchsgüter wird im staatlichen Bereich sehr viel sinnvoller angewendet als hinsichtlich der privaten Haushalte: Bei den öffentlichen Haushalten gelten langlebige Gebrauchsgüter (von bestimmten Wertgrenzen ab) als Investition (und werden in den Haushalten in eigenen sogenannten **Titeln** (in etwa: Buchhaltungskonten) erfasst. Die Abgrenzung ist in der Praxis aber oft schwierig: Die Reparatur einer Straße ist Konsum; eine nachhaltige Verbesserung oder gar ein Neubau einer Straße ist Investition, die Grenze ist fließend. Bei den privaten Haushalten sind aber auch langlebige Gebrauchsgüter (Waschmaschine) im Zeitpunkt des Kaufs immer privater Konsum.

3 Kreislauf

Im vorangehenden Kapitel wurden mit den volkswirtschaftlichen Sektoren wichtige Bausteine für eine Betrachtung gesamtwirtschaftlicher Beziehungen dargestellt. Insgesamt lassen sich diese Bewegungen in **Kreislaufbeziehungen** zusammenfassen. Dies wird in den folgenden Abschnitten näher erläutert, wobei die Darstellung schrittweise erweitert wird.

3.1 Realtausch-Probleme

Den Elementarzustand des Wirtschaftens bezeichnet man als Selbstversorgung (**Autarkie**) oder bildlich als Robinson-Crusoe-Wirtschaft. Eine autarke Wirtschaftseinheit kennt keine Tauschbeziehungen mit anderen Wirtschaftseinheiten bzw. Wirtschaftssubjekten; dennoch wird aus systematischen Gründen dieser Zustand so betrachtet, als ob der autarke Robinson mit sich selbst tauscht. In Abbildung 3.1/1 wird deutlich, dass Robinson (R) seine eigene Arbeitsleistung einsetzt, um sich selbst mit Gütern zu versorgen.

Man könnte also auch sagen, dass die Güter eine Entlohnung seiner Arbeit darstellen oder dass die Güter mit eigener Arbeitsleistung „bezahlt" werden.

Abb. 3.1/1: Autarkie

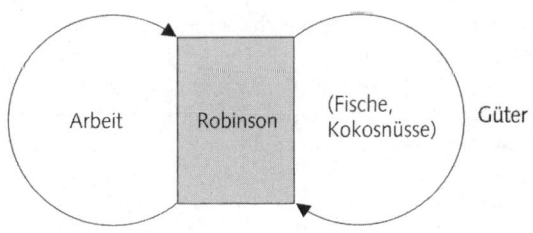

Robinsons Einzelwirtschaft erweitert sich durch das Erscheinen von Freitag (F). Gleichzeitig tritt eine Arbeitsteilung auf, wodurch die Notwendigkeit des Tauschens entsteht: Beispielsweise fängt Robinson nur Fische, aber mehr, als er alleine braucht, während Freitag mehr Kokosnüsse sammelt, als er selbst benötigt. Abbildung 3.1/2 gibt diese Situation wieder: Es findet ein Realtausch Gut gegen Gut statt.

Abb. 3.1/2: Arbeitsteilung und Tausch

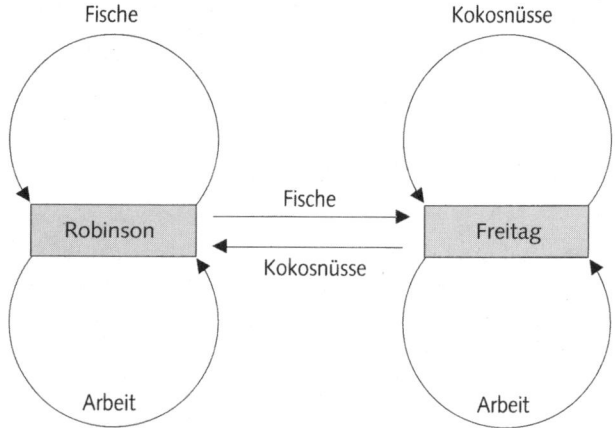

Eine analoge Realtauschbeziehung entsteht, wenn Arbeitsleistung gegen Güter getauscht wird. Im Gegensatz zum Realtausch Gut gegen Gut, der ja auch heute noch zu beobachten ist (z. B. bei Briefmarkensammlern), werden die Beispiele für den Tausch Arbeitsleistung gegen Gut seltener. Im landwirtschaftlichen Bereich war es früher durchaus üblich, dass ein Bauer seinen Knecht in Naturalien entlohnte. Gelegentlich soll es ja auch möglich sein, im Gasthaus seine Zeche durch Tellerwaschen zu begleichen. Abbildung 3.1/3 stellt diese Situation schematisch dar, wobei die beiden tauschenden Sektoren gemäß den Definitionen des Abschnitts 2.6 als **Haushalt** (H) bzw. als **Unternehmen** (U) bezeichnet werden.

Abb. 3.1/3: Arbeitskreislauf I

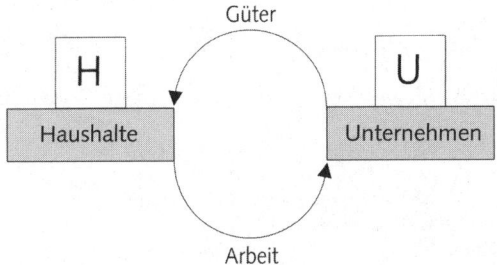

Verlassen wir unser Robinson-Freitag-Beispiel und betrachten zwei Personen A und B, die jeweils einen Gegenstand (X = Tennisschläger bzw. Y = Fußball) zum Tausch anbieten (A), aber einen anderen Gegenstand suchen (nachfragen: N). Abbildung 3.1/4 gibt dies wieder. Wenn A und B sich finden, kann das Problem durch einen Realtausch Fußball gegen Tennisschläger gelöst werden. Dieses elementare Tauschproblem ist dadurch gekennzeichnet, dass die Vorstellungen von A genau das *Spiegelbild* derer von B sind und umgekehrt. Abbildung 3.1/5 enthält einige Beispiele für Realtauschangebote, wobei durch Abbildung 3.1/6 auch deutlich wird, dass realer Tausch im internationalen Handel keineswegs selten ist: Devisenschwache Länder bieten bei sogenannten **Barter-Geschäften** als „Bezahlung" für Importgüter häufig ihre eigenen Exportgüter an. Vielfach existieren Abkommen über Kompensationsgeschäfte oder Zahlungsverrechnung – so auch zwischen der Bundesrepublik und der damaligen DDR –, bei denen der Wert der international „getauschten" Güter gegenseitig aufgerechnet wird, so dass nur die nicht ausgeglichenen Differenzbeträge tatsächlich zu Devisenzahlungen führen.

Abb. 3.1/4: Realtausch I

	Nachfrage	Angebot
A	x	y
B	y	x

Abb. 3.1/5: Realtausch II

Arbeit gegen Ware

- Übernehme Malerarbeiten, etc. gegen Fernseher oder Videorecorder, Tel. 3 95 83 62
- Übernehme Malerarbeiten, etc. gegen PKW. Tel. 7 42 36 83
- Trage Kachelöfen für Eigenbedarf umsonst ab. Tel. 4 94 69 908
- Schneide Haare, nähe und stricke für Euch gegen Renoviermaterial oder Bares. Tel. 6 92 27 03
- Putze Fenster gegen Bücher, Schallplatten oder Bares. Tel. 7 11 15 85
- Wir räumen kostenlos Keller u. Wohnung aus. Als Gegenleistung transportieren wir für Euch Möbel. Tel. 6 26 76 14
- Putze Fenster gegen Buggy oder Geld, Tel. 7 11 11
- Suche Sideboard, Eiche rustikal, ca. 190 cm lang bis 90 cm hoch, übernehme Maler-, Tapeziererarbeiten. Tel. 7 62 78 54
- Visitenkarten, Firmenbogen, Anzeigen, Werbebriefe gegen Waren

Abb. 3.1/6: Realtausch III

Waren statt Geld – Tauschhandel floriert

Auslandsschulden lassen Dritte Welt zu neuen Geschäftspraktiken greifen

Thailand fordert verstärkt Gegengeschäfte

Bartergeschäfte im Westhandel

Kompensationsgeschäfte auf Wachstumskurs – Mittelstand benachteiligt

Für diesen Tauschhandel wird eine Reihe von Synonymen verwendet: **Kompensationsgeschäft**, **Gegengeschäft** oder **Verbundgeschäft**, im englischen Sprachraum *counter trade* oder *barter trade*. Obgleich hier eine beträchtliche statistische Grauzone vorliegt,

schätzt der IWF den internationalen Kompensationshandel auf ein
Volumen von 300–400 Mrd. USD oder 15–20 % des Welthandels.
Am verbreitetsten ist der Tauschhandel im Import- bzw. Export-
Zwischenhandel mit osteuropäischen Staaten und Entwicklungs-
ländern, sektoral in der Chemie-, Maschinen-, Metall- und
Fahrzeugindustrie. Größere Firmen haben i.d.R. bessere Mög-
lichkeiten, die als „Bezahlung" angenommenen Güter wieder zu
vermarkten. Nicht wenige Unternehmen unterhalten hierfür eigene
Abteilungen, andererseits gibt es auch Spezialunternehmen, welche
Counter-Trade-Güter aufkaufen und vermarkten: eine Art Güter-
Factoring.[12] Dabei sind als Kosten meist zu berücksichtigen: Ver-
mittlungsgebühren, Inspektionsgebühren im Exportland und Ab-
wicklungsgebühren; ferner sind oft Preisabschläge hinzunehmen.
Innerbetrieblich entstehen daneben betriebliche Abwicklungs- und
Verwaltungskosten. Die Kosten betragen nicht selten 15–50 % des
Warenwertes, und diese müssen bei den Verrechnungspreisen be-
rücksichtigt werden.

Erweitern wir unser Tauschproblem aus Abbildung 3.1/4 um eine
weitere Person C zu einer Situation wie in Abbildung 3.1/7. Dann
müsste A nicht nur B treffen, sondern auch C finden, und alle drei
müssten jeweils paarweise einem realen Ringtausch zustimmen. Es
lässt sich leicht ausmalen, wie man die Tauschsituation durch Hin-
zufügen weiterer Personen und Tauschobjekte komplizieren kann.
Aber bereits auch so dürften die *Probleme des realen Tausches*
deutlich werden:

Abb. 3.1/7: Realtausch IV

	Nachfrage	Angebot
A	x	y
B	y	z
C	z	x

(1) Das primäre Problem des Realtausches besteht darin, den
oder die geeigneten *Tauschpartner zu finden.* In den Tageszeitungen kann man entsprechende Anzeigen lesen; siehe oben Abbil-

---

[12] Als Factoring bezeichnet man den Verkauf von Forderungen aus Lieferungen und Leistungen.

dung 3.1/5. Wenn A den B gefunden hat, aber noch nicht C, gibt es zwei Möglichkeiten: A gibt B den Fußball „auf Kredit", indem B verspricht, den von A gewünschten Tennisschläger nachzuliefern. Oder A ist bereit, den Fußball „zurückzulegen" und für B eine gewisse Zeit bereitzuhalten.

In jedem Fall muss B sich auf die Suche nach einem geeigneten C machen.

(2) Sofern sich die geeigneten Tauschpartner gefunden haben, muss das *Wertverhältnis* der zu tauschenden Güter festgelegt werden: Entspricht ein Fußball einem Tennisschläger? Oder zweien? Oder einem halben?

(3) Wenn dies gelungen ist, ergibt sich die technische Schwierigkeit, den Tausch entsprechend dem vereinbarten Wertverhältnis durchzuführen. Angenommen, der Fußball sei doppelt soviel wert wie der Tennisschläger. Wird der Fußball nun gegen zwei Tennisschläger ausgetauscht (B hat aber nur einen!)? Oder soll man den Fußball halbieren? Das Problem besteht also in der physischen *Teilbarkeit* der zu tauschenden Güter.

Es ist wohl zu erahnen, wie solche Tauschprobleme entzerrt worden sind: Durch die Erfindung des Geldes. Wir werden im Abschnitt 3.2.3 betrachten, welche Wandlungen Geld bis heute durchlaufen hat. Allen Erscheinungsformen des Geldes ist jedoch gemeinsam, dass bestimmte *Eigenschaften* erfüllt sein müssen, die man als **Geldfunktionen** bezeichnet.

3.2 Geld

3.2.1 Geldfunktion

Wir wollen unser begonnenes Beispiel weiterverwenden. A trifft C und verkauft ihm einen Fußball gegen Geld. Damit ist die Beziehung zwischen A und C abgeschlossen. Mit dem erworbenen Geld kann A sich nun auf die Suche nach B machen, um das für den Fußball erhaltene Geld gegen den von A gewünschten Tennisschläger zu tauschen *(zweistufiger Tausch)*. Ob B und C nun gleichfalls in Tauschbeziehungen treten, sei dahingestellt. Damit diese Entzerrung des Tauschproblems möglich wird, muss das, was als Geld verwendet wird, drei *Aufgaben* erfüllen können.

1. Geld muss als Tauschmittel akzeptiert werden, d.h. der Besitzer eines Gutes muss bereit sein, dieses Gut gegen Geld herzugeben (**Tauschmittelfunktion**).

2. Mit Hilfe des Geldes muss es möglich sein, die zu tauschenden Gegenstände zu bewerten und damit vergleichbar zu machen. Wenn ein Fußball 60 Euro Euro kostet, ein Tennisschläger aber 120 Euro, dann wäre das Tauschverhältnis bestimmt als 2 Fußbälle = 1 Tennisschläger (Funktion der **Recheneinheit**). Durch die Umrechnung in Geld können heterogene Güter vergleichbar gemacht werden.

3. A verkauft B seinen Fußball und erhält 60 Euro. Weil er krank wird, kann er sich erst vier Wochen später daran machen, einen Tennisschläger bei C zu kaufen, der gleichfalls 60 Euro kosten soll. Die von B erhaltenen 60 Euro repräsentieren somit seinen Fußball, den A – in verwandelter Form – bei C gegen einen Tennisschläger tauscht. Der Tausch „Fußball gegen Tennisschläger" findet aus der Sicht von A im Grunde genommen auch statt, aber in zwei (zeitlich auseinander liegenden) Phasen auf dem Umweg über B. Dies setzt aber voraus, dass sich in den vier Wochen, die zwischen dem Tausch „Fußball gegen Geld" und dem folgenden Tausch „Geld gegen Tennisschläger" verstreichen, keine Veränderung der Wertrelationen ergeben hat, konkret: Die Güter dürfen in der Zwischenzeit nicht teurer geworden sein. Geld muss also für eine bestimmte Zeit den Wert eines Gutes „aufbewahren" können (**Wertaufbewahrungsfunktion**). Ist diese dritte Funktion nicht erfüllt (d.h. wären die 60 Euro nach kurzer Zeit nicht mehr so viel wert wie 1 Tennisschläger bzw. 1 Fußball), würde A möglicherweise seinen Fußball nicht gegen Geld verkaufen wollen, sondern auf Realtausch bestehen. Dadurch wäre auch die Tauschmittelfunktion des Geldes eingeschränkt. Wir werden später auf diese und andere *Konsequenzen der Inflation* eingehen.

Die drei Funktionen des Geldes – Tauschmittel-, Recheneinheits- und Wertaufbewahrungsfunktion – sind die *ökonomischen* Geldfunktionen. Gelegentlich wird noch eine weitere Funktion des Geldes genannt: die des **gesetzlichen Zahlungsmittels**. Dies bedeutet, dass die Tauschmittel- und Recheneinheitsfunktion durch Gesetz geregelt ist. Es muss deutlich hervorgehoben werden, dass dies eine rein *rechtliche* Frage ist, die zwar den Umgang mit Geld erleichtert, jedoch aus ökonomischer Sicht durchaus entbehrlich ist. In inflationären Zeiten ist zu beobachten, dass es zwar ein gesetzliches Zahlungsmittel geben mag, dass die Bevölkerung dieses jedoch nicht als Tausch- und Wertaufbewahrungsmittel akzeptiert, sondern auf anderes „Geld" ausweicht; man denke an die berühmte *Zigarettenwährung* nach dem zweiten Weltkrieg, und dieses „ungesetzliche" Geld erfüllte alle gerade beschriebenen ökonomischen Geldfunktionen. Man kann sagen, dass Geld seine Aufgabe als „Schmiermittel der Wirtschaft" nicht oder nur unzureichend wahrnehmen kann, wenn eine der drei ökonomischen Geldfunktionen gefährdet ist. Besonders kritisch ist dabei die **Wertaufbewahrungsfunktion**:

Wenn sie beeinträchtigt ist (d. h. mit anderen Worten: wenn Inflation vorliegt), wird das zunehmend „wertlose" Geld nicht mehr als Tauschmittel akzeptiert, und auch die Funktion der Recheneinheit kann eingeschränkt werden: In vielen Ländern ging die Bevölkerung bei Inflationsraten von mehreren hundert Prozent pro Jahr dazu über, alle Inlandspreise in Dollar auszudrücken und die eigene Währung – wenn irgend möglich – in Dollars umzutauschen (sogenannte Parallelwährung). In einigen Balkanstaaten war damals die DM die inoffizielle „offizielle" Währung, was bei der Umstellung auf den Euro gewaltige Probleme mit sich brachte. Eine Währung kann zwar gesetzliches Zahlungsmittel sein, aber ihre ökonomischen Funktionen einbüßen, während andererseits ein Gut als Geld fungieren kann und alle ökonomischen Funktionen erfüllt, ohne gesetzliches Zahlungsmittel zu sein. Um auf unsere anfänglichen Probleme des Realtausches zurückzukommen: Die Erfindung des Geldes reduziert das Suchproblem, indem statt eines oder mehrerer Tauschpartner mit jeweils komplementären Angebots- *und* Nachfragestrukturen jeweils nur die Angebots-*oder* Nachfrageseite komplementär sein muss: Es ist einfacher, jemanden zu finden, der einem ein gebrauchtes Auto verkauft, als jemanden, der dafür auch ein Gemälde als Bezahlung akzeptiert. Und auch das Teilbarkeitsproblem löst sich, sofern die Geldeinheit genügend klein gestückelt ist. Und damit ist auch das Bewertungsproblem vereinfacht, da man es sich leichter angewöhnt, in Euro und Cents zu denken als in halben Tennisschlägern. Durch die „Erfindung" des Geldes sind also die Probleme des Realtausches (Naturaltausches) entzerrt worden. Statt direkt zwischen A und B wird indirekt unter Einschaltung von C getauscht, wobei – um dies deutlich zu betonen – sowohl Güter als auch Faktorleistungen „getauscht" werden können. Zum Beispiel tauscht der Arbeitnehmer[13] (A) seine Arbeitskraft beim Arbeitgeber (C) gegen Geld (Lohn) und tauscht dann dieses Geld gegen Güter bei anderen Wirtschaftssubjekten (B) ein (Abbildung 3.2/1).

Abb. 3.2/1: Direkter und indirekter Tausch

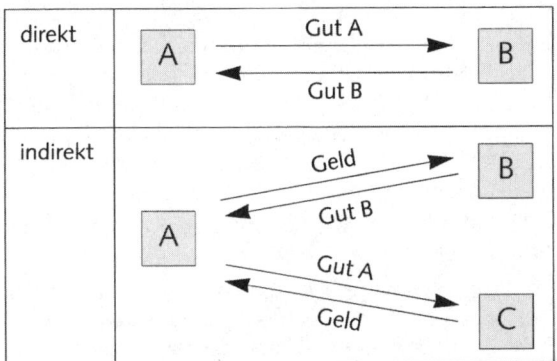

Zum Nachdenken 3.1:
Könnten Kieselsteine als Geld dienen?

3.2.2 Geldarten

Geld hat im Zeitablauf eine Vielzahl unterschiedlicher Erscheinungsformen durchlaufen. (1) In der elementarsten Form wird es als Natur- oder Warengeld bezeichnet, beispielsweise Muscheln, Vieh, Stoff, Salz, Teesiegel etc. Allen Geldformen ist gemeinsam, dass die als Geld fungierenden Güter selten sind oder einen ho-

---

[13] Die Begriffe Arbeitnehmer und Arbeitgeber stehen hinsichtlich der Faktorleistung sprachlogisch auf dem Kopf: Der Arbeitnehmer „gibt" die Faktorleistung Arbeit, der Arbeitgeber „nimmt" sie. Eigentlich müsste vom Arbeitsplatzgeber und -nehmer gesprochen werden.

hen Gebrauchswert haben, woraus sich ein hoher Tauschwert ableitet. Die indische Rupie heißt *Rupia* (Herde); Geld heißt im Lateinischen *pecunia* bzw. *pecus* (Vieh, Viehherde), Geld selbst ist abgeleitet von Gold. Theoretisch könnte man Kieselsteine oder Hühnereier als Geld verwenden, doch wird man bei Kieselsteinen wahrscheinlich sehr schnell mit einem Inflationsproblem konfrontiert werden (wegen der Vermehrbarkeit), und Hühnereier (oder Mühlsteine) werfen technische Probleme auf. Ob ein bestimmtes Gut als Geld verwendet wird, hängt lediglich davon ab, ob es geeignet ist, die drei beschriebenen ökonomischen Geldfunktionen zu erfüllen. Die Funktion als Wertaufbewahrungsmittel ist jedenfalls bedroht, wenn Geld beliebig vermehrt werden kann. Daher also die grundsätzlich zu beobachtende Auswahl seltener Güter als Geld. Historisch gesehen wurden die **Naturalgeldformen** abgelöst durch Edelmetalle zunächst in unbearbeiteter Form wie z.B. als *Nuggets,* die die Goldwäscher aus den Flüssen wuschen. Dabei stellte sich immer mehr das Problem der Wertbestimmung.

(2) Dies wurde gelöst durch die „Erfindung" von **Münzen**, d.h. einer Metallscheibe wurde der Wert aufgeprägt. Das Recht zur Münzprägung (sogenannten **Münzregal**) lag dabei meist bei den herrschenden Fürsten, Königen etc. und konnte von diesen auch verliehen werden. Dabei wurde die Geldform den meist runden Prägestempeln angepasst. Grundsätzlich setzte und setzt das Vertrauen in diese Wertbestimmung durch Markierung (hieraus leitet sich auch die Bezeichnung *Mark* ab), also eine amtliche oder sonstige Autorität voraus.

Münzen aus massiven, aber meist relativ weichen Edelmetallen wie Gold oder Silber waren eine Freude für die sogenannten **Geldschneider,** die mit einem scharfen Messer einen so feinen Span vom Rand der Münze abschnitten, dass der Laie es nicht merkte. Damit war die Münze vom Metallgehalt her natürlich weniger wert als amtlicherseits aufgeprägt. Das derart gewonnene Edelmetall konnte dann verkauft werden. Daher wurden derart gefährdete Münzen meist mit einer Markierung am Rande versehen. Wurde diese abgeschnitten, ließ sich dies sehr leicht feststellen. Aus Tradition wurde dies bei vielen Münzen bis in die heutige Zeit beibehalten, wie z.B. bei einigen Cent-Münzen. Das Geldschneiden würde sich heute ohnehin nicht mehr lohnen: Man unterscheidet zwischen *vollwertigen Münzen* (Kurantgeld), bei denen der aufgeprägte Wert dem Metallwert entspricht, und **Scheidemünzen**, deren aufgeprägter Wert sich vom Metallwert unterscheidet, d. h. höher ist, und nur Scheidemünzen sind heute im Umlauf.

Bei kleinen Münzwerten kann es vorkommen, dass die Herstellungskosten *höher* sind als der aufgeprägte Nennwert. Aber es lohnt sich nicht, das in diesen Münzen enthaltene Metall einzuschmelzen, weil die dadurch entstehenden Kosten wiederum in keinem Verhältnis zum erzielbaren Erlös stehen. Die höherwertigen Münzen hingegen verursachen geringere Herstellungskosten als der aufgeprägte Wert. Das Münzprägen war historisch immer ein Privileg der Fürsten. Dies ist heute an die Regierungen übergegangen: In Europa werden Münzen im Auftrag des Staates (d. h. der Bundesregierung) geprägt (im Gegensatz zu Banknoten, die im Auftrag der EZB: Europäischen Zentralbank gedruckt werden) und über die Bundesbank in Umlauf gebracht (natürlich stimmt sich die Regierung mit der Bundesbank bzw. der EZB über das Volumen ab). Auf deutschen Münzen wird u. a. das Prägejahr und ein Kennbuchstabe für die staatliche Münzpräge eingeprägt (A = Berlin, D = München, F = Stuttgart, G = Karlsruhe, J = Hamburg).

Die Herstellungskosten der Münzen – ebenso wie aus dem Umlauf zurückgenommene Münzen – belasten den Bundeshaushalt, die über die Bundesbank in Umlauf gebrachten Münzen werden dem Bundeshaushalt zum Nennwert gutgeschrieben. Die Differenz – der **Münzgewinn** (oder **Schlagschatz**, vornehm: *seignorage)* kommt damit dem Bundeshaushalt zugute. Der Münzgewinn für das Jahr 2006 betrug rund 300 Mio. Euro. Mit der Euroumstellung ergab sich ein Negativsaldo, weil die Deutschen nur noch halb soviel Münzen benutzen wie vorher; stattdessen wird sehr viel mehr mit „Plastikgeld" (Kredit- und EC-Karten) bezahlt.

Gelegentlich gibt es auch überwertige Münzen, bei denen der Prägewert geringer ist als der Metall- oder Sammlerwert. Solchen Münzen ist das Schicksal beschieden, anderen Verwendungszwecken zugeführt zu werden. Eine deutsche silberhaltige DM-Münze wurde daher, kurz bevor sie in Umlauf gebracht werden sollte, zurückgezogen, weil der Silberpreis stark gestiegen war. Es geht auch die Sage, dass kleine italienische Lire-Münzen früher deshalb so selten waren – man wurde in Italien nicht selten stattdessen in Pfefferminzbonbons ‚ausbezahlt' – weil sie beispielsweise nur 2 Lire „wert" waren, jedoch als Bestandteil von Knöpfen sehr begehrt gewesen waren: Die Herstellung einer gleich großen Metallscheibe wäre teurer gewesen...

Die Herausgabe von Sammlermünzen ist für den Bundeshaushalt auch ein gutes Geschäft. Da sie gesetzliches Zahlungsmittel sind (man könnte damit im Supermarkt Gummibärchen bezahlen. Ob die Kassiererin das allerdings auch weiß, ist unsicher. Sie können es ja mal probieren.) – also, da sie gesetzliches Zahlungsmittel sind und abzüglich Produktionskosten einen Münzgewinn erwirtschaften, fließt dieser wie bei den normalen Münzen an den Bund. Während zu DM-Zeiten etwa 2–3 Münzen pro Jahr herausgegeben und von der Verkaufsstelle für Sondermünzen in Bad Homburg verkauft wurden, sollen es nunmehr 5–7 jährlich sein, denn man ist geschäftstüchtiger geworden.

2001 wurde erstmals in Deutschland wieder eine Goldmünze geprägt, und auch Euro-Goldmünzen werden in Serie gehen. Dabei kann sich für den Bund ein betriebswirtschaftlich interessanter Effekt ergeben: Der Bund kauft der Bundesbank aus deren Beständen das Prägegold zum Marktwert ab; diese hat es aber – nach dem betriebswirtschaftlichen Niederstwertprinzip – zum meist geringeren Anschaffungswert bilanziert. Durch den Verkauf werden sogenannte Stille Reserven gehoben, die den Gewinn der Bundesbank erhöhen, der zum größten Teil an den Bund abgeführt wird.

Der Übergang vom **Warengeld** zum **Münzgeld** lässt sich an einigen Münzbezeichnungen nachvollziehen. So gibt bzw. gab es eine Reihe von Münzen, die deutlich machen, dass sie ursprünglich bei der Gewichtsbestimmung von Waren eine Rolle spielten: das englische *Pfund,* die italienische *Lira* (lira = Pfund) oder der alte deutsche *Batzen* („Ein Heller und ein Ba-ha-tzen...“). Der holländische *Gulden* leitet sich aus „gülden“, also golden ab. Andere Bezeichnungen weisen auf die geographische Herkunft hin. So geht der *Dollar* auf *Taler* zurück, und dieser wieder auf Silbervorkommen bei Joachimsthal im Erzgebirge, aus denen Münzen geprägt wurden. Der erwähnte *Heller* bezieht sich auf Schwäbisch Hall (damals Hall am Kochen) und *Groschen* ist eine schwäbische Umformung der „großen Münze aus Tours“ *(„gros Tournois“).* Die Bezeichnung „Euro“ ist ein reines Kunst-Wort; „Cent“ ist lateinisch *centum* = Hundert(stel).

Als nächste Geldform entwickelten sich **Banknoten**, letztlich als Reaktion auf Probleme mit Münzen. Münzen sind in größerer

Zahl schwer zu transportieren und vor allem auch in unsicheren Zeiten von Räubern bedroht gewesen. Robin Hood hätte kaum eine Chance gehabt, wenn zu seiner Zeit Banknoten in ihrer ursprünglichen Form verbreitet gewesen wären: Diese stellten nur Bestätigungen dar, dass ein Kaufmann (bei einer Bank) eine gewisse Summe Geldes hinterlegt hat. Diese Gutschrift konnte man zur Zahlung verwenden und auch den rechtmäßigen Empfänger auf diesem Papier bezeichnen. Nur der rechtmäßige Besitzer eines solchen Papiers konnte dies gegen das hinterlegte Geld eintauschen. Natürlich sind solche *Namenspapiere* etwas umständlich, weil jede Weitergabe verzeichnet werden muss, aber diese Prozedur ist bei *Wechseln* und *Schecks* ja durchaus gebräuchlich. Später wurden Banknoten von Namenspapieren zu *Inhaberpapieren,* d. h. jeder Besitzer – ob rechtmäßig oder nicht – kann sie verwenden.

Das erste Papiergeld entstand in China während der Tang-Dynastie (618–907 n. Chr.). Das offizielle Zahlungsmittel in Form von Eisenmünzen war schwer und nichts wert. Die Menschen hinterlegten bei den Kaufleuten Quittungen, welche die Münzen ersetzten. Die Chinesen nannten diese Quittungen „fliegendes Geld", weil es so leicht war. Sie konnten es überall benutzen. Zu Beginn des 11. Jahrhunderts schlossen sich chinesische Kaufleute zusammen und gaben Geldscheine mit festem Wert heraus. Diese hießen *Jiao Zi* und wurden auf hölzernen Druckplatten mit schwarzer und roter Tinte bedruckt. Jeder Geldschein war ein Unikat und als Schutz vor Fälschungen mit einer eigenen Nummer versehen. Aber es gab bald Schwierigkeiten, weil Kaufleute oft mehr Geldscheine drucken ließen, als Münzen hinterlegt waren, denn deren Summe sollte die Summe des Papiergeldes decken. Im Jahre 1483 soll in Spanien als Ersatz für mangelndes Münzgeld erstmals in Europa mit Siegeln versehenes Papier mit Wertangabe als vorgeschriebenes Zahlungsmittel ausgegeben worden sein.

Die ersten europäischen Geldscheine gab es in Schweden: 1661 wurden die ersten Zertifikate von der ersten schwedischen Bank (Stockholm Banco) ausgestellt. Ursprünglich waren es rein private Schuldversprechen (Kreditscheine). Der Ursprung unserer modernen Banknoten liegt vermutlich im England des 17. Jahrhunderts, wo Goldschmiede Edelmetalle und Münzen aus Gold und Silber in Verwahrung nahmen und entsprechende Quittungen ausstellten, die dann als Geld fungierten.

> Zum Nachdenken 3.2:
>
> Sind Schecks „Geld"?

Bei bestimmten Währungssystemen vertreten die Geldscheine das „eigentliche" Gold, d. h. die Banknotenmenge steht in einem festen Verhältnis zu den Goldvorräten des Landes (z. B. bei der Gold- und der Goldkern-Währung). Dies ist heute nicht mehr der Fall, und wir wollen an dieser Stelle – ohne es vertiefen zu können – bereits betonen, dass zwischen dem Wert des Euro beispielsweise und den Gold- und Devisenreserven der Europäischen Zentralbank kein Zusammenhang besteht. Der Geldwert ist – verkürzt gesagt – nicht durch Gold, sondern durch das Güterangebot, d. h. durch das **Inlandsprodukt** gedeckt. Banknoten werden in Deutschland im Auftrag der Europäischen Zentralbank gedruckt, die hinsichtlich ihrer Entscheidung über die Menge der umlaufenden Geldscheine von Weisungen der EU-Regierungen unabhängig ist. Damit ist ausgeschlossen, dass eine Regierung den Staatshaushalt (inflationär) mit der Notenpresse finanziert, so wie es in vielen anderen Ländern möglich (und üblich) ist.

In Deutschland werden Banknoten gedruckt bei der privatisierten Bundesdruckerei in Berlin und dem Münchner Unternehmen Giesecke & Devrient (D&G). Der Vorgang der Herstellung ist „streng geheim"; die Mitarbeiter der Gelddruckereien sind zum Schweigen über die Produktion des Geldes verpflichtet. Außenstehende dürfen nicht bei der Produktion der Banknoten zusehen. Natürlich nimmt die Druckerei auch ausländische Aufträge entgegen. Durch die Presse wurde vor einiger Zeit bekannt, dass es ein „falsches Staatsoberhaupt" bei der offiziellen brasilianischen Gelddruckerei geschafft hat, einige Scheinchen für private Zwecke auf richtigem Papier drucken zu lassen, vermutlich mit dem Konsens einiger interner Mitarbeiter…

(4) Die historisch jüngste Geldart wird als **Buchgeld** oder **Giralgeld** bezeichnet, weil dieses Geld nur in den Büchern der Banken (auf Konten) erscheint, nicht aber in Form von stofflichem Geld. Über Buchgeld kann man z. B. durch Schecks oder Überweisungen verfügen. Der Begriff Giralgeld leitet sich daraus ab, dass es vier verschiedene Banktypen gibt: Privatbanken, öffentliche Banken (Landesbanken, Sparkassen), Genossenschaftsbanken (Volksbanken,

Raiffeisenbanken) und die Post als Bank, die jeweils untereinander ein eigenes Verrechnungssystem, einen Verrechnungskreislauf haben (*giro* [ital.] = Kreis; daher auch *Girozentralen*). Viele Begriffe im Zusammenhang mit Geld leiten sich aus dem Italienischen ab, so auch *Bank* selbst: Die Geldverleiher bzw. Geldwechsler saßen mit ihren Tischen (*banca* [ital.] = Tisch) z. B. auf den Märkten. Ging der Geldwechsler bankrott, wurde ihm von der Marktaufsicht mit dem Beil der Tisch zerschlagen (*banca rotta* [ital.] = zerstörter Tisch). Dann kam es zum Konkurs (*concursus creditorum* [lat.] = Zusammenlauf der Gläubiger).

Der konkrete Stoffwert des Geldes ist vom Natural- und Metallgeld über die Banknoten bis zum Buchwert immer geringer geworden bzw. beim Buchgeld sogar völlig verschwunden. Während eine Münze immerhin einen gewissen Metallwert hat, ist das Papier einer Banknote als Papier praktisch wertlos, und Giralgeld ist stofflich nicht existent.

Im Zusammenhang mit dem Giralgeld spielt im täglichen Leben das sogenannte „Plastikgeld" eine wichtige Rolle, d. h. Kreditkarten und EC-Karten (Euro-Scheckkarten), die national und international eine zunehmende Bedeutung gewinnen. Über die mittlerweile immer beliebteren Geldautomaten stellen sie auch das Bindeglied zum Bargeld dar.

Abbildung 3.2/2 gibt einen Überblick über die heutigen Geldarten. Ihre Abgrenzung spielt eine wichtige Rolle bei der Definition der **Geldmenge**, die im Zentrum der Geldpolitik der Europäischen Zentralbank steht. Je nach Betrachtungshorizont gibt es dabei kurz-, mittel- und langfristig relevante Geldmengen (man nennt sie M1, M2, M3), die in unterschiedlicher Weise auf ökonomische Veränderungen reagieren, unterschiedliche Wirkungen produzieren und mit unterschiedlichen geldpolitischen Instrumenten beeinflusst werden (vergleiche mein Lehrbuch „Wirtschaftspolitik"). Wegen der Bedeutung des Giralgeldes gehen wir im folgenden Abschnitt nochmals auf die „Produktion" des Geldes, die *Geldschöpfung*, ein.

Abb. 3.2/2: Geldarten

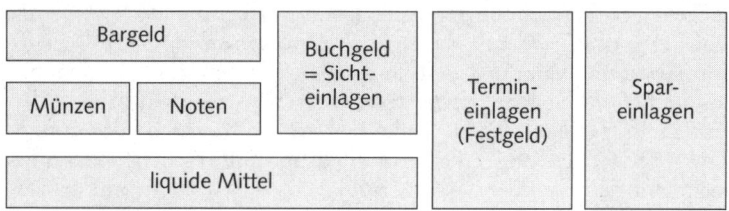

3.2.3 Geldschöpfung

In Deutschland werden Münzen vom Staat geprägt und von der Bundesbank in Umlauf gebracht und Banknoten im Auftrag der EZB von der Bundesbank (bei lizenzierten Spezialdruckereien) gedruckt und von dieser in Umlauf gebracht. Wie aber entsteht Giral- oder Buchgeld?

In Deutschland (wie in den anderen Staaten der Euro-Zone) muss jede Geschäftsbank – auf Anordnung der EZB – einen bestimmten Prozentsatz ihrer Einlagen bei der Bundesbank als (verzinsliche) **Mindestreserve** hinterlegen, über die sie nicht verfügen kann; diese Beiträge sind also blockiert. Auf Einzelheiten, die hier zu weit führen würden, wäre im Zusammenhang mit der Geldpolitik der Europäischen Zentralbank einzugehen; vergleiche Lehrbuch „Wirtschaftspolitik". Die Differenz zwischen Einlage und Mindestreserve bezeichnet man als **Überschussreserve**, über die die Bank nach Belieben verfügen kann. Wir werden eine Reihe von heroischen *Annahmen* machen, die dazu dienen, das folgende Beispiel überschaubar zu machen, die aber *nicht realistisch* sind. So halten die Banken beispielsweise in der Regel höhere Reserven als durch die Mindestreserveregelung vorgeschrieben. Wir unterstellen dabei dass jede Bank ihre Überschussreserven in voller Höhe als Kredit an einen Kreditnehmer weitergeben kann. Der Mindestreservesatz betrage einheitlich 2 % (dies entspricht dem aktuellen Stand). Nun zu unserem Beispiel (vergleiche Abbildung 3.2/3).

Abb. 3.2/3: Giralgeldschöpfung I

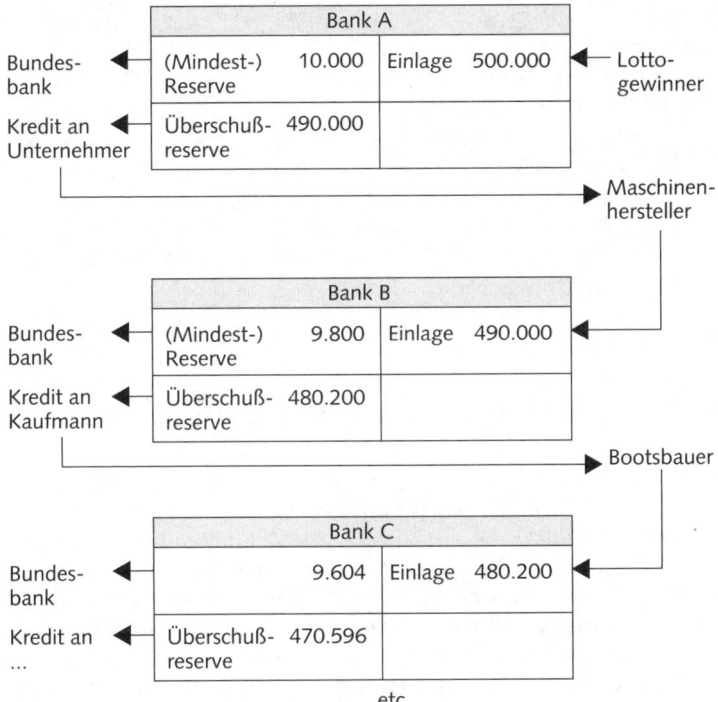

Ein Lottogewinner zahlt 500.000 Euro bei seiner Bank A ein. Von diesen Einlagen muss die Bank 2 % = 10.000 Euro an die Bundesbank abführen, die Überschussreserve von 490.000 Euro zahlt sie als Investitionskredit an einen Unternehmer aus, der damit Maschinen kauft. Der Maschinenhersteller zahlt die so verdienten 490.000 Euro bei seiner Bank B ein, so dass diese 2 % der neu entstehenden Einlage = 9.800 Euro als Mindestreserve an die Bundesbank abführt und die Überschussreserve von 480.200 Euro wiederum als Kredit an einen Privatmann vergibt, der sich damit eine Jacht kauft. Der Bootsbauer zahlt die erhaltenen 480.200 Euro bei seiner Bank C ein usw. usw.

Wenn man diesen Prozess gedanklich unendlich oft fortsetzt (Abbildung 3.2/4), wird die jeweils verfügbare Überschussreserve immer kleiner, so wie ein von Hand zu Hand weitergereichter Schneeball

Abb. 3.2/4: Giralgeldschöpfung II

Periode	Einlage	Kreditschöpfung	Zuwachs der Mindestreserve bei der Zentralbank
1	500.000	490.000	10.000
2	490.000	480.200	9.800
3	480.200	470.596	9.604
4	470.596	461.184	9.412
5	461.184	451.960	9.224
	451.960	442.921	9.039
	442.921	434.063	8.858
max.Summe	16.666.667	16.333.333	333.333

immer mehr abschmilzt. Dies entspricht der jeweils abzuführenden Mindestreserve. Formal gesprochen handelt es sich um eine *geometrische Reihe,* bei der die einzelnen Summanden jeweils 2 % kleiner sind als der vorangehende, wenn wir einen – realistischen – Mindestreservesatz von 2 % unterstellen. Unter Heranziehung der Summenformel für eine *unendliche* geometrische Reihe lässt sich so bestimmen, wie hoch – nach (theoretisch) unendlich vielen Schritten – die gesamte Kreditsumme ist, die sich maximal aus einer einzigen anfänglichen Einzahlung von 500.000 Euro bei der Bank innerhalb des Bankensystems „produzieren" ließe: Die Summenformel für eine geometrische Reihe ist

$$(1) \quad s_n = a \cdot \frac{1 - q^n}{1 - q},$$

wobei s_n die Endsumme ist, a das erste Reihenglied (hier: die erste Überschussreserve) und q der Multiplikator der geometrischen Reihe (hier: 0,98 wegen 100 % – 2 % = 98 %). Bei einer unendlichen geometrischen Reihe geht der Ausdruck q^n gegen Null, so dass sich der Ausdruck reduziert auf

$$(2) \quad s_n = \frac{a}{1 - q}.$$

1-q ist aber nichts anderes als der Mindestreservesatz, so dass sich unter den von uns unterstellten Annahmen die maximale mögliche Kreditschöpfung bestimmen lässt als

$$(3) \quad \text{Kredit (max.)} = \frac{1. \text{ Überschussreserve}}{\text{Mindestreserve}}.$$

In unserem Beispiel also

$$(4) \quad \frac{490.000}{0,02} = 24.500.000.$$

Aus einer anfänglichen Einlage von 500.000 Euro kann das Bankensystem somit bei einem Mindestreservesatz von 2 % (unter den gemachten „heroischen" Annahmen) *maximal* weitere 24.500.000 Euro an Krediten und damit an Buch- und Giralgeld produzieren, so dass insgesamt also das *50-fache* der ursprünglichen Einlage nachfragewirksam werden kann.

Wegen Gleichung (4) dürfte einleuchten, dass diese Kreditschöpfung bzw. gleichbedeutend: Buch- oder Giralgeldschöpfung (da sich dieser Prozess auf den Konten bzw. in den Büchern des Bankensektors vollzieht) durch Veränderung der Mindestreservesätze erhöht oder eingeschränkt werden kann. Beispielsweise würde bei einer Anfangseinlage von wie bisher 500.000 Euro, aber einem Mindestreservesatz von *3 %* das maximale Kreditpotential sich bestimmen als

$$(5) \quad \frac{500.000 - (3\,\%)}{0,97} = \frac{500.000 \times 0,97}{0,97} = \frac{485.000}{0,97} = 16.166.667;$$

bei einem Mindestreservesatz von 10 % wären es maximal 4.500.000 Euro.

Die Stilllegung von Mindestreserven bei der Zentralbank ist ein sehr griffiges, aber auch grobes Instrument zur Geldmengensteuerung seitens der Zentralbank. Die sogenannten **Feinsteuerung** der Geldmenge erfolgt jedoch durch eine Reihe anderer Instrumente der Zentralbank, u. a. durch (Wertpapier- und Devisen-) Pensionsgeschäfte, auf die hier nicht einzugehen ist. Es muss aber hervorgehoben werden, dass es neben den nationalen Geldmärkten, die von den jeweiliges zuständigen nationalen Notenbanken kontrolliert werden, einen üblicherweise als **Euromarkt** bezeichneten Geld-

und Kapitalmarkt gibt, der keiner institutionellen Kontrolle unterliegt und insbesondere auch keine Mindestreservepflicht kennt. Dies führt zu insgesamt günstigeren Zinsstrukturen als auf den nationalen Märkten. Die Teilnahme am Euromarkt ist allerdings nur größeren Banken, Unternehmen und Institutionen mit entsprechendem internationalen *„Standing"* möglich. International wird seit längerem diskutiert, die Mindestreserveverpflichtungen abzuschaffen, um die dadurch bedingten kostenmäßigen Wettbewerbsverzerrungen zu bereinigen.

Abbildung 3.2/5 gibt den gegenwärtigen Bargeldumlauf wieder. Fast 97 % sind Banknoten, nur knapp 3 % sind Münzen.

Abb. 3.2/5: Bargeldumlauf

Stückelung	Anzahl in Mio. Banknoten	Wert in Mio. Euro	
500	419	209.680	2%
200	151	30.134	3%
100	1.084	108.362	24%
50	3.800	190.029	31%
20	2.120	42.392	36%
10	1.723	17.227	3%
5	1.278	6.392	1%
Insgesamt	10.575	604.216	

Quelle: Europäische Zentralbank 2006

3.2.4 Geldwert

Der Geldwert oder sachlich gleichbedeutend: die Kaufkraft einer Währung leitet sich daraus ab, ob das Geld die oben in Abschnitt 3.1.2 besprochenen *Geldfunktionen* erfüllen kann. Stofflich gesehen ist das, was man als Geld bezeichnet (egal in welcher Form: ob als Münze, Banknote oder Giralgeld) überspitzt gesagt wertlos. Ganz klar ist dies beim **Giralgeld** oder *Buchgeld,* das stofflich gar nicht existiert; **Banknoten** verursachen zwar in der Herstellung entsprechende Kosten, haben aber stofflich nur einen sehr geringen Wert; **Münzen** haben – wie oben ausführlich behandelt – i. d. R. einen sehr viel niedrigeren Stoffwert als der ihnen aufgeprägte

Nominalwert. Bei Sammlermünzen – z. B. Goldmünzen – ist dies natürlich anders, aber wir beziehen uns hier nur auf die im Umlauf befindlichen Geldarten. Anders ausgedrückt: Geld als solches ist *wertlos*. Auch in Abschnitt 2.3 wurde bereits betont, dass Geld *kein Produktionsfaktor* ist, sondern dass man mit Geld zwar die Produktionsfaktoren kaufen oder mieten oder entlohnen kann, aber dass das Geld selbst nicht produktiv ist. Der Begriff ‚Geldwert' bezieht sich daher nicht auf den Eigenwert des Geldes, sondern auf die Verwendungsmöglichkeiten im Geldkreislauf. Und in diesem Zusammenhang ist der Begriff **Kaufkraft** besser. Die Kaufkraft des Geldes bezieht sich auf die Gütermenge, die man für eine Geldeinheit kaufen kann. Bei näherer Betrachtung zeigt sich, dass man diesen Begriff sinnvoll nur im Zeitablauf interpretieren kann: Wenn man hört, dass in Benesien ein Liter Milch heute 25 Kawas kostet, kann man nur ‚aha' sagen. Weiß man dagegen, dass der Milchpreis im letzten Monat nur 15 Kawas betrug, erkennt man, dass die Kaufkraft einer Geldeinheit gesunken ist. Der Geldwert im Sinne von Kaufkraft ist also vor allem *zeitabhängig* zu betrachten.

Auch volkswirtschaftlich ist der Geldwert im Verhältnis zur damit erwerbbaren Gütermenge zu betrachten. Üblicherweise wird dabei die volkswirtschaftliche Geldmenge in Relation zum Brutto-Inlandsprodukt gesetzt (wobei es zum einen verschiedene Geldmengenabgrenzungen gibt, zum anderen diverse Inlandsproduktbegriffe; vergleiche Abschnitt 3.2 und Kapitel 4). Nimmt die Geldmenge im Verhältnis zum Inlandsprodukt zu, sinkt die Kaufkraft. Sinkende Kaufkraft des Geldes ist gleichbedeutend mit dem Begriff **Inflation**. Es wurde weiter oben schon ausgeführt, dass Inflation einhergeht mit der Beeinträchtigung oder gar dem Verlust der Geldfunktionen: Inflation bedeutet zunächst Beeinträchtigung der **Wertaufbewahrungsfunktion** des Geldes; dies führt i. d. R. zu einer Beeinträchtigung der **Tauschmittelfunktion**, wenn Geld nicht mehr als Bezahlung akzeptiert wird, sondern z. B. Realgeld verlangt wird („Bring Eier, dann erhältst Du Schinken"). Bei extremer Inflation schließlich kann auch die Funktion als **Recheneinheit** verloren gehen, wenn – wie in vielen inflationsgeschädigten Ländern – die Bevölkerung nicht mehr in der einheimischen Währung denkt und rechnet, sondern in einer **Parallelwährung**, z. B. Dollar oder Euro. Auf die Ursachen von Inflationen und die verschiedenen Inflationstheorien kann hier nicht eingegangen werden. Vergleiche hierzu mein Lehrbuch „Wirtschaftspolitik".

3.2.5 Falschgeld

Der Bargeldumlauf wird ständig in der Falschgeldstelle der Deutschen Bundesbank in Mainz (falschgeldstelle@bundesbank.de) auf Echtheit überprüft. Eine Banknote durchläuft durchschnittlich dreimal pro Jahr diese Kontrollen, größere Scheine – ab 50 EUR – noch öfter.

Die Entwicklung moderner Farbkopierer hat eine Flut von Falschgeld ausgelöst. Hinzu kommt die Öffnung nach Osteuropa... München gilt zudem als „Tor zum Süden", denn Italien gilt als eine Fälscherhochburg. Farbkopierer-Geld wird meist nur in kleinerem Ausmaß hergestellt, denn es lässt sich relativ leicht entdecken, da beim Kopieren wichtige, auch von Laien erkennbare Merkmale echter Noten verlorengehen.

In die Euro-Banknoten wurden einige Sicherheitsmerkmale eingearbeitet, so dass die Echtheit mit einiger Aufmerksamkeit in den meisten Fällen festgestellt werden könnte. Es handelt sich dabei um tastbare und sichtbare Kennzeichen (Abbildung 3.2/6). Die Bundesbank stellt auf ihren Internetseiten (www.bundesbank.de) die verschiedenen Kennzeichen vor und gibt auch Tipps zu Erkennung von Falschgeld.

Mittlerweile werden zahlreiche, billige und teurere Banknotenprüfgeräte angeboten. Die Bundesbank bietet als Service an, diese Geräte zu testen, und führt eine Liste getesteter Hersteller. Größere Falschgeldbeträge werden daher mit professionelleren Druck-Methoden produziert. Die Ein- und Ausfuhr von banknotenfähigem Papier ist übrigens ohne Genehmigung verboten.

Statistisch kommen auf 100.000 Einwohner Deutschlands 5 falsche Banknoten (weniger als im europäischen Durchschnitt). Während die Produktion von falschen Banknoten rückläufig zu sein scheint, hat der Umlauf falscher Münzen zugenommen. Gefälschte Münzen werden in Verkaufs-, Spiel- und Dienstleistungsautomaten (Fahrkarten, Parkhäuser etc.) eingesetzt. In Geldautomaten ist ein kleines Münzprüfgerät eingebaut, um Falsch-, aber auch Fremdgeld (ausländische Münzen) abzuweisen. Diese Geräte sind immer feiner und empfindlicher geworden, dennoch hat der Falschgeldumlauf in den letzten Jahren deutlich zugenommen.

Abb. 3.2/6: Falschgeld

Blumige Blüte: *Für dieses Exemplar diente ein Schein aus Surinam als Vorbild*   Foto: dpa

Für den zufälligen Besitzer eines gefälschten Scheins oder einer Münze ist Falschgeld ‚Pech‘, denn nicht nur der Hersteller solcher ‚Blüten‘ macht sich strafbar, sondern auch, wer Falschgeld wissentlich weiterverwendet. Das bedeutet, dass man Falschgeld unverzüglich bei einem Geldinstitut oder der Polizei – und zwar ohne Entschädigung – abgeben muss. Daher ist die Versuchung groß, Ahnungslosigkeit vorzutäuschen.

3.3 Güter- und Geldkreislauf

3.3.1 Komponenten

Nach diesem Exkurs über Geld kehren wir wieder zur Kreislaufbetrachtung zurück. Durch die Einbeziehung des Geldes in die wirtschaftlichen Beziehungen zwischen den Sektoren **Haushalt**

(H) und **Unternehmen** (U) ergeben sich zwei Bereiche (vergleiche Abbildung 3.3/1). Auf der einen Seite wird der Produktionsfaktor Arbeit von den Haushalten gegen Lohnzahlungen angeboten. Nicht dargestellt, aber analog zu betrachten sind neben dem **Arbeitsmarkt** die anderen Faktormärkte für Boden (z. B. **Immobilienmarkt**) und Kapital (**Geld- und Kapitalmarkt**). Dabei ergibt sich jeweils ein realer Strom (er entspricht dem Wert des Produktionsfaktors) und – gegenläufig – ein monetärer Strom als Entgelt für die Produktionsfaktoren (z. B. Löhne, Zinsen, Mieten). Der reale und der monetäre Strom sind dabei *wertmäßig gleich:* Arbeitsleistung im Wert von 900 Euro Euro wird mit 900 Euro Lohn entgolten. Dies entspricht dem Prinzip der **doppelten Buchführung** in der kaufmännischen Betrachtung, wo jeder Vorgang zweimal erfasst wird – und zwar sinngemäß einmal mit „positivem" und einmal mit „negativem" Vorzeichen: Dies entspricht der unterschiedlichen Richtung der Pfeile in Abbildung 3.3/1.

Abb. 3.3/1: Kreislauf II

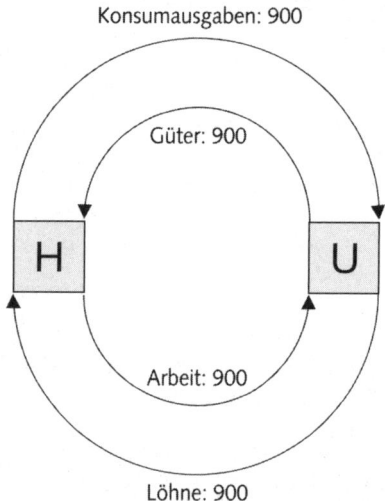

Konsumausgaben: 900

Güter: 900

H   U

Arbeit: 900

Löhne: 900

Auf der anderen Seite steht der **Gütermarkt,** auf dem Güter gegen Geld getauscht werden. Auch hier gilt die wertmäßige Gleichheit von realen (Güter-) und monetären (Geld-)Strömen. Wie bei den Faktormärkten kann man auch bei Gütermärkten weitere Unterscheidungen anstellen, z. B. zwischen Konsumgüter- und Investitionsgütermärkten unterscheiden.

Aus Vereinfachungsgründen beschränken wir uns in Abbildung 3.3/1 auf die beiden Sektoren Haushalte und Unternehmen, werden die Betrachtung aber später erweitern und damit realistischer gestalten. Das einfache *Zwei-Sektoren-Modell* lässt aber bereits einige grundsätzliche Erkenntnisse zu, die mit einem Beispiel verdeutlicht werden sollen.

3.3.2 Umschlagshäufigkeit des Geldes

Ein Haushalt kauft bei einem Lebensmittelhändler Konsumgüter im Werte von 300 Euro und bezahlt bar mit 3 Hundert-Euro-Scheinen. Mit dem verdienten Geld zahlt der Lebensmittelhändler bar die offene Rechnung eines Klempnermeisters. Dieser wiederum verbraucht dieselben 3 Hundert-Euro-Scheine in einer Bar. Die Summe der realen Ströme bzw. der Wert der umgesetzten Güter (Sachgüter und Dienstleistungen) beträgt insgesamt 300 (Lebensmittel) + 300 (Rohrbruch reparieren) + 300 (Sekt plus Bedienung) = 900 Euro. Die Summe der monetären Ströme als Bezahlung der realen ist gleichfalls 900 Euro, jedoch wurden diese 900 Euro mit nur drei 100-Euro-Scheinen bezahlt. Die Geldmenge, d.h. hier die Summe der Geldscheine, ist also nur 300 Euro. Die Geldmenge von 300 Euro wurde jedoch dreimal verwendet, und damit ist die Gleichheit von monetären und realen Strömen wiederhergestellt.

Die Häufigkeit, mit der eine Geldmenge innerhalb einer Betrachtungsperiode „den Besitzer wechselt", bezeichnet man als **Umlaufgeschwindigkeit** des Geldes bzw. als Umschlagshäufigkeit der Geldmenge. Sie ist in unserem Beispiel „3".

Die Beziehung ‚*Summe der realen Ströme = Summe der monetären Ströme*' lässt sich dadurch verfeinern zu ‚*Wert der umgesetzten Güter = Geldmenge mal Umlaufgeschwindigkeit*'. Der Wert der umgesetzten Güter ist seinerseits die Summe einer Vielzahl von einzelnen Komponenten. Wenn die Konsumgüterkäufer im Werte von 300 Euro 75 Flaschen Wein à 4 Euro waren und die Rohrbruchreparatur (vereinfachte) 6 Arbeitsstunden á 50 Euro etc., dann lässt sich der Gesamtwert der umgesetzten Güter darstellen als

$$
\begin{aligned}
& x_1 \cdot p_1 \\
+ \; & x_2 \cdot p_2 \\
+ \; & x_3 \cdot p_3 \\
& \vdots \\
+ \; & x_n \cdot p_n \\
= \; & \sum_{i=1}^{n} x_i \cdot p_i,
\end{aligned}
$$

wobei x_i (wobei i = 1, 2, ..., n) jeweils die *Gütermengen* (Flaschen, Arbeitsstunden etc.) und p_i (i = 1, 2, ..., n) die entsprechenden *Güterpreise* darstellt. P wäre ein (gewogener) Durchschnittspreis, etwa ein Preisindex, wie wir ihn im wirtschaftspolitischen Lehrbuch im Abschnitt über die Inflation behandeln. X hingegen ist eine Größe, die konkret schlecht übersetzbar ist, jedoch abstrakt die Gesamtheit der Gütermengen symbolisiert.

Somit lässt sich die Beziehung ableiten

(1) $X \cdot P = M \cdot U$,

wobei X – wie erwähnt – die Gütermengen darstellt, P das sogenannte Preisniveau, d. h. den gewogenen Durchschnitt der Güterpreise, M die Geldmenge und U die Umlaufgeschwindigkeit. Für unser Beispiel ergibt sich damit zahlenmäßig

(2) $900 = 300 \cdot 3$.

Die Beziehung (1) $X \cdot P = M \cdot U$ wird in der volkswirtschaftlichen Theorie als **Tauschgleichung** oder (nach ihrem ,Erfinder' Irving Fisher) als **Fisher'sche Verkehrsgleichung** bezeichnet.[14] Sie kann elementare Zusammenhänge verdeutlichen, auf denen die sogenannte **Quantitätstheorie** des Geldes beruht. Nach dieser Theorie beeinflusst die **Geldmenge** (M) als unabhängige Variable die (abhängigen) Variablen X und P: $X \cdot P$ entspricht dem Wert der produzierten Güter, z. B. dem Bruttoinlandsprodukt, $M \cdot U$ der Gesamtsumme, wel-

---

[14] Diese Formel ähnelt in ihrer Struktur einem Ansatz, den bereits **Karl Marx** im 1. Band des ,Kapitals', im Zusammenhang mit Zirkulation und Mehrwert vorstellt (Hamburg 1867, Berlin 1929, S. 22ff.) (vergleiche auch Marx/Engels, Werke, Band 23, S. 133).

che die Käufer für die Güter ausgeben. Abstrakter ausgedrückt: Der Wert des *realen Güterangebots* (X · P) entspricht der *monetären Nachfrage* (M · U) oder noch kürzer: *Angebot = Nachfrage.*

Betrachten wir einmal, was sich aus unserem obigen Beispiel ergäbe, wenn die Geldmenge aus vier 50-Euro-Scheinen bestünde: Dann müsste – wenn dasselbe Güterangebot wie vorher im Wert von 900 Euro gekauft werden soll – gemäß Gleichung (1) die **Umlaufgeschwindigkeit** der Geldmenge sich erhöhen auf 4,5 – d. h. das Geld müsste schneller (häufiger) den Besitzer wechseln.

Die Umlaufgeschwindigkeit wird von einer Vielzahl konstanter Zahlungsgewohnheiten beeinflusst. So werden z. B. Löhne und Gehälter monatlich bezahlt, Mieten monatlich, Steuern und Versicherungen viertel-, halb- oder ganzjährig; im Handel werden üblicherweise Zahlungsziele von 14 und 30 Tagen eingeräumt; Standardwechsel haben eine Laufzeit von drei Monaten usw. Diese Gegebenheiten verändern sich – wenn überhaupt – nur langsam, so dass man durchaus sagen kann, dass die Umlaufgeschwindigkeit im kürzeren Zeitraum nur geringe Schwankungen aufweist, somit – bei großzügiger Betrachtung – kurzfristig konstant ist, obgleich sie im Trend (langsam) sinkt Abbildung 3.3/2). Dies gilt allerdings nur für ein relativ stabiles Preisniveau; vergleiche anschließend.

Abb. 3.3/2: Umlaufgeschwindigkeit des Geldes

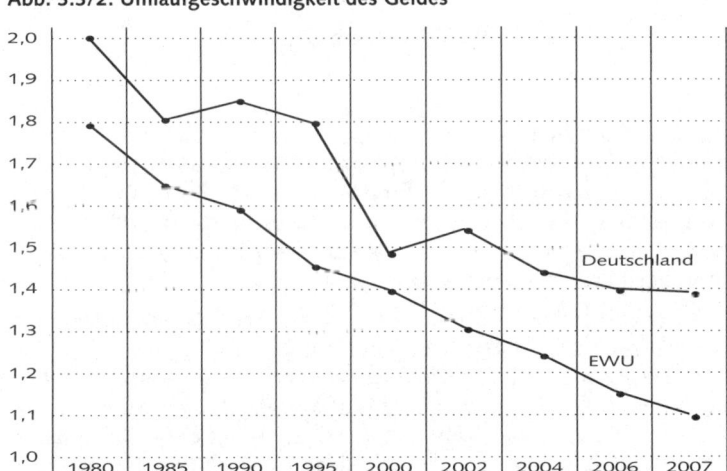

3.3.3 Quantitätstheorie

Nach der Quantitätstheorie des Geldes lassen sich die Konsequenzen von Veränderungen der monetären Nachfrage – sei es aufgrund von Geldmengenveränderungen (daher ja der Name *Quantitätstheorie*), sei es aufgrund von Veränderungen der Umlaufgeschwindigkeit – aus der obigen Beziehung (1) ableiten. Wir wollen uns hier auf einige Beispiele mit der Geldmenge beschränken.

Was kann z. B. geschehen, wenn die Geldmenge – bei konstanter Umlaufgeschwindigkeit – größer wird? In Abbildung 3.3/3 wird die steigende Geldmenge durch M↑ und die konstante Umlaufgeschwindigkeit durch (Ū) symbolisiert. Bei Vergrößerung der Geldmenge (M↑) wird – weil die Umlaufgeschwindigkeit konstant ist (Ū) – die monetäre Nachfrage steigen. Auf der Seite des Güterangebots können nun zwei Reaktionen (→) eintreten (Abbildung 3.3/3):

Abb. 3.3/3: Quantitätsgleichung

$$\text{(a)} \quad M{\uparrow} \cdot \bar{U} \;\rightarrow\; X{\uparrow} \cdot \bar{P}$$

$$\text{(b)} \quad M{\uparrow} \cdot \bar{U} \;\rightarrow\; \bar{X} \cdot P{\uparrow}$$

$$\text{(c)} \quad M{\downarrow} \cdot \bar{U} \;\rightarrow\; X{\downarrow} \cdot \bar{P}$$

$$\text{(d)} \quad M{\uparrow} \cdot U{\uparrow} \;\rightarrow\; X{\downarrow} \cdot P{\uparrow}$$

Einmal kann sich die produzierte bzw. angebotene Gütermenge erhöhen (X↑), sofern die Unternehmer, Produzenten etc. dazu in der Lage sind, d. h. wenn die **Produktionsmöglichkeiten** noch nicht ausgeschöpft sind. Dies liegt bei Unterbeschäftigung vor, so dass zusätzliche Kaufwünsche ohne größere Vorbereitungen und Umstellungen erfüllt werden können (a in Abbildung 3.3/3).

Sofern jedoch bei Vollbeschäftigung die **Produktionskapazitäten** *ausgelastet* sind, ist das Güterangebot kurzfristig nicht zu erhöhen. Dies erforderte Investitionen zur Schaffung zusätzlicher Kapazitäten, welche nicht von heute auf morgen durchgeführt werden können. Die erhöhte Nachfrage stieße dann auf ein mengenmäßig konstantes Angebot (X̄), so dass sich ein **Nachfrageüberhang** ergibt. Was dann geschieht, lässt sich auf jeder Versteigerung beobachten: Auch dort entsteht ein **Nachfrageüberhang**, wenn die monetäre Nachfrage, verkörpert durch mehrere Interessenten, einem zu kleinen Güterangebot gegenübersteht. Der Ausgleich zwischen Angebot und Nachfrage kann auf der Seite von X · P also dann nicht durch Erhöhung von X, sondern nur durch P erfolgen, mit anderen Worten: Die Preise steigen (P↑) (Abbildung 3.3/3, b).

Beispiel (d) verdeutlicht als extreme Situation, dass – ausgelöst durch eine Geldmengenerhöhung – das Preisniveau steigt; dies führt zu einer Zunahme der Umlaufgeschwindigkeit mit Selbstbeschleunigung des Preisauftriebs, wodurch ein Rückgang der realen Güterproduktion eintreten kann, was wiederum den Preisauftrieb anheizt. Version (d) enthält folglich die Komponenten einer **galoppierenden Inflation**.

Die Geldmenge kann aus vielen Gründen steigen: durch kreditfinanzierte Giralgeldschöpfung, so wie oben gezeigt, durch Exportüberschüsse, durch Interventionen der Notenbank im Devisenmarkt, um Wechselkurse zu stabilisieren (heute in der EU zu vernachlässigen), im Extrem: durch Laufenlassen der Notenpresse, so wie in nicht wenigen Ländern beobachtbar.

In Europa stellt das Bargeld überhaupt kein Problem dar: Banknoten und Münzen werden nur im Auftrag der Europäischen Zentralbank bzw. Bundesbank gedruckt oder geprägt, und sie hat einen sicheren Zugriff auf den Bargeldumlauf, weil Scheine und Münzen routinemäßig an die Bundesbank zur Überprüfung gegeben werden, um Falschgeld auszumerzen.

In vielen Ländern waren und sind Inflationen zurückzuführen auf das Drucken von Geld durch die jeweilige Regierung (sogenannte **Geldmengeninflation**). Russland, Bolivien, Brasilien, Argentinien und andere haben ‚schöne‘ Bespiele geliefert für **Hyperinflationen** (‚galoppierende‘ Inflationen), teilweise mit Inflationsraten von mehreren *tausend Prozent pro Monat* (100 % bedeuten eine Verdoppelung!) (Abbildung 3.3/4). Unter solchen Bedingungen bricht die Geldwirtschaft leicht zusammen, weil Geld nicht mehr als Tauschmittel akzeptiert wird und als Wertaufbewahrungsmittel schon gar nicht. Als Konsequenz sinkt die Güterproduktion, weil sie sich nicht mehr lohnt; selbst auf dem Schwarzmarkt findet man kaum noch Angebot. Die Arbeitslosenquote ist in Zimbabwe auf 80 % gestiegen. – Unkontrolliertes Gelddrucken ist in Europa

Abb. 3.3/4: Hyperinflation

100.000 Prozent Inflation in Zimbabwe!
(Steigerung gegenüber dem Vorjahr)

nicht möglich, weil die Zentralbank – sei es die deutsche oder die europäische – von der Regierung keine Weisungen erhalten kann, denn sie ist unabhängig. (Nebenbei: Sie unterliegt auch überhaupt keiner parlamentarischen Kontrolle.)

In manchen anderen Ländern ist auch eine extensive **Staatsverschuldung** Ursache für Geldmengeninflation, wenn die Staatsausgaben massiv kreditfinanziert werden. Innerhalb der Europäischen Union dürfen die nationalen Notenbanken aber *keine* Kredite an die Regierungen geben. Eine klammheimliche Kreditfinanzierung des Staatshaushaltes durch die Bundesbank ist also ausgeschlossen. Der Staat muss sich – wie jeder andere Kreditnehmer auch – das Geld auf den Kapitalmärkten beschaffen, also zu marktmäßigen Bedingungen.

Die Schaffung von Giralgeld hängt also im Wesentlichen davon ab, ob und in welchem Umfang die Wirtschaft und der Staat Kredite aufnehmen. Die Kreditvergabe oder Kreditaufnahme kann von der Zentralbank nicht reglementiert werden, denn dies widerspräche den Grundprinzipien einer freien Marktwirtschaft. Die Zentralbank kann lediglich versuchen, auf die Attraktivität der Kreditaufnahme Einfluss zu nehmen, indem sie z. B. die Geldmenge verknappt, so dass dadurch die Zinsen steigen, oder indem sie direkt Einfluss nimmt auf das Zinsniveau. Dieser geldpolitische Aspekt kann hier aber nicht vertieft werden.

Allerdings ist hinzuzufügen, dass nicht jedes (legale) Drucken von Banknoten bzw. Prägen von Münzen auch die Geldmenge erhöht und somit Inflationsgefahren heraufbeschwört. Ständig müssen Münzen ersetzt werden, weil sie abgegriffen oder beschädigt sind und u. a. nicht mehr in Automaten zu verwenden sind. Wie oben im Zusammenhang mit dem **Münzregal** erwähnt, fließen aus der Münzprägung dem Bundesfinanzminister jährlich als **Münzgewinn** (Differenz zwischen Nennwert und Prägekosten) Beträge in Höhe von etwa 300 Millionen EUR (2006) zu. Auch die Bundesdruckereien produzieren laufend neue Banknoten. Dies liegt einmal an der Notwendigkeit, bei wachsendem Inlandsprodukt auch die Geldmenge entsprechend zu erhöhen; Gleichung (1) und Abbildung 3.3/3 weiter oben machen dies deutlich. Zudem müssen alte Scheine ersetzt werden. Banknoten haben in der Regel eine sehr kurze Lebensdauer: 5-Euro-Scheine werden nach rund 15 Monaten aus dem Verkehr gezogen und durch neue ersetzt, 200-Euro-Scheine bleiben bis zu fünf Jahren im Umlauf. Die Landeszentralbanken mit ihren insgesamt 126 Filialen im ganzen Bundesgebiet sind die Kontrollpunkte, an denen Scheine aus dem Verkehr gezogen werden. Und was geschieht mit den wertvollen Geldscheinen? Sie werden bei der Bundesbank zunächst sofort gelocht und damit unverwendbar gemacht und dann in alten Jutesäcken verbrannt. (Sofern es nicht einem Findigen gelingt, sie unbemerkt dem Vernichtungsprozess zu entziehen, so wie es 1979 in großem Stil geschehen war. Es bedarf wohl auch einer gewissen Abhärtung, legale Geldscheine einfach ins Feuer zu werfen. Die Vernichtung der DM-Bestände bei der Euro-Umstellung war sicher ein extremer Härtetest für einige Angestellte der Bundesbank...).

Die Konsequenzen einer *schrumpfenden* Geldmenge lassen sich ebenfalls aus Beziehung (1) ableiten (vergleiche Abbildung 3.3/3, c). Zunächst bedeutet dies, dass die monetäre Nachfrage sinkt, d.h. es mögen zwar Kaufwünsche bestehen, doch steht kein Geld (Bargeld oder Giralgeld, also auch keine Kredite!) zur Verfügung, um diese zu realisieren, so dass die produzierte Gütermenge nicht verkauft werden kann. Eine sinkende monetäre Nachfrage kann also zu Umsatzrückgängen und Lagerbildungen und damit zu sinkendem Preisniveau (P↓) führen (Deflation; nicht dargestellt. Diese Beziehung lag 2001/03 in Japan vor). Eine solche Situation ist aus Unternehmersicht sicher kein Anreiz, neue Arbeitskräfte für die Produktion einzustellen. Wenn das Produkt M · U dauerhaft sinkt, wird das Produkt X · P entsprechend dem Rückgang der monetären Nachfrage ebenfalls kleiner werden, wobei das Preisniveau (P) und/oder die reale Güterproduktion (X) sinken können. X · P ist aber – wie erwähnt – im Prinzip nichts anderes als das Inlandsprodukt, so dass man vereinfachend sagen kann, dass bei sinkender (monetärer) Nachfrage ein Sinken bzw. verlangsamtes Wachstum des Inlandsprodukts und damit auch Beschäftigungseinbußen auf dem Arbeitsmarkt zu befürchten sind.

Es dürfte deutlich geworden sein, dass der Wirtschaftskreislauf nur dann reibungslos funktionieren kann, wenn *Gleichgewicht zwischen monetären und realen Strömen* herrscht, und wir wollen es zunächst mit dieser Erkenntnis bewenden lassen.

3.4 Kapitalbildung

Wenn Robinson bisher seine Fische mit der Hand gefangen hat, so kann er seine Fang-Ergebnisse verbessern, indem er sich ein Netz knüpft. Dies bedeutet, dass er Zeit, die er bisher anders verwendet hat, zum Netzbau einsetzt: Entweder muss er auf Freizeit verzichten oder einen Teil der Zeit aufwenden, in der er sonst Fische fing. Mit anderen Worten leistet er **Konsumverzicht**. Dies ist Voraussetzung für die Kapitalbildung in Form eines Fischernetzes. Dies lässt sich auch in unserem leicht erweiterten Kreislaufmodell darstellen (Abbildung 3.4/1). Der Unternehmenssektor erzeugte bisher mithilfe der eingesetzten Arbeit **Konsumgüter** im Werte von 900 Geldeinheiten (GE), die an die Haushalte verkauft werden. Die Haushalte bezahlen mit dem erhaltenen Lohn von 900 GE (siehe auch Abbildung 3/1.3).

Abb. 3.4/1: Kapitalbildung

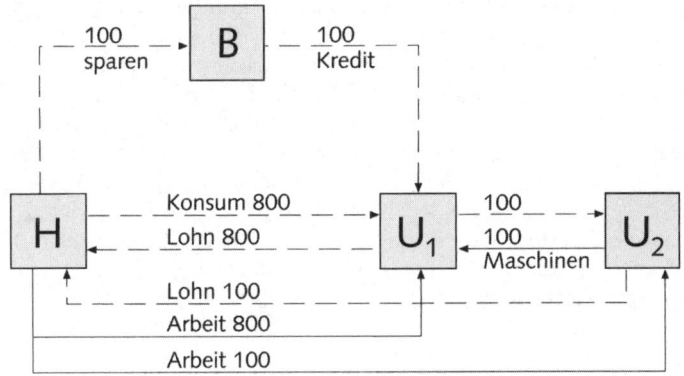

Wenn die Unternehmen auch **Investitionsgüter** erstellen möchten, um mehr produzieren zu können, muss ein Teil der verfügbaren Arbeitsleistung, die mit 900 GE entlohnt wird, abgezweigt werden. Beispielsweise werden nun Konsumgüter im Werte von nur 800 GE erzeugt und verkauft und die übrige Arbeit im Wert von 100 GE dazu verwendet, Maschinen im Wert von 100 GE zu erstellen (Realkapitalbildung oder Investition). Wenn Konsumgüter im Werte von nur 800 GE verkauft werden, die Unternehmer aber insgesamt 900 GE Lohn zahlen müssen, woher kommen dann diese 100 GE? Wenn nur 800 GE Konsumgüter angeboten werden, die Haushalte aber 900 GE Lohn erhalten, können sie 100 GE nicht ausgeben. Diese werden sie bei den Banken sparen (Sektor „B" in Abbildung 3.4/1). Die Banken aber können die 100 GE an den Unternehmenssektor ausleihen (vergleiche **Giralgeldschöpfung!**), wobei hier aus Vereinfachungsgründen von den erforderlichen Zinszahlungen abgesehen wird. In jedem Fall aber kann die Investition in die Maschine nur finanziert werden, wenn seitens der Haushalte (direkt oder indirekt über den Bankensektor) dem Unternehmenssektor Geld zur Verfügung gestellt wird, d. h. wenn die Haushalte Konsumverzicht leisten. **Realkapitalbildung** setzt also **Sparen** bzw. Konsumverzicht voraus (vergleiche Abschnitt 4.3).

Wenn man die Gesamtheit der realen bzw. monetären Beziehungen zwischen den Sektoren einer Volkswirtschaft (vergleiche

Abschnitt 2.6) zusammenfasst, ergibt sich eine Größe, die man als Inlandsprodukt bezeichnet. Hierauf wird im folgenden Abschnitt 4 ausführlich eingegangen. Anhand von Kreislaufbeziehungen lassen sich außer dem Inlandsprodukt eine Vielzahl von Erkenntnissen ableiten, so z. B. – wie gezeigt – der Einfluss der Geldmenge auf das volkswirtschaftliche Preisniveau oder die **Zahlungsbilanz** als Summe der Beziehungen zum Ausland. Kompliziertere Kreislauf-konzepte liegen auch den ökonometrischen Modellen zugrunde, mit deren Hilfe u. a. **Konjunkturprognosen** erstellt werden. Am Ende des Kapitels 4 wird dies nochmals aufgegriffen werden. Abbildung 3.4/2 gibt eine zusammenfassende Übersicht über einige der in diesem Kapitel behandelten Zusammenhänge.

Abb. 3.4/2: Zusammenfassung

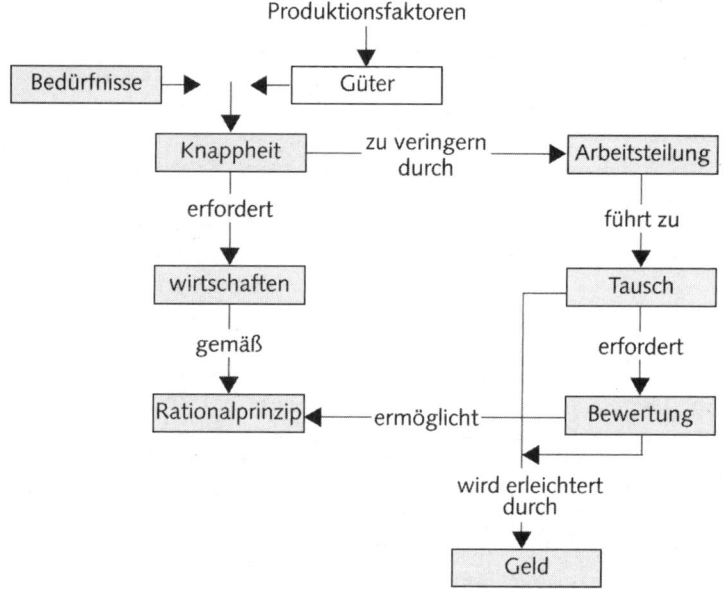

4 Inlandsprodukt und Nationaleinkommen

Um die Leistungskraft einer Volkswirtschaft zu beschreiben, verwendet man meist makroökonomische Aggregate wie das **Bruttoinlandsprodukt** (BIP) (*gross domestic product*, GDP) oder das **Bruttonationaleinkommen** (BNE) (*gross national income* oder meist: *gross national product*, GNP). Der Unterschied liegt in der geographischen *Abgrenzung* des Erfassungsgebiets; hierzu gleich. Hinzu kommen weitere Konzepte:

- BIP und BNE können bewertet werden zu *Herstellungskosten* (früher: Faktorkosten) oder zu *Marktpreisen;* dies ist folglich eine Bewertungsfrage.

- BIP und BNE können als *Brutto-* oder *Nettoprodukte* ausgewiesen werden; dies bezieht sich auf die *(Nicht-)Erfassung* von Ersatzinvestitionen.

- BIP und BNE können bewertet werden in *nominalen* oder *realen* Werten; dies bezieht sich auf die Berücksichtigung der Inflationsrate und ist folglich auch ein Bewertungsproblem.

Wir werden dies nacheinander vertiefen.

Alle diese Größen ergeben sich aus der **Volkswirtschaftlichen Gesamtrechnung** (VGR) und stehen in engem Zusammenhang miteinander. Sie spiegeln Produktion, Investition, Einkommen und Konsum der Volkswirtschaft wider. In Abschnitt 2.6 wurden bereits die Sektoren vorgestellt, zu denen man die zahllosen ökonomischen Aktivitäten verdichtet: (1) Nichtfinanzielle Kapitalgesellschaften, (2) Finanzielle Kapitalgesellschaften, (3) Private Haushalte, (4) Private Organisationen ohne Erwerbszweck, (5) Staat und (6) Übrige Welt. Die derzeit gültigen Konzepte und Definitionen sind seit der großen VGR-Reform von 2005 durch das **Europäische System Volkswirtschaftlicher Gesamtrechnungen** (ESVG) verbindlich vorgegeben.

Die Systematik und die begrifflichen Zusammenhänge der VGR sind reichlich verwirrend. Wenn Sie, lieber Leser, dies nach der

Lektüre des Kapitels 4 auch so sehen, befinden Sie sich in bester Gesellschaft. Abschnitt 4.5 bietet aber eine Zusammenfassung an.

4.1 Alternative Konzepte

Dieser Abschnitt klärt zunächst einmal Konzepte, die in der Volkswirtschaftlichen Gesamtrechnung (VGR) alternativ anwendbar sind. Wir werden diese dann später teilweise wiederfinden bei der Betrachtung.

4.1.1 Inlands- und Inländerkonzept

Bei der Berechnung solcher Aggregate kann der Wert aller Waren, Dienstleistungen und Rechte ermittelt werden innerhalb der politischen Grenzen einer Volkswirtschaft. Diesen methodischen Ansatz bezeichnet man als Inlandskonzept; als Ergebnis berechnet sich das (Brutto-)**Inlandsprodukt** (engl. **Gross Domestic Product, GDP**).

Bei der alternativen Methode geht man vom **Inländerkonzept** aus und erfasst alle Waren, Dienstleistungen und Rechte, welche von Inländern produziert bzw. umgesetzt werden, gleichgültig ob dies im Inland oder Ausland erfolgt. Diese Vorgehensweise führt zum (Brutto-)**Nationaleinkommen** (früher **Bruttosozialprodukt**) (engl. **Gross National Product, GNP**).[15] Als Inländer gelten alle Personen oder Unternehmen mit ständigem Sitz im Inland, auch wenn es sich von der Nationalität her um Ausländer handelt.

Der Unterschied zwischen Inlands- und Inländerkonzept ist – in Zahlen ausgedrückt – nicht überwältigend; er liegt bei 0,5 % oder 9–10 Mrd. EUR (vergleiche unten Abbildung 4.3/2). Die Differenz ergibt sich aus dem Saldo der sogenannten **Primäreinkommen** mit der übrigen Welt. Früher bezeichnete man diese als „empfangene Einkommen aus unselbständiger Arbeit und aus Unternehmertätigkeit und Vermögen", kurz: Erwerbs- und Vermögenseinkommen.

---

[15] In der Praxis werden GNP und GDP schon mal unterschiedlich verwendet...

Abb. 4.1/1: BIP und BNE

Bruttoinlandsprodukt

+ Arbeitsentgelt aus der übrigen Welt, d. h. an Inländer, die morgens ins Ausland ausreisen und abends wieder ins Inland zurückkehren *(Auspendler)*, also dort Erwerbseinkommen erzielen,

− Arbeitsentgelt an die übrige Welt, d. h. an Ausländer, die im Nachbarland wohnen, morgens einreisen und abends wieder ins Ausland zurückkehren *(Einpendler)*, also hier bei uns Erwerbseinkommen erzielen,

+ Zins- oder Dividendenzahlungen (Vermögenseinkommen), die aus dem Ausland ins Inland fließen,

− Zins- oder Dividendenzahlungen (Vermögenseinkommen), die aus dem Inland ans Ausland fließen,

+ Subventionen von der übrigen Welt (z. B. Agrarsubventionen von der EU),

− Gütersteuern an die übrige Welt (Gütersteuern sind u. a. die [um die Vorsteuer bereits bereinigte, also nicht abziehbare] Mehrwertsteuer, Importzölle, Verbrauchsteuern [Mineralöl-, Tabak-, Branntweinsteuer usw.] oder Versicherungssteuer).

= **Bruttonationaleinkommen**

Der Zusammenhang zwischen BIP und BNE besteht im Saldo der Primäreinkommen, die aus dem Ausland an Inländer bzw. aus dem Inland an Ausländer fließen. Abbildung 4.1/1 verdeutlicht das.

Das Inlandskonzept ist heute international am verbreitetsten, weil die dafür erforderlichen Daten in den meisten Ländern der Welt am ehesten zur Verfügung stehen. Weiter unten zeigt Abbildung 4.5/2, wie die Berechnungskonzepte miteinander verzahnt sind, indem man je nach Rechenrichtung bestimmte Komponenten heraus- oder hineinrechnet; wir kommen darauf zurück. Auf die tief gegliederten Informationen bezüglich der Produktion und Verwendung von Waren und Dienstleistungen, die sich aus der **Input-Output-Rechnung** ergeben, gehen wir hier nicht weiter ein.

4.1.2 Faktorkosten, Herstellungspreise und Marktpreise

Die in die VGR eingehenden Größen müssen bewertet werden. Dabei stehen drei Konzepte zur Verfügung: Faktorkosten, Herstellungspreise und Marktpreise.

Aus betriebswirtschaftlicher Sicht wird ein Anbieter von Waren oder Dienstleistungen vereinfacht so kalkulieren, dass er die ihm entstehenden Kosten ermittelt, hierzu eine Gewinnmarge addiert, so dass sich aus der Summe von Kosten plus Gewinn der Verkaufspreis ergibt. Abbildung 4.1/2 zeigt beispielhaft, welche Kostenkomponenten dabei anfallen können; die Aufstellung ist allerdings nicht vollständig. Diese Art der kostenorientierten Preisermittlung käme dem nahe, was man betriebswirtschaftlich als Herstellungskosten oder Selbstkosten bezeichnet (und dann jeweils plus Gewinnzuschlag) und entspricht einer Bewertung zu Faktorkosten (aber die VGR spricht heute gleichfalls von Herstellungskosten).

Abb. 4.1/2: Marktpreiskalkulation

Von je 100 Euro Umsatz entfallen auf:	
Wareneinkauf	46,2 %
Personalkosten	18,1 %
Mehrwertsteuer	13,7 %
Miete	5,8 %
Werbung	3,1 %
Sachkosten	1,5 %
Abschreibungen	1,4 %
Zinsen	1,3 %
Kfz-Kosten	0,7 %
Gewerbesteuer	0,3 %
sonstige Kosten	3,4 %
Gewinn	4,5 %

(fiktives Beispiel Textileinzelhandel)

Der tatsächliche Verkaufspreis (Marktpreis) kann sich jedoch in zweierlei Hinsicht vom Herstellungskostenpreis unterscheiden:

Auf der einen Seite wird der Käufer einer Ware oder Dienstleistung in den Verkaufspreis hinein gerechnete Gütersteuern (**indirekte Steuern**) bezahlen müssen. Dies bezieht sich auf die gesetzliche **Mehrwertsteuer** (Umsatzsteuer); eventuell kommen Zölle und andere Einfuhrabgaben hinzu. Bei einigen Gütern sind zudem noch **Verbrauch- oder Verkehrsteuern** im Marktpreis enthalten, z.B. (als Bundessteuern): Energiesteuer (ehemalige Mineralölsteuer), Tabaksteuer, Stromsteuer, Branntweinsteuer, Alkopopsteuer, Biersteuer, Schaumwein-/Zwischenerzeugnissteuer, Kaffeesteuer sowie als Gemeindesteuern Vergnügung-, Rennwett- und Lotterie-, Getränke-, Versicherung-, Feuerschutz-, Jagd- und Fischereisteuer (unvollständige Aufzählung).

Diese Steuern[16] sind in den Marktpreisen „versteckt", und manchem Käufer ist nicht einmal bewusst, dass bzw. welche Steuern er beim Kauf bezahlt. Wenn Sie Benzin tanken, zahlen Sie Energiesteuer (früher: Mineralölsteuer) und Mehrwertsteuer, und zwar zahlen Sie auch Mehrwertsteuer auf die Energiesteuer, also eine Steuer auf die Steuer! Bei einem Benzinpreis von 1,39 Euro pro Liter sieht die Rechnung folgendermaßen aus:

Benzinpreis	0,5100 Euro
Energiesteuer	0,6550 Euro (inkl. 0,15 Euro Ökosteuer)
MwSt	0,0970 Euro (19 % auf 0,51)
	0,1260 Euro (19 % auf 0,655) („Steuer auf Steuer")
Erdölbevorratungsabgabe (!)	**0,0046 Euro**
Zapfpreis	1,3926 Euro
Steueranteil:	0,8826 Euro

(Quelle: Esso AG)

In den Marktpreisen enthaltene Steuern werden **indirekte Steuern** genannt, weil bei ihnen im Gegensatz zu den **direkten Steuern** (z. B. Lohn- oder Einkommensteuer) der Steuerpflichtige (Steuerschuldner) (z. B. die Tankstelle) und derjenige, auf dem die Steuer wirtschaftlich letztlich lastet („Steuerträger") (also Sie) nicht zusammenfallen: Der Steuerschuldner wälzt seine Steuerlast in der Regel auf den (End-)Verbraucher ab (vergleiche auch unten Abschnitt 4.2.1.1).

Die Mehrwertsteuer ist also eine indirekte Steuer. Marktpreise, die indirekte Steuern enthalten, „übertreiben" die Wertschöpfung, denn der an den Herstellungskosten gemessene volkswirtschaftliche Wert etwa eines Liters Normalbenzin ist nicht 1,39 EUR, sondern – wie gerade gesehen – der Materialwert beträgt 0,51 EUR. Der Rest sind indirekte Steuern. Folglich ist der (Brutto-)**Marktpreis** um diesen Anteil sogenannter **Gütersteuern** (indirekter Steuern) höher als der Herstellungspreis, wie er in der VGR bezeichnet wird.

---

[16] Bitte alle Steuern ohne ‚s': Versicherungsteuer, nicht: Versicherungssteuer.

Auf der anderen Seite gibt es Güter, deren volkswirtschaftlicher Wert durch den Marktpreis zu gering ausgewiesen wird, weil dieser durch **Gütersubventionen** künstlich niedrig gehalten wird. Gütersubventionen sind Zahlungen ohne Gegenleistung, z. B. Importsubventionen oder Verlustausgleiche an öffentliche Unternehmen. Dann wird nur ein Teil der Faktorkosten der Herstellung durch den Käufer bezahlt, der Rest durch staatliche Subventionen. Dies gilt beispielsweise beim sozialen Wohnungsbau oder beim Schiffbau und bei vielen öffentlichen Gütern (vergleiche zu diesen Abschnitt 2.2). Abbildung 4.1/3 gibt den Zusammenhang zwischen Marktpreisen und Herstellungspreisen (Faktorkosten) schematisch wieder. Beide Effekte – Gütersteuern (indirekte Steuern) und Gütersubventionen – können natürlich auch gleichzeitig auftreten, so wie es bei subventionierten Gütern immer der Fall ist, da sie natürlich der Mehrwertsteuer unterliegen. Den Saldo von Gütersteuern und Gütersubventionen nennt man Nettogütersteuern, weil die Subventionen immer geringer sind als die Gütersteuern, so dass sich immer ein positiver „Steuersaldo" ergibt. Subventionen an *Haushalte,* z. B. Wohngeld oder Kindergeld, beeinflussen nicht die Marktpreise und bleiben folglich unberücksichtigt.

Abb. 4.1/3: Marktpreise und Herstellungspreise

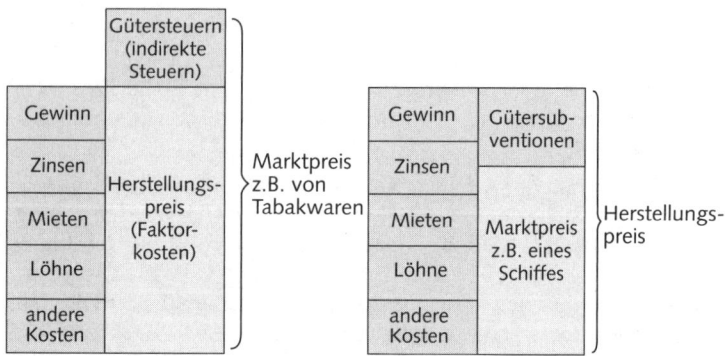

Es gelten folgende Zusammenhänge, die schon ordentlich kompliziert sind:

Herstellungskosten (Faktorkosten)
+ sonstige Produktionsabgaben (z. B. Kfz-Steuer)
− Subventionen (an Unternehmen)
= **Herstellungspreis** *(basic price)*
+ Gütersteuern
− Gütersubventionen (siehe oben)
= **Marktpreis**

Die **Faktorkosten** entsprechen dem Entgelt, das die Besitzer von Produktionsfaktoren (Arbeit, Kapital, Boden) für den Einsatz dieser Produktionsfaktoren im Produktionsprozess erhalten (Lohn, Gehalt, Zinsen, Miete). Daher entspricht das Nettoinlandsprodukt zu Herstellungskosten (Faktorkosten) (in etwa) dem **Volkseinkommen** (etwa gleichbedeutend: Erwerbs- und Vermögenseinkommen), je nachdem, ob man es von der Empfangsseite (Einkommen) oder der Leistungsseite (Kosten) sieht (vergleiche auch unten Abbildung 4.3/1).

Gütersteuern und Gütersubventionen beziehen sich auf die Einheit (Menge) der produzierten Ware oder Dienstleistung, beeinflussen somit *direkt* den Preis (Beispiel siehe oben). „Sonstige Produktionsabgaben" und „sonstige Subventionen" sind unabhängig von der Menge oder dem Wert der produzierten oder verkauften Güter; sie wirken sich indirekt auf den Güterpreis aus: Sonstige Produktionsabgaben sind z. B. Kfz-Steuern der Unternehmen oder die Grundstücksteuer (zu zahlende staatliche Gebühren – Müllgebühren, Beglaubigungen – sind in der Regel in den Vorleistungseinkäufen enthalten); die sonstigen Produktionsabgaben würde man betriebswirtschaftlich als **Gemeinkosten** *(overheads)* erfassen. Sonstige Subventionen sind u. a. Umweltsubventionen, Zinszuschüsse zur Verringerung der Betriebskosten, Zuschüsse an die Bahn. Die Bewertung zu Faktorkosten und die zu Herstellungspreisen unterscheidet sich konkret beim Bruttoinlandsprodukt (BIP) um etwa 0,5 Mrd. EUR (plus/minus ein paar ‚Mark'), ist also nicht signifikant für die Größenordnung. Die komplexe Struktur der Korrekturgrößen folgt nochmals vollständig in Abbildung 4.1/4.

Fazit: Marktpreise weichen also aufgrund staatlicher Maßnahmen, die sich direkt oder indirekt auf die Preise auswirken, von den Herstellungspreisen ab. Die Bewertungen zu Marktpreisen und zu Herstellungspreisen wären identisch, wenn es keine Gütersteuern und Gütersubventionen gäbe.

Abb. 4.1/4: Korrekturgrößen bei den Faktorkosten

Produktions- und Importabgaben
Gütersteuern
Mehrwertsteuer
Importabgaben
Zölle
Importsteuern (z.B. Einfuhrumsatzsteuer: EUSt)
Sonstige Gütersteuern (u.a. Verbrauchsteuern, Versicherungsteuer etc.)
Sonstige Produktionsabgaben (z.B. Kfz-Steuer der Unternehmen, Grundstücksteuer)
Subventionen
Gütersubventionen
Importsubventionen (gegenwärtig nur fiktiv)
Sonstige Gütersubventionen (z.B. Verlustausgleich von staatlichen Vorratsstellen im Agrarbereich, sog. Interventionsstellen)
Sonstige Subventionen (u.a. Umweltsubventionen, Zinszuschüsse, Zuschüsse an die Bahn)

4.1.3 Brutto- und Nettokonzepte

Alle volkswirtschaftlichen Aggregate gibt es in einer Brutto- und einer Nettoversion. Dies hängt davon ab, ob eine bestimmte Größe mitgezählt wird (brutto) oder nicht (netto). Das Problem besteht darin, dass es sich dabei um *verschiedene* Größen handeln kann. Beispielsweise sind dies bei den Brutto-/Netto-Produktionswerten die sogenannten **Vorleistungen,** bei den Brutto-/Netto-Inlandsprodukten bzw. den Brutto-/Netto-Nationaleinkommen die **Ersatzinvestitionen** („Abschreibungen"). Wir gehen darauf weiter unten im jeweiligen Zusammenhang ein.

4.1.4 Nominale bzw. reale Bewertung

Der Unterschied zwischen nominaler bzw. realer Bewertung liegt darin, ob eine Größe zu laufenden (aktuellen) Preisen bewertet wird, also einschließlich inflationsbedingter Preiserhöhungen (nominale Bewertung), oder ob man rechnerisch den Inflationseffekt ausschaltet ‚und so tut', als ob es keine inflationäre Preiseffekte gegeben hat, und konstante Preise ansetzt (reale Bewertung). Dies kann alternativ auf jede Art von ökonomischen Größen angewendet werden.

4.1.5 Die drei Berechnungsmethoden in der VGR

Das Inlandsprodukt wird gerne mit einem volkswirtschaftlichen Kuchen verglichen. Dies ist zwar naiv, aber einprägsam. Immerhin lässt sich daran deutlich machen, nach welchen verschiedenen Ansätzen sich das Inlandsprodukt betrachten (und berechnen) lässt. So kann man einmal untersuchen, wie die Rezeptur dieses „Kuchens" aussieht, d. h. wie das Inlandsprodukt entsteht (**Entstehungsrechnung**). Dann kann man betrachten, wie es verwendet wird. Beim Kuchen würde man fragen, ob er aufgegessen (konsumiert) oder aufbewahrt (gespart bzw. investiert) wird (**Verwendungsrechnung**), und schließlich, wie das Inlandsprodukt verteilt wird (**Verteilungsrechnung**), d. h. wer bekommt die großen Kuchenstücke und wer die Krümel?

Im Folgenden werden wir die drei Berechnungsmethoden in der Volkswirtschaftlichen Gesamtrechnung (VGR) nacheinander darstellen: zunächst den Produktionsansatz (die Entstehungsrechnung, Abschnitt 4.2), dann den Einkommensansatz (die Verteilungsrechnung, Abschnitt 4.3) und schließlich den Ausgabenansatz (die Verwendungsrechnung, Abschnitt 4.4). Abbildung 4.1/5 und Abbildung 4.1/6 fassen dies zusammen. Wir werden die einzelnen Konzepte nun genauer betrachten und wenden uns dabei zunächst der Entstehungsrechung zu.

Abb. 4.1/5: Berechnungsmethoden des BIP

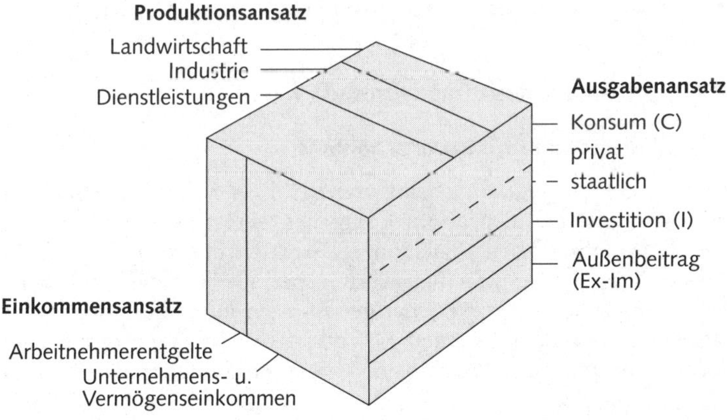

Produktionsansatz
Landwirtschaft
Industrie
Dienstleistungen

Ausgabenansatz
Konsum (C)
– privat
– staatlich
Investition (I)
Außenbeitrag (Ex-Im)

Einkommensansatz
Arbeitnehmerentgelte
Unternehmens- u. Vermögenseinkommen

Abb. 4.1/6: Berechnungsmethoden des BIP II (fiktive Zahlen, aber realistische Größenordnungen und Relationen)

Entstehungsrechnung		
	Produktionswert	3 680,60
−	Vorleistungen	1 824,40
=	Bruttowertschöpfung	1 856,20
+	Gütersteuern abzüglich -subventionen	206,30
=	Bruttoinlandsprodukt	2 062,50
Verwendungsrechung		
	Private Konsumausgaben	1 214,16
+	Konsumausgaben des Staates	391,91
+	Bruttoinvestitionen (einschl. Vorratsveränderungen)	449,18
+	Exporte	688,39
−	Importe	681,14
=	Bruttoinlandsprodukt	2 062,50
Verteilungsrechnung		
	Arbeitnehmerentgelt (Inländer)	1 100,06
+	Unternehmens- und Vermögenseinkommen	424,37
=	Volkseinkommen	1 524,43
+	Produktions- und Importabgaben an den Staat abzüglich Subventionen	210,25
+	Abschreibungen	308,48
=	Bruttonationaleinkommen	2 043,16
−	Primäreinkommen aus der übrigen Welt (Saldo)	− 19,34
=	Bruttoinlandsprodukt	2 062,50

4.2 Produktionsansatz (Entstehungsrechnung)

4.2.1 Erfassung des Inlandsprodukts

4.2.1.1 Brutto- und Nettowertschöpfung

Die Entstehungsrechnung geht von der Ebene der Güterproduktion aus. Als Inlandsprodukt kann man vereinfachend den Wert aller Güter bezeichnen – Sachgüter, Dienstleistungen und Rechte –, der in einer bestimmten Betrachtungsperiode in einer Volkswirtschaft produziert wird, üblicherweise für ein Jahr, aber auch Quartalszahlen werden berechnet. Hieraus leitet sich auch der Begriff **Wertschöpfung** ab. Zunächst ein kleines Beispiel, das wir fortlaufend verwenden:

Ein Landwirt produziert Korn und verkauft dieses für einen Preis von 15 Euro Euro an einen Müller, der daraus Mehl herstellt. Das Mehl kauft ein Bäcker für 35 Euro, der daraus Brot backt und es an den Verbraucher für 52 Euro verkauft (vergleiche Abbildung 4.2/1). Die Position „Löhne usw." enthält aus Vereinfachungsgründen alle sonstigen Kosten.

Abb. 4.2/1: Wertschöpfung

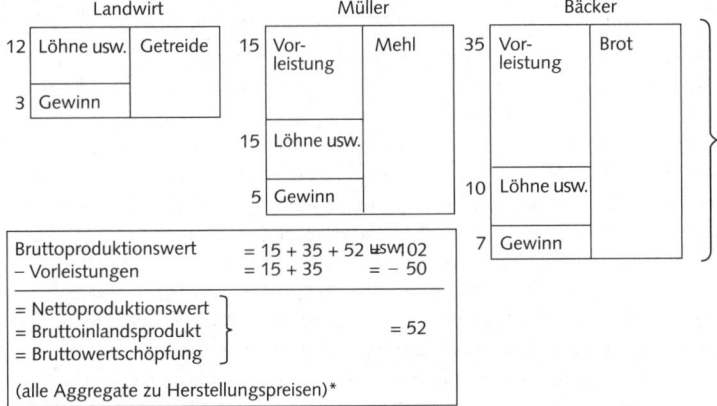

* Von einer Feinheit bezüglich „unterstellter Bankgebühren" sehen wir hier ab.

Für die volkswirtschaftliche Gesamtrechnung stellt sich nun die Frage, mit welchen Werten diese Güter in die Berechnung des Inlandsprodukts eingehen sollen. Wer ein Gut verkaufen will, wird grundsätzlich seine Preiskalkulation nach der Faustregel anstellen: „Entstandene Kosten plus Gewinnzuschlag = Preis". Der Landwirt wird somit alle ihm entstandenen Kosten für den Einsatz von Material („Vorleistungen", vergleiche unten) und Produktionsfaktoren (Lohn für den Faktor Arbeit, Miete für den Faktor Boden, Zins für den Faktor Kapital) addieren und einen ihm angemessen erscheinenden Gewinnzuschlag ansetzen.

Dieser Gewinn stellt im Grunde genommen Zahlungen „an sich selbst" dar: Ein Landwirt oder ein sonstiger Unternehmer, der in seinem eigenen Betrieb arbeitet, wird sich selber einen Lohn bezahlen; in der kaufmännischen Buchführung bzw. Kostenrechnung spricht man dabei von **kalkulatorischem Unternehmerlohn,** und analog wird ein Unternehmer für die Nutzung eigener Grundstücke oder Gebäude **kalkulatorische Miete** bzw. für den Einsatz eigenen Kapitals **kalkulatorische Zinsen** veranschlagen. Der Gewinnzuschlag stellt somit nichts anderes dar als das Entgelt für Produktionsfaktoren, die sich im eigenen Eigentum befinden. Über die Höhe dieses Zuschlags lässt sich natürlich streiten, nicht aber über die prinzipielle Berechtigung. Daneben wird ein Anbieter noch weitere Größen wie z. B. Abschreibungen und Steuern berücksichtigen. Die obige Abbildung 4.1/2 veranschaulicht dies.

Um das Beispiel handlich und übersichtlich zu halten, wird hier von verschiedenen realitätsnäheren Feinheiten wie z. B. Steuern und Produktion auf Lager abgesehen und in Abbildung 4.2/1 unterstellt, dass der Bauer (für fremde Produktionsfaktoren) Kosten in Höhe von 12 Geldeinheiten (GE) zu berücksichtigen hat, so dass ihm einschließlich seines eigenen Verdienstes (Gewinn) ein Verkaufspreis von 15 GE angemessen erscheint. Dieser Preis entspricht in der VGR den Herstellungspreisen, d. h. den Kosten, die durch den Einsatz eigener und fremder Produktionsfaktoren (Arbeit, Natur (Boden) und Kapital) bei der Produktion des Gutes Getreide entstanden sind. Betriebswirtschaftlich würde man wohl von **Herstellungskosten** oder von **Selbstkosten** sprechen, die – plus Gewinnmarge – den Marktpreis (Verkaufspreis) ergäben. In der VGR hat man sich für den aus betriebswirtschaftlicher Sicht eher verwirrenden Begriff Herstellungspreise entschieden.

Der Müller unseres Beispiels verarbeitet das eingekaufte Korn im Werte von 15 GE zu Mehl, wobei auch ihm Kosten in Höhe von 15 GE durch den Einsatz von Produktionsfaktoren entstehen. Beispielsweise muss er einen Kredit verzinsen, mit dem er seine Maschinen finanziert hat (Kapitalkosten), oder er hat seine Mühle gemietet, und natürlich entstehen auch Lohnkosten etc. Diese Faktorkosten mögen 15 GE betragen, so dass er einschließlich seines Gewinnzuschlags das Mehl für 35 GE verkauft. Schließlich verarbeitet der Bäcker das eingekaufte Mehl zu Brot, wobei ihm Faktorkosten (inklusive Gewinn) von 17 GE entstehen. Das Brot wird also zu 52 GE an den Verbraucher abgegeben. Welcher Wert bzw. welche Werte – das Stichwort zu Beginn dieses Abschnitts hieß *Wertschöpfung* – sind bei diesem Produktionsprozess nun entstanden und welche sollen in die Berechnung des Inlandsprodukts eingehen?

Soll man die Summe aller entstandenen Güter ansetzen (sogenannter **Bruttoproduktionswert**)? Dies wären in unserem Beispiel 102 GE, so dass das Brot, für das der Verbraucher 52 GE bezahlt, in der volkswirtschaftlichen Gesamtrechnung mit 102 GE vertreten wäre. Sicherlich wäre dies nicht der richtige Weg, denn wenn man den Mehlpreis des Müllers betrachtet (35 GE), dann sind in dieser Summe ja bereits die Leistungen des Bauern bei der Produktion von Getreide mit 15 GE enthalten.

Durch Summierung aller Umsätze würden die Produktionsleistungen der ersten Stufe (Kornproduktion) auf jeder weiteren Produktionsstufe nochmals mitgezählt, so dass sich durch derartige Mehrfachzählungen eine Aufblähung ergibt, die die *Wertschöpfung* nicht richtig widerspiegelt: Das Getreide würde in unserem Beispiel dreimal gezählt. Wenn man die Wertschöpfung also ermitteln will, dürfen nur die jeweils zusätzlich entstehenden Werte erfasst werden. Dies bedeutet, dass man – auf das Beispiel bezogen – auf jeder Produktionsstufe den Umsatz auf der Basis des Verkaufspreises als Grundlage nehmen kann, jedoch die **Vorleistungen** abziehen muss.

Als Vorleistungen bezeichnet man den Wert der Güter, die eine vorangehende Produktionsstufe geschaffen hat. Die Differenz zwischen Verkaufspreis und Vorleistungen entspricht dann der (Brutto-)**Wertschöpfung**, die der jeweils betrachteten Produktionsstufe zuzurechnen ist. In unserem Beispiel wird aus Vereinfachungsgründen unterstellt, dass der Bauer keine Vorleistungen bezieht, so dass der gesamte Wert des Korns Wertschöpfung der 1. Produktionsstufe ist (15 GE). Die Wertschöpfung der 2. Stufe (Müller) berechnet sich dann als Produktionswert (35 GE) minus Vorleistungen (15 GE) = 20 GE, und die der 3. Stufe (Bäcker) analog als 17 GE. Die Wertschöpfung entspricht also der Summe der bei der Produktion entstandenen Faktorkosten, d. h. 52 (Abbildung 4.2/1). Oben in Abbildung 4.1/6 können Sie dies noch mal mit konkreten Zahlen für Deutschland nachvollziehen.

Exkurs: Mehrwertsteuer, Vorsteuerabzug und Steuerschuld

Als kleiner Einschub sei darauf hingewiesen, dass unsere Mehrwertsteuer genau hier ansetzt. Besteuert wird jeweils nur der Mehrwert, der auf einer Produktionsstufe entsteht (die **Umsatzsteuer** wird in der Umgangssprache Mehrwertsteuer genannt). Ich verwende hier aus didaktischen Gründen den für die allermeisten geltenden **Normalsatz** der Mehrwertsteuer von 19 % und nicht den eigentlich u. a. für Grundnahrungsmittel anzusetzenden „**ermäßigten Steuersatz**" von 7 %.

Der Müller beispielsweise muss zwar für seinen Umsatz von 35 GE Mehrwertsteuer an das Finanzamt abführen, doch kann er im Wege des sogenannten Vorsteuerabzugs sich vom Finanzamt den Steueranteil gutschreiben lassen, der auf die Vorleistungen von 15 GE entfällt, denn beim Einkauf des Korns hat er ja Mehrwertsteuer auf diesen Betrag bezahlt. Gelegentlich wird man beim Einkaufen gefragt, ob man eine Rechnung benötige, auf der die bezahlte Mehrwertsteuer ausgewiesen wird. Dies dient dem Geltendmachen des Vorsteuerabzugs gegenüber dem Finanzamt. In unserem Beispiel würde der Müller letztlich also nur die Mehrwertsteuer für seine eigene Wertschöpfung von 20 GE zu tragen haben. Die Mehrwertsteuer ist zwar im Prinzip

Abb. 4.2/2: Prinzip der Mehrwertsteuer

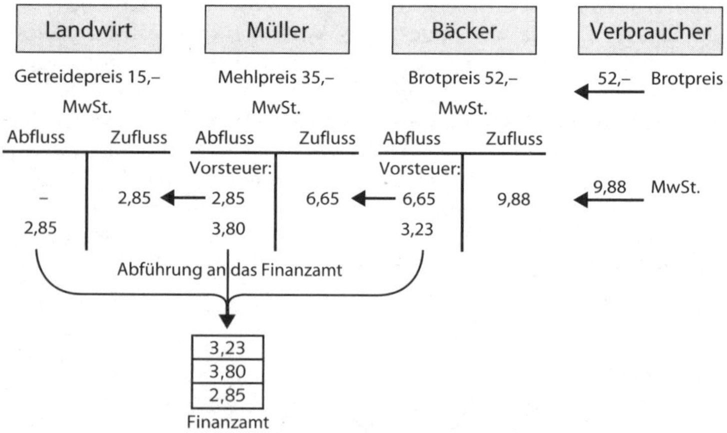

eine Umsatzsteuer, doch ist sie offenbar differenzierter als die vor vielen Jahren in der Bundesrepublik erhobene Umsatzsteuer. Abbildung 4.2/2 verdeutlicht das Prinzip der Mehrwertsteuer.

Der Landwirt erhält vom Müller den Getreidepreis
von 15 Euro plus 19 % Mehrwertsteuer   = 2,85;

der Müller erhält vom Bäcker den Mehlpreis
von 35 Euro plus 19 % Mehrwertsteuer   = 6,65;

der Bäcker erhält vom Verbraucher den Brotpreis
von 52 Euro plus 19 % Mehrwertsteuer   = 9,88.

Der Bäcker zieht von den erhaltenen 9,88 MwSt die von ihm an den Müller gezahlte MwSt von 6,65 als **Vorsteuer** ab und führt die Differenz 3,23 an das Finanzamt ab (dies entspricht 19 % auf seine Wertschöpfung von 17 Euro);

der Müller zieht von den erhaltenen 6,65 MwSt die von ihm an den Landwirt gezahlte MwSt von 2,85 als Vorsteuer ab und führt die Differenz 3,80 an das Finanzamt ab (dies entspricht 19 % auf seine Wertschöpfung von 20 Euro);

der Landwirt erhält 2,85 vom Müller und führt diese komplett an das Finanzamt ab, weil er keine Vorsteuer geltend machen kann (dies entspricht 19 % auf seine Wertschöpfung von 15 Euro).

Die Summe der drei Abführungen an das Finanzamt beträgt 9,88, und das entspricht 19 % auf den Endpreis 52 Euro, d. h. der Verbraucher zahlt die komplette Mehrwertsteuer, denn er kann diese nicht als Vorsteuer geltend machen, weil er das Brot nicht weiterverkauft.

Eine Ergänzung ist nachzutragen. In den Bruttoproduktionswert (BPW) gehen in unserem Beispiel nur die Umsätze, d. h. die ver- *kaufte* Güterproduktion ein. Dies ist jedoch eine realitätsferne Vereinfachung. Tatsächlich erfasst der Bruttoproduktionswert neben den Umsätzen auch die *nichtverkaufte* Güterproduktion, die sich in – geplanten oder unvorhergesehenen – **Lagerbestandserhöhungen** ausdrückt, ferner den **Eigenverbrauch** des Herstellers und **selbsterstellte Anlagen**. Bereinigt man den BPW um die Vorleistungen (d. h. zieht man diese ab), ergibt sich der **Nettoproduktionswert** (NPW) als Summe aller Wertschöpfungen auf den einzelnen Produktionsstufen. Die Begriffe „brutto/netto" beziehen sich hier

also darauf, ob die Vorleistungen mitgezählt (BPW) oder „heraus-
gerechnet" werden (NPW). Je mehr der Produktionsprozess in
verschiedene Stufen unterteilt ist, desto höher muss der BPW im
Vergleich zum **NPW** sein.

Den NPW eines Sektors bezeichnet man als **Beitrag** des Sektors
zum Bruttoinlandsprodukt bzw. zur Bruttowertschöpfung. Abbildung 4.2/3 gibt diese begrifflichen Zusammenhänge wieder.

Abb. 4.2/3: Inlandsproduktionsbegriffe I

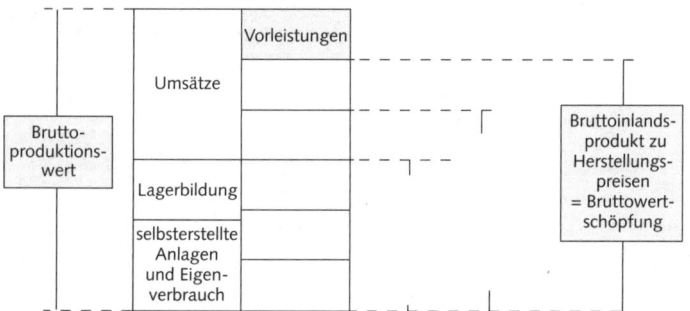

Bruttoproduktionswert
– Vorleistungen
= Nettoproduktionswert

= Bruttowertschöpfung *
= Bruttoinlandsprodukt

*Von einer Feinheit bezüglich „unterstellter Bankgebühren" sehen wir hier ab.

Bruttowertschöpfung in Prozent in jeweiligen Preisen

	1991	1995	2000	2005
Land- und Forstwirtschaft, Fischerei	1,4	1,3	1,3	1,0
Produzierendes Gewerbe	36,6	32,1	30,3	29,3
ohne Baugewerbe	30,6	25,4	25,1	25,4
Baugewerbe	6,0	6,8	5,2	3,9
Dienstleistungsbereiche	62,0	66,6	68,5	69,7
Handel, Gastgewerbe, Verkehr	17,9	18,0	18,2	18,1
Finanzierung, Vermietung, Unternehmensdienstl.	23,3	26,4	27,5	29,2
Öffentliche und private Dienstleister	20,8	22,2	22,8	22,4

Quelle: Statistisches Bundesamt, Datenreport 2006

Diese sektoralen (Teil-)Bruttowertschöpfungen beschreiben auch die strukturellen Verschiebungen, die eine sich entwickelnde Volkswirtschaft durchläuft: Während agrarisch geprägte Länder einen hohen Anteil des **primären Sektors** (Agrarwirtschaft) ausweisen, während der **sekundäre Sektor** (Industrie) klein und der **tertiäre Sektor** (Dienstleistungen) noch kleiner ist, verschiebt sich dies in entwickelten Volkswirtschaften, in denen der primäre Sektor schrumpft und der tertiäre Sektor stark wächst. Während in Deutschland 1970 rund 45 % der Beschäftigten im früheren Bundesgebiet im Dienstleistungssektor tätig waren, erhöhte sich der Anteil bis 2006 auf rund 72 %. Im gleichen Zeitraum sank der Anteil der Erwerbstätigen im Produzierenden Gewerbe (sekundärer Sektor) von 46 % auf rund 22 %.

Es mag verwirren, dass eine Größe, die man nun gerade durch Herausrechnen von Vorleistungen von einem Brutto-Produktionswert zu einem Netto-Produktionswert gemacht hat, nun wieder identisch ist mit einer Bruttogröße (Brutto-Inlandsprodukt). Die Erklärung liegt darin, dass „Brutto/Netto" lediglich bedeutet, dass bei „brutto" eine bestimmte Größe mitgezählt wird und bei „netto" nicht. So werden beim Bruttogehalt Steuern mitgerechnet und beim Nettogehalt abgezogen; beim Bruttogewicht einer Ware wird die Verpackung *(Tara)* mitgewogen, beim Nettogewicht abgezogen, und bei den betrachteten Produktionswerten ist die entscheidende Größe also die Summen der Vorleistungen. Die Summe der Nettoproduktionswerte enthält aber eine andere Größe, die man zur Berechnung der eigentlichen Wertschöpfung noch herausrechnen muss.

4.2.1.2 Brutto- und Nettoinlandsprodukt

Die **Wertschöpfung** soll ausdrücken, in welchem Umfang in einer Volkswirtschaft Werte (Güter) entstanden sind. Wenn z. B. eine neue Maschine gebaut wird, so ist dies eine Wertschöpfung. Kapitalgüter unterliegen einem Verschleißprozess, der sich vorhersehen lässt. Wenn ein Fuhrunternehmer einen Lastwagen im Wert von 80.000 Euro kauft, dann kann er davon ausgehen, dass er in beispielsweise fünf Jahren einen neuen Lastwagen kaufen muss, weil der alte dann ausgedient haben wird. Mit anderen Worten: Bereits beim Kauf eines Kapitalgutes ist an den Ersatz zu denken. Dies geschieht betriebswirtschaftlich, indem im Hinblick auf den zukünftigen Ersatzkauf eines Lastwagens „gespart" wird. Im rechnerisch einfachsten Fall wird man den Kaufpreis des Lastwagens gleichmäßig auf die Nutzungsdauer in Jahren verteilen und unterstellen, dass der Lastwagen jedes Jahr in etwa den gleichen Wertanteil verlieren wird. Bei einem Neupreis von 80.000 Euro verliert der Wagen jedes Jahr 16.000 Euro an Wert, so dass er nach fünf Jahren den Wert „Null" erreicht.

Diese Wertminderung schlägt sich in zweierlei Weise in der kaufmännischen Buchführung nieder: einmal, indem der Wertansatz, mit dem der Lastwagen u.a. in der *Bilanz* des Unternehmens als Vermögensobjekt aufgeführt wird, jedes Jahr um diese 16.000 Euro verringert wird: Der Lastwagen wird *„abgeschrieben"*. Und zweitens wird die Wertminderung als **kalkulatorische Kosten** in den Verkaufspreisen des Unternehmens auf die Kunden des Unternehmens überwälzt. In den zurückfließenden Umsatzerlösen fließen somit auch die Gegenwerte der Wertminderung des LKW an das Unternehmen zurück („verdiente Abschreibungen"). Würde man die verdienten Abschreibungen theoretisch auf einem Sperrkonto sammeln (was man natürlich nicht tut, sondern sie werden *laufend* auch zu anderen Finanzierungszwecken verwendet), stünde bei Ablauf der Nutzungsdauer des Lastwagens dann der gesamte Kaufpreis des Lastwagens wieder zur Verfügung. Aus diesen (und anderen) Abschreibungsgegenwerten kann dann ein neuer Lastwagen finanziert werden, der den alten ersetzt. Auf Einzelheiten von Abschreibungsverfahren und ihrer handels- und steuerrechtlichen Berücksichtigung wird hier verzichtet, insbesondere auf das Problem, dass ein neuer Lastwagen wohl mehr kosten wird als der alte vor fünf Jahren. Ein neuer Lastwagen, der einen alten ersetzt, ist daher offensichtlich etwas anderes als ein zusätzlicher Lastwagen, und dies ist bei der Berechnung der volkswirtschaftlichen Wertschöpfung zu berücksichtigen.

Die *Summe der (sektoralen)* **Nettoproduktionswerte** haben wir als **Bruttoinlandsprodukt** bezeichnet, weil im Bruttoinlandsprodukt Brutto-Investitionen erfasst werden, d.h. jeder produzierte Lastwagen wird mitgezählt, gleichgültig, ob er lediglich einen alten ersetzt oder den Lastwagenbestand vergrößert. Um jedoch bestimmen zu können, ob sich der Kapitalbestand einer Volkswirtschaft erhöht hat oder nicht, werden von den Bruttoinvestitionen die Ersatzinvestitionen (Investitionen aus Abschreibungsgegenwerten,

kurz Abschreibungen oder auch **Re-Investitionen** genannt) abgezogen, so dass die Netto-Investitionen übrig bleiben. Diese werden auch als **Erweiterungsinvestitionen** bezeichnet, weil sie den
Kapitalbestand der Volkswirtschaft (analog zum Unternehmen)
vergrößern. Die für die volkswirtschaftliche Gesamtrechnung zur
Verfügung stehenden Informationen geben jedoch nicht oder nur
unzureichend die Ersatzinvestitionen wieder, denn dann müssten
bei Investitionen jeweils die Investitionsgründe umfassend ermittelt
werden. Aus den zur Verfügung stehenden, insbesondere steuerlichen Daten lassen sich jedoch mit hinreichender Genauigkeit die
Abschreibungen ermitteln, so dass in der Regel die Gleichsetzung
Ersatzinvestitionen = Abschreibungen erfolgt. Nicht jede Abschreibung führt jedoch zur Ersatzinvestition, z. B. wenn ein abgeschrie-
bener Lastwagen nicht nach fünf Jahren ersetzt, sondern noch
jahrelang weiterverwendet wird. Diese Unschärfe ist für die volkswirtschaftliche Gesamtrechnung jedoch nicht allzu bedeutsam und
somit akzeptabel. Abbildung 4.2/4 macht den Zusammenhang der
Investitionsbegriffe deutlich.

Abb. 4.2/4: Investitionsbegriffe

	Abschreibungen **(Ersatz-Investitionen bzw. Re-Investitionen)**
Brutto-Investitionen	**Netto- Investitionen** **(Erweiterungs-Investitionen)**

Ein haufig verwendeter Begriff ist **Rationalisierungsinvestition**".
Dieser ist schwer in unsere Darstellung einzubeziehen, denn eine
Rationalisierungsinvestition wird in der Regel teils *Ersatz-*, teils
Erweiterungsinvestition sein. Eine Lichtsatzmaschine in einer
Druckerei ersetzt zum einen eine technisch veraltete Setzmaschine
(Ersatzinvestition), kann aber auch gleichzeitig mehr leisten (Er-
weiterungsinvestition). Eine klare Aufteilung einer Rationalisie-
rungsinvestition ist nur schwer möglich. Abbildung 4.2/5 zeigt
schematisch die Bedeutung dieser Investitionsziele in der Industrie. Sofern nun in die Berechnung des Inlandsprodukts nicht die
Brutto-, sondern nur die Netto-Investitionen eingehen, ergibt sich
nicht das *Brutto-*, sondern das **Nettoinlandsprodukt** (NIP). Rech-

Abb. 4.2/5: Investitionsziele

Ersatz alter Anlagen	30 %
Kapazitätserweiterung	23 %
Rationalisierung	19 %
Umweltschutz, Qualitätsverbesserung	14 %
Umstrukturierung	14 %

Quelle: Ifo

Abb. 4.2/6: Inlandsproduktionsbegriffe II

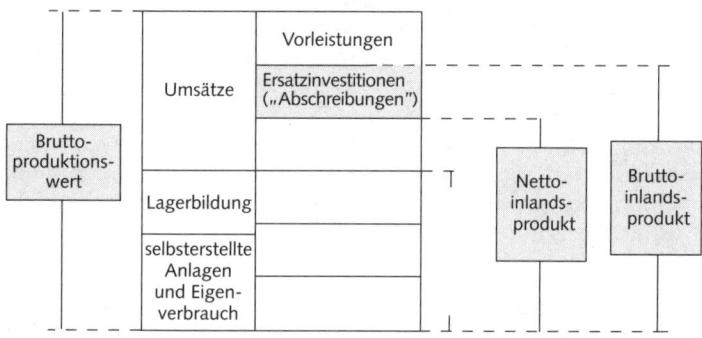

Abb. 4.2/7: Entwicklung des Bruttoinlandsprodukts

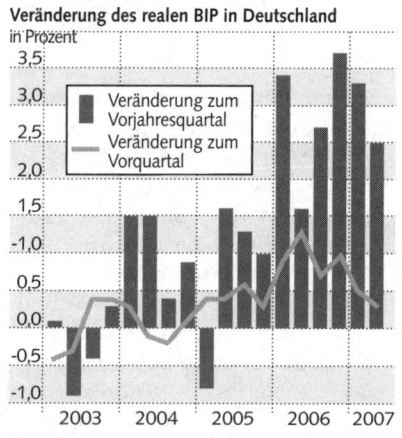

Verlangsamtes Wachstum

Veränderung des realen BIP in Deutschland
in Prozent

1) BIP real gegenüber dem Vorquartal

nerisch heißt dies: Bruttoinlandsprodukt – Ersatzinvestitionen (Abschreibungen) = Nettoinlandsprodukt (vergleiche Abbildung 4.2/6). Das BIP wird für Jahre und Vierteljahre berechnet und bildet die konjunkturelle und saisonale Entwicklung einer Volkswirtschaft ab (Abbildung 4.2/7).

4.3 Einkommensansatz (Verteilungsrechnung)

Das **Volkseinkommen** (VE) ist eine zentrale Größe der Verteilungsrechnung. Es erfasst alle Erwerbs- und Vermögenseinkommen (Primäreinkommen), die inländischen Arbeitnehmern und Selbstständigen (inkl. juristischen Personen) zugeflossen sind. Der Einkommensansatz kann sowohl bei den geleisteten als auch bei den empfangenen Einkommen ansetzen, wobei das rechnerische Ergebnis gleich sein muss. Um Missverständnissen vorzubeugen: Die Verteilungsrechung des Volkseinkommens hat nichts mit der Einkommensverteilung zu tun, wie beispielsweise „fünf Prozent der Einkommensempfänger besitzen xy Prozent des Gesamteinkommens" – das bezieht sich auf die Einkommens- und Vermögensverteilung, und darauf gehen wir hier nicht ein.

Betrachten wir einen modellhaften Faktormarkt wie den Arbeitsmarkt (Abbildung 4.3/1). Die Haushalte stellen den Unternehmen Arbeitsleistung zur Verfügung, wofür 900 Geldeinheiten (GE) Lohn gezahlt werden. Für die Haushalte sind diese 900 GE Einkommen

Abb. 4.3/1: Faktorkosten / Faktoreinkommen

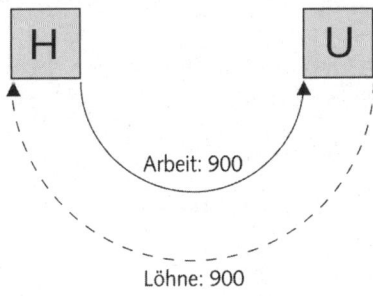

Arbeit: 900

Löhne: 900

(**Faktoreinkommen**), für die Unternehmen stellen die 900 GE Kosten dar (**Faktorkosten**), so dass Faktoreinkommen und Faktorkosten wertmäßig identisch sind und es lediglich vom Standpunkt der Betrachtung abhängt, ob man von Einkommen oder Kosten spricht. Analoge Überlegungen wie für Lohn für Arbeit gelten für Zinsen für Kapital, Miete für Boden usw. Daher spricht man eben auch in der Summe vom Volkseinkommen.

Für die Berechnung des Volkseinkommens ergibt sich nach den *geleisteten Einkommen* folgender Zusammenhang:

Nettobetriebsüberschüsse
  * der Nichtfinanziellen Kapitalgesellschaften
  * der Finanziellen Kapitalgesellschaften
  * des Staates
  * der Privaten Haushalte
  * der Privaten Organisationen ohne Erwerbszweck
+ Selbstständigeneinkommen
+ Arbeitnehmerentgelte (Inland)
= Volkseinkommen.

Im Gegensatz zum Produktionsansatz (Abschnitt 4.2) werden dabei die Nettobetriebsüberschüsse und die Selbstständigeneinkommen direkt aus Primärstatistiken erhoben, also nicht indirekt über Korrekturen der Wertschöpfungen ermittelt.

Der Ansatz von den *empfangenen Einkommen* zeigt eine andere Struktur, führt aber – wie erwähnt – rechnerisch zum selben Ergebnis:

Unternehmenseinkommen
  * der Nichtfinanziellen Kapitalgesellschaften
  * der Finanziellen Kapitalgesellschaften
  * des Staates
  * der Privaten Haushalte
  * der Privaten Organisationen ohne Erwerbszweck +
    Vermögenseinkommen
  * des Staates
  * der Privaten Haushalte
  * der Privaten Organisationen ohne Erwerbszweck +
    Arbeitnehmerentgelte der Inländer
= Volkseinkommen.

Unternehmens- und Vermögenseinkommen haben (2007) einen Anteil von 34,8 % am Volkseinkommen, Arbeitnehmerentgelte von 65,2 % (unbereinigt). Das Unternehmens- und Vermögenseinkommen besteht aus den Bruttoeinkommen der selbstständigen Unternehmer, Freiberufler (Ärzte, Steuerberater, Rechtsanwälte etc.) inkl. Landwirte sowie aus den Einkommen aus Vermögen der privaten Haushalte (Zinsen, Dividenden, Mieten). Das Arbeitnehmerentgelt (früher: Einkommen aus unselbstständiger Tätigkeit bzw. Lohneinkommen) umfasst die Bruttolöhne und -gehälter von Arbeitern, Angestellten, Beamten, Soldaten, Vorstandsmitgliedern von Unternehmen (!) (alles inkl. vermögenswirksamen Leistungen, Urlaubsgeld und anderen Arbeitgeberleistungen), ferner die Anteile der Arbeitgeber an den gesetzlichen Sozialbeiträgen zur Renten-, Kranken-, Arbeitslosen- und Pflegeversicherung und den ggf. freiwillig gezahlten Beiträgen zur Unfallversicherung oder Renten- bzw. Pensionsfonds.

Abbildung 4.3/2 zeigt nochmals den systematischen Zusammenhang (die Daten sind fiktiv): Ausgehend vom Volkseinkommen bzw. Nettoinlandsprodukt (NIP) zu Faktorkosten ergibt sich das BIP zu Marktpreisen durch sukzessive Korrektur via sonstige Produktionsabgaben und sonstige Subventionen zu einer Bewertung zu Herstellungspreisen; diese wiederum wird via Gütersteuern und Gütersubventionen korrigiert zu einer Bewertung zu Marktpreisen, und die Nettoaggregate werden durch Addition der Abschreibung zu Bruttogrößen.

Gegenwärtig können die Betriebsüberschüsse bzw. die Unternehmenseinkommen nur unvollständig direkt erhoben werden (nur bei den Finanziellen Kapitalgesellschaften). Grundsätzlich kämen dafür auch Steuerstatistiken infrage, doch liegen die Einkommen- und Körperschaftsteuerstatistiken erst so spät vor, dass sie für aktuelle Berechnungen unbrauchbar sind.

In der Praxis werden die fehlenden Primärdaten indirekt (nachträglich) aus dem Produktionsansatz ermittelt. Das Volkseinkommen ist ein **Inländerkonzept**. Daher muss das auf dem Inlandskonzept beruhende BIP zunächst um den Saldo der Primäreinkommen aus der übrigen Welt korrigiert werden. Das sich daraus ergebende **Bruttonationaleinkommen** (BNE) wird um die Abschreibungen vermindert zum **Nettonationaleinkommen** (Primäreinkommen). Dieses vermindert sich einerseits durch an den Staat zu zahlende

Abb. 4.3/2: Vom Volkseinkommen zum BIP (in Mrd. EUR)

Wirtschaftsbereiche		Inlandskonzept — Gesamtwirtschaft		Einkommen aus der übrigen Welt (Saldo)	Inländerkonzept	
Arbeitnehmerentgelt	996,97	Arbeitnehmerentgelt		− 0,73	Arbeitnehmerentgelt	996,24
+ Nettobetriebsüberschuss, Selbstständigeneinkommen	360,27	Vermögenseinkommen		2,13	+ Unternehmens- u. Vermögenseink.	362,40
= Nettowertschöpfung zu Faktorkosten	1357,24	= Nettoinlandsprodukt zu Faktorkosten	1357,24	1,41	= Volkseinkommen (Erwerbs- und Vermögenseink.) (zu Faktorkosten)	1358,64
+ sonstg. Prod.-Abg.	33,21	+ sonstg. Prod.-Abg.	33,21		+ sonstg. Prod.-Abg.	33,21
− sonstg. Subvent.	− 32,76	− sonstg. Subvent.	− 32,76	1,10	− sonstg. Subvent.	− 32,76
= Nettowertschöpfung zu Herstellungspreisen	1357,69	= Nettoinlandsprodukt zu Herstellungspreisen	1357,69			
		+ Gütersteuern	188,51	−16,82	+ Gütersteuern Staat	171,68
		− Gütersubventionen	− 11,38	4,92	− Gütersubventionen vom Staat	− 6,55
		= Nettoinlandsprodukt zu Marktpreisen	1534,82	− 9,49	− Primäreinkommen (Nettonationaleink.)	1525,33
+ Abschreibungen	266,46	+ Abschreibungen	266,46		+ Abschreibungen	266,46
= Bruttowertschöpfung (zu Herstellungspreisen)	1624,15	= Bruttoinlandsprodukt (zu Marktpreisen)	1801,28	− 9,49	= Bruttonationaleinkommen	1791,79

Produktions- und Importabgaben (neben den indirekten Steuern und Zöllen u.a. die Kfz-Steuer der Unternehmen und die Grundstücksteuer) bzw. erhöht sich andererseits durch vom Staat erhaltene Subventionen (u.a. Verstromungsbeihilfen für Steinkohle, Zuschüsse an die Bahn, Defizitausgleich für staatliche Eigenbetriebe, Zuschüsse für den Fremdenverkehr usw.) zum Volkseinkommen (Abbildung 4.3/3). Dieses ist nach wie vor ein Bruttoeinkommen, denn direkte Steuern (Einkommen- oder Körperschaftsteuern) und die Sozialabgaben sind noch enthalten. Berücksichtigt man auch diese, ergibt sich das verfügbare Nettoeinkommen (vergleiche dies auch weiter unten), dessen größter Teil konsumiert wird; der Rest wird gespart bzw. investiert.

Abb. 4.3/3: Verteilungsrechnung

> Bruttoinlandsprodukt (zu Marktpreisen) (BIP^M)
>
> + Saldo der Primäreinkommen aus der übrigen Welt
>
> = Bruttonationaleinkommen (BNE^M)
>
> − Abschreibungen
>
> = Nettonationaleinkommen (NNE^M) (Primäreinkommen)
>
> − Produktions- und Importabgaben an den Staat (indirekte Steuern)
>
> + Subventionen des Staates
>
> = **Volkseinkommen**
>
> − Arbeitnehmerentgelt
>
> = Unternehmens- und Vermögenseinkommen

Für die Abgrenzung der Korrekturgrößen „Gütersteuern – Gütersubventionen = Nettogütersteuern" in der Entstehungsrechnung und der Korrekturgrößen „Produktions- und Importabgaben an den Staat – Subventionen vom Staat" beim Übergang vom BIP zum Volkseinkommen in der Verteilungsrechnung vergleiche ggf. oben nochmals Abschnitt 4.1.2. Die „Nettogütersteuern" sind in der Summe geringer als der Saldo von „Produktions- und Importabgaben" und „Subventionen vom Staat".

Eine selbstständige Berechnung von BIP und BNE kann aus der **Verteilungsrechnung** heraus nicht erfolgen, weil insbesondere statistische Angaben fehlen über die Gewinne von Einzelunternehmen. Überhaupt ist die Datenlage bislang noch nicht optimal, denn ein vollständiges und in sich widerspruchsfreies „Register der statistischen Einheiten" ist noch im Aufbau. Hinzu kommen zeitliche Verzögerungen *(time lags) in* der Verfügbarkeit der Daten, die bis zu 30 Monaten ausmachen können.

So grob diese Einteilung in zwei Einkommensgruppen auch ist, so spielt sie in der laufenden aktuellen Diskussion doch eine wichtige Rolle. In Symbolen wird dies meist so ausgedrückt:

(1) $Y = L + G$,

wobei Y das **Volkseinkommen** (vom englischen „*yield*": Ertrag, Ergebnis) darstellt, L die Lohneinkommen und G die Gewinneinkommen, Y ist dabei als NSPF zu interpretieren.

Es ist gebräuchlich, die beiden Größen Lohn- und Gewinneinkommen als prozentuale **Anteile am Volkseinkommen** auszudrücken, wobei man den Anteil der Einkommen aus unselbstständiger Arbeit als **Lohnquote** (L/Y) und den Anteil der Unternehmer- und Vermögenseinkommen als **Profitquote** oder **Gewinnquote** (G/Y) bezeichnet. Da sich beide auf dieselbe Bezugsgröße beziehen, wird einleuchten, dass sie sich zu Eins addieren müssen. Abbildung 4.3/4 zeigt, dass sich die Lohnquote von 72,2 % (1992) auf 67 % (2005) verringert und die Gewinnquote entsprechend von 27,8 % auf 33 % erhöht hat. Achtung: Die Lohnquote verändert sich zur **Arbeitseinkommensquote**, wenn man zu den Lohneinkommen die Einkommen der selbstständig Beschäftigten hinzurechnet: Dabei wird jedem Selbstständigen das Durchschnittseinkommen der abhängig Beschäftigten zugerechnet (Abbildung 4.3/5). „Arbeitseinkommen" klingt zwar ähnlich wie „Lohneinkommen", ist aber sachlich etwas deutlich anderes, und logischerweise ist die Arbeitseinkommensquote höher als die Lohnquote. Also nicht verwechseln!

Die Zweiteilung in Löhne bzw. Gewinne ist aber insbesondere deshalb unbefriedigend, weil z.B. ein und derselbe Haushalt sowohl in der Lohnquote (durch sein Erwerbseinkommen) als auch in der Profitquote erfasst wird, wenn er z.B. Zinseinkommen hat. Andererseits werden Leistungen mithelfender Familienangehöriger bei Selbstständigen nicht in der Lohnquote erfasst.

Lohn- und Profitquote spielen häufig bei Diskussionen um Einkommenserhöhungen eine Rolle, obgleich sie – auch wegen der

Abb. 4.3/4: Verteilung des Volkseinkommens

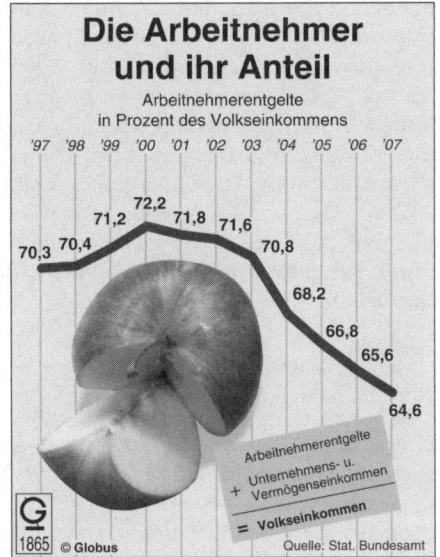

Abb. 4.3/5: Lohnquote und Arbeitseinkommen

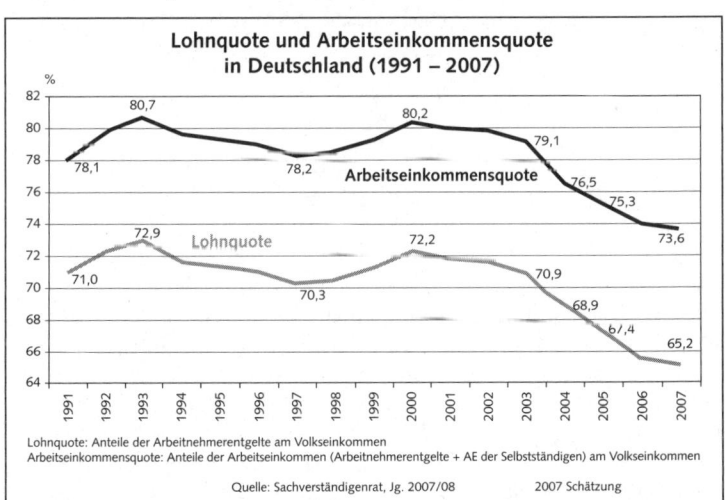

gerade angeführten „Unstimmigkeiten" – kein geeigneter Indikator für Verteilungsfragen sind. Offensichtlich kann – wie Gleichung (2) belegt – die Lohnquote nur steigen, wenn gleichzeitig die Gewinnquote sinkt. Die Lohnquote kann aus zwei Gründen steigen: einmal, wenn bei konstanter **Erwerbstätigenstruktur** die Löhne stärker steigen als die Gewinneinkommen, zum anderen, wenn die *Zahl* der Lohnempfänger zunimmt. Daher gibt es auch zwei Versionen der Lohnquote: Die **unbereinigte Lohnquote** erfasst pauschal den Anteil der Löhne am Volkseinkommen und steigt somit allein aufgrund des Strukturwandels, der sich ergibt, wenn Selbstständige ihre Tätigkeit aufgeben und eine unselbstständige Beschäftigung aufnehmen:

$$= \frac{\text{Arbeitnehmerentgelte}}{\text{Volkseinkommen}} \text{ x } 100$$

Die **bereinigte Lohnquote** berücksichtigt diesen Struktureffekt, indem rechnerisch ein *konstanter* Anteil (Basis: 1995++; der Realitätsbezug ist natürlich Null) von Unselbstständigen bzw. von Selbstständigen an der Zahl der Erwerbspersonen unterstellt wird (Abbildung 4.3/6).

Die Größe

$$= \frac{\text{Arbeitnehmerentgelte im Berichtsjahr}}{\text{Anzahl der Arbeitnehmer im Berichtsjahr}} \text{ x } \begin{array}{l}\text{Anzahl der Arbeitnehmer} \\ \text{im Basisjahr}\end{array}$$

wird geteilt durch die Größe

$$= \frac{\text{Volkseinkommen im Berichtsjahr}}{\text{Anzahl der Erwerbstätigen im Berichtsjahr}} \text{ x } \begin{array}{l}\text{Anzahl der Arbeitnehmer} \\ \text{im Basisjahr}\end{array}$$

Dann kann die Lohnquote nur dann steigen, wenn die Lohneinkommen (Arbeitnehmerentgelte) – bei unterstelltem konstanten Selbstständigenanteil – *stärker* steigen als die Gewinneinkommen. Andererseits ist der Aussagewert dieser für die gesamte Volkswirtschaft zu berechnenden Quoten nicht sehr hoch, da beispielsweise die Lohnquote als Ausdruck der **funktionellen Verteilung** des Volkseinkommens auf die Produktionsfaktoren überhaupt nichts aussagt über die tatsächliche **personelle Verteilung** des Volkseinkommens auf die Haushalte (Abbildung 4.3/7) – die Quoten geben

Abb. 4.3/6: Unbereinigte / bereinigte Lohnquote

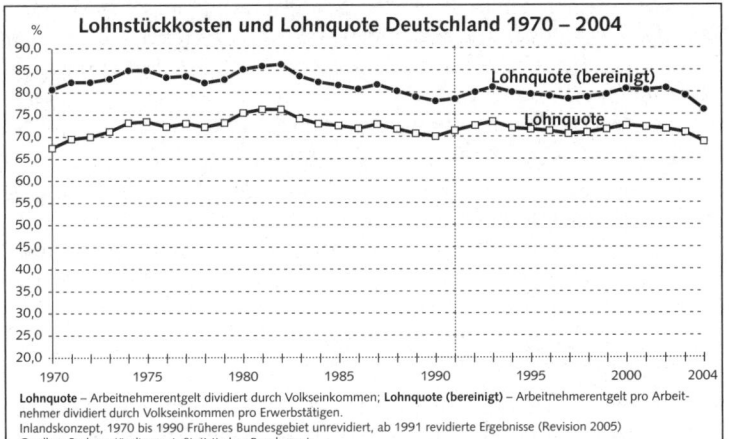

Lohnquote – Arbeitnehmerentgelt dividiert durch Volkseinkommen; **Lohnquote (bereinigt)** – Arbeitnehmerentgelt pro Arbeitnehmer dividiert durch Volkseinkommen pro Erwerbstätigen.
Inlandskonzept, 1970 bis 1990 Früheres Bundesgebiet unrevidiert, ab 1991 revidierte Ergebnisse (Revision 2005)
Quellen: Sachverständigenrat, Statistisches Bundesamt

Abb. 4.3/7: Verteilungsrechnung

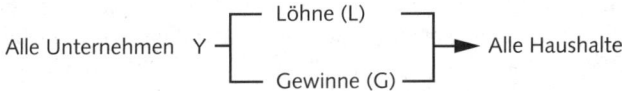

Funktionelle Verteilung

Alle Unternehmen   Y ─┬─ Löhne (L) ─┐
                      │   ├──▶ Alle Haushalte
                      └─ Gewinne (G) ─┘

Personelle Verteilung

Alle Unternehmen   Y ─── Y_1 ──────▶ Haushalt 1
                        Y_2 ──────▶ Haushalt 2
                        Y_n ──────▶ Haushalt n

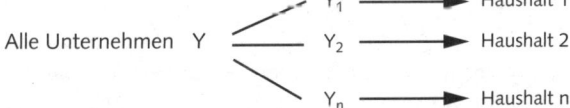

DIW: Die Reichen sind reicher geworden
Vermögenseinkommen steigen schneller als die Löhne

keinerlei Informationen bezüglich der Verteilung des Volkseinkommens auf Arme, Reiche bzw. den Mittelstand, ganz zu schweigen von der Verteilung des Vermögens. Diese Tatsachen bestimmen aber sehr viel mehr die konkrete sozialpolitische Diskussion als die Verteilungsrechnung des Volkseinkommens, die eher in strategische Lohntarif-Diskussionen eingeht. In meinem Lehrbuch Wirtschaftspolitik gehe ich darauf ausführlich ein.

Das Volkseinkommen als zentrale Größe der Wertschöpfungsberechnung ist für bestimmte Zwecke noch nicht aussagekräftig genug. Die Komponenten „Arbeitnehmerentgelte" bzw. „Unternehmens- und Vermögenseinkommen" geben keinen unmittelbaren Aufschluss darüber, welche Beträge tatsächlich für Nachfragezwecke zur Verfügung stehen, denn durch staatliche Eingriffe wird das Bruttoeinkommen teils vermindert, teils erhöht.

Die Verteilung des Einkommens auf die Produktionsfaktoren bzw. personell auf Haushalte oder Unternehmen bezeichnet man als **Primärverteilung**. Durch staatliche Umverteilungsmaßnahmen kann diese zur **Sekundärverteilung** verändert werden. Abbildung 4.3/7 zeigt nur den Negativeffekt direkter Steuern, nicht jedoch den Positiveffekt der Subventionen; hierüber liegen keine kompakten Daten vor.

Auf der einen Seite vermindert sich das Bruttoeinkommen durch Abgaben wie direkte Steuern und Sozialabgaben, auf der anderen Seite fließen Haushalten wie Unternehmen Subventionen (allgemeiner: Transfereinkommen) zu (Kindergeld, Wohngeld, Pensionen, Investitionsprämien etc.). Das Einkommen, über das tatsächlich verfügt werden kann, berechnet sich demnach als

(3) $Y_{verf} = Y^{br} - T^{dir} + Z,$

wobei Y_{verf} das verfügbare Einkommen bedeutet, Y^{br} das Bruttoeinkommen, T^{dir} direkte Steuern (z.B. Lohn-, Einkommen- und Körperschaftsteuer) und Z Subventionen. Das Symbol „T" leitet sich aus dem englischen „*tax*" = Steuer ab, Z für Subventionen aus „Zuwendungen", Y aus dem englischen „*yield*" = Ertrag oder Ergebnis. Während sich z.B. das Bruttolohneinkommen aus autonomen Verhandlungen der Tarifpartner bestimmt, kann die Höhe des verfügbaren Einkommens somit durch staatliche Maßnahmen beeinflusst werden. So kann also u.a. mit der Steuerpolitik durch Veränderung des verfügbaren Einkommens Einfluss genommen

Abb. 4.3/8: Lohn-Illusion

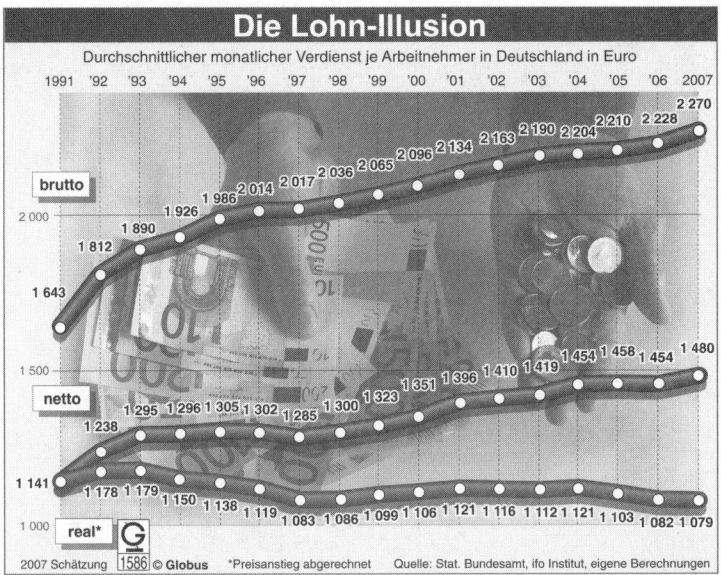

Die Lohn-Illusion

Durchschnittlicher monatlicher Verdienst je Arbeitnehmer in Deutschland in Euro

1991 '92 '93 '94 '95 '96 '97 '98 '99 '00 '01 '02 '03 '04 '05 '06 2007

brutto

2 270
2 228
2 210
2 204
2 190
2 163
2 134
2 096
2 065
2 036
2 017
2 014
1 986
1 926
1 890
1 812

2 000

1 643

netto

1 480
1 454
1 458
1 454
1 419
1 410
1 396
1 351
1 323
1 300
1 302
1 305
1 296
1 295
1 285

1 500

1 238

1 141

real*

1 178
1 179
1 150
1 138
1 119
1 083
1 086
1 099
1 106
1 121
1 116
1 112
1 121
1 103
1 082
1 079

1 000

2007 Schätzung   1586 © Globus   *Preisanstieg abgerechnet   Quelle: Stat. Bundesamt, ifo Institut, eigene Berechnungen

Nettoeinkommen auf dem Stand von vor 20 Jahren

Inflation und Sozialversicherungsbeiträge fressen die Lohnerhöhungen auf

werden auf die Nachfrage. Vergleiche im Zusammenhang mit der Verteilung auch Abschnitt 4.6.3.

Eine weitere Korrektur ist gebräuchlich: Wenn man vom Nettoeinkommen (egal ob bei Arbeitnehmern oder Selbstständigen) den inflationären Preisanstieg abzieht, erhält man das **Realeinkommen** (Abbildung 4.3/9). Bei niedrigen Einkommenserhöhungen und höheren Inflationsraten können sich durchaus negative Einkommensveränderungen ergeben, im Klartext: Einkommenssenkungen. Rechnet man in Prozenten, gilt z. B. bei

\+ 3,2 % Einkommenszuwachs im aktuellen Jahr 1 gegenüber dem Vorjahr

– 2,5 % Inflationsrate im Jahr 1 gegenüber dem Vorjahr

= 0,7 % Reale Einkommenserhöhung im aktuellen Jahr 1

Rechnet man in absoluten Zahlen, muss man den Einkommens-
betrag durch einen **Preisindex** teilen. Beispielsweise bedeutet eine
Steigerung eines Einkommens von 2.131,77 im Jahr 0 um 3,2 % ein
Einkommen von 2.200 im Jahr 1, und bei einer Inflationsrate von
2,5 % bedeutet dies ein reales (tatsächliches) Einkommen von

$$\frac{2.200}{1,025} = 2.146,34$$

Dies entspricht einer realen Einkommenssteigerung von nur

$$\frac{2.146,34}{2.131,77} = 1\,\% \ .$$

(Zur Berechnung der Inflationsrate vergleiche Altmann, Wirtschaftspolitik.)

4.4 Ausgabenansatz (Verwendungsrechnung)

Die dritte Möglichkeit zur Berechnung des Inlandsprodukts neben
der Entstehungs- und der Verteilungsrechnung setzt an der Verwendung des Inlandsprodukts an. Die in einer Volkswirtschaft produzierten Güter können grundsätzlich drei Verwendungszwecken
zugeführt werden: Erstens können sie von Inländern *konsumiert*
werden, zweitens können sie *investiert*, d.h. produktiv verwendet
werden, und drittens können sie ins Ausland *exportiert* werden.
Auf der anderen Seite stehen den Wirtschaftssubjekten nicht nur
die in der eigenen Volkswirtschaft produzierten Güter zur Verfügung, sondern auch aus dem Ausland importierte Güter. Dies lässt
sich in – dem englischen Sprachgebrauch entlehnten – Symbolen
formal folgendermaßen darstellen:

(1)   Y + Im = C + I + Ex.

Auf der linken Seite dieser Beziehung steht dabei die *Herkunft* der
zur Verfügung stehenden Güter [Y = Inlandsprodukt („*yield*"),
Im = Importe, also Teile ausländischer Inlandsprodukte] und
auf der rechten Seite die *Verwendung* dieser Güter zu Konsum
(C = *consumption)*, Investition (I) oder Export (Ex). Die Kompo-

nenten C + I + Ex werden auch als **volkswirtschaftliche Endnachfrage** bezeichnet.

Da das **Inlandsprodukt** Gegenstand der Untersuchung ist, werden die Importe rechnerisch „auf die rechte Seite gebracht", das heißt die Gleichung wird mit „- Im" erweitert, so dass sich ergibt

(2) $Y = C + I + Ex - Im$.

Abbildung 4.4/1 zeigt den tabellarischen Zusammenhang. Wir verwenden hier bewusst den unscharfen Begriff „Inlandsprodukt" ohne Zusatz wie Brutto-, Netto-, zu Marktpreisen etc., da der Zusammenhang grundsätzlich auf alle Inlandsproduktskonzepte anzuwenden ist und lediglich entsprechende Erweiterungen wie z. B. I^{br} (Bruttoinvestition) oder Y^f (Bewertung zu Faktorkosten) erforderlich sind. Den Saldo der beiden Größen [Ex – Im] bezeichnet man als **Außenbeitrag** zum Inlandsprodukt. Der Begriff „Außenbeitrag" leitet sich sprachlich eher aus dem Nettoinlandsprodukt zu Faktorkosten, also dem Volkseinkommen ab: Ist der Außenbeitrag positiv, fließen der Volkswirtschaft aus der Exporttätigkeit größere Geldmittel (Einkommensteile) zu als für Importzwecke ausgegeben werden, so dass sich ein positiver Beitrag zum Volkseinkommen durch den Außenhandel ergibt. Der Außenbeitrag ist Bestandteil der **Leistungsbilanz** einer Volkswirtschaft. Diese wiederum ist der güterwirtschaftliche Teil der **Zahlungsbilanz**, der durch die **Kapitalbilanz** ergänzt wird, welche die Finanzbeziehungen mit dem Ausland erfasst. Die Konsumausgaben machen etwa 79,5 % aus (2006), die Bruttoinvestitionen 18,4 %, der Außenbeitrag 2,1 %. Die Verwendungsrechnung des BIP stützt sich in erster Linie auf amtliche Datenquellen.

Zum Nachdenken 4.1:

Was bedeutet es, wenn Ex kleiner ist als Im?

Durch Erfassung der Verwendungskomponenten des Inlandsprodukts, also durch Addition der Konsum-, Investitionsund Außenhandelsnachfrage ergibt sich dieselbe Größe – das Bruttoinlandsprodukt zu Marktpreisen – wie mit Hilfe der Entstehungs- oder Verteilungsrechnung. Alle drei Berechnungsmethoden dienen verschiedenen Zwecken, wie abschließend zu zeigen ist (vergleiche Abschnitt 4.5).

Abb. 4.4/1: Aggregate der Verwendungsrechnung

Inländische Verwendung	2.254,93	
Konsumausgaben	**1.812,16**	
– privat		1.376,25
– staatlich		435,91
Bruttoinvestitionen	**442,77**	
– Bruttoanlageinv.		449,20
– Vorratsveränderungen		– 6,43
Außenbeitrag	**168,07**	
Exporte		1.138,96
Importe		970,89
BIP	**2.423,07**	

(Quelle: www.destatis.de)

In den jährlichen Gutachten des Sachverständigenrats zur Begutachtung der gesamtwirtschaftlichen Entwicklung werden die Begriffe der Volkswirtschaftlichen Gesamtrechnung (VGR) erläutert, denn es ist zwischen privaten und staatlichen Aktivitäten zu unterscheiden:

Das **Bruttoinlandsprodukt zu Marktpreisen** ist, von seiner Verwendung her gesehen, gleich der Summe aus privatem Verbrauch, Staatsverbrauch, Bruttoinvestitionen und Außenbeitrag. Private Konsumausgaben sind die Summe von Konsumausgaben der privaten Haushalte und Konsumausgaben der privaten Organisationen ohne Erwerbszweck. Als Konsumausgaben privater Haushalte werden die Waren- und Dienstleistungskäufe der inländischen privaten Haushalte für Konsumzwecke bezeichnet. Neben den tatsächlichen Käufen, zu denen unter anderem Entgelte für häusliche Dienste gehören, sind auch bestimmte unterstellte Käufe enthalten, wie zum Beispiel der Eigenverbrauch der Unternehmer, der Wert der Nutzung von Eigentümerwohnungen sowie so genannte Naturalentgelte für Arbeitnehmer (zum Beispiel Deputate). Der Konsum auf Geschäftskosten wird nicht zu den Konsumausgaben privater Haushalte gerechnet, sondern zu den Vorleistungen. Nicht enthalten sind ferner Käufe von Grundstücken und Gebäuden, die zu den Bruttoanlageinvestitionen zählen.

Die Konsumausgaben der privaten Haushalte werden mit der „Lieferantenmethode" ermittelt, indem bei den Verkäufern die

Verkäufe an private Endverwender erfragt werden. Dies wird ergänzt durch amtliche Daten zu Kfz-Zulassungen, Versicherungsab-
schlüssen, Kreditinstituten, Energieversorgern sowie durch Plausi-
bilitätsprüfungen aus der Input-Output-Rechnung und in großen
Abständen „gegengerechnet" durch fünfjährige Haushaltsbefra-
gungen (Panels). Eigengenutzte Immobilien gehen mit unterstellten
(kalkulatorischen) Mieten in die Berechnung ein. Insgesamt ergeben sich Tausende von Detailproblemen, etwa bei der Behandlung
von Trinkgeldern.

Die Konsumausgaben der privaten Organisationen ohne Erwerbszweck bestehen aus dem **Eigenverbrauch,** das heißt aus dem Wert
der von diesen Organisationen produzierten Güter abzüglich
selbsterstellter Anlagen und Verkäufe sowie den Ausgaben für Güter, die als soziale Sachtransfers den privaten Haushalten für ihren
Konsum zur Verfügung gestellt werden.

Die Konsumausgaben des Staates entsprechen dem Wert der Güter,
die vom Staat selbst produziert werden, jedoch ohne selbsterstellte
Anlagen und Verkäufe, sowie den Ausgaben für Güter, die als soziale Sachtransfers den privaten Haushalten für ihren Konsum zur
Verfügung gestellt werden.

Die **Investitionen** unterteilen sich in Sachanlageinvestitionen und
immaterielle Anlageinvestitionen. Die Daten über Sachanlageinvestitionen entstammen zahlreichen Quellen, die hier nicht spezifiziert
werden (u. a. Betriebs- und Unternehmensdaten). Die immateriellen Investitionen werden teilweise geschätzt, da z. B. Daten über
unternehmensinterne Software-Erstellung und den Wert von Urhe-
berrechten oder künstlerischer Originale kaum verfügbar sind.

Die **Bruttoanlageinvestitionen** umfassen die Käufe neuer Anlagen
(einschließlich aller eingeführten und selbsterstellten Anlagen) sowie die Käufe von gebrauchten Anlagen und Land nach Abzug
der Verkäufe von gebrauchten Anlagen und Land (vergleiche die
Abgrenzung von Brutto- und Nettoinvestitionen oben in Abschnitt
4.2.1.2). Die Käufe und Verkaufe von gebrauchten Anlagen und
Land saldieren sich weitgehend in der Volkswirtschaft, mit Ausnahme der Verkäufe von Anlageschrott, gebrauchten Ausrüstungs-
gütern an private Haushalte (Kraftwagen) und an die übrige Welt
(Kraftwagen, Schiffe und andere). Als Anlagen werden in diesem
Zusammenhang alle dauerhaften reproduzierbaren Produktionsmittel angesehen, mit Ausnahme nur militärisch nutzbarer

Anlagen und Gütern, die in den Privaten Konsum eingehen. Als dauerhaft gelten in den Volkswirtschaftlichen Gesamtrechnungen diejenigen Produktionsmittel, deren Nutzungsdauer mehr als ein Jahr beträgt und die normalerweise in der betriebswirtschaftlichen Buchführung aktiviert werden (d. h. in der Bilanz ausgewiesen werden). Ausgenommen sind geringwertige Güter – vor allem solche, die periodisch wiederbeschafft werden, auch wenn sie eine längere Nutzungsdauer als ein Jahr haben (zum Beispiel kleinere Werkzeuge, Reifen, Büromittel). Größere Reparaturen, die zu einer wesentlichen Steigerung des Wertes einer Anlage führen, sind dagegen Bestandteile der Bruttoanlageinvestitionen. Die Bruttoanlageinvestitionen untergliedern sich in Ausrüstungen (Maschinen, Geräte, Fahrzeuge), Bauten (Wohnbauten, Nichtwohnbauten) und Sonstige Anlagen (unter anderem Computersoftware, Urheberrechte, Nutztiere und Nutzpflanzungen).

Werden die **Abschreibungen** abgezogen (siehe oben), erhält man die Nettoanlageinvestitionen. Zwischen dem ESVG und dem betrieblichen Rechnungswesen der Unternehmen dürften erhebliche Diskrepanzen bestehen.

Die **Vorratsveränderungen** werden anhand von Bestandsangaben für Vorräte berechnet, die zunächst von Buchwerten auf eine konstante Preisbasis umgerechnet werden. Die Differenz zwischen Anfangs- und Endbeständen zu konstanten Preisen wird anschließend mit jahresdurchschnittlichen Preisen bewertet. Die so ermittelte Vorratsveränderung ist frei von Scheingewinnen und -verlusten, die aus preisbedingten Änderungen der Buchwerte resultieren. Zusammengefasst mit den Vorratsveränderungen wird der Nettozugang an Wertsachen veröffentlicht, der in Deutschland ausschließlich aus den Käufen abzüglich Verkäufen der privaten Haushalte von Goldbarren und nichtumlauffähigen Goldmünzen besteht.

Der **Außenbeitrag** ergibt sich als Saldo zwischen den Exporten und Importen von Waren und Dienstleistungen. Als Exporte und Importe gelten alle Waren- und Dienstleistungsumsätze mit Wirtschaftseinheiten, die ihren ständigen Sitz oder Wohnsitz außerhalb Deutschlands haben. Nicht eingeschlossen sind die grenzüberschreitenden Primäreinkommen zwischen Inländern und der Übrigen Welt. Der Außenbeitrag wird aus der Außenhandelsstatistik der Zahlungsbilanz abgeleitet. Diese wiederum stützt sich für Transaktionen innerhalb Europas auf die sogenannten **IntraStat**.

Dabei handelt es sich um ein Meldesystem, in dem die deutschen Unternehmen periodische statistische Meldungen über ihre EU-internen Umsätze machen müssen. (Fragen Sie mal einen Unternehmer danach und halten Sie ein Taschentuch bereit, für Ihre Mitleids- oder seine Ärgertränen). Im Handel mit Nicht-EU-Ländern müssen die Unternehmen Zollerklärungen abgeben (Import wie Export) (sogenannten **ExtraStat**).

Interessanterweise werden Importe in der Außenhandelsstatistik zu CIF-Werten erfasst, während die VGR von FOB-Werten ausgeht.[17] In der VGR werden CIF-Werte in FOB-Werte umgerechnet, weil die im CIF-Ansatz enthaltenen Transport- und Versicherungskosten ausländischer Transport- und Versicherungsunternehmen in Dienstleistungskäufe umgesetzt werden.

Vor dem Hintergrund der vorangehenden Überlegungen lässt sich die in Abschnitt 3.3 erfolgte Betrachtung der **Kapitalbildung** etwas ausbauen. Wenn man das Inlandsprodukt oder Volkseinkommen (wie gezeigt, lassen sich durch entsprechende Korrekturen die verschiedenen Interpretationen auseinander ableiten bzw. ineinander überführen) mit Y, den Konsum mit C und die Investitionen mit I bezeichnet, ergibt sich nach der Entstehungsrechnung

(3) $Y = C + I$,

d. h. das Volkseinkommen wird danach betrachtet, aus welchen Ausgaben es *entstanden* ist. Wenn man untersucht, wofür das entstandene Volkseinkommen *verwendet* worden ist, wird man zwischen „Ausgeben" im Sinne von Konsum (C) und „Nichtausgeben" im Sinne von Sparen (S) unterscheiden:

(4) $Y = C + S$.

Nun handelt es sich aber offensichtlich in beiden Gleichungen bei Y um dasselbe Volkseinkommen, so dass man wegen

(5) $Y_{aus(3)} = Y_{aus(4)}$

schreiben kann:

(6) $C + I = C + S$

---

[17] Cif = *costs, insurance, freight*; dadurch werden die Importwaren einschließlich ihrer Transport- und Versicherungskosten bis zur Außengrenze der EU bewertet, während bei fob (*free on board*) der Wert ohne diese Nebenkosten bei der Versendung aus dem Exportland ermittelt wird.

und

(7) $I = S$.

Dies bedeutet, dass – gesamtwirtschaftlich betrachtet – die nicht-konsumierten Teile des Volkseinkommens gespart bzw. investiert wurden, d. h. anders ausgedrückt: dass die Investitionen aus dem Sparvolumen finanziert wurden, so wie es in Abschnitt 3.3 bereits verbal erläutert wurde.

Die Beziehung (7) ist dabei eine sogenannten Identitätsgleichung, d. h. sie ist *ex post* (nach Ablauf eines Betrachtungszeitraums) bei Vorliegen entsprechend präziser statistischer Daten *immer erfüllt*. Dies unterscheidet sie von einer Gleichgewichtsbedingung in Form einer Verhaltensgleichung, die – in die Zukunft gerichtet *(ex ante)* eine *erwartete* Gleichheit von 1 und 5 ausdrückt. Wird diese Gleichgewichtsbedingung dann in der Praxis nicht erfüllt, werden sich Störungen bzw. Reaktionen bei diesen und anderen Variablen einstellen, die in ihrer Gesamtheit – wiederum *ex post* betrachtet – die Identitätsgleichung erfüllen.

Im Zusammenhang mit der vorstehenden Beziehung (2) ergibt sich unter Einschluss von (4) Folgendes:

(8) $Y = C + S = C + I + Ex - Im$

und daraus

(9) $S - I = Ex - Im$.

Dies bedeutet als Gleichgewichtsbedingung, dass „die Zahlungsbilanz ausgeglichen" ist (der Außenbeitrag Ex – Im ist Null; hierzu gleich noch eine Anmerkung), wenn die Investitionen durch das inländische Sparvolumen finanziert worden sind. Sofern diese Gleichheit nicht gegeben ist, z. B. wenn

(10) $S < I = Ex < Im$,

dann sind die Investitionen in dem Ausmaß, wie sie nicht durch inländisches Sparen finanziert wurden (5 ist kleiner als 1), durch Sach- oder Kapital-Importe ermöglicht worden, die zu einem **Zahlungsbilanzdefizit** geführt haben („Ex – Im" ergibt einen negativen Saldo, also einen Importüberschuss). Ein anhaltender Importüberschuss, der nicht durch die Auflösung von Devisenreserven finanziert werden kann, bedeutet somit zwingend, dass externes Kapital in Form von Direktinvestitionen oder Krediten vom Ausland zur Verfügung gestellt worden ist. Die endlose Liste von Ländern mit chronischen Importüberschüssen, die gleichzeitig massive Verschuldungsprobleme haben, belegt dies nachdrücklich.

Die vorstehend angekündigte Anmerkung bezieht sich auf die „ausgeglichene" Zahlungsbilanz. Die Zahlungsbilanz wird nach dem Prinzip der doppelten Buchführung geführt, ist somit *insgesamt immer* ausgeglichen: Die Bezeichnung „ausgeglichene Bilanz" ist „ein weißer Schimmel", d. h. tautologisch. Im Sprachgebrauch wird allerdings oft auch dann von Zahlungsbilanz gesprochen, wenn lediglich bestimmte **Teilbilanzen** gemeint sind, wie z. B. die Handelsbilanz, die Leistungsbilanz oder die Kapitalbilanz. Der oben angesprochene Außenbeitrag ergibt sich aus den zusammengefassten Salden der Handels- und der Dienstleistungsbilanz. Diese Zusammenhänge können hier aber nicht weiter vertieft werden. Vergleiche hierzu die Literaturhinweise zu diesem Kapitel im Anhang oder mein Lehrbuch *Wirtschaftspolitik*.

Zum Nachdenken 4.2:

Umschreiben Sie mit wenigen Worten den Begriff „Inlandsprodukt".

4.5 Zusammenfassende Übersicht

Die vorangehenden Betrachtungen haben deutlich gemacht, dass man das Inlandsprodukt auf dreierlei Weise berechnen kann und dabei jeweils zum selben Ergebnis kommt: Einmal die *Entstehungsrechnung,* beginnend bei der Bruttoproduktion, die durch laufende Verfeinerungen zum Nettoinlandsprodukt zu Herstellungspreisen bereinigt werden kann, und andererseits die umgekehrte Vorgehensweise, die bei der Verteilung des Volkseinkommens auf die Produktionsfaktoren ansetzt *(Verteilungsrechnung),* also Einkommen aus unselbstständiger Arbeit sowie aus Unternehmertätigkeit und Vermögen summiert und durch Hinzurechnen von indirekten Steuern (abzüglich Subventionen) und Abschreibungen zum Bruttoinlandsprodukt zu Marktpreisen gelangt. Die dritte Methode ist die *Verwendungsrechnung,* die bei der sogenannten volkswirtschaftlichen Endnachfrage ansetzt und das Inlandsprodukt aus Konsum-, Investitions- und Außenhandelsdaten ermittelt.

Jede der drei Erfassungs- bzw. Berechnungsmethoden hat unterschiedliche wirtschaftspolitische Zielsetzungen.

• Die **Entstehungsrechnung** ist mit der Betrachtung von Produktionswerten u. a. Grundlage der Strukturpolitik. Dies geschieht einmal *sektoral,* indem für einzelne Branchen die Veränderung des Beitrags zum Bruttoinlandsprodukt im Zeitablauf – also der Nettoproduktionswerte – Aufschluss gibt über die wirtschaftliche Entwicklung des betreffenden Sektors. Sinkende Beiträge zum Inlandsprodukt mögen staatliche Maßnahmen wie Subventionen oder Investitionen nahelegen. Zum anderen lassen sich auch *regionale* Produktionswerte bestimmen, die Aufschluss geben über die Wirtschaftskraft eines Landes oder Kreises. Strukturschwache Gebiete können dann gezielt gefördert werden. Analoge Betrachtungen im Zusammenhang mit den öffentlichen Haushalten der Länder sind übrigens Grundlage des Länderfinanzausgleichs (vergleiche hierzu den entsprechenden Abschnitt im Lehrbuch „Wirtschaftspolitik").

• Die **Verteilungsrechnung** liefert Erkenntnisse über die Einkommens- und Vermögensverteilung und ist somit Grundlage von einkommens- und vermögenspolitischen Überlegungen (Steuersystem, Subventionen, Vermögensbildung, Tarifpolitik etc.).

• Die **Verwendungsrechnung** ist Grundlage der Konjunkturpolitik. Veränderungen der volkswirtschaftlichen Endnachfrage führen zu Veränderungen (Schwankungen) des Inlandsprodukts, denen mit gezielten Maßnahmen entgegengewirkt werden soll. Beispielsweise ist der private Konsum durch Steueränderungen beeinflussbar, Exporte können durch Wechselkursänderungen beeinflusst werden, Importe außerdem auch durch Zölle etc. In jedem Fall sind ausführliche Daten aus der Verwendungsrechnung erforderlich, um konjunkturpolitische Maßnahmen gezielt ansetzen zu können. In Abschnitt 4.2.1.2 wurde bereits auf die Bedeutung der Investitionen – sowohl privater als auch staatlicher Investoren – hingewiesen.

Konjunkturpolitischen Überlegungen werden in der Regel makro-ökonomische Theorien zugrunde liegen. In diesen werden die im Abschnitt 4.3 skizzierten Zusammenhänge ausgebaut und verfeinert, beispielsweise durch die Berücksichtigung von Multiplikator und Akzelerator-Effekten. **Multiplikatoren** verstärken bestimmte Effekte. Beispielsweise wird davon ausgegangen, dass eine Erhöhung der privaten Investitionen im Unternehmens-, im Haushalts- und im Staatssektor Einkommenseffekte auslöst (Lieferaufträge, Gewinne, zusätzliche Lohneinkommen, Steuereinnahmen), so dass durch die Investitionserhöhung direkte und indirekte Wirkungen auf das Inlandsprodukt ausgelöst werden, die insgesamt größer sind als die auslösende Investitionsveränderung (sogenannten Investitionsmultiplikator). Ein **Akzelerator** beschleunigt derartige Prozesse im Sinne einer Selbstverstärkung, indem beispielsweise die oben angenommenen Investitionen an anderer Stelle ihrerseits Investitionen induzieren (beispielsweise in der Investitionsgüterindustrie) und dort ebenfalls und zusätzliche Multiplikator-Effekte auslösen.

Abbildung 4.5/1 zeigt ergänzend einige Pressemeldungen, die vor dem Hintergrund der Verwendungsrechnung des Inlandsprodukts zu verstehen sind.

Abb. 4.5/1: Inlandsprodukt und Konjunktur

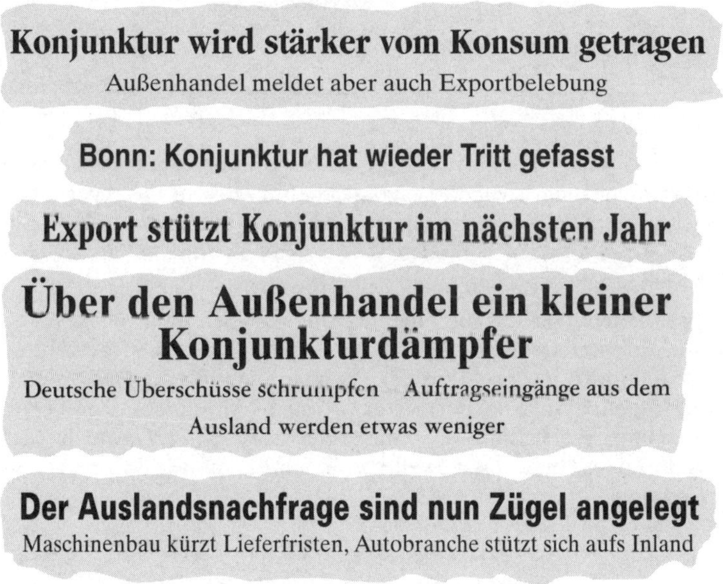

Konjunktur wird stärker vom Konsum getragen
Außenhandel meldet aber auch Exportbelebung

Bonn: Konjunktur hat wieder Tritt gefasst

Export stützt Konjunktur im nächsten Jahr

Über den Außenhandel ein kleiner Konjunkturdämpfer
Deutsche Überschüsse schrumpfen   Auftragseingänge aus dem Ausland werden etwas weniger

Der Auslandsnachfrage sind nun Zügel angelegt
Maschinenbau kürzt Lieferfristen, Autobranche stützt sich aufs Inland

Abb. 4.5/2: Drei Berechnungsarten in den Volkswirtschaftlichen Gesamtrechnungen

I. Entstehungsrechnung	II. Verwendungsrechnung
Produktionswert	Private Konsumausgaben
− Vorleistungen	+ Konsumausgaben des Staates
= Bruttowertschöpfung	+ Ausrüstungsinvestitionen
+ Gütersteuern	+ Bauinvestitionen
− Gütersubventionen	+ sonstige Anlagen
	+ Vorratsänderungen und Nettozugang an Wertsachen
	+ Exporte
	− Importe

	= **Bruttoinlandsprodukt**
	+ Saldo der Primäreinkommen aus der übrigen Welt
	= **Bruttonationaleinkommen**
	− Abschreibungen

III. Verteilungsrechnung	
	= **Nettonationaleinkommen** (Primäreinkommen)
	− Produktions- und Importabgaben an den Staat
	+ Subventionen vom Staat
	= **Volkseinkommen**
	− Arbeitnehmerentgelt
	= Unternehmens- und Vermögenseinkommen

Alle drei Ansätze sind nochmals in Abbildung 4.5/2 tabellarisch zusammengefasst, wobei die Vorzeichen in diesem Fall „von oben nach unten" gelten. Vergleiche auch oben Abbildung 4.1/4. Abbildung 4.5/3 gibt einen Eindruck von den zahlenmäßigen Größenordnungen der drei Berechnungsmethoden.

Abschließend sei darauf hingewiesen, dass die den Wirtschaftskreislauf betreffenden Überlegungen neben den oben gewählten Darstellungen in Form von Gleichungen (analytische Darstellung) und Tabellen auch in Form von „Konten" (kontenmäßige volkswirtschaftliche Gesamtrechnung) oder graphisch dargestellt werden können. Hierauf wird jedoch verzichtet, um den Rahmen nicht zu sprengen.

Abb. 4.5/3: Entstehung, Verwendung und Verteilung des Bruttoinlandsprodukts

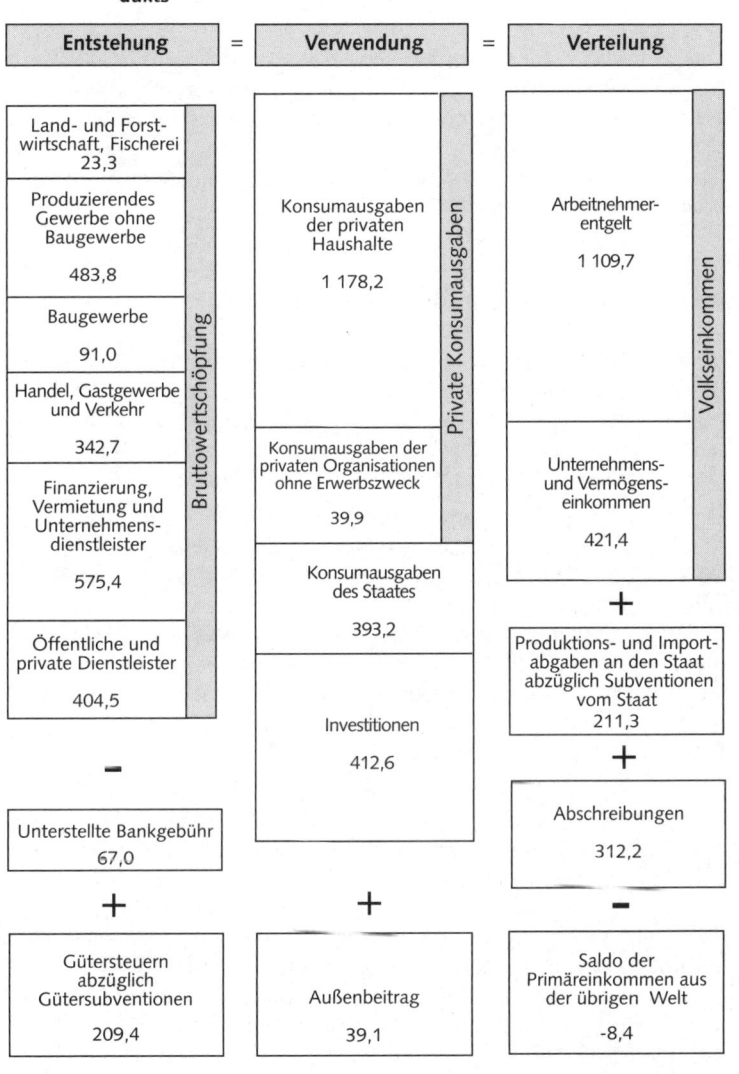

4.6 Erfassungs- und Bewertungsprobleme

Das Inlandsprodukt einer Volkswirtschaft wird gern als Maßstab für die wirtschaftliche Entwicklung und für internationale Vergleiche zwischen verschiedenen Volkswirtschaften herangezogen. Daher ist es angebracht, auf einige methodische Erfassungs- und Bewertungsprobleme hinzuweisen, die bei der Inlandsproduktsberechnung zu beachten sind.

4.6.1 Nichterfassen produktiver Tätigkeiten

Eine zentrale Schwäche ist wie bei allen Statistiken die Unvollkommenheit der Basisdaten. Fachleute gehen – hinter vorgehaltener Hand – davon aus, dass es sich bei nicht wenigen offiziellen Daten um vage Schätzungen handelt. Sogar das deutsche Statistische Bundesamt äußert sich gelegentlich in dieser Hinsicht.

Die Standardgröße *Bruttoinlandsprodukt* wird üblicherweise zu *Marktpreisen* berechnet. Dies bedeutet, dass nur solche Güter erfasst werden, die am Markt gehandelt werden. Viele wirtschaftliche Vorgänge bleiben daher unberücksichtigt, weil sie informell ablaufen und nicht statistisch erfasst werden. Beispiele hierfür sind die Tätigkeit von Hausfrauen im Haushalt, Do-it-yourself-Arbeiten, aber auch *Schwarzarbeit*, so dass beträchtliche Teile der produktiven Tätigkeiten einer Volkswirtschaft aus der statistischen Erfassung ausgeklammert werden.

Diesen Teil der Wirtschaft, der – obgleich er teilweise außerordentlich bedeutsam ist – nicht statistisch erfasst wird, bezeichnet man auch als **Schattenwirtschaft**, vornehmer als „nicht angemeldete Erwerbstätigkeit" (EU-Jargon). Besonders ausgeprägt ist dies in vielen Entwicklungsländern, wo die **Subsistenzwirtschaft**, d.h. die Eigenversorgung innerhalb von Großfamilien, Dörfern oder Stämmen, sowie der gesamte sogenannte **informelle Sektor** (Straßenhändler, Kleinhandwerk, Hausangestellte etc.) nicht über behördlich erfassbare Märkte abgewickelt wird und auch nicht in die Inlandsproduktsberechnung eingeht. Man kann daher sagen, dass die Inlandsproduktangaben aller Länder im Prinzip zu niedrig sind. Abgesehen von diesem eher statistischen Problem liegt darin

Abb. 4.6/1: Schattenwirtschaft

Schwarzarbeit international

Anteil der Schattenwirtschaft an der offiziellen Wirtschaftsleistung* im Jahr 2005 in % (Schätzung)

Griechenland	27,6 %
Italien	24,4
Spanien	21,3
Portugal	21,2
Belgien	20,1
Norwegen	17,6
Schweden	17,5
Finnland	16,6
Dänemark	16,5
Deutschland	15,6
Irland	14,8
Frankreich	13,8
Niederlande	12,0
Großbritannien	12,0
Österreich	10,3
Japan	10,3
Schweiz	9,0
USA	8,2

© Globus

9929

*Bruttoinlandsprodukt   Quelle: IAW/Prof. Schneider

Pakistans Schattenwirtschaft gedeiht am besten
Große Umsätze mit Waffen und Rauschgift

Schattenwirtschaft wächst in der Welt

Erlass gegen Schwarzarbeit

In Italien ist Schwarzarbeit Alltag

natürlich auch ein handfestes fiskalisches Problem, denn nicht erfassbare Aktivitäten können auch nur schwer besteuert werden.

Daher muss unterschieden werden zwischen legaler Schattenwirtschaft (steuerfreie Vortragstätigkeit, erlaubter Verkauf von Waren ohne Rechnung (Privatauto); erlaubte Nachbarschaftshilfe; illegal sind handwerkliche Tätigkeiten oder Krankenpflege oder Putzen im Haushalt „in Nachbarschaftshilfe", vulgo: Schwarzarbeit.

Die EU-Kommission schätzt die Schattenwirtschaft in Deutschland auf rund 16 % des offiziell ermittelten Inlandsprodukts (Abbildung 4.6/1) (solche Angaben schwanken je nach Quelle teilweise dramatisch), für Italien auf rund 24 % und für Griechenland auf 28 %. Vorbildliche Werte legen die skandinavischen Länder vor mit 16–17 % (vor wenigen Jahren noch deutlich weniger!). Der Internationale Währungsfonds schätzt die Quote für die USA auf 8 %; andere Länder wie z. B. Indien werden mit fast 50 % des erfassten Inlandsprodukts angegeben. Auch für Russland schätzt die eigene Verwaltung, dass 40 % des Bruttoinlandsprodukts „im Schatten" entstehen, also nicht erfasst werden. Abbildung 4.6/1 gibt einige einschlägige Pressenotizen wieder. Als Ursache für Schwarzarbeit werden in der Regel hohe Lohnnebenkosten anzunehmen sein. Zahlen wie die angeführten sind allerdings grundsätzlich mit Vorsicht zu werten, vor allem, wenn sie sich auf Entwicklungs- oder Transformationsländer beziehen. Daran ändert sich auch nichts, wenn sie von internationalen Institutionen verbreitet werden.

4.6.2 Reales und nominales Inlandsprodukt

Angenommen, das Inlandsprodukt einer Volkswirtschaft wächst zwischen den Jahren 1 und 2 von 1.000 Mrd. auf 1.200 Mrd. Geht es dieser Volkswirtschaft nun – statistisch gesehen – insgesamt besser; d. h. verfügt sie über mehr Güter als im Vorjahr? Wir haben bereits früher dargelegt (vergleiche Abschnitt 3.2), dass das Inlandsprodukt sich aus Mengen- und Preiskomponenten zusammensetzt, wobei wir die Gütermengen mit X und die Preise mit P symbolisiert haben,

$X \cdot P$ wäre somit das Inlandsprodukt als Summe von $x_1 \cdot p_1 + x_2 \cdot p_2 \ldots x_n \cdot p_n$. Die Steigerung des Inlandsprodukts von 1.000 auf 1.200 Mrd. kann u. a. durch folgende Möglichkeiten erklärt werden:

Jahr 1		Jahr 2
$x_1 \cdot p_1 = 1.000$	$<$	$x_2 \cdot p_2 = 1.200$
$100 \cdot 10$		a) $120 \cdot 10$ b) $100 \cdot 12$ c) $150 \cdot 8$ d) $110 \cdot 10{,}9$ e) $80 \cdot 15$ etc.

Dies sind grundverschiedene Situationen:

a) bedeutet, dass mehr Güter bei konstantem Preisniveau produziert wurden,

b) dass genauso viel Güter wie vorher, aber mit höheren Preisen verfügbar waren,

c) dass erheblich mehr Güter bei niedrigeren Preisen,

d) dass mehr Güter bei steigenden Preisen und

e) dass weniger Güter bei stark gestiegenen Preisen produziert werden, wobei das Inlandsprodukt $X \cdot P$ jeweils 1.200 GE beträgt.

Wenn man also wissen will, ob die Verfügbarkeit von Gütern zugenommen hat, ist es daher erforderlich, den Einfluss der Preiskomponente auszuschalten. Dies geschieht, indem man in beiden betrachteten Jahren jeweils dieselben Preise zugrunde legt, also die Gütermenge von Jahr 1 mit den Preisen von Jahr 1 multipliziert, aber auch die Gütermenge von Jahr 2 mit den Preisen von Jahr 1 bewertet. Man unterstellt also, dass es keine inflationäre Entwicklung gegeben habe. Wenn sich dann die Beziehung

(11) X (Jahr 1) $\cdot P$ (Jahr 1) $< X$ (Jahr2) $\cdot P$ (Jahr 1)

ergibt, dann ist das Inlandsprodukt von Jahr 2 nicht deshalb höher als im Jahr 1, weil die Preise, nicht aber die Gütermenge gestiegen sind, sondern weil die Steigerung eindeutig auf eine Zunahme der Gütermenge (x) zurückzuführen ist. Unter Verwendung der Symbole aus Abschnitt 3.2 kann man Beziehung (11) auch darstellen als

(12) $X_1 \cdot P_1 < X_2 P_1$.

Eine Inlandsproduktsberechnung auf der Basis von Preisen vergangener Perioden bezeichnet man als **reales Inlandsprodukt**, während die Bewertung zu den Preisen des laufenden Jahres zum **nominalen Inlandsprodukt** führt. Letzteres kann also erheblich durch inflationäre Entwicklungen aufgebläht sein, ohne dass eine reale Vermehrung von Gütern vorliegt. Insbesondere bei internationalen Vergleichen, aber auch bei Vergleichen derselben Volkswirtschaft im Zeitablauf sind nominale Werte in der Regel nutzlos. Offensichtlich hängt es aber auch von der Wahl des Bezugsjahres ab, dessen Preise man zur Bewertung heranzieht, welche Unterschiede zwischen realem und nominalem Inlandsprodukt sich ergeben. Je weiter das Bezugsjahr zurückliegt, desto größer werden die Unter-

Abb. 4.6/2: Reales und nominales BIP

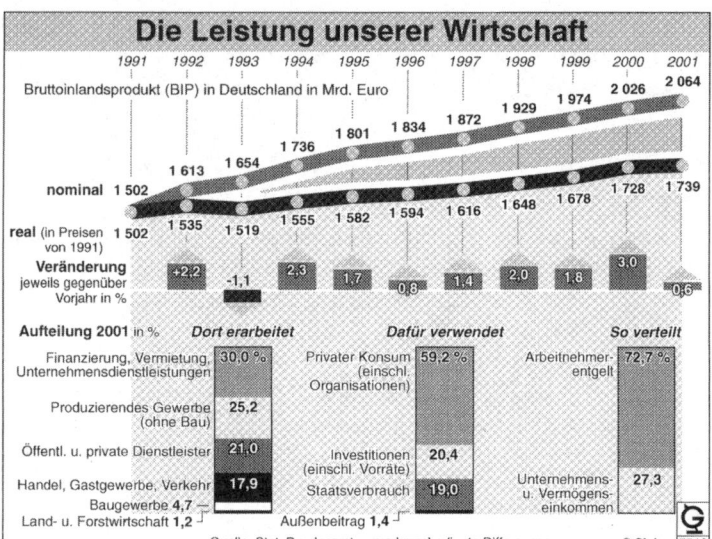

Die Leistung unserer Wirtschaft

| | 1991 | 1992 | 1993 | 1994 | 1995 | 1996 | 1997 | 1998 | 1999 | 2000 | 2001 |

Bruttoinlandsprodukt (BIP) in Deutschland in Mrd. Euro

nominal: 1 502, 1 613, 1 654, 1 736, 1 801, 1 834, 1 872, 1 929, 1 974, 2 026, 2 064

real (in Preisen von 1991): 1 502, 1 535, 1 519, 1 555, 1 582, 1 594, 1 616, 1 648, 1 678, 1 728, 1 739

Veränderung jeweils gegenüber Vorjahr in %: +2,2, -1,1, 2,3, 1,7, 0,8, 1,4, 2,0, 1,8, 3,0, 0,6

Aufteilung 2001 in %

Dort erarbeitet		Dafür verwendet		So verteilt	
Finanzierung, Vermietung, Unternehmensdienstleistungen	30,0 %	Privater Konsum (einschl. Organisationen)	59,2 %	Arbeitnehmerentgelt	72,7 %
Produzierendes Gewerbe (ohne Bau)	25,2				
Öffentl. u. private Dienstleister	21,0	Investitionen (einschl. Vorräte)	20,4		
Handel, Gastgewerbe, Verkehr	17,9	Staatsverbrauch	19,0	Unternehmens- u. Vermögenseinkommen	27,3
Baugewerbe 4,7					
Land- u. Forstwirtschaft 1,2		Außenbeitrag 1,4			

Quelle: Stat. Bundesamt   rundungsbedingte Differenzen   © Globus 7546

schiede sein. Abbildung 4.6/2 verdeutlicht die Diskrepanz zwischen realem und nominalem Bruttoinlandsprodukt.

Die Wachstumsrate des realen Bruttoinlandsprodukts dient als zentrale Größe bei der Beschreibung des Konjunkturverlaufs:

Wenn beispielsweise von **Konjunkturabschwung** die Rede ist, meint man damit, dass die Wachstumsrate des realen Bruttoinlandsprodukts kleiner ist als im Vorjahr. Formal ergibt sich die Wachstumsrate als sogenannten **Laspeyres-Index** aus Beziehung (11):

$$(13)\quad \frac{X_2 \cdot P_1}{X_1 \cdot P_1} \cdot 100 = \begin{array}{l}\text{Wachstumsrate des realen}\\ \text{Bruttoinlandsprodukts}\\ \text{zwischen Jahr 1 und 2.}\end{array}$$

Die Division des nominalen BIP durch das reale BIP ergibt den Preisindex zum Basisjahr, d. h. die kumulierte Inflation seit dem Basisjahr. Preisindizes (so der korrekte Plural ...) werden auf der Grundlage von **Warenkörben** ermittelt, welche die ‚typische' Verbrauchsstruktur eines standardisierten Haushalts widerspiegeln, wobei es dabei diverse verschiedene Norm-Warenkörbe gibt. (Für Einzelheiten muss ich hier auf mein Lehrbuch *„Wirtschaftspolitik"* verweisen...)

Eines der Hauptergebnisse der großen VGR-Revision im Jahr 2005 war (bedingt durch entsprechende europäische Rechtsvorschriften), dass sich die Preisindizes nicht mehr auf ein festes – üblicherweise fünfjährlich wechselndes – **Basisjahr** beziehen, sondern jeweils auf das **Vorjahr** (präziser: den Jahresdurchschnitt des Vorjahres) Dies führt dazu, dass es bei einem Vergleich über mehr als zwei Jahre dann mehrere Teilindizes mit jeweils anderer Basis gibt, die für einen kumulierten Vergleich **verkettet** werden müssen. Vergleicht man die Ergebnisse für die Vergangenheit, die sich aus einem Kettenindex ergeben, mit den bisherigen Werten, wird man leichte Abweichungen feststellen, d.h. die neuen Werte für die VGR-Aggregate liegen tendenziell höher, und zwar zwischen 0,0 und 0,4 Prozentpunkten. Dies liegt zum einen an der anderen Methodik, zum anderen auch an (geringen) Datenberichtigungen.

Exkurs: Was ist ein Kettenindex?

Ein Kettenindex ist ein Index mit gleitender Basis *(chain prices)* Er ermittelt für jedes Jahr, wie viel die im Vorjahr gekauften Waren im aktuellen Jahr kosten (in der **Laspeyres**-Form des Preisindex, d.h. die Warenmengen des Basisjahres werden als konstant angenommen). Ein Kettenindex ergibt sich aus der Multiplikation von Teilindizes, also beispielsweise der Multiplikation der Teilindizes von 2007 und 2004: Dann würden die Werte (z.B. Preise) des Jahres 2007 ausgedrückt in Preisen des Jahres 2004. Diese „Paarung" kann beliebig erfolgen. Die Verkettung hat gegenüber der bisherigen Basierung den Vorteil, dass die rückwirkenden Änderungen vermieden werden, die sich ergaben, wenn das Basisjahr im 5-Jahresrhythmus gewechselt wurde. Ein Kettenindex wird auf ein *Referenzjahr* bezogen (der VGR-Preisindex derzeit auf das Jahr 2000 – nicht verwechseln mit einem *statistischen Basisjahr* wie bei der bisherigen Festpreisberechnung! – und gibt an, um wie viel Prozent sich die Preise seit dem Basisjahr verändert haben.

Beispiel Kettenindex 2007
(Basis 2005) =
(X ist z.B. das BIP)

$$\frac{X^{2007} \cdot p^{2006}}{X^{2007} \cdot p^{2006}} \cdot \frac{X^{2006} \cdot p^{2005}}{X^{2006} \cdot p^{2005}} \cdot 100$$

4.6.3 Inlandsprodukt pro Kopf und tatsächliche Verteilung

Gehen wir zunächst weiter davon aus, dass das Inlandsprodukt – bei allen Einschränkungen – als Maßstab für den Lebensstandard einer Volkswirtschaft mitverwendet werden kann. Wenn man nun hört, das Inlandsprodukt von Aland sei 700 Mrd., das von Benesien aber 1.200 Mrd. (bei realer Berechnung, so dass das Inflationsproblem gelöst ist) – kann man dann sagen, dass es Benesien wohl besser geht als Aland?

Benesien hat eine Bevölkerung von 200 Mio. Einwohnern, Aland von 50 Mio. Im Durchschnitt entfallen somit auf einen Benesier 6.000, auf einen Aländer 1.400 Inlandsproduktsteile. Absolute Inlandsproduktsangaben werden daher erst durch die Beziehung auf z. B. die Bevölkerungszahl aussagekräftiger (Inlandsprodukt bzw. Volkseinkommen pro Kopf). Daneben sind auch andere Bezugsgrößen üblich, z. B. die geleisteten Arbeitsstunden (so dass sich eine Art Arbeitsproduktivität errechnet) oder die erwerbstätige Bevölkerung.

Abbildung 4.6/3 zeigt ein oft gebrauchtes Beispiel für eine solche Gegenüberstellung. Luxemburg ist danach mit Abstand das reichste Land der Welt. In der Darstellung werden die rechnerischen Pro-

Abb. 4.6/3: Inlandsprodukt pro Kopf I

Kopf-Zahlen umgerechnet in die Kaufkraft eines Dollars in den jeweiligen Ländern. Dadurch steht Deutschland auf dem 10. Platz der Einkommensskala.

Pro-Kopf-Zahlen sind aber nur *statistische Durchschnittszahlen.* Wenn ein Mensch ein gebratenes Hähnchen verzehrt und ein Hungriger schaut zu, verzehren sie statistisch pro Kopf ein halbes Hähnchen. Pro-Kopf-Angaben können die Wirklichkeit stark verzerrt wiedergeben, und dies gilt insbesondere für Länder, in denen die Einkommens- und Vermögensverhältnisse sehr ungleich sind, in denen z. B. eine reiche Oberschicht der Masse der armen Bevölkerung gegenübersteht. Um den Lebensstandard der Bevölkerung korrekt beschreiben zu können, sind Angaben über die konkrete **Verteilung** erforderlich. In diesem Sinne sind auch die Angaben in Abbildung 4.6/3 verzerrt, da über die Verteilung des Inlandsprodukts bzw. Volkseinkommens *innerhalb* einer Volkswirtschaft nichts ausgesagt wird. Immerhin verdeutlicht Abbildung 4.6/4 schon etwas plastischer die enorm asymmetrische Verteilung in einigen Ländern. Ungeachtet dieses Problems und des in Abschnitt 4.4.2.1 behandelten Problems der Nichterfassung produktiver Tätigkeiten macht die Abbildung aber sehr deutlich, welche gravierenden Unterschiede in der Welt zwischen „*Nord*" und „*Süd*" bestehen.

Abb. 4.6/4: Inlandsprodukt pro Kopf II

In den letzten 50 Jahren ist der weltweite Konsum um das Sechs-fache angewachsen; er wird vom UNDP (United Nations Develop-ment Programme) auf rund 25 Billionen USD (25000000000000) geschätzt. Dabei entfallen auf ein Fünftel der Menschheit rund 86 % des Verbrauchs. Mehr als 1 Milliarde Menschen lebt in „ab-soluter Armut", wofür es zwar diverse Definitionen gibt, die jedoch alle nichts an der desolaten Lebenssituation der Betroffenen än-dern. Auch die Definition von Grundbedürfnissen – Essen, Trinken, Kleidung, Wohnen – ist fließend, aber ihre Befriedigung in vielen Ländern der Welt nicht gegeben, ganz zu schweigen von Strom-versorgung, Kanalisation, medizinischer Versorgung, Ausbildung, Arbeitsplätzen usw. Es ist hier nicht der Ort, um dieses Thema zu vertiefen, aber unbeschadet weitreichender Verantwortung(slosigk eit) der Industrieländer geht heute ein Großteil der Unterentwick-lung auf das Konto der Herrschenden in den armen Ländern, denen nichts ferner liegt als die Entwicklung der armen eigenen Bevölke-rung. Das Trauerspiel der Gründung einer Afrikanischen Union im Jahr 2002 belegt dies nachdrücklich. Die Frage, wohin die zig Mil-liarden an Entwicklungshilfe der letzten vier oder fünf Jahrzehnte geflossen sind, wird in Entwicklungsländern selbst zumeist mit einem verlegenen Achselzucken beantwortet. Dabei ist die Frage nicht schwer zu beantworten... (vergleiche Abbildung 4.6/5).

4.6.4 Wechselkurs-Einflüsse

Der internationale Quervergleich von Inlandsprodukten verschie-dener Länder setzt voraus, dass man sie in eine einheitliche Wäh-rung umrechnet; üblicherweise erfolgt dies durch internationale Institutionen wie die OECD oder den IWF, und meist auf Dol-lar-Basis, doch kann dies – aus deutscher Sicht z.B. – auch auf Euro-Basis sinnvoll sein. Eine solche Umrechnung aber bedeutet die Anwendung bestimmter Wechselkurse. Offizielle Wechsel-kurse sind aber in vielen Fällen hochgradig unrealistisch und ge-ben überhaupt nicht das jeweilige Kaufkraftverhältnis der betref-fenden Währungen wieder: Wenn der Wechselkurs für 1 US-Dollar bei 1,10 Euro liegt, müsste man eine Tüte Gummibärchen, die in den USA 1 Dollar kostet, bei gleicher Qualität in Deutschland für 1,10 Euro kaufen können. Tatsächlich aber weicht der offizielle Wechselkurs in vielen Ländern von dieser sogenannten **Kaufkraft-**

Abb. 4.6/5: Eigenverantwortung

Warum kann Afrika sich nicht selbst ernähren?

Peter Sturms Leitartikel „Afrika aktivieren" (F.A.Z. vom 2. Juli) enthält schon in der Überschrift die ermutigende Botschaft für den kränkelnden Erdteil. Ganz gewiß ist eine grundlegende Revision der marktverzerrenden Agrarsubventionen der Industrieländer unvermeidlich, und selbstverständlich muß Afrika, wie Ost- und Südostasien, in den Dialog über die Modalitäten der Globalisierung einbezogen werden. Aber die G-8-Konferenz von Kananaskis mit dem Gedankenaustausch mit einigen führenden afrikanischen Staatschefs über die künftigen Beziehungen zu den Industrieländern im Rahmen des „Neuen Programms für afrikanische Entwicklung" (Nepad) unterstrich deutlicher als bisher, daß man künftig über Hilfe nur noch in Verbindung mit nachprüfbaren Eigenanstrengungen Afrikas sprechen kann.

Nach Überzeugung zahlreicher Fachleute, die in den vergangenen reichlich drei Entwicklungsjahrzehnten in Afrika gearbeitet haben, ist die Lösung der meisten praktischen Probleme Afrikas längst irgendwo in den Akten zu finden. Man erinnere sich einmal der Gebirge landwirtschaftlicher Studien, der Abertausende von Expertenjahren, die in Entwicklungsprojekte investiert wurden, der erheblichen Anzahl von seit der Unabhängigkeit in Afrika aufgebauten oder unterstützten Fach- und Hochschulen. Und an die Zehntausende von jungen Afrikanern, die an europäischen Universitäten ein Studium absolviert haben. Und zusätzlich noch an das gutbesuchte Angebot von Lehrgängen und Workshops, die zahllosen afrikanischen Beamten während ihrer Laufbahn auf der ganzen Welt von den Agenturen der Vereinten Nationen und Geberländern zur Verfügung gestellt wurden. Wo sind die Ergebnisse? Warum kann Afrika sich immer noch nicht selbst ernähren?

China und Indien produzieren heute zwei- bis viermal soviel Reis pro Hektar wie vor 35 Jahren. In den Versuchsstationen im Sahel ist es internationalen Forscherteams mit afrikanischer Beteiligung seit langem geglückt, ergiebigere Hirse- und Sorghumsorten auf den Versuchsfeldern zu züchten, so wie es in Madagaskar und an der westafrikanischen Küste beim Reis gelungen ist. Im Südafrika der Apartheid, mit demselben Wasserdefizit und denselben mangelhaften Bodenqualitäten wie weite Teile des übrigen Afrikas behaftet, wurden verbesserte Maissorten für jede Bodenkategorie und Niederschlagszone entwickelt. Vor allem aber hat man deren Anbau im ganzen südlichen Afrika durchgesetzt. Zimbabwe konnte jahrelang Mais exportieren. Das unabhängige Afrika hat viel weniger ein Erkenntnis- als ein „Umsetzungsproblem".

Während der mehr als zwanzig Jahre, die ich in Afrika verbracht habe, bin ich überall an der Basis intelligenten und uneigennützigen Beamtinnen und Beamten begegnet – auf Madagaskar, an der Elfenbeinküste, in Ruanda, Obervolta (heute Burkina Faso), Zimbabwe und Togo –, die sich aber oft nicht durchsetzen konnten, zumindest nicht, solange sie ihren „Idealen" treu blieben. Sie waren der Machtetage nicht geheuer. Vielversprechende Karrieren blieben buchstäblich im Sand stecken – zum Schaden der Entwicklung ihrer Länder. Nur durch die Aktivierung und „schützende Förderung" solcher Kräfte, junger wie älterer, kann „Nepad" ein Erfolg werden. **Gaspard Dünkelsbühler,** Seeon

Quelle: Frankfurter Allgemeine Zeitung vom 22. 7. 2002

Paritäten-Theorie ab: Viele Länder halten bewusst an einer über-
bewerteten Währung fest (z. B. müsste der Dollar in einem solchen
Land eigentlich teurer sein; Argentinien bis zum ‚crash' 2002), da
diese ihnen die Importe verbilligt; andere Länder betreiben eine bewusste Unterbewertung ihrer Währung, da sich dadurch ihre Ex-
portprodukte für ausländische Käufer verbilligen.

4.6.5 „Kanonen statt Butter"

Das Inlandsprodukt erfasst alle in einer Volkswirtschaft produzierten Güter. Gleichzeitig gilt es als Anhalt für Aussagen über den
Lebensstandard einer Volkswirtschaft. Dieser wird aber letztlich in
hohem Maße von der *Konsumgüterstruktur* bestimmt, und über den
Anteil der Konsumgüterproduktion am Inlandsprodukt (**Konsumquote:** C/Y) kann nur die *Verwendungsrechnung* Aufschluss geben,
wie wir es gesehen haben. Sofern also lediglich die aggregierten (zusammengefassten) Inlandsproduktsgrößen betrachtet werden, kann
Aland dasselbe Inlandsprodukt ausweisen wie Benesien (auch pro
Kopf), aber in Benesien ist der Konsumgüteranteil deutlich kleiner
als in Aland, weil der Anteil der Kapitalgüterproduktion (Investiti-
onsquote: I/Y) höher ist. Die Produktion von Maschinen (Kanonen)
erhöht zwar das Inlandsprodukt, doch kann man sie nicht essen.

In manchen Ländern ist auch zu beobachten, dass bestimmte Güter
nur für Exportzwecke produziert werden. Sie gehen somit in die
Inlandsproduktsberechnung ein, stehen jedoch nicht der eigenen
Volkswirtschaft zur Verfügung. Bei hoher Exportquote (Ex/Y) behauptet das Inlandsprodukt dann einen Lebensstandard aufgrund
des angeblichen Güterangebots, der tatsächlich gar nicht gegeben
ist, sofern die ins Ausland abfließenden Exportgüter nicht durch
entsprechend hohe Importe (Importquote Im/Y) ausgeglichen werden. Will man also mit Hilfe des Inlandsprodukts Aussagen über
den Lebensstandard einer Volkswirtschaft machen, so sind auch
Angaben über die **Verwendungsstruktur** erforderlich.

Ein letzter Einwand gegen die Verwendung des Inlandsprodukts als
Wohlstandsindikator: Bei der Ermittlung des Inlandsprodukts wird
jede produktive Tätigkeit als positiver Beitrag zum Inlandsprodukt
gewertet. Im Investitionsbereich wird dabei zwar unterschieden,
ob es sich um eine Ersatz- oder um eine Erweiterungsinvestition

handelt, jedoch nicht im Konsumgüterbereich. Die *Reparatur* eines defekten Autos wirkt daher ebenso Inlandsprodukt-steigernd wie Dienstleistungen im Rahmen der *medizinischen Versorgung*. Um es krass zu sagen: Je reparaturanfälliger und kranker eine Volkswirtschaft ist, desto höher ist das Inlandsprodukt. Analoges gilt für Aufwendungen im Rahmen des *Umweltschutzes,* denn diese sind eigentlich ein Anzeichen dafür, dass die verminderte oder zumindest bedrohte Lebensqualität durch entsprechende Maßnahmen „gerettet" werden muss. Natürlich muss dabei berücksichtigt werden, dass nicht alle Güter z. b. aus dem Bereich medizinischer Versorgung oder Umweltschutz pauschal als Indiz für prinzipiell Wohlstands-mindernde Tatbestände eingeordnet werden dürfen. Ein hohes Niveau an medizinischer Versorgung ist zweifellos ebenso ein Bestandteil eines hohen Lebensstandards wie ein dichtes Netz von Reparatur-Dienstleistungsbetrieben, doch sollte andererseits deutlich werden, dass die undifferenzierte statistische Erfassung aller Ersatzinvestitionen insofern bedenklich ist, als nicht jede Ersatzinvestition prinzipiell mit einer *Erhöhung* des Lebensstandards gleichzusetzen ist; hier kommt es auf den Einzelfall an.

Es gibt daher eine Reihe von Ansätzen, die darauf abzielen, die einseitige ökonomische Betrachtungsweise des Inlandsprodukts durch sogenannte **soziale Indikatoren** zu ergänzen. Dadurch soll es möglich werden, auch nicht-ökonomische Größen mitzuerfassen und Komponenten, die im Grunde genommen Wohlfahrts-mindernd sind (wie z. B. Krankheiten, Reparaturen oder die Bekämpfung von Umweltschäden) auch als *negativ* zu erfassen und nicht Wohlfahrts-steigernd in die Berechnung eingehen zu lassen. Dabei ist u. a. zu denken an Angaben über das Verhältnis von Arbeit zu Freizeit, über das Ausbildungs- und Sozialversicherungssystem, über Arbeitslosigkeit, den industriellen Verflechtungsgrad, die Umweltbelastung – u. v. m.

Es liegt auf der Hand, dass die Konstruktion solcher sozialer Indikatoren mit Problemen behaftet ist, u. a. im Hinblick auf die Auswahl der zu erfassenden Größen, auf ihre Messung, Quantifizierung und Gewichtung. Die pauschale Betrachtung des Inlandsprodukts ohne weitere, vertiefende Informationen lässt den Unterschied zwischen der Versorgung der Bevölkerung mit Kanonen oder Butter nicht deutlich werden, und dies ist auch wörtlich zu verstehen, da z. B. Verteidigungsausgaben als *Staatskonsum* und nicht als Investition

gelten. Die Abgrenzung der einzelnen Komponenten des Inlandsprodukts untereinander ist also ein weiterer Ansatzpunkt für Kritik,
doch wollen wir es bei unseren bisherigen Hinweisen belassen.

Es mag sich die Frage stellen, weshalb man sich soviel Mühe
macht, Inlandsprodukte zu berechnen, wenn die Vorgehensweise
und Aussagekraft unzulänglich sind. Der Grund liegt darin, dass
es zwar relativ leicht ist, ein bestehendes Konzept zu kritisieren,
jedoch außerordentlich schwer, ein operationales (anwendbares)
neues Konzept zu entwickeln. Die meisten diesbezüglichen Vorschläge haben ihren theoretischen Reiz, sind jedoch nicht praktikabel. Ungeachtet der beschriebenen Schwächen ist das Inlandsprodukt zwar keine optimale, aber eine recht brauchbare Größe, um
wirtschaftliche Entwicklungen zu beschreiben, insbesondere, wenn
man sich ihrer Schwächen bewusst ist. Wie bereits eingangs ausgeführt, dient das Inlandsprodukt in vielen wirtschaftspolitischen
Bereichen als Messgröße, so z.B. bei der Konjunkturanalyse oder
bei der Beschreibung des ökonomischen Wachstums, und die Daten und Zahlen, aus denen sich letztlich das Inlandsprodukt rechnerisch als Summe ergibt, sind die Basis für die verschiedenen wirtschaftspolitischen Aktionsfelder, beispielsweise für Strukturpolitik,
Beschäftigungspolitik, Finanzpolitik oder Verteilungspolitik.

4.6.6 Umweltökonomische Gesamtrechnung

Das Umweltbewusstsein hängt u.a. auch von entsprechenden Informationen ab. Eine allgemeine, politisch orientierte Aufbereitung
von Umweltdaten ist erst in jüngerer Zeit aufgekommen. Hierzu
zählen u.a. der zweijährige Umweltbericht des Bundesumweltmi-
nisteriums (das auch eine monatliche Zeitschrift „Umwelt" heraus-
gibt), ferner der Jahresbericht und die Texte und Berichte des Um-
weltbundesamtes (UBA) in Berlin einschließlich der WaBoLu-Hefte
(„Wasser, Boden, Luft") sowie entsprechende Publikationen der
Bundesämter für Naturschutz und für Strahlenschutz. Durch solche
Informationen und auch durch Umweltberichte von Unternehmen
soll das Umweltbewusstsein der Bevölkerung geschärft werden.

Seit längerem gibt es Vorschläge, auch die allgemeine Volkswirt-
schaftliche Gesamtrechnung (VGR) des Staates explizit um den
Umweltaspekt zu erweitern. Die VGR berücksichtigt in ihrem
Kontenrahmen die in der Vergangenheit erfolgten Aktivitäten. Im

Gegensatz zu einer kaufmännischen Buchführung erfasst sie jedoch keine *Wertminderungen,* d. h. nicht die gesamtwirtschaftlichen Schäden an Gütern und Materialien oder die Verringerung zukünftiger Produktionsmöglichkeiten durch Bestandsabnahmen oder Wertverminderungen. Im kaufmännischen Bereich geschieht dies durch *Abschreibungen,* durch die der Wertverlust z. B. von Produktionsanlagen (Maschinen, Autos) erfasst und sie mit den ‚richtigen' Werten angesetzt werden. Eine kaufmännische Bilanz weist solche Schäden explizit aus, nicht aber die gesamtwirtschaftliche ‚Bilanz' der VGR: Das ausgewiesene Wirtschaftswachstum wird daher tendenziell zu hoch ausgewiesen, weil nur die Veränderungen der wirtschaftlichen Aktivitäten, nicht aber die Veränderungen des volkswirtschaftlichen Vermögens korrekt erfasst werden.

Hinzu kommt – wie oben bereits angesprochen –, dass *jede* statistisch erfasste wirtschaftliche Aktivität, die Schäden nur beseitigt – Reparaturen, Krankheitskosten, Entgiftung von Böden, Reinigung verseuchter Flüsse – als *Wertsteigerung* erfasst wird, obgleich sie im besten Fall nur *werterhaltend* ist. Erfasst wird nicht der Schaden selbst (negativ), sondern die Maßnahme zur Eindämmung oder Reparatur des Schadens geht (positiv) als Wertschöpfung in die Berechnung z. B. des Bruttoinlandsproduktes ein: Die Vergiftung eines Flusses durch einen Ölunfall wird nicht erfasst, wohl aber die Aufwendungen der Feuerwehr oder die Maßnahmen zur Reinigung der Ufer. Die ‚Erfolge' des Wirtschaftswachstums, ausgedrückt im Bruttoinlandsprodukt, sind daher möglicherweise nur mit vorübergehenden bzw. ‚netto' gar nicht zutreffenden Wohlfahrtsgewinnen verbunden.

Das Statistische Bundesamt veröffentlicht daher seit 2002 eine **Umweltökonomische Gesamtrechnung** (UGR), parallel zur VGR. Dadurch sollen die Veränderungen verdeutlicht werden, die sich beim Zustand der Umwelt und bei den Maßnahmen zu ihrem Schutz ergeben. Gleichzeitig werden die Wechselwirkungen zwischen den ökonomischen Aktivitäten und der Umwelt erfasst. Berücksichtigt werden stoffliche Ströme (Materialverbrauch, Energieverbrauch) (Energie- und Rohstoffbilanzen, Recycling) und nicht-stoffliche Nutzungswerte (Fläche, Raum). Mit bestimmten Indikatoren wird der *Umweltzustand* beschrieben (Luft-, Wasserverschmutzung, CO_2-Emissionen, Abfall). Dem werden die *Maßnahmen* des Umweltschutzes gegenübergestellt (Investitionen, Ausgaben). Dabei stellen sich vielfältige, vor allem methodische Probleme, denn ‚Umwelt' ist kaum zu bewerten oder anders zu quantifizieren, und dies gilt analog für Umweltschäden. Auch die Abgrenzung von Umweltausgaben gegen andere Ausgaben ist nicht immer eindeutig, ebenso wie umweltbezogene Einnahmen (Öko-Steuer? Kfz-Steuer?) nicht immer einleuchtend erfasst werden. Andererseits verdeutlicht die UGR für einzelne ökologische Sektoren recht präzise Zusammenhänge.

Ziel dieser Berechnungen ist, ein anderes Nettoinlandsprodukt zu errechnen, als es im Rahmen der VGR möglich ist. Vom VGR-Nettoinlandsprodukt werden dabei abgezogen Wertminderungen durch Ressourcenabbau und Qualitätsverschlechterung der Umwelt, und im Ergebnis errechnet sich daraus ein „Öko-Inlandsprodukt", welches also auch Komponenten einer Bewertung des Umwelt-Vermögens' enthält. Dieser Ansatz ist grundsätzlich nicht neu. In der Literatur gibt es seit langem eine breite Diskussion über die Umweltabstinenz traditioneller volkswirtschaftlicher Gesamtrechnungen. Einige Staaten – u. a. Kanada, Frankreich und Norwegen – haben bereits umweltorientierte Methoden in der VGR eingeführt.

Zu den noch bestehenden Schwächen der Umweltstatistiken zählen eine unvollkommene Beständeerfassung der ‚Natur', denn grundsätzlich müsste das Umweltvermögen – Luft, Wasser, Boden, Wälder etc. – bewertet werden. Dabei ist es besonders schwierig, Kosten und Nutzen gegeneinander aufzurechnen. Bislang ungelöste Probleme ergeben sich hinsichtlich der notwendigen monetären Bewertung und der Auswahl signifikanter Indikatoren (z. B. wann ist ein Fluss verschmutzt, und wie wird dieser Wertverlust ‚gebucht'?). Die Feststellung von Schäden, die Erfassung von Nutzenentgang aufgrund von Schäden, die erforderlichen bzw. getätigten Erhaltungskosten, energiesparende Maßnahmen im Wohn-, Arbeits- und Verkehrsbereich – all dies ist ökologisch nur sehr willkürlich zu bewerten. Zudem ist die Abgrenzung zwischen allgemeinen Investitionen und Umweltschutz-Investition sehr schwierig. Insgesamt wird es daher kaum möglich sein, das traditionelle Bruttoinlandsprodukt durch eine Umweltkomponente zu einem Öko-Inlandsprodukt zu korrigieren; hierfür sind die zu berücksichtigenden Aspekte zu vielschichtig, und sie können keinesfalls aggregiert oder einfach gegeneinander verrechnet werden. Auch eine ökologisch ausgerichtete Gesamtrechnung wird daher immer nur Teilaspekte erfassen und ausweisen können.

5 Wirtschaftssysteme und Wirtschaftsordnungen

Nach den Begriffsbestimmungen in den Kapiteln 1 und 2 wurden im Kapitel 3 einige volkswirtschaftliche Kreislaufbeziehungen dargestellt. Das Inlandsprodukt als Ergebnis aller Kreislaufbeziehungen wurde im vorangehenden Kapitel 4 betrachtet. In den nun folgenden Abschnitten sollen einige Überlegungen hinsichtlich des gesamtwirtschaftlichen Ordnungsrahmens dargestellt werden, in dem sich die ökonomischen Beziehungen vollziehen. Die Gestaltung dieses Rahmens kann – wie die Vielzahl der auf der Welt existierenden, unterschiedlichen Wirtschaftsordnungen belegt – offensichtlich auf sehr unterschiedliche Weise erfolgen und hängt von dem jeweiligen Gesellschaftssystem und der vorherrschenden Ideologie ab. In diesem Kapitel soll keine Untersuchung konkreter Wirtschaftsordnungen einzelner Länder erfolgen; dies würde nicht nur den Rahmen sprengen, sondern wäre auch nicht im Sinne der beabsichtigten grundsätzlichen *Einführung* in volkswirtschaftliche Zusammenhänge. Die folgenden Abschnitte skizzieren lediglich einige grundsätzliche Überlegungen für den volkswirtschaftlichen Kontext. Der an den Einzelheiten bestimmter Wirtschaftsordnungen interessierte Leser muss daher auf die Literaturhinweise zu diesem Kapitel verwiesen werden (vergleiche u. a. mein Lehrbuch „Wirtschaftspolitik", 8. Auflage UTB Stuttgart).

Von zentraler Bedeutung ist natürlich nach wie vor das „ordnungspolitische Erdbeben", das vom Zusammenbruch des sozialistischen Ostblocks ausging – hierbei ist insbesondere die Entwicklung Russlands hervorzuheben – sowie die teilweise dramatischen Veränderungen im Zuge der Globalisierung der Wirtschaftsbeziehungen – China ist ein besonders extremes Beispiel. Die dadurch ausgelösten Veränderungen sind kein internes Problem der betreffenden Länder, sondern wirken sich ganz erheblich auf die etablierten Industrieländer – den sogenannten „Westen" aus, aber auch auf den „Süden", also die Entwicklungsländer, denn viele der bisherigen Nord-Süd-Transaktionen sind zu West-Ost-Beziehungen umgepolt worden; dies betrifft sowohl Direktinvestitionen als auch Entwicklungshilfemittel. Wiederum besonders bemerkenswert ist das massive Engagement Chinas in den rohstoffreichen Ländern Afrikas.

Die Diskussion um die Marktwirtschaft ist nach dem Untergang der kommunistischen Planwirtschaften damit keineswegs beendet. Angesichts der zahlreichen Probleme, die wir in marktwirtschaftlichen Ordnungen – wie in Deutschland – beobachten und erleben müssen, stellt sich nach wie vor die Frage nach der Funktionsfähigkeit der Marktwirtschaft.

5.1 Rückblick: Die ordnungspolitische Revolution der 90er Jahre

Der Zusammenbruch des sogenannten „Ostblocks", genauer gesagt der zentralverwaltungswirtschaftlich-sozialistischen Wirtschaftsordnungen löste eine Art Dominoeffekt aus.

Die ursprünglichen Ostblock-Länder waren im *Rat für gegenseitige Wirtschaftshilfe* (**RGW**) organisiert (engl. COMECON = *Council for Mutual Economic Cooperation).* Der RGW war 1949 gegründet worden, um ein Gegengewicht zum **Marshall-Plan**, dem *European Recovery Programme* (ERP) zu schaffen. Gründungsmitglieder waren die UdSSR, Bulgarien, Polen, Rumänien und Ungarn, später kamen Albanien, die DDR, die CSSR, die Mongolei, Kuba und Vietnam als Vollmitglieder hinzu; Afghanistan, Äthiopien, Angola, Laos, Mozambique und die Volksrepublik Jemen, bis 1966 auch China, hatten Beobachterstatus; mit Jugoslawien bestand ein Assoziierungsabkommen, mit Finnland, Guayana, Irak, Jamaika und Mexiko Kooperationsabkommen. Der RGW hat sich 1991 nach dem Zusammenbruch der UdSSR und dem Zerfall des Ostblocks als Institution aufgelöst. In den über 40 Jahren seines Bestehens hat der RGW viel Anschauungsmaterial dafür geliefert, welche Probleme sich bei dem Versuch ergeben, sehr heterogene Volkswirtschaften mit einem komplexen Planungssystem zu verzahnen.

Nach dem Zusammenbruch des RGW haben die ehemaligen Ostblockländer ihre Wirtschaftsordnungen umstrukturiert und sich am marktwirtschaftlichen Leitbild orientiert. Viele Länder mussten dabei zunächst starke Einbußen hinnehmen. Waren-, Kapital- und Arbeitsmarkt unterlagen einem gravierenden Systemwandel. Die bisher von staatlichen Stellen ausgeübten Funktionen mussten durch private (oder neu zu strukturierende staatliche) Aktivitäten ersetzt werden, institutionell musste unter anderem ein Bankensystem mit Geld- und Kreditmärkten und ein staatliches Finanzsystem mit einem Steuersystem und einem Länderfinanzausgleich aufgebaut werden. Ein derartiger Strukturwandel war nicht in wenigen Jahren zu vollziehen und betraf vor allem nicht nur die ökonomischen, sondern auch die politischen, sozialen, juristischen – praktisch alle Lebensbereiche. Dies belegen im eigenen Land auch die anhaltenden, massiven Probleme in den neuen ostdeutschen Bundesländern.

Parallel zu den Kernländern des ehemaligen Ostblocks haben auch viele Entwicklungsländer erkennbar ihre Strategie verändert. Mit dem Wegfall „planwirtschaftlich"-sozialistischer Kapitalgeber und Handelspartner orientieren sich viele Entwicklungsländer am marktwirtschaftlichen Konzept. Dabei geraten sie allerdings in eine harte Konkurrenz vor allem mit den osteuropäischen und südostasiatischen Ländern, denn aus westlicher Sicht sind die Beziehungen nach Osten heute oft sehr viel erfolgversprechender als zu den alten Entwicklungsländern. Direktinvestitionen, Kapitalhilfe und technische Hilfe, die früher von Nord nach Süd flossen, gehen heute tendenziell eher nach Osten. Die Entwicklungsanstrengungen vieler Entwicklungsländer werden dadurch spürbar erschwert. Dies gilt ungeachtet meiner Auffassung, dass so manches Entwicklungsländerproblem auch nachhaltig selbstverschuldet worden ist durch politisches Missmanagement und Desinteresse der „Führungs-Eliten" an der Entwicklung ihres eigenen Landes. Externe Ursachen verschärfen die Situation zusätzlich. Diese These von der Eigenverantwortlichkeit der Entwicklungsländer, die keinesfalls externe Faktoren verharmlosen will, kann hier aber nicht vertieft werden. Nur soviel: Ich bin seit über 30 Jahren in der Praxis der Entwicklungszusammenarbeit („Entwicklungshilfe") tätig und glaube zu wissen, wovon ich hier spreche.

Der folgende Abschnitt skizziert einige marktwirtschaftlich orientierte ordnungspolitische Konzeptionen. Ein historisch sicher interessantes und wissenschaftlich sicherlich auch erforderliches

Eingehen unter anderem auf sozialistisch orientierte Konzeptionen würde hier den Rahmen sprengen.

5.2 Marktwirtschaftliche Konzeptionen

Innerhalb marktwirtschaftlicher Wirtschaftsordnungen gibt es neben der Vielzahl möglicher Marktformen und entsprechender Verhaltensweisen der Wirtschaftssubjekte (vergleiche Kapitel 6) auch alternative Konzepte, wie die Volkswirtschaft grundsätzlich ordnungspolitisch zu gestalten und durch ablaufpolitische Maßnahmen zu beeinflussen ist. Im Folgenden werden zunächst einige Etappen in der Entwicklung der marktwirtschaftlichen Ordnungen nachgezeichnet. Daran schließt sich eine Darstellung einiger wichtiger ordnungs- und wirtschaftspolitischer Konzeptionen an, die bis heute Gegenstand prinzipiell politischer Auseinandersetzungen sind. In der Darstellung wird dabei versucht, diese Konzeptionen soweit wie möglich auch als Gegensatzpaare gegenüberzustellen.

5.2.1 Allgemeine Merkmale

Herausragendes Merkmal einer *(idealtypischen)* Marktwirtschaft ist, dass die *Einzelpläne* der Wirtschaftssubjekte durch den **Preismechanismus** von Märkten abgestimmt werden, wobei Geld als Tauschmittel, Recheneinheit und Wertaufbewahrungsmittel verwendet wird (vergleiche Abschnitt 3.1.2). Dabei herrschende **Wettbewerbs- und Vertragsfreiheit**, d. h. jedes Wirtschaftssubjekt ist autonom hinsichtlich seiner Entscheidungen, mit anderen in wirtschaftliche Beziehungen zu treten. Es besteht die Möglichkeit, **Privateigentum** an Produktionsmitteln zu erwerben und zu halten und die Produktionsmittel nach eigenem Ermessen zur Erzielung von Einkommensüberschüssen einzusetzen. Das Marktgeschehen auf den Güter und Faktormärkten ist grundsätzlich *frei* von staatlicher Beeinflussung.

5.2.2 Entwicklungsphasen der Marktwirtschaft

(1) Die ersten zusammenhängenden konzeptionellen Überlegungen zur Wirtschaftsordnung und Wirtschaftspolitik gehen auf die Merkantilisten im 16. bis Ende des 18. Jahrhundert zurück. Sie entwickelten Zielvorstellungen, wie die Wirtschaft zum Zwecke der Mehrung des Reichtums der Fürsten zu gestalten und zu beeinflussen sei. Die Bezeichnung *(lat. mercantium* = Handel) verdeutlicht den Hauptansatzpunkt. Die **Merkantilisten** befürworteten eine Stärkung des Außenhandels mit dem Ziel eines Exportüberschusses ("aktive Handelsbilanz"), unter anderem durch Schutzzölle und inländische Gewerbeförderung. In England beispielsweise durften nach der Navigationsakte von 1651 Importe nach England nur mit englischen Schiffen durchgeführt werden. Die deutsche Version des Merkantilismus bezeichnet man als **Kameralismus** *(lat. camera* = Schatzkammer des Fürsten). Der Kameralismus entwickelte Grundsätze für die öffentliche Verwaltung, die in Form der kameralistischen Buchführung bis zum heutigen Tage die Bundes-, Landes- und Gemeindehaushalte prägen. Ökonomisch gesehen wies der Merkantilismus einige Züge der Zentralverwaltungswirtschaft auf.

(2) Die vorrangig monetären Überlegungen der Merkantilisten bzw. Kameralisten wurden ergänzt durch die Lehren der **Physiokraten** am Ende des 18. bis zum Anfang des 19. Jahrhunderts). So entwickelte **François Quesnay** ein als **"tableau économique"** bekannt gewordenes Kreislaufmodell mit den Komponenten Entstehung, Verwendung und Verteilung, das die historische Grundlage für die oben in Kapitel 4 ausgeführten Konzepte des Inlandsprodukts darstellt. (Quesnay war Arzt und orientierte sich erkennbar am Prinzip des menschlichen Blutkreislaufs.) Die Physiokraten betonten die Bedeutung der Natur (Physiokratie = "Herrschaft der Natur") und wandten sich gegen staatliche Reglementierungen der Wirtschaft, einschließlich des Außenhandels. Damit wurden sie zu Wegbereitern des klassischen **Liberalismus** im 19. Jahrhundert, der allerdings das Schwergewicht von der Landwirtschaft auf die neu entstehende Industrie verlagerte (Vertreter waren z. B. Adam Smith, David Ricardo) und unter anderem **Freihandel**, ungehinderten Wettbewerb und Garantie des Privateigentums forderte.

(3) Im **Klassischen Liberalismus** wird die Wirtschaft vom Prinzip der individuellen Freiheit geprägt, und zwar sowohl in ökonomischer als auch in jeder anderen Hinsicht. Der Staat hat zwei Aufgaben: Einerseits übernimmt er ordnende Funktionen, um eine regelnde gesetzliche Rahmenordnung zu garantieren, von **Ferdinand Lasalle** als **Nachtwächterstaat** verspottet. Beschränkungen der individuellen Freiheit sind nach diesem Konzept daher nur zu tolerieren, wenn sie sich aus dem Recht auf Freiheit anderer Wirtschaftssubjekte ableiten. Faktisch wird die Handlungsfreiheit zudem auch durch die Knappheit der Güter beschränkt. Andererseits bietet der Staat bestimmte **öffentliche Güter** wie Rechtsschutz, Sicherheit usw. an, die auf privater Ebene nicht angeboten werden, z. B. weil sie nicht kostendeckend vermarktet werden können oder sollen bzw. weil bei ihnen das Ausschlussprinzip nicht funktioniert (vergleiche Abschnitt 2.2). Der klassische Wirtschaftsliberalismus ist in Reinform in keinem Land verwirklicht worden.

(4) Vor dem Hintergrund der sozialen Probleme des 19. Jahrhunderts hat sich als Fortentwicklung der Ideen des klassischen Liberalismus die **Soziale Marktwirtschaft** (im engeren Sinne) herausgebildet. In dieser übernimmt der Staat neben der Regelung der Rahmenordnung die Aufgabe der Wettbewerbsordnung oder z. B. der Geldwertsicherung, Funktionen im Hinblick auf die soziale Sicherung wie Krankenkassen oder Arbeitslosenversicherung und Umverteilungsfunktionen wie ein gestaffeltes Steuersystem, Subventionen oder Kindergeld.

Diese ökonomischen Konzepte überschneiden sich offensichtlich mit staatstheoretischen Überlegungen hinsichtlich der Aufgaben und Grenzen staatlichen Handelns und – etwas philosophischer – auch mit Überlegungen hinsichtlich der Stellung des Individuums in der Gesellschaft. So ist der klassische Wirtschaftsliberalismus ja nachdrücklich vom grundsätzlichen Freiheitsgedanken geprägt; frühe Wirtschaftstheoretiker wie *Thomas Hobbes, John Locke, Jeremy Bentham* oder auch *Adam Smith* gelten ebenso als Philosophen. – Vor dem Hintergrund der Probleme des beginnenden industriellen Zeitalters entstanden dann zwei alternative Konzepte:

(5) Auf der einen Seite stand der sogenannte wissenschaftliche Sozialismus (vergleiche Karl Popper), insbesondere vertreten durch Ferdinand Lasalle, Karl Marx und Friedrich Engels, die Privateigentum und individuellen Wettbewerb ablehnten. Hieraus entwickelte

sich in Deutschland der **Katheder-Sozialismus** (bekannte Vertreter waren z. B.: Gustav Schmoller, Adolph Wagner, Werner Sombart) mit der Betonung staatlicher Sozialverantwortung für die Entwicklung einer Sozialpolitik. Diese Denkschule wird auch als **Historismus** bezeichnet.

(6) Auf der anderen Seite entstand in der Weiterentwicklung klassischer liberalistischer Dogmen (Klassik) zunächst die **Grenznutzenschule**, die in der Folge eine stark mathematisierte Vertiefung der ökonomischen Mikrotheorie hervorbrachte (Heinrich Gossen, Carl Menger, Alfredo Pareto, Alfred Marshall); einige der Ausführungen im Kapitel 7 basieren auf diesen Fundamenten, die insgesamt eine marktwirtschaftliche Orientierung bedeuten. Die Wiederentdeckung klassischen Gedankengutes nach dem 1. Weltkrieg wird als **Neo-Klassik** bezeichnet.

(7) Diese begrenzte Staatstätigkeit löst jedoch noch nicht das Problem der wirtschaftlichen Instabilitäten, das durch die Weltwirtschaftskrise ab 1929 verdeutlicht wurde. Insbesondere durch John Maynard Keynes wurden Wirtschaftstheorien entwickelt, nach denen auf der Ebene der individuellen Wirtschaftssubjekte das Prinzip der freien, ungelenkten Selbstregulierung bzw. der individuellen Mikrosteuerung beibehalten wurde, dem Staat aber eine gesamtwirtschaftliche Beeinflussung durch die **Globalsteuerung** auf der Makro-Ebene zukommt. Insbesondere soll der Staat Wettbewerbsfördernde Maßnahmen ergreifen, Wachstumsimpulse geben und konjunkturstabilisierend wirken. Diese Form wird auch als **Neo-Liberalismus** bezeichnet.

(8) Die Handlungen des Staates gehen in der Praxis über eine globale, allgemein wirkende Beeinflussung des Wirtschaftsablaufs hinaus. Vielmehr finden in vielen Sektoren gezielte, begrenzt wirkende Eingriffe (Interventionen) des Staates statt, die teils ordnungspolitisch konform, also mit marktwirtschaftlichen Prinzipien vereinbar sind, wie etwa Anreize, teils ordnungspolitisch inkonformen Zwangscharakter haben. Zu denken ist dabei an die verbindlichen Regelungen im Rahmen der Agrar-Marktordnungen der EU, an die Regelungen des sozialen Wohnungsbaus, an die staatliche Neuordnung des Energiesektors, insbesondere des Bergbaus und der Stromkonzerne, an Subventionssysteme in der Landwirtschaft, im Schiffbau usw. Diese Stufe kann man als **interventionistischen Liberalismus** bezeichnen.

Die Wirtschaftsordnung in Deutschland wird gerne als **Soziale Marktwirtschaft** bezeichnet. Dies ist zweifellos korrekt, denn die Kriterien des Zeitabschnitts (4) sind erfüllt, allerdings auch die darüber hinausgehenden Aspekte der Abschnitte (7) und (8), so dass man von einer „Sozialen Marktwirtschaft mit Globalsteuerung und interventionistischen Eingriffen des Staates" sprechen sollte.

5.2.3 Allgemeine Probleme der Marktwirtschaft

(1) Aufgrund der individuellen Vertragsfreiheit besteht auch die Möglichkeit, sich mit anderen Wirtschaftssubjekten abzustimmen bzw. zusammenzuschließen (**Konzentration von Marktmacht**), auch durch Fusionen und Kartelle. Die individuellen Chancen können ungleich verteilt sein, z. B. wegen **ungleicher Startbedingungen** (Vererbung von Eigentum). Dies begünstigt eine (leistungsunabhängige) ungleiche Einkommens- und Vermögensverteilung, wobei diese und die Machtverteilung tendenziell sich gegenseitig bedingen.[18]

(2) Wegen des Fehlens zentraler Koordination ist es aufgrund individuellen Egoismus möglich, der Gesellschaft negative Folgen des eigenen Handelns aufzubürden (externe Kosten) bzw. aus der Gesellschaft Nutzen zu ziehen, ohne dafür zu bezahlen (externe Nutzen); Beispiele wären Umweltverschmutzung, Übernahme fremder Ideen oder „Trittbrettfahren" bei der Nutzung öffentlicher Güter, ohne dafür zu bezahlen. In diesem Zusammenhang wird in der Gegenwart zunehmend diskutiert, bei der Kostenverteilung stärker das **Verursacherprinzip** zu berücksichtigen (unter anderem beschäftigt sich hiermit die in der wissenschaftlich jüngeren Vergangenheit entwickelte *Theorie der Eigentums- und Verfügungsrechte; „property rights"*). Der **Umweltschutz** ist ein Bereich, in dem die **externen Effekte** in zunehmendem Maße „internalisiert" werden. Vergleiche auch den Exkurs in Abschnitt 5.3.

(3) Die Praxis marktwirtschaftlicher Ordnungen hat zudem gezeigt, dass – entgegen den *Theorien der Neo-Klassik* – die Märkte bei Störungen *nicht zu* einem **Gleichgewichtszustand** tendieren. Vielmehr kommt es zu permanenten Ungleichgewichten (**Instabilitäten**), die sich nicht von selbst beheben und teilweise sogar zunehmen; als Bei-

---

[18]   Der Frage, ob und in welchem Ausmaß eine „gleiche(re)" Verteilung überhaupt sinnvoll wäre, kann hier nicht nachgegangen werden.

spiel wäre an Konjunkturschwankungen, Inflation und Arbeitslosigkeit zu denken. Bei anhaltenden Problemen wächst die *Tendenz zunehmender* **Staatseingriffe**, die der marktwirtschaftlichen Philosophie grundsätzlich widersprechen, wie sich auch an den verschiedenen Formen ablesen lässt, welche marktwirtschaftliche Wirtschaftsordnungen im Zeitablauf angenommen haben. Durchaus umstritten ist dabei allerdings die Frage, ob Staatsinterventionen *Folge* oder gerade *Ursache* dieser Instabilitäten sind. In der Diskussion darüber, ob und wie die Wirtschaft durch staatliche Wirtschaftspolitik zu beeinflussen sei, stehen sich gegensätzliche Positionen gegenüber, die insbesondere mit drei Begriffspaaren zu kennzeichnen sind: Klassiker versus Keynesianer, Nachfragetheoretiker versus Angebotstheoretiker und Monetaristen versus Fiskalisten. Die damit verbundenen Auffassungen verschneiden sich teilweise beträchtlich. Dies wird in den folgenden Abschnitten dargestellt.

5.2.4 Klassik und Keynes

(1) Die ersten Überlegungen zur Beeinflussung von Marktprozessen gehen auf die englischen Ökonomen Adam Smith (1723–1790) und John Stuart Mill (1806–1873) zurück. Sie sind aber vor dem Hintergrund der „industriellen Revolution" Englands in einem völlig anderen gesellschaftspolitischen Kontext zu sehen als heute. Grundprinzip dieser als **Klassik** bezeichneten Wirtschaftsphilosophie ist der freie marktwirtschaftliche Wettbewerb auf den Güter- und Faktormärkten mit dem Marktpreis als Regelmechanismus („unsichtbare Hand"). Nach klassischer Auffassung tendieren marktwirtschaftlich strukturierte Märkte bei einer Störung wieder zu einem **Gleichgewicht** (Stabilitätshypothese oder Harmonieprinzip). Daher kann es *dauerhaft* keine Marktungleichgewichte (z. B. Unterbeschäftigung) geben. Tatsächlich auftretende Störungen sind auf Unvollkommenheiten des Marktes zurückzuführen. Wenn diese beseitigt werden, soll sich ein neuer „stabiler" Gleichgewichtszustand einstellen. Die Aktivitäten des Staates können sich daher auf Schaffung und Erhaltung von **Rahmenbedingungen** beschränken, innerhalb derer die Wirtschaftssubjekte autonom entscheiden und handeln können (**„Laissez-faire-Wirtschaft"**). Privates Eigentum, auch an Produktionsmitteln, wird dabei garantiert (Klassischer Liberalismus). Im Zeitablauf erfuhr dieses Konzept eine Vielzahl von

Modifikationen bis hin zum neoklassischen Modell der **vollkommenen Konkurrenz**. Dieses Modell geht von teilweise sehr realitätsfernen Annahmen aus (unter anderem Polypol, Markttransparenz, unendlich große Reaktionsgeschwindigkeit, homogene Güter bzw. Faktoren, keine Präferenzen, vergleiche Abschnitt 6.1).

(2) 1936 erfolgte dann eine „Revolution" in der ökonomischen Theorie durch **John Maynard Keynes** (1883–1946). Er ging aufgrund der Weltwirtschaftskrise davon aus, dass destabilisierte Märkte entgegen der Ansicht der Klassiker und Neoklassiker nicht aus eigener Kraft Störungen beseitigen, sondern diese dauerhaft bestehen bleiben können. Er bereitete damit den Weg für eine spätere neue mikroökonomische Fundierung der Wirtschaftspolitik, da er die seitens der Klassiker unterstellte Rationalität des Verhaltens der einzelnen Wirtschaftssubjekte als Bestimmungsfaktor des Verhaltens in Frage stellte und das Individuum eher als Teil kollektiv handelnder Gruppen sah, die sich makroökonomischen Rigiditäten gegenübersehen. Zur Wiedererlangung des Gleichgewichtszustandes (z. B. der Vollbeschäftigung) sind daher **Eingriffe des Staates** erforderlich (vergleiche ein Beispiel bei Abbildung 7.5/4 oder Abbildung 7.5/5 in Abschnitt 7.5). Nach Auffassung von Keynes ist die Geldpolitik dabei weniger geeignet als finanzpolitische Maßnahmen, vor allem Staatsausgaben, die unter Umständen über zusätzliche Verschuldung finanziert werden (*„deficit spending"*). Während für die Klassiker und Neoklassiker die langfristige Perspektive und der effiziente Einsatz der Produktionsfaktoren sowie Wachstum und Verteilung des Inlandsprodukts im Vordergrund standen, war für Keynes insbesondere der Beschäftigungsaspekt in kurzer und mittlerer Sicht von Bedeutung – angesichts der Massenarbeitslosigkeit seiner Zeit nicht überraschend. Im Zuge der Finanzkrise 2008 ff. hat der Ansatz von Keynes eine unerwartete Wiederbelebung erfahren.

Das Gedankengut der verschiedenen Entwicklungsstufen des Keynesianismus kann hier nicht in Einzelheiten dargestellt werden, insbesondere nicht bezüglich des berühmten IS/LM-Kurven-Modells von Keynes, mit dem er anhand von Investition (I), Sparen (S), Liquidität (L) und Geldmenge (M) unter anderem seine Zins-, Geld-, Beschäftigungs- und Einkommenstheorien darstellt. Hierzu existiert umfangreiche Literatur, allerdings müssen wir uns hier auf einige Stichworte beschränken.

Die Theorie(n) von Keynes wurden im Zeitablauf von den sogenannten Post- und **Neo-Keynesianern** weiterentwickelt. In vielen
Zentralbanken der Welt spielen heute neokeynesianische Modelle
eine wichtige Rolle für geldpolitische Analysen und Prognosen
– u.a. bei der EZB, der „Fed" in den USA oder in Norwegen und
Neuseeland. Die Ansätze unterscheiden sich in vielen Einzelheiten,
aber gemeinsam ist ihnen die Erkenntnis, dass sich wirtschaftliche
Reaktionen nicht reibungslos vollziehen, sondern dass es Verzögerungen und Friktionen gibt. Verzögerte Anpassungen bei Preisen
und Löhnen beispielsweise werden mit den einprägsamen Begriffen
„sticky prices" und „sticky wages" bezeichnet. Die Neo-Klassik
nimmt dies nicht in ihre Modelle auf.

Keynes' Überlegungen, auch in marktwirtschaftliche Prozesse staatlicherseits einzugreifen, basieren prinzipiell auf Überlegungen, die
heute als **Theorie des Marktversagens** bekannt sind. Während die
klassische Theorie i.e.S. aufgrund der erwähnten Stabilitäts- und
Harmoniehypothese davon ausgeht, dass sich Störungen im Markt
von selbst und mit *positiven Wirkungen* durch die Marktkräfte beheben werden, zeigt(e) sich in der Realität, dass eine Vielzahl von
Entwicklungen sich tendenziell vom Markt-Ideal wegbewegten.
Hierzu zählen unter anderem folgende Aspekte:

- Erstens verteilt sich die **Marktmacht** – im Sinne von Möglichkeit, das Marktgeschehen im eigenen Sinne zu beeinflussen –
  nicht gleichmäßig auf alle Marktteilnehmer, sondern es sind
  Machtkonzentrationen möglich (vergleiche Kapitel 6).

- Zweitens werden die **Produktionsfaktoren** nicht automatisch
  den Verwendungszwecken zugeleitet, wo sie am produktivsten
  eingesetzt werden können.

- Drittens ist es möglich, aus dem Marktgeschehen Nutzen zu
  ziehen, ohne dafür bezahlen zu müssen („**Trittbrettfahrer**");
  klassische Beispiele hierfür sind die Straßenbeleuchtung oder
  die nationale Sicherheit, für die kaum jemand freiwillig etwas
  bezahlen würde und die folglich als typische **öffentliche Güter**
  (vergleiche Abschnitt 2.2) in einer Art „Umlageverfahren" über
  die Steuern finanziert werden. Umgekehrt ist es möglich, andere
  mit den negativen Auswirkungen des eigenen Handelns zu belasten, ohne hierfür die Kosten tragen zu müssen, beispielsweise
  durch ungeahndete Umweltverschmutzung. In diesen Fällen
  spricht man von positiven (Neuanstrich des eigenen Hauses,

was alle Betrachter erfreut) bzw. negativen (Umweltverschmutzung) **externen Effekten**.

- Viertens ist es möglich, dass Marktteilnehmer in diesem „ökonomischen Dschungelkampf" – ohne ein **soziales Netz** – „durch die Maschen fallen", unterliegen, zerstört werden. Es gibt noch weitere Gesichtspunkte, doch die angeführten Beispiele dürften die Problematik verdeutlichen.

Vor diesem Hintergrund ist das Konzept der Sozialen Marktwirtschaft zu sehen.

5.2.5 Deutschland: Von der (Neo-)Klassik zur Sozialen Marktwirtschaft

Das klassische Modell eines fiktiven vollkommenen Marktwettbewerbs wurde unter dem Eindruck der Weltwirtschaftskrise, aber auch des Dritten Reichs von der sogenannten „Freiburger Schule" (unter anderem Walter Eucken, Leonhard Miksch, Franz Böhm, Hans Großmann-Dörth) und anderen **Neo-Liberalen** bzw. **Ordo-Liberalen** (z. B. Friedrich August von Hayek, Wilhelm Röpke) wiederaufgegriffen und weiterentwickelt. Daraus ging nach dem Zweiten Weltkrieg in der Bundesrepublik das Ideengut der Sozialen Marktwirtschaft (im engeren Sinne) hervor, insbesondere hervorzuheben wären hier Alfred Müller-Armack, Ludwig Erhard. Der Hauptunterschied zum klassisch-liberalen Konzept liegt darin, dass dem Staat neben Ordnungsfunktionen auch Eingriffsfunktionen zukommen, um strukturellen Problemen, wie etwa z. B. Machtkonzentrationen entgegenzuwirken und soziale Auffangfunktionen auszuüben. Neo- und Ordo-Liberale orientieren sich dabei konsequenter am Ideal der vollkommenen Konkurrenz als Vertreter der Sozialen Marktwirtschaft, die ihrerseits die soziale Verantwortung der Wirtschaftspolitik stärker betonen. Grundelemente der Wirtschaftsordnung sind dabei Vertragsfreiheit, Wettbewerbsfreiheit, das Recht auf Privateigentum und an Produktionsmitteln, Gewerbefreiheit, freie Konsumwahl und freie Wahl des Berufs- und des Arbeitsplatzes.

Die Soziale Marktwirtschaft, wie sie als Wirtschaftsordnung Deutschlands zu verstehen ist, wird von zwei zentralen Prinzipien gekennzeichnet, *dem freiheitlichen Prinzip* (**Liberalismus**) und dem *sozialen Prinzip*, welches das Freiheitsprinzip in gewisser Weise einschränkt. Nach dem Liberalismusprinzip besteht grundsätzlich Freiheit des Individuums hinsichtlich seiner Entscheidungen und Handlungen, insbesondere im Hinblick auf Berufswahl und Gewerbefreiheit, Bildung von Privateigentum, Vertragsfreiheit, Wahl von Wohnort und Arbeitsplatz. Diese individuellen Freiheitsrechte finden dort ihre Grenzen, wo analoge Rechte beeinträchtigt würden. Die Überwachung der Einhaltung dieser Grenzen ist Aufgabe des Staates.

Das soziale Prinzip leitet sich daraus ab, dass einzelne Individuen in der Marktwirtschaft auch scheitern können. Um sie „aufzufangen", sind Maßnahmen des Staates erforderlich, insbesondere im Bereich von Sozialversicherung, Arbeitsschutz, Einkommens- und Vermögensbildung und -umverteilung, Verbraucherschutz, Wettbewerbssicherung und -kontrolle, Tätigkeit öffentlicher Unternehmen etc. Bei der Sozialen Marktwirtschaft (im weiteren Sinn), so wie sie von vielen Ordnungstheoretikern in Deutschland verstanden wird, sind die Handlungen des Staates, die über eine Regelung der Wirtschaftsordnung (Ordnungspolitik) hinaus den Wirtschaftsablauf beeinflussen (Ablaufpolitik), kein Verstoß gegen die Grundprinzipien einer freien Marktwirtschaft. Sie sind vielmehr ordnungskonforme Maßnahmen, da eine Beeinflussung und Stabilisierung des Wirtschaftsablaufs die Verfolgung liberaler und sozialer Prinzipien fördert und erleichtert.

Das so umschriebene Konzept der Sozialen Marktwirtschaft im engeren Sinne erfuhr dann eine Ausweitung, indem durch Anlehnung an keynesianische Ansätze das staatliche Aufgabenspektrum neben der Ordnungspolitik auch stärkere ablaufpolitische Elemente umfasste. Vor dem Hintergrund der schweren Rezession von 1965–67 intensivierte sich eine Diskussion um eine bewusste staatliche Konjunkturbeeinflussung, die bereits Mitte der 50er Jahre unter anderem von den wissenschaftlichen Beiräten beim Bundesfinanz- und Bundeswirtschaftsministerium geführt wurde. Dabei wurde dem Staat die Aufgabe zugewiesen, konjunkturelle Schwankungen und insbesondere der sich nicht selbst abbauenden Arbeitslosigkeit durch makroökonomische (gesamtwirtschaftlich wirkende) Maßnahmen entgegenzuwirken (Globalsteuerung; der Begriff ist insofern irreführend, als es sich nicht um Steuerung im strengen Wortsinn handelt, sondern allenfalls um Beeinflussung des Wirtschaftsablaufs). Keynesianisches Gedankengut lag bereits auch dem 1963 in Kraft getretenen „Gesetz über die Bildung eines Sachverständigenrats zur Begutachtung der gesamtwirtschaftlichen Entwicklung" sowie dem schon 1964 von Ludwig Erhard entworfenen und 1967 dann von der Großen Koalition verabschiedeten „Gesetz zur Förderung der Stabilität und des Wachstums der Wirtschaft" („**Stabilitätsgesetz**") zugrunde, und mit einem keynesianischen Investitionsprogramm ging Wirtschaftsminister Karl Schiller bereits vor Verabschiedung des Stabilitätsgesetzes gegen die Rezession vor. Inwieweit dies den folgenden Konjunkturaufschwung ursächlich beeinflusste, ist umstritten.

Global ansetzende Maßnahmen allein konnten jedoch weniger zur Lösung mikroökonomischer regionaler und sektoraler Probleme beitragen. Daher umfasste das staatliche Handlungsspektrum im Zeitablauf mehr und mehr direkte, punktuelle Interventionen. Die gegenwärtige Wirtschaftsordnung der Bundesrepublik lässt sich daher als Soziale Marktwirtschaft mit Globalsteuerung und Interventionen kennzeichnen.

In diesem Zusammenhang ist begrifflich zwischen **Ordnungspolitik** und **Ablaufpolitik** (synonym: **Prozesspolitik**) zu unterscheiden. Unter Ordnungspolitik werden die Maßnahmen des Staates verstanden, welche die Wirtschaftsordnung gestalten, erhalten oder ausbauen und somit die Rahmenbedingungen setzen, innerhalb derer sich der Wirtschaftsprozess vollzieht und durch Maßnahmen der Ablaufpolitik des Staates beeinflusst wird. Zur Ordnungspolitik sind in erster Linie Wettbewerbssichernde und -fördernde Maßnahmen, insbesondere auf gesetzgeberischer Ebene zu zählen (z.B. „Kartellgesetz", Gesetz gegen Wettbewerbsbeschränkungen, die Gewerbeordnungen etc.). Maßnahmen der Ablaufpolitik müssen also dem Anspruch genügen, sich in die marktwirtschaftliche Ordnung einzupassen. Dies ist gesetzlich im „Stabilitätsgesetz", im Außenwirtschaftsgesetz oder durch EG-Vorschriften, zum Teil auch im Grundgesetz, insbesondere in der Finanzverfassung und anderen geregelt.

Um Missverständnissen vorzubeugen, ist nochmals darauf hinzuweisen, dass offensichtlich auch in einer Marktwirtschaft wie der Deutschlands geplant wird, und zwar sowohl zentral als auch dezentral. Der damalige zentralverwaltungswirtschaftliche Planungsprozess war im Vergleich zum marktwirtschaftlichen nicht einmal ungewöhnlich lang, denn auch in Deutschland liegt beispielsweise zwischen dem Planungsbeginn für den Bundeshaushalt und dem Inkrafttreten des Haushalts in der Regel deutlich mehr als ein Jahr. Der Unterschied liegt insbesondere darin, dass dieser Haushaltsplan in der Marktwirtschaft für die Staatsorgane zwar verbindliche Grenzen aufzeigt, während er für die Industrie und die privaten Haushalte allenfalls indikativen Charakter hat.

Im Zeichen anhaltender Probleme von Arbeitslosigkeit und Konjunkturschwankungen nahm die Skepsis hinsichtlich der Wirksamkeit keynesianischer Wirtschaftspolitik zu. Im Zentrum der Diskussion stehen zwei sich weitgehend überlagernde Begriffspaare: Nachfrage- versus Angebotstheorie und Fiskalisten versus Monetaristen.

5.2.6 Nachfrage- oder Angebotstheorie

Nachfragetheoretiker gehen von einem weitgehend gegebenen **Produktionspotential** aus, das durch geeignete Maßnahmen ausgelastet werden soll, während Angebotstheoretiker auch die Veränderung des Produktionspotentials als zu beeinflussende Größe ansehen. Die keynesianisch orientierten Nachfragetheoretiker werden – je nach theoretischer Denkschule – als **Neo-** oder **Post-Keynesianer** bezeichnet.

Konjunkturschwankungen soll mit antizyklischen Nachfragebeeinflussenden Maßnahmen begegnet werden, um die konjunkturellen Bewegungen zu dämpfen und zu verstetigen. Dieses Konzept steht im Widerspruch zur Auffassung der klassischen Wirtschaftstheorie, nach der die **Selbstheilungskräfte der Märkte** Störungen automatisch beheben und keiner staatlichen Eingriffe bedürfen. Der Nachfragetheorie nach soll der Staat hingegen einer sich abschwächenden privaten Nachfrage durch Maßnahmen begegnen, die die Nachfrage nach Konsum- und Investitionsgütern bzw. die Exportgüternachfrage des Auslandes anregen sollen. Indirekt durch die allgemeine Güternachfrage, aber auch direkt durch staatliche Beschäftigungsprogramme sollen so über Multiplikator- und Akzeleratorprozesse Beschäftigungseffekte auf dem Arbeitsmarkt ausgelöst werden (Abbildung 5.2/1).

Abb. 5.2/1: Nachfragetheorie

SPD: Die Massenkaufkraft dringend stärken

Keynesianismus aus Sicht der Angebotstheorie

"Das süße Gift der Nachfragestärkung"

Stabilität und Wachstum hängen eng mit den institutionellen Rahmenbedingungen zusammen

Grundtenor nachfrageorientierter Wirtschaftspolitik ist, dass auf der Mikro-Ebene (private Haushalte und Unternehmen) individuelle Entscheidungsfreiheit zur **Selbststeuerung** der Märkte führen soll, während auf der Makro-Ebene der Staat durch **Globalsteuerung** die Erfüllung der gesamtwirtschaftlichen Ziele unterstützen soll. Nachdem in den 50er- und 60er-Jahren die keynesianischen Ideen in der Wirtschaftspolitik der Industriestaaten umfassend Fuß fassten, nahm mit zunehmenden bzw. anhaltenden wirtschaftlichen Schwierigkeiten aber auch die Kritik an diesem Konzept zu.

Bei den Ursachen für ein „Versagen" keynesianischer Nachfragepolitik lassen sich zwei wesentliche Aspekte hervorheben. Einmal wurde in der Regel eine asymmetrische Nachfragepolitik in dem Sinne betrieben, dass zwar in Rezessionsphasen durch expansives *„deficit spending"* versucht wurde, antizyklisch gegenzusteuern. In Aufschwungphasen unterblieb jedoch eine analog restriktive Finanzpolitik, so dass die Verschuldung in Abschwung- *und* Aufschwungphasen zunahm. Zum anderen wurden konjunkturelle Störungen aber auch durch sogenannte Angebotsschocks hervorgerufen, d. h. Einflüsse, die primär die Produktionsseite betrafen, z. B. die Ölpreisexplosionen 1973 und 1979 ebenso wie das Entstehen strukturell bedingter Arbeitslosigkeit. Solchen Störungen wäre ursachenadäquat nicht mit nachfrage-, sondern mit angebotsorientierten Maßnahmen zu begegnen. Als Reaktion auf die Probleme keynesianischer Wirtschaftspolitik erfolgte zunächst in den USA und später auch in anderen Ländern, darunter Deutschland, eine Rückbesinnung auf die klassischen Thesen von den Selbstheilungskräften des Marktes.

Die **Angebotstheorie** fußt auf dem zentralen Argument, dass das ständige, antizyklische Wechseln zwischen anregenden und dämpfenden Maßnahmen im Konjunkturverlauf (*„Stop-and-go*-Politik") nicht *Folge,* sondern *Ursache* konjunktureller Schwankungen sei. Der Staat trägt danach destabilisierende Impulse in die im Prinzip zum Gleichgewicht tendierenden privaten Sektoren hinein. Es müsse darauf verzichtet werden, durch wechselnde staatliche Einflüsse den Entscheidungshorizont der Anbieterseite, also der privaten Unternehmen, ständig zu verändern. Der Staat soll auf destabilisierende wirtschaftspolitische Eingriffe verzichten und sich auf das Setzen ordnungspolitischer Rahmendaten konzentrieren, die eine langfristige Orientierung erlauben und der Entfaltung marktwirtschaftlicher Kräfte mehr Raum geben. Hierzu zählt insbesondere eine kostenmäßige Entlastung der Unternehmertätigkeit. Zudem soll die unternehmerische Initiative durch Abbau hemmender staatlicher Vorschriften gefördert werden („Deregulierung"). Weitere wichtige Aspekte sind die Eindämmung der Schattenwirtschaft (Schwarzarbeit), die Privatisierung öffentlicher Unternehmen und die Senkung der Staatsausgaben, insbesondere auch durch Abbau wettbewerbsverzerrender Subventionen. Die angebotstheoretische Botschaft lässt sich auf die kurze Formel bringen: Weniger Staat, weniger Bürokratie, dafür ein größerer individueller Freiraum; keine kurzfristigen Ad-hoc-Maßnahmen, sondern langfristig orientierte Wirtschaftspolitik (Abbildung 5.2/2, 5.2/3, 5.2/4).

Hierauf setzt die fundamentale neoklassische Kritik des Neo-Keynesianismus durch den Chicagoer Ökonomen Robert E. Lucas an, der dafür 1995 den Nobelpreis erhielt. Er kritisierte, dass das rationale Verhalten der Menschen, die auf staatliche Interventionen reagieren und diese auch antizipieren, nicht in die Denkmodelle integriert sei. In der Folge wurden zahlreiche Ansätze entwickelt, um die mikroökonomische Fundierung der Makropolitik zu verbessern und insbesondere um rationale Erwartungen zu berücksichtigen.

Die Neo-Keynesianer wiederum können den rationalen Ansatz nachvollziehen, aber sie lehnen die Annahme vollständig flexibler Preise ab, nach der sich auch Arbeitslosigkeit abbauen müsse, denn diese Flexibilität sei unrealistisch. Also machen sich Neo-Keynesianer daran, in die neoklassischen Argumente Rigiditäten einzubauen – in gewisser Weise bewegen sich beide Konzepte aufeinander zu. Kritiker sehen gerade darin eine Gefahr, weil die abnehmende Schärfe der Gegensätze die Innovationskraft lähmen könnte. Wer weiß.

Die grundsätzliche Auseinandersetzung um Nachfrage- oder Angebotspolitik oder anders ausgedrückt: um die Rolle des Staates im Wirtschaftsablauf – auch und insbesondere im Hinblick auf die Befürwortung oder Ablehnung staatlicher Beschäftigungsprogramme – ist keineswegs beigelegt. Obgleich die Angebotstheorie zu Beginn der 80er Jahre regelrecht in Mode kam, ist der Beobachtungszeitraum zu kurz, um eine abschließende Würdigung vornehmen zu können. Das Hauptproblem scheint darin zu liegen,

Abb. 5.2/2: Angebotstheorie

Steuersenkung soll Wirtschaft ankurbeln

Auf dem Weg zum schlanken Staat

Bürokratie belastet Unternehmen mit 40 Milliarden Euro

EU-Kommission beruft Berater für Bürokratieabbau

Deregulierung?
ÄMTERDSCHUNGEL BEHINDERT INVESTITIONEN

Gesetzliche Regelungsdichte behindert wirtschaftliche Entwicklung

Ineffizienz von Staat und Verwaltung

Abb. 5.2/3: Bürokratieabbau

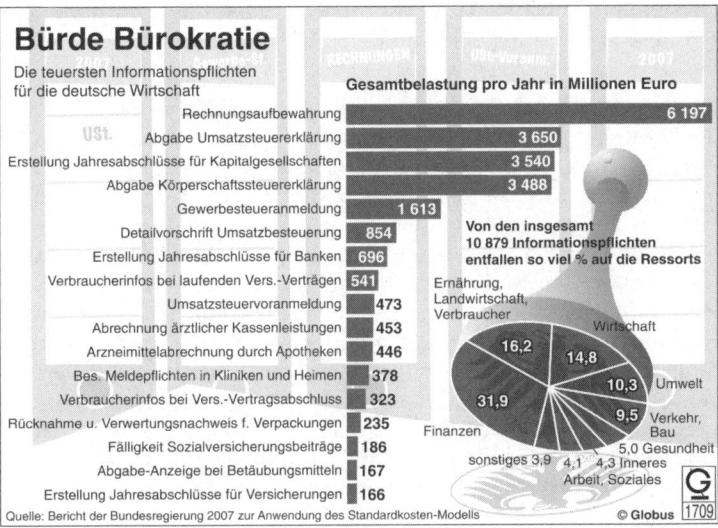

Bürde Bürokratie

Die teuersten Informationspflichten
für die deutsche Wirtschaft — **Gesamtbelastung pro Jahr in Millionen Euro**

Rechnungsaufbewahrung	6 197
Abgabe Umsatzsteuererklärung	3 650
Erstellung Jahresabschlüsse für Kapitalgesellschaften	3 540
Abgabe Körperschaftssteuererklärung	3 488
Gewerbesteueranmeldung	1 613
Detailvorschrift Umsatzbesteuerung	854
Erstellung Jahresabschlüsse für Banken	696
Verbraucherinfos bei laufenden Vers.-Verträgen	541
Umsatzsteuervoranmeldung	473
Abrechnung ärztlicher Kassenleistungen	453
Arzneimittelabrechnung durch Apotheken	446
Bes. Meldepflichten in Kliniken und Heimen	378
Verbraucherinfos bei Vers.-Vertragsabschluss	323
Rücknahme u. Verwertungsnachweis f. Verpackungen	235
Fälligkeit Sozialversicherungsbeiträge	186
Abgabe-Anzeige bei Betäubungsmitteln	167
Erstellung Jahresabschlüsse für Versicherungen	166

Von den insgesamt
10 879 Informationspflichten
entfallen so viel % auf die Ressorts

Ernährung, Landwirtschaft, Verbraucher 16,2
Wirtschaft 14,8
Umwelt 10,3
Verkehr, Bau 9,5
Gesundheit 5,0
Inneres 4,3
Arbeit, Soziales 4,1
sonstiges 3,9
Finanzen 31,9

Quelle: Bericht der Bundesregierung 2007 zur Anwendung des Standardkosten-Modells   © Globus 1709

Abb. 5.2/4: Wie der Staat die Unternehmen beschäftigt

Wie der Staat die Unternehmen beschäftigt

Beispiel 1: Bescheinigung für Kindergeldanträge. Eltern von Kindern mit niedrigem Einkommen können über den 18. Geburtstag des Kindes hinaus Kindergeld erhalten. Für den Antrag ist eine Bescheinigung des Arbeitgebers erforderlich, die jährlich einzureichen ist. Es handelt sich um ein Formular mit 52 Feldern, dessen Bearbeitung im Schnitt knapp 15 Minuten dauert.

Beispiel 2: Lohnsteueranmeldung. Arbeitgeber müssen bei dem für die Betriebsstätte zuständigen Finanzamt eine Steuererklärung abgeben, die die im Meldezeitraum einbehaltene Lohnsteuer angibt. Das Formular enthält 38 Felder; übermittelt werden die Daten im Regelfall elektronisch. In diesem Fall dauert die Bearbeitung im Schnitt 15 Minuten, während der Papierweg mit 25 Minuten zu Buche schlägt.

Beispiel 3: Anzeigepflicht für Betriebsunfälle. Ist ein Arbeitnehmer durch einen Betriebs- oder Wegeunfall mehr als drei Tage arbeitsunfähig, muss dies der Berufsgenossenschaft gemeldet werden. Je nach Art des Unfalls bzw. der Erkrankung gibt es vier verschiedene Formulare. Entsprechend lang ist die Bearbeitungszeit. Sie reicht von 10 bis 80 Minuten; der Schnitt liegt bei 35 Minuten.

iwd 11/2007

dass die Angebotstheorie ihrem Wesen nach langfristig angelegt ist. Umstellungs- und Anpassungsprobleme jedoch können dazu führen, dass demokratisch legitimierten Regierungen zwischenzeitlich das Vertrauen entzogen werden kann.

Die Hauptschwäche des Angebotskonzepts liegt im Hinblick auf die Umstellungsphase darin, dass nicht zwingend deutlich gemacht werden kann, weshalb im Unternehmensbereich angesichts unausgelasteter Kapazitäten, bedingt durch zu geringe Nachfrage, beschäftigungsschaffende Investitionen vorgenommen werden sollen. Kostensenkende Maßnahmen, wie sie die Angebotstheoretiker fordern, sind für arbeitsschaffende Investitionen wahrscheinlich weniger bedeutsam als eine Erhöhung der Absatzmöglichkeiten. Kostenentlastende Maßnahmen können wohl die Gewinnspannen und damit die Einkommen aus Unternehmertätigkeit und Vermögen erhöhen. Diese Verbesserung der Gewinnquote zulasten der Lohnquote (Anteil der Einkommen aus unselbstständiger Arbeit am Volkseinkommen, vergleiche Abschnitt 4.2) wird von Vertretern der Angebotstheorie auch erkannt und in Kauf genommen.

Für die konjunkturpolitische Praxis ergibt sich die fast triviale Erkenntnis, dass ein extremes „Entweder/Oder" nicht sinnvoll ist, sondern dass vielmehr die Zielrichtung wirtschaftspolitischen Handelns davon abhängt, ob die Ursachen konjunktureller Störungen angebots- als auch nachfrageorientierte Komponenten umfassen (*„policy mix"*). Dies kann man auch als gemäßigte Variante der Angebotspolitik bezeichnen. Danach ist Kern der Wirtschaftspolitik eine Verbesserung der Rahmenbedingungen für unternehmerische Risikobereitschaft und Leistung, das heißt mit anderen Worten: die Stärkung individueller Marktkräfte bei gleichzeitiger Verminderung staatlicher Beeinflussung. Diese langfristig angelegte Wachstumsstrategie ist abzusichern durch eine stabilisierende Geldpolitik, die monetäre Störungen auffangen soll (vergleiche auch den nächsten Abschnitt), und eine Finanzpolitik, die insbesondere auf Abbau des strukturellen Defizits im Staatshaushalt abstellen soll. Dies sagt sich offenbar leichter als es politisch umzusetzen ist.

5.2.7 Monetarismus und Fiskalismus

Neben der Strategiedebatte gibt es auch im Hinblick auf das **Instrumentarium** der Wirtschaftspolitik einen grundsätzlichen Meinungsstreit, der sich mit der Angebots-Nachfrage-Debatte überschneidet.

- Auf der einen Seite stehen wiederum keynesianische „**Fiskalisten**", da sie dem Staatshaushalt eine zentrale instrumentelle Bedeutung beimessen. Diese Bezeichnung ist insofern irreführend, weil auch von Vertretern des fiskalistischen Lagers der Geldpolitik eine wichtige Rolle zuerkannt wird. Allerdings wird ihr eine beträchtliche Handlungs- und Wirkungsverzögerung unterstellt, so dass die Geldpolitik durch Finanzpolitik zu unterstützen ist, insbesondere, weil das Zinsniveau nur auf einen Teil der Investitionen einwirken kann. Eine deutliche Zinsabhängigkeit kann zwingend nur im privaten Wohnungsbau nachgewiesen werden. Folglich sind – so die Fiskalisten – finanzpolitische (fiskalische) Maßnahmen tendenziell wirksamer als geld- und kreditpolitische.

- Die Gegenposition vertreten die „**Monetaristen**" (insbesondere Milton Friedman's „**Chicagoer Schule**"). Ihrer Meinung nach ist eine antizyklische Finanzpolitik ungeeignet, da sie die Schwankungen nicht dämpft, sondern gerade hervorruft. Im Grunde genommen tendiere der Wirtschaftsablauf zu gleichgewichtiger Entwicklung, und nur durch Eingriffe des Staates würden wegen der Wirkungsverzögerungen und Dosierungsprobleme wirtschaftspolitischer Maßnahmen Schwankungen produziert. Folglich solle sich der Staat konjunkturorientierter Beeinflussung weitestmöglich enthalten. Notenbanken sollten sich auf ihre eigentliche Aufgabe – die Preisniveaustabilisierung – konzentrieren.

Zentrale Steuerungsvariable der Monetaristen – daher die Bezeichnung – ist die **Geldmenge**. Ihr kommt nach monetaristischer Auffassung eine ursächliche Rolle im Wirtschaftsprozess zu, indem das Inlandsprodukt auf Veränderungen der Geldmenge reagiert (die Beziehung zwischen Volkseinkommen und Geldmenge ist stabil), während Keynesianer dies eher umgekehrt sehen. Insofern stützen sich die Monetaristen auf verfeinerte Versionen der Quantitätstheorie des Geldes (vergleiche Abschnitt 3.2), weshalb man sie auch als Neoquantitätstheoretiker oder Neoklassiker klassifiziert. Durch eine Verstetigung der Geldmengenänderung könnten nach monetaristischer Auffassung somit Konjunkturschwankungen langfristig geglättet und das Stop-and-Go antizyklischer Wirtschaftspolitik vermieden werden.

Ein Hauptproblem stellt dabei die Wahl eines operationalen Indikators für die Geldmengensteuerung dar, der den monetären Einfluss auf die reale Gütersphäre deutlich macht. Dabei kommen die Geldmenge, die Bankliquidität oder das Zinsniveau infrage. Dieses Problem ist nicht zufriedenstellend gelöst worden, auch herrscht keine Einigkeit, *welche* Geldmenge der richtige Indikator sei (vielleicht M1, M2, oder M3 – oder die Zentralbankgeldmenge?), obgleich es einige Beispiele für den Versuch monetaristischer Wirtschaftspolitik gibt (Chile unter Pinochet, zeitweise Israel, England unter Thatcher, die USA unter Reagan und George Herbert Walter Bush senior.

Die monetaristische Unterstellung, dass konjunkturelle Schwankungen ursächlich auf Eingriffe des Staates zurückzuführen seien, ist sehr restriktiv. Sie abstrahiert von anderen Störfaktoren, die teils „hausgemacht" sein mögen (wie z.B. Strukturveränderungen, innenpolitische Spannungen oder Streiks), teils aus dem Ausland kommen können wie wirtschaftliche Probleme von Handelspartnern, Wechselkursschwankungen oder weltwirtschaftliche Turbulenzen überhaupt. Ein Hauptproblem scheint dabei die Unmöglichkeit zu sein, externe (insbesondere monetäre) Impulse, die unter anderem aus internationalem Zinsgefälle und veränderten Wechselkursen sowie Veränderung der Umlaufgeschwindigkeit des Geldes resultieren, zu kompensieren.

Aus heutiger Sicht hat sich die monetaristische Doktrin in der Praxis nicht bestätigen lassen. Die tendenziell recht monetaristisch orientierte US-Notenbank (US Federal Reserve Bank) ist deutlich von diesem Konzept abgerückt. Der damalige US-Notenbankpräsident Alan Greenspan sagte 1993, dass die „historischen Beziehungen zwischen Geld und Einkommen größtenteils zusammengebrochen" seien – im Gegensatz zur Behauptung der monetaristischen Theorie. Insbesondere konnte die These nicht bestätigt werden, dass die Umlaufgeschwindigkeit des Geldes relativ konstant sei. Andererseits hat der Monetarismus entscheidend dazu beigetragen, dass die Notenbanken vieler Staaten diszipliniert die Geldmengenentwicklung beeinflusst und sich gegen inflationäre Regierungspolitiken gewehrt haben. Dies trifft auch auf die Europäische Zentralbank (EZB) zu.

5.2.8 Marktwirtschaft, Demokratie und Politik

Meist geht man – eher intuitiv – davon aus, dass Marktwirtschaft und Demokratie zusammengehören, wie man früher Zentralverwaltungswirtschaften („Planwirtschaften") mit diktatorischen Systemen gleichsetzte. Zwar kann man sagen, dass es günstig ist, wenn sich die Grundphilosophien der Wirtschafts- und der Gesellschaftsordnung entsprechen, doch ist dies nicht in jedem Fall zwingend. So gibt es Beispiele diktatorisch geführter Staaten, die marktwirtschaftlich orientiert waren, so Chile unter Pinochet und zeitweilig Argentinien, während Israel es vorübergehend mit einer Demokratie ohne Marktwirtschaft versucht hatte.

Grundsätzlich passt die Philosophie der Demokratie im Sinne von individueller Freiheit sehr gut zusammen mit der Freiheit der wirtschaftlichen Aktivitäten im ökonomischen Liberalismus der Marktwirtschaft. Wenn sich aber konträre Entwicklungen ergeben, indem die wirtschaftliche Freiheit zu unerwünschten Problemen führt, richtet sich der Blick oft suchend auf die starke, ordnende Hand des Staates. Die Diskussion über mehr oder weniger **Staat**, über die Rolle des Staates in der ökonomischen Entwicklung ist in den vorangehenden Abschnitten skizziert worden.

Es kann sich aber durchaus als problematisch erweisen, wenn die Wirtschaft in vielen Bereichen den Einflüssen der Politik entgleitet. Beispielsweise entziehen sich viele **Transnationale Unternehmen** – nicht nur in steuerlicher Hinsicht – (wirtschafts-)politischen Beeinflussungen, indem sie ihre Firmensitze oder Unternehmensteile verlagern, Gewinne dort entstehen lassen, wo dies steuerlich am günstigsten ist und unter anderem zinspolitischen Beeinflussungen seitens ihrer Zentralbanken durch Engagements auf den Euromärkten oder anderen globalen Geld- und Kapitalmärkten ausweichen. Rund ein Drittel des Welthandels, so schätzt die WTO, vollzieht sich konzernintern.

In vielen Ländern, auch in Deutschland, ist das Steueraufkommen aus Unternehmenssteuern spürbar zurückgegangen. Es gab sogar deutsche Unternehmen, die – an die Adresse ihrer Aktionäre gerichtet – öffentlich stolz verkündeten, dass sie in Deutschland keine Steuern mehr zahlen müssten. (Natürlich profitierten sie dessen ungeachtet von öffentlichen Aufträgen und Subventionen.) Die „Globalisierung" der Wirtschaft hat durchaus problematische Facetten.

Zum einen ergibt sich daraus eine zunehmende Verquickung von Politik und Wirtschaft; in vielen Beispielen ist im wirtschaftspolitischen Bereich die Handschrift der Interessen der Wirtschaft zu erkennen. Parallel dazu ergeben sich nur undeutlich zu definierende Machtstrukturen zwischen Industrie, Banken und Versicherungen, mit wechselseitigen Kapitalbeteiligungen und Besetzungen von Aufsichtsräten. Die zwischen Politik, Industrie und Banken bestehenden Querverbindungen und Interdependenzen sind ebenso bedrohlich wie schwer zu erkennen.

Auf der anderen Seite wird die Verbindung zwischen Politik und Volk zunehmend schwächer; Wähler und Gewählte entfremden sich; die Interessen sind immer häufiger nicht mehr gleichgerichtet, sondern konträr. Ein Lokalpolitiker wurde zitiert mit dem Ausspruch: „Bei uns hat – so bedauerlich das sein mag – das letzte Wort immer noch das Volk" (Quelle unbekannt). Dabei ist das häufig gar nicht der Fall, denn der „Bürger draußen (!!) im Land" hat nur selten die Möglichkeit, sich auch krassem politischen Fehlverhalten entgegenzustellen. Immer wieder gibt es Beispiele für eine beachtliche Selbstbedienungsmentalität von Politikern, sei es im Bereich der Diätenentwicklung in Zeiten sinkender Tariflöhne, bei der Streichung von Sozialleistungen durch Politiker, denen offenbar jegliches Gespür dafür fehlt, was sie beim „kleinen Mann" konkret anrichten, denn sie sind selber ganz sicher nicht von den Konsequenzen betroffen, bei der Inanspruchnahme von kostenlosen staatlichen Dienstleistungen oder dem partei-übergreifenden Konsens bei der Verteilung ökonomisch interessanter Positionen. Der Bürger kann oft nur staunen über soviel Unverfrorenheit – und gleichzeitig den Erfolg solchen Vorgehens. Die Formulierung „draußen im Lande" zeigt bereits, dass Politiker, die sie verwenden, die Bürger da draußen nur noch unscharf erkennen und ihnen offenbar unterstellen, dass sie sowieso keine Ahnung davon haben können, was politisch richtig ist und was nicht. Das Fingerspitzengefühl für das Zumutbare ist häufig einfach nicht mehr da. Insgesamt ist es schon bemerkenswert, mit welcher Gelassenheit die Entwicklung hin zu 4–5 Millionen offiziellen Arbeitslosen hingenommen wurde.

Ein ebenso skurriles wie schlimmes Beispiel gab es vor einigen Jahren in Bremen, wo ein Bürgermeister eine Demonstration gegen die Schließung der Bremer Vulkan Werft anführte, die er selber politisch – erst als Senator dann als Regierungschef – mit verursacht hatte. Er demonstrierte quasi gegen sich selbst, aber das schien kaum jemanden zu stören.

Die Entfremdung und die Kluft zwischen Politik und Volk wird auch nicht unerheblich durch Entscheidungen auf der europäischen Ebene bedingt, auf die der Wähler nur noch *sehr* indirekt Einfluss nehmen kann.

Zum Nachdenken 5.1:

Nennen Sie jeweils für die Nachfragetheorie und die Angebotstheorie zwei denkbare Maßnahmen zur Konjunkturanregung.

5.2.9 (Kritisches) Fazit

Angebotstheorie und Monetarismus auf der einen Seite und Nachfragetheorie und Fiskalismus auf der anderen überschneiden sich offensichtlich in der Einschätzung der Rolle des Staates. Monetaristen, Klassiker und Angebotstheoretiker betonen die Selbstheilungskräfte des Marktes und sehen im Staat eher einen Störfaktor als einen Stabilisator, während Keynesianer und Fiskalisten staatlichen Maßnahmen eine stabilisierende Funktion zusprechen. Die unterschiedlichen Positionen sind also weniger ein Streit um Zweck-Mittel-Relationen als eine ordnungspolitische Auseinandersetzung über die Funktion des Staates im Wirtschaftsablauf und somit um staatliche Wirtschaftspolitik.

Die Beeinflussung der ökonomischen Aktivitäten durch den Staat schlägt sich dabei auch in entsprechenden Gesetzen und Normen nieder. Im konkreten Fall Deutschlands, aber analog in anderen Staaten, hat dies zu einer Regelungsflut geführt. Sie hat in vielen Bereichen ein Ausmaß erreicht, welches die ökonomischen Aktivitäten nicht nur regelt, sondern behindert. Diese Überregulierung geht zum Teil auch auf die Überlagerung des nationalen Rechts durch das supranationale EG-Recht in Form von zahlreichen EG-Richtlinien und Verordnungen zurück (vergleiche Abschnitt 6.5.1, wo die verschiedenen Rechtsebenen in anderem Zusammenhang erläutert werden).

Unabhängig davon wird im politischen Raum fast einhellig für eine **Deregulierung** und einen Abbau von **Bürokratie** plädiert, um die privaten ökonomischen Aktivitäten, insbesondere im Unternehmensbereich, nicht durch einen Wust von Vorschriften zu ersticken. Statistiker des Bundes haben errechnet, dass die durch Bürokratie verursachten Kosten in der Wirtschaft etwa 35–40 Mrd. Euro betragen. Ob es gelingt, das Regelungsdickicht zu lichten, hängt vorrangig vom politischen Willen der Regierung und des Parlaments ab, aber trotz markanter Reden sind bislang kaum Erfolge erkennbar. Abbildung 5.2/3 und 5.2/4 weisen auf noch bestehende Hemmnisse hin – ein prominentes Beispiel ist auch die Bürokratie der Europäischen Union.

Oft zitiert – man mag es kaum noch erwähnen – ist die angebliche Klage eines Fürsten (oder Politikers) über seinen ökonomischen Berater, der nie eine klare, eindeutige Empfehlung gab, sondern immer zwischen „einerseits" und „andererseits" schwankte und die Entscheidung dem Fragesteller überließ. Offenbar ist es in der Praxis nicht immer so, denn beispielsweise John Maynard Keynes oder Milton Friedman haben ganz klare Handlungsanweisungen für die Politik formuliert.

Das Problem liegt aber auf einer anderen Ebene: Keine ökonomische Theorie hat es bisher vermocht, umfassend und in jeder Lage eine zutreffende Antwort auf zu lösende Probleme zu geben; jede Theorie hat ihre Schwachstellen, und diese beeinträchtigen insbesondere ihre Tauglichkeit für zukunftsgerichtete Prognosen. Darüber täuschen auch theoretische Modelle nicht hinweg, die – wie bereits in Abschnitt 1.3 beklagt – oft formal *sehr* ausgebaut sind und deren Botschaft sich nur dem mathematisch Interessierten und gleichzeitig Versierten erschließt, wobei sich dann fast ebenso oft die Frage ergibt, ob man diese Aussage nicht auch etwas einfacher hätte formulieren können. Zweifellos wieder ein Werturteil. Aber wer es nicht glaubt, möge einmal einen Blick in eine volkswirtschaftliche wissenschaftliche Fachzeitschrift werfen, nicht selten einer mathematischen Formelsammlung ähnlich und natürlich in Englisch (Kapitel 7 gibt einen Eindruck davon). Der amerikanische Wirtschaftsprofessor *Donald McCloskey* wird mit der Meinung zitiert, die (Volks-?) Wirtschaftswissenschaft sei oft einem intellektuellen Spiel ähnlich, das nicht mehr praktischen Nutzen habe als Schach oder Lotto. Manchmal schon. Dort, wo die konkrete Wirtschaft Hochschulabsolventen einstellt, besteht folglich auch ein Trend zur Beschäftigung praxisorientierter Studenten.

Dabei gäbe es viele Fragen zu beantworten. Warum gelingt es nicht, die Massenarbeitslosigkeit abzubauen? Ökonomische **Prognosen** sind oft sehr viel ungenauer als der Wetterbericht. Die Voraussagen über die Effekte und Kosten der deutschen Wiedervereinigung waren eine Katastrophe. (Um Missverständnissen vorzubeugen: Auch ich selbst lag kräftig daneben; natürlich nicht *sooo* sehr; aber wer hört schon auf mich?) Auch die Prognosen über die Osterweiterung der EU zeichnen sich durch eine beträchtliche Unsicherheit aus, die teils vom „Prinzip Hoffnung", teils von „worst-case"-Szenarien beeinflusst erscheinen. Wechselkursentwicklungen können nur geraten werden. Recht hilflos stehen die ökonomischen Theorien auch den Problemen von Entwicklungsländern gegenüber. Vieles liegt dabei ganz klar an politischen Fehlentwicklungen (Werturteil von mir), aber nicht alles. Was also tun? Welche Konzeption ist die richtige? Keiner weiß es, also wird man auch in Zukunft ausprobieren müssen. Tragisch ist dies insbesondere im Hinblick auf die Einschätzung der Entwicklung von *Konjunktur und Wachstum,* weil hier mit Arbeitslosigkeit, Rentenfinanzierung, Besteuerung und Inflation eine Vielzahl von Problemen „dranhängen", die sich unmittelbar beim Einzelnen auswirken. Die politischen Parteilager stehen sich in ihrer tendenziellen Hilflosigkeit wenig nach.

Der ob solcher Kritik empörte Leser wird nun entrüstet auf Kapitel 7 zeigen, wo (so ein früherer Rezensent) „fürwahr ein kleines Feuerwerk von gedrehten und schließlich zu Kostenfunktionen gewendeten Ertragsfunktionen" zu erleben sei. Recht hat er, aber das ist nun eben ein im Vergleich zu anderen volkswirtschaftlichen Darstellungen noch leicht verdaulicher (echt!) Tribut an das volkswirtschaftliche Lehrangebot an den Hochschulen, denn dieses Buch soll ja – wie es im Vorwort steht – auch von Studenten an den Hochschulen verwendet werden, die sich mit solchen Themen befassen müssen. Zwei Anmerkungen dazu. Erstens: Kritisieren sollte nur derjenige, der sich mit dem Objekt auch auskennt. Der darf dann aber auch (vergleiche in diesem Zusammenhang auch das Schlusskapitel 8). Zweitens: Man muss ja nicht jede Seite auswendig lernen, sondern kann getrost auch schon mal weiterblättern.

Aber damit der Akzent nicht völlig verrutscht: Ökonomische Theorien haben schon viel Nützliches gebracht. Dies gilt für die Klassik/Keynes-Debatte ebenso wie für Monetarismus/Fiskalismus oder Angebots- versus Nachfragetheorie. Durch die Theorie der **Eigentumsrechte** *(Property Rights)* ebenso wie die Theorie der **externen Effekte** wurden z. B. auch aktuelle Probleme des Umweltschutzes griffiger gemacht (Lösungshemmnisse sind dort eindeutig eine politische Frage!). Die Bedeutung des technischen Fortschritts für die Entwicklung – und damit die Notwendigkeit von Forschung – ist volks- und betriebswirtschaftlich unumstritten. Aber insgesamt gesehen ist das Gefühl für die Grenzen der Weisheit ausgeprägter geworden, und die Einschätzungen von der Machbarkeit und Steuerungsfähigkeit der Volks- bzw. Weltwirtschaft sind sehr, sehr vorsichtig geworden.

5.3 Exkurs: Externe Effekte am Beispiel „Umwelt"

Die zunehmenden Umweltprobleme auf lokaler, regionaler und globaler Ebene verdeutlichen, dass externe Effekte zu negativen, in diesem Fall sogar bedrohlichen Konsequenzen führen können. Wir behandeln sie hier etwas ausführlicher als prägnantes Beispiel, aber sie treten in vielen anderen Zusammenhängen wie dem Arbeitsmarkt, der Wettbewerbspolitik oder der „Ethik" des Regierungshandelns auf.

5.3.1 Die Problematik

Die Schneehaube des Kilimandscharo in Tansania ist fast verschwunden, die europäischen Gletscher haben sich um rd. 20 % verkleinert, der Grindelwaldgletscher in der Schweiz ist fast gänzlich abgeschmolzen: Die durchschnittliche atmosphärische Temperatur steigt an. Noch erscheint uns ein Anstieg der Meeresspiegel,

Verschiebung der Regenzonen, Bevölkerungswanderungen oder andere Auswirkungen der Klimaerwärmung so unwahrscheinlich und sooo weit weg. 2–3 Generationen sind aber kein sehr langer Zeitraum, und wir im Norden werden die zu erwartenden Veränderungen sicher nicht nur aus der Ferne in der Tagesschau verfolgen können.

Die hauptsächlichen Umweltbelastungen rühren vom *Energieverbrauch* bei Produktion und Konsum von Gütern her, sowohl in den Industrieländern als auch in den demographisch und ökonomisch stark wachsenden Ländern. Ozonloch und Treibhauseffekt sind das Resultat unzähliger – meist sehr kleiner – Ursachen, die über die ganze Welt verteilt sind. Dies vollzieht sich milliardenfach aus kleinen und größeren Quellen, direkt z. B. durch Autos, indirekt durch den häuslichen und industriellen Energieverbrauch, der aus Treibgas-emittierenden Kraftwerken gespeist wird. Die Industrieländer verbrauchen heute rd. 80 % der Weltenergie, obgleich sie nur rd. 20 % der Weltbevölkerung ausmachen. Der Energieverbrauch bewirkt etwa die Hälfte der klimawirksamen CO_2-Emissionen, und er steigt rapide an. Deutschland legt zwar seine Atomkraftwerke still, bezieht jedoch die Masse seiner Stromenergie von ausländischen Atomkraftwerken. Sehr einleuchtend! Hinzu kommen Rodungen der Regenwälder und der nordischen Wälder sowie massive Methan-Emissionen, die sich aus der Viehhaltung, dem Reisanbau und landwirtschaftlicher Düngung ergeben.

Drei Faktoren werden die globalen Umweltprobleme der Zukunft bestimmen:

- Der erste ist die rapide Zunahme der **Weltbevölkerung**. Sie vollzieht sich fast ausschließlich in Ländern, in denen Umweltschutz kaum eine Rolle spielt. China hat heute mehr als 1.300 Mio. und Indien rd. 1.100 Mio. Einwohner. Trotz rigoroser Bevölkerungspolitik werden in China etwa im Jahr 2025 – also etwa in einer halben Generation – 1.500 Mio. Menschen leben. Dies sind soviel wie zur Jahrhundertwende auf der ganzen Erde. In nur 15 Jahren wird es aber mehr Inder als Chinesen geben. Ziemlich bald werden 7 Mrd. Menschen die Erde bevölkern, 2050 können es schon 10 Mrd. sein.

- Parallel zum Bevölkerungswachstum ergeben sich massive **Umweltbelastungen** in den zahlreichen, marktwirtschaftlich boomenden Schwellenländern, vor allem in Asien. Die Bevölkerung orientiert sich an westlichen Konsummustern: Kühlschränke, Klimageräte, Kochherde, Autos, Fernseh- und Haushaltsgeräte. Diese Länder wiederholen genau das, was wir ihnen vorgelebt haben und vorleben: ökonomische Entwicklung unter rigoroser Ausbeutung von Rohstoffen und Schädigung der Umwelt. Rikschas werden abgeschafft, weil sie den Autoverkehr behindern. Jede Ausdehnung des Konsumstandards aber geht einher mit erhöhtem Energiebedarf!

Auch eine nur geringe Zunahme pro Kopf multipliziert sich mit Milliarden von Menschen zu gewaltigen Summen. Die Transformations-, Schwellen- und Entwicklungsländer werden die existierenden Weltressourcen mit beanspruchen, fossile Energien verbrauchen und klimawirksame Emissionen freisetzen, und sie werden sich in ihrer ökonomischen Entwicklung nicht von ökologischen Bedenken bremsen lassen.

• Theoretisch wäre es erforderlich, den auf fossilen Brennstoffen beruhenden **Energieverbrauch** weltweit drastisch zu senken, dies ist hinreichend bekannt (auch wenn die Praxis etwas anderes lehrt) und soll hier nicht nochmals ausgebreitet werden. Es ist hier auch nicht das Thema, warum dieses Umdenken in den Industrieländern politisch nicht realisiert wird. Wir selbst wollen uns aber in unseren Lebensgewohnheiten nicht einschränken. Da wir jedoch von anderen nichts verlangen können, was wir nicht selbst tun, wird sich kaum etwas ändern. Die Umweltperspektiven sind düster, und das volkswirtschaftliche Instrumentarium scheint sie bisher nicht aufhellen zu können. Verfolgen Sie doch mal den Widerstand der USA in der Klimapolitik...

Was dies mit externen Effekten zu tun hat? Sehr viel: Bei unserem Tun – wir ebenso wie alle anderen Menschen auf der Welt – werden wir nicht mit den negativen Folgen, d. h. den „Kosten" (im weiteren Sinne) dieses Tuns im Hinblick auf die Umweltschäden belastet, die wir anrichten. Diese Kosten werden wahrscheinlich *andere* tragen, nämlich die folgenden Generationen. Es handelt sich also um einen wahrhaft klassischen Fall von **Externalisierung** von Kosten bzw. Belastungen. Im Kleinen ist das Problem vergleichbar mit dem Wegwerfen von Unrat (Zigarettenkippen, Zigarettenschachteln, Cola-Dosen, Milchtüten, McDonald-Verpackungen etc.) auf den Straßen, im Freien, im Wald. Keiner sieht mich, keiner hindert mich – andere belästigt es, andere zahlen für die Beseitigung des

Mülls. Wenn die Autobusse in San Salvador armdicke schwarze Abgasströme ausstoßen – belastet es auch unsere Umwelt. Wenn wir Kohlekraftwerke betreiben – belastet es auch die Umwelt weltweit, genauso wie die Auspuffgase amerikanischer Autos. Jeder handelt so auf Kosten anderer – mit der Einschränkung, dass es ebenso wechselseitig so gemacht wird. Aber das ist unwichtig, um jeweils ein externer Effekt zu sein. Betrachten wir das Problem einmal generell.

5.3.2 Externe Effekte

Ein wesentliches Merkmal für einen externen Effekt (**Externalität**) liegt vor, wenn der Nutzen oder die Kosten eines Individuums nicht nur von seinen eigenen Aktivitäten oder der Output einer Firma nicht nur vom Einsatz ihrer eigenen Produktionsfaktoren abhängt, sondern auch von Aktivitäten anderer. Diese Interdependenzen sind allerdings nicht vorher mit den Betroffenen, d. h. also den Wirtschaftssubjekten, die an der jeweiligen Aktivität zwar selbst nicht beteiligt, aber in ihrem Wohlbefinden davon berührt werden, ohne diese beeinflussen zu können, abgesprochen worden. Ein zweites entscheidendes Kriterium für das Vorliegen eines externen Effektes liegt darin, dass die von anderen verursachten *positiven Effekte* nicht marktgemäß entgolten werden bzw. dass andere nicht für *negative Effekte* entschädigt werden, die sie nicht verursacht haben *(Spill-over-Effekte)*. Der Urheber eines externen Effektes berücksichtigt diesen nicht in seinem Kostenkalkül. So verursacht etwa das Fahren mit Kraftfahrzeugen negative externe Effekte (externe Kosten) wie z. B. Lärmschäden, Luftverschmutzung in regionaler oder gar globaler Hinsicht wie die Zunahme des Treibhauseffektes. Der Fahrer berücksichtigt in seinem Kalkül zwar seine eigenen *privaten Kosten* bezüglich der Nutzung des Kraftwagens, aber nur einen Teil der gesamtwirtschaftlichen **sozialen Kosten**. Letztere bestehen aus den privaten Kosten plus den externen Kosten (auch *soziale Zusatzkosten* genannt).

Bei Auftreten externer Effekte weichen private und gesamtwirtschaftliche Kosten voneinander ab. Nur bei rein privaten Gütern im strengen Sinn (vergleiche Abschnitt 2.2) sind sie identisch. Da die Kosten bzw. Ersparnisse vom Urheber der Externalität nicht berücksichtigt werden, wird aus volkswirtschaftlicher Sicht die wirtschaftliche Aktivität bei negativen externen Effekten zu sehr ausgeweitet – weil sie zu „billig" ist und den Verursacher nicht durch die Kostenbelastung „bremst" –, während sie bei positiven externen Effekten zu gering ist. Wenn wir die durch unsere Umweltbelastungen verursachten jetzigen und kommenden Schäden konkret und sofort bezahlen müssten, sähe unser aller Verhalten mit Sicherheit ganz anders aus. Aber...

An dieser Stelle wird auch deutlich, dass das **Kollektivgutproblem** und der Fall der externen Effekte in einem engen Zusammenhang stehen. Zwischen den Extremen des rein **privaten Guts** im strengen Sinne und dem rein **öffentlichen Gut** befindet man sich im Bereich der externen Effekte.

Ein wichtiger Punkt muss betont werden: Von externen Effekten kann nur gesprochen werden, wenn direkte Interdependenzen zwischen den beteiligten Wirtschaftssubjekten vorliegen. Beispielsweise sind den Fährunternehmen am Ärmelkanal durch die neu geschaffene Verbindung unter dem Ärmelkanal Umsatz- und Gewinneinbußen entstanden. Dies sind jedoch keine externen Kosten: Die Gewinneinbußen sind hier nicht die Folge eines direkten Eingriffs, sondern das Ergebnis von Angebot und Nachfrage, also des „Umweges" über den Preis- bzw. Marktmechanismus. Man spricht in diesem Zusammenhang von *indirekten* oder *pekuniären* externen Effekten, was natürlich irritierend ist, da ja keine externen Effekte im strengen Wortsinn vorliegen. Liegen jedoch die oben dargestellten Kriterien vor, spricht man auch von *direkten* oder *technologischen* externen Effekten.

Zwei *Voraussetzungen* für externe Effekte müssen noch erwähnt werden. Zum einen ist die Empfänglichkeit für externe Kosten bzw. Nutzen anderer Wirtschaftssubjekte entscheidend: Fährt ein LKW-Fahrer nachts durch ein Wohnviertel, dann fühlen sich die Anwohner höchstwahrscheinlich durch den Lärm in ihrer Nachtruhe gestört (negative externe Effekte: externe Kosten). Fährt er jedoch nachts in einer Kiesgrube auf und ab, ist kein menschlicher Empfänger vorhanden, und somit führt seine Aktivität auch nicht zur Externalität. Selbst wenn geklärt ist, dass ein externer Effekt vorliegt, so ist noch nicht gewiss, ob dieser nun negativer oder positiver Art ist. Fährt ein Motorradfahrer durch ein Wohngebiet, dann empfinden einige dieses als Lärmbelästigung, andere hingegen (speziell Motorradfans) können sich an der Geräuschkulisse

durchaus erfreuen (sie gehen unter anderem deshalb zu Motorrad-
rennen), empfangen also positive externe Effekte. Entscheidend ist
also das subjektive Empfinden.

5.3.3 Internalisierung externer Effekte

Externe Effekte des Konsums bzw. der Produktion sind also ursächlich für Umweltschäden. Die Lösung dieses Problems wäre
eine *Internalisierung der externen Effekte,* d. h. die bisherigen externen Kosten bzw. Nutzen würden dann in den Marktpreis und
somit auch in das Kalkül der Produzenten und Konsumenten mit
einbezogen. Über den Marktmechanismus könnte dann eine effiziente Allokation der knappen Umweltgüter erfolgen. In den folgenden beiden Abschnitten werden hierzu zwei theoretische Ansätze vorgestellt.

5.3.3.1 Die Lösung nach Pigou

Bereits 1920 stellte *Arthur* C. *Pigou* in seinem Werk „The Economics of Welfare" fest, dass für die geschilderte ineffiziente Güter-
nutzung der Unterschied zwischen privaten und sozialen Kosten ursächlich ist (wenngleich Pigou dies auch etwas anders ausdrückt).
Nach seiner Vorstellung sind private Vereinbarungen unter den
Betroffenen nicht in der Lage, diese Ineffizienz aufzuheben. Für ihn
war daher ein *Eingriff des Staates* die logische Konsequenz (zur
Erinnerung: wir betrachten in diesem Kapitel ja ordnungspolitische Alternativen). Steuern und Subventionen sollten die festgestellte Divergenz beheben: Angenommen, ein Produzent stellt ein
umweltbelastendes Gut her. Neben seinen privaten Kosten fallen
auch externe Kosten (soziale Zusatzkosten) an. Addiert man diese
beiden Komponenten, erhält man die volkswirtschaftlichen Gesamtkosten. Da der Produzent nur *seine* Kosten der Produktion in
seine Kalkulation mit einbezieht, produziert er mehr Güter, als es
volkswirtschaftlich gesehen optimal wäre. Um die Produktion zu
begrenzen, erhebt der Staat eine *Produktionssteuer* (**Pigou-Steuer**).
Dies erhöht die privaten Kosten und vermindert – unter sonst gleichen Voraussetzungen – über den Preis auch den Absatz und damit
die Produktion.

Als Gegenbeispiel sollen nun bei einer Produktion positive externe Effekte entstehen. Beispielsweise kann sich die Ansiedlung einer Baumschule für die umliegenden Bewohner durchaus positiv auswirken. Es fallen also externe Zusatznutzen an. Die Betroffenen profitieren ohne hinreichende Gegenleistung von der Aktivität des Produzenten. Werden die sozialen Zusatznutzen berücksichtigt, erhöht sich die Zahlungsbereitschaft der Nutzer. Bei gleichem Angebotsverhalten würde dann am Markt mehr von dem betreffenden Gut verkauft. Damit der soziale Zusatznutzen auch tatsächlich entgolten wird – denn der eingefleischte Trittbrettfahrer wird dies nicht tun –, zahlt der Staat dem Nutzenverursacher eine *Subvention*. Damit wird der externe Zusatznutzen internalisiert und – so die Theorie – das nutzenbringende Angebot ausgeweitet.

Gegen den Ansatz von Pigou lassen sich bezüglich einer Anwendung auf die Praxis einige *Einwände* vorbringen, die sich vor allem auf den nötigen Informationsaufwand beziehen. Die externen Kosten sind natürlich nicht bekannt. In der Realität müsste also zur Ermittlung des richtigen Steuersatzes eine Erfassung, Bewertung und Zurechnung der externen Kosten (Umweltschäden) erfolgen, diese Kostenermittlung wäre aber höchst problematisch. Zudem hängt die Höhe der optimalen Produktionsmenge und somit das Maß an Umweltqualität von der Zahlungsbereitschaft der Konsumenten ab. Wenn zudem aus ökologischen Gründen ein bestimmter Umweltqualitätsstandard angestrebt wird, dann muss der Steuersatz je nach Konjunkturverlauf angepasst werden: In Boomphasen müsste die Pigou-Steuer erhöht und in Rezessionsphasen gesenkt werden. Eine permanente Steueränderung ist für die Praxis jedoch kaum realistisch.

Subventionen – Förderprogramme von Bund, UBA, Ländern, ERP oder EU[19] – können problemlos nur auf *End-of-pipe-Maßnahmen*[20] gewährt werden, da eine Abgrenzung zu anderen Investi-

---

[19] UBA = Umweltbundesamt, Berlin, ERP = European Recovery Programme, aus dem über die Kreditanstalt für Wiederaufbau (KfW, Frankfurt) Kreditmittel zur Verfügung stehen; EU = Europäische Union.

[20] Das sind Maßnahmen, die nicht an den Ursachen ansetzen (*begin of pipe*, *pipe* = Rohrleitung), z.B. Automotor: CO_2-Emission (CO_2-Entstehung verhindern/mindern) (Diesel?), sondern an den Symptomen ansetzen (entstandenes CO_2 wieder einfangen, z.B. via Katalysator.

tionen schwierig ist. End-of-pipe-Maßnahmen aber verlagern das Umweltproblem lediglich räumlich (Mülldeponie: Entstehung versus Lagerung) als auch zeitlich (Lagerprobleme im Zeitablauf). Integrierter Umweltschutz *(Begin-of-Pipe)* ist daher effizienter.

Schon aus diesen Gründen ist eine Umsetzung der Pigou-Lösung in die Praxis nicht möglich. Der Nutzen dieses theoretischen Gedankens liegt jedoch darin, dass sich aus ihm praktikablere Lösungen entwickeln konnten. Zu nennen wäre hier (in aller Kürze) der *Preis-Standard-Ansatz* von *Baumol* und *Oates:* Er stellt quasi den Prototyp einer **Emissionsabgabe** und eine Weiterentwicklung der Pigou-Steuer dar. Als erster Schritt wird dabei ein politisch festgesetzter Umweltqualitätsstandard als Zielgröße definiert. Hierdurch wird das Bewertungsproblem, wie es bei der Pigou-Steuer gegeben war, vermieden: Da der Staat nicht die Vermeidungskosten und die Reaktionen der Emittenten auf die Abgabe kennt, stellt sich erst im nachhinein heraus, ob der Abgabensatz zu hoch oder zu niedrig gewählt wurde. Tritt nicht der höchst unwahrscheinliche Fall des Zufallstreffers ein, dann muss der zur Einhaltung des vorgegebenen Ziels nötige Abgabensatz durch einen „*Trial-and-error-Prozess*"[21] ermittelt werden. Wird also das Umweltqualitätsziel nach einer Periode nicht erreicht (unter-/überfüllt), muss in der nächsten Periode eine Erhöhung oder Senkung der Abgabensätze erfolgen. Eine ständige Anpassung des Abgabensatzes lässt sich in der Praxis natürlich nicht durchführen. So weicht beispielsweise die deutsche Mineralölsteuer von der „reinen Abgabenlösung" ab und sieht eine sukzessive Abgabensatzerhöhung vor. Dass hier fiskalpolitische Überlegungen den Umweltaspekt überlagern, will ich nicht vertiefen.

5.3.3.2 Das Coase-Theorem

Im Gegensatz zur Pigou-Steuer sind für *Ronald H. Coase* (negative) Externalitäten nicht Ergebnisse von einseitigen Schadensfällen, bei denen der Verursacher dem Geschädigten gegenübersteht. Für ihn ist das Problem vielmehr gegenseitiger (reziproker) Natur. Wenn beispielsweise Person A eine andere Person B durch seine Aktivität schädigt, kann die Lösung nicht allein darin liegen, A in

---

[21] „Versuchen und Daneben-Treffen"; moderner: „Schau'n wer mal" (Beckenbauer).

seiner Tätigkeit zu hindern. Bei dieser Vorgehensweise wäre wiederum A negativ beeinträchtigt. Das eigentliche Problem ist hier ein Abwägungsproblem, also die Beantwortung der Frage, ob es A erlaubt werden sollte, den B zu schädigen, oder ob man es zulassen sollte, dass B – durch Verhinderung – den A schädigt. Besteht eine derartige Symmetrie zwischen der Situation des Schädigers und des Geschädigten, so gibt es aus Gerechtigkeitsgründen keine Begründung dafür, das Ausmaß des externen Effektes durch staatliche Eingriffe in die Aktivität des Schädigers zu regulieren. Beispielsweise könnten Länder am Unterlauf eines internationalen Flusses, wie die Niederlande, anderen Ländern am Oberlauf, z. B. der Schweiz, Kompensationszahlungen dafür leisten, dass Letztere keine Verunreinigungen in den Fluss einbringen, wodurch diesen Kosten entstehen.

Nach Coase ist nun eine optimale Lösung durch rein private **Verhandlungen** möglich. Grundsätzlich greift der Staat dabei nicht ein, er definiert nur eindeutig die **Eigentumsrechte** *(property rights)* der Beteiligten, aus denen diese dann Handlungsrechte bzw. Duldungspflichten ableiten. Je nachdem, ob der Verursacher der externen Kosten schadenersatzpflichtig ist oder nicht, lassen sich die Fälle der Verursacherregel bzw. der Laissez-faire-Regel unterscheiden:

Bei der **Laissez-faire-Regel** ist der Verursacher A zum Beispiel aufgrund bestehender Gesetze zur Verursachung der bei B entstehenden „sozialen Zusatzkosten" berechtigt, könnte also seine Aktivität voll ausdehnen und B maximal schädigen. Es zeigt sich aber, dass beide ein gemeinsames Interesse haben, durch Verhandlungen zu einer Lösung zu gelangen, da sich beide dann besserstellen; jeder nicht durch Verhandlungen korrigierte Zustand ist also suboptimal. B zahlt dem A für den vermiedenen Schaden einen Kompensationsbeitrag, so dass A trotz der unterlassenen Handlung kein Nachteil entsteht. Analog dazu verhält es sich bei der **Verursacherregel**. Zwar könnte B eine vollkommene Einstellung der Aktivität von A verlangen, aber auch hier sind Verhandlungen besser: A wird für jeden von B geduldeten Schaden einen Kompensationsbetrag an B bezahlen.

Kritikpunkte hinsichtlich der Praktikabilität dieser Überlegungen ergeben sich insbesondere daraus, dass Coase von jeglichen **Transaktionskosten**, unter anderem Verhandlungskosten, absieht. Insbesondere bei mehreren Beteiligten (Coase stellt nur auf zwei Beteiligte ab) könnten die Transaktionskosten den volkswirtschaftlichen Vorteil der Internalisierung des externen Effektes leicht überschreiten und so stark unterschiedlich verteilt sein, dass sich keine Lösung erzielen lässt. Langwierige, sich leicht festfahrende multilaterale Verhandlungen verdeutlichen diese Situation. Dennoch lässt sich aus diesen Überlegungen zumindest die Einsicht gewinnen, dass aufgrund privatwirtschaftlicher Interessen eine Lösung im Sinne von Internalisierung gefunden werden kann, ohne dass ein staatlicher Eingriff erforderlich wäre. Außerdem schärft die dargestellte „umgekehrte Gegenseitigkeit" den Blick dafür, dass Aufwendungen zur Verhinderung externer Schäden ebenso volkswirtschaftlichen Ressourcenverzehr bedeuten wie die Schäden selbst.

5.3.4 Umweltbewusstsein und Politikversagen

Die theoretischen Analysen zeigen beispielhaft sowohl die Ursachen als auch Lösungsansätze für die heutigen Umweltprobleme auf. Umweltschäden entstehen durch Marktversagen und folglich Fehlallokation der Umweltressourcen, weil Umwelt als Kollektivgut missverstanden wird und sich daraus negative externe Effekte ergeben. Verschiedene Ansätze sind erkennbar, wie sich diese internalisieren ließen. Die Frage, weshalb es möglich war, dass sich die Ursachen so verbreitet haben, ebenso wie die Frage, weshalb nach Erkennen dieser Tatsache sowenig Gegenmaßnahmen ergriffen wurden, lässt sich in einem Begriff verdichten: **Politikversagen.**

Weder bei den Ursachen noch bei den Gegenmaßnahmen sind staatlicherseits rechtzeitig legale, regulative oder wirtschaftliche Mittel eingesetzt worden, obgleich dies möglich gewesen wäre. Dies hat zu massiver Verstärkung des Marktversagens geführt. Beispielsweise haben in der Europäischen Union Agrarsubventionen – im Gleichklang mit Aufkaufgarantien für Überschussproduktionen (vergleiche den in diesem Buch leider nur sehr kurzen Abschnitt 7.5.2.4) – die landwirtschaftliche Produktion angeregt und den Düngemittel- und Pestizideinsatz erhöht. In Kanada, Brasilien, Malaysia und manch anderem Staat haben zu niedrige Preise für Abholzkonzessionen zu viel zu hohen Einschlagsmengen und massiver Vernichtung von Waldbeständen geführt. Effizienter Umweltschutz bedarf daher weniger einer ausführlichen theoretischen Analyse (so notwendig diese auch ist, um oft unqualifizierten Einwänden gegen Umweltschutz entgegentreten zu können) als einer effizienten politischen *Umsetzung* der in hohem Maße verfügbaren theoretischen und empirischen Erkenntnisse.

Eine zentrale Ursache für Umweltschäden ist das mangelnde Umweltbewusstsein und das unzureichende Gefühl des Einzelnen für seine Verantwortung für die Umwelt. Dies wiederum ist in hohem Maße auch auf unzureichende Informationen zurückzuführen. Politik muss von „unten" kommen. Vielen Menschen – auch im informationsgesättigten Westen – werden einige Zusammenhänge, etwa hinsichtlich der Ursachen und Folgen der Klimaveränderungen, nicht so hinreichend bewusst sein, dass sie ihr eigenes Verhalten entsprechend anpassen, auch im Hinblick auf die Prioritäten für die politische Praxis. Umweltprobleme gelten tendenziell oft noch als Spezialprobleme für Fachleute, und zugegebenermaßen sind einige Abläufe, vor allem naturwissenschaftliche Zusammenhänge, auch kompliziert und oft nicht unmittelbar einsichtig.

Auch hier fehlen nicht selten Informationen über die Dimensionen der Umweltbelastungen. Erst heutzutage gibt es z. B. Ansätze, den Zustand der Umwelt und die Kosten von Umweltschäden und Gegenmaßnahmen in nachvollziehbarer Weise zu bilanzieren und zu dokumentieren (vergleiche Abschnitt 4.6.6 zur *Umweltökonomischen Gesamtrechnung)*. Die Tatsache, dass die Menschheit in einer ökologischen Verantwortungs- und Schicksalsgemeinschaft in diesem „Raumschiff Erde" zusammenlebt, ist offenbar nur wenigen hinreichend bewusst. Die tägliche Praxis spricht beredt dagegen. Wie sonst sollte man sich die Absurditäten nationalistischer, rassistischer, religiöser und anderer „kleinkarierter" Konflikte erklären? Ich bin immer wieder sehr beeindruckt von Fotos, welche die Erde im Weltraum zeigen, mit ihrer so dünnen, so verletzlich wirkenden bläulichen Schutzhülle. Plastisch gesprochen entspricht die klimawirksame Atmosphäre mit nur 30–50 km einer Apfelschale im Verhältnis zur Frucht. Wir sollten wirklich vorsichtiger mit ihr umgehen. Aber...

Die bereits jetzt – wenn auch nur ansatzweise – beobachtbaren Klimaveränderungen werden Wirkungen hervorrufen, die heutzutage vielleicht noch als Phantasien abqualifiziert werden. Leider ist diese Einschätzung aber unzutreffend. Durch die Klimaerwärmung werden nicht nur Eismassen abschmelzen. Dies ist eine eher sekundäre Wirkung. Bedeutsamer wird sein, dass sich die Volumina der

Meere erhöhen werden, denn erwärmte Stoffe dehnen sich aus. Dies wird zu einem Anstieg der Meeresspiegel führen, der viele Landstriche unter Wasser setzen wird. Einige Länder werden sich schützen können, z. B. die Niederlande oder Deutschland, andere aber nicht, wie (wahrscheinlich Pakistan, Bangladesh und diverse pazifische Inseln. In der Folge werden Wanderungsbewegungen der Bevölkerung einsetzen, nicht nur wegen Überschwemmungen, sondern allgemein wegen der klimabedingten Strukturveränderungen, denn die Niederschlagsverteilung wird sich verschieben.

Einige Landstriche werden vertrocknen und veröden, andere werden ein bislang ungewohnt angenehmes Klima erhalten. Diese Migrationen, die wahrscheinlich zu entsprechenden Verteilungskämpfen führen, werden verschärft durch das rapide Wachstum der Weltbevölkerung. Wie sagte ich eingangs: Noch erscheint uns dies so unwahrscheinlich und sooo weit weg. Zwei bis drei Generationen sind aber kein sehr langer Zeitraum. Und wir im Norden werden die zu erwartenden Veränderungen sicher nicht nur aus der Ferne in der Tagesschau verfolgen können.

5.3.5 Fazit

Externe Umwelteffekte sind nur ein Beispiel für Markt- und Politikversagen. Andere Beispiele sind der Arbeitsmarkt und die Steuerpolitik, wo allerdings staatliche Normen die externen Kosten legalisieren, die von politischen Entscheidungsträgern verursacht werden.

5.4 Wirtschaftsordnung und Wirtschaftssystem

Die inhaltliche Interpretation der Begriffe „*Wirtschaftssystem*" und „Wirtschaftsordnung" erfolgt in der Literatur – wie so oft – nicht einheitlich. Zwei hauptsächliche Versionen sind zu unterscheiden:

(1) Die wohl am meisten verwendete Unterscheidung zwischen Wirtschaftssystem und Wirtschaftsordnung geht auf **Walter Eucken** *(1891–1950)* zurück. Dabei wird (eigentlich muss man „wurde" sagen) zwischen zwei gegensätzlichen Wirtschaftssystemen unter-

schieden: zwischen privatwirtschaftlich (kapitalistisch) organisierten Marktwirtschaften auf der einen Seite und staatswirtschaftlich (sozialistisch) organisierten Zentralverwaltungswirtschaften auf der anderen. Diese beiden gegensätzlichen Modelle sind *Idealtypen,* denen konkrete Wirtschaftsordnungen der einzelnen Volkswirtschaften in der Realität mehr oder weniger entsprechen bzw. entsprachen. Wirtschaftsordnungen enthalten Elemente beider Idealtypen von Wirtschaftssystemen, so dass letztlich das Übergewicht der Merkmale des einen oder des anderen Wirtschaftssystems über die Zuordnung einer Wirtschaftsordnung zum marktwirtschaftlichen oder zum zentralverwaltungswirtschaftlichen Lager entscheidet.

Unabhängig von ihrer konkreten Wirtschaftsordnung muss *jede* Volkswirtschaft drei grundsätzliche Fragen lösen:

(a) „Was soll produziert werden?" Dies beinhaltet Entscheidungen über Art, Menge und Qualität der zu produzierenden Güter.

(b) „Wie soll produziert werden und durch wen?" Dies umfasst Entscheidungen über die anzuwendenden Technologien, über den Standort der Produktionsstätten und über den Zeitpunkt der Produktion.

(c) „Für wen soll produziert werden?" Dies bedeutet Entscheidungen über die Verteilung der Produktion, also des Inlandsprodukts.

Neben diesen „Entscheidungsproblemen" sind noch viele andere Fragen zu lösen, die sich unter anderem auf das Motivationsproblem sowie auf das Informations- und Kontrollproblem beziehen.

Zur Lösung dieser Grundprobleme gibt es nach Eucken zwei – wiederum gegensätzliche – Möglichkeiten. Im Modell der **Zentralverwaltungswirtschaft** trifft eine zentrale Instanz Entscheidungen, die für die gesamte Volkswirtschaft Gültigkeit haben. Grundlage dieser Entscheidungen sind verbindliche Wirtschaftspläne für alle Bereiche der Wirtschaft (imperative Planung). Im dezentralen Modell der **Marktwirtschaft** gibt es keine zentrale Entscheidungsinstanz, sondern alle Beteiligten treffen jeweils für sich ihre Entscheidungen und müssen sie aufeinander abstimmen. Das Koordinierungsinstrument ist in diesem Modell kein zentraler Plan, sondern der Markt mit den sich aus Angebot und Nachfrage ergebenden Preisen. Eventuell bestehende staatliche Wirtschaftspläne haben für die privaten Wirtschaftssubjekte keinen Zwangscharakter; sondern allenfalls Anreiz- und Orientierungsfunktion (**indikative Planung**); die staatlichen Wirtschaftssubjekte (z. B. Behörden) sind hingegen an die Planvorgaben gebunden, beispielsweise im Hinblick auf die (maximalen) Staatsausgaben.

Aus dem Gegensatz zwischen zentraler und dezentraler Wirtschaftsordnung leiten sich auch unterschiedliche Kriterien hinsichtlich der Verteilung des Inlandsprodukts ab, die hier nur in sehr komprimierter Form skizziert werden können.

Die dezentrale Lösung (Marktwirtschaft) macht den dem einzelnen zufallenden Anteil am Inlandsprodukt von der individuellen *Leistung* abhängig. In der Praxis wird dieses Prinzip aber unter anderem durchbrochen durch die Möglichkeit der Vererbung von Vermögen, die somit eine leistungsunabhängige Verteilung zulässt. Möglich ist außerdem, dass Leistung vom Markt nicht honoriert wird, so dass sich das Problem der sozialen Absicherung stellt.

Die zentrale Lösung sozialistischer Prägung geht von der Vision aus, dass in der Endstufe einer kommunistischen Gesellschaftsordnung jedes Individuum seinen Bedürfnissen entsprechend mit Gütern versorgt wird. Der Staat wird dabei als Lenkungsinstrument entbehrlich. Die Verteilung des Inlandsprodukts gemäß den Bedürfnissen würde zunächst die Lösung des Problems der **Bedürfnismessung** erfordern, das nach heutigem Erkenntnisstand nicht operational zu lösen ist. Ein weiteres Problem besteht aufgrund möglicherweise unzureichender Leistungsanreize hinsichtlich des individuellen Beitrags zum Inlandsprodukt. Dieses Argument wird üblicherweise entkräftet mit dem Hinweis auf ein geändertes Anspruchsbewusstsein der Wirtschaftssubjekte, das sich beim Übergang vom Sozialismus zum Kommunismus eingestellt haben würde und mit der Formel „Jeder nach seinen Bedürfnissen" charakterisiert wird, d. h. es wird unterstellt, dass jeder tatsächlich nicht größere Ansprüche stellen würde, als für ihn zur Reproduktion (= Erhaltung) seiner Arbeitskraft erforderlich ist. Lassen wir das einfach mal so stehen.

(2) Daneben hat eine auf **Werner Sombart** zurückgehende Interpretation der Begriffe Wirtschafts-Ordnung bzw. -*System* Eingang in die Literatur gefunden. Der System-Begriff wird dabei auch im engeren Sinne systemtheoretisch verstanden. Während die Eucken'sche Schule also als Unterscheidungskriterium nur die *Art*

der Planung berücksichtigt, versucht Sombart, zur Charakterisierung eines Wirtschaftssystems *alle* Einflüsse zu erfassen, die den Wirtschaftsablauf und die Wirtschaftsgesinnung bestimmen und kennzeichnen. Hierzu zählen neben der Art der Wirtschaftsplanung und der Koordination der staatlichen und privaten Aktivitäten (z. B. durch den Marktmechanismus, Anweisungen, Wahlen oder Vereinbarungen) auch unterschiedliche Eigentumsformen (Privateigentum, Kollektiveigentum), Unternehmensformen, Motivationssysteme (z. B. Leistungsanreize, Zwang), Geldformen, die angewandte Technologie und die politische, soziale und kulturelle Rahmenordnung (man denke z. B. an das islamische Verzinsungsverbot). Ein so im Sombart'schen Sinne beschriebenes Wirtschaftssystem ist also – wenn man ein bestimmtes Land betrachtet – mit demselben Erfahrungsobjekt identisch, das Eucken für eben dieses Land als *Wirtschaftsordnung* bezeichnen würde. Offensichtlich ist der Ansatz von Sombart sehr viel umfassender als der von Eucken. Im Hinblick auf die rechtliche Verankerung von Wirtschaftsordnung/-system wird jedoch recht einheitlich von Wirtschaftsverfassung gesprochen.

Das folgende Kapitel 6 analysiert die verschiedenen Marktformen, die innerhalb einer Marktwirtschaft anzutreffen sind. Sie stellen Rahmenbedingungen dar, die jeweils unterschiedliche, typische Verhaltensweisen begünstigen. So wird sich ein marktbeherrschender Konzern anders verhalten als ein Handwerker.

Im späteren Kapitel 7 wird untersucht, welche Einflüsse auf die Preisbildung in einer Marktwirtschaft ausgehen und welche Rolle der Staat dabei spielt. Zunächst aber wollen wir eine Grundlage schaffen und Verhaltensweisen von Marktteilnehmern in verschiedenen Marktformen betrachten.

6 Marktformen und Verhaltensweisen

Die in Deutschland realisierte Wirtschaftsordnung **Soziale Markt-wirtschaft**, die im vorangehenden Kapitel in Umrissen skizziert wurde, lässt einigen Gestaltungsspielraum. In diesem Kapitel nun werden zunächst die wichtigsten Marktformen dargestellt, die im Rahmen einer marktwirtschaftlichen Ordnung möglich sind (Abschnitt 6.1). Daran schließt sich eine Betrachtung von Verhaltensweisen an, die diesen Marktformen typischerweise zuzuordnen sind (Abschnitt 6.2). Danach werden Probleme angesprochen, die sich aus der Konzentration von Marktmacht ergeben können (Abschnitt 6.3).

6.1 Marktformen

6.1.1 Einteilung (Markttypologie)

Von einem **Markt** spricht man immer dann, wenn man **Angebot** und **Nachfrage** eines bestimmten Gutes *zusammen* betrachtet. Von einer Vielzahl an Möglichkeiten, Märkte zu klassifizieren, soll hier nur eine betrachtet werden: Märkte unterscheiden sich u. a. in der Struktur der Angebots- bzw. Nachfrageseiten, da unterschiedlich viele und unterschiedlich starke Marktteilnehmer auftreten. Wenn man dabei unterstellt, dass die *Anzahl* der Marktteilnehmer in umgekehrtem Verhältnis zu ihrer *Macht,* d. h. zu ihrem Einfluss auf das Marktgeschehen steht, ergibt sich die Gleichsetzung von ‚vielen‘ mit (sehr) kleinem Markteinfluss sowie von ‚wenigen‘ (oder ‚einigen‘) mit mittlerer Marktmacht und schließlich von ‚einem‘ mit großer Marktmacht. Die in Abbildung 6.1/1 enthaltenen Begriffe, die die Marktformen bezeichnen, sind dem Griechischen entlehnt: *polein* = Handel treiben, im Sinne von kaufen oder verkaufen, *monos* = einer, *oligos* = mehrere, *polis* = viele. Die Unterstellung einer gleichmäßigen Machtverteilung ist natürlich hochgradig unrealis-

Abb. 6.1/1: Markttypologie

Nachfrager	Anbieter		
	viele kleine	**wenige (mittlere)**	**ein (großer)**
viele (kleine)	Polypol	Angebots-oligopol	Angebots-monopol
wenige (mittlere)	Nachfrage-oligopol	Zweiseitiges Oligopol	Beschränktes Angebots-monopol
ein (großer)	Nachfrage-monopol	Beschränktes Nachfrage-monopol	Zweiseitiges Monopol

Abb. 6.1/2: Markt- und Machtkonzentration

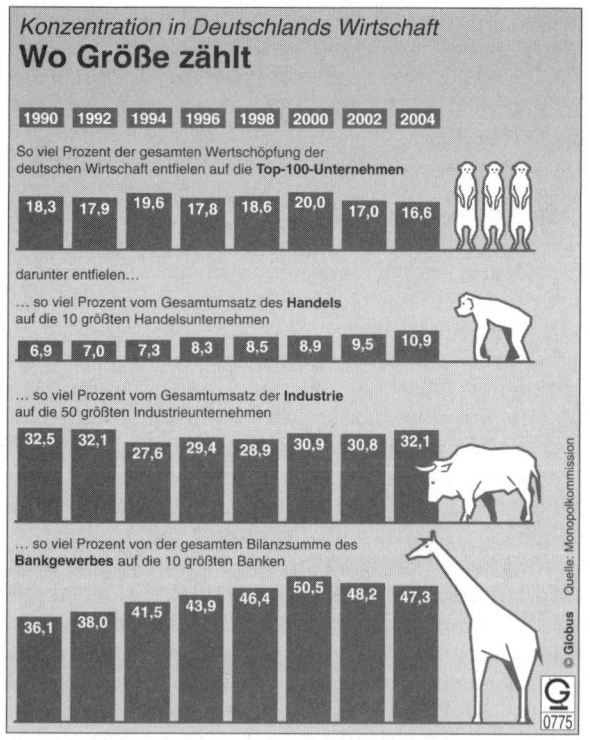

Konzentration in Deutschlands Wirtschaft

Wo Größe zählt

| 1990 | 1992 | 1994 | 1996 | 1998 | 2000 | 2002 | 2004 |

So viel Prozent der gesamten Wertschöpfung der deutschen Wirtschaft entfielen auf die **Top-100-Unternehmen**

18,3 17,9 19,6 17,8 18,6 20,0 17,0 16,6

darunter entfielen…

… so viel Prozent vom Gesamtumsatz des **Handels** auf die 10 größten Handelsunternehmen

6,9 7,0 7,3 8,3 8,5 8,9 9,5 10,9

… so viel Prozent vom Gesamtumsatz der **Industrie** auf die 50 größten Industrieunternehmen

32,5 32,1 27,6 29,4 28,9 30,9 30,8 32,1

… so viel Prozent von der gesamten Bilanzsumme des **Bankgewerbes** auf die 10 größten Banken

36,1 38,0 41,5 43,9 46,4 50,5 48,2 47,3

© Globus   Quelle: Monopolkommission

0775

tisch, denn auf einem Gütermarkt mit z.B. 20 Anbietern müsste dann jeder Anbieter etwa 5 % Marktanteil haben. In der Realität wird es vielmehr „Große" und „Kleine" mit entsprechend unterschiedlicher Marktmacht geben. Abbildung 6.1/2 enthält einige Daten, aus denen hervorgeht, dass in einigen Branchen sich die Marktmacht auf wenige Anbieter konzentriert. Auf solchen Märkten kann es der Fall sein, dass die Branchenführer den Ton angeben, während sich die übrigen Anbieter mehr oder weniger anpassen müssen. Abbildung 6.1/3 enthält einige Zahlen zum Trend bei Unternehmenszusammenschlüssen in Deutschland.

Der Konzentrationstrend geht zu Lasten der Struktur des Einzelhandels. Besonders betroffen sind der Textilhandel und der Lebensmittelmarkt. In den 60er-Jahren prägten die fast 140.000 Bedienungsläden („Tante-Emma-Läden") mit rund 60 % Marktanteil das Bild, heute sind es noch knapp 6.500, die zusammen nur ein Prozent Marktanteil haben und gegen die Selbstbedienungsketten, Supermärkte, Discounter und Tankstellenshops kaum standhalten können.

Die Unterteilung in ‚wenige' (‚einige') und ‚viele' ist nicht sehr überzeugend, denn wo liegt die Grenze zwischen diesen beiden Kategorien? Etwa 20 Anbieter – sind das wenige oder viele? Diese Einteilung sollte daher auch mehr als Bezugsrahmen verstanden

Abb. 6.1/3: Fusionen in Deutschland

Unternehmen gehen zusammen

Zahl der angezeigten vollzogenen
Unternehmenszusammenschlüsse in Deutschland

1990 '91 '92 '93 '94 '95 '96 '97 '98 '99 '00 '01 '02 '03 '04 '05

2 007
1 743
1 564
1 530
1 751
1 888
1 429
1 317
1 206
1 548
1 514
1 434
1 182
1 138
1 135
1 079

© Globus

Quelle: Bundeskartellamt

Abb. 6.1/4: Marktformen (Beispiele)

Nachfrage	Anbieter		
	viele kleine	wenige (mittlere)	ein (großer)
viele (kleine)	Devisenmarkt	Benzin, Autos, Waschpulver etc.	Post, Briefe, Telefon
wenige (mittlere)	Molkereigenossenschaften	Spezialmaschinen	Erfinder (Patent)
ein (großer)	staatliches Branntweinmonopol	Bundeswehr	Tarifverhandlungen

werden, damit man konkrete Fälle besser einordnen und mit kennzeichnenden Begriffen bezeichnen kann.

Abbildung 6.1/4 enthält einige Beispiele zu den entsprechenden Marktformen, um zu verdeutlichen, was man z. B. mit einem **beschränkten Angebotsmonopol** in Abbildung 6.1/1 meint. Die Beschränkung erklärt sich bei den entsprechenden Monopolformen daraus, dass die Marktmacht des Monopolisten ausgeprägter ist, wenn er sich ‚vielen‘ gegenübersieht, während bei ‚wenigen‘ eher die Möglichkeit besteht, dass sich die Marktgegenseite gegen den Monopolisten „verbündet“ und damit seine Position schwächt. Im **zweiseitigen** (bilateralen) **Monopol** stehen sich ein Angebotsmonopolist und ein Nachfragemonopolist gegenüber, wie es beispielsweise bei Tarifverhandlungen zwischen Arbeitnehmern und Arbeitgebern der Fall ist, wobei man auch die typische Verhaltensweise der Marktteilnehmer beobachten kann: Da sie aufeinander angewiesen sind, kompensieren sich ihre beidseitigen Monopolstellungen, und sie müssen miteinander verhandeln.

Zum Nachdenken 6.1:

In welcher Markform sind Kartellbildungen am wahrscheinlichsten?

6.1.2 Wettbewerbspolitische Konzeptionen

In einem marktwirtschaftlichen Kontext gilt Wettbewerb als ein schützenswertes Gut. Die wenig überzeugenden Beispiele von und Erfahrungen in anderen, nicht-marktwirtschaftlich orientierten Wirtschaftsordnungen (vergleiche Kapitel 5) haben dieses Werturteil in eindrucksvoller Weise untermauert. Dies bedeutet jedoch nun nicht, dass man ordnungspolitisch einer Meinung ist und – vor allem wirtschaftspolitisch – an einem Strang zieht. Vielmehr gibt es innerhalb der marktwirtschaftlichen, wettbewerbsbasierten Philosophie eine Mehrzahl von verschiedenen Konzeptionen, die wir kurz skizzieren werden. Die Basis wettbewerbsorientierter Wirtschaftsstrukturen ist jeweils das theoretische Modell der vollständigen Konkurrenz.

6.1.2.1 Vollständige Konkurrenz

Für einige Marktformen lassen sich nur mit Mühe einleuchtende Beispiele finden, für andere hingegen relativ leicht, so z.B. für das **Angebotsoligopol**, das wohl die am weitesten verbreitete Marktform darstellen dürfte. Am schwersten fällt die Beispielssuche wohl beim Polypol. Diese Marktform, bei der viele (jeweils für sich Einflusslose) Anbieter vielen (ebenfalls einzeln Einflusslosen) Nachfragern gegenüberstehen, wird in der Wirtschaftstheorie unterstellt, wenn von **vollständiger** oder **vollkommener Konkurrenz** die Rede ist. Gleichbedeutend wird auch von atomistischer Konkurrenz oder von vollständigem bzw. vollkommenem Wettbewerb gesprochen; die Terminologie wird dabei in der Literatur nicht einheitlich verwendet. Um einen Markt als vollkommen zu bezeichnen, müssen jedoch neben *der polypolistischen Marktstruktur* einige weitere Bedingungen erfüllt sein, von denen hier nur einige angedeutet werden sollen:

- Für jeden Marktteilnehmer muss freier Marktzutritt bzw. -austritt möglich sein;
- es muss sich um ein *homogenes Gut* handeln, das auf diesem Markt gehandelt wird (bei heterogenen Gütern spricht man von unvollkommenen Märkten);
- Anbieter und Nachfrager dürfen keine *persönlichen Präferenzen* haben, d.h. es muss ihnen egal sein, wo und bei wem sie kaufen bzw. an wen sie verkaufen;

- es muss *vollständige Markttransparenz* herrschen, d.h. alle Marktteilnehmer müssen den gesamten Markt – alle Daten: Angebotsmenge, Preise, Qualitäten, Marktteilnehmer etc. – vollständig überschauen,
- und schließlich müssen alle Marktteilnehmer mit (unendlich) *großer Reaktionsgeschwindigkeit* auf Veränderungen von Marktdaten reagieren. Hinzu kommen noch eine Reihe formaler Bedingungen, auf die hier nicht eingegangen wird.

Es dürfte deutlich werden, dass diese Bedingungen insgesamt nur einen *fiktiven Markt* beschreiben, für den es in der Praxis allenfalls seltene Beispiele wie den Devisenmarkt (oder andere Börsen) gibt, die der Summe der Bedingungen nahe kommen, sie jedoch nicht vollständig erfüllen. Dennoch gilt ein Polypol unter den Bedingungen vollständigen Wettbewerbs im Rahmen einer marktwirtschaftlichen Wirtschaftsordnung als Idealzustand, dessen Gesetzmäßigkeiten es zu ergründen lohnt, um die Abweichungen in der Realität erfassen und ggf. korrigieren zu können.

6.1.2.2 Funktionen des Wettbewerbs

Wettbewerb hat in der Marktwirtschaft instrumentalen Charakter; er ist nicht Selbstzweck, sondern soll bestimmte Aufgaben erfüllen. Die Grundidee der Marktwirtschaft ist, dass durch das *„freie Spiel der Marktkräfte"* die Güterproduktion und die Güterverteilung optimal gestaltet werden. Dies setzt u.a. entsprechende Informationen für alle Marktteilnehmer, völlig freien Marktzugang und Handlungsfreiheit voraus, Wettbewerb dient dazu, Verzerrungen in der Güterproduktion und -allokation (= Verteilung) zu vermeiden bzw. zu minimieren. Diese können sich ergeben, wenn einzelne Marktteilnehmer größeren Einfluss auf den Marktprozess nehmen können als andere und damit z.B. einen größeren Anteil an der Güterversorgung erzielen, als es ihrer Leistung entspricht (krasses Beispiel: „Monopolgewinn"). Wettbewerb soll somit also dazu beitragen, eine leistungsabhängige Verteilungsgerechtigkeit zu sichern (Verteilungsfunktion).

Im Hinblick auf das Minimal- bzw. Maximalprinzip hat Wettbewerb zudem betriebswirtschaftliche (mikroökonomische) Effekte, die sich gesamtwirtschaftlich (makroökonomisch) auswirken. Durch den Wettbewerbsdruck von Konkurrenten (heute sagt man

höflicher: Mitbewerber) ergibt sich ein Anreiz zu kosten- und preis-
günstiger Güterproduktion und zur Entwicklung und Verwirklichung von technischem Fortschritt (Innovationsfunktion). Nach
dem Minimalprinzip kann also dieselbe Gütermenge (Inlandsprodukt) günstiger produziert werden, nach dem Maximalprinzip mit
dem gegebenen Faktorbestand eine größere bzw. „bessere" Gütermenge. Unzureichender oder gar fehlender Wettbewerb begünstigt
„Schlafmützeneffekte" und kann zu ineffizienten, verkrusteten
Strukturen führen. Dies gilt sowohl binnen- als auch außenwirt-
schaftlich (Stichwort: außenwirtschaftliche Protektion).

6.1.2.3 Workable Competition

Das neoklassische Konzept des polypolistisch strukturierten Marktes
im Zusammenhang mit der Vision der vollständigen Konkurrenz
hat aufgrund seiner Realitätsferne eine Reihe von Denkansätzen sti-
muliert, die versuchen, ein praxisnäheres Wettbewerbskonzept zu
entwickeln. Das Konzept des **funktionsfähigen Wettbewerbs** *(workable competition,* zuerst entwickelt von dem Amerikaner *John
Maurice Clark, insgesamt auch als* **Harvard School** *bezeichnet)* geht
davon aus, dass der vollkommene Wettbewerb zwar ein Ideal und
folglich die beste Lösung *(First-best-Lösung),* jedoch nicht zu realisieren sei. Wenn man jedoch bestimmte Unvollkommenheiten in
Kauf nimmt, beispielsweise hinsichtlich der Verteilung von Marktmacht, lassen sich (Produktions- und Verteilungs-)Ergebnisse erzielen, die den Idealen zumindest nahe kommen *(Second-best-Lösung)*
– oder sogar besser sind. Die vollkommene Konkurrenz unterstellt
z. B. den Wettbewerb mit homogenen Gütern; die Produktdiversifi-
kation ergibt in der Praxis heterogene Güter.

Solche Abweichungen von den Idealbedingungen können
(über)kompensiert werden, wenn *weitere* Abweichungen zugelas-
sen werden (sogenannte **Gegengift-Hypothese**), z. B. hinsichtlich
der Kooperation von Anbietern. Bestimmte Unvollkommenheiten
des Marktes (aus der Sicht der Ideal-Theorie) können in der Praxis also zu günstigen Ergebnissen führen; daher der Begriff *funkti-
onsfähiger* Wettbewerb. Unternehmenskooperation und -konzent-
ration wird aus dieser Sicht also nicht von vornherein als negativ
bewertet. Es ist dann Aufgabe der Wettbewerbspolitik, durch geeignete Kontrollmechanismen sicherzustellen, dass Unvollkom-

menheiten des Marktes nicht missbräuchlich ausgenutzt werden können; vergleiche den anschließenden Abschnitt 6.3.

Vor dem Hintergrund des funktionsfähigen Wettbewerbs entwickelte in Deutschland Erhard **Kantzenbach** das Konzept des **weiten Oligopols**. Bei vielen Anbietern seien Kooperationen und Zusammenschlüsse zu fördern – so die Idee –, um Innovationen anzuregen und effizienter zu werden. Praktikabel ist dieser Ansatz nicht, denn eine Abgrenzung zum – „gefährlichen" – engen Oligopol auf der einen Seite bzw. zum Polypol auf der anderen Seite ist schwierig.

6.1.2.4 Chicago School und Austrian School

Die Chicago School ist ein sogenanntes **neoliberales Konzept** und steht in direktem Gegensatz zum Harvard-Ansatz. Wichtig sei allein die **Konsumentenwohlfahrt** (nur im ökonomischen Sinn natürlich), die erreicht wird durch eine optimale Verteilung der volks- und betriebswirtschaftlichen Ressourcen (als Effizienzkriterium). Im Hintergrund steht die Idee von den **Selbstheilungskräften** des Marktes (vergleiche dazu auch Abschnitt 5.2.6), d. h. der Staat „soll sich heraushalten" – dies wird gerne (und leicht polemisch) auch als Laisser-faire-Ansatz klassifiziert.

Dieses Konzept wurde von vor allem österreichischen Wissenschaftlern zur **Austrian School** weiterentwickelt. Danach steht nicht die Verteilungseffizienz im Vordergrund, sondern die Wettbewerbsfreiheit. Alle anderen Ansätze, insbesondere die *Workable Competion*, gingen von normativen Wertungen aus, was abzulehnen sei.

6.1.2.5 Der Überlebens-Ansatz (survivor approach)

Der *survivor approach* ist eine recht radikale Weiterentwicklung des Gedankens, dass polypolistische Strukturen für das Marktergebnis sogar ineffizient sein können. Um im (auch internationalen!) Wettbewerb überleben zu können – so die Idee –, sei für Unternehmen eine bestimmte Mindestgröße erforderlich. Auch können größere Unternehmen Kostenvorteile erzielen (und – so wird implizit unterstellt – in den Preisen weitergeben). Großunternehmen haben auch bessere Möglichkeiten als kleine, die erforderlichen Investitionen für Forschung und Entwicklung zu tätigen.

Im Unterschied zu den weiter unten erwähnten *economies of scale* (vergleiche Abschnitt 6.3.1) bezeichnet man solche Größenvorteile auch als *economies of scope*. Diesen Effekt macht man sich auch bei Joint Ventures und anderen (strategischen) Allianzen zwischen Unternehmen zunutze, die eigentlich Wettbewerber sind. Im Automobilbau gibt es zahlreiche Kooperationen bei der Entwicklung von Modellkomponenten, die in verschiedene Marken eingebaut werden. Suboptimale Betriebsgrößen führen daher zu suboptimalen Ergebnissen. Auch hier werden Unternehmenskooperation und -konzentration nicht als zu bekämpfende Fehlentwicklungen verstanden, sondern sogar befürwortet.

Im Folgenden werden wir uns nach diesem wettbewerbstheoretischen Ausflug gedanklich wieder auf die drei elementaren Markttypen Polypol, Oligopol und Monopol konzentrieren und einige typische Verhaltensweisen skizzieren, die in diesen Marktformen zu beobachten sind.

6.2 Typische Verhaltensweisen

6.2.1 Polypol

Ein Polypol ist dadurch gekennzeichnet, dass sich auf beiden Marktseiten relativ viele Marktteilnehmer gegenüberstehen (weiter oben wurde daher auch von atomistischer Konkurrenz gesprochen), von denen kein einzelner Einfluss nehmen kann auf das Marktgeschehen, insbesondere auf die Preisbildung. Der Marktpreis bildet sich durch einen aus der Sicht des einzelnen unbeeinflussbaren Prozess, so wie er in Abschnitt 7.3 beschrieben wird, und jeder Anbieter und Nachfrager muss den sich bildenden Marktpreis hinnehmen wie das Wetter. Er hat lediglich die Möglichkeit zu entscheiden, ob er zu diesem Marktpreis am Markt teilnehmen will oder nicht, und wenn ja, mit welchen Angebots- bzw. Nachfragemengen. Daher bezeichnet man die Verhaltensweisen von Polypolisten als (Mengen-)**Anpassung**.

Wie gesagt, es fällt schwer, plausible Beispiele für diese Marktform in der Realität zu finden. Dennoch lassen sich die meisten der skizzierten Verhaltensweisen – mit gewissen Abstrichen – durchaus an den Aktien- oder Devisenbörsen nachvollziehen. Im Kapitel 7 wird dieses marktwirtschaftliche Ideal dann sehr ausführlich analysiert.

6.2.2 Monopol

Das Polypol stellt mit dem praktisch machtlosen **Mengenanpasser** das eine Extrem des Marktverhaltens dar. Am anderen Ende der Machtskala steht das Monopol. Im Polypol ist die Marktmacht zersplittert und auf viele verteilt, im Monopol konzentriert sie sich auf einen einzigen Anbieter bzw. Nachfrager. In einigen Fällen spricht man von einem **natürlichen Monopol**, wenn ein einzelner Anbieter die Marktleistung durchgängig billiger anbieten kann als eine Mehrzahl von Anbietern. Beispielsweise ist die Wasserversorgung einer Stadt auf die Existenz eines (eines!) funktionierenden Leitungsnetzes angewiesen. Es wäre unsinnig, wenn konkurrierende Anbieter jeweils parallel eigene Leitungsnetze installierten. Dies gilt analog für Gas- oder Elektrizitätsnetze, aber diese Beispiele zeigen auch, dass es vorrangig auf die gesetzlichen Rahmenbedingungen ankommt, ob nicht innerhalb eines Infrastrukturnetzes verschiedene Anbieter sich um dieselben Kunden bemühen könnten. Tendenziell gilt dies auch für Eisenbahnen oder Straßenbahnen, doch sind hier die Abstimmungsprobleme ungleich größer. In Großbritannien hat man einschlägige Erfahrungen gemacht mit einem Nebeneinander von privatem und öffentlichem schienengebundenen Transportangebot. Abbildung 6.2/1 verdeutlicht einige aktuelle Monopoltendenzen.

Dies bedeutet, dass der Monopolist nicht nur seine Angebots- bzw. Nachfragemenge bestimmen, sondern auch – unter Berücksichtigung der entsprechenden Struktur, d.h. der *Marktmacht* der ‚Gegenseite‘ – den *Preis* festsetzen oder zumindest in seinem Sinne beeinflussen kann (Preis- bzw. Mengenfixierer). Bei monopolistischer Preisbildung ist beispielsweise bei einem Angebotsmonopol die Wahrscheinlichkeit groß, dass der Preis eines Gutes – und damit wohl auch die Gewinnspanne des Anbieters – höher ist, als er bei polypolistischer Preisbildung gewesen wäre, denn die Nachfrager können nicht auf andere Anbieter ausweichen, wenn ihnen der Preis des Monopolisten nicht gefällt. (Was ist zum Beispiel mit dem Briefporto der Deutschen Post AG?) Nachfrager, die sich einem Angebotsmonopolisten gegenübersehen, werden sich daher

Abb. 6.2/1: Monopolgefahr

Deutsche Post: Angriff auf das Briefmonopol

„Monopolstellung der Deutschen Bahn AG"

Monopolgefahr:
**Bundeskartellamt prüft Kauf der Axel-Springer-
Buchverlage Ullstein Heyne List durch Random House
(Bertelsmann AG).**

„Mineralölkonzerne haben Monopolstellung"

Deutsche Telekom musste ihr Kabelnetz aus kartellrechtlichen
Gründen wegen Monopolgefahr verkaufen.

Forscher sehen Monopolstellung von Google

„Microsoft nutzt Monopolstellung aus"

Soda-Club: Monopolverdacht im Getränkemarkt?

Aufkauf von nVidida durch Intel bedeutet Monopolgefahr

Akute Monopolgefahr:
Hannovers Straßenbahnen sollen unter DB-Regie fahren.

**„Trolltech's Qt erfüllt alle Voraussetzungen für diese
Monopolgefahr, insbesondere durch die Verbindung
mit KDE."**

"Netzanbieter = Programmanbieter = Monopolgefahr"

in der Regel *preisunelastisch* verhalten (vergleiche hierzu Abschnitt 7.1.4), d. h. sie können und werden sich nur in geringem Maße von Preissteigerungen abschrecken lassen, da sie auf den Monopolisten angewiesen sind.

Dies macht verständlich, dass auch nicht-monopolistische Anbieter z. B. durch gezielte **Markenartikelwerbung** bestrebt sind, ihre Kunden an sich zu binden, denn wenn ein Konsument auf eine bestimmte Marke eingeschworen ist *(„Kundenbindung")*, hat der Anbieter eine Quasi-Monopolstellung. Je mehr es gelingt, den Markt aufzuspalten und durch Produktdifferenzierung auf Teilmärkten (fast) konkurrenzlos zu erscheinen, desto größer sind die Möglichkeiten des Anbieters, Preis, aber auch Qualität und Menge des angebotenen Gutes festzusetzen. In Abschnitt 7.2.6.2 wird dies theoretisch vertieft. Seine Verhaltensweise ist dementsprechend nicht durch (passive) Anpassung, sondern durch (aktive) Gestaltung des Marktgeschehens gekennzeichnet. Abgesehen von patentgeschützten Erfindungen ('Pioniermonopole'), die eine innovative Funktion für den Wettbewerb haben, passen Monopole grundsätzlich nicht in eine wettbewerbsorientierte Wirtschaftsordnung. In den meisten in der Realität existierenden Fällen handelt es sich daher um staatliche oder staatlich genehmigte bzw. geregelte (und beaufsichtigte) Monopole, siehe das staatliche Branntwein-Monopol (bis 1983 gab es auch ein staatliches Zündholzmonopol). In zentralverwaltungswirtschaftlichen Wirtschaftsordnungen hingegen wäre das Monopol ordnungspolitisch konform.

Eine Sonderform stellt das Duopol dar, in dem nur zwei Anbieter operieren (Abbildung 6.2/2).

Abb. 6.2/2: Duopol

Das Duopol rüstet auf

Im Markt der Internet-Suchmaschinen vergrößert sich die Macht von Google und Yahoo

6.2.3 Oligopol

Eine oligopolistische Struktur ist im Prinzip relativ gut überschaubar, da es sich nur um (einige) wenige Marktteilnehmer handelt, die – im Idealfall – alle in etwa über die gleiche Marktmacht verfügen. In der Praxis lässt sich diese Unterstellung allerdings nur schwer belegen, da in der Regel bei *wenigen* Anbietern *große, mittlere* und *kleine* Anbieter auftreten; dies gilt analog für Nachfrageoligopole.

Für das Oligopol gibt es zwei grundsätzlich mögliche Verhaltensweisen. Einmal verleitet die geringe Zahl von Konkurrenten zu dem Versuch, den eigenen Marktanteil durch Verdrängung von Konkurrenten zu vergrößern. Dies geschieht meist in Form sogenannter **Preiskriege**, bei denen durch Unterbieten der Konkurrenz (vorübergehend durchaus auch mit nicht-kostendeckenden Preisen) versucht wird, einige – möglichst alle – Konkurrenten aus dem Markt zu drängen (Verdrängungs- oder Vernichtungswettbewerb) (Abbildung 6.2/3). Sofern dies gelingt, nähert sich das Oligopol

Abb. 6.2/3: Preiskämpfe

Mobilfunk-Preiskampf in der Schweiz

Verdrängungswettbewerb im deutschen Einzelhandel

Ruinöse Konkurrenz von Standorten

Aktienmärkte befürchten Preiskampf zwischen AMD und Intel

Ruinöse Konkurrenz bei öffentlichen Aufträgen in Brandenburg

Klinik-Chef befürchtet Verdrängungswettbewerb

Telekom-Chef Obermann droht Rivalen mit Preiskampf

Ruinöse Konkurrenz unter Krankenkassen?

Verdrängungswettbewerb unter Telekommunikationsunternehmen, Netzbetreibern und im Hardwaresektor verschärft Preiskampf

einem Monopol an, und der oder die „Überlebenden" können sich aufgrund der dann gewachsenen Marktmacht für die vorangegangenen Mühen und Kosten entschädigen. Der Müllentsorgungsmarkt bietet hierfür hinreichend (schlechte) Beispiele.

Andererseits kann ein Markt so strukturiert sein, dass eine völlige Verdrängung von Konkurrenten oder auch nur ein wesentliches Ausweiten des eigenen Marktanteils für alle Beteiligten sehr risikoreich, kostspielig, sogar ruinös oder aus anderen Gründen unmöglich wäre. Dann bietet es sich an, auf Preiskriege und Verdrängungsfeldzüge zu verzichten, da sie insgesamt nur Nachteile mit sich bringen. Stattdessen würde man eher versuchen, sich über ein gemeinsames Verhalten abzusprechen. Beispielsweise könnte man bei öffentlichen Ausschreibungen die verschiedenen Angebote so abstimmen, dass ein vorher festgelegter Anbieter als der günstigste erscheint oder dass alle anderen Anbieter „mitziehen", wenn einer mit Preiserhöhungen vorangeht. Obgleich solche Wettbewerbsbeschränkenden Absprachen unseren Wettbewerbsgesetzen nach (grundsätzlich) *unzulässig* sind, gibt es Beispiele für Absprachen in großer Zahl. *Weil* sie verboten sind, erfolgen sie wohl meist in einer Form, die schlecht nachzuweisen ist, beispielsweise im informellen Gespräch („Frühstückskartell").

Die Besprechung findet in einem Sky-Ship-500-Zeppelin statt. Hoch über den Wolken. Um einen ovalen Konferenztisch herum sitzen zwei Dutzend Manager. Der Großindustrielle Max Zorin will mit diesen Mächtigen der Branche ein globales Chip-Kartell bilden, bei dem bloß noch die Firmen im Silicon Valley stören. Die will Zorin vernichten. Einem Japaner in der Runde passt das nicht. Zorin bittet ihn hinaus „zu einer kleinen Erfrischung". Auf dem Weg zur Bar des Luftschiffs klappt unter dem Japaner plötzlich die Treppe weg. Er fällt ins Bodenlose, die Männer am Konferenztisch hören seinen Schrei, worauf Max Zorin sie kalt lächelnd fragt: „Noch jemand, der aussteigen will?"

(Szene aus dem James-Bond-Film „Im Angesicht des Todes" – Quelle: Wirtschaftswoche 7.1.2008)

Das wettbewerbsrechtliche Problem ist der *Nachweis* eines abgestimmten Verhaltens; wir werden darauf zurückkommen. Die konsequente Fortführung abgestimmten Verhaltens, die für die Marktgegenseite durch faktische Konzentrationen von Marktmacht die Schaffung eines Quasi-Monopols bedeutet, besteht im formalen *Zusammenschluss* mehrerer Marktteilnehmer. Hierzu der folgende Abschnitt.

6.3 Konzentration von Marktmacht und Wettbewerbsbeschränkungen

Im Abschnitt 6.1 wurde darauf hingewiesen, dass sich die Marktmacht in der Regel nicht proportional zur Zahl der Marktteilnehmer aufteilt, sondern Anbieter bzw. Nachfrager mit großer oder kleiner Marktmacht nebeneinander auftreten. In diesem Sinne bedeutet ‚Konzentration von Marktmacht‘, dass einem Marktteilnehmer – allein oder im Verbund mit anderen – ein größerer Einfluss auf das Marktgeschehen zukommt, als dies dem statistischen Durchschnitt entspräche. Bevor die verschiedenen Formen von Machtkonzentration dargestellt werden, ist eine kurze Betrachtung der Motive der Konzentration angebracht.

6.3.1 Gründe der Konzentration

Das theoretische Ideal des polypolistischen Anbieters, so wie er in den vorangehenden Abschnitten beschrieben wurde, ist offensichtlich im selben Maße unrealistisch, wie die dazu erforderlichen Nebenbedingungen der polypolistischen Konkurrenz in der Praxis nicht gegeben sind. Bereits die kurzen Ausführungen zu den Marktformen des Oligopols und des Monopols verdeutlichten, dass sich nicht-polypolistische Anbieter bzw. Unternehmen anders verhalten (können) als Polypolisten. Die von Antoine Augustin **Cournot** (1801–1877) entwickelte **Monopoltheorie** zeigt, dass ein Monopolist eine kleinere Gütermenge, aber zu höheren Preisen anbietet (und absetzt) als ein Polypolist. Daher ist die Feststellung nicht überraschend, dass Unternehmen durch Bündelung ihrer Marktmacht ihren Einfluss auf das Marktgeschehen – aus ihrer Sicht in positiver Weise – vergrößern können. Dies gilt in verschiedener Hinsicht:

Auf der Beschaffungsseite können Unternehmen, die sich zusammenschließen, u. a. bessere Preise oder Bezugsbedingungen aushandeln (z. B. durch Mengenrabatte) oder bessere Finanzierungskonditionen bei Banken erreichen oder u. U. sogar selbst Anleihen auflegen. Im Produktionsbereich können neben den günstigeren Einstandspreisen für Vorprodukte durch gemeinsamen Betrieb von Produktionsanlagen (wodurch sich auch der Einsatz anderer Maschinen lohnt) oder von Verwaltungseinheiten Kostensenkungen durch sogenannte **Skaleneffekte** *(economies of scale)* erzielt werden (vergleiche Abschnitt 7.2.2), größere Unternehmenseinheiten können eher spezialisierte Fachkräfte beschäftigen, auf der Absatzseite können (mangels Wettbewerbsdruck) höhere Preise erzielt oder durch Marktaufteilung die Absatzrisiken vermindert werden: Die Beispiele ließen sich leicht ausbauen. Andererseits können sich auch auf Verbraucherseite positive Effekte ergeben durch Vorantreiben und Realisieren technischen Fortschritts, Verbesserung des Vertriebsnetzes, des Services und anderer Dienstleistungen.

Dem stehen als negative Folgen der Unternehmenskonzentration gegenüber u. a. die Möglichkeit überhöhter Preise, die Konservierung unwirtschaftlicher Unternehmensstrukturen (weil der zu Innovationen zwingende Wettbewerbsdruck fehlt), der missbräuchliche Einsatz ökonomischer Macht auch auf politischer Ebene zur Durchsetzung von egoistischen Gruppeninteressen u. a. m. Die Beurteilung der Konzentrationswirkungen hängt also zum einen von den Ausprägungen des konkreten Falls ab, zum anderen von der eigenen Interessenlage. Es ist daher sehr problematisch, eine ‚objektive' Beurteilung der Unternehmenskonzentration zu verlangen.

Machtkonzentration vollzieht sich also keineswegs nur im Anbieterbereich, sondern auch auf der Nachfrageseite; ein prominentes Beispiel stellt die Machtkonzentration bei großen Verbrauchermarktketten dar, die ihren Zulieferern offensichtlich ganz andere Konditionen abverlangen können als ein kleiner Einzelhändler.

6.3.2 Formen der Konzentration

Konzentration von Marktmacht resultiert in ökonomischen Wettbewerbsbeschränkungen. Dies kann zum einen erfolgen in Form von Vereinbarungen oder Verträgen mit rechtlich selbstständig

bleibenden Unternehmen, einschließlich der Vereinbarung abgestimmten Verhaltens oder vertikaler Preisbindung bzw. Preisempfehlungen. Diese Verhandlungsstrategie greifen wir anschließend
in den Abschnitten 6.3.2.1 und 6.3.2.2 auf. Zum anderen können
Behinderungen der Mitbewerber (Konkurrenten) erfolgen, sei es
durch Verträge wie Kopplungsverträge oder Ausschließlichkeitsbindungen, sei es durch das eigene Marktverhalten, indem die Be-
lieferung z. B. mit Ersatzteilen verweigert wird oder durch Preisdiskriminierung unterschiedliche Tatbestände gleich behandelt oder
umgekehrt gleiche Tatbestände ungleich behandelt werden (Be-
hinderungsstrategie). Und schließlich kann man eine Konzentra-
tionsstrategie verfolgen, indem – **horizontal** – Wettbewerber oder
– **vertikal** – Zulieferer oder Weiterverarbeiter ‚geschluckt' werden.
Horizontale Konzentration bedeutet tendenziell immer eine Beeinträchtigung des Wettbewerbs, während vertikale Konzentration
sowohl Beeinträchtigungen als auch Stimulierung des Wettbewerbs
bewirken kann. Bei konglomeraten Zusammenschlüssen bestehen
keine Marktbeziehungen zwischen den beteiligten Unternehmen
(„Gemischtwaren-Konzern").

Das Kartellrecht gilt also nicht für Vereinbarungen ohne Auswirkungen auf den Handel, etwa Forschungsabsprachen. Es ist nicht
erforderlich, dass die beteiligten Unternehmen ihren Sitz in verschiedenen Ländern haben, da auch durch rein nationale Vereinbarungen Auswirkungen auf den EU-internen Handel ausgehen
können, etwa bei verabredeten Bezugs- oder Lieferboykotts.

6.3.2.1 Kooperation

Die schwächste Form der Konzentration von Marktmacht vollzieht sich als Kooperation. Darunter ist die freiwillige Einschränkung der wirtschaftlichen Selbstständigkeit der Marktteilnehmer
zu verstehen, d. h. dass die Beteiligten sich in bestimmter Hinsicht
auf ein gemeinsames Vorhaben einigen. In diesem Punkt verzichten
sie also auf ihre individuelle Entscheidungsfreiheit. Die juristische
Selbstständigkeit (im Sinne der handelsrechtlichen Firma) hingegen
wird nicht eingeschränkt (vergleiche Abbildung 6.3/1).

Die Kooperation ist in der Regel begrenzt: Eine **sachliche Begrenzung** erfolgt, wenn die Zusammenarbeit nur auf einem bestimmten
Teilgebiet der Unternehmenstätigkeit stattfindet, etwa durch ge-

Abb. 6.3/1: Konzentrationsformen

| | Einschränkung der Selbstständigkeit | |
	wirtschaftlich	juristisch
Kooperation	(X)	–
Kartell	(X)	–
Konzern		
– horizontal	(X)	–
– vertikal	X	–
Fusion	X	X

meinsame Forschungs- und Entwicklungsaktivitäten, gemeinsame Werbung oder gemeinsame Beschaffungs- oder Vertriebsnetze, gemeinsame Lobbyisten-Aktivitäten auf politischer Ebene etc., während die beteiligten Unternehmen in allen übrigen Aspekten autonom bleiben. Diese Form der sachlich begrenzten Kooperation vollzieht sich häufig in Form von Unternehmensverbänden, beispielsweise auch in den Kassenärztlichen Vereinigungen. Grundsätzlich fallen wettbewerbsbeschränkende Kooperationen unter das Kartellverbot (vergleiche anschließend).

Daneben gibt es die **zeitlich begrenzte Kooperation**, indem z.B. mehrere Unternehmen gemeinsam ein bestimmtes Produkt durchführen, etwa den Bau eines Autobahnteilstücks. An derartigen Baustellen findet sich auch oft eine Bezeichnung wie „ARGE (Arbeitsgemeinschaft) Autobahnbau XY". Natürlich sind auch zeitlich *und* sachlich begrenzte Kooperationen möglich, etwa bei Werbeaktionen für eine Jahresmesse. Vor allem im Bankensektor (aber auch in anderem Zusammenhang) spricht man bei gemeinsamen Projekten auch von Konsortien. Gegen Kooperationen ist grundsätzlich nichts einzuwenden, im Gegenteil, solange sie keine Beschränkung des Wettbewerbs darstellen. Daher sind auch formalisiertere Formen der Kooperation in Form von Kartellen teils zulässig, teils nicht, wie der folgende Abschnitt zeigt.

6.3.2.2 Kartell

Als Kartell gilt eine Vereinbarung – auf zivilrechtlicher Ebene – über abgestimmtes Verhalten zwischen rechtlich und wirtschaftlich selbstständigen Unternehmen, wobei die gegenseitigen Willenserklärungen nicht zwangsläufig schriftlich fixiert werden müssen; auch rein verbale Absprachen genügen dieser Definition *(„Frühstückskartell")*. Wie bei der Kooperation behalten die beteiligten Unternehmen also auch bei einem Kartell ihre juristische Selbstständigkeit und geben einen Teil ihrer wirtschaftlichen Selbstständigkeit im Hinblick auf ein bestimmtes Tun oder Unterlassen auf. Dies kann sowohl sachlich als auch zeitlich begrenzt sein, so dass zunächst kein Unterschied zur gerade besprochenen Kooperation zu bestehen scheint. Der Unterschied ist darin zu sehen, dass ein Kartell eine **wettbewerbsbeschränkende Kooperation** darstellt, die obige Kooperation im engeren Sinne hingegen nicht zwingend. Das zur Machtkonzentration führende abgestimmte Verhalten kann dabei – wie erwähnt – sowohl auf der Angebots- als auch auf der Nachfrageseite auftreten. Dies bedeutet, dass es sowohl Angebots- als auch Nachfragekartelle gibt.

Kartelle sind als wettbewerbsbeschränkende Maßnahmen grundsätzlich **verboten**, doch sind einige *(genehmigungs-* oder *anmeldepflichtige)* Ausnahmen zulässig (vergleiche hierzu Abschnitt 6.5.1). Sofern Kartelle organisatorisch institutionalisiert sind, z.B. den Kartellzweck in einer besonderen Gesellschaft (oft eine GmbH) organisiert haben, spricht man auch von **Syndikaten**; häufig erstrecken sich die Absprachen dabei auch auf **Quotenregelungen** hinsichtlich der Produktions- bzw. Angebotsmengen (die *OPEC*[22] ist in diesem Sinne ein Syndikat). Sie werden in der Praxis nur äußerst selten von den Kartellbehörden genehmigt.

„Doch sind die Sätze dann im Keller und färben die Bilanzen rötlich,
glaubt nur ein Grünhorn, das sei tödlich,
dann kommt ein Silberstreif, ein heller,
dann schwören Kampf sie dem Verderb,
beenden ihren Wettbewerb
und fangen an, sich zu sanieren,
um den Verlust zu reparieren.
Und bringt sie das nicht von der Stell',
dann schließen sie halt ein Kartell,
und jeder, der nicht bleibt am Zügel, kriegt von den großen Bossen Prügel.

(ein seit Jahrzehnten kursierendes Branchengedicht, zitiert in einem Bußgeldbescheid des Kartellamts aus dem Jahr 2005, HB v 26.9.2007)

---

[22] Organization of Petrol Exporting Countries.

Kartelle sind umso wirksamer, je vollständiger sie eine ganze Marktseite bzw. Branche umfassen. Gelingt dies nicht hinreichend, kann ihre Macht durch die Aktivitäten von „Außenseitern" (aus der Sicht der Kartellmitglieder), die sich nicht an die Kartellabsprachen halten (müssen), beeinträchtigt werden.

6.3.2.3 Konzernbildung

Nach dem Kartell ist die nächst höhere Konzentrationsstufe der **Konzern**, bei dem mehrere rechtlich selbstständige Unternehmen unter einheitlicher Leitung zusammengeschlossen werden. Die einzelnen Unternehmen verlieren dabei ihre *wirtschaftliche,* nicht aber ihre *juristische* Unabhängigkeit *(„Tochter-Gesellschaften"),* d. h. sie sind zwar in ihren ökonomischen Entscheidungen von der Konzernleitung *(„Mutter-Gesellschaft")* abhängig, behalten in der Regel jedoch ihre ursprünglichen Firmennamen bei. Als **vertikalen Konzern** bezeichnet man den Zusammenschluss von Unternehmen *verschiedener* Produktionsstufen, also z. B. Roh-, Zwischen- und Fertigproduktion, oder konkreter: wenn ein Automobilhersteller Zulieferer wie einen Blechhersteller, eine Reifenfirma oder eine Autopolsterfabrik aufkauft.

Ein **horizontaler Konzern** umfasst hingegen Unternehmen *derselben* Produktionsstufe, die also prinzipiell Konkurrenten sind, beispielsweise wenn zwei Verlagsunternehmen oder zwei Autofirmen „zusammengehen". Für den Außenstehenden ist dabei oft nicht ersichtlich, dass zwei angebliche Konkurrenzprodukte demselben Konzern entstammen.

Schließlich spricht man etwas umgangssprachlich von einem **Mischkonzern** (auch als *„Gemischtwaren-Konzern* oder **konglomerate** bzw. **diagonale Konzernbildung** bezeichnet), wenn ein Unternehmen „artfremde" andere Unternehmen aufkauft, beispielsweise wenn sich ein Kaufhauskonzern einen Reiseveranstalter oder ein Seifenfabrikant einen Margarinehersteller einverleibt. Dies geschieht u. a. aus Gründen der Risikostreuung, indem ein Konzern „auf mehrere Beine gestellt wird".

Die Beteiligung an anderen Unternehmen muss dabei nicht zwangsläufig zu 100 Prozent erfolgen. Aus aktienrechtlicher Sicht sind insbesondere zwei Schwellen interessant: der Erwerb einer Sperrminorität und der Erwerb einer **Mehrheitsbeteiligung** von (mindestens)

51 % der Anteile an einem Unternehmen. Eine **Sperrminorität** mit – laut Aktiengesetz 25 % der Anteile – bedeutet, dass *gegen* den Inhaber dieses Anteils bestimmte Fragen nicht entschieden werden können; er verfügt somit über eine Art **Veto-Recht**. Der Inhaber von 51 % der Anteile an einem Unternehmen wird bei Mehrheitsentscheidungen grundsätzlich die Oberhand behalten. Um eine Sperrminorität auszuschließen, ist folglich eine Beteiligung von (knapp mehr als) 75 % der Anteile erforderlich. In den Wirtschaftsteilen der Tageszeitungen finden sich viele Beispiele dafür, dass Unternehmen z. B. 24,9 % oder 49,9 % ihrer Anteile verkaufen, um den Einfluss des Kapitalgebers entsprechend zu begrenzen (Abbildung 6.3/2). Allerdings darf man dies nicht zu formell sehen: Auch eine Beteiligung unter 25 % kann kartellrechtlich bedenklich sein, wenn das sich beteiligende Unternehmen direkt oder indirekt einen „wettbewerblich erheblichen Einfluss" auf ein anderes Unternehmen ausüben kann. Dies kann durchaus auch noch unterhalb von 20 % der Fall sein. In einem konkreten Fall hat das Kartellamt dies sogar bei einer Beteiligung von 9,015 % angenommen, weil der Minderheitsgesellschafter sich neben umfassenden Informations- und Mitspracherechten auch ein Vorkaufsrecht hatte einräumen lassen. Dies öffnet natürlich erratischen Interventionen des Kartellamts Tür und Tor. Neben latenten Bußgeldern ist viel gravierender, dass ein Zusammenschluss einem Vollzugsverbot unterliegt und sämtliche damit verbundenen Verträge unwirksam sind, wenn das Kartellamt den Anteilserwerb als Zusammenschluss wertet (FAZ 11. 01. 08).

In der Praxis sind jedoch oft Beteiligungen unterhalb dieser „Reizschwellen" relevant, denn um beispielsweise in der Hauptversammlung einer Aktiengesellschaft eine Mehrheitsentscheidung herbeiführen zu können, sind nicht immer 50 % des Grundkapitals plus 1 Aktie erforderlich, sondern 50 % plus 1 Aktie des in der Hauptversammlung *vertretenen Kapitals*. Viele Kleinaktionäre nehmen aber weder an der Hauptversammlung teil, noch übertragen sie ihr Stimmrecht auf einen Vertreter (meist ihre Bank, bei der sie ihr Aktiendepot halten), so dass – als fiktives Beispiel – nur 80 % der Aktionärsstimmen in der Hauptversammlung repräsentiert sind, und von diesen genügt ein 50 %-Votum – faktisch also eine 40 %-Entscheidung. Das Kartellamt interessiert sich daher in zunehmendem Maße für Minderheitsbeteiligungen von etwa 20 %

Abb. 6.3/2: Beteiligungsschwellen

Minderheitsbeteiligungen geraten ins Visier des Kartellamts
Auch unterhalb von 25 Prozent kann eine Anmeldung nötig sein

Sanofi-Aventis kauft 24,9%-Anteil an tschechischer Zentiva

Medion beteiligt sich mit 24,9 Prozent an Gericom
- Hersteller wollen auch künftig getrennt auftreten

Behörde: Acciona darf Endesa-Beteiligung auf 24,9% erhöhen

Nanoventure N.V. beteiligt sich mit 49,9 %
an der Sister Semiconductor Equipment GmbH

Preussag erwirbt 24,9 Prozent an Thomas Cook

Stadtwerke Solingen GmbH (Beteiligungsanteil 49,9%)

Axel Springer AG erwirbt 49,9 Prozent an der StepStone Deutschland AG

KarstadtQuelle verkauft 74,9% von IT-Tochter Itellium an EDS

edel music übernimmt 74,9 % von Play it again Sam

Österreichische Post übernimmt 74,9 Prozent der Anteile an deutscher trans-o-flex

Odewald & Compagnie und Alpha halten noch einen Anteil von 25,1%.

Axel Springer Verlag erwirbt 75,1% an wallstreet:online!

Colonia Real Estate AG
Beteiligung an Asset Management Tochter Resolution GmbH von 56% auf 75,1% erhöht

oder weniger, insbesondere, wenn gleichzeitig umfassende Infor-
mations- und Mitspracherechte verabredet werden oder ein Vorkaufsrecht eingeräumt wird.

Bei vielen Konzernen ist für den Außenstehenden – trotz veröffent-
lichter Bilanzen und Geschäftsberichte – kaum noch nachzuvollziehen, wer welche Unternehmen zu welchen Anteilen besitzt und wer
somit wo überall das Sagen hat. Um konzernintern den Überblick
zu behalten (oder auch aus steuerlichen und sonstigen Gründen),
wird häufig bei verschachtelten Konzernen eine sogenannte Hol-
ding-Gesellschaft als organisatorische Dachgesellschaft gegründet,
die u. a. alle Konzernbeteiligungen formal besitzt, koordiniert und
verwaltet. In der Praxis genügen oft sehr viel kleinere Anteile, um
auf Unternehmen Einfluss nehmen zu können.

Eine in jüngerer Zeit immer häufiger zu findende Form sind sogenannte **Joint Ventures** (frei übersetzbar als „gemeinsame Wag-
nisse", teilweise wird auch von partnerschaftlichen Unternehmen
gesprochen). Dabei handelt es sich um Unternehmen, die gemein-
schaftlich zwei oder mehreren Unternehmen gehören, wobei wiederum unterschiedliche Beteiligungsverhältnisse möglich sind. Die
‚partnerschaftlichste' Variante wären 50:50-Unternehmen, doch
gibt es Länderbeispiele, in denen die Investitionsgesetzgebung den
Anteil ausländischer Kapitalgeber auf z. B. 49 % begrenzt. Natürlich ist dieses Limit für einen ausländischen Investor nur bedingt
interessant, weil er so auf einen erheblichen Teil seiner Entscheidungsfreiheit verzichten müsste, so dass manches Land (z. B. Russland und China) die Investitionsbegrenzungen aufgehoben hat
(*fully owned investment*, FOI), um mehr ausländisches Kapital
anzulocken.

6.3.2.4 Fusion

Die intensivste Konzentrationsstufe ist schließlich die Fusion, bei
der die beteiligten Unternehmen zu einem einheitlichen Unternehmen verschmelzen, d. h. die aufgekauften Unternehmen verlieren neben der wirtschaftlichen auch die rechtliche Selbstständigkeit. Dabei sind im Wesentlichen zwei Varianten möglich: Zum
einen die Fusion durch Aufnahme (oder synonym: aufnehmende
Verschmelzung), bei der ein Unternehmen von einem anderen
‚geschluckt' wird und als Firma erlischt, das aufnehmende Un-

Abb. 6.3/3: Fusionen weltweit

Das große Fressen
Unternehmenskäufe und -fusionen weltweit

*bis einschließlich 28. November

Die größten Unternehmensübernahmen 2005

Wer	kaufte wen	zu welchem Preis (in Mrd. US-Dollar)	in welcher Branche
Procter & Gamble (USA)	Gillette (USA)	60,8	Konsumgüter
Mitsubishi Tokyo Financial (J)	UFJ Holdings (J)	59,1	Banken
Sprint (USA)	Nextel Communications (USA)	45,2	Telekommunikation
ConocoPhillips (USA)*	Burlington Resources (USA)	35,6	Energie
Bank of America (USA)	MBNA (USA)	34,2	Banken
Gas Natural (E)*	Endesa (E)	28,4	Erdgas
Telecom Italia (I)	Telecom Italia Mobile (I) 44,73 %	27,9	Telekommunikation
SBC Communications (USA)	AT&T (USA)	24,0	Telekommunikation
UniCredit (I)	HypoVereinsbank (D) 93,93 %	22,3	Banken
ChevronTexaco (USA)	Unocal (USA)	18,9	Mineralöl
Pernod Ricard (F)	Allied Domecq (GB)	17,8	Getränke

Quelle: Dealogic, KPMG   *noch nicht abgeschlossene Transaktionen   © Globus 0394

ternehmen aber bestehen bleibt (aus A und B wird A), und zum anderen die Fusion durch Neugründung, bei der alle beteiligten Unternehmen in einem neuen Unternehmen aufgehen (aus A und B wird C). *Umgangssprachlich* wird allerdings häufig, wenn auch unkorrekt, ebenso beim Erwerb von nicht einmal hundertprozentigen Beteiligungen von Fusion gesprochen, vergleiche z. B. unten Abschnitt 6.4.2, doch ist dies streng genommen offensichtlich falsch, da ,Fusion' eine vollständige Verschmelzung der beteiligten Unternehmen bedeutet. Diese sprachliche Unschärfe gilt auch im Hinblick auf die „Fusionskontrolle" durch die „Kartellbehörden", die sich vorrangig auch auf „Konzernbildungen" erstreckt. Sofern bei der Konzernbildung bzw. der Fusion eine marktbeherrschende Stellung entsteht, wird – dem anglophonen Sprachbereich entlehnt – gelegentlich auch von einem **Trust** gesprochen (*Trust Company* ist eigentlich eine Treuhandgesellschaft). Heute werden Konzernbildung und Fusionen gern mit dem englischen Begriff ***Mergers and Acquisitions***, M&A) zusammengefasst. Auf – vor allem steuer-,

Abb. 6.3/4: Fusionen – zweifelhafter Boom

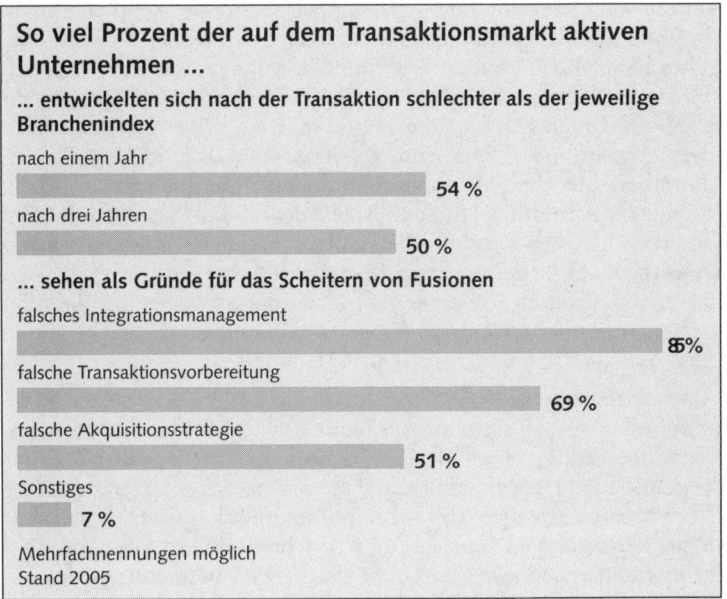

So viel Prozent der auf dem Transaktionsmarkt aktiven Unternehmen ...

... entwickelten sich nach der Transaktion schlechter als der jeweilige Branchenindex

nach einem Jahr

54 %

nach drei Jahren

50 %

... sehen als Gründe für das Scheitern von Fusionen

falsches Integrationsmanagement

85 %

falsche Transaktionsvorbereitung

69 %

falsche Akquisitionsstrategie

51 %

Sonstiges

7 %

Mehrfachnennungen möglich
Stand 2005

aktien-, bilanz- und sonstige rechtliche – Einzelheiten und Aspekte der wirtschaftlichen Konzentration muss hier gänzlich verzichtet werden. Abbildung 6.3/3 verdeutlicht das Ausmaß der weltweiten Fusionswelle. Abbildung 6.3/4 zeigt aber auch, dass viele Unternehmenszusammenschlüsse nicht die erwarteten Ergebnisse gebracht haben.

6.3.2.5 Konzentration der Entscheidungsmacht

In diesem Zusammenhang ist allerdings noch auf einen weiteren Aspekt hinzuweisen: Neben dem direkten oder indirekten Erwerb einer Beteiligung an Unternehmen gibt es auch noch eine unauffälligere, **informelle** Möglichkeit der **Machtkonzentration**, indem durch eine entsprechende Besetzung von Aufsichtsratspositionen auf die jeweilige Unternehmenspolitik und dabei insbesondere auf die Besetzung von Vorstandspositionen Einfluss genommen werden kann. Von besonderer Bedeutung sind dabei – auch, aber nicht nur – die Banken und Versicherungen, deren Vertreter häufig gleichzeitig in einer Vielzahl von Aufsichtsräten sitzen, aber auch Unternehmensvertreter (inkl. der Arbeitnehmervertreter!) nehmen in sehr vielen Fällen „über Kreuz" Mandate in den Gremien wahr. Vergleichen Sie doch einmal die Namen der Mitglieder von Vorstand oder Aufsichtsrat der DAX-Unternehmen. Interessant sind auch die Verflechtungen über **gemeinsame Unternehmen** (vergleiche dazu die 2-jährigen **Hauptberichte der Monopolkommission**). Beispielsweise betrug in einem bestimmten Jahr der Anteil der 10 größten inländischen Unternehmen am Umsatz aller Unternehmen im produzierenden Gewerbe etwa 45 %, wenn auch Konzernbildungen berücksichtigt, also die 10 größten Konzerne erfasst wurden. Wurden nur die zehn größten *rechtlich selbstständigen* Unternehmen erfasst, vereinten diese nur 16,5 % Umsatzanteil auf sich.

Hinzu kommt, dass – wie erwähnt – viele Kleinaktionäre auf die unmittelbare Ausübung ihres Stimmrechts in der Hauptversammlung ‚ihrer' Aktiengesellschaft verzichten, indem sie es im Wege des so genannten Depotstimmrechts ihrer Bank übertragen, die ihre Wertpapiere verwaltet. Die Monopolkommission (siehe unten) hat dieser gegenseitigen Verflechtung von Bank-, Versicherungs- und Industrieunternehmen bereits vor einiger Zeit besondere Aufmerksamkeit gewidmet, doch ist sie mit der gegenwärtigen wettbewerbsrechtlichen Rechtslage vereinbar.

Die Erfolgschancen von Fusionen und Übernahmen sind eher zweifelhaft. Abbildung 6.3/4 besagt, dass gut die Hälfte der Transaktionen nach 1–3 Jahren gescheitert sind.

6.4 Wettbewerbsschutz auf europäischer und nationaler Ebene

Im europäischen Binnenmarkt müssen grenzüberschreitende Sachverhalte nach denselben Regeln beurteilt werden. Vertikale und horizontale Kooperationsvereinbarungen sind heutzutage in den wenigsten Fällen auf einen Mitgliedstaat beschränkt. Daher kommt dem Kartellrecht auf europäischer Ebene besondere Bedeutung zu. Der Leitsatz der Wettbewerbs- und Konzentrationskontrolle kon-

Abb. 6.4/1: Bereiche des Wettbewerbsrechts

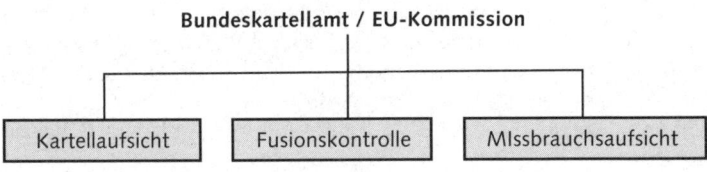

Bundeskartellamt / EU-Kommission

| Kartellaufsicht | Fusionskontrolle | MIssbrauchsaufsicht |

– verbotene Kartelle
– zulässige Kooperationen

kretisiert sich in Art. 81 Abs. 1 des EG-Vertrags, analog zu § 1 des deutschen Gesetzes gegen Wettbewerbsbeschränkungen (GWB):

„Vereinbarungen zwischen miteinander im Wettbewerb stehenden Unternehmen, Beschlüsse von Unternehmensvereinigungen und aufeinander abgestimmte Verhaltensweisen, die eine Verhinderung, Einschränkung oder Verfälschung des Wettbewerbs bezwecken oder bewirken, sind verboten."

„Sind verboten". Peng. Natürlich sieht die Praxis differenzierter aus. Die wettbewerbsrechtlichen Bestimmungen der Konzentrationskontrolle betreffen im Wesentlichen drei Aspekte (Abbildung 6.4/1).

• die Überwachung des grundsätzlichen Kartellverbots,
• die Fusionskontrolle,
• die Missbrauchsaufsicht.

Es geht also nicht nur um Kartelle, sondern um mehr, aber gleichwohl wird in der Umgangssprache gerne von **Kartellkontrolle** gesprochen, selbst wenn man auch die anderen Aspekte meint wie z. B. **Fusionskontrolle**. Wettbewerbskontrolle oder Wettbewerbsschutz wäre schon treffender. Das deutsche „Kartellrecht" in Form des erwähnten GWB war bis 2005 eine notwendige Rechtsebene, um keine Lücken zu lassen zwischen deutschen und europäischen Regelungen, die sich zwar teilweise ergänzten, teilweise überschnitten, jedoch für die nationalen Bedürfnisse reichte das EG-Recht nicht tief genug. 2004 wurde das europäische Wettbewerbsrecht, das sich insbesondere auf Art. 81 EGV stützt, so novelliert, dass es unmittelbar auf der nationalen Ebene der Mitgliedstaaten anwendbar wurde, ohne dass eine entsprechende Entscheidung der EU-Kommission vorangehen musste. Damit wurde es erforderlich, das nationale (hier: deutsche) „Kartellrecht" so anzupassen, dass es keine Überschneidungen mehr gibt. Dies erfolgte in der **Siebten Novellierung des GWB**, die 2005 in Kraft trat. Die gerade erwähnten Aufsichtsbereiche – Abbildung 6.4/1 – bleiben dabei bestehen.

6.4.1 Relevante Rechtsebenen

Grundsätzlich sind drei relevante Rechtsebenen zu unterscheiden:

- das nationale Recht,
- das supranationale (hier: europäische) Recht,
- internationales Recht und ggf.
- ausländisches Recht.

Nationales Recht (z.B. deutsches Recht) gilt nur innerhalb des nationalen Hoheitsgebiets von Deutschland, kann also z.B. nicht auf Unternehmen außerhalb des deutschen Territoriums angewendet werden – Juristen sprechen dabei vom völkerrechtlichen Verbot der Extra-Territorialität der Anwendung nationalen Rechts. Nationales Wettbewerbsrecht ist grundsätzlich dann anzuwenden, wenn sich keine grenzüberschreitenden Wirkungen aus dem Handel ergeben. – **Internationales Recht** (Völkervertragsrecht) beruht auf zwischenstaatlichen Verträgen, die jeweils formell ratifiziert werden müssen (d.h. u.a., dass die Parlamente der Vertragsparteien dem Vertrag zustimmen müssen und dieser materiell in das jeweilige nationale Recht transformiert werden muss (insbesondere auch, um Sanktionsmöglichkeiten zu schaffen) – sonst ist der Vertrag ein „zahnloser Tiger". Wettbewerbsrechtlich – im kartellrechtlichen Sinn – spielt internationales Recht keine Rolle.

Supranationales Recht ist in diesem Zusammenhang hier **Europäisches Recht**,[23] welches – im Gegensatz zu internationalem Recht – direkt und unmittelbar, also ohne nationale Ratifizierung, in den nationalen Territorien der Mitgliedstaaten der EU gilt. Das EG-Wettbewerbsrecht (im hier behandelten „kartellrechtlichen" Sinn)

---

[23] Auch der UN-Sicherheitsrat hat supranationale Rechtskompetenzen, die natürlich in unserem thematischen Zusammenhang nicht von Bedeutung sind.

basiert auf den Art. 81–89 EGV, insbesondere den Art. 81 (Kartellkontrolle) und 82 (Missbrauchskontrolle), während die Fusionskontrolle „nur" in einer Verordnung (von 2004) geregelt ist.

Die Bundesrepublik Deutschland hat – gestützt auf Art. 23 und 24 GG – Hoheitsrechte auf die Europäische Union übertragen, d.h. hier: die Kompetenz, bestimmte Wirtschafts- und Lebensbereiche rechtlich zu regeln. Wie in vielen anderen Bereichen gibt es damit auch im Bereich des Wettbewerbsrechts und hier insbesondere dem Recht der Konzentrationskontrolle sowohl nationales als auch supranationales Recht. Es ist hier nicht der Raum, um auf die Zusammenhänge zwischen den verschiedenen Rechtsebenen ausführlich einzugehen (vergleiche UTB 1317: *Wirtschaftspolitik*). Allgemein lässt sich aber sagen, dass nationales Recht dem übergeordneten, supranationalen EG-Recht nicht entgegenstehen darf und dass im Konflikt zwischen nationalem Recht und EG-Recht das supranationale Recht höherrangiges Recht ist und das nationale Recht „bricht", d.h. außer Kraft setzt.

Die Grundlagen des EG-Wettbewerbsrechts wurden als primäres Gemeinschaftsrecht bereits im EWG-Vertrag von *1957* gelegt. Dabei ist deutlich die Handschrift des im selben Jahr in Kraft getretenen deutschen „Kartellgesetzes", des GWB, zu spüren. Nach dem EG-Vertrag (Art. 3) sollen die Mitgliedstaaten den Wettbewerb vor Verzerrungen schützen. Die zentralen wettbewerbsrechtlichen Bestimmungen des Europäischen Gemeinschaftsrechts finden sich in den Art. 81 und 82 EGV, wobei sich diese prinzipiell auf dieselben Problem- bzw. Kontrollbereiche erstrecken wie das deutsche GWB: die Kartellkontrolle, die Fusionskontrolle und die Missbrauchsaufsicht; die Fusionskontrolle ist allerdings rechtlich anders verankert, wie zu zeigen sein wird. Die Überwachung und Durchsetzung der wettbewerbsrechtlichen Bestimmungen ist Aufgabe der EU-Kommission.

Exkurs zum europäischen Recht

Man muss klarstellen, dass die Europäische Union (EU) noch keine eigene Rechtspersönlichkeit besitzt. Diese erhält sie erst mit dem Vertrag über eine Verfassung für Europa (VVE). Der Vertrag sollte am 01.11.2006 in Kraft treten. Dieser Termin konnte allerdings nicht eingehalten werden, da nicht alle 25, jetzt 27 Mitgliedstaaten, aufgrund negativer Volksabstimmungen, ratifizieren konnten. Aus Gründen der Klarheit benutzen wir die Bezeichnung „EG-Recht" in diesem Buch, um nicht zu tief in die Europäische Terminologie eintauchen zu müssen.

Im Bereich des EG-Rechts ist zwischen primärem und sekundärem Gemeinschaftsrecht zu unterscheiden. Das primäre Gemeinschaftsrecht umfasst die Gründungsverträge der Europäischen Gemeinschaft sowie die Gründungs- und Zusatzprotokolle und -abkommen, die späteren Ergänzungsverträge wie z. B. die Einheitliche Europäische Akte von 1987 sowie die Beitrittsverträge mit neuen Mitgliedern. Das primäre Gemeinschaftsrecht gilt entweder – ohne weitere nationale Umsetzung – unmittelbar für den einzelnen Bürger (z. B. die Regelungen des EG-Wettbewerbsrechtes) oder verpflichtet die Organe der Gemeinschaft zum Handeln bzw. die nationalen Gesetzgeber zur Umsetzung in nationales Recht.

Als sekundäres Gemeinschaftsrecht bezeichnet man die sich aus dem primären Gemeinschaftsrecht ableitenden Rechtsnormen. Gemäß Art. 249 des EWG-Vertrages werden dabei folgende Formen unterschieden:

(1) Eine **Verordnung** ist allgemeingültig, d. h. sie gilt in allen ihren Teilen unmittelbar *in* allen Mitgliedstaaten für alle staatlichen Instanzen, Bürger und Institutionen. EG-Verordnungen werden dennoch meist in nationales Recht übernommen, da nur auf der Ebene des nationalen Rechts andere Sanktionen als Bußgelder möglich sind. In ihrer Rechtskraft ähnelt die EG-Verordnung am ehesten dem, was man auf nationaler Ebene als Gesetz bezeichnet, wobei allerdings die erheblichen Unterschiede im Gesetzgebungsverfahren zu berücksichtigen sind: Das Europäische Parlament ist beim Erlass von Verordnungen durch den Rat der EU (Ministerrat) oder die Kommission nicht in dem Maße beteiligt, wie das deutsche Parlament im nationalen Gesetzgebungsverfahren. Die wichtigsten, als Grundverordnungen bezeichneten Verordnungen werden vom EU-Ministerrat als „eigentlicher Legislative", der für themenspezifische Fragen durch die jeweiligen Fachminister der Regierungen der derzeit 27 Mitgliedstaaten gebildet wird, erlassen, Ausführungs- bzw. Durchführungsverordnungen dazu in der Regel von der EU-Kommission. Letztere kommen – obgleich der Vergleich bedenklich ist – noch am ehesten einer nationalen Rechtsverordnung nahe.

(2) Im Unterschied zur Verordnung, die *in* jedem Mitgliedstaat gilt, ist eine EG-**Richtlinie** *für* jeden Mitgliedstaat hinsichtlich des zu erreichenden Zieles verbindlich. Wie dieses Ziel aber erreicht werden soll, bleibt den einzelnen Staaten überlassen. Eine Richtlinie ist also nicht unmittelbar anwendbar wie eine Verordnung, sondern muss – in einem zweistufigen Verfahren – in nationales Recht umgesetzt und damit konkretisiert und umsetzbar gemacht werden. Eine EG-Richtlinie ist in etwa mit der Rahmengesetzgebungskompetenz des Bundes für Länder und Gemeinden gemäß Art. 75 GG zu vergleichen (dort z. B. für allgemeine Grundsätze des Hochschulwesens oder des Melde- und Ausweiswesens). Der EuGH hat Anfang 1992 eine bahnbrechende Entscheidung getroffen: In der Praxis gab es häufig Fälle, in denen Mitgliedstaaten die Umsetzung einer EG-Richtlinie in nationales Recht hinauszögerten. Nach dem EuGH-Urteil nun kann ein Bürger seinen Staat auf Schadenersatz verklagen, wenn dieser ihm Rechte vorenthält, die auf Gemeinschaftsebene gewährt wurden. Dies bedeutet erstmalig auch eine indirekte Form von Sanktionen gegen einen Staat, der gegen EG-Vorschriften verstößt, indem er die vorzunehmende Umsetzung von Gemeinschaftsrecht in nationales Recht verzögert und damit die Rechtsharmonisierung in der EU beeinträchtigt.

(3) Im Gegensatz zur allgemeingültigen Verordnung ist eine **Entscheidung** eines EU-Organs nur für den Einzelfall und nur für die in der Entscheidung bezeichneten natürlichen oder juristischen Personen verbindlich. Entscheidungen sind auch nicht veröffentlichungsbedürftig und sind in ihrer Wirkung mit dem *Verwaltungsakt* des deutschen Rechts zu vergleichen. Beispiele: Entscheidungen über eine beantragte Fusion oder Verhängung einer Geldbuße bei Zuwiderhandlungen. Betroffenen steht ggf. der direkte Klageweg zum **Europäischen Gerichtshof** (EuGH) offen (Abbildung 6.4/2).

Ausländisches Recht bezieht sich auf Länder, die nicht der EU angehören. Im Wettbewerbsrecht gilt dabei, dass ausländisches Recht unter bestimmten Voraussetzungen auch auf Unternehmen angewendet werden kann, wenn diese ihren Sitz nicht im betreffenden Territorium haben. Beispielsweise kann es vorkommen, dass ein in der EU zugelassener Zusammenschluss nicht durchgeführt werden kann, weil er nach amerikanischem Recht nicht genehmigt wird. Möglich ist auch, dass eine Kartellbuße sowohl in der EU als auch z. B. in den USA verhängt wird, denn die EU-Kommis-

Abb. 6.4/2: Gerichtsentscheide

EuGH bestätigt Strafe gegen Microsoft -
Kommission setzt sich in fast allen Punkten durch

EU verhängt Rekord-Bußgeld gegen Siemens
Klage vor dem EuGH

EuGH weist Klage von SGL ab und erhöht Bußgeld wegen wettbewerbswidriger Preisabsprachen im Geschäft mit Graphitelektroden auf 75,7 Mio. EUR

Holtzbrinck prüft rechtliche Schritte
Verlagsgruppe will sich gegen Bescheid des Bundeskartellamts wehren

Rekordbußgeld gegen Reedereien nichtig
EuGH hat Geldbußen in Höhe von 273 Mio. Euro aufgehoben

sion ist nicht verpflichtet, anderen Ortes verhängte Bußgelder zu berücksichtigen (Abbildung 6.4/3). Um festzustellen, wann ein Vorgang welches Recht betrifft, wird das sogenannte **Auswirkungsprinzip** angewendet, d. h. es ist nicht ausschlaggebend, *wo* eine Wettbewerbsbeschränkung veranlasst wurde, sondern ob sie sich in einem Rechtsraum auswirkt. Damit sind rechtliche Winkelzüge ausgehebelt, dass man z. B. die Anwendung eines bestimmten nationalen Rechts vertraglich oder durch Sitzverlagerung auszuschließen versucht. Völkerrechtlich ist diese exzessive Auslegung des Auswirkungsprinzips allerdings höchst bedenklich. Eine ebenso bedenklich Parallele findet sich im Anti-Terrorismus- und im Embargo-Recht, weil beispielsweise die USA einen deutschen Unternehmer mit Sanktionen belegen können (die ihn beim nächsten Besuch bei seinem Zahnarzt in Miami treffen), weil er das US-amerikanische Embargo gegen Kuba nicht beachtet hat. Dies ist ein gängiger, aber nichtsdestoweniger krasser Verstoß gegen das prinzipielle völkerrechtliche Verbot der Extra-Territorialität, d. h. dass nationales Recht nicht außerhalb des nationalen Territoriums angewendet werden darf.

Abb. 6.4/3: Kartellsündern drohen Doppelstrafen

EU-Gerichtshof weist Klage von SGL Carbon gegen Mehrfachstrafen in der EU und den USA zurück

Internationales Recht ist für die Kontrolle von Unternehmens-zusammenschlüssen irrelevant (darum „fehlt" es in der vorange-henden Aufzählung) – es gibt kein internationales Wettbewerbs-recht, das etwa dem internationalen Handelsrecht der **WTO** *(World Trade Organisation)* analog wäre. Die WTO propagiert zwar den Abbau *staatlicher* Handelshemmnisse und die Öffnung der Märkte. Aber es existiert keine Institution, die das Verhalten international operierender privater Unternehmen überwachen könnte (Abbildung 6.4/4). Innerhalb der WTO-Verhandlungsrun-den sind Wettbewerbsfragen noch kein aktuelles Tagesordnungs-thema.

Abb. 6.4/4: Internationale Wettbewerbshüter

China hat sich sein erstes Kartellgesetz gegeben
Experten warnen vor Euphorie

Warten auf das Weltkartellamt

Nicht mit Mega-Behörden gegen Mega-Fusionen

INTERNATIONALE FUSIONSKONTROLLE GEFORDERT

Viele Beobachter sind der Meinung, dass eine internationale Me-gabehörde unsinnig wäre, bürokratisch, ineffizient – und vor allem zahnlos, denn auf internationaler Ebene gibt es keine Sanktions-möglichkeiten wie auf nationalem oder europäischem Niveau. Hier könnten nur bi-, pluri- oder multinationale Abkommen grei-fen – und dafür bräuchte man keine eigene neue Institution. Eine der vorgeschlagenen Möglichkeiten wäre, dass internationalen

Fusionen der Rechtschutz verweigert werden könnte. Dann würde die Fusion zwar vollzogen, aber rechtlich nicht anerkannt – mit gravierenden Folgen für die Geschäftstätigkeit. Es ist nicht ganz ausgeschlossen, dass auch Eigeninteressen nationaler Kartellbehörden bei dieser Argumentation eine Rolle spielen, die um ihre Souveränität und ihren Einfluss fürchten.

6.4.2 Das heutige Wettbewerbsrecht („Kartellrecht")

Durch die erwähnte Siebte Novelle des (deutschen) Kartellrechts im Jahr 2005 GWB ist dieses faktisch bedeutungslos geworden. Das deutsche GWB wurde Art. 81ff. des EGV angepasst. Grundlegend neu ist die Regelung, dass bei Erfüllung bestimmter Bedingungen wettbewerbsrelevante Entscheidungen getroffen und Verhaltensweisen ausgeübt werden dürfen, ohne dass es – wie früher – keiner formellen Genehmigung der zuständigen Wettbewerbsbehörde bedarf. Insgesamt beruht diese Konstruktion auf einer sogenannte **Legalausnahme**, nach der Unternehmen ohne formelle vorherige Genehmigung wettbewerbsbeschränkende Maßnahmen ergreifen dürfen, sofern eine von vier Freistellungsvoraussetzungen des Art. 81 EGV erfüllt sind. Ob dies der Fall ist, beurteilt also das Unternehmen selbst in eigener Verantwortung – hier genügt eine entsprechende „Überzeugung" der Beteiligten von der Rechtmäßigkeit. Allerdings wird der Kartellbehörde im Gegenzug ein verstärktes Kontrollrecht eingeräumt.

Das ist die gute Nachricht, denn dies entlastet die Unternehmen von viel Bürokratie und anderem Aufwand. Wenn Unternehmen unsicher sind und nachträgliche Konsequenzen fürchten, können sie dessen ungeachtet eine „Anmeldung bei Bedarf" machen, um ein **Negativ-Attest** zu erlangen – da ist die Bürokratie wieder.

Die weniger gute ist, dass die Unternehmen damit selbst verantwortlich sind, weil sie die Beachtung der geltenden Rechtsnormen selbst sicherstellen müssen. Damit entsteht ein Planungs- und Investitionsrisiko, denn die Gefahr besteht, dass getätigte Investitionen „in den Sand gesetzt" werden. Zudem riskieren die Unternehmen ein Bußgeld, wenn im Streitfall gegen sie entschieden wird. Beim früheren Anmeldeverfahren mit Einzelfreistellungen bestand hingegen mit der Anmeldung Rechtssicherheit, unabhängig von der langen Bearbeitungsdauer. Die neuen Regelungen setzen auf Unternehmensseite daher ein effizientes kartellrechtliches Risikomanagement voraus.

Im Zweifelsfall trägt somit das Unternehmen die Beweislast, dass die Voraussetzungen der in Anspruch genommenen Freistellung erfüllt waren und sind, und es muss ggf. die Konsequenzen tragen, wenn die Annahme unrichtig war. Folglich trägt das Unternehmen auch selbst die Kosten einer vorangehenden Rechtskontrolle. Dies ist ohne solide Kenntnis der kartellrechtlichen Praxis nur schwer zu beurteilen und bedeutet ein potentiell erhebliches rechtliches Risiko. Umgekehrt muss eventuell eine Behörde, die das anders sieht, den entsprechenden Gegenbeweis führen. Im Zweifelsfall landet das Problem dann beim zuständigen Gericht; hierzu später.

Bei **grenzüberschreitenden Sachverhalten** hat das europäische Recht (gestützt auf Art. 81 EGV) absoluten Vorrang. Bei nicht-grenzüberschreitenden Sachverhalten gilt zwar deutsches Recht, aber dieses ist dem europäischen Recht angepasst, so dass sich materiell kein Unterschied ergibt. Auch bei grenzüberschreitenden Sachverhalten kann das nationale Bundeskartellamt zuständig sein (dies hängt im Wesentlichen von der Größe der beteiligten Unternehmen ab), wobei es prüfen muss, ob es europäisches oder deutsches Recht anzuwenden hat. Umgekehrt kann die Europäische Kommission alle Fusionsfälle mit zwischenstaatlicher Bedeutung an sich ziehen.

Eine nach Art. 81 verbotene Vereinbarung ist automatisch nichtig, d. h. es bedarf prinzipiell keines weiteren juristischen oder administrativen Vorgehens auf nationaler Ebene. Zuwiderhandlungen können von der EU-Kommission mit Unterlassungsanordnungen und (teilweise drakonischen) Geldbußen in Multimillionenhöhe (bis zu 10 % des Jahresumsatzes der betreffenden Unternehmen) geahndet werden (vergleiche Abbildung 6.4/5). Geschädigte können zudem **Schadenersatz** fordern. Die Kriterien der EU-Kommission werden allerdings von der Wirtschaft als viel zu vage eingeschätzt. In der Folge wird fast jede Kartellentscheidung vor Gericht angefochten – dies ist nicht nur teuer, sondern bedeutet eine erhebliche Rechtsunsicherheit. Angesichts der teilweise horrenden Kartellbußen lohnt sich allerdings fast immer der Versuch einer gerichtlichen Überprüfung. Ein Hinweis: Es wird in den Medien bei Geldsanktionen gerne z. B. von Kartell-„Strafen" gesprochen (Abbildung 6.4/5), aber das ist nicht strafrechtlich gemeint, sondern es handelt sich

Abb. 6.4/5: EU-Kartellkontrolle I

EU verhängt Millionen-Strafe gegen Kautschuk-Kartell.

EU-Kartellbuße von 143,7 Mio. Euro löscht Schindler-Gewinn aus

in der Regel um Geldbußen gegen Unternehmen – trotz horrender Beträge geht es dabei qualitativ um Ordnungswidrigkeiten, so wie Falschparken. Strafrechtlich können nur natürliche Personen betroffen sein, beispielsweise in Fällen von Betrug, und dann drohen neben Geldstrafen auch Freiheitsstrafen.

6.4.3 Zuständige Institutionen

Auf europäischer Ebene ist die **Europäische Kommission** die zuständige Institution für die Überwachung, Anwendung und Durchsetzung des supranationalen Wettbewerbsrechts für alle Fälle mit grenzüberschreitenden Wirkungen. In Deutschland wurde auf der Grundlage des Gesetzes gegen Wettbewerbsbeschränkungen (GWB) von 1957 *(„Kartellgesetz")* (in Kraft getreten am 01.01.1958) mit dem **Bundeskartellamt** eine Institution geschaffen, die Wettbewerbsbeschränkungen, die sich auf das deutsche Hoheitsgebiet beschränken, durch Kontrollen und ggf. mit Sanktionen entgegenwirken soll. Daneben gibt es seit 1973 eine dem Sachverständigenrat vergleichbare **Monopolkommission**, welche aus fünf unabhängigen Gutachtern besteht und die Bundesregierung in wettbewerbspolitischen Fragen berät. Das Kartellamt ist eine selbstständige Bundesoberbehörde mit Sitz in Bonn (bis 1999 Berlin) und gehört zum Geschäftsbereich des Bundesministeriums für Wirtschaft und Arbeit, ist jedoch nicht weisungsgebunden. Das Bundeskartellamt hat bei seinen Ermittlungen die Befugnisse einer Staatsanwaltschaft und kann bei festgestellten Verstößen gegen wettbewerbsrechtliche Bestimmungen, die in seinen Zuständigkeitsbereich fallen, Bußgelder verhängen. Entscheidungen des Kartellamtes können im Beschwerdeverfahren beim Oberlandesgericht und in nächster Instanz beim Bundesgerichtshof überprüft werden.

Das **GWB** wurde seit 1958 durch bislang sieben Novellen ergänzt und verändert: Durch die Erste Novelle 1965 erhielt das Bundeskartellamt die Befugnis, selbst *Geldbußen* festzusetzen; mit der Zweiten Novelle wurde 1973 die *Missbrauchsaufsicht* über marktbeherrschende Unternehmen verschärft, die *Preisbindung der zweiten Hand* verboten sowie Erleichterungen für *kleine und mittlere Unternehmen* (KMU) eingeführt; die Dritte Novelle 1976 erschwerte *Pressefusionen* (sogenannte *Lex Springer);* die Vierte Novelle 1980 bedeutete verschiedene Verbesserungen und Verfeinerungen, auf die ich hier nicht näher eingehe, und die Fünfte Novelle 1989 bezog sich insbesondere auf die *Konzentrationskontrolle im Handel,* besonders auf der *Nachfrageseite.* Die Sechste Novelle trat 1999 in Kraft. Dabei wurden verschiedene wesentliche Bereiche überarbeitet, wodurch eine weitere *Harmonisierung* zwischen deutschem und europäischem Wettbewerbsrecht erreicht wurde.

2005 erfolgte die Siebte Novellierung, die – wie bereits deutlich wurde – sehr wesentliche Änderungen des deutschen Kartellrechts mit sich gebracht hat, denn es ist – wie gesagt – in grundsätzlicher Weise fast bedeutungslos geworden zugunsten einer Anpassung der deutschen Normen an das Europäische Wettbewerbsrecht (dies gilt analog für alle Mitgliedstaaten). Damit hat bei grenzüberschreitenden Sachverhalten das EG-Recht absoluten Vorrang. Bei nichtgrenzüberschreitenden Sachverhalten gilt zwar formell deutsches Recht, doch entspricht dieses materiell dem europäischen Recht. Von besonderer praktischer Bedeutung ist, dass bei Erfüllung entsprechender Bedingungen Unternehmenszusammenschlüsse oder -absprachen pauschal genehmigt sind (sogenannte **Freistellung**), ohne dass zunächst ein formelles Verfahren durchlaufen werden müsste; wir gehen noch darauf ein.

Man unterscheidet **horizontale** und **vertikale Wettbewerbsbeschränkungen.** Horizontale Beschränkungen sind solche zwischen Wettbewerbern, die auf derselben Marktstufe operieren, also beispielsweise Automobilzulieferer. Vertikale Beschränkungen beziehen sich auf die Beziehungen zwischen Nicht-Wettbewerbern auf verschiedenen Marktstufen, beispielsweise zwischen Automobilzulieferer und Automobilhersteller.

Ein Zusammenschluss gilt dann als bedenklich, wenn sich daraus eine erhebliche Behinderung wirksamen Wettbewerbs ergibt. Bei der Beurteilung dieser Frage werden u. a. Kriterien wie der

Marktanteil herangezogen (dabei gelten 30–35 % Marktanteil als kritische Grenze); Pressefusionen sind bereits bei recht niedrigen Schwellenwerten anzeigepflichtig. Ein wichtiges Problem ist dabei beispielsweise bei Oligopolen die Frage, ob zwischen den Oligopolunternehmen (noch) Wettbewerb besteht oder nicht. Ein besonderes Problem ergibt sich aus regional begrenzten Konzentrationen, wie sie beispielsweise nach der Wiedervereinigung verstärkt in den neuen Bundesländern aufgetreten sind. Die Abgrenzungskriterien für Marktanteile sind tendenziell gesamtwirtschaftlich und nicht regional ausgerichtet. Die Anbietermacht kann sich daher in bestimmten Regionen stark konzentrieren, beispielsweise im Lebensmittelhandel, gleichwohl aber unterhalb der „Aufgreifschwellen" für Zusammenschlüsse bleiben.

6.5 Kartellkontrolle

Der Argwohn der Kartellbehörden leitet sich daraus ab, dass sich durch Absprachen die *Gewinnmöglichkeiten* der Kartellmitglieder zum Nachteil der Verbrauche erhöhen können, beispielsweise bei (verbotenen) sogenannten Submissionskartellen, bei denen sich die verschiedenen Anbieter bei Ausschreibungen der öffentlichen Hand darüber absprechen können, wer welche Preise anbietet und somit wohl den Zuschlag bekommen wird. Beim nächsten Mal ist dann ein anderer Kartellbruder an der Reihe. Aber es gibt auch Beschränkungen, *niedrige Preise* anzubieten, weil dies tendenziell schwächere Konkurrenten kaputt machen kann und damit den Wettbewerb vermindert. Abbildung 6.5/1 gibt schon einmal einen Überblick über die Bereiche der Kartellkontrolle.

6.5.1 Kartellverbot

Kartelle sind bis auf wenige Ausnahmen grundsätzlich und **absolut verboten**, und zwar nicht erst, wenn sie praktiziert werden, sondern bereits bei ihrem Abschluss. Ausnahmslos verboten sind alle Kartellabsprachen, die sich auf die Preisgestaltung erstrecken (Abbildung 6.5/2), d. h. Preiskartelle i. S. v. horizontalen oder vertika-

Abb. 6.5/1: Kartellaufsicht

Verbotene Kartelle: *Hard core*-Kartelle	Zulässige Kooperationsformen
• Preisabsprachen • Quotenfestsetzungen • Boykottabsprachen • Kunden- und Gebietsabsprachen • Verkaufssyndikate u.a.m.	• Forschungs- und Entwicklungs-vereinbarungen • Spezialisierungsvereinbarungen • Marktinformationssysteme • Vertriebsgemeinschaften • Einkaufsgemeinschaften • Produktionsvereinbarungen • Mittelstandskartelle • Normungs-, Typen-, Konditio-nenkartelle • Strukturkrisenkartelle

len Mindest-, Höchst- oder Festpreiskartellen ebenso wie Submissionskartelle (Preisabsprachen bei Angeboten zu Ausschreibungen). Das Verbot erstreckt sich auch auf Maßnahmen, mit denen das Kartellverbot umgangen werden soll, z. B. Empfehlungen zu gleichförmigem Verhalten (vergleiche aber unten die – zulässige – **unverbindliche Preisempfehlung***). Dies schließt allerdings nicht aus, dass

Abb. 6.5/2: EU-Kartellkontrolle I

Kartellamt verhängt 660 Millionen Euro Bußgeld gegen Zementkartell

BUNDESKARTELLAMT VERDONNERT 17 INDUSTRIEVERSICHERER WEGEN AUSSCHALTUNG DES WETTBEWERBS ZU GELDBUSSEN VON INSGESAMT 150 MIO. EURO

Rossmann lehnt Kartell-Bußgeld ab

„Im Streit zwischen Rossmann und dem Bundeskartellamt über verbotene Dumpingpreise will die Drogeriemarktkette alle rechtlichen Möglichkeiten ausschöpfen. Notfalls werde Rossmann bis vor den Europäischen Gerichtshof ziehen."

sich Unternehmen durch Beobachtung an Preisentwicklungen am Markt anpassen – sofern keine Absprache vorliegt.

Problematisch ist in der Praxis die Abgrenzung von ggf. unzulässigen Absprachen von nicht-koordiniertem Parallelverhalten sowie (zulässigem) Informationsaustausch: So wurde und wird insbesondere seitens der von den Kartellbehörden argwöhnisch beobachteten Mineralölanbietern immer wieder betont, dass gleichzeitige Preisanpassungen z. B. bei Benzin – auf gar keinen Fall – auf ein abgestimmtes Verhalten zurückzuführen seien, sondern sich aus den Marktzwängen ergeben: Änderungen des Rohölpreises oder des Dollarwechselkurses führen danach – aufgrund der produktbedingt sehr ähnlichen Kalkulationsmethoden – eben automatisch und spontan zu ganz ähnlichen (parallelen) Reaktionen. Sagen die Benzinfirmen (Abbildung 6.5/3).

Abb. 6.5/3: Preisabsprachen?

Benzinpreis: Ölkonzerne wehren sich gegen Kartell-Vorwürfe

Im Streit über die Benzinpreiserhöhungen haben die Mineralölkonzerne die Kritik der Bundesregierung zurückgewiesen.

Benzinmarkt erneut im Blick des Kartellamts

Praxistipp: Wenn ein Teilnehmer an einem Verbandstreffen teilnimmt, bei dem kartellrechtswidrige Absprachen getroffen werden, reicht es nicht aus, wenn er schweigt und dem Gespräch nur zuhört, sondern er muss protestieren und seinen Protest zu Protokoll bringen. Hm...

Auch vertragliche Preisbindungen (**Verbot der Preisbindung der Zweiten Hand**) sind verboten. Ausnahmen bestehen lediglich (Abbildung 6.5/2) für Verlagserzeugnisse (Bücher, Zeitschriften, Zeitungen etc.) und für Endpreisregelungen, die sich aus steuerlichen Vorschriften ableiten: Beispielsweise wird von einem Zigarettenhersteller Tabaksteuer in dem Moment entrichtet, in dem die Güter den Herstellungsbetrieb verlassen. Da die Höhe der Tabaksteuer vom vorgesehenen Einzelhandelspreis abhängt, darf dieser somit nicht mehr durch den Einzelhändler verändert werden: Würde ein Kioskbesitzer ein Päckchen Zigaretten zu einem höheren Preis verkaufen als der Hersteller versteuert hat, würde dies in Höhe des nicht versteuerten Differenzbetrags eine Steuerhinterziehung bedeuten; wäre der Endverkaufspreis niedriger als der versteuerte, entstünde möglicherweise ein Anspruch auf Steuererstattung. In solchen steuerrechtlich geregelten Fällen also kann der Hersteller den Endverbrauchspreis festsetzen, doch ist dies offensichtlich ein völlig anderer Sachverhalt als eine „Preisbindung der zweiten Hand":

Abb. 6.5/2: Abgestimmtes Verhalten?

Diesmal macht Aral den Anfang

Diesmal erhöht Esso die Preise

NACH ESSO GEHEN AUCH DIE ANDEREN MIT DEN PREISEN HOCH

Nach Aral und Shell erhöhen nun auch Jet und AGIP die Benzinpreise

Benzinpreise: Die Anderen ziehen nach

Auch Total verteuert Benzin

Benzinpreise steigen erneut

Ölfirmen heben Benzinfirmen an

Aral erhöht um 3 Cent

Verboten sind auch Kartelle zur Beschränkung der Erzeugung oder des Absatzes durch Gebiets- und Kundenabsprachen, Bezugsbindungen, Boykottverabredungen, Verkaufssyndikate oder Quotenfestsetzungen. Diese Kartelle werden als **Hard-core-Vereinbarungen** bezeichnet. Ausschließlichkeitsbindungen, mit denen Beziehungen zu anderen Marktteilnehmern untersagt werden, sind zulässig, unterliegen aber der Missbrauchsaufsicht, z. B. bei Autohändlern (vergleiche aber im anschließenden Abschnitt die sogenannten **Gruppenfreistellungen** im EG-Recht).

Verbotene Kartelle sind automatisch nichtig. Das Bundeskartellamt bzw. die EU-Kommission können Unterlassungen verfügen und (drastische) Geldbußen verhängen (vergleiche unten Abschnitt 6.6.2).

6.5.2 Ausnahmen vom Kartellverbot

(1) Unbeschadet des grundsätzlichen Kartellverbots gibt es Ausnahmen, die jedoch **im Einzelfall** zu prüfen sind. Hierzu zählen Vereinbarungen mit mangelnder Spürbarkeit (sogenannte **„de-minimis-Regelung"**). „Spürbar" bedeutet eine signifikante Veränderung der Marktverhältnisse. Als Kriterien gelten ein Marktanteil der beteiligten Unternehmen von zusammen weniger als 10 % sowie Vereinbarungen zwischen Lieferanten und Abnehmern, wenn deren jeweilige Marktanteile 15 % nicht überschreiten. Diese Regelung soll also insbesondere KMU bevorzugen und schützen und Mittelstandskooperationen fördern. Es liegt auf der Hand, dass es bezüglich der Abgrenzung eines Marktanteils zu unterschiedlichen Sichtweisen seitens der beteiligten Unternehmen und der Kartellbehörden kommen kann.

(2) Vom Kartellverbot **freigestellt** sind wettbewerbsbeschränkende Vereinbarungen, die (verkürzt)

- unter angemessener Beteiligungen der Verbraucher am Gewinn

- zu einer Verbesserung der Warenerzeugung oder -verteilung oder zur Förderung des technischen oder wirtschaftlichen Fortschritts beitragen.

- **Höchstpreisbindungen** sind bis zu einem Marktanteil des Lieferanten von 30 % grundsätzlich erlaubt – grundsätzlich, denn dabei darf u.a. kein Druck ausgeübt werden, beispielsweise durch die Drohung, nicht mehr zu liefern...

- **Bezugsbindungen** sind unter bestimmten Restriktionen bezüglich der Marktstellung bis zu fünf Jahren freigestellt.

- **Wettbewerbsverbote**, mit denen der Kunde daran gehindert wird, Waren oder Dienstleistungen anzubieten, die mit denen des Lieferanten in Wettbewerb stehen, sind bis zu fünf Jahren zulässig.

- **Gebietsschutz** ist zulässig in dem Sinne, dass ein Händler nicht aktiv außerhalb seines Vertragsgebietes tätig werden darf. Passiver Vertrieb, d.h. der Händler wird angesprochen, darf hingegen nicht ausgeschlossen werden. „Echte" Handelsvertreter können strikteren Wettbewerbsbeschränkungen unterworfen werden.

Bezüglich einiger der angeführten Wettbewerbsbeschränkungen gibt es im EG-Recht spezifische sogenannte **Gruppenfreistellungsverordnungen (GVO)**, beispielsweise die *Gruppenfreistellungsverordnung für Vereinbarungen über Forschung und Entwicklung* („F+E-GVO"; sie heißt tatsächlich so). Von Bedeutung sind weiterhin die *GVO für Spezialisierungsvereinbarungen* (Spezialisierungs-VO) sowie die *Vertikal-GVO* bezüglich verschiedener Freistellungen für Vereinbarungen zwischen verschiedenen Marktstufen, beispielsweise Zulieferer – Hersteller oder Hersteller – Käufer, wenn sie weniger als 30 % des relevanten Markts ausmachen und weder Preisbindungen noch absolute Reimportverbote beinhalten (z.B. Handelsvertretervereinbarungen). Allerdings unterliegen diese Befreiungen der Missbrauchsaufsicht nach Art. 82 EGV (vergleiche unten). Zudem sind dies nur Orientierungswerte, so dass sowohl Vereinbarungen oberhalb der Richtwerte als unbedenklich als auch solche unterhalb der Richtwerte als nicht geringfügig eingestuft werden können. Sofern Unternehmen unsicher sind, ob ihre Vereinbarung unter diese Ausnahmeregelung fällt, können sie (sinnvollerweise bereits im Planungsstadium) bei der Kommission ein Negativattest beantragen, das ihnen förmlich bescheinigt, dass die Vereinbarung nicht gegen die Wettbewerbsregeln verstößt. Unter Umständen ist auch eine Freistellung erforderlich.

(3) Vom Kartellverbot sind auch verschiedene Kooperationen zwischen Unternehmen freigestellt, aus denen sich wettbewerbs-

fördernde Wirkungen ergeben (können). Dies setzt erstens voraus, dass die Vereinbarungen zu Produkt- oder Vertriebsverbesserungen oder zu wirtschaftlichem Fortschritt beitragen, z.B. durch Kostensenkungen. Zweitens müssen die Kostenvorteile durch Preissenkungen oder verbesserte Qualität an die Verbraucher weitergegeben werden. Drittens müssen die Wettbewerbsbeeinträchtigungen zur Erzielung der positiven Wirkungen unabdingbar sein, und viertens darf der Wettbewerb auf keinen Fall vollständig ausgeschaltet werden. Hierzu zählen bestimmte Einkaufs- oder Verkaufsgemeinschaften (einschließlich Marktforschung), Web-Nutzung, Forschungskooperationen oder Spezialisierungs- bzw. Rationalisierungskartelle, insbesondere im Bereich des Mittelstands. Von diesen Ausnahmen ausgenommen sind die oben erwähnten Hardcore-Kartelle. Konditionenkartelle sind kartellrechtlich sehr sensibel, aber nicht grundsätzlich ausgeschlossen, also abhängig vom Einzelfall.

Im Gegensatz zum früheren Kartellrecht bedürfen diese Ausnahmen keiner expliziten Genehmigung durch Kartellbehörden, sondern die beteiligten Unternehmen können hier die oben ausgeführte Legalausnahme in Anspruch nehmen und die Situation selbst einschätzen, ob sie kartellrechtlich möglich ist.

Die heute üblichen **unverbindlichen Preisempfehlungen** sind *keine* Variante der verbotenen Preisbindung, denn der Endverkäufer darf auch nicht indirekt zur Einhaltung dieser Empfehlung gezwungen werden. Preisempfehlungen sind nur für Markenwaren zulässig, nicht jedoch für gewerbliche Leistungen. Dabei sind auch sogenannte *„Mondpreise"* unzulässig, die so hoch angesetzt sind, dass sie in der Praxis grundsätzlich im Einzelhandel unterschritten werden.

6.6 Fusionskontrolle

Das zweite Aufgabenfeld des Wettbewerbsrechts betrifft die Überwachung und Kontrolle von Unternehmenszusammenschlüssen (in Abgrenzung zu Kooperationen), um eine zu starke Konzentration von Marktmacht in Oligopolen oder gar Monopolen zu verhindern. Ein kontrollpflichtiger Zusammenschluss ist zu untersagen, wenn sich durch ihn eine erhebliche Behinderung wirksamen Wettbewerbs ergibt – das ist neu (dem amerikanischen Recht entnommen), denn zuvor war das Kriterium, ob sich durch die Fusion eine marktbeherrschende Stellung ergibt oder verstärkt wird. Dies wird insbesondere – aber nicht nur – am Marktanteil festgemacht (vergleiche anschließend). Anzumerken ist, dass bereits ein marktstarkes, nicht erst ein marktbeherrschendes Unternehmen besondere Aufmerksamkeit verdient.

Im Unterschied zum Kartellrecht im engeren Sinne unterliegt die Fusionskontrolle in hohem Maße auch (noch) deutschem Recht (§§ 35–43 GWB). Sie wird vom Bundeskartellamt ausgeübt. Das GWB findet dann keine Anwendung, wenn die Europäische Kommission nach der EG-Fusionskontrollverordnung ausschließlich zuständig ist.

Die Europäische Kommission ist zuständig für alle Fälle von Unternehmenszusammenschlüssen von gemeinschaftsweiter Bedeutung. Ist sie nicht zuständig, unterliegen geplante Zusammenschlüsse deutschem Recht.

Wenn eine Fusion untersagt wird (dies kommt bei vier bis zwölf Fällen pro Jahr vor), ist in der Regel das Entstehen oder Verstärken einer marktbeherrschenden Stellung der Grund. In jüngerer Zeit ist zunehmend zu beobachten, dass statt eines Kaufs von Gesellschaftsanteilen Unternehmen gepachtet werden. Da dies gleichfalls eine Konzentration wirtschaftlicher Entscheidungsmacht bedeutet, unterliegen solche Vorhaben ebenfalls der Fusionskontrolle (vergleiche Abbildung 6.6/1).

6.6.1 Deutsches Recht

6.6.1.1 Kontrollpflichtige und nicht kontrollpflichtige Zusammenschlüsse

Unternehmenszusammenschlüsse können kontrollpflichtig oder nicht kontrollpflichtig sein. Kontrollpflichtige Zusammenschlüsse müssen vor dem Vollzug beim Bundeskartellamt angemeldet werden. Für nicht kontrollpflichtige Zusammenschlüsse besteht weder eine Pflicht zur Anmeldung noch des Vollzugs.

Abb. 6.6/1: Fusionskontrolle

Fracht-Joint-Venture zwischen Lufthansa und Deutsche Post ohne Auflagen genehmigt

Bundeskartellamt hat geplante Übernahme des TV-Konzerns ProSiebenSat.1 durch Springer Verlag verboten.

Kartellamt untersagt EAM-Beteiligung an Stadtwerken Geschweige

Bundeskartellamt untersagt Fusion im Asphaltbereich - Marktbeherrschende Stellung der Werhahn-Gruppe wäre verstärkt worden ...

Kartellamt untersagt Klinikfusion

Air Berlin kann Belair übernehmen

Bundeskartellamt **untersagt Fusion** im Asphaltbereich.

Bundeskartellamt genehmigt Fusion Strabag/Roba unter Auflagen

Kontrollpflichtig sind Zusammenschlüsse, wenn

- die beteiligten Unternehmen zusammen weltweit Gesamtumsätze (also nicht nur auf den betroffenen Märkten) haben von mehr als 500 Mio. Euro **und**
- mindestens eines der Unternehmen im Inland Umsätze hat von mehr als 25 Mio. Euro.

Kontrollpflichtige Zusammenschlüsse, die das Verfahren der vorherigen Fusionskontrolle durchlaufen haben, sind nach ihrem Vollzug beim Bundeskartellamt anzuzeigen.

Nicht kontrollpflichtig und nicht anzeigepflichtig sind Zusammenschlüsse, wenn

- der Zusammenschluss keine Inlandswirkung hat **oder**

- die de-minimis-Klausel erfüllt ist (Umsatzerlöse im letzten Geschäftsjahr des betreffenden Unternehmens von weniger als 10 Mio. Euro, wobei Einschränkungen für Verlage und Presseunternehmen gelten) (**und** das Unternehmen nicht abhängig ist; in diesem Fall muss der Gesamtumsatz beider Unternehmen unter 10 Mio. Euro liegen) **oder**
- die Bagatellmarktklausel anzuwenden ist, d. h. dass **ausschließlich** ein Markt betroffen ist, auf dem seit mindestens 5 Jahren Waren oder Dienstleistungen angeboten wurden und im letzten Kalenderjahr weniger als 15 Mio. Euro Umsatzerlöse erzielt wurden.

> **Praxistipp:** Auch bei Erfüllung der Bagatellmarktklausel ist es möglich, dass die Stellung des Erwerbers auf einer vorgelagerten Marktstufe verbessert wird. Daher sollte bei Erreichen der genannten Umsatzschwellen in Zweifelsfällen eine vorherige Anmeldung vor Vollzug erfolgen, um Rechtssicherheit zu erlangen.

> **Praxistipp:** Bei Beteiligung ausländischer Unternehmen ist zu prüfen, ob das deutsche GWB anzuwenden ist. Dies ist dann der Fall, wenn sich „spürbare" Auswirkungen im Geltungsbereich des GWB ergeben.

Da sich ein wachsender Marktanteil – und im Extrem Marktbeherrschung – nicht nur durch Konzernbildung und Fusionen ergeben kann (sogenanntes *externes Wachstum*), sondern aufgrund *internen Wachstums,* d. h. der Expansion eines erfolgreichen Unternehmens, kann die Fusionskontrolle hier nicht greifen. Für derartige Fälle gibt es die Missbrauchsaufsicht.

6.6.1.2 Verfahrensaspekte

Als Zusammenschluss gelten nach dem GWB folgende Fälle:

- gänzlicher oder anteilig wesentlicher Erwerb des Vermögens eines anderen Unternehmens,
- Erwerb der unmittelbaren oder mittelbaren Kontrolle des oder der anderen Unternehmen(s).
  Kontrolle kann sich z. B. aus Verträgen oder Rechten ableiten, die einen bestimmenden Einfluss auf die Tätigkeit eines Unternehmens bzw. auf die Organe des Unternehmens erlauben

- Erwerb von 25 % oder von 50 % der Anteile eines Unternehmens,

- jede andere Verbindung von Unternehmen, die einen wettbewerblich erheblichen Einfluss auf ein anderes Unternehmen bedeuten können.

Da Banken nicht selten aus Finanzierungsgründen Anteile mit baldiger Verkaufsabsicht kaufen, schließt die **Bankenklausel** solche Transaktionen von der Fusionskontrolle aus, sofern die Veräußerung innerhalb eines Jahres erfolgt.

Sofern die beteiligten Unternehmen nachweisen können, dass sich durch den Zusammenschluss Verbesserungen der Wettbewerbsbedingungen ergeben, können auch Zusammenschlüsse genehmigt werden, die nach den obigen Kriterien zu untersagen wären. Eine Untersagung kann vor dem zuständigen Oberlandesgericht Düsseldorf angefochten werden.

In Fällen von herausragender gesamtwirtschaftlicher Bedeutung kann der Bundeswirtschaftsminister – nach Beratung durch die bereits erwähnte Monopolkommission – sich ggf. über eine ablehnende Entscheidung des Bundeskartellamts hinwegsetzen und eine Fusion dennoch genehmigen (sogenannte **Ministerfusion**), wenn die Wettbewerbsbeschränkungen von gesamtwirtschaftlichen Vorteilen aufgewogen werden oder durch ein überragendes Interesse der Allgemeinheit gerechtfertigt sind (§ 24 Abs. 3 GWB) (vergleiche Abbildung 6.6/2). Analog gibt es die Möglichkeit von **Ministerkartellen**. Die Chancen auf eine Ministergenehmigung stehen – so zeigt die bisherige Erfahrung – nicht schlecht: Die Liste abgelehnter Anträge auf Ministergenehmigungen bei Fusionen ist kurz, ganz im Gegenteil zur Liste genehmigter Fälle. Allerdings sind abgelehnte Anträge auch deshalb selten, weil vor einem formalen Antrag Sondierungen stattfinden, aufgrund derer ein Antrag dann oft ganz unterbleibt. Was bleibt, dürfte der Frust der Kartellbehörde sein – und das Unverständnis der Bürger. Mancher Leser wird sich noch an den listigen Wirtschaftsminister Werner Müller im Kabinett Gerhard Schröder erinnern (oder auch nicht), der die politisch sehr brisante Entscheidung über den bereits vom Kartellamt abgelehnten Fusionsantrag seines ehemaligen Arbeitgebers, der VEBA, später E.ON kurzerhand an seinen Staatssekretär Tacke delegierte – der dem Antrag dann stattgab. Den Erfolg sehen wir heute, ständige Preiserhöhungen und Übernahmebestrebungen von Mitbe-

Abb. 6.6/2: Ministererlaubnis

Ruhrgas hat beim Bundeswirtschaftsminister eine Erlaubnis
für die Fusion beantragt

Neue Ministererlaubnis für E.ON/Ruhrgas

EnBW legt Beschwerde gegen Ministererlaubnis
zum Zusammenschluss E.ON/Ruhrgas ein.

Berlin setzt umstrittene Klausel aus E.ON-Ministererlaubnis aus

Ministererlaubnis für ProSiebenSat.1-Übernahme?

Keine Ministererlaubnis für Rhön-Klinikum

werbern und den Stadtwerken. Böse Zungen behaupteten schon
bei seiner Ernennung, dass Schröder den Bock (einen hochkarä-
tigen Lobbyisten) zum Gärtner gemacht habe.

Für den Erfolg unternehmerischer Zusammenschlüsse ist eine zü-
gige Umsetzung wichtig – je länger es dauert, desto größer ist die
Gefahr, dass sich die angestrebten Vorteile nicht realisieren. Dem
Bundeskartellamt steht daher ein Prüfungszeitraum von grundsätzlich nur vier Monaten ab Antragstellung zu, wobei das Kartellamt
innerhalb des ersten Monats Mitteilung machen muss, wenn eine
weitere Prüfung des Sachverhalts in einem **Hauptprüfungsverfahren** erfolgen soll. Unternehmen können auch einen Antrag auf Befreiung vom Vollzugsverbot stellen. Eine Genehmigung („Freigabe-
entscheidung") kann mit Bedingungen oder Auflagen verbunden
werden, beispielsweise, dass ein bestimmtes Unternehmensteil an
Dritte zu verkaufen ist.

Ein anmeldepflichtiger Zusammenschluss darf nicht vollzogen werden vor Ablauf eines Monats nach Antragstellung, ohne dass das
Hauptprüfungsverfahren eingeleitet ist bzw. das Kartellamt den

Abb. 6.6/3 Fusionskontrolle durch das Bundeskartellamt. Entscheidungen des Bundeskartellamtes auf dem Gebiet der Fusionskontrolle im Jahr 2007. (Entscheidungen nach § 40 GWB – öffentliche Versionen)

Kurzbetreff	Produktmärkte	Art der Entscheidung
Faber/BAG/AML	Asphaltmischgut	Untersagung
China International Marine Containers/Burg Industries	Straßentransporttechnik (Anhänger, Auflieger, Aufbauten)	Freigabe
Phonak/GN ReSound	Medizintechnik; Hörgeräte, audiologische Diagnose- und Messgeräte	Untersagung
Klinikum Region Hannover/ Landeskrankenhaus Wunstorf	Krankenhäuser, Kliniken	Freigabe im Hauptprüfungsverfahren mit Nebenbestimmungen
LBK/Mariahilf	Krankenhäuser, Kliniken	Untersagung
Sulo/Henning	Entsorgung von Gewerbeabfall, Altpapiermarkt	Freigabe
Sülzer/Kelmix/Werfo	Zweikomponentenkartuschen	Untersagung/Auflösung
Atlas Copco/ABAC	Kompressoren	Freigabe unter auflösender Bedingung
United Technologies/Marioff	Brandbekämpfungssysteme	Freigabe
Vacuumschmelze/Neorem	Seiten-Erd-Dauermagneten	Freigabe
Wehrhahn/Tondeo	Friseurscheren	Freigabe
Possehi/Techint	Maschinen für die Kunststoff- und Gummiindustrie	Freigabe
Cargotec/CVS Ferran	Containertransportgeräte	Untersagung
Krauss-Maffei Wegmann/ Blohm & Voss Industries	Herstellung von Gehäusen für Panzer	Freigabe
RENK/MAAG	Turbogetriebe, Schiffsgetriebe	Freigabe
LRP/Lotto Rheinland-Pfalz	Markt für Glücksspiele (hier: Lotterien)	Untersagung
Weltbild/Hugendubel/Weiland	Buchhandel	Freigabe mit Nebenbestimmungen
KLA-Tencor/Therma-Wave	Messgeräte für die Halbleiterindustrie	Freigabe
O2/T-Mobile/Vodafone	Mobiler Rundfunk, Mobilfunk-Datendienste u.a.	Freigabe
E.ON Avacon/WEVG	Versorgung mit Erdgas, Wasser, Fernwärme, Strom	Freigabe unter aufschiebender Bedingung
VNG/EWE/E.ON/Thyssengas/trac-x	Plattformen für Handel mit Gas-Sekundärkapazitätsrechten	Freigabe
RWE Energie/SaarFerngas	Gas- und Strommärkte	Untersagung
RWE/SWKN	Gas- und Strommärkte	Freigabe mit Nebenbestimmungen
Globus/hela ProfiZentren	Einzelhandel mit dem Vollsortiment des Bau- und Heimwerkerbedarfs	Freigabe unter auflösenden Bedingungen
Douglas/HELA	Parfümerie-Einzelhandel	Freigabe unter auflösenden Bedingungen in Verbindung mit ergänzenden Bedingungen
toom Baumarkt/Marktkauf Baumarkt	Einzelhandel Bau- und Handwerkerbedarf, zugehörige Beschaffungsmärkte	Freigabe
Air Berlin/TU	Ferienflüge, Linienflüge in Urlaubsgebiete	Freigabe
Praktiker/Max Bahr	Einzelhandel mit Baumarktsortimenten	Freigabe mit Nebenbestimmungen

Zusammenschluss freigegeben hat. Bei verbotswidrig erfolgtem Zusammenschluss kann ein Bußgeld bis zu 1 Mio. Euro verhängt werden. Abbildung 6.6/3 gibt einen beispielhaften Überblick über ein Jahr Fusionskontrolle durch das Bundeskartellamt.

6.6.2 Europäisches Recht

Die Europäische Kommission, spezifisch die Generaldirektion Wettbewerb (DG 4) ist – wie erwähnt – zuständig für alle Fälle von Unternehmenszusammenschlüssen von gemeinschaftsweiter Bedeutung. (Ist sie nicht zuständig, unterliegen geplante Zusammenschlüsse deutschem Recht.) Gegen ihre Entscheidungen kann beim Europäischen Gerichtshof (EuGH) geklagt werden. Wegen der daraus resultierenden großen Arbeitsbelastung wurde mit dem Maastrichter Vertrag das Europäische Gericht Erster Instanz (EuG) geschaffen, das die Berufungen von Unternehmen gegen die kartellrechtlichen Entscheidungen der EU-Kommission bearbeitet, während der EuGH nur noch für die Revision von Wettbewerbsfällen zuständig ist.

Die Fusionskontrolle auf Gemeinschaftsebene wird nicht im primären Recht des EG-Vertrags geregelt. Vielmehr wurde 1989 vom Ministerrat – als sekundäres Recht – eine Verordnung über die Kontrolle von Unternehmenszusammenschlüssen erlassen (Fusionskontrollverordnung, FKVO), um die wettbewerbsrechtliche Regelungslücke des EGV zu schließen. Analog zum GWB erstreckt sich die FKVO auch auf die Konzernbildung (der englische Begriff *mergers and acquisitions* – M & A – wird dieser Tatsache besser gerecht). Der Grund für diese Auslassung bis 1989 war, dass einige Mitgliedstaaten eine Einmischung in ihre Industriepolitik befürchteten, während Deutschland Furcht vor einer Aufweichung seiner strikten Fusionskontrolle auf EU-Ebene hatte.

Die Anmeldung eines geplanten Unternehmenszusammenschlusses zur Überprüfung (präventive Fusionskontrolle) (Abbildung 6.6/4) ist Ende 2002 grundlegend reformiert worden. Geplante Zusammenschlüsse ohne grenzüberschreitende Bedeutung fallen nach wie vor in die Kompetenz der nationalen Kontrollbehörden. Vor der Anmeldung von grenzüberschreitenden Fusionen sollen die Unternehmen aber künftig wählen können, wer das Vorhaben prüfen

Abb. 6.6/4: EU-Fusionskontrolle

Brüssel genehmigt Fusion Veba/Viag mit den erwarteten Auflagen

soll: die nationalen Kartellbehörden oder die Europäische Kommission, denn eine zentrale Zuständigkeit der Kommission wäre bei 27 Mitgliedstaaten nicht mehr operational. Seit 2002 hat der EuGH die Verfahren beschleunigt. Dringende Fälle – und das sind z. B. Fusionsverbote immer – werden „schon" in neun bis zehn Monaten entschieden, aber eine zunächst untersagte Fusion ist meist „verloren".

Mit dem Gemeinsamen Markt unvereinbar sind – allgemein – Unternehmenszusammenschlüsse, die eine marktbeherrschende Stellung begründen oder verstärken oder durch die wirksamer Wettbewerb erheblich behindert wird – wobei hier der EU Binnenmarkt insgesamt gemeint ist. Folglich greift das EG-Fusionsrecht nur Zusammenschlüsse oberhalb bestimmter Größenordnungen auf (Abbildung 6.6/5):

Abb. 6.6/5: „Aufgreifschwellen" der Fusionskontrolle

| • weltweiter Gesamt-umsatz von mehr als 5 Mrd. Euro

und

• mindestens zwei Unternehmen haben zusammen EU-Umsatz von mehr als 250 Mio. Euro | **oder** | • weltweiter Gesamtumsatz von mehr als 2,5 Mrd. Euro
und
• mindestens zwei Unternehmen haben EU-Umsatz von jeweils mehr als 100 Mio. Euro
und
• alle am Zusammenschluss beteiligten Unternehmen zusammen in mindestens drei Mitgliedstaaten haben Gesamtumsatz von mindestens 100 Mio. Euro
und
• mindestens zwei der beteiligten Unternehmen in jedem dieser drei Mitgliedstaaten haben einen Umsatz von jeweils mehr als 25 Mio. Euro.
und
• gemeinschaftsweiter Gesamtumsatz von zwei Unternehmen jeweils mehr als 100 Mio. Euro |

Ein Unternehmenszusammenschluss hat gemeinschaftsweite Bedeutung, wenn

- alle am Zusammenschluss beteiligten Unternehmen zusammen einen weltweiten Gesamtumsatz haben von mehr als 5 Mrd. Euro **und**

- mindestens zwei der beteiligten Unternehmen zusammen einen EU-Umsatz haben von jeweils mehr als 250 Mio. Euro

oder

- alle am Zusammenschluss beteiligten Unternehmen zusammen einen weltweiten Gesamtumsatz haben von mehr als 2,5 Mrd. Euro **und**

- mindestens zwei der beteiligten Unternehmen zusammen einen EU-Umsatz haben von jeweils mehr als 100 Mio. Euro **und**

- alle am Zusammenschluss beteiligten Unternehmen zusammen in mindestens drei Mitgliedstaaten einen Gesamtumsatz haben von mehr als 25 Mio. Euro **und**

- alle am Zusammenschluss beteiligten Unternehmen zusammen in mindestens drei Mitgliedstaaten Gesamtumsatz von mindestens 100 Mio. Euro **und**

- mindestens zwei der beteiligten Unternehmen in jedem dieser drei Mitgliedstaaten einen Umsatz haben von jeweils mehr als 25 Mio. Euro **und**

- der gemeinschaftsweite Gesamtumsatz von mindestens zwei beteiligten Unternehmen jeweils mehr als 100 Mio. Euro beträgt.

Uff... Aber es geht noch weiter: Erzielen die beteiligten Unternehmen jeweils mehr als zwei Drittel ihres EU-Umsatzes (also nicht Weltumsatz!) in einem und demselben Mitgliedstaat, ist auch bei Überschreiten der obigen Schwellenwerte **keine** Zuständigkeit der EU-Kommission gegeben. Zusammenschlüsse, die sich also überwiegend innerhalb eines Mitgliedstaates auswirken, sollen somit in der Zuständigkeit der nationalen Behörde bleiben. Damit unterliegen mittelgroße Fusionen der nationalen Kontrolle.

Als Zusammenschluss gilt eine dauerhafte Ausdehnung der Kontrolle der beteiligten Unternehmen auf andere Unternehmen, entweder

- durch Fusion,

- durch Ausdehnung der Kontrollmacht von Personen, die bereits ein Unternehmen mittelbar oder unmittelbar kontrollieren, auf Teile oder die Gesamtheit anderer Unternehmen, oder

- durch Gründung eines Gemeinschaftsunternehmens.

Da auch bei Minderheitsbeteiligungen ein bestimmender Einfluss auf die Tätigkeit eines Unternehmens möglich ist, können solche Tatbestände gegebenenfalls ebenso unter die EU-Fusionskontrolle fallen.

Die EU-Fusionskontrolle hat präventiven Charakter, d. h. ein Zusammenschluss darf nicht vollzogen werden, bevor er als vereinbar mit dem Gemeinsamen Markt eingestuft worden ist.

Neben den wettbewerbsrechtlichen Problemen sind auch die Vorteile einer Fusion für die Konsumenten zu berücksichtigen. Zudem werden den fusionswilligen Unternehmen Fristen eingeräumt, um Bedenken der Kommission auszuräumen („Anhalten der Uhr"). Auch werden die Unternehmen stärker in das Prüfverfahren integriert.

Unter bestimmten Voraussetzungen ist es möglich, dass die EU-Kommission trotz formaler Zuständigkeit einen Fall an eine nationale Kartellbehörde überweist, wenn – verkürzt gesagt – sich die Wirkungen des Falles auf den Markt des Mitgliedstaates begrenzen. Dies kann auch von den beteiligten Unternehmen beantragt werden.

Umgekehrt ist es möglich, dass eine nationale Kartellbehörde die Fusionskontrolle an die EU-Kommission verweist, wenn – verkürzt – der Handel und der Wettbewerb zwischen Mitgliedstaaten beeinträchtigt werden kann

6.7 Missbrauchsaufsicht

6.7.1 EU-Missbrauchsaufsicht

Die Missbrauchsaufsicht als Bereich des Wettbewerbsrechts wird durch Art. 82 EGV geregelt. Er richtet sich – wie das deutsche GWB – gegen den Missbrauch einer marktbeherrschenden Stellung.

Diese wird so verstanden, dass ein Unternehmen unabhängig handeln kann, ohne auf andere Marktteilnehmer Rücksicht nehmen zu müssen. Wichtige Kriterien sind dabei die Größe des Marktanteils und die Finanzkraft des Unternehmens sowie der Einfluss ausländischer Konkurrenten. Die Marktbeherrschung muss dabei innerhalb der EU bzw. einem wesentlichen Teil davon vorliegen; dies kann sowohl ein ganzer Mitgliedstaat als auch eine nationale Region sein. Als Missbrauch gelten Nachteile für Dritte, wie z.B.

- die Erzwingung unangemessener (Einkaufs- oder Verkaufs-) Preise oder Kopplungsgeschäfte (Ausbeutungsmissbrauch: *exploitative abuse)*,
- Unterbietung der Marktpreise durch Kampfpreise oder willkürliche Geschäftsverweigerung (indem z.B. keine Ersatzteile geliefert werden) (Behinderungsmissbrauch),
- Marktstrukturmissbrauch (z.B. werden überhöhte Lizenzgebühren durchgesetzt).

Die EU-Kommission kann gegen missbräuchliches Verhalten auf Antrag oder in eigener Initiative vorgehen, u.a. durch Untersagungsverfügungen oder Bußgelder. Die Abbildung 6.7/1 zeigt auch einen Fall, bei dem das betroffene Unternehmen einem Bußgeld durch Entgegenkommen entging.

Abb. 6.7/1 Einlenken

Energiekonzern wendet Brüsseler Kartellverfahren ab

EON will mit Netzverkauf Kartellbuße vermeiden
Die EU wirft EON einen Missbrauch einer marktbeherrschenden Stellung vor. Der Stromkonzern kommt der Brüsseler Wettbewerbsbehörde deshalb nun entgegen.

Es ist durchaus möglich, dass ein Vertrag durch eine Gruppenfreistellung von Art. 81 EGV freigestellt ist und dennoch gegen Art. 82 EGV verstößt. Nur bei einer Einzelfreistellung wird dies bereits mitgeprüft, so dass dann Rechtssicherheit besteht. Andernfalls wird zur Klärung zunächst der relevante Markt abgegrenzt (was für sich schon oft problematisch ist), dann wird die beherrschende Stellung

Abb. 6.7/2: EU-Missbrauchskontrolle

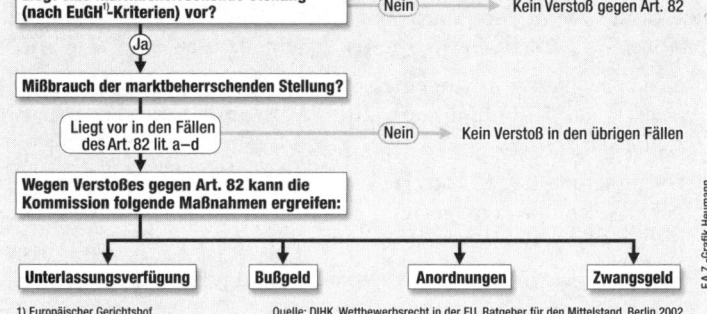

Quelle: Frankfurter Allgemeine Zeitung vom 6. Juni 2002, Grafiker: Thomas Heumann

Microsoft des Machtmißbrauchs verdächtigt

Justizministerium: Hersteller von Personel Computern
zur Installierung des Internet-Browser gezwungen

des betreffenden Unternehmens festgestellt, und schließlich wird das missbräuchliche Verhalten untersucht. Die EU-Kommission kann gegen missbräuchliches Verhalten auf eigene Initiative oder auf Antrag vorgehen und ggf. eine Untersagungsverfügung erlassen oder Bußgelder verhängen (Abbildung 6.7/2).

Zwischen dem deutschen und dem europäischen Missbrauchs-recht bestehen wichtige Unterschiede, indem der *Marktanteil* im deutschen Recht als wichtiges, aber nicht dominantes Kriterium angesehen wird, während das europäische Recht der *Finanzkraft* als Merkmal von Marktmacht weniger Bedeutung beimisst als das deutsche Recht. Art. 82 definiert auch nicht abstrakt – wie im deutschen Recht –, was ein Machtmissbrauch ist. Die Musterbei-spiele zu Art. 82 verdeutlichen aber, dass auch hier Ausbeutungs-, Behinderungs- und Diskriminierungstatbestände gemeint sind.

6.7.2 Missbrauchsaufsicht durch das Bundeskartellamt

Neben der Kartell- und Fusionskontrolle überwacht die nationale Kartellbehörde als dritten Aufgabenbereich das Marktverhalten bestimmter Unternehmen, um sicherzustellen, dass bereits entstandene, nicht nachträglich zu beseitigende und rechtlich zulässige marktbeherrschende Positionen (z. B. legalisierte Kartelle oder Großunternehmen mit nur wenigen (kleinen) Konkurrenten) nicht missbräuchlich genutzt werden (Missbrauchsaufsicht). Diese Vermutung bestand z. B. Anfang 1991 bei den Preiserhöhungen der Mineralölkonzerne im Zuge des Golfkriegs, doch konnte sich das Kartellamt vor dem von den betroffenen Konzernen angerufenen Kartellgericht (damals dem Berliner Kammergericht) nicht durchsetzen.

Missbräuchliches Verhalten kann vom Kartellamt untersagt werden (vergleiche Abbildung 6.7/3). Hinzu kommt die Möglichkeit,

Abb. 6.7/3: Missbrauchsaufsicht

Harte Strafe gegen Microsoft

EU-Kommission fordert 899 Mio. Euro wegen anhaltender Verstöße gegen das Wettbewerbsrecht und Missbrauch einer marktbeherrschenden Stellung. Bereits 2007 musste Microsoft eine Geldbuße von 500 Mio. Euro bezahlen. Dies ist die höchste Gesamtbuße, die je ein einzelnes Unternehmen wegen Verstoßes gegen das Wettbewerbsrecht bezahlen musste.

KARTELLAMT GREIFT IN STROMMARKT EIN

Kartellamt vermutet Preistreiberei auf dem Gasmarkt

Versorger in Erklärungsnot / Präsident kritisiert Preispolitik der Konzerne
Bundeskartellamt leitet Missbrauchsverfahren gegen 35 Unternehmen
wegen überhöhter Gaspreise ein

„Marktbeherrschende Konzerne dürfen keine Preise verlangen, die ungünstiger sind als die anderer Unternehmen"

dass Geschädigte direkt gegen missbräuchliches Verhalten mit Unterlassungsklagen und **Schadenersatzforderungen** vorgehen, ohne dass die Kartellbehörde tätig wird.

Bei der Missbrauchsaufsicht ist in zunehmendem Maße auch an die missbräuchliche Ausnutzung von *Nachfragemacht* zu denken, insbesondere in der jüngeren Vergangenheit im Bereich der großen Kaufhäuser, Lebensmittel- und Verbrauchermarktketten, aber auch im Hinblick auf das Nachfrageverhalten der öffentlichen Hand, wenn Anbieter angesichts der in Aussicht stehenden Großaufträge hinsichtlich ihrer Angebotskonditionen unter Druck gesetzt werden. Einzelne Firmen scheuen dabei häufig davor zurück, gegen solche Praktiken wettbewerbsrechtliche Schritte einzuleiten, weil sie fürchten, bei zukünftigen Aufträgen auf eine „schwarze Liste" gesetzt zu werden.

Die Grenze zwischen (verbotenem) missbräuchlichem und zulässigem Verhalten ist nicht immer deutlich zu ziehen, denn es mag sachliche Gründe dafür geben, dass ein Unternehmen andere – sagen wir – behindert. Missbräuchliches Verhalten kann sich u. a. erstrecken auf folgende Verhaltensweisen, sofern dies ohne sachlichen Grund erfolgt:

- Preisdiskriminierung,
- Lieferverweigerung an bestimmte Kunden,
- Auslistung von Lieferanten,
- Koppelungsgebot, d. h. Verkauf nur zusammen mit einem anderen Produkt,
- nicht nur gelegentlicher Verkauf unter Einstandspreis,
- Anwendung von Rabattsystemen.

6.8 Sanktionen bei Kartell- oder Fusionsverstößen oder Missbrauchstatbeständen

Im Vorfeld der Tatbestandsfeststellung sind die Kartellbehörden zu Ermittlungen befugt, an denen betroffene Unternehmen mitwirken müssen; ggf. können hierzu Zwangsgelder verhängt werden. Die Ermittlungsbefugnisse sind weitreichend und erstrecken sich auch auf Durchsuchungen – nicht wenige renommierte Wirtschaftskanzleien bieten ihren Mandanten Schein-Durchsuchungen als „Trockenübungen" an, um für den Ernstfall vorbreitet zu sein. Die EU-Kommission belegte E.ON mit einer dreistelligen Millionen-Buße, weil Firmenmitarbeiter ein angebrachtes Siegel gebrochen haben sollen.

Auf einer noch sanktionsfreien Ebene können die Kartellbehörden Verstöße untersagen und ggf. einstweilige Maßnahmen ergreifen. Verstöße gegen das Wettbewerbsrecht werden von teilweise drastischen Sanktionen bedroht: Im Ergebnis kann die betreffende Verhaltensweise zum einen nichtig sein, so dass beispielsweise Verträge nichtig sind und nicht durchgesetzt werden können. Zum anderen können die Kartellbehörden Bußgelder verhängen. Die EU-Kommission hat einen Bußgeldrahmen von bis zu 10 % des weltweiten (!) Gesamtumsatzes; das Bundeskartellamt kann hier bis zu 1 Mio. Euro gehen (max. 10 % des Gesamtumsatzes). Da die Abwicklung meist nicht kurzfristig erfolgt, verschlechtert sich für betroffene Unternehmen leicht die Bilanzoptik, weil entsprechende Rückstellungen passiviert werden müssen.

Das bislang höchste Bußgeld der EU-Kommission wurde 2007 gegen Mitglieder eines Kartells von Aufzug- und Rolltreppenherstellern in Höhe von 992 Mio. Euro verhängt (nun getoppt durch die Buße gegen Microsoft als einzelnes Unternehmen in Höhe von 899 Mio. Euro; 790 Mio. Euro zahlten acht Chemiekonzerne für ein Vitaminkartell, 661 Mio. Euro sollen die Mitglieder eines Zementkartells zahlen; 2007 nahm die EU-Kommission rd. 3 Mrd. Euro an Bußgeldern ein; das höchste Bußgeld seitens des Bundeskartellsamts betrug bisher 660 Mio. Euro (Quelle: Wirtschaftswoche 07.01.2008; Abbildung 6.8/1; „Strafe" ist nicht juristisch zu verstehen). Dagegen nehmen sich die gegen VW im Jahr 2003 verhängten 90 Millionen Euro fast wie Peanuts aus...

Alternativ kann das Kartellamt den gesamten Erlös einziehen, der durch den Kartellverstoß entstanden ist; dies kann auch von Seiten interessierter Wirtschafts- oder Berufsverbände verlangt werden. Zudem ist der Anspruch auf Schadenersatz in der Höhe und bezüglich des Kreises der Anspruchsberechtigten verschärft worden – nun können auch Endverbraucher grundsätzlich Schadenersatz verlangen, allerdings liegt die Beweislast beim Geschädigten, und die Beweisführung ist erfahrungsgemäß nicht einfach. Kurioserweise können auch Kartellmitglieder Ansprüche gegenüber den

Abb. 6.8/1: Kartellstrafen

Die Zahl der seit 2002 von Kartell-Entscheidungen
betroffenen Unternehmen in Europa schwankt...

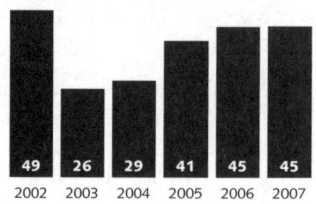

2002	2003	2004	2005	2006	2007
49	26	29	41	45	45

... aber die von der EU-Kommision verhängten
Bußgeldsummen explodieren (in Millionen)...

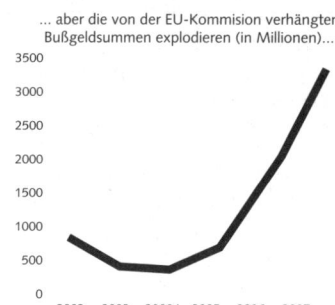

... die unterschiedlichsten Branchen sind betroffen
(höchste Bußgelder* in Millionen Euro seit 1969)

Aufzüge und Rolltreppen (2007)	992,3
Vitamine (2001)	790,5
Gasisolierte Schaltanlagen (2007)	750,7
Synthetischer Kautschuk (2006)	519,1
Flachglas (2007)	486,9
Gips (2002)	478,3
Chemische Bleichmittel (2006)	388,1
Acrylglas (2006)	344,6
Reißverschlüsse (2007)	328,6
Kupferrohre (2006)	314,8

... die Kartellsünder zahlen immer mehr
(höchste Bußgelder* in Millionen Euro seit 1969)

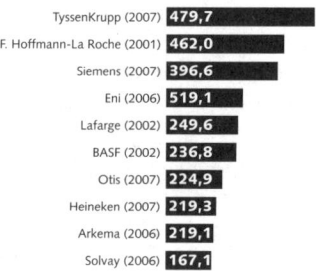

TyssenKrupp (2007)	479,7
F. Hoffmann-La Roche (2001)	462,0
Siemens (2007)	396,6
Eni (2006)	519,1
Lafarge (2002)	249,6
BASF (2002)	236,8
Otis (2007)	224,9
Heineken (2007)	219,3
Arkema (2006)	219,1
Solvay (2006)	167,1

Quelle: Wirtschaftswoche 7.1.2007

anderen Kartellbrüdern erheben. Dies soll möglicherweise unter
anderem eine größere Unsicherheit in organisierte Absprachen
tragen, so dass sich die Unternehmen nicht leichtfertig animieren
lassen.

Strafrechtliche Sanktionen von Kartellverstößen sind nur auf nationaler Ebene möglich (Frankreich, Großbritannien, Italien und
Schweden erwägen dies), allerdings nicht in Deutschland – außer
für Submissionsbetrug oder wenn der Tatbestand als Betrug zu
werten ist, dann sind sogar Freiheitsstrafen möglich.

Wenn ein Kartellmitglied sich dazu entschließt, das Kartell und die
anderen Mitglieder – vor (!) Bekanntwerden eines Kartells – anzuzeigen, sind Vergünstigungen möglich („**Bonusregeln**").

6.9 Grenzen der Wettbewerbskontrolle

6.9.1 Fernwirkungen

Die deutschen bzw. europäischen Wettbewerbsregeln gelten grundsätzlich auch für Wettbewerbsbeschränkungen, die außerhalb der EU veranlasst werden, die sich aber auf den deutschen bzw. auf den Binnenmarkt auswirken (sogenanntes „**Auswirkungsprinzip**"). Die EU-Kommission hat beispielsweise 1996 den Zusammenschluss zwischen den Unternehmen Lonrho und Gencor untersagt, aber die Fusion wurde in Südafrika genehmigt und vollzogen – da kann man dann leider nichts machen. Umgekehrt kommt es vor, dass beispielsweise eine geplante Firmenübernahme in Deutschland oder eine Kooperation mit einem japanischen Partner von der US-amerikanischen Kartellbehörde Federal Trade Commission (FTC) genehmigt werden muss – das ist rechtlich ein ziemlich unsicheres Pflaster, das vor allem für mittelständische Unternehmen ohne große eigene Rechtsabteilung ein erhebliches Risiko darstellt.

Analog besteht bei Rechtsverstößen durchaus die Möglichkeit, dass ein Unternehmen beispielsweise von US-amerikanischen Behörden wegen Preisabsprachen sanktioniert wird und die europäischen (oder deutschen) Wettbewerbskontrollbehörden weitere Strafen oder Bußen verhängen. Die international gängige Regel, dass man wegen desselben Vergehens nicht zweimal bestraft werden darf („*ne bis in idem*"), gilt nicht im Hinblick auf parallele Wirkungen in unterschiedlichen Wirtschaftsräumen (vergleiche oben Abbildung 6.4/3).

6.9.2 Rechtsüberschneidungen

Innerhalb der EU gibt es – nicht nur in wettbewerbsrechtlicher Hinsicht, sondern in vielen rechtlichen Aspekten – (noch) ein Nebeneinander von nationalen und von supranationalen (also gemeinschaftsrechtlichen) Regelungen. Dabei gilt als Grundsatz, dass „Gemeinschaftsrecht nationales Recht bricht", d. h. dass EG-rechtliche Bestimmungen in allen Teilen verbindlich und unmittelbar in jedem Mitgliedstaat gelten. Damit sind nationale Regelungen, die mit dem Gemeinschaftsrecht nicht in Einklang stehen, automatisch nichtig. Positiv ausgedrückt bedeutet dies beispielsweise, dass ein Kartell, das nach EG-Recht zulässig ist, nicht nach nationalem Kartellrecht verboten werden kann, ebenso wenig wie ein nach EG-Recht missbräuchliches Verhalten nach nationalem Recht zulässig sein kann. Eine rechtskräftige EG-Entscheidung kann nicht durch eine nationale Behörde aufgehoben werden. Rechtlich umstritten ist nach wie vor die Zwei-Schranken-Theorie, nach der immer die striktere Einschränkung, national oder europäisch, Geltung hat. Der EuGH hat dies nur unvollständig geklärt. Ein bestimmter Tatbestand kann aber sowohl nach nationalem als auch nach supranationalem Recht unzulässig sein. Allerdings kann er nicht doppelt geahndet werden, weil eine bereits ergangene Bußgeldentscheidung auf EU- oder nationaler Ebene zu berücksichtigen ist. In dem Maße, wie das supranationale Gemeinschaftsrecht ausgebaut wird, verlieren die nationalen Regelungen – und damit eventuelle Konfliktmöglichkeiten – an Gültigkeit.

Die existierenden nationalen Wettbewerbsnormen – faktisch haben allerdings nur Deutschland, Frankreich und Großbritannien nennenswerte Regelungen – beziehen sich in ihrer Wirkungsbeurteilung nur auf den jeweiligen nationalen Markt und können die Wirkungen auf die gesamte EU nur sehr unzureichend erfassen. Daher ist ein Ausbau des supranationalen Wettbewerbsrechts, einschließlich der eventuellen Schaffung eines Europäischen Kartellamtes, eine notwendige Begleiterscheinung bei der Verwirklichung des europäischen Binnenmarktes.

Gegenwärtig aber gilt noch, dass wettbewerbsrechtliche Fragen, die nicht durch EG-Recht geregelt sind, in den Zuständigkeitsbereich der Mitgliedstaaten fallen (sogenannte nationale *Restkompetenz*). Dies gilt auch für solche Fälle, insbesondere der Fusionskontrolle, in denen die EU-Kommission mit Blick auf den gesamten EU-Markt keine Bedenken sieht, wohl aber ein Mitgliedstaat hinsichtlich seines nationalen Markts. In solchen Fällen kann der Mitgliedstaat seine Bedenken anmelden, über die die Kommission entscheiden muss; dies unterliegt ggf. der Überprüfung durch den EuGH. Unabhängig davon können die Mitgliedstaaten aber nationale Regelungen treffen, wenn sogenannte legitime Interessen (etwa im Bereich der Medienvielfalt oder der öffentlichen Sicherheit) betroffen sind.

6.9.3 Definitionsprobleme

Die Aufgreif- bzw. Eingreifkriterien – sowohl des nationalen als auch des supranationalen Wettbewerbsrechts – setzen an Begriffen an, die inhaltlich konkretisiert werden müssen, jedoch unter Umständen Auslegungsprobleme mit sich bringen.

Die *Missbrauchsaufsicht* über *marktbeherrschende* Unternehmen beinhaltet gleich zwei zentrale Problembegriffe. Eine marktbeherrschende Stellung wird z. B. dann angenommen, wenn ein Unternehmen oder eine Unternehmensgruppe ohne Wettbewerber ist, u. a. wenn innerhalb eines Oligopols kein wesentlicher Wettbewerb besteht. Der Begriff *Marktbeherrschung* hat daher im Zeitablauf eine Reihe von Konkretisierungen durch sogenanntes Richterrecht, d. h. durch Gerichtsurteile in konkreten Streitfällen erfahren. Danach gilt nach deutschem Recht z. B. ein Unternehmen als marktbeherrschend, wenn es mindestens ein Drittel des relevanten Marktes kontrolliert. Auf EU-Ebene hingegen gibt es keine konkretisierende Begriffsbestimmung der Marktbeherrschung.

Was aber heißt *Missbrauch?* Ausbeutungsmissbrauch besteht beispielsweise, wenn Entgelte oder bestimmte Geschäftsbedingungen verlangt werden, die sich bei wirksamem Wettbewerb nicht ergeben würden. Missbrauch liegt ggf. auch bei *Liefer-* oder *Bezugsverweigerung* vor, insbesondere auch im Falle von *Gruppenboykott,* aber unter Umständen auch bei *Kopplungs-* oder *Ausschließlichkeitsverträgen;* hier sind sich deutsches und EG-Recht inhaltlich ziemlich nahe gekommen.

Daraus ergeben sich aber wiederum neue Definitionsprobleme, denn wie ist ein *Markt* abzugrenzen? So kann ein Unternehmen möglicherweise in einer kleinen Stadt faktisch eine Monopolstellung haben, sei es als Anbieter bestimmter Güter, sei es als Nachfrager nach Arbeitskräften, obgleich im regionalen Umfeld durchaus Konkurrenzunternehmen existieren. Und wie ist es zu bewerten, wenn es in einem Land nur ein Unternehmen gibt, das aber im europäischen Kontext in hartem Wettbewerb steht? Dies berührt auch den Problemkreis der sogenannten Transnationalen Unternehmen ("Multis"), die sehr oft jenseits des Einflussbereichs nationaler Wettbewerbsgesetze stehen. Zwar haben Regierungen u. a. im Rahmen der OECD *(Organisation for Economic Cooperation and Development)* eine Zusammenarbeit bei der Verfolgung grenzüberschreitender Wettbewerbsbeschränkungen vereinbart. Ein Europäisches Kartellamt – geschweige denn ein internationales – gibt es jedoch (noch) nicht (seine Funktion wird von der EU-Kommission wahrgenommen), und nur zu oft wird ein Interessenkonflikt zwischen nationalen und übergeordneten, z.B. europäischen, Interessen bestehen. Die gegenwärtig existierenden Institutionen sind für die auftretenden internationalen Probleme weder geschaffen noch mit den erforderlichen Sanktionsmechanismen ausgestattet.

Insgesamt besteht ein grundsätzlicher Auffassungsunterschied zwischen dem deutschen und dem EG-Wettbewerbsrecht: Das deutsche GWB stellt die *Wahrung des Wettbewerbs* in den Vordergrund. Von anderen, volkswirtschaftlichen oder industriepolitischen Überlegungen darf sich das Kartellamt nicht leiten lassen, so dass sie in der Regel nur in der „zweiten Stufe" einer Ministererlaubnis berücksichtigt werden können. Die EG-Bestimmungen hingegen sind deutlicher *industriepolitisch* geprägt in dem Sinne, dass Konzentrationen als Mittel zur Überlebenssicherung bedrohter Unternehmen oder Branchen, z.B. gegenüber asiatischer Konkurrenz, eher toleriert werden können als nach nationalem deutschen Recht.

6.9.4 Kontrollprobleme

Die Wirksamkeit der Kontrolle von Unternehmenskonzentrationen durch das Bundeskartellamt auf nationaler Ebene und die zuständige EU-Kommission auf EU-Ebene wird in der Praxis durch eine Reihe von Faktoren beeinträchtigt. Die Analyse kartell- bzw. fusionsrechtlich relevanter Fälle setzt ein profundes betriebswirtschaftliches, juristisches (nicht nur kartellrechtliches) sowie volkswirtschaftliches Wissen voraus. Die hierfür erforderlichen Spezialisten werden – hier wie in anderen Bereichen – mit den Besoldungsstrukturen des öffentlichen Dienstes angeworben (wobei die EU-Kommission allerdings bedeutend lukrativere Angebote machen kann). Hinzu kommt eine quantitativ unzureichende Personalausstattung, das Bundeskartellamt z.B. hat insgesamt nur rund 270 Beschäftigte (davon ca. 130 Juristen und Ökonomen), die EU-Kommission – für diesen Bereich – rund 400 Mitarbeiter, wobei hier keineswegs einer Parkinson'schen Behördenmultiplikation das Wort geredet werden soll.

Angesichts der Vielzahl, der Komplexität und der volkswirtschaftlichen *Bedeutung* der kartellrechtlich relevanten Vorgänge kann vom Kartellamt letztlich nur die Spitze des Eisbergs untersucht werden, wobei daran zu denken ist, dass (verbotene!) Kartellabsprachen in der Regel wohl kaum dem Kartellamt freiwillig unterbreitet werden. Das Kartellamt hat zwar der Staatsanwaltschaft vergleichbare Befugnisse erteilt, doch fliegen illegale Kartellabsprachen eben oft nur durch Zufall bzw. Unvorsichtigkeit (sprich auch: Dummheit) der Kartellbrüder auf, z.B. durch ein verloren gegangenes Notizbuch, in dem die Kartellvereinbarung – wohl als Gedächtnisstütze – ausführlich aufgezeichnet ist. Dies ist als *verbotenes* Frühstückskartell aus der Sicht der betroffenen „Kartellbrüder" kaum zu entschuldigen. Der Nachweis des verbotenen *abgestimmten Verhaltens* ist daher meist nur schwer zu führen, auch wenn – wie beispielsweise auf dem Benzinmarkt – ein entsprechender Verdacht nicht leicht von der Hand zu weisen ist; das Kartellamt hat bereits 1974 – nach den Benzinpreiserhöhungen im Gefolge der Ersten Ölkrise – und dann 1991 im Zusammenhang mit dem Golfkrieg versucht, diesen Nachweis zu führen, allerdings vergeblich. Vergleiche nochmals oben Abbildung 6.5/4…

Zur Verbesserung der Aufdeckungsquote gibt es seit 2000 auch im Kartellrecht eine **Kronzeugenregelung** (Abbildung 6.9/1), und zwar sowohl im nationalen wie im europäischen Kartellrecht. Kartellmitgliedern, die sich als Erste – und vor Einleitung eines amtlichen

Abb. 6.9/1: Kronzeugen-Regelung

Kronzeugenregelungen im Kartellrecht haben sich bewährt

Kartellamt folgt internationaler Praxis / Auch Amerika setzt auf Hilfe von Insidern / Von Thomas Lampert

Kronzeugen helfen Bundeskartellamt

Ermittlungen wegen verbotener Preisabsprachen im Papiergroßhandel

Kartellgeschädigte können Ersatz fordern

Beweislage aber oft heikel

Ermittlungsverfahrens – freiwillig stellen und bei der Aufdeckung verbotener Absprachen mit dem Bundeskartellamt zusammenarbeiten, wird Bußgeldfreiheit oder zumindest eine Reduzierung der Buße in Aussicht gestellt (sogenannte Bonusregelung). Diese Praxis ist international schon weit verbreitet. Auf Kartellmitglieder, die eine tragende Rolle bei der Initiierung des Kartells gespielt haben, trifft diese Ausnahmeregelung allerdings nicht zu. Wissenswert ist auch, dass nicht nur die Unternehmen, sondern auch verantwortliche Mitarbeiter der Unternehmen mit Bußgeldern belegt werden können. In den USA ist sogar eine strafrechtliche Verfolgung mit Geld- oder Freiheitsstrafen möglich.

Zudem muss der Kronzeuge strengen Maßstäben genügen: Die bloße Herausgabe wichtiger Dokumente reicht nicht, denn dies ist sowieso Pflicht.

International haben viele Behörden ihre Bußgeldandrohungen zur Abschreckung deutlich erhöht. Dies reduziert natürlich den „Belohnungseffekt", wenn nur eine Reduktion der Geldbuße, nicht aber völlige Amnestie in Aussicht gestellt wird.

Kleine Unternehmen werden oft von größeren Geschäftspartnern genötigt, Rabatte oder Entgelte ohne echte Gegenleistung zu gewähren. Würden sich die Geschädigten beim Kartellamt beschweren, drohte der Abbruch der Geschäftsbeziehungen, weshalb oft nicht „Ross und Reiter" bekannt werden. Daher sind auch anonyme Anzeigen möglich.

Während die Mitglieder von Preiskartellen mit Sanktionen rechnen müssen, sind die eigentlichen Leidtragenden die von überhöhten Preisen Betroffenen. Sie können allerdings **Schadensersatz** verlangen (§ 33 GWB) (Abbildung 6.9/2). Allerdings gibt es hierzu bislang nur sehr wenige Präzedenzfälle, insbesondere, weil der Nachweis des entstandenen Schadens numerisch schwer zu belegen ist, weil der „richtige" Marktpreis – gerade wegen der verfälschenden Kartellabsprache – kaum exakt nachzuweisen ist. Theoretisch kann allerdings das Gericht einen Schaden schätzen. Anhaltspunkte können frühere Marktpreise sein oder der Preis, der sich nach der Zerschlagung des Kartells wieder einspielt. Die Verjährungsfrist beträgt zehn Jahre. Aber falls die Klage nicht erfolgreich ist, muss der Kläger die Kosten des Rechtsstreits tragen – ein beträchtliches Risiko.

Abb. 6.9/2

Kartellgeschädigte können Schadenersatz fordern

**Das Düsseldorfer Landgericht hat eine Klage auf 114 Millionen Euro Schadenersatz
gegen die führenden deutschen Zementhersteller
bis zurück ins Jahr 1993 für zulässig erklärt.**

6.9.5 Unzureichende Sanktionsmöglichkeiten

Hinzu kommt, dass die Möglichkeiten, *festgestellte* unzulässige
Wettbewerbsbeschränkungen auch zu ahnden, gering sind: Auf
EU-Ebene gibt es grundsätzlich *kein Strafrecht,* so dass die EU-
Kommission lediglich Geldbußen verhängen kann. Und dies gilt
faktisch auch auf nationaler Ebene für das Bundeskartellamt:

Für eine strafrechtliche Würdigung müssten Kartellabsprachen als
Betrug gewertet werden können. Dies setzt u. a. den konkreten und
quantifizierten *Nachweis* voraus, dass tatsächlich ein Vermögens-
schaden eingetreten ist. Dies wiederum setzt für die Schadensbe-
rechnung eine Ermittlung der Preise bzw. Kosten voraus, die *ohne*
Kartellabsprache, also unter Wettbewerbsbedingungen, gegolten
hätte. Und dies ist in der Praxis bisher nicht gelungen. Anfangs
der 80er-Jahre gab es Vorschläge, einen eigenen Straftatbestand
des Ausschreibungsbetrugs ins deutsche Strafgesetzbuch aufzuneh-
men, doch sind diese Initiativen aus rechtssystematischen Gründen
gescheitert (in anderen Ländern – Frankreich, Großbritannien, Italien, Schweden – wird dies erwogen). Folglich können Kartellabsprachen und andere Verstöße gegen das GWB nur als Ordnungswidrigkeiten gewürdigt und vom Bundeskartellamt lediglich mit
Geldbußen belegt werden. Formaljuristisch hat dies die Qualität
von Falschparken. Kartellverstöße gelten daher häufig noch als
Kavaliersdelikt und haben allenfalls eine imageschädigende Bedeutung, kaum aber ökonomisches Gewicht: Die Geldbußen können aufgrund der zu verhängenden Summen von den betroffenen
Unternehmen quasi „aus der Portokasse" bezahlt werden – wenn
sie nicht bereits vorsorglich in die Kartellabsprachen eingerechnet
worden sind. Ein Ladendiebstahl hingegen ist eine Straftat. Diese
ungleichgewichtige Behandlung ist angesichts der teilweise immen-

sen volkswirtschaftlichen Schäden, die z. B. durch verbotene Preisabsprachen bei der Auftragsvergabe der öffentlichen Hand entstehen, nur sehr schwer verständlich.

Und wenn nun schon seitens des Kartellamts eine Geldbuße verhängt worden ist, so bleibt den Betroffenen der – häufig beschrittene – Weg der Klage vor dem Kartellsenat des Düsseldorfer Landgerichts gegen diesen Bußgeldbescheid, und nur zu oft wird dieser aufgehoben oder zumindest abgemildert (Abbildung 6.9/3). Zudem ist es möglich, wie erwähnt, dass sich Unternehmen für beabsichtigte Kartelle oder Unternehmenszusammenschlüsse – trotz ablehnender Haltung des Kartellamts – die Genehmigung beim hierfür zuständigen Bundeswirtschaftsminister für ein sogenanntes „Ministerkartell" bzw. eine „Ministerfusion" holen. Eine Ministererlaubnis ist immer ein Schlag für das Bundeskartellamt. Voraussetzung sind gesamtwirtschaftliche Vorteile bzw. ein überragendes öffentliches Interesse an dem untersagten Zusammenschluss; diese Aspekte lassen sich nicht immer plausibel abwägen. Gegen eine Ministererlaubnis können wiederum interessierte Dritte klagen, so dass – selten – ein Gericht die Ministererlaubnis blockieren kann. Die Zahl der Ministerfusionen ist bislang insgesamt gering, was allerdings angesichts der politischen Brisanz solcher Entscheidungen nicht verwunderlich ist.

Es ist angesichts der Fülle dieser Schwierigkeiten, dem „Kartellrecht" Gültigkeit zu verschaffen, eigentlich verwunderlich, dass das Bundeskartellamt noch nicht resigniert hat, aber wahrschein-

Abb. 6.9/3: Gerichtsentscheide

Rhön-Klinikum AG unterliegt Kartellamt
Bundesgerichtshof bestätigt Praxis zur Fusionskontrolle bei Krankenhäusern

Bundeskartellamt unterliegt im Streit um Beteiligungen an lokalen Stromversorgern

BGH untersagt Minderheitsbeteiligungen an kommunalen Stromversorgern

lich gibt es doch mehr Erfolgserlebnisse, als an die Öffentlichkeit gelangen.

6.9.6 Dennoch: Konzentrationstrend

Das „Kartellgesetz" von 1957 wurde bislang siebenmal ergänzt bzw. geändert: *1965*, 1973 (Fusionskontrolle, Abschaffung der Preisbindung der Zweiten Hand), 1976 (Pressefusionen: sogenannte *Lex Springer)*, 1980 (mit verschiedenen Verbesserungen und Verfeinerungen) und 1989 (Konzentrationskontrolle im Handel, insbesondere auf der Nachfrageseite); die Diskussion und die Sechste Novelle des GWB (1999) brachte diverse Anpassungen an das EG-Wettbewerbsrecht (vergleiche Abschnitt 6.4), und 2005 (erleichterte Durchsetzung zivilrechtlicher Ansprüche gegen Kartellsünder).

Es ist jedoch festzustellen, dass ungeachtet der Tätigkeit der Kartellbehörden und der Existenz von wettbewerbssichernden Gesetzen eine *zunehmende Unternehmenskonzentration* stattfindet, insbesondere auch auf EU-Ebene und – was schwer zu durchschauen ist – im Bankensektor. Als Hauptargument, das man auch nicht leichtfertig vom Tisch wischen darf, ist die Notwendigkeit von Rationalisierungsinvestitionen anzunehmen (vergleiche den in Abschnitt 7.2 behandelten kostensenkenden Effekt der Massenproduktion), um sich gegen die zunehmende ausländische Konkurrenz insbesondere aus Billiglohnländern zu behaupten. Das Kartellamt steht dabei oft vor der schwierigen Frage, ob eine wettbewerbsbeschränkende Maßnahme schwerer wiegt als der Verlust von Arbeitsplätzen, sofern diese Maßnahme untersagt wird. Seit einigen Jahren muss sich das Kartellamt in zunehmendem Maße auch der Konzentration von Marktmacht auf der *Nachfrageseite* widmen, insbesondere – wie erwähnt – im Verbrauchermarktbereich, wo einige große Unternehmen kleinere Konkurrenten verdrängen und somit für die (vielen) Anbieter von Supermarkt-gängigen Artikeln eine Ballung von Marktmacht darstellen, der zunehmend schwerer zu begegnen ist.

6.10 Ausländisches Wettbewerbsrecht (zwei Beispiele)[24]

(a) Großbritannien

Das britische Wettbewerbsrecht ist nicht – wie in Deutschland – in wenigen Rechtsnormen gebündelt, sondern findet sich in verschiedenen Gesetzen, u.a. dem *Restrictive Trade Practices Act (1956, 1976)*, der von einem eigenen Gericht überwacht wird *(Restrictive Practices Court)*. 1973 wurde die Preisbindung der Zweiten Hand, d.h. Mindestpreise beim Weiterverkauf, verboten (die Zeitgleichheit mit der deutschen Gesetzgebung ist kein Zufall; die materiellen Regelungen sind ähnlich). 1965 wurde mit dem *Monopolies and Mergers Act* eine Fusionskontrolle eingeführt, für die eine spezielle *Commission* im Ministerium für Handel und Industrie zuständig ist; 1973 wurde der *Fair Trading Act* verabschiedet, der u.a. die Fusions- und Monopolkontrolle abschwächte, und schließlich gibt es seit 1980 den *Competition Act*. Die Wettbewerbsregelungen sind nach dem Missbrauchsprinzip aufgebaut, so dass Wettbewerbsbeschränkungen möglich sind, sofern sie nicht dem *öffentlichen Interesse* zuwiderlaufen. Dieser unbestimmte Rechtsbegriff muss im konkreten Fall gerichtlich geklärt werden; den Beweis müssen die betroffenen Unternehmen führen (in Deutschland liegt die Beweislast – aufgrund des Verbotsprinzips des deutschen Wettbewerbsrechts – bei den Behörden). Zulässig sind u.a. Wettbewerbsbeschränkungen als Gegenmacht gegen marktbeherrschende Konkurrenten, zur Abwendung negativer Beschäftigungswirkungen und zur Aufrechterhaltung der Exporttätigkeit. Wie im deutschen Recht gibt es eine Reihe von Bereichen, auf die die Wettbewerbsregeln nicht angewendet werden, da sie anderen gesetzlichen Kontrollen unterliegen, z.B. das Versicherungswesen.

Auch Monopole sind grundsätzlich zulässig, sofern sie nicht dem öffentlichen Interesse zuwiderlaufen. Als Monopolfall gilt bereits ein Marktanteil von 25 % (auf der Angebots- oder Nachfrageseite). Wie im deutschen Recht gibt es eine präventive und eine kurierende Fusionskontrolle. Das britische Recht kennt gleichfalls

---

[24] Dieser Abschnitt stützt sich inhaltlich auf Schmidt (1995), S. 174ff (ist aber noch aktuell).

keine strafrechtlichen Sanktionen für Wettbewerbsverstöße. Außer verwaltungsrechtlichen Sanktionen (Auflagen, Geldbußen) sind – wie in Deutschland – privatrechtliche Schadenersatz- und Unterlassungsklagen möglich.

(b) Frankreich

Wettbewerbsregelungen finden sich bereits im *Strafgesetzbuch (Code Pénal)* von 1810 mit dem Verbot der Beeinträchtigung der freien Preisbildung. Nach dem II. Weltkrieg wurden vorrangig einzelne Preisbestimmungen im Rahmen der *Preisverordnung* erlassen. Diese wurde 1986 aufgehoben. Der *Code Pénal* enthält das Verbot von Absprachen und abgestimmten Verhaltensweisen, die den Wettbewerb beeinträchtigen; Preisbindungen, Verkaufsverweigerungen und bestimmte Koppelungsgeschäfte sind verboten. Seit 1977 gibt es eine Fusionskontrolle. Im Gegensatz zum deutschen Kartellrecht wird offenbar in Frankreich aber von den gegebenen Bestimmungen nur unvollständig Gebrauch gemacht.

Im Unterschied zum deutschen Recht mit dem Vorrang des Schutzes des Wettbewerbs steht in Frankreich eher die unternehmerische Leistungsfähigkeit im Vordergrund, die auch von einer gezielten staatlichen Industriepolitik gefördert wird. Seit 1986 gibt es eine Verordnung über Preis- und Wettbewerbsfreiheit. Tendenziell wird eher gegen vertikale als gegen horizontale Wettbewerbsbeschränkungen vorgegangen. Für horizontale Absprachen gibt es – wie im EG-Recht – eine Reihe von Gruppenfreistellungen. Andererseits wurde 1986 die Fusionskontrolle durch Absenkung der Aufgreifkriterien verschärft.

Administrativ zuständig für Kartelle und Behinderungen ist der Wettbewerbsrat (Conseil de la Concurrence), in dem auch Vertreter der Privatwirtschaft sitzen, für Fusionen der Wirtschaftsminister. Verstöße gegen Wettbewerbsbestimmungen sind nur im Falle betrügerischen Verhaltens strafbar. Schadenersatzklagen sind möglich.

7 Marktpreisbildung

Im vorangehenden Kapitel 6 wurde dargelegt, dass in der Realität Marktformen vorherrschen, die nicht mit dem Idealbild der vollständigen Konkurrenz übereinstimmen. Trotzdem – oder vielleicht gerade deswegen – wird im folgenden Kapitel – ausgehend vom Idealtyp einer reinen Marktwirtschaft – dargestellt, welche grundsätzlichen Erkenntnisse und Gesetzmäßigkeiten sich für Märkte ableiten lassen, die den Prinzipien von Liberalismus und Wettbewerb entsprechend strukturiert sind und den in Kapitel 6 beschriebenen Bedingungen **polypolistischer Konkurrenz** entsprechen. Dabei werden die Marktseiten *Nachfrage* und *Angebot* zunächst jeweils für sich untersucht (Abschnitte 7.1 und 7.2) und erst im Abschnitt 7.3 über *Marktpreisbildung* zusammen betrachtet. Abschnitt 7.4 geht auf *Störungen des Marktgleichgewichts* ein, während in Abschnitt *7.5 staatliche Beeinflussungen der Marktpreisbildung* behandelt werden.

Viele Elemente der Mikrotheorie – und hier der Güternachfrage – stützen sich auf ein recht formales Instrumentarium, das für Sie möglicherweise ungewohnt ist. Lassen Sie sich davon nicht erschrecken; wir werden uns solchen Aspekten behutsam und Schritt für Schritt nähern. Und im abschließenden Abschnitt 7.1.5 kommen wir wieder gemeinsam auf den Boden der Tatsachen zurück. Die Darstellung beschränkt sich auf eine güterwirtschaftliche Betrachtung; auf die Berücksichtigung von Faktormärkten (z. B. Lohnsatzbildung, Zinsbildung) muss verzichtet werden.

Ob jemand als Nachfrager auf einem **Güter- oder Faktormarkt** auftritt, hängt von einer Reihe verschiedener Einflussfaktoren ab. Viele Ergebnisse sind grundsätzlich auch auf Faktormärkte übertragbar, doch gibt es dabei eine Reihe von Besonderheiten, so dass es für das allgemeine Verständnis angebracht ist, sich auf die Güterpreisbildung zu konzentrieren. Um den Rahmen nicht zu sprengen, beschränken wir uns in diesem Kapitel auf die mikrotheoretische Theorie der Güternachfrage, d. h. dass andere Nachfrageaspekte, insbesondere die Nachfrage zum Beispiel nach Arbeit, ausgeklammert bleiben müssen. Der spiegelbildliche Aspekt des Angebots von Gütern ist Gegenstand des Kapitels 7.2 Bestimmungsfaktoren des Angebots (Produktions- und Kostentheorie).

Im folgenden Kapitel 7.1 werden wir die theoretischen Fundamente von Entscheidungen untersuchen, die Haushalte bei der Nachfrage nach den Gütern treffen, welche von Unternehmen bzw. teilweise auch vom Staat angeboten werden. Aus Anbietersicht ist es wichtig zu wissen, ob und wie die Nachfrager auf bestimmte Impulse, Anreize und Veränderungen reagieren werden. Dabei sind Unternehmen und Staat in der Regel auf Schätzungen angewiesen, aber in vielen Zusammenhängen liegen auch empirische Daten aus der Vergangenheit vor, an denen man sich orientieren kann.

Die Mikrotheorie, und hier im speziellen Fall die Theorie der Nachfrage der Haushalte nach Gütern, liefert das theoretische Fundament. So ist bekannt, dass die Güternachfrage bei steigenden Preisen normalerweise zurückgeht, aber in bestimmten Fällen geht die Nachfrage bei Preissenkungen auch zurück – der sogenannte Snob-Effekt. Solche Erkenntnisse sind für unternehmerische und wirtschaftspolitische Entscheidungen wichtig, ebenso wie das Wissen um die Intensität der Nachfragereaktionen auf Veränderungen, die beispielsweise durch die Preiselastizität der Nachfrage beschrieben wird.

7.1 Bestimmungsfaktoren der Nachfrage

7.1.0 Einleitung

Die Nachfrage nach Gütern hängt von verschiedenen Faktoren ab, die gleichzeitig wirken. Um ihre Wirkungsweise analysieren zu können, ist es erforderlich, sie jeweils isoliert zu betrachten und die Einflüsse der übrigen Faktoren gedanklich auszuschalten.

> Zum Nachdenken 7.1.1:
>
> Es sei zu beobachten, dass die Nachfrage nach Äpfeln auf dem Wochenmarkt im Vergleich zur Vorwoche gestiegen ist.
> Suchen Sie verschiedene Ursachen, die dafür verantwortlich sein könnten.

Eine präzise Aussage über die Wirkung einer einzelnen Einflussgröße auf die Nachfrage kann man nur treffen, wenn sich die übrigen Faktoren im Betrachtungszeitraum nicht verändert haben. Folglich wird dies in der Analyse unterstellt, d. h. wir untersuchen beispielsweise den Einfluss gesunkener Apfelpreise auf die Nachfrage nach Äpfeln „unter sonst gleichen Voraussetzungen" (lateinisch: *ceteris paribus*).

Üblicherweise werden die folgenden **Einflussfaktoren** für die (mikroökonomische) Güternachfrage unterschieden:

- der Preis des betrachteten Gutes,
- der Preis anderer Güter,
- das Einkommen und
- die Bedürfnisstruktur des Nachfragers.

Formal wird dies üblicherweise wie folgt dargestellt:

$$X_N^i = f\,(P_i,\ P_j,\ Y,\ B),$$

wobei X_N^i die nachgefragte (N) Menge (X) nach dem Gut i ist, die von der Funktion ‚f', also dem Preis des Gutes i (P_i), den Preisen anderer Güter j (P_j), dem Einkommen (Y) und der Bedürfnisstruktur (B) abhängt. Die Nachfrage X_N^i wird alternativ auch als X_N oder nur als X oder als N dargestellt. X wird bevorzugt, wenn die Betonung auf der Menge liegt, N wird meist verwendet, wenn die Betonung auf der Nachfrage (in Abgrenzung zum Angebot) liegt. Auf jeden Fall finden sich in der Literatur unterschiedliche Darstellungen.

Unter Ceteris-paribus-Bedingungen wird jeder dieser Einflussfaktoren untersucht. Grundsätzlich steht die Bedürfnisstruktur dabei an erster Stelle: Wer als Nichtraucher kein Bedürfnis nach Zigaretten verspürt, wird sich kaum Gedanken machen über den Zigarettenpreis. Wegen der recht formalen Darstellung, mit der wir die Bedürfnisintensität beschreiben werden, gehen wir darauf aber erst zuletzt ein (Abschnitt 7.1.4).

Diese Reduktion auf vier Einflussfaktoren ist natürlich eine sehr starke Vereinfachung, aber in jede dieser „Schubladen" können auch eine Reihe anderer Einflussgrößen mit abgelegt werden: Bei den Preisen können auch Preiserwartungen für die Zukunft berücksichtigt werden, beim Einkommen auch die Kreditmöglichkeiten, bei den Bedürfnissen Modetrends, die Technologieentwicklung, Werbung oder das Rechtssystem usw.

7.1.1 Der Preis des betrachteten Gutes

Die Reaktionen der Nachfrager sind in der Realität natürlich sehr verschieden. Pauschal kann man jedoch einen ‚Normalfall' und bestimmte Sonderfälle unterscheiden.

7.1.1.1 Normalfall

Im Normalfall ist davon auszugehen, dass ein Haushalt mehr **Bedürfnisse** hat, als mit seinem verfügbaren **Einkommen** befriedigt werden können. Daher unterstellt die mikroökonomische Theorie – durchaus realistisch –, dass das Wirtschaftssubjekt seine Bedürfnisse in eine Reihenfolge bringt und dass mehr oder weniger exakt den einzelnen Bedürfnissen Einkommensteile zugeordnet werden. Auch das ist durchaus realistisch, wenn man beispielsweise an Güter denkt wie Wohnung, Nahrungsmittel, Auto, Versicherungen usw., denen hohe Prioritäten zugeordnet werden und die teilweise ja als Fixkosten in die individuelle Haushaltsplanung eingehen.

Bei gegebenem Einkommen beispielsweise wird ein Haushalt eine bestimmte Summe für seinen Fleischkonsum ansetzen. Wenn man unterstellt, dass der Haushalt dabei gerne durchaus mehr Filetfleisch kaufen würde als es das Haushaltsbudget zulässt, dann wird seine Nachfrage auf Preissteigerungen von Rinderfilet reagieren: Sinkt der Preis, kauft der Haushalt mehr Filet, steigt er, kauft er weniger (und stattdessen anderes Fleisch). Dies gilt – hier kann man es schon sehr deutlich erkennen – nur unter der Bedingung „ceteris paribus", denn wenn der Haushalt bei gestiegenem Filetpreis doch gleich viel Filet kauft, muss er Einkommensteile von anderen geplanten Verwendungen abziehen – d.h. er würde dann seine Bedürfnisstruktur verändern. Geschieht dies, hätten wir eine neue Situation, die wir dann wiederum unter Ceteris-paribus-Bedingungen betrachten müssten – bis zur nächsten Änderung.

Die normale Reaktion – ceteris paribus – ist, dass bei steigendem Preis weniger, bei sinkendem Preis mehr gekauft wird. Damit ist natürlich nur der statistische Normalfall gemeint, und wer sich anders verhält, braucht sich nicht angegriffen zu fühlen. Aber im statistischen Durchschnitt wird sich die Mehrzahl der Haushalte in diesem Sinne ‚normal' verhalten. Graphisch stellen sich die Beziehungen zwischen unterschiedlichen Preisen und Nachfragemengen

Abb. 7.1/1: (Normale) Nachfragefunktion

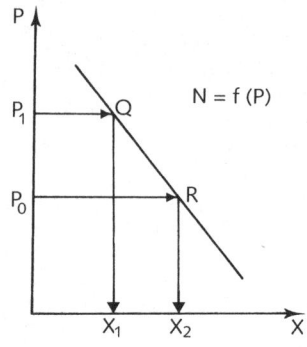

dar wie in Abbildung 7.1/1, d.h. es ergibt sich eine von links oben nach rechts unten (streng monoton) fallende **Nachfragekurve**.

Die Nachfragefunktion $N = f(P)$ drückt aus, in welcher Weise die Nachfragemenge auf sich ändernde Güterpreise (P) reagiert. N ist die Nachfrage, X ist die nachgefragte Menge (oft verwendet man dafür auch als Symbol X_N oder X^N oder N^X bzw. N_x, ganz nach Belieben). P ist eine unabhängige, X eine abhängige Variable: $X = f(P)$ besagt, dass X „eine Funktion" („f") ist von P, d.h. abhängt von P.

In P sind auch die subjektiven Vorstellungen des Nachfragers bezüglich der Qualität des Produkts enthalten. Mit Blick auf die Praxis sei noch darauf hingewiesen, dass auch nicht explizit im Preis ausgewiesene Elemente eine Rolle spielen können, beispielsweise die Zuverlässigkeit des Verkäufers oder seine Servicequalität. Der Preis kann ein Konglomerat von kaufentscheidenden Einflussgrößen repräsentieren.

Nachfragemenge und Güterpreis sind also negativ korreliert (verbunden). Die Funktion ist dabei von links nach rechts und dann von oben nach unten zu lesen (dies sollen die Pfeile andeuten): Angenommen, der Filetpreis sei P_1, dann würde der betrachtete Haushalt aufgrund seiner subjektiven Vorstellungen und „unter sonst gleichen Voraussetzungen" die Menge X_1 des betrachteten Gutes (Rinderfilet) nachfragen, und angenommen, der Preis sei P_0, dann würde der Haushalt entsprechend mehr Filet nachfragen (X_2). Solche Preis-Mengen-Beziehungen lassen sich in der Praxis durch Beobachtung und Befragung konkret ermitteln.

Die Punkte Q und R bezeichnen daher gedachte Kombinationen von Preis und Nachfragemenge aus der Sicht des betrachteten Haushalts bzw. Nachfragers. „Nachfrage" ist bislang lediglich ein Kaufwunsch, d.h. ob sich dies realisieren lässt, hängt vom Güterangebot ab. Es kann ja sein, dass der Nachfrager im Laden die Antwort hört: „Tut uns leid, Filet ist ausverkauft!". In diesem Sinne ist die Nachfrage also zunächst unabhängig vom **Angebot**.

Analoge Überlegungen gelten für die Betrachtung des Güterangebots, weil bei höheren Preisen mehr Anbieter auf ihre Kosten kommen als bei niedrigeren, so dass die Angebotsfunktion von links unten nach rechts oben verläuft. Wir gehen im Abschnitt 7.2.4.3 hierauf in einem kleinen Exkurs ein.

Natürlich ist vorstellbar, dass sich eine Nachfrage (ein Bedürfnis) erst aufgrund eines Angebots entwickelt (dies ist ja das offensichtliche Ziel von Schaufenstern, Fernsehwerbung, Zeitungsanzeigen oder Versandhauskatalogen), doch würde diese Bedürfnisentstehung wiederum die „sonst gleichen Voraussetzungen" verändern und zu einer neuen Situation führen, die dann vor dem Hintergrund der damit nun entstandenen neuen Bedürfnisstruktur zu betrachten wäre.

7.1.1.2 Kurveninterpretation

Eine Nachfragefunktion wie in Abbildung 7.1/1 kann prinzipiell sowohl mikroökonomisch als auch makroökonomisch interpretiert werden. In Abbildung 7.1/2 sind für drei einzelne Haushalte die jeweiligen Nachfragekurven N_1, N_2 und N_3 dargestellt. Angenommen, es wäre eine Befragung durchgeführt worden, wie viel Kilo Filet die befragten Haushalte jeweils bei einem angenommenen Preis von 9 Euro bzw. 7 Euro nachfragen würden (unter sonst gleichen Voraussetzungen), d.h. bei unterstellter Konstanz von Einkommen,

Abb. 7.1/2: Einzel- und Gesamtnachfragefunktionen

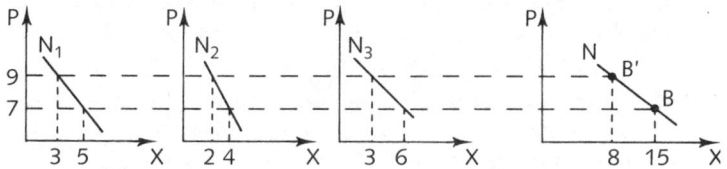

anderen Güterpreisen etc., dann ergibt sich zum einen für jeden Haushalt eine typische „fallende" Nachfragefunktion, zum anderen aber auch für die Gesamtheit aller Haushalte. Die zu B und B' gehörenden Gesamtmengen der Nachfrage ergeben sich durch Addition der Einzelnachfragemengen.

Der folgende Aspekt ist wichtig (Abbildung 7.1/3): Wenn der Fleischpreis von 7 Euro auf 9 Euro pro Kilo steigt, wird sich die Nachfrage des Haushalts 1 von 5 auf 3 Kilo reduzieren, d.h. der betrachtete Punkt wandert auf der Kurve von B zu B' nach links oben; die Nachfragekurve N als solche verändert ihre Lage nicht, da wir von der Annahme „unter sonst gleichen Voraussetzungen" ausgehen. Solange sich diese nicht ändern, sind Lage und Form der Funktion fixiert.

Ändern sich die „sonst gleichen Voraussetzungen", z.B. steigt das Einkommen, dann würde sich eine neue Situation ergeben, die durch eine neue Kurve darzustellen wäre: Die ursprüngliche Kurve N würde sich bei einer Einkommenssteigerung – wiederum im Normalfall – nach rechts verschieben zu N', und statt des Nachfragepunkts B würde nun C gelten. Bei einem angenommenen Preis von 7 Euro würden nun 8 statt bisher 5 Kilo Filet nachgefragt; der Grund ist allein die Einkommenssteigerung. Auch die Erwartung steigender Preise kann zu einer Nachfrageerhöhung führen („Hamsterkäufe"), weil sich wiederum die „sonst gleichen Voraussetzungen" ändern, usw. Ebenso würde gezielte Produktwerbung die Nachfragekurve nach rechts verschieben können, oder die Anzahl der Nachfrager steigt usw. – diese Beispiele ließen sich noch um manches ergänzen.

Die **Erwartung** von Preisveränderungen kann gelegentlich „sich selbst erfüllen": Wenn Kapitalanleger damit rechnen, dass die Aktienkurse steigen, spekulieren Sie auf Kursgewinne und kaufen. Durch die zusätzlichen Käufe steigen die Aktienkurse tatsächlich. Ebenso begünstigt die Spekulation auf fallende Aktienkurse ein tatsächliches Fallen, weil Aktionäre noch schnell bei relativ höheren Kursen verkaufen, so dass durch das zusätzliche Angebot die Kurse tatsächlich fallen (können). Dies hängt natürlich vom Volumen der Umsätze ab; aber spekulative Entwicklungen sind ansteckend.

Eine Interpretation, dass sich die Nachfragekurve N nach oben verschiebt, würde bedeuten, dass die bisherige Menge (5 Kilo) nun auch zu einem höheren Preis als 7 Euro nachgefragt würde.

Abb. 7.1/3: Änderung der „sonst gleichen Bedingungen"

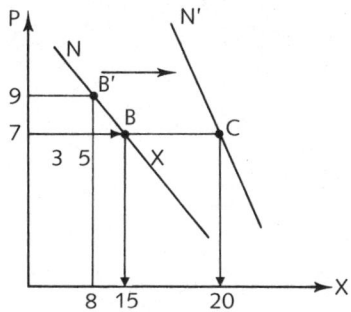

„Kein Grund für Hamsterkäufe"

Die neue Nachfragefunktion N' kann in beiden Fällen natürlich auch eine andere Lage einnehmen bzw. auch ihre Form ändern; hierzu gleich.

Aus unternehmerischer Sicht wird die Nachfragefunktion auch Preis-Absatz-Funktion genannt, denn ein Anbieter kann – bei unterstellter Kenntnis der Nachfragefunktion – alternative Preis-Absatz-Kombinationen und damit seinen Umsatz bei unterschiedlichen Preisen schätzen. In der Praxis liegen meist statistische Vergangenheitswerte vor, aus denen sich das Nachfrageverhalten durchaus seriös vorhersagen lässt – sofern durch Veränderung anderer Parameter als dem Preis die Ceteris-paribus-Bedingung nicht verletzt wird, und dies ist in der Praxis leider sehr oft der Fall. Dann kann man es eben nur ausprobieren.

7.1.1.3 Vereinfachung

Dass die Nachfragefunktion N = f (P) als Gerade dargestellt wird, ist lediglich eine Vereinfachung. Würde man tatsächlich eine Befragung vornehmen, so würden die einzelnen Haushalte sowohl für sich als auch in der Gesamtheit sicherlich keine Angaben machen, die sich streng zu einer Geraden verdichten, sondern eher einer Punktwolke ähneln (Abbildung 7.1/4). Wahrscheinlich wäre

Abb. 7.1/4: Punktwolke und Regression

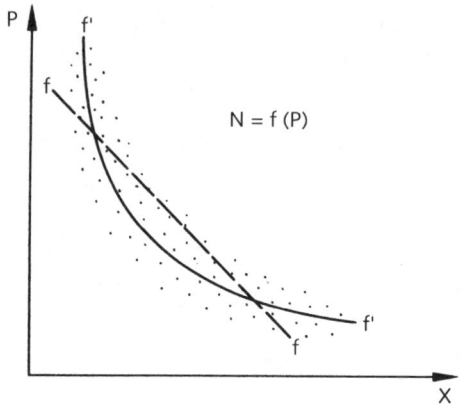

auch diese tendenziell von links oben nach rechts unten ange-
ordnet. Durch statistische Rechenverfahren lässt sich eine solche
Punktwolke zurückführen auf eine ihr zugrunde liegende mathematische Tendenz. Mathematisch einfach, aber wahrscheinlich der
Realität wenig entsprechend wäre eine lineare Regression, d. h.
die Reduktion der Punktwolke auf eine Gerade (Funktion f in Abbildung 7.1/4); realistischer, aber mathematisch anspruchsvoller
ist eine nicht-lineare Regression z. B. auf die Funktion f'. Aus der
unrealistischen Geraden lassen sich jedoch genauso gut die Erkenntnisse ableiten, die hier für uns von Bedeutung sind.

Nebenbei sei noch bemerkt, dass die Darstellung der abhängigen
Variablen (hier: Nachfragemenge) auf der waagerechten Achse (X-
Achse oder Abszisse) und die der unabhängigen Variablen auf der
senkrechten Achse (Y-Achse oder Ordinate) zwar unüblich erscheinen mag, denn normalerweise ist es umgekehrt. Dieses Problem
– falls es für Sie eines darstellt – löst sich, wenn man die Betrachtung der Nachfrage mit der Betrachtung des Angebots kombiniert
und die Entstehung von Marktpreisen untersucht. Während die
Nachfrage abhängig ist von den Preisvorstellungen des Nachfragers (die Nachfrage ist hier die abhängige Variable), ist der Marktpreis abhängig von der Nachfrage (die Nachfrage ist hier eine
unabhängige Variable). Und in Marktpreis-Diagrammen wird der
Preis – wie gewohnt – auf der Ordinaten abgetragen.

7.1.1.4 Sättigungsmenge und Prohibitivpreis

Außer dem typischen fallenden Verlauf sind noch zwei Punkte der Nachfragekurve hervorzuheben (Abbildung 7.1/5). Der Schnittpunkt mit der Y-Achse bezeichnet den Preis, bei welchem die Nachfragemenge Null wird. Dieser Preis ist also so hoch, dass kein Nachfrager mehr dieses Gut kaufen möchte. Daher bezeichnet man diesen Preis auch als **Prohibitiv-Preis** (wörtlich etwa: Verbots-Preis). Beispielsweise belegen manche Länder solche Güter, deren Import sie als Luxus betrachten und den Devisenabfluss dafür unterbinden möchten, mit so hohen Zöllen, dass praktisch jede Nachfrage – außerhalb des Clans der Präsidentenfamilie – unterbleibt, ohne dass der Import explizit verboten wäre. Auch die bewusste Verteuerung von Gütern durch Steuererhöhungen („Steuerwaffe") zielt auf eine möglichst starke Verringerung der Nachfragemenge, so wie es in Deutschland mit der Tabaksteuer angestrebt wurde. Zum Bedauern des Finanzministers trat tatsächlich eine so starke Reduktion der Nachfrage ein, dass das Tabaksteueraufkommen sank. Allerdings trägt natürlich der Schwarzhandel dazu bei, die Nachfragelücke zu schließen, hier tut sich besonders die vietnamesische Zigaretten-Mafia hervor. Die Benzinpreiserhöhungen via Mineralölsteuer haben hingegen nicht diesen Effekt gehabt, wohl aber in London die Erhebung einer massiven Gebühr für das Befahren der Innenstadt.

Ein **Exkurs:** Unser Begriff der „**Steuer**" kommt aus dem mittelhochdeutschen und ist vom Wort „stiura" abgeleitet, was Hilfe oder Unterstützung bedeutet hat. Heute haben Steuern drei Funktionen:

* die Erzielung von Staatseinnahmen, um bestimmte Staatsaufgaben wahrnehmen zu können,
* die Umverteilungsfunktion, die noch den ursprünglichen Charakter der Hilfe für bedürftige Staatsbürger hat,
* die Lenkungs- bzw. Steuerungsfunktion, um mittels Erhöhungen und Senkungen der Steuersätze bestimmte Ziele zu verfolgen, so wie gerade am Londoner Beispiel beschrieben.

Zum Nachdenken 7.1.2:

Interpretieren Sie den Punkt R in Abbildung 7.1/5. Ist er realistisch?

Abb. 7.1/5: Sättigungsmenge und Prohibitivpreis

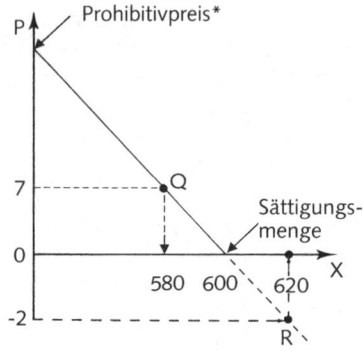

„Schweden setzt Steuerwaffe ein."

Der zweite wichtige Punkt ist der Schnittpunkt der Nachfragekurve mit der X-Achse. Dieser beschreibt die Nachfragemenge, die gewünscht würde, wenn das betrachtete Gut zum Preis von Null angeboten, also verschenkt würde. Diesen Punkt bezeichnet man als **Sättigungsmenge**, die man bei einem *All-inclusive*-Buffet durchaus beobachten kann, aber auch bei Werbegeschenken. Aus Abbildung 7.1/6 ist die Ausstattung der Haushalte mit bestimmten Gütern zu entnehmen. Wenn sich die Zahl der potentiellen Nachfrager nicht erhöht, z.B. durch Bevölkerungswachstum, können die Anbieter ihre Produkte auf (fast) gesättigten Märkten nur über Ersatzbedarf absetzen. In der Praxis kann die Sättigungsmenge daher auch bei Preisen größer als Null definiert auftreten (Punkt Q in Abbildung 7.1/5), so wie es beispielsweise bei Staubsaugern der Fall ist. Diese Sättigungsmenge ließe sich dann möglicherweise durch Preissenkungen erhöhen (Annahme: normale Reaktion der Nachfrager), weil dann statt einem Fernseher in jedem Raum einer aufgestellt wird. (Wie viele Staubsauger möchten Sie – zur eigenen Verwendung – geschenkt bekommen?)

Dies lässt sich analytisch darstellen. Die Beziehung

(1)   X = f (P)

kann präzisiert werden zu

Abb. 7.1/6: Marktsättigung?

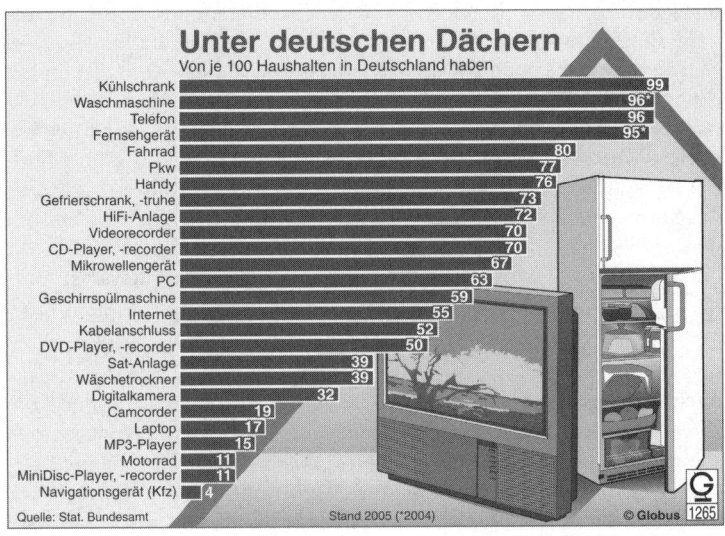

Unter deutschen Dächern
Von je 100 Haushalten in Deutschland haben

Kühlschrank	99
Waschmaschine	96*
Telefon	96
Fernsehgerät	95*
Fahrrad	80
Pkw	77
Handy	76
Gefrierschrank, -truhe	73
HiFi-Anlage	72
Videorecorder	70
CD-Player, -recorder	70
Mikrowellengerät	67
PC	63
Geschirrspülmaschine	59
Internet	55
Kabelanschluss	52
DVD-Player, -recorder	50
Sat-Anlage	39
Wäschetrockner	39
Digitalkamera	32
Camcorder	19
Laptop	17
MP3-Player	15
Motorrad	11
MiniDisc-Player, -recorder	11
Navigationsgerät (Kfz)	4

Quelle: Stat. Bundesamt   Stand 2005 (*2004)   © Globus 1265

(1a) $X = a - b \cdot P$

bzw. wenn (fiktiv) a = 600 und b = 3 beträgt zu

(1b) $X = 600 - 3 \cdot P$.

Der Prohibitivpreis, bei dem X = 0 ist, wäre dann 600 : 3 = 200; die Sättigungsmenge bei P = 0 wäre dann 600; für den Punkt Q in Abbildung 7.1/5 ergibt sich aus Beziehung (1b) (leicht aufgerundet) 600 – (3 · 7) = 580.

7.1.1.5 Sonderfälle der Nachfragefunktion

(a) Wenn es einen Normalfall gibt (Abbildung 7.1/7 a), ist anzunehmen, dass es auch Ausnahmen von der statistischen Normalität geben wird. In Abbildung 7.1/7 b ist ein solcher Sonderfall dargestellt. Die Funktion besagt, dass bei steigenden Preisen die Nachfrage zunimmt (sogenannter **Giffen-Fall**; nach Robert Giffen, 1837–1910), aber bei sinkenden Preisen abnimmt. Dieser Zusammenhang zwischen Preis und Nachfragemenge ist allerdings ausgesprochen selten. Für eine bestimmte kleine Käufergruppe trifft jedoch der sogenannten **Snob-Effekt** zu (auch Veblen-Effekt, nach

Thorstein Veblen, 1857–1929). Dieser besagt, dass bestimmte Güter vor allem deshalb gekauft werden, weil sie teuer sind (und andere sich diese Güter daher nicht leisten können). Fallende Preise würden dann bei den meisten Käufern „normale" Reaktionen bedingen, d. h. sie würden ihre Nachfrage erhöhen, aber die Nachfrage der Snobs würde abnehmen, wenn sich das bislang mit einem hohen Wertprestige behaftete Gut ja nun jeder leisten kann. Igitt. Bei steigenden Preisen ist umgekehrt eine Zunahme der Nachfrage der Snobs zu beobachten – typischerweise bis zu kritischen Preishöhen, von denen ab die Nachfrage wieder normal reagiert, d. h. die Nachfragekurve weist dann wieder einen fallenden Verlauf auf.

(b) Obgleich ähnlich gelagert, kann eine **spekulative Nachfrage** nicht ohne weiteres wie in Abbildung 7.1/7 b dargestellt werden. Mit spekulativer Nachfrage ist gemeint, dass z. B. die Nachfrage nach Aktien oder Gold oder US-Dollar dann steigt, wenn der Kurs (Preis) eine steigende Tendenz aufweist. Dann wollen viele noch schnell „auf den Zug aufspringen", so dass sich trotz – oder gerade wegen – steigender Kurse die Nachfrage erhöht. Haben andererseits die Kurse eine fallende Tendenz, dann wird die Nachfrage – in Erwartung noch weiter fallender (Preise) Kurse – abnehmen oder sogar ausbleiben. Sofern auf der Senkrechten nicht die Preise, sondern die Erwartung über die Preisentwicklung dargestellt wird, kann eine spekulative Nachfrage durchaus wie in Abbildung 7.1/7 b dargestellt werden. Dies bedeutet jedoch eine dynamische Betrachtung im Zeitablauf, während die Ableitung von Nachfragefunktionen, so wie sie hier vorgenommen wurde, grundsätzlich statisch erfolgt, also die Zeit nicht berücksichtigt.

Ein ähnlich gelagertes spekulatives Verhalten ist zu beobachten, wenn Haushalte bei erwarteten Preissteigerungen **Hamsterkäufe** tätigen, d. h. mehr als sonst nachfragen, um einen Vorrat anzulegen. Sofern auf der Senkrechten jedoch nicht die erwartete Preisentwicklung, sondern die tatsächlichen Preise dargestellt werden, würde die Erwartung von Preisveränderungen eine Verletzung der Ceteris-paribus-Bedingung und damit graphisch eine Rechtsverschiebung der Nachfragekurve wie in Abbildung 7.1/3 bedeuten.

(c) **Thorstein Veblen** hat auch den **Mitläufer-Effekt** entdeckt. Wie die Anhänger in einem Zug der Lokomotive folgen (daher engl. **Bandwaggon-Effekt**), folgen bestimmte Nachfrager dem Trend. Kaufen die Trendsetter mehr (weniger), kaufen die Mitläufer

Abb. 7.1/7: N = f (P)

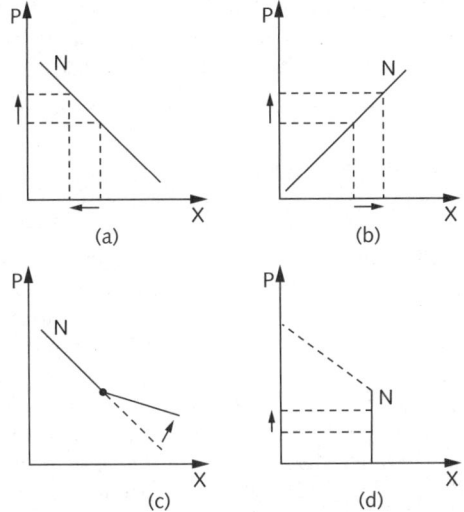

(a)   (b)   (c)   (d)

> „WartenSie nicht, bis die Aktienkurse
> davonziehen, steigen Sie rechtzeitig ein."

Nachfrage nach Luxus-Gütern schwach

Die Metallmärkte spüren neue spekulative Nachfrage
Keine „Flucht in die Rohstoffe" / Kupfer fällt durch beachtliche Preissteigerungen auf

auch mehr (weniger). Die ‚normale' individuelle Nachfragekurve
hat dann einen leichten Nachahmungs-Knick nach oben (Abbildung 7.1/7 c).

(d) Schließlich ist noch ein weiterer funktionaler Zusammenhang
möglich. Sofern die Nachfrage eines Gutes nicht vom Güterpreis
beeinflusst wird, wäre die Nachfragefunktion eine Senkrechte im
Sättigungspunkt (Abbildung 7.1/7 d). Als Beispiel kann man den
Kochsalzkonsum anführen, der von Preisschwankungen so gut wie
unbeeinflusst bleibt, denn man wird seine Suppe nicht deshalb stärker salzen, weil das Salz billiger geworden ist, oder die Nachfrage

nach lebenswichtigen Gütern (Medikamente), die in einer ganz be-
stimmten Menge benötigt werden und für die man praktisch jeden
Preis bezahlen würde: Im senkrechten Bereich ist verschiedenen
Preisen jeweils dieselbe Nachfragemenge zuzuordnen.

Zum Nachdenken 7.1.3:

Überlegen Sie, ob und welche Güter es gibt, bei denen Ihre
Nachfrage zumindest in einem Teilbereich preisunelastisch ist.

In einem bestimmten (natürlich nicht beliebig breiten) Preisbe-
reich gilt die senkrechte Preis-Nachfrage-Funktion tatsächlich für
alle Güter, die der Nachfrager aus subjektiven Gründen in einer
bestimmten Menge besitzen oder konsumieren möchte, u. a. für
Tabakwaren, Spirituosen, aber auch für Markenartikel, auf die der
Nachfrager „schwört" und bei Preiserhöhungen nicht sofort mit
einer Verringerung der Nachfragemenge reagiert. Folglich müsste
für Abbildung 7.1/7 d differenziert werden, indem der senkrechte
Verlauf nur für Preiserhöhungen gilt, während für Preissenkungen
der Normalfall (a) anzunehmen wäre. Auch bei im Verhältnis zum
Einkommen relativ billigen Gütern (z. B. Wegwerffeuerzeuge) reagiert die Nachfrage kaum auf geringe Preisschwankungen. Wird
dabei allerdings eine bestimmte preisliche „Schmerzschwelle" überschritten, wird die senkrechte Funktion nach links abknicken und
„normal" verlaufen (gestrichelter Bereich in Abbildung 7.1/7 d).

(e) Als letzte Möglichkeit wäre theoretisch eine waagerechte
Nachfragefunktion vorstellbar, aber sie würde ökonomisch keinen
Sinn machen, denn einem bestimmten Preis wären dann beliebige
Nachfragemengen zuzuordnen: Die Nachfrage wäre nicht zu be-
stimmen.

Somit ergeben sich drei Preis-Nachfrage-Funktionen, die nochmals am Beispiel einer Preissenkung zusammengefasst werden
sollen (oben Abbildung 7.1/7): Bei einer Preissenkung kann die
Nachfrage entweder zunehmen (Normalfall: fallende Preis-Nachfrage-Funktion), abnehmen (steigende Preis-Nachfrage-Funktion:
Snob-Effekt) oder konstant bleiben (senkrechte Funktion: z. B. lebensnotwendige Güter).

7.1.2 Preise anderer Güter

Nachdem die Beziehungen zwischen Preis und Nachfragemenge eines bestimmten Gutes sehr ausführlich betrachtet wurden, kann die weitere Darstellung etwas gestraffter erfolgen. Als zweiter nachfragebestimmender Faktor sind die Preise anderer Güter zu betrachten, z. B. : Wie reagiert die Nachfrage nach Fisch auf eine Erhöhung des Preises von Schweinefleisch? Dabei ist in Abbildung 7.1/8 aber zu beachten, dass sich die Variablen auf den Achsen auf zwei verschiedene Güter A und B beziehen, denn betrachtet wird die Reaktion der Nachfrage nach Gut A auf Preisveränderungen des Gutes B (wiederum *ceteris paribus*), d. h. formal:

(2) $X_A = f(P_B)$

Abb. 7.1/8: $N_A = f(P_B)$

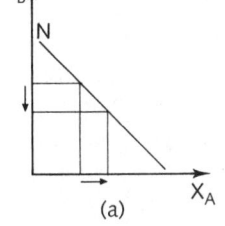 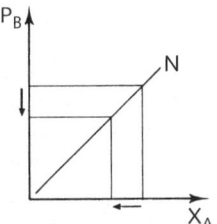 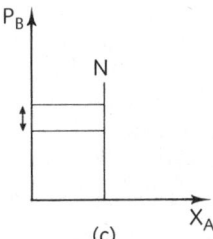

(a)   (b)   (c)

Wiederum lassen sich drei Fälle unterscheiden:

(1) Im Fall der Abbildung 7.1/8 a handelt es sich offensichtlich um **komplementäre Güter**, da die Nachfrage nach dem Gut A zunimmt, wenn der Preis des Gutes B sinkt, denn dann steigt die Nachfrage nach B (Normalfall gemäß Abbildung 7.1/8 a), aber B ist ohne A nicht zu verwenden. Wenn beispielsweise bei sinkenden Preisen die Nachfrage nach DVD-Spielern steigt, steigt auch die Nachfrage nach DVDs. Diese Beziehung ist nicht in jedem Fall umkehrbar: Sich verändernde Autopreise werden zwar die Nachfrage nach Autos und damit die Nachfrage nach komplementären Gütern (Autoradios) in gleicher Richtung beeinflussen, doch ist nicht anzunehmen, dass steigende Preise bei Autoradios die Nachfrage nach Autos nennenswert beeinflussen werden. Bei komplementären Gütern gibt es also häufig ein „wichtigeres" und ein „weni-

ger wichtiges" Gut, auch wenn man sie beide zusammen benötigt (Briefpapier und Briefporto, Radio und Antenne, Tennisschläger und -bälle etc.).

(2) Im Fall der Abbildung 7.1/8 b nimmt die Nachfrage nach dem Gut A (Äpfel) ab, wenn der Preis des Gutes B (Birnen) sinkt. Äpfel und Birnen sind dabei **Substitutionsgüter**, so dass bei sinkendem Birnenpreis die Nachfrage nach Birnen steigt (aufgrund der hier nicht dargestellten normalen Reaktion wie in Abbildung 7.1/7 a) und stattdessen weniger Äpfel gekauft werden. Wenn natürlich gleichzeitig der Preis des Gutes A auch sinkt, kann der Substitutionseffekt aufgehoben werden; dies wäre aber eine Verletzung der c. p.-Bedingung.

Zum Nachdenken 7.1.4:

Überlegen Sie, welche Güter für Sie Substitutionsgüter sind für Zeitung, Urlaub, Auto, Reis, Fernsehen, Laptop.

---

(3) Im dritten Fall (Abbildung 7.1/8 c) ist die Nachfrage nach dem Gut A unabhängig vom Preis des Gutes B, d. h. zwischen A und B bestehen weder komplementäre noch substitutive Beziehungen. So dürfte die Butternachfrage unabhängig vom Seifenpreis sein.

Allerdings ist es auch bei Gütern, die weder in einem komplementären, noch in einem substitutionalen Verhältnis zueinander stehen denkbar, dass sich eine Beziehung wie in Abbildung 7.1/8 a ergibt:

Wenn die direkte Preis-Nachfrage-Funktion des Gutes B eine Senkrechte ist wie in Abbildung 7.1/7 c, d. h. wenn die Nachfrage nach Gut B preisunabhängig ist, weil von Gut B nur eine bestimmte Menge nachgefragt wird, dann können die Nachfrager die bei einer Preissenkung von Gut B gesparten Einkommensteile zum Kauf irgend eines anderen Gutes A verwenden, das mit B in keinerlei Zusammenhang steht. Wenn analog B teurer wird, müssten die Nachfrager bei irgend einem anderen Gut A „einsparen"; in beiden Fällen ergäbe sich auch bei voneinander prinzipiell unabhängigen Gütern die in Abbildung 7.1/7 a dargestellte fallende Beziehung.

7.1.3 Einkommen

Der dritte Faktor, der die Nachfrage beeinflusst, ist das verfügbare Einkommen (Y), so dass formal gilt:

(3) $X = f(Y)$

Auch hierbei sind drei Fälle zu unterscheiden (Abbildung 7.1/9). Im **Normalfall** (Abbildung 7.1/9 a) nimmt die Nachfrage nach einem Gut mit steigendem Einkommen zu, wenn man davon ausgeht, dass das Bedürfnis nach diesem Gut größer ist als die bei gegebenem Einkommen erwerbbare Gütermenge. Der Zunahme der Nachfrage bei steigendem Einkommen ist allerdings eine Grenze gesetzt, wenn die Gütermenge die Sättigungsmenge (x^*) erreicht.

Dies gilt einzel- wie gesamtwirtschaftlich: Ein Haushalt, der gerne guten (teuren) Wein trinkt, wird vermutlich mit steigendem Einkommen mehr Wein trinken, jedoch nicht 20 Liter am Tag, und dies ist analog auf die Volkswirtschaft zu übertragen. Die im Prinzip von links unten nach rechts oben verlaufende Nachfragefunktion $X^N = f(Y)$ wird bei Erreichen der Sättigungsmenge abknicken und senkrecht nach oben verlaufen, d. h. eine weitere Steigerung des Einkommens hätte keinen Einfluss mehr auf die Nachfragemenge. Dann ist das Einkommen (subjektiv) so hoch, dass der Preis des betrachteten Gutes praktisch keine Rolle mehr spielt. Dann wird man – ohne knausern zu müssen – genau soviel von diesem Gut nachfragen, wie der Sättigungsmenge entspricht.

Der Knick in Abbildung 7.1/9 a entspricht daher dem Schnittpunkt der Nachfragefunktion mit der X-Achse in Abbildung 7.1/7. Wie oben in Zusammenhang mit Abbildung 7.1/5 bereits ausgeführt, ist bei manchen Gebrauchsgütern (Kochherd, Kühlschrank, Fern

Abb. 7.1/9: N = f (Y)

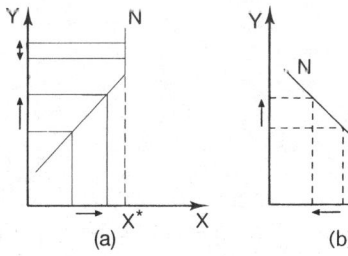

(a)   (b)

seher) die Sättigungsgrenze schon (fast) erreicht, so dass die Nachfrage im Wesentlichen vom Ersatzbedarf bestimmt wird (vergleiche Abschnitt 7.1.1.4).

Auch der zweite Fall ist ein Normalfall (Abbildung 7.1/9 b). Im Gegensatz zum ersten Fall ist hier die Nachfrage mit dem Einkommen allerdings nicht positiv, sondern negativ verknüpft (korreliert), d.h. bei steigendem Einkommen geht die Nachfrage zurück. Dies trifft auf Güter zu, die aus der Sicht des Haushaltes inferiore Güter sind und bei steigendem Einkommen durch bessere (**superiore Güter**) substituiert werden. So wird bei steigendem Einkommen die Nachfrage nach Textilien minderer Qualität abnehmen und stattdessen – wie in Abbildung 7.1/9 a dargestellt – nach höherwertigen Produkten zunehmen. Abbildung 7.1/9 b ist also der Normalfall bei **inferioren Gütern**.

Der dritte Fall wiederum besagt, dass die Nachfrage unabhängig ist von der Höhe des Einkommens; dies entspricht dem senkrechten Funktionsverlauf in Abbildung 7.1/9 a. Als Beispiel wäre auch hier an lebensnotwendige Güter wie Medikamente zu denken, deren Nachfrage nicht auf Einkommensschwankungen reagiert.

7.1.4 Bedürfnisstruktur

Wie eingangs erwähnt, wäre die Bedürfnisstruktur als Einflussfaktor der Güternachfrage eigentlich an erster Stelle zu nennen, denn unabhängig von den bereits behandelten Bestimmungsgrößen der Nachfrage ist die entscheidende Frage, ob jemand ein bestimmtes Gut überhaupt haben will oder nicht; im letzteren Fall wären alle Überlegungen hinsichtlich weiterer Bestimmungsgrößen gegenstandslos.

Dennoch ist es sinnvoll, die Bedürfnisstruktur erst jetzt zu behandeln, weil wir so auf den Erkenntnissen der vorangehenden Abschnitte aufbauen können. Wir wollen darstellen, wie die Dringlichkeit eines Bedürfnisses die Nachfrage nach dem entsprechenden Gut beeinflusst. Dabei wird inhaltlich an die ausführlichen Überlegungen zu Bedürfnissen und zur Nutzenmessung im Abschnitt 2.2 angeknüpft. Dort wurde u.a. ausgeführt, dass Nutzen nicht messbar ist. Hier sollte jetzt daraus kein Widerspruch entstehen, wenn wir sagen, dass die Bedürfnisintensität gewissermaßen doch messbar ist. Nach wie vor kann man Nutzen nicht (objektiv) messen; diese Aussage bleibt auch weiterhin bestehen.

Aus den Reaktionen des betrachteten Individuums kann man aber Rückschlüsse ziehen darauf, wie wichtig das betreffende Gut für das Individuum ist. In anderem Zusammenhang, auf den wir hier nicht eingehen wollen, spricht man daher auch von *revealed preferences*, d. h. von „offenbarten Präferenzen". Die Bedürfnisintensität lässt sich jetzt direkt daraus ableiten, wie sensibel ein Nachfrager auf Veränderungen der Größen reagiert, von denen seine Nachfrage abhängt (Preis des Gutes, Preis anderer Güter, Einkommen). Kauft der Konsument (unter sonst gleichen Voraussetzungen) z. B. bei steigendem Güterpreis P_i trotzdem dieselbe Menge des Gutes i wie vorher (wobei er – wegen des konstanten Einkommens – offenbar von einem anderen Gut j nur noch weniger kaufen kann), so muss dieses Gut i für ihn offenbar wichtiger sein als das Gut j. Beginnen wir bei der Betrachtung der Reaktionen des Nachfragers auf Veränderungen mit dem Preis des betrachteten Gutes.

7.1.4.1 Direkte Preiselastizität der Nachfrage

7.1.4.1.1 Definition

Betrachten wir ein Beispiel. Der Fußballverein Adorf verlangt aus Anlass eines Schlagerspiels einen höheren Eintrittspreis („Topspielzuschlag"). Das Stadion ist zwar – wie sonst auch – nicht voll, aber die Einnahmen sind deutlich höher als bei sonstigen Spielen. Der Fußballverein Bedorf erhöht bei einem Routinespiel ebenfalls seine Eintrittspreise. Erfolg: Die Zuschauer bleiben zu Hause, die Einnahmen sind deutlich geringer als bislang gewohnt.

Offensichtlich liegt es an der Attraktivität des betreffenden Fußballspiels, ob die Zuschauer bereit sind, höhere Preise zu zahlen oder nicht. Anders ausgedrückt: die Zuschauer reagieren unterschiedlich auf eine Preiserhöhung, je nachdem, ob ihr Bedürfnis, das betreffende Fußballspiel zu sehen, intensiv ist oder nicht. Die Intensität eines Bedürfnisses lässt sich messen, indem man Ursache und Wirkung gegenüberstellt, präziser: indem man untersucht, um wieviel Prozent sich die Nachfrage ändert, wenn sich die Preise um x Prozent verändern. Die sich ergebenden Zahlenwerte beschreiben die **Preiselastizität der Nachfrage** (μ):

(4) $\mu = \dfrac{\text{Nachfrageänderung in \% (= Wirkung)}}{\text{Preisänderung in \% (= Ursache)}}$

Im Zähler steht dabei die abhängige Variable („Wirkung") (hier die Nachfragemenge), die auf eine Änderung der unabhängigen Variablen („Ursache") (hier der Güterpreis) im Nenner reagiert. Bevor wir auf die ökonomische Bedeutung der Nachfrageelastizität eingehen, sind einige Betrachtungen voranzuschicken. Zunächst wird Beziehung (4) formal korrekter dargestellt als

(5) $\mu = \dfrac{\dfrac{\Delta X}{X} \cdot 100}{\dfrac{\Delta P}{P} \cdot 100}$

Das Symbol Δ ist das griechische D (Delta) und bezeichnet eine Differenz zwischen zwei Größen. ΔX ist somit die Veränderung der Nachfragemenge, bezogen auf die ursprüngliche Nachfrage in der Ausgangssituation; multipliziert mit 100 ergibt sich ein Prozentwert. Der Zähler des Doppelbruchs in (5) entspricht also dem Zähler der Beziehung (4). Analog bedeutet ΔP die Preisveränderung, bezogen auf den Ausgangspreis, gleichfalls multipliziert mit 100, um einen Prozentwert zu erhalten. Der Wert des Doppelbruchs ist somit eine dimensionslose Zahl. Die Bedeutung dieser Zahl soll an dem verwendeten Beispiel erläutert werden.

7.1.4.1.2 Anwendung

Nehmen wir an, die Nachfrage nach Eintrittskarten der beiden Fußballvereine unseres obigen Beispiels lässt sich wie in Abbildung 7.1/10 darstellen. Fußballverein Adorf (A) erhöht die Eintrittspreise von 15 Euro auf 20 Euro, wodurch die Zuschauerzahlen von 6.000 auf 5.000 zurückgehen. Dadurch erhöhen sich die Einnahmen von $15 \cdot 6.000 = 90.000$ Euro auf $20 \cdot 5.000 = 100.000$ Euro. Fußballverein Bedorf (B) macht im Prinzip dasselbe, doch halbieren sich die Zuschauerzahlen von 6.000 auf 3.000 Euro, wodurch die Einnahmen von $15 \cdot 6.000 = 90.000$ Euro auf $20 \cdot 3.000 = 60.000$ Euro sinken.

Das Symbol μ („mü", das griechische M) wird in Erinnerung an **Alfred Marshall** (1842–1924) verwendet, der sich als einer der ersten mit Elastizitätsfragen beschäftigte.

Abb. 7.1/10: Preiselastizität

Ifo: Höhere Tabaksteuer ist ein Flop

Preis	A		B	
	Karten	Einnahmen	Karten	Einnahmen
15,–	6000	90000	6000	90000
20,–	5000	100000	3000	60000

Tabaksteuererhöhung bringt 650 Millionen Euro weniger als zuvor
Fast 3 Milliarden Differenz zur Einnahmeprognose / Tabakgroßhandel warnt vor der nächsten Anhebung im Sebtember

Wenn man diese Werte in Beziehung (5) einsetzt, ergibt sich für Adorf:

$$(5a) \quad \mu = \frac{\dfrac{\Delta X}{X} \cdot 100}{\dfrac{\Delta P}{P} \cdot 100} = \frac{\dfrac{-1000}{6000}}{\dfrac{+5}{15}} = \frac{-16,7}{33} = -0,5$$

und für Bedorf:

$$(5b) \quad \mu = \frac{\dfrac{\Delta X}{X} \cdot 100}{\dfrac{\Delta P}{P} \cdot 100} = \frac{\dfrac{-3000}{6000}}{\dfrac{+5}{15}} = \frac{-50}{33} = -1,5$$

In beiden Fällen sinkt die Nachfrage bei steigenden Preisen, d.h. die Zuschauer reagieren „normal". Die Preissteigerung beträgt in beiden Fällen 33 %, aber im Fall Adorf geht die Nachfrage nur um −16,7 % zurück, im Fall Bedorf um − 50 %, d.h. − in den Elastizitätsquotienten (5) eingesetzt − die Nachfrageelastizität ist im Fall Adorf −16,7/33 = −0,5, im Fall Bedorf −50/33 = −1,5. Die Elastizitätszahl von −0,5 drückt aus, dass die Nachfrage um das 0,5-fache auf eine Preisänderung reagiert, und eine Elastizität von −1,5 bedeutet eine 1,5-fache Nachfragereaktion.

Zum Nachdenken 7.1.5:

Wie groß ist für die Trinkaus AG die direkte Preiselastizität der Nachfrage, wenn ein Preisrückgang von 0,80 Euro auf 0,76 Euro für eine Flasche Mineralwasser zu einem Anstieg der Gesamtnachfragemenge von 24.000 Flaschen auf 24.600 Flaschen führt? Wie nennt man diese Reaktion? Wie verändert sich der Umsatz für das Unternehmen?

7.1.4.1.3 Elastizitätsbegriffe

Allgemein gilt: Sofern der Wert des Elastizitäts-Quotienten (μ) größer ist als absolut Eins, spricht man von **elastischer Nachfrage** (d. h. die Nachfrage reagiert stärker als die ursächlichen Preise sich verändert haben). (Manche Marketingleute sprechen von „flexibler" Nachfrage). Ist der Elastizitätswert μ kleiner als absolut Eins, spricht man von **unelastischer Nachfrage**. Bei Preissenkungen würde die Nachfrage dann eher zögernd reagieren (Abbildung 7.1/11). Ein Grenzfall liegt vor, wenn die Elastizität gleich Eins ist, d. h. die Nachfrage verändert sich im gleichen Maße wie die Preise; hierbei sind allerdings einige mathematische und ökonomische Überlegungen anzustellen, auf die weiter unten eingegangen wird.

Offensichtlich gibt es zwei Extremwerte: Der untere Extremwert ergibt sich, wenn die Nachfrage überhaupt nicht auf eine Preisveränderung reagiert. In diesem Fall wäre Δ X und damit der Zähler des Elastizitätsquotienten (5) Null und damit der gesamte Elastizitätswert Null. Dies bezeichnet man synonym als absolut oder völlig unelastische oder starre Nachfrage, d. h. die Nachfrage reagiert überhaupt nicht auf eine Veränderung der unabhängigen Variablen im Nenner. Dieser Fall entspricht graphisch einer senkrechten Nachfragefunktion.

Der obere Extremwert sei nur der Vollständigkeit halber erwähnt, denn er entspricht dem mathematisch möglichen, jedoch ökonomisch nicht sinnvoll zu interpretierenden Fall einer waagerechten Nachfragefunktion. Dies würde bedeuten, dass die Nachfragemenge nicht zu bestimmen wäre, da bereits eine sehr kleine (mathematisch präziser: unendlich kleine) Preisänderung (Δ P) eine extrem große Nachfragereaktion hervorriefe; Δ P wäre dann (fast) Null, so dass in diesem Extremfall der Zähler den Wert unendlich annimmt.

Abb. 7.1/11: Elastizitätsbegriffe

$|\mu| > 1$	elastisch
$|\mu| < 1$	unelastisch
$\mu = 0$	starr (absolut unelastisch)
$|\mu| = \infty$	völlig elastisch (absolut elastisch)
$|\mu| = 1$	Grenzfall

Preissenkungen sind nicht das Allheilmittel

LCD-Displays suchen verstärkt nach lukrativen Marktsegmenten

Abbildung 7.1/11 fasst die betrachteten Elastizitätsbegriffe in einer Übersicht zusammen.

Zum Nachdenken 7.1.6:

Wie schätzen Sie Ihre Preiselastizität ein bei Urlaubsreisen, Benzin, Kleidung, Essen im Restaurant, Kaffee, DVD-Geräten?

7.1.4.1.4 Elastizität und Steigung

Ein beliebter Fehler, der sich leider auch in manchem Lehrbuch wiederfindet, ist die Behauptung, die Elastizität der Nachfrage ließe sich aus der **Steigung der Nachfragekurve** ablesen, d.h. eine steile Funktion bedeute eine unelastische und eine flache Funktion eine elastische Nachfrage. Dies trifft nicht zu, auch wenn Abbildung 7.1/12 dies nahelegen mag. Jede Nachfragefunktion (außer einer isoelastischen, gleichseitigen Hyperbel) durchläuft alle Elastizitätswerte von Null bis Unendlich; jede Funktion hat einen elastischen und einen unelastischen Bereich. Auf den präzisen Beweis wollen wir hier verzichten – er wird weiter unten im Abschnitt 7.1/4.4 ausgeführt –, doch lässt sich mit Hilfe der sogenannten Strahlensätze nachweisen, dass man die Elastizität für jeden Punkt einer Nachfragefunktion auch dadurch bestimmen kann, dass man die Strecke zwischen dem betrachteten Punkt auf der Nachfrage-Funktion und der X-Achse (Abszisse) teilt durch die Strecke zwischen dem betrachteten Punkt und P-Achse. Ist das Verhältnis der Streckenabschnitte kleiner als Eins, handelt es sich um einen unelastischen Nachfragepunkt, ist er größer als Eins, um einen elastischen. Im Schnittpunkt mit der X-Achse ist der untere Streckenabschnitt Null, so dass das Verhältnis „unterer zu oberem Streckenabschnitt" auch Null sein muss. Im Schnittpunkt mit der P-Achse ist der obere Streckenabschnitt Null, so dass der Elastizitätsquotient den Wert Unendlich annimmt. Zwischen diesen beiden Extremwerten sind also alle anderen Werte möglich, und der Grenzfall einer Elastizität von Eins liegt somit in der Streckenmitte vor.

Abbildung 7.1/12 macht deutlich, dass sich aus der Steigung der Funktion allenfalls eine gewisse Wahrscheinlichkeit dafür ablesen lässt, dass die für die Betrachtung infrage kommenden Punkte bei einer flachen Nachfragefunktion eher im elastischen Bereich, also oberhalb der Streckenmitte liegen, bzw. umgekehrt bei einer steilen Funktion eher im unteren, unelastischen Bereich.

Abb. 7.1/12: Elastizität und Steigung

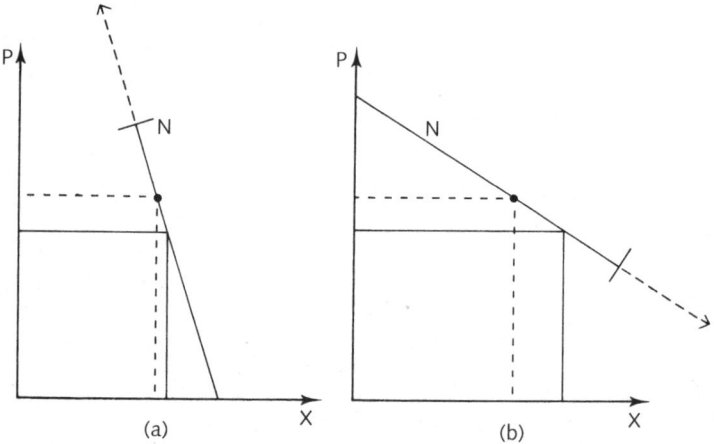

(a)   (b)

Noch ein letzter, formaler Hinweis: Unsere obigen beiden Beispiele sind im Grunde genommen unzulässig, denn sie setzen Strecken zueinander in Beziehung, während die Elastizität im Prinzip für unendlich kleine Veränderungen definiert ist – d.h. einen Punkt, nicht eine Strecke. Obgleich diese „Feinheiten" für unsere Darstellung hier entbehrlich sind, soll aber nicht versäumt werden, auf die „Ungenauigkeit" im mathematischen Sinne hinzuweisen. Im Abschnitt 7.1.4 wird hierauf näher eingegangen.

7.1.4.1.5 Empirische Bedeutung

(Preis-)Elastizitäten lassen sich u.a. durch Marktbeobachtung (Erfahrung) und „Ausprobieren", z.B. auf Testmärkten, ermitteln. Das Wissen um die zu erwartenden Nachfragereaktionen ist von großer ökonomischer Bedeutung. Sofern beispielsweise ein Unternehmer mit Hilfe von Preisänderungen seinen Umsatz erhöhen möchte, so kann er im Falle einer preisunelastischen Nachfrage nach seinem Produkt getrost den Preis erhöhen und wird dennoch seinen Umsatz ausweiten können. Ist die Nachfrage hingegen preiselastisch, würde sich aus derselben Maßnahme – Preiserhöhung – ein Umsatzrückgang ergeben.

Umgekehrt böten sich zur Umsatzerhöhung bei preiselastischer Nachfrage eine Preissenkung an, während dieselbe Maßnahme bei unelastischer Nachfrage zu einem Umsatzrückgang führen würde. Es ist für die praktische Preispolitik folglich sehr wichtig zu wissen, ob die Nachfrage auf Preisveränderungen elastisch oder unelastisch reagiert.

Abb. 7.1/13 (zu Zum Nachdenken 7.1.7)

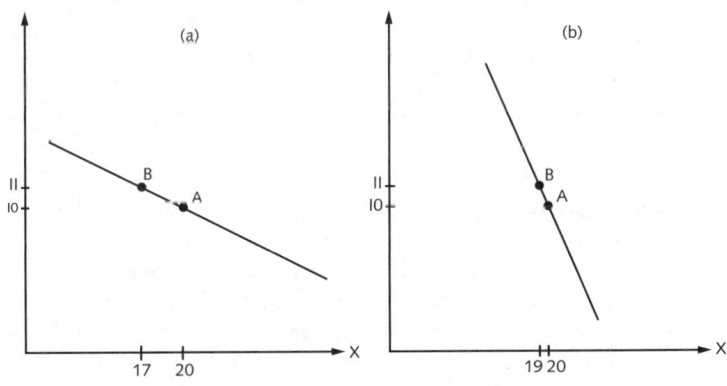

Zum Nachdenken 7.1.7

Zeichnen Sie in die Abbildung 7.1/13 jeweils die zu den Punkten A und B gehörenden Umsatzfelder (x · p) ein und vergleichen Sie optisch und rechnerisch die Wirkungen auf den Umsatz, wenn jeweils eine Preiserhöhung vorgenommen wird.

Wenn man in die Abbildung 7.1/13a jeweils die zu den Punkten A und B gehörenden Umsatzfelder (x · p) einzeichnet und optisch und rechnerisch die Wirkungen auf den Umsatz vergleicht, wenn jeweils eine Preiserhöhung vorgenommen wird, kann man in Abbildung 7.1/13b klar den Einfluss der Nachfrageelastizität erkennen.

Als **preisunelastisch** gelten allgemein Güter des täglichen Bedarfs, d.h. die regelmäßig und in relativ konstanten Mengen gekauft werden, auf die man also nicht verzichten möchte, ferner Güter mit im Verhältnis zum Einkommen relativ niedrigen Preisen, weil man sich über solche – absolut gesehen – kleinen Preissteigerungen nicht allzu sehr aufregt (oder nur aus Prinzip), ferner Güter mit geringen Substitutionsmöglichkeiten, auf die man also in gewissem Maße angewiesen ist (und manche Werbung versucht, dem Verbraucher klar zu machen, dass er außer dem Gut X kein ähnliches gutes auf dem Markt finden wird), und schließlich komplementäre Güter, deren Nachfrage von der Nachfrage nach einem anderen (dominanten) Gut bestimmt wird, so wie z.B. Autobatterien vom Autoabsatz abhängen.

Als **absolut preisunelastisch** (starre Nachfrage) wird man z.B. lebensnotwendige Güter wie Medikamente ansehen können, obgleich die Notwendigkeit auch nur subjektiv begründet sein mag, z.B. bei Rauchern. Bei preisunelastischen Gütern wird also eine Preissteigerung in der Regel ein Umsatz-Plus bringen, während eine Preissenkung nicht die für eine Umsatzerhöhung erforderliche Nachfrageausweitung mit sich bringt.

Der bekannte VWL-Professor **Artur Woll** (einer meiner Lehrer in meinem Studium …) führt in seiner Allgemeinen Volkswirtschaftslehre, 15. Auflage München 2007, einige Elastizitätswerte aus verschiedenen Quellen an, so z.B. −0,29 für Kfz-Reparaturen (weil man auf sie kaum verzichten kann), −0,41 für Kraftstoffe (das DIW schätzte 2005 einen Wert von −0,3, d.h. einen Rückgang der Elastizität – man gewöhnt sich eben an die ständigen Benzinpreiserhöhungen) –1,3 für Nahrungsmittel, Fleisch und Fleischwaren, –1,8 für Brot und Backwaren (wobei schon eine deutlichere Preisempfindlichkeit besteht) oder –2,0 bei Möbeln und Haushaltstextilien und –2,9 bei Bildungs- und Unterhaltungsgütern, die als „Luxusgüter" also schon deutlich preiselastisch sind. Gut substituierbare Güter haben eine hohe Elastizität (Erbsen –2,8), dringender benötigte eine geringere (Theater –0,2 und Schuhe –0,7).

Nach den vorangehenden Ausführungen dürfte deutlich geworden sein, dass Preis- und andere Elastizitäten von einer Vielzahl von Einflussfaktoren abhängen und sich folglich im Zeitablauf verändern können.

Insgesamt gehen Industrieunternehmen mit ihrem Wissen um die Preiselastizitäten für ihre Produkte sehr diskret um. Solche sensiblen Daten sind für die Konkurrenz zu wertvoll. Folglich tut sich die Wissenschaft schwer, präzise aktuelle Daten vorzulegen.

In der Praxis ist es natürlich wesentlich, ermittelte Preiselastizitäten im jeweiligen Kontext zu interpretieren. Die Güternachfrage ist u. a. sowohl saisonalen Schwankungen unterworfen (mit entsprechend variierenden Elastizitäten) als auch konjunkturellen Einflüssen. Das Problem ist, sich überlappende Einflüsse sowohl statistisch zu trennen, d. h. unter der Ceteris-paribus-Bedingung zu erkennen, gleichzeitig aber auch das Zusammenwirken prognostizieren zu können: So reduziert sich die Preiselastizität der Nachfrage, wenn sich gleichzeitig das Einkommen erhöht, und parallel dazu beeinflussen Einkommensveränderungen verständlicherweise auch Veränderungen bei der Kreuzpreiselastizität.

Diese Überlegungen gelten übrigens analog genauso für das Bestreben des Staates, Steuern zu erheben, um damit Staatsausgaben zu finanzieren. **Verbrauchsteuern** lasten auf Gütern, deren Nachfrage relativ unelastisch ist. Wäre die Nachfrage elastisch, würden durch Steuererhöhungen so viele Verbraucher abgeschreckt, dass die angestrebte Einnahmeerhöhung nicht eintritt. Dies war bei der Erhöhung der Tabaksteuer in den Jahren 1992 und 2002/2003 der Fall, allerdings jeweils nur vorübergehend (vergleiche oben Abbildung 7.1/10). Analog sollte die drastische Erhöhung der Mineralölsteuer (Ökosteuer) zu einem Rückgang des Benzinverbrauchs und folglich der Abgas-Emissionen führen, aber das trat nicht ein. Folglich mutierte die Ökosteuer zu einer reinen Fiskalsteuer – zur Freude des Bundesfinanzministers.

Umgekehrt bieten sich preiselastische Güter an, um durch Preissenkungen zu einem Absatzplus zu gelangen (Räumungs-, Umbau- und Schlussverkäufe!), wobei der Verzicht auf einen Teil des alten Stückpreises überkompensiert wird durch eine relativ stärkere Nachfragezunahme. Als preiselastisch gelten langlebige Gebrauchsgüter, insbesondere Luxusgüter, wozu auch Autos und Urlaubsreisen zu zählen sind, ferner Güter mit im Vergleich zum Einkommen relativ hohen Preisen, weil sich Preiserhöhungen in diesem Bereich auch beschränkend auf die für andere Güter verbleibenden Einkommensteile auswirken, und schließlich Güter mit guten Substitutionsmöglichkeiten. Diese Erfahrung mussten in der Vergangenheit einige (jeweils wechselnde) Mineralölkonzerne machen, die individuelle Benzinpreiserhöhungen versuchten, wodurch sich die Nachfrage auf andere Benzinmarken (homogene Güter!) verlagerte. Dies kann auf der Anbieterseite letztlich nur abgestimmtes Verhalten verhindern, indem alle Anbieter ihre Preise erhöhen (ich vermute, dass dies nicht zufällig erfolgt, aber dem Bundeskartellamt ist es bislang – trotz verschiedener Versuche – nicht gelungen, ein abgestimmtes (und damit kartellrechtlich verbotenes) Verhalten nachzuweisen).

Eine preiselastische Reaktion ist auch wirtschaftspolitisch immer dann erwünscht, wenn durch staatliche Maßnahmen wie Steuersenkungen oder Subventionszahlungen versucht wird, die volkswirtschaftliche Nachfrage zu beleben. Eine hohe Preiselastizität ist auch erforderlich, wenn durch Preissteigerungen (via Steuer- oder Zollerhebungen) die Nachfrage reduziert bzw. zum Nullpunkt gebracht werden soll. So erheben einige skandinavische Länder erhebliche Alkoholsteuern in der erklärten Absicht, den Alkoholkonsum einzudämmen (vergleiche Abbildung 7.1/14). Dies würde eine entsprechend preiselastische Nachfragereaktion voraussetzen. Sofern das Nachfrageverhalten jedoch relativ unelastisch ist, wird zwar der Alkoholkonsum – der negativ geneigten Nachfragefunktion entsprechend – zurückgehen, vor allem aber das Steueraufkommen aus der Branntweinsteuer steigen. Während ein Gesundheitsminister also auf elastisches Verhalten setzt, würde ein Finanzminister dabei eher vom Gegenteil ausgehen. Das entsprechende Beispiel der deutschen „Öko"-Mineralölsteuer haben wir oben schon erwähnt.

Abb. 7.1/14: Branntweinsteuern

EU-Mindestsatz für eine 0,7-Liter-Flasche Branntwein
mit 40 Prozent Alkohol bei 1,54 Euro.

In Schweden und Finnland beträgt der Satz jedoch
15,41 Euro beziehungsweise 14,13 Euro.

Deutschland erhebt 3,65 Euro.

Bei einem Liter Bier mit einem EU-Satz von 0,0935 Euro liegt der
deutsche Fiskus mit einem Wert von 0,10 Euro leicht darüber.

In vielen Ländern ist dagegen offensichtlich, dass man anstelle eines Importverbotes aus optischen Gründen lieber zu so hohen Zollsätzen greift, dass die Nachfrage angesichts der dadurch bewirkten Verteuerung der Importgüter praktisch zum Erliegen kommt (**Prohibitivzoll**). Es kommt also ganz auf das Ziel einer Maßnahme an, ob eine elastische oder eine unelastische Reaktion der Nachfrage auf Preisveränderungen günstig ist.

Natürlich reagiert die Nachfrage nicht spontan auf Preisveränderungen, sondern es ist von einer mehr oder weniger langen Verzögerung auszugehen. Je länger der Betrachtungshorizont ist, desto mehr Zeit steht für Anpassungsreaktionen zur Verfügung. Dabei können sich auch Effekte kompensieren: Die Erhöhung der Mineralölsteuer hat zunächst zu einem Nachfragerückgang bei Benzin geführt. Dann haben wir uns an die hohen Benzinpreise gewöhnt, und die Nachfragemengen haben sich weitgehend wieder auf dem alten Niveau eingependelt.

7.1.4.2 Kreuzpreiselastizität

Die im vorangegangenen Abschnitt betrachtete direkte Preiselastizität der Nachfrage untersucht Preis-Mengen-Beziehungen für ein und dasselbe Gut. Ebenso kann man auch die übrigen Einflussfaktoren der Nachfrage mit dem Elastizitätsbegriff beschreiben. So kann man untersuchen, um wie viel Prozent die Rindfleischnach-

frage sich verändert, wenn der Preis für Schweinefleisch steigt, oder
ob die Nachfrage nach Batterien zunimmt, wenn Taschenrechner
billiger werden.

Während es bei der direkten Preiselastizität im Normalfall prinzipiell gleichgültig ist, ob man mit negativen oder positiven Elas-
tizitätszahlen rechnet (im ersten Fall geht die Skala von Null bis
Minus-Unendlich, im zweiten von Null bis Plus-Unendlich, d. h. es
kommt nur auf den Abstand von Null an, weniger auf die Richtung auf dem Zahlenstrahl), kann man bei Kreuzpreiselastizitäten
aus dem Vorzeichen ablesen, ob es sich um substitutive oder komplementäre Güter handelt: positive Werte bei substitutiven Gütern,
negative bei komplementären. Als **Kreuzpreiselastizität** bezeichnet
man die Beziehung

$$(6) \quad \mu = \frac{\text{Nachfrageänderung nach dem Gut A (in \%)}}{\text{Preisänderung des Gutes B (in \%)}}$$

oder als Doppelbruch geschrieben wie in Beziehung (5):

$$(7) \quad \mu = \frac{\dfrac{\Delta X_A}{X_A} \cdot 100}{\dfrac{\Delta P_B}{P_B} \cdot 100}$$

Wenn der (Kreuz-Preis-)Elastizitätswert beispielsweise +1,7 beträgt, dann wird z. B. eine Preiserhöhung des Gutes B (Birnen) um
3 % zu einer Erhöhung der Nachfrage nach dem Substitutionsgut
A (Äpfel) um das 1,7-fache, d. h. zu einer Nachfragezunahme von
5,1 % führen, weil die Nachfrager nun statt Birnen lieber Äpfel
kaufen. Dies wurde in Abbildung 7.1/8 graphisch dargestellt.

Je höher die (positive) Kreuzpreiselastizität bei substitutiven Gütern ist, desto eher werden Kunden bei einer Preiserhöhung zur
Konkurrenz abwandern; je höher – absolut genommen – die (negative) Krenzpreiselastizität bei einem komplementären Gut ist,
desto stärker wird seine Nachfrage von Preisänderungen des dazu
gehörenden Komplementärgutes beeinflusst. Voneinander unabhängige Güter haben folglich eine Kreuzpreiselastizität von Null;
dies entspricht graphisch einer senkrechten Funktionsbeziehung.

Für Butter/Margarine wird eine Kreuzpreiselastizität von $+0,8$ angenommen, für Rind- und Schweinefleisch von $+0,3$, für Getreide und Fisch von $-0,9$. Kreuzpreiselastizitäten werden auch im Wettbewerbsrecht benutzt, um die Wettbewerbsintensität zwischen Unternehmen oder Märkten festzustellen und somit Teilmärkte gegeneinander abzugrenzen.

7.1.4.3 Einkommenselastizität

Schließlich kann auch die Beziehung zwischen Einkommensänderungen und Nachfragereaktionen als Elastizität dargestellt werden (sogenannte Einkommenselastizität):

$$(8) \quad \varepsilon = \frac{\text{Nachfrageänderung (in \%)}}{\text{Einkommensänderung (in \%)}},$$

oder als Doppelbruch:

$$(9) \quad \varepsilon = \frac{\dfrac{\Delta X}{X} \cdot 100}{\dfrac{\Delta Y}{Y} \cdot 100}$$

Die Bedeutung der Einkommenselastizität[25] liegt u. a. im wirtschaftspolitischen Bereich. Sollen z. B. durch Einkommensteuersenkungen konjunkturanregende Wirkungen erzielt werden, muss die Nachfrage möglichst elastisch reagieren, d. h. möglichst stark aufgrund der Einkommenserhöhung zunehmen. Die Einkommenselastizität ist somit insbesondere im Zusammenhang mit direkten Steuern von Bedeutung, Preiselastizitäten dagegen eher bei den indirekten Steuern, also den Verbrauchsteuern.

Zum Nachdenken 7.1.8:

Welche Rückschlüsse ziehen Sie aus dem Vorzeichen der Einkommenselastizität hinsichtlich der Art der betrachteten Güter?

---

[25] Man verwendet hier das griechische ε (Epsilon) als Symbol, zur üblichen Abgrenzung gegen die Preiselastizität (μ) – aber das wird gelegentlich auch schon mal so, mal so gehandhabt.

Elastizitäten werden auch in anderem Zusammenhang berechnet. So ermittelt beispielsweise das Bundesfinanzministerium bei den **Steuerschätzungen** die Elastizität des Steueraufkommens in Abhängigkeit von Einkommensveränderungen, was natürlich vom Steuersystem (also u. a. von der Steuerprogression) abhängt und für die Schätzung des Steueraufkommens folgender Haushaltsjahre und damit für die Haushalts- und Finanzplanung von Bedeutung ist.

Marketing-Fachleute, die sich über die Verkaufschancen eines Produktes Gedanken machen, werden Überlegungen anstellen, die den hier betrachteten Elastizitätsermittlungen inhaltlich grundsätzlich entsprechen, auch wenn dabei nicht unbedingt der Begriff Elastizität verwendet wird. Üblicherweise sind Unternehmen sehr restriktiv mit ihren Informationen zu den für sie relevanten Nachfrageelastizitäten, denn das sind wichtige und sensible Marktdaten. Elastizitätsuntersuchungen sind somit keine mathematisch-theoretischen Spielereien, sondern haben vielfach handfeste volks- und betriebswirtschaftliche Bedeutung. Allerdings sei abschließend hinzugefügt, dass es empirisch weder präzise möglich noch sehr sinnvoll ist, Elastizitäten mit mehreren Stellen hinter dem Komma zu schätzen. Sofern sich in der Literatur derart genaue Werte finden, handelt es sich in der Regel um nachträglich angestellte Berechnungen, die natürlich in künftige Überlegungen einbezogen werden können (z. B. „wird die Nachfrage elastisch oder unelastisch reagieren?"), und dies ist gegebenenfalls auch durchaus hinreichend.

7.1.4.4 Exkurs: Formale Ergänzungen zum Elastizitätsbegriff

Im Abschnitt 7.1/4.1 wurden bei der Behandlung des Elastizitätsbegriffs aus didaktischen Gründen einige Vereinfachungen vorgenommen. An dieser Stelle sollen daher einige Ergänzungen und Verfeinerungen der Betrachtung nachgeholt werden, wobei wir uns auf das Beispiel der direkten Preiselastizität der Nachfrage beschränken; auf andere Funktionen, beispielsweise die Angebotsfunktion, sind die Erkenntnisse sinngemäß ohne weiteres zu übertragen.

(a) Vorzeichen

Bei normaler Nachfragereaktion, d. h. einem fallenden Verlauf der Nachfragefunktion wie in Abbildung 7.1/1 oder 7.1/7a ist der Elastizitätswert immer negativ: Wie Sie ja wissen, lautet die allgemeine Formel der direkten Preiselastizität der Nachfrage:

$$(10) \quad \mu = \frac{\dfrac{\Delta X}{X} \cdot 100}{\dfrac{\Delta P}{P} \cdot 100}$$

Dies bedeutet, dass bei einer Preiserhöhung ($\Delta P > 0$) der Nenner positiv ist und der Zähler negativ, denn $\Delta X < 0$; bei einer Preissenkung wäre es umgekehrt, d. h. μ ist immer negativ.

Sofern es sich jedoch nicht um den Normalfall handelt, sondern beispielsweise um den Snob-Effekt der Abbildung 7.1/7 b, also eine steigende Preis-Nachfrage-Funktion, wird der Elastizitätsquotient immer einen positiven Wert annehmen, denn ΔX und ΔP haben dann immer dasselbe Vorzeichen.

Wenn es also aufgrund der Betrachtung eindeutig ist, um welchen Fall es sich handelt, ist es auch gängig, auf das Vorzeichen zu verzichten und absolute Zahlen zu verwenden. In manchen Lehrbüchern wird auch der Elastizitätsquotient (10) bei der direkten Preiselastizität mit -1 multipliziert, so dass sich dann gleichfalls nur positive Werte ergeben. Ist aber vom Ergebnis her egal.

(b) Steigung der Nachfragefunktion

Vielfach besteht die irrige Meinung, dass eine steile Funktion eine unelastische und eine flache Funktion eine elastische Nachfrage ausdrücke (vergleiche oben Abbildung 7.1/12). Dies ist falsch, denn jede Funktion, egal, ob sie steil oder flach verläuft, umfasst alle Elastizitätswerte von Unendlich (∞) bis 0. Dies kann leicht bewiesen werden, wobei die Darstellung sich auf Geraden beschränkt (Abbildung 7.1/15).

Untersuchen wir als Beispiel die Elastizität des Punktes A in Beziehung zu E (d. h. Preissenkung) in Abbildung 7.1/15. Die oben gerade angeführte allgemeine Elastizitätsformel (10) kann in die Strecken der Koordinaten des Punktes A „übersetzt" werden (wobei wir bei den Streckenbezeichnungen – wegen gleicher Strecken – ein wenig herumtauschen):

Abb. 7.1/15: Elastizität I

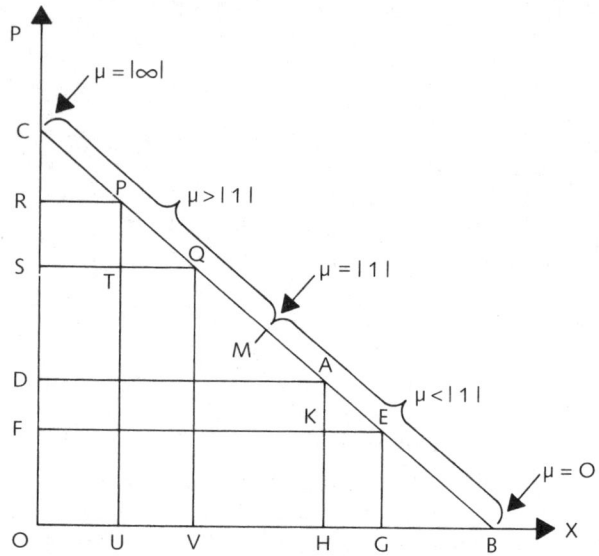

$$(11)\quad \mu = \frac{\dfrac{\Delta X}{X}}{\dfrac{\Delta P}{P}} = \frac{\dfrac{KE}{AD}}{\dfrac{KA}{OD}} = \frac{KE}{KA} \cdot \frac{OD}{AD}$$

Da die Dreiecke AKE und CDA ähnlich sind, gilt

$$(12)\quad \frac{KE}{KA} \cdot \frac{AD}{CD}$$

und somit

$$(13)\quad \frac{AD}{CD} \cdot \frac{OD}{AD} = \frac{OD}{CD}$$

Nach dem 1. Strahlensatz ist

$$(14)\quad \frac{OD}{CD} = \frac{AB}{AC} = \mu$$

Der Ausdruck $\frac{AB}{AC}$ bezeichnet das Verhältnis des Abschnittes auf der Nachfragefunktion unterhalb des betrachteten Punktes A, bezogen auf den Abschnitt oberhalb des Punktes A. Die Elastizität eines Punktes auf der Nachfragefunktion kann somit leicht ermittelt werden, indem man den unterhalb dieses betreffenden Punktes liegenden Streckenabschnitt der Nachfragefunktion teilt durch den Streckenabschnitt oberhalb des Punktes. [Aufgrund der obigen Ausführungen hinsichtlich des Vorzeichens können wir hier also der Einfachheit halber mit absoluten Zahlenwerten arbeiten; dies wird durch sogenannte Betragsstriche ausgedrückt.]

In der Streckenmitte M muss $|\mu|$ somit offensichtlich den Wert 1 annehmen; unterhalb der Streckenmitte ist $|\mu|$ < 1, z.B. für A ist μ = AB : AC, d.h. es handelt sich um einen preisunelastischen Nachfragepunkt, weil $|\mu|$ kleiner als 1 ist. Oberhalb der Streckenmitte ist $|\mu|$ > 1, z.B. in Q ist μ = QB : QC, also elastisch.

In den Schnittpunkten mit den Koordinaten nimmt die Elastizität die Extremwerte 0 bzw. ∞ an:

In B ist Δ X = 0, d.h. der Zähler des Elastizitätskoeffizienten (10) ist Null; gleichfalls ist der Streckenabschnitt unterhalb von B Null, der Zähler des analogen Ausdrucks zu (14) ist Null, d.h. in B ist μ = 0.

In C hingegen ist Δ P = 0, d.h. der Nenner des Koeffizienten (10) Null, und analog der Nenner des Ausdrucks (14), da es keinen Streckenabschnitt oberhalb von C gibt. Daher gilt $|\mu|$ = ∞.

Da diese Zusammenhänge für jede Nachfragefunktion gleich welcher Steigung gelten, umfasst jede Nachfragefunktion alle Elastizitätswerte von Null bis Unendlich:

(15) $0 \leq |\mu| \leq \infty$

Jede Nachfragefunktion hat somit einen elastischen (oberen) Bereich und einen unelastischen (unteren) Bereich.

(c) **Beispiel**

Betrachten wir anhand von Abbildung 7.1/15 ein Beispiel. Eine Preissenkung im Ausmaß RS bedeutet eine Bewegung von P zu Q mit einer Zunahme der Nachfrage um UV. In den Elastizitätskoeffizienten (10) eingesetzt bedeutet dies (ohne Berücksichtigung des Vorzeichens):

$$(16) \quad \mu = \frac{\dfrac{\Delta X}{X}}{\dfrac{\Delta P}{P}} = \frac{\dfrac{UV}{OU}}{\dfrac{RS}{RO}}$$

Daraus lässt sich (grob) ableiten, dass die Elastizität einen Wert größer als $|1|$ annehmen wird, denn das Verhältnis der Strecken im Zähler ist größer als das der Strecken im Nenner; es handelt sich also um einen elastischen Bereich. Eine Bewegung von A zu E hingegen würde analog zu (16) bedeuten

$$(17) \quad \mu = \frac{\dfrac{\Delta X}{X}}{\dfrac{\Delta P}{P}} = \frac{\dfrac{HG}{OH}}{\dfrac{RDF}{DO}}$$

und einen unelastischen Bereich bezeichnen, da $|\mu| < 1$ sein wird. Wie bereits in Abschnitt 2.1.4 gesagt wurde, besteht bei einer steilen Nachfragefunktion allenfalls eine recht hohe Wahrscheinlichkeit, dass es sich um den unelastischen, unteren Teil einer Nachfragefunktion handelt (vergleiche hierzu oben nochmals Abbildung 7.1/12), während es sich bei einer flachen Funktion wahrscheinlich um den oberen, elastischen Teil einer Nachfragefunktion handelt.

Im Abschnitt 2.1.4 wurde u. a. auch ausgeführt, dass eine Preissenkung ceteris paribus (und unter bestimmten Nebenbedingungen, auf die hier nicht eingegangen zu werden braucht) zu einer Umsatzeinbuße, bei elastischer Nachfrage hingegen zu einer Umsatzzunahme führen wird. Dies lässt sich gleichfalls anhand von Abbildung 7.1/14 zeigen:

Der Umsatz ist das Produkt von Menge mal Preis. Der zu Punkt P gehörende Umsatz entspricht also dem Flächeninhalt des Rechtecks PUOR, der zu Q gehörende dem Rechteck QVOS. Letzteres ist um das Rechteck QVUT größer und um PTSR kleiner als das „alte" Umsatzrechteck PUOR. Da QVUT offensichtlich größer ist als PTSR, ist der Flächeninhalt des neuen Umsatzfeldes größer als der des alten; dies lässt sich also ohne Rechnen oder Messen erkennen. Dies erhärtet die Aussage, dass bei einer Preissenkung bei elastischer Nachfrage der (negative) Preiseffekt der Preissenkung überkompensiert wird durch den (positiven) Mengeneffekt der Nachfrageausweitung, so dass per Saldo der Umsatz steigt.

Durch analoge Überlegungen lässt sich unschwer zeigen, dass der Umsatz bzw. das Umsatzfeld bei einer Bewegung von A zu E, also bei unelastischer Nachfrage, entsprechend sinkt.

(d) Punktelastizität und Strecken

Die gerade betrachteten Beispiele sind im Grunde genommen unzulässig, denn zur Ermittlung von Elastizitätswerten vergleichen sie unterschiedliche Punkte auf ein und derselben Nachfragefunktion. Somit setzen sie Streckenabschnitte zueinander in Beziehung, aber im Prinzip ist die Elastizität für unendlich kleine Veränderungen definiert: Sie ist eine Punkt- und keine Streckenelastizität. Formal entspricht dies dem Unterschied zwischen einem **Differenzenquotienten** und einem **Differentialquotienten**, d. h. wenn ΔX unendlich klein wird, geht es über in d X.

Deutlich wird dies, wenn man als Nachfragefunktion keine Gerade, sondern – was viel realistischer ist – eine gekrümmte Funktion annimmt (Abbildung 7.1/16). Nach den vorangehenden Ausführungen zu Abbildung 7.1/14 lässt sich die Elastizität eines Punktes A messen durch das Verhältnis des durch den betrachteten Punkt definierten unteren Streckenabschnitts zum oberen Streckenabschnitt. Bei einer gekrümmten Funktion legt man dazu eine Tangente in diesem Punkt an die Funktion. Das Verhältnis „unterer zu oberer Streckenabschnitt" AB : AC ist dann in Zusammenhang zu bringen mit der Steigung der Nachfragefunktion in diesem Punkt A, d. h. man geht nicht von ΔP bzw. ΔX, sondern von dP bzw. dX aus. Unendlich kleine Veränderungen, wie sie ein Differentialquotient voraussetzt, sind jedoch nur mit Mühe auf ökonomische Sachverhalte der Realität zu übertragen, so dass man bei praktischen Problemen quasi „Streckenelastizitäten" betrachtet, obgleich dies mathematisch höchst bedenklich ist.

Abb. 7.1/16: Elastizität II

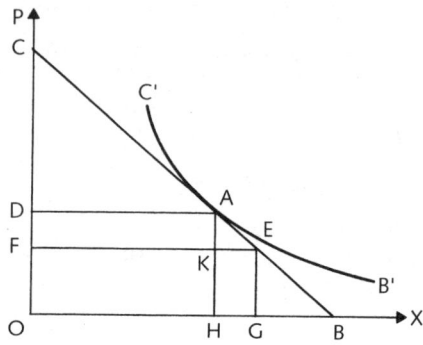

7.1.5 Mikrotheorie und Praxis

Wir haben in diesem Abschnitt die mikroökonomische Theorie der
Nachfrage von Haushalten nach Gütern betrachtet; die Betrachtung des Angebots und die Bildung von Marktpreisen wurde nur
zum Schluss als Ausblick mit einbezogen, weil dies eigene Themen-
komplexe sind, die hier den Rahmen gesprengt hätten. Auf den
ersten Blick mögen die Zusammenhänge teilweise recht praxisfern
und abstrakt erscheinen – zugegeben. Bei näherer Betrachtung aber
werden sich einige Erkenntnisse ergeben haben, welche die theoretischen Analysen in einem wirklichkeitsnäheren Licht erscheinen
lassen. Unter gegebenen Rahmenbedingungen reagieren Haushalte
in ihrer Nachfrage nach Gütern insbesondere auf die Veränderung
von **vier Einflussfaktoren:**

- den Preis des betreffenden Gutes,

- den Preis anderer Güter,

- das Einkommen und

- ihre Bedürfnisstruktur.

Diese Faktoren können und werden teils von den Unternehmen
als Anbieter von Gütern, teils vom Staat beeinflusst: Unternehmen
ändern Preise; sie betreiben Werbung, was sich auf die Bedürfnisstruktur und die Präferenzen der Konsumenten auswirkt; der Staat
erhebt und verändert Steuern, was sich sowohl auf die Preise als
auch auf das Einkommen auswirkt.

Bevor solche Veränderungen vorgenommen werden, werden sie ganz sicher von den jeweiligen Entscheidungsträgern durchgespielt und ihre Wirkungen abgeschätzt. Die mikrotheoretische Theorie der Haushaltsnachfrage nach Gütern ist somit ein Bestandteil der Entscheidungsprozesse in Unternehmen und in der Wirtschaftspolitik.

Dabei spielt insbesondere das Wissen um die Intensität der Präferenzen der Nachfrage eine wichtige Rolle, denn nur bei realistischer Einschätzung ist es möglich, starke und schwache Reaktionen, elastische und unelastische Veränderungen tendenziell vorauszusehen: In der einen Situation führt eine Preiserhöhung zu mehr Umsatz, in einer anderen wäre eine Preissenkung aus unternehmerischer Sicht günstiger; in der einen Situation führt eine Steuererhöhung wie geplant zu einem Nachfragerückgang, in einer anderen reagiert die Nachfrage kaum, sondern es erhöht sich das Steueraufkommen. Für den Bereich der Bedürfnisstrukturen sind viele nicht-ökonomische Faktoren bedeutsam: psychologische (Werbung), soziologische (Herkunft), politische, kulturelle, religiöse und andere Faktoren.

Und alle stehen in einem direkten Zusammenhang mit der mikrotheoretischen Theorie der Güternachfrage...

7.2 Bestimmungsfaktoren des Angebots: Produktions- und Kostentheorie

7.2.1 Grundsätzliche Betrachtung

Nach der marktwirtschaftlichen Systematik werden Güter zur Bedürfnisbefriedigung von **Haushalten** nachgefragt und von **Unternehmen** angeboten. Güter werden unterteilt in materielle und immaterielle Güter. Materielle Güter bezeichnet man als Sachgüter, während man bei den immateriellen Gütern zwischen Dienstleistungen und Rechten unterscheidet (vergleiche ganz vorne Abbildung 2.2/1).

Zum Nachdenken 7.2.1:

Nennen Sie jeweils drei Beispiele für Sachgüter, Dienstleistungen und Rechte.

Wie Sie wissen, ist der Güterbegriff subjektiv, d.h. ob ein Gut geeignet ist, ein Bedürfnis zu befriedigen, kann nur jeder selbst entscheiden. Daher ist es für die Anbieter von Gütern – die Unternehmen – so wichtig herauszufinden, was die Nachfrager – die Haushalte – begehren. Diesem sehr lebensnahen Aspekt geht die Produktions- und Kostentheorie (gern als PKT abgekürzt) jedoch nicht weiter nach, sondern konzentriert sich auf die Betrachtung anderer zentraler Aspekte. Sowohl die mikroökonomische Theorie der Nachfrage als auch die mikroökonomische Theorie des Angebots halten sich jeweils ein Auge zu. Erst die Theorie der Preisbildung, die jedoch nicht Gegenstand dieses Kapitels ist, blickt durch beide geöffneten Augen.

Ob und wo und wie ein Unternehmen produziert und anbietet, hängt in der Praxis von einer Vielzahl von Überlegungen ab. An erster Stelle werden für den Unternehmer die Gewinnerwartungen stehen. Das ist in einer Marktwirtschaft einfach so, weil ein Unternehmer sein eingesetztes Kapital verzinsen will (Rendite), und zwar höher, als er es risiko- und mühelos durch die Anlage in Bundesanleihen erwirtschaften könnte. Natürlich können auch andere Motivationen eine Rolle spielen, z.B. die Familientradition oder soziale Verantwortung gegenüber seinen Arbeitnehmern.

Der Gewinn hängt ab von den erzielbaren Preisen und Kosten, die mit dem Güterangebot bzw. der Produktion verbunden sind. Die Preise hängen u.a. ab von der Marktstruktur (u.a. bezüglich der Verteilung von Marktanteilen und Marktmacht auf die verschiedenen Anbieter), von der Marktsituation (auch in konjunktureller Hinsicht, aber auch bezüglich Konkurrenzprodukten und Substitutions- und Komplementärgütern), die Kosten hängen ab von Löhnen, Zinsen, Einkaufspreisen für Vormaterialien und Rohstoffe und den Möglichkeiten, sie zu beschaffen, Steuern, Zöllen, der Technologie(entwicklung), rechtlichen Rahmenbedingungen (Arbeitsrecht, Mitbestimmung, Umweltschutz, Steuerrecht usw.), den Zukunftserwartungen des Unternehmers – dies ist sicherlich keine erschöpfende Aufzählung. All diese Faktoren reduzieren wir im Folgenden sehr vereinfacht auf drei Einflussfaktoren: Gewinn, Kosten und Marktsituation.

7.2.1.1 Gewinn

In einer Marktwirtschaft ist grundsätzlich zu unterstellen, dass Unternehmen gewinnorientiert sind: Je mehr Gewinn, desto besser. Und das ist grundsätzlich gesehen auch völlig normal, wie wir gleich im Zusammenhang mit der Renditebetrachtung sehen werden.

Gewinn (G) ist die Differenz zwischen den Einnahmen eines Unternehmens, die sich verkürzt gesehen aus den Umsätzen (U) ergeben, die durch den Verkauf von Gütern erlöst werden, abzüglich der zur Erzielung dieses Umsatzes erforderlichen Kosten (K)[26]

(1) $G = U - K$

Der Umsatz (U) ist das Produkt aus Absatzmenge (X) und Verkaufspreis (P)

(2) $U = X \cdot P$

P ist hier der tatsächlich erzielte Preis. Er kann sich vom geforderten oder angestrebten unterscheiden, weil er z. B. nicht durchsetzbar war oder weil Rabatte und andere Nachlässe gewährt werden.

---

[26] Auf die betriebswirtschaftliche Unterscheidung zwischen Aufwand (synonym: Aufwendungen) und Kosten können wir hier nicht eingehen. Nur soviel: Aufwand wird in der Gewinn- und Verlustrechnung eines Unternehmens angesetzt und mindert den zu versteuernden Gewinn, „Kosten" sind die betriebsintern angesetzten Aufwendungen u. a. zur Kalkulation der Verkaufspreise. Kosten und Aufwand können sich unterscheiden, insbesondere durch kalkulatorische (nur rechnerische) Kosten, die nicht zu Ausgaben bzw. Aufwand führen. Beispielsweise kann die durch Abschreibungen zu erfassende Wertminderung einer Maschine in der Kostenrechnung anders berechnet werden als es in der Gewinn- und Verlustrechnung als Aufwand zulässig ist: Der Abschreibungszeitraum ist in der Gewinn- und Verlustrechnung oft unrealistisch lang anzusetzen – und führt folglich zu geringerem Aufwand als die sich in der Kostenrechnung ergebenden kalkulatorischen Abschreibungskosten, die in die Preiskalkulation eingehen. Es gibt noch weitere Unterschiede, auf die wir hier nicht eingehen können. Sowohl Kosten als auch Kapital werden gerne beide mit dem Symbol K bezeichnet, so dass sich Missverständnisse ergeben können. Man muss also auf den Zusammenhang und die Erläuterungen achten.

Präziser betrachtet sind Unternehmen nur vordergründig gewinnorientiert, sondern vielmehr renditeorientiert, denn der Gewinn ist
in Beziehung zu setzen z. B. zum eingesetzten Kapital (Kap). Statt
sein Geld in ein Unternehmen zu investieren, könnte man z. B. ri-
sikolose (festverzinsliche und andere) Wertpapiere kaufen und sein
Geld ohne Risiko und Mühe vermehren (Ausnahmen bestätigen
die Regel). Wenn jemand also statt dessen sein Kapital in ein Unternehmen investiert, wird er vorher einen entsprechenden Zins-
bzw. Renditevergleich angestellt haben. Und er wird aufgrund des
Risikos, das mit unternehmerischen Investitionen verbunden ist,
eine deutlich höhere Rendite erwarten, als sie ihm am (risikolosen)
Kapitalmarkt geboten wird. Wenn der Investor auch aktiver Unternehmer ist, wird er zudem für seine Arbeitsleistung eine noch
höhere Rendite erwarten.

Allgemein ist die Rendite – synonym: Rentabilität – wie folgt definiert:

$$(3) \quad R = \frac{G}{K} \cdot 100$$

Der Ausdruck (3) ergibt eine Prozentzahl und ist gleichbedeutend
mit der Verzinsung des eingesetzten Kapitals. Dies verdeutlicht,
dass der absolute Gewinn meist wenig aussagt, solange er nicht
in Beziehung gesetzt wird zum Kapital, dessen Einsatz eben diesen
Gewinn hervorgebracht hat.

7.2.1.2 Kosten und Produktionsfaktoren

Die Kosten eines Unternehmens resultieren allgemein gesehen aus
dem Einsatz von Produktionsfaktoren. Kosten sind betriebswirtschaftlich gesehen der bewertete Verzehr von Produktionsfaktoren.
Wir gehen hier zunächst nur sehr pauschal mit dem Kostenbegriff
um; in Kapitel 7.2.4 werden wir sehr viel präziser werden.

Wie wir in Abschnitt 2.3 ausführlich betrachtet haben, definiert
die Volkswirtschaftslehre die Produktionsfaktoren anders als die
Betriebswirtschaftslehre; es gibt dort vier Produktionsfaktoren:
Hinsichtlich der menschlichen Arbeit wird unterschieden zwischen dispositiver Arbeit (Entscheidungsfunktionen in den Bereichen Betriebsführung, Organisation, Planung, Kontrolle etc.) und

ausführender Arbeit. Die Abgrenzung zwischen dispositiver und ausführender Arbeit ist – wie Sie sich erinnern werden – nicht immer eindeutig, beispielsweise bezüglich Leitender Angestellten. Die beiden anderen betriebswirtschaftlichen Produktionsfaktoren sind Betriebsmittel (z. B. Grundstücke, Gebäude, Büroeinrichtungen, Kraftfahrzeuge, Maschinen und Werkzeuge) und Werkstoffe (Roh-, Hilfs- und Betriebsstoffe).

Meist werden mehrere Produktionsfaktoren gleichzeitig eingesetzt. Dabei gibt es zwei **Grundsituationen**:

Wenn man zwei Produktionsfaktoren gemeinsam einsetzen muss, weil einer ohne den anderen nicht auskommt, spricht man von **komplementären Faktoren**. So braucht man für einen LKW (wenn man diesen Faktor Kapital sinnvoll nutzen will), einen Fahrer (Faktor Arbeit). Wenn zwei LKW zur Verfügung stehen, aber einer der beiden Fahrer krank ist, begrenzt die verfügbare Menge des knapperen Faktors Arbeit die nutzbare Menge des Faktors Kapital; man spricht dann auch von limitationalen Produktionsfaktoren.

Wenn der eine Produktionsfaktor den anderen ersetzen kann, spricht man von substitutiven oder **substitutionalen Produktionsfaktoren**. So kann eine Maschine Arbeitskräfte ersetzen, wie wir alle beobachten können.

Die Rahmenbedingung komplementärer oder substitutiver Produktionsfaktoren beeinflusst über die Kosten die Entscheidungen von Unternehmen im Hinblick auf ihr Güterangebot, denn allgemein gesehen muss der Erlös eines Unternehmens (Umsatz) zum einen die gesamten Kosten decken, zum anderen – wie gerade oben dargestellt – muss ein hinreichender Gewinn erzielt werden, um die angestrebte Rendite des Unternehmens zu erwirtschaften. Den Kostenaspekt werden wir weiter unten vertiefen.

7.2.1.3 Marktsituation

Die Marktsituation wird zum einen von der Marktstruktur im Hinblick auf die relative Größe des Unternehmens (Marktanteil), zum andern von seinen Einflussmöglichkeiten, d. h. seiner Marktmacht gegenüber Konkurrenten (heute sagt man höflicher „Mitbewerber") und Käufern. Auch ohne dass wir dies hier ausbauen, werden Sie eine Vorstellung haben von Märkten, die man als Monopol bezeichnet („Einer gegen Viele") oder als Oligopol („Wenige gegen Viele"). Der Mikrotheorie liegt – wie allgemein der marktwirtschaftlichen Wirtschaftstheorie – grundsätzlich die Fiktion eines Polypols zugrunde („Viele gegen Viele"), das jedoch in der Praxis nicht existiert (allenfalls auf den Devisenmärkten, wo sich – etwas großzügig betrachtet – tatsächlich viele (und einzeln einflusslose) Nachfrager und viele (und einzeln einflusslosen) Anbieter gegenüberstehen. Natürlich gibt es auch modelltheoretische mikroökonomische Analysen des Nachfrage- und Angebotsverhaltens unter monopolistischen und oligopolistischen Bedingungen.

Die Fiktion des Polypols wird noch ergänzt durch die Unterstellung vollständiger bzw. vollkommener Konkurrenz auf dem betrachteten Markt. Darunter versteht man – verkürzt –, dass sowohl die Anbieter als auch die Nachfrager über vollständige Markttransparenz verfügen (jeder überblickt den Markt zu jedem Augenblick); die Marktteilnehmer reagieren unendlich schnell, d. h. es gibt keine Verzögerungen, und sie haben keine persönlichen Präferenzen, d. h. es ist ihnen egal, beim wem sie kaufen bzw. an wen sie verkaufen.

Dass diese Annahmen unrealistisch sind, ist offensichtlich, aber die modelltheoretische Analyse geht von idealtypischen Rahmenbedingungen aus, insbesondere, um die Abweichungen der Realität erfassen zu können. Um den Rahmen nicht zu sprengen, lassen wir dies hier einfach so stehen.

7.2.2 Ableitung der Angebotsfunktion

7.2.2.1 Eine „bürgerliche" Erklärung der Angebotsfunktion

Grundsätzlich kann man sagen, dass ein privatwirtschaftlicher Anbieter mit dem Verkaufserlös seines Produkts einmal die ihm entstandenen Kosten abdecken, zum anderen einen Betrag erlösen will, den wir als „Gewinn" bezeichnen wollen und der – in Beziehung gesetzt zum eingesetzten Kapital – dessen Verzinsung, d. h. die Rendite bestimmt; wir haben dies eingangs schon angesprochen.

Addiert das Unternehmen zu seinen Kosten eine bestimmte Gewinnmarge (G), ergibt sich die Funktion

(1) $A = f(K + G)$,

d.h. das Angebot (A) hängt ab von den Kosten (K) und dem Gewinn (G). Dies ist ein wichtiger Aspekt, denn üblicherweise unterschlägt die Darstellung der Produktions- und Kostentheorie in den Lehrbüchern den expliziten Ausweis von Gewinn, weil sehr häufig argumentiert wird: „Wenn der Marktpreis die Produktionskosten deckt, definiert dies die Angebotsmenge." Natürlich nicht, sondern nur inklusive eines Gewinnanteils, den man natürlich kalkulatorisch in die Kostenbetrachtung integrieren kann. Wenn ein Anbieter nur seine Kosten deckt, müsste er sich fragen lassen, warum er all diese Mühe auf sich nimmt.

Abbildung 7.2/1 verdeutlicht, dass ein höherer Marktpreis bei mehr Anbietern Kosten plus Mindestgewinn abdeckt als ein niedrigerer Preis.

Abb. 7.2/1: Kostendeckender Preis

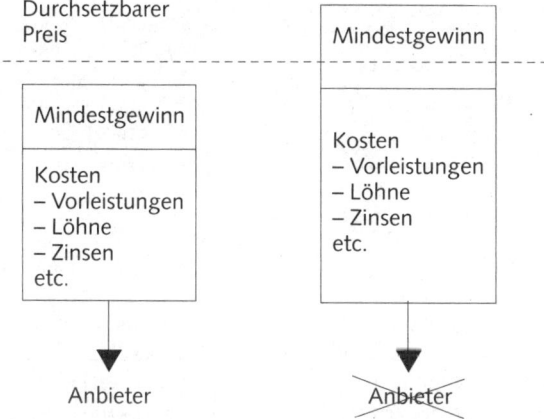

Sofern der am Markt zu realisierende Verkaufspreis gleich oder höher ist als die Summe aus Kosten plus Mindestgewinn, lohnt sich die Produktion bzw. das Anbieten. Andernfalls wird der Anbieter vom Markt ausscheiden, sofern der Marktpreis nicht nur vorübergehend unter dem vom Anbieter kalkulierten Mindestpreis liegt. Kurzfristige Gewinnrückgänge oder Verluste werden einen Anbieter noch nicht zum Aufgeben der Produktion bewegen, aber mittelfristig.

Abb. 7.2/2: Arbeitskosten international

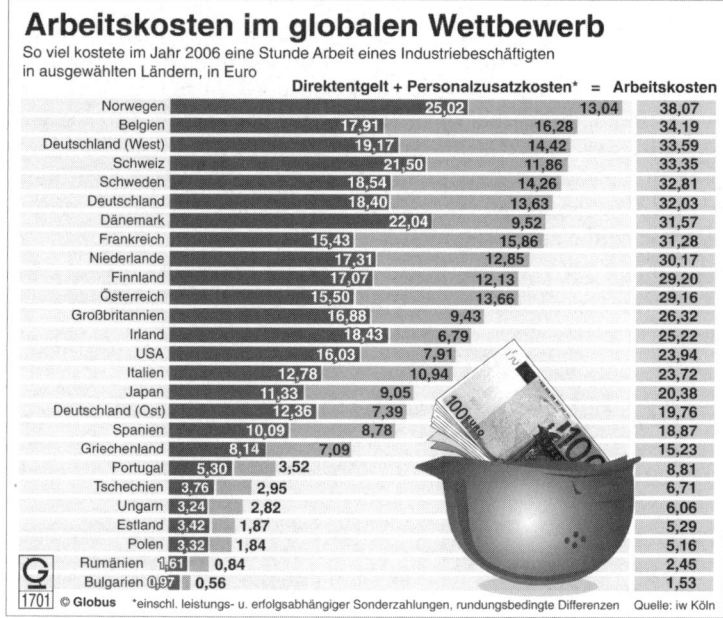

Arbeitskosten im globalen Wettbewerb

So viel kostete im Jahr 2006 eine Stunde Arbeit eines Industriebeschäftigten
in ausgewählten Ländern, in Euro

	Direktentgelt + Personalzusatzkosten*	= Arbeitskosten
Norwegen	25,02 / 13,04	38,07
Belgien	17,91 / 16,28	34,19
Deutschland (West)	19,17 / 14,42	33,59
Schweiz	21,50 / 11,86	33,35
Schweden	18,54 / 14,26	32,81
Deutschland	18,40 / 13,63	32,03
Dänemark	22,04 / 9,52	31,57
Frankreich	15,43 / 15,86	31,28
Niederlande	17,31 / 12,85	30,17
Finnland	17,07 / 12,13	29,20
Österreich	15,50 / 13,66	29,16
Großbritannien	16,88 / 9,43	26,32
Irland	18,43 / 6,79	25,22
USA	16,03 / 7,91	23,94
Italien	12,78 / 10,94	23,72
Japan	11,33 / 9,05	20,38
Deutschland (Ost)	12,36 / 7,39	19,76
Spanien	10,09 / 8,78	18,87
Griechenland	8,14 / 7,09	15,23
Portugal	5,30 / 3,52	8,81
Tschechien	3,76 / 2,95	6,71
Ungarn	3,24 / 2,82	6,06
Estland	3,42 / 1,87	5,29
Polen	3,32 / 1,84	5,16
Rumänien	1,61 / 0,84	2,45
Bulgarien	0,97 / 0,56	1,53

1701 © Globus   *einschl. leistungs- u. erfolgsabhängiger Sonderzahlungen, rundungsbedingte Differenzen   Quelle: iw Köln

In Industrieländern sind die **Arbeitskosten** ein sehr wichtiger Kostenfaktor. Abbildung 7.2/2 zeigt einen internationalen Vergleich, wobei vor allem auf die Bedeutung der Lohn-Nebenkosten hinzuweisen ist: Beispielsweise liegt das Direktlohnniveau in den USA höher als in den Niederlanden oder Frankreich, doch sind die Arbeitskosten unter Einschluss der in den USA erheblich geringeren Lohn-Zusatzkosten insgesamt niedriger als in den beiden Vergleichsländern. Abbildung 7.2/3 schlüsselt die Lohnzusatzkosten begrifflich auf.

Wenn somit aufgrund von Kostensteigerungen in einem Land der zu kalkulierende Angebotspreis über das am Weltmarkt durchsetzbare Niveau steigt bzw. der Weltmarktpreis entsprechend sinkt, können inländische Anbieter durch die ausländische, dann billigere Konkurrenz verdrängt werden. Beispiele für den Konkurrenzkampf mit Anbietern aus sogenannten Billiglohnländern gibt es genug.

Abb. 7.2/3: Lohnzusatzkosten

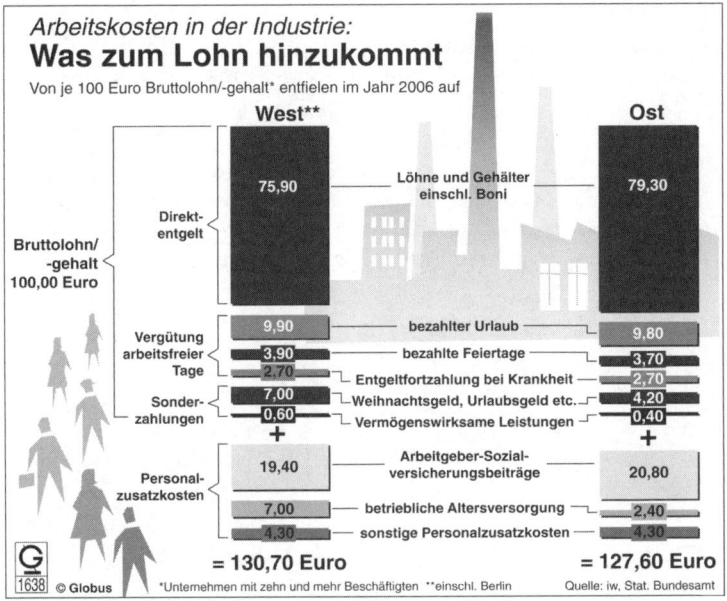

Arbeitskosten in der Industrie:
Was zum Lohn hinzukommt
Von je 100 Euro Bruttolohn/-gehalt* entfielen im Jahr 2006 auf

	West**		Ost
Bruttolohn/-gehalt 100,00 Euro	Direktentgelt	75,90 — Löhne und Gehälter einschl. Boni —	79,30
	Vergütung arbeitsfreier Tage	9,90 — bezahlter Urlaub —	9,80
		3,90 — bezahlte Feiertage —	3,70
		2,70 — Entgeltfortzahlung bei Krankheit —	2,70
	Sonderzahlungen	7,00 — Weihnachtsgeld, Urlaubsgeld etc. —	4,20
		0,60 — Vermögenswirksame Leistungen —	0,40
		+	**+**
	Personalzusatzkosten	19,40 — Arbeitgeber-Sozialversicherungsbeiträge —	20,80
		7,00 — betriebliche Altersversorgung —	2,40
		4,30 — sonstige Personalzusatzkosten —	4,30

= 130,70 Euro   **= 127,60 Euro**

© Globus   *Unternehmen mit zehn und mehr Beschäftigten **einschl. Berlin   Quelle: iw, Stat. Bundesamt   1638

Aus diesen Überlegungen lässt sich der **typische** – und grundsätzlich nachvollziehbare – **Verlauf** einer Angebotskurve in Abhängigkeit vom Preis ableiten: Je höher der erzielbare Marktpreis ist, desto mehr Anbieter – auch solche, deren Produktionskosten vergleichsweise höher sind – werden bereit bzw. in der Lage sein anzubieten. Sinkt dagegen der Marktpreis (anhaltend), werden Anbieter vom Markt ausscheiden, wodurch sich *ceteris paribus* die Angebotsmenge verringert.

Auch dieser Aspekt ist hervorzuheben: Die Mikrotheorie geht von unendlich schnellen Anpassungsreaktionen aus, die Dimension „Zeit" ist – theoretisch – nicht relevant. Tatsächlich ist es aber in der Praxis wichtig, ob bestimmte Veränderungen kurzlebig oder als zunächst anhaltend einzustufen sind: Die Mikroökonomie ist vollkommen komparativ-statisch angelegt, ignoriert also die Zeit, die für Anpassungsprozesse benötigt wird, während in der Praxis dynamische Abläufe unter Einschluss des Zeithorizonts im Vordergrund stehen.

Dennoch: Die Angebotsmenge (A) hängt also grundsätzlich ab vom Preis (P); man spricht auch von einer **Preis-Angebots-Funktion**

(2)   A = f (P)

Abbildung 7.2/4 zeigt den typischen ansteigenden Verlauf einer Angebotsfunktion A = f (P), so wie sie üblicherweise unterstellt wird, unter Berücksichtigung einer realistischerweise auch volkswirtschaftlich zu unterstellenden Kapazitätsgrenze.

Abb. 7.2/4: Angebotsfunktion A = f (P)

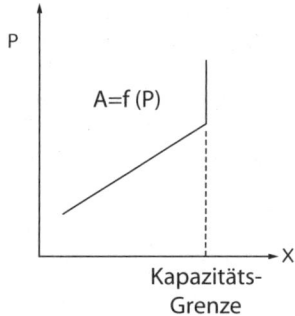

So wie die Nachfrage – *ceteris paribus* – bei sinkenden Preisen zunimmt, geht das Angebot bei sinkenden Preisen – *ceteris paribus* – zurück, weil bestimmte Anbieter nicht mehr auf ihre Kosten kommen. Steigende Preise locken Anbieter an (die angebotene Menge erhöht sich) und schrecken Nachfrager ab (die nachgefragte Menge sinkt) – alles immer *ceteris paribus*. Ändern sich diese grundsätzlich als konstant angenommenen **Nebenbedingungen** – Zahl der Anbieter, Inputpreise, technischer Fortschritt, konjunkturelle Erwartungen der Anbieter usw. –, dann verschiebt sich die Angebotsfunktion nach rechts oder links; wir haben dies im Zusammenhang mit der Nachfragefunktion im Abschnitt 7.1.1.5 analog betrachtet.

Abbildung 7.2/5 verdeutlicht, wie sich eine Gesamtangebotskurve (A) für einen bestimmten Gütermarkt aus mehreren (hier vier) Angebotskurven individueller Unternehmer ableiten lässt. Dabei ist schematisch unter Reduzierung der in Abbildung 7.2/3 enthaltenen Komponenten nochmals dargestellt, dass sich der von dem einzelnen Anbieter (siehe A_2) angestrebte Preis kalkuliert als Summe der bei der Produktion entstehenden Kosten für Vorleistungen (V) und Faktorkosten, d. h. Löhne (L), Mieten (M), Zinsen (Z). Hinzu kommt ein Gewinnzuschlag (G).

Abb. 7.2/5: Gesamtangebotskurve

$$A = f(P)$$

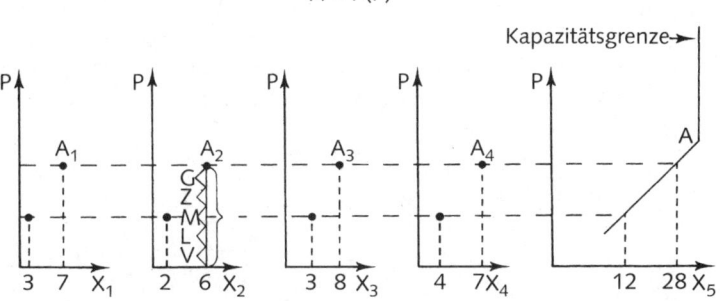

Obgleich die Produktionskosten ein sehr wesentlicher Bestimmungsfaktor des Angebots sind, gibt es natürlich noch eine ganze Reihe anderer wichtiger Größen. Im Zusammenhang mit den Kosten sind u. a. **Preis- und Gewinnerwartungen** mitbestimmend, wobei die Preise in einem Fall vom einzelnen Anbieter (mit)beeinflusst werden können, im anderen nicht (dies hängt von der jeweiligen Marktform ab). Von entscheidender Bedeutung ist dabei auch das erwartete Nachfrageverhalten, d. h. wird das betrachtete Gut nachgefragt werden? Und wenn ja, in welcher Menge und zu welchem Preis?

Mitbestimmend ist auch die maximale **Produktionskapazität** in Abhängigkeit von den bereits verfügbaren Produktionsfaktoren (Kapazitätsgrenze), bei deren Erreichen die Angebotsfunktion senkrecht nach oben abknicken wird (Abbildung 7.2/5), d. h. dass auch Preissteigerungen den oder die Anbieter kurzfristig nicht zu einer Erhöhung der Angebotsmenge anregen können. Wir haben oben schon darauf hingewiesen, dass der lineare Verlauf einer Angebotsfunktion eine starke Vereinfachung darstellt, und insbesondere knickt die Angebotsfunktion vor der Kapazitätsgrenze nicht abrupt nach oben ab, sondern hat eher den gestrichelt eingezeichneten Verlauf, weil Lohnzuschläge für Überstunden und Sonderschichten zunächst zu steigenden Kosten führen werden.

Zu diesen Überlegungen hinzu kommt die Berücksichtigung der **Konkurrenzsituation** aufgrund von Substitutionsgütern, Zahl und Stärke von Konkurrenten, die Verfügbarkeit komplementärer Güter (Vorprodukte, Rohstoffe, Energie), Stand und Entwicklung der Technik (technischer Fortschritt) usw. In der Praxis sind auch Überlegungen wichtig, die sich nicht direkt im Angebotspreis widerspiegeln, wie zum Beispiel unterschiedliche Zahlungsbedingungen (Vorauszahlung, Zahlungsziel) und Lieferbedingungen (Abholung beim Verkäufer, Lieferung „frei Haus", Servicequalität, Zuverlässigkeit, Pünktlichkeit usw.

Dass die „typische" Angebotsfunktion dennoch nur in Abhängigkeit vom Marktpreis dargestellt wird, A = f (P), ist im Grunde genommen eine unzulässige Vereinfachung, doch reduzieren wir ja auch die Nachfragefunktion in der „normalen" Darstellung auf eine Preis-Mengen-Beziehung. Beides ist erforderlich, um die Marktpreisbildung in einer Wettbewerbssituation untersuchen zu können. Dies ist jedoch nicht Gegenstand dieses Kapitels.

7.2.2.2 Angebotselastizität

Die Angebotselastizität drückt aus, wie stark das Angebot auf eine Änderung des Marktpreises reagiert, indem man Ursache (Preisänderung) und Wirkung (Angebotsänderung) gegenüberstellt.

$$(3) \quad \varepsilon_A = \frac{\text{Angebotsänderung in \% (= Wirkung)}}{\text{Preisänderung in \% (= Ursache)}}$$

Im Zähler steht dabei die abhängige Variable („Wirkung") (hier die Angebotsmenge), die auf eine Änderung der unabhängigen Variablen („Ursache") (hier der Güterpreis) im Nenner reagiert. Die Angebotselastizität wird formal bestimmt als:

$$(4) \quad \varepsilon_A = \frac{\dfrac{\Delta X_A}{X_A} \cdot 100}{\dfrac{\Delta P}{P} \cdot 100}$$

Das Zeichen ε ist der griechische Buchstabe „epsilon"; in vielen Lehrbüchern werden Sie alternativ aber auch das Zeichen μ_A für die Angebotselastizität finden – das ist nicht so wichtig. Das Symbol Δ ist – wie Sie wissen – das griechische D (Delta) und bezeichnet eine Differenz zwischen zwei Größen. ΔX_A ist somit die Veränderung der Angebotsmenge, bezogen auf das ursprüngliche Angebot in der Ausgangssituation; multipliziert mit 100 ergibt sich somit ein Prozentwert. Der Zähler des Doppelbruchs in (4) entspricht also dem Zähler der Beziehung (3). Analog bedeutet ΔP die Preisveränderung, bezogen auf den Ausgangspreis, gleichfalls multipliziert mit 100, um einen Prozentwert zu erhalten. Der Wert des Doppelbruchs ist somit eine dimensionslose Zahl.

Allgemein gilt: Sofern der Wert des Elastizitäts-Quotienten ε_A größer ist als Eins, spricht man von elastischem Angebot (d.h. das Angebot reagiert stärker als die ursächlichen Preise sich verändert haben). Ist der Elastizitätswert ε_A kleiner als Eins, spricht man von unelastischem Angebot. Bei Preisveränderungen würde das Angebot dann eher zögernd reagieren. Ein **Grenzfall** liegt vor, wenn die Elastizität gleich Eins ist, d.h. das Angebot verändert sich im gleichen Maße wie die Preise.

Natürlich reagiert das Angebot nicht spontan auf Preisveränderungen, sondern es ist von einer mehr oder weniger langen **Verzögerung** auszugehen. Je länger der Betrachtungshorizont ist, desto mehr Anpassungsreaktionen können berücksichtigt werden. Ob ein Unternehmen rasch auf attraktive Marktpreiserhöhungen mit einer Angebotsausweitung reagieren kann, hängt von vielen Faktoren ab, u.a. der Kapazitätsauslastung, der Lieferbereitschaft von Zulieferern, der Attraktivität und Bedeutung des Produkts innerhalb des Produktportfolios des Unternehmens usw.

Offensichtlich gibt es zwei **Extremwerte**: Wenn das Angebot überhaupt nicht auf eine Preisveränderung reagiert, wäre ΔX_A und damit der Zähler des Elastizitätsquotienten (4) Null und damit der gesamte Elastizitätswert Null. Dies bezeichnet man synonym als absolut oder völlig unelastisches oder starres Angebot, d.h. das Angebot reagiert überhaupt nicht auf eine Veränderung der unabhängigen Variablen im Nenner. Dieser Fall entspricht graphisch einer senkrechten Angebotsfunktion. Eine (völlig) unelastische Angebotsreaktion hängt auch vom Zeithorizont ab: Kurzfristig kann ein Unternehmen möglicherweise sein Angebot gar nicht ausweiten, d.h. ΔX_A wäre kurzfristig Null, sofern man nicht auf freie Produktionskapazitäten, Lagerbestände oder kurzfristige Beschaffungsmöglichkeiten zurückgreifen kann.

Zum Nachdenken 7.2.2

Ist eine senkrechte Angebotsfunktion realistisch?

Der andere Extremwert sei nur der Vollständigkeit halber erwähnt, denn er entspricht dem mathematisch möglichen, jedoch ökonomisch nicht sinnvoll zu interpretierenden Fall einer waagerechten Angebotsfunktion. Dies würde bedeuten, dass die Angebotsmenge nicht zu bestimmen wäre, da bereits eine sehr kleine (mathematisch präziser: unendlich kleine) Preisänderung ΔP) eine extrem große Angebotsreaktion hervorriefe; ΔP wäre dann (fast) Null, so dass in diesem Extremfall der Zähler den Wert unendlich annimmt. Dieser Fall ist praktisch irrelevant. Abbildung 7.2/6 fasst die betrachteten **Elastizitätsbegriffe** nochmals in einer Übersicht zusammen.

Abb. 7.2/6: Elastizitätsbegriffe

$|\mu| > 1$	elastisch
$|\mu| < 1$	unelastisch
$\mu = 0$	starr (absolut unelastisch)
$|\mu| = \infty$	völlig elastisch (absolut elastisch)
$|\mu| = 1$	Grenzfall

Im Gegensatz zur Nachfrageelastizität ergeben sich bei der Angebotselastizität mathematisch keine Vorzeichenprobleme – die Angebotselastizität ist immer positiv: Sinkende Marktpreise führen zu sinkendem Angebot, weil Anbieter ausscheiden, bei denen der Marktpreis nicht mehr die Kosten deckt, steigende Marktpreise führen zu steigendem Angebot, weil Anbieter hinzukommen, die bislang nicht auf ihre Kosten gekommen waren. Ebenfalls im Gegensatz zur Nachfrageelastizität lässt sich aus der Steigung der Angebotsfunktion A = f (P) auf die Elastizität des Angebots in Abhängigkeit von Preisveränderungen schließen: Je steiler die Angebotsfunktion ist, desto kleiner ist die Angebotselastizität.

Wenn ein Anbieter seine **Kapazitätsgrenze** erreicht hat, knickt seine Angebotsfunktion senkrecht nach oben ab (A' in Abbildung 7.2/3), d. h. seine Angebotselastizität ist Null: Preisveränderungen zwischen P' und P'' wirken sich nicht auf seine Angebotsmenge aus.

Zum Nachdenken 7.2.3

Die Marktpreise für Handys sind permanent gesunken. Trotzdem sind die Angebotsmengen drastisch gestiegen. Was sagt die mikroökonomische Theorie des Güterangebots dazu?

7.2.3 Einsatz von Produktionsfaktoren

Zur Produktion von Gütern sind Produktionsfaktoren erforderlich. Dabei sind zwei grundsätzliche Fälle bezüglich des Zusammenwirkens von Produktionsfaktoren zu unterscheiden: Limitationalität und Substitutionalität.

7.2.3.1 Limitationalität

Im Falle eines limitationalen Verhältnisses beim Einsatz von Produktionsfaktoren kann ein Faktor X nur dann sinnvoll verwendet werden, wenn ein anderer Faktor Y in einem ganz exakt bestimmten Maße zur Verfügung steht. Ein Mehr von X brächte kein zusätzliches Produktionsergebnis, weil das Fehlen von Y die Wirksamkeit von X limitiert, also begrenzt. Ein Beispiel sind die Faktoren LKW (Kapital) und Fahrer (Arbeit). Ökonomisch sinnvoll ist die Kombination 1 LKW / 1 Fahrer, und das Ergebnis wäre ein fahrbereiter LKW. Bei 2 LKW / 1 Fahrer könnte nur ein LKW bewegt werden, der andere müsste stehen bleiben, während bei 1 LKW / 2 Fahrer ein Fahrer nicht beschäftigt sein würde. Die Produktionsfaktoren sind also **komplementäre Faktoren**, d. h. sie er-

Abb. 7.2/7: Limitationales Faktoreinsatzverhältnis

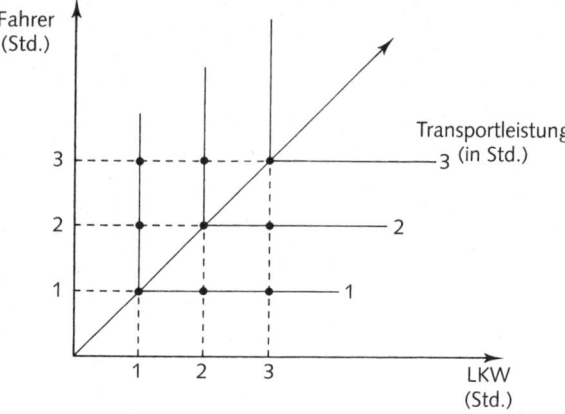

gänzen sich hinsichtlich ihrer Wirksamkeit, wobei keiner ohne den anderen sinnvoll verwendet werden kann.

Zur Veranschaulichung werden **Isoquanten** verwendet (vergleiche Abbildung 7.2/7). Als Isoquante bezeichnet man die graphische Darstellung aller Kombinationen zweier Produktionsfaktoren, die jeweils den gleichen Ertrag liefern (griech. isos = gleich, lat. quantum = wie viel). Das Ergebnis „1 fahrbereiter LKW" kann u. a. offensichtlich erzielt werden bei der Kombination 1 LKW/1 Fahrer, 2 LKW/1 Fahrer, 3 LKW/1 Fahrer, 1 LKW/2 Fahrer etc.

Im Falle limitationaler Produktionsfaktoren ergeben sich rechteckige Isoquanten, bei denen jeweils nur der Eckpunkt ökonomisch effizient ist. Jede andere Faktorkombination auf der betreffenden Isoquante würde zwar das gleiche Produktionsergebnis liefern, bedeutete aber für den einen Faktor einen unnötigen höheren Faktoreinsatz und wäre demnach im Vergleich mit dem Eckpunkt ineffizient. Eine effiziente Steigerung des Produktionsergebnisses erfordert demnach einen Mehreinsatz beider Produktionsfaktoren in einem genau feststehenden Verhältnis; die graphische Verbindung der (effizienten) Eckpunkte in Abbildung 7.2/7 ergibt daher – aufgrund des feststehenden Einsatzverhältnisses der beiden Produktionsfaktoren – eine Gerade.

Möglicherweise sind nicht beliebig viele Isoquanten realisierbar, wenn die Produktionsfaktoren nicht beliebig teilbar sind. So ist beispielsweise die Kombination von 1,5 Fahrern mit 1,5 LKW auf mikroökonomischer Ebene nicht möglich.

7.2.3.2 Substitutionalität

7.2.3.2 (a) Begriff

Bei einem substitutionalen Faktoreinsatzverhältnis können sich die eingesetzten Produktionsfaktoren in ihrer Wirksamkeit gegenseitig ersetzen. Ein Mindereinsatz eines Faktors X kann durch einen Mehreinsatz eines anderen Faktors Y kompensiert werden; man kann daher auch von kompensatorischen Produktionsfaktoren sprechen. So können Stoffgewebe mit automatischen Maschinen (Kapital) und wenig Arbeit hergestellt werden oder mit relativ wenig Kapital (Webstühle) und viel Arbeitseinsatz. Arbeit kann also durch Kapital ersetzt werden, was man gern als Rationalisierung bezeichnet.[27]

Substitutionale Produktionsverfahren ergeben Isoquanten, die von links oben nach rechts unten geneigt sind; meist werden sie – wie in Abbildung 7.2/8 – gekrümmt dargestellt (nach innen gewölbt **konvex** zum Ursprung), doch ist dies nicht zwingend: Eine gekrümmte

Abb. 7.2/8: Substitutionales Faktoreinsatzverhältnis

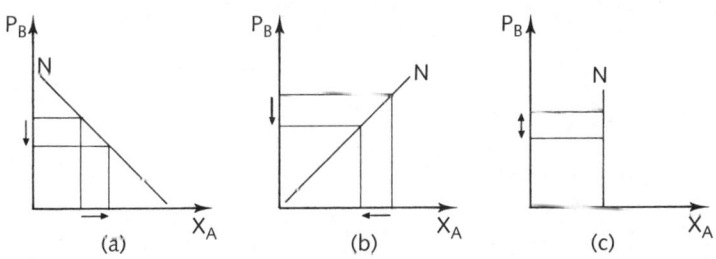

(a)   (b)   (c)

---

[27] Dieser in seiner Aussage positiv klingende Begriff kann jedoch betriebs- und volkswirtschaftlich zu durchaus unterschiedlich zu bewertenden Ergebnissen führen: Während betriebswirtschaftlich Rationalisierung meist auch Kostenersparnis bedeutet, kann dies volkswirtschaftlich gesehen zu nicht abbaubarer (struktureller) Arbeitslosigkeit (und entsprechenden volkswirtschaftlichen Kosten) führen. Wir wollen dies hier jedoch nicht vertiefen.

Isoquante setzt einen **abnehmenden Grenzertrag** voraus (ein Begriff, auf den wir gleich eingehen), doch lassen sich auch konstante oder zunehmende Grenzerträge darstellen; dann wäre die Isoquante eine Gerade bzw. nach außen gewölbt (**konkav** zum Ursprung).

Die in Abbildung 7.2/8 dargestellten beiden Isoquanten verlaufen parallel zueinander. Auch dies ist nicht zwingend; die Abstände können auch unterschiedlich sein. Wichtig ist aber, dass sich Isoquanten weder berühren, noch schneiden können. dafür gibt es zwei Gründe, die Abbildung 7.2/9 verdeutlicht. Der erste ist ein formaler Grund: Wenn sich Isoquanten schneiden (oder berühren, nicht dargestellt), gibt es Faktorkombinationen, bei denen der Output unbestimmt ist. Ergibt die Kombination 5:5 (P) nun das Ergebnis 200 oder 400? Das geht also nicht.

Abb. 7.2/9: Isoquanten I

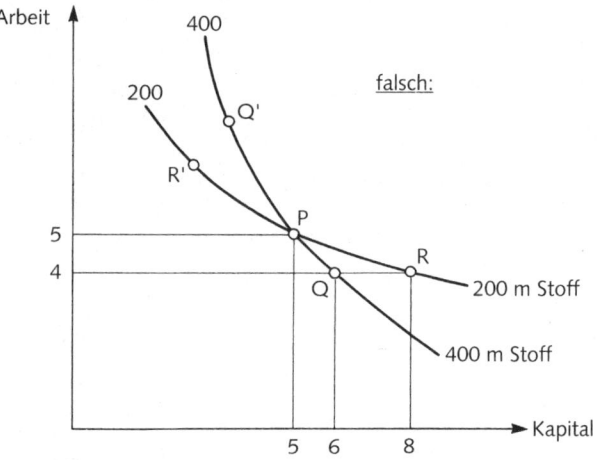

Der zweite ist ein eher logischer Grund: Die dargestellte Kombination 4:6 ergibt den Output 400 (Q). Durch Erhöhung des Kapitaleinsatzes auf 8 sinkt der Output auf 200 (R). Das ist unter sonst gleichen Bedingungen (!), d.h. hier auch bei konstanter Technologie, kaum einleuchtend. **Fazit:** Isoquanten können sich nicht berühren oder schneiden (Abbildung 7.2/10).

Abb. 7.2/10 Isoquanten II

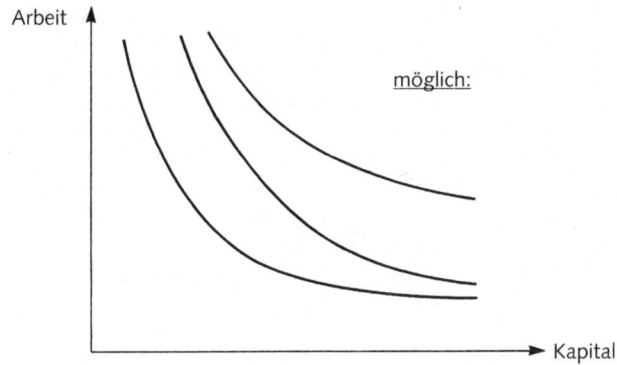

Wenn bei limitationalem Faktoreinsatzverhältnis die eingesetzte Menge eines Faktors erhöht wird, nicht aber auch die des komplementären Faktors, verändert sich das erzielbare Ergebnis nicht: Der isolierte Mehreinsatz des einen Faktors ist wirkungslos. Bei substitutionalem Faktoreinsatzverhältnis hingegen vermehrt sich das Produktionsergebnis auch bei Mehreinsatz nur eines Faktors, wie aus Abbildung 7.2/8 abzulesen ist.

Es gibt somit bei substitutionalem Faktoreinsatzverhältnis – im Gegensatz zu einer limitationalen Produktionsfunktion – auf einer Isoquante viele technisch effiziente Punkte. Die Substitution gilt jedoch nicht unbegrenzt: Zum einen hängt dies natürlich auch von der Teilbarkeit der Produktionsfaktoren ab. Zum anderen ist auch bei vollautomatischen Produktionsverfahren der Faktor Mensch nicht völlig entbehrlich, sondern bleibt zur Überwachung und ggf. Reparatur in minimalem Umfang erforderlich. Formal bedeutet dies, dass die (gekrümmten) Isoquanten nicht die Achsen berühren können, sondern von einem bestimmten Punkt an parallel (asymptotisch) zu den Achsen verlaufen. Welcher der möglichen technisch effizienten Punkte realisiert wird, hängt von Kostenaspekten ab, auf die wir nicht hier, sondern erst im Abschnitt 7.2.4.3 eingehen.

7.2.3.2 (b) Ertragsgesetz

Eine gekrümmte Substitutionsfunktion beruht auf **abnehmenden Grenzerträgen**: Wenn der Produktionsfaktor Arbeit um eine Einheit „eingespart" werden soll, sei beispielsweise stattdessen eine Einheit des Faktors Kapital erforderlich. Um eine weitere Einheit von A einzusparen, ist hingegen oft mehr als eine weitere Einheit von K erforderlich etc. Eine zusätzliche Einheit von K ist also zunehmend weniger in der Lage, Einheiten von A zu ersetzen, oder anders herum formuliert: Um eine weitere Einheit Arbeit zu ersetzen, ist zunehmend mehr Kapitaleinsatz erforderlich. Die „Treppenstufen" in Abbildung 7.2/11 verdeutlichen dies. Umgekehrt folgt daraus, dass eine Einheit von K zunehmend weniger Einheiten von A ersetzen kann, so dass man – wenn man den Einsatz von K kontinuierlich um 1 Einheit erhöht, immer weniger Einheiten von A „spart".

Abb. 7.2/11: Faktorsubstitution

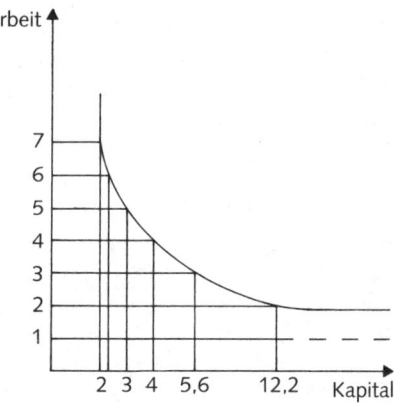

Im Gegensatz zur Isoquantenbetrachtung, bei der immer beide Faktoren betrachtet werden, bezieht sich der Begriff „Grenzertrag" auf die Betrachtung nur eines Produktionsfaktors. Grundlage ist das „Gesetz über den abnehmenden Ertragszuwachs", dem sogenannten **Ertrags-Gesetz**, das von **Jacques Turgot** (1727–1781) entwickelt wurde und Aussagen macht über den zusätzlichen Einsatz eines Produktionsfaktors bei konstantem Einsatz der übrigen Faktoren.

Abb. 7.2/12: Ertragsgesetz

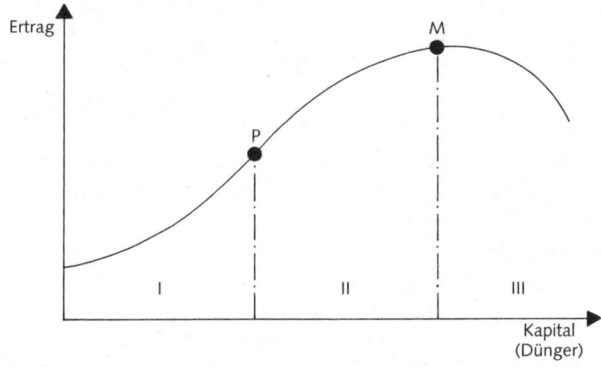

Traditionellerweise wird dabei ein landwirtschaftliches Beispiel herangezogen (Abbildung 7.2/12): Wenn auf einer gegebenen Ackerfläche bei gegebenem Arbeits- und Kapitaleinsatz zusätzlich Dünger (Kapital) hinzugegeben wird, dann wird der Ernteertrag zunächst überproportional zum Düngeeinsatz wachsen (progressiv steigender Funktionsverlauf in Phase I in Abbildung 7.2/12). Von einem bestimmten Punkt an (Wendepunkt P) wächst der Ertrag pro zusätzlicher Düngereinheit zwar noch weiter an, aber unterproportional: Die Steigung der Kurve nimmt in der Phase II ab (degressive Steigung). Von einem Höchstertrag an (Punkt M) kann der Ernteertrag jedoch bei weiterer Düngerzufuhr sogar sinken, weil beispielsweise der Boden „totgedüngt" wird (Phase III).

Zum Nachdenken 7.2.4

Kann die Ertragskurve in Abbildung 7.2/12 die Abszisse (X-Achse) schneiden?

Dieser Zusammenhang lässt sich auch auf den Nutzen beziehen, den man aus Gütern gewinnt: Wenn man beispielsweise richtig Durst hat, werden die ersten Schlucke eines Getränks subjektiv den größten Nutzengewinn bringen. Jeder weitere Schluck bringt jedoch zunehmend weniger Lustgewinn, und es kann bei Überschreiten des Sättigungspunktes durchaus zu Unlust, also abnehmendem Nutzenzuwachs kommen (sogenanntes Erstes **Gossen'sches Gesetz**, benannt nach seinem „Entdecker" Hermann Heinrich Gossen, 1810–1858; ich glaube nicht, dass der typische Kneipenwirt davon je gehört hat. Das Zweite Gossen'sche Gesetz bezieht sich auf den „Ausgleich der Grenznutzen", wird hier aber nicht dargestellt).

Der S-förmige Verlauf der Ertragskurve kann in der Praxis auch ganz anders interpretiert werden. Für viele Güter lassen sich im Marketing drei Phasen unterscheiden. Die Phase I (wie in Abbildung 7.2/12) entspricht der Markteinführung eines neuen Produkts. Auf der senkrechten Achse würde man den Ertrag als Umsatz interpretieren. In der Wachstumsphase fallen viele Anlaufkosten weg, während gleichzeitig das Produkt immer bekannter wird, so dass die Umsätze in Phase I progressiv steigen. In Phase II, der Reifephase, nimmt das Marktwachstum ab; die Umsätze (Erträge) steigen noch, aber langsamer (degressiv). In Phase III schließlich beginnt die Marktsättigung dazu zu führen, dass der Umsatz zu sinken beginnt.

Im Folgenden wird die Betrachtung der ertragsgesetzlichen Produktionsfunktion aus mikrotheoretischer Sicht vertieft, wobei Produktionsmanager möglicherweise sogar Anklänge an die unternehmerische Wirklichkeit erkennen können.

7.2.3.2 (c) Produktionsfunktionen

7.2.3.2 (c-1) Begriff

Das Ertragsgesetz ist eine Ertrags- oder Produktionsfunktion. Damit bezeichnet man eine Beziehung, die beschreibt, dass und wie der Ertrag von den eingesetzten Produktionsfaktoren abhängt:

(1) $E = f (F_1, F_2, ..., F_n)$,

wobei E der Ertrag bzw. das Produktionsergebnis ist und F_1, F_2 etc. die Produktionsfaktoren 1, 2, ... bis n darstellen. Zu den Produktionsfaktoren zählen u.a. Arbeit, Kapital, Material, Technologie usw. In Abbildung 7.2/13 wurde die Beziehung (1) verkürzt auf:

(2) $E = f (F_1, F_2)$,

d.h. nur zwei Faktoren (Arbeit, Kapital) werden explizit berücksichtigt, während der oder die übrigen Faktoren aufgrund der Ceteris-paribus-Bedingung aus der Darstellung ausgeklammert bleiben, aber als konstant unterstellt werden. Wäre dies nicht der Fall, könnte man sonst ggf. feststellen, dass durch Reduktion des Faktors F_1 bei Konstanz des Faktors F_2 der Ertrag nicht sinkt, sondern steigt – weil der nichtbetrachtete Faktor F_3 den verminderten Faktor F ersetzt hat.

Abb. 7.2/13: Produktionsfunktionen

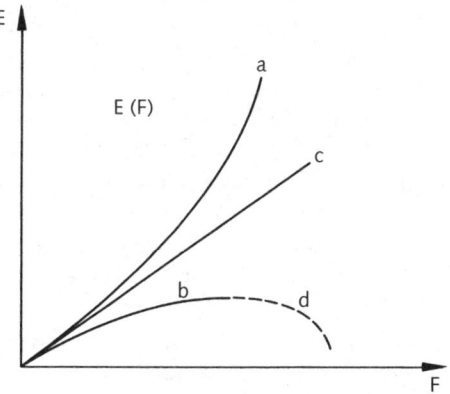

Beim Ertragsgesetz wird die Beziehung (1) noch weiter reduziert auf

(3) $E = f(F_1)$,

weil lediglich die Abhängigkeit des Ertrags von einem Faktor (hier: Dünger) dargestellt wird. Weil es noch andere Arten von Produktionsfunktionen gibt, wird eine ertragsgesetzliche Produktionsfunktion als **Produktionsfunktion vom Typ A** bezeichnet.

Exkurs

Daneben gibt es die Produktionsfunktion vom **Typ B** (sogenannte **Gutenberg-Funktion**), im Gegensatz zum Ertragsgesetz (Typ A) keine substitutionale, sondern eine limitationale Produktionsfunktion, die extrem disaggregiert ist und vorrangig betriebswirtschaftlich (mikroökonomisch) interpretiert wird. Gutenberg unterscheidet u.a. nach Gebrauchs- und Verbrauchsfaktoren. Dabei werden die Verbrauchsfaktoren (Werkstoffe,

Betriebsstoffe) als abhängige Variable der Güterproduktion interpretiert, während der „Verbrauch" von Gebrauchs- oder Potentialfaktoren (z. B. Maschinen) von der technischen Intensität der Nutzung abhängt.

Die Produktionsfunktion vom **Typ C** (sogenannte Heinen-Funktion) verfeinert die Gutenberg-Funktion noch weiter, indem die Leistungsprozesse in Teilschritte zerlegt werden.

Zudem gibt es die Produktionsfunktion vom Typ D, die von Kloock entwickelt wurde und die Funktionen vom Typ B und C unter dynamischen Aspekten kombiniert; daraus ergibt sich eine Art Input-Output-Modell eines Unternehmens. Weiterentwicklungen werden als Typ E und F bezeichnet.

Vorrangig volkswirtschaftliche (makroökonomische) Produktionsfunktionen sind die **CES-Funktion** (*constant elasticity of substitution*). Die Substitutionselastizität ist der Quotient aus relativer Veränderung des Faktoreinsatzverhältnisses und relativer Veränderung des Faktorpreisverhältnisses.

Spezialfälle der CES-Funktion sind die **Cobb-Douglas-Funktion,** die substitutionale Produktionsfaktoren (d. h. variable Faktoreinsatzverhältnisse) voraussetzt, sowie die Leontieff-Funktion, die limitationale Produktionsfaktoren (d. h. konstante Faktoreinsatzverhältnisse) voraussetzt (mit einer Substitutionselastizität von Null). Auf eine nähere Betrachtung verzichte ich hier...

Eine Produktionsfunktion E = f (F) kann grundsätzlich in vier Ausprägungen vorliegen: Ein Mehreinsatz von F kann zu

a) progressiv steigenden (überproportionalen),
b) degressiv steigenden (unterproportionalen, relativ fallenden),
c) konstant steigenden (proportionalen, linearen),
d) absolut fallenden (negativen) Ertragszuwächsen

führen (vergleiche Abbildung 7.2/13). Das Ertragsgesetz kombiniert die Varianten a), b) und d), wobei unterstellt wird, dass der Faktor F homogen und beliebig teilbar ist. Homogenität bedeutet, dass die Qualität des Faktors F konstant ist und sich weder im Zeitablauf noch aufgrund unterschiedlicher Faktormengen verändert. Die beliebige Teilbarkeit führt dazu, dass die Ertrags-Funktion kontinuierlich („durchgezogen") ist, d. h. keine Lücken oder Sprünge aufweist.

In der Produktions- und Kosten-Theorie beschränkt man sich üblicherweise nicht auf die Betrachtung der absoluten Ertragsveränderungen, sondern geht differenzierter vor. Zwei Aspekte werden untersucht: der Durchschnittsertrag und der Grenzertrag, hierzu gleich.

7.2.3.2 (c-2) Zeithorizont

Entscheidungen über den Einsatz von Produktionsfaktoren hängen von einer Vielzahl von Faktoren ab, zu denen neben den Kosten u. a. auch die Verfügbarkeit in zeitlicher Hinsicht zählt.

Sehr kurzfristig ist die Verfügbarkeit mancher Produktionsfaktoren begrenzt. Beispielsweise kann ein Busunternehmen seinen Wagenpark möglicherweise sehr rasch ausweiten, sofern der Bushersteller über Lagerbestände verfügt. Wenn hingegen eine Spezialmaschine für die angestrebte höhere Produktion erst entwickelt und produziert werden muss, können Monate vergehen.[28]

Langfristig sind alle Produktionsfaktoren hinsichtlich ihrer Verfügbarkeit variabel.[29] Wenn Produktionsfaktoren jedoch beschafft wurden, sind diese Investitionen kurzfristig meist nicht zu revidieren: Sachkapital (Maschinen, Rohstoffe) ist nicht ohne weiteres liquidierbar, allenfalls mit entsprechenden Preiszugeständnissen; eingestellte Arbeitskräfte können nicht spontan „freigesetzt" werden, sondern nur unter Wahrung der Kündigungsfrist (und auch das nur bedingt: Stichwort betriebsbedingte Kündigung). Damit sind auch die Produktionskosten langfristig alle variabel.

7.2.3.2 (c-3) Durchschnittsertrag

Der Durchschnittsertrag (Symbol: e)[30] wird beschrieben durch den Quotienten

$$(4) \quad e = \frac{E}{X}$$

---

[28] Hyundai baut seine Schiffe selbst, und zwar in der Rekordzeit von 8 Monaten.

[29] Wie sagte John Maynard Keynes so schön: „Langfristig sind wir alle tot."

[30] Es ist üblich, Gesamtgrößen (Kosten, Gewinn, Erlös) mit großen Buchstaben, Durchschnittsgrößen (z. B. pro Stück) mit kleinen Buchstaben zu kennzeichnen.

wobei (E) der Gesamtertrag und (X) die Einsatzmenge des Faktors (F) ist. Man beschreibt damit also den Ertrag, der einer Einheit des Faktors (F) zugerechnet wird. Die Schreibweise mit (X) ist einfach üblich; genauso gut könnte man aber auch schreiben E = f (F).

Der Zusammenhang lässt sich in der graphischen Darstellung der Abbildung 7.2/14 verdeutlichen. Dabei ist zu berücksichtigen, dass die Ertragsfunktion[31] E = f (X) im Ursprung beginnt, weil hier – in Abweichung von Abbildung 7.2/11 – lediglich die Reaktion von E auf Veränderungen von x erfasst werden, während in Abbildung 7.2/11 auch ein Ertrag berücksichtigt wurde, der sich bei einem Faktoreinsatz von x = 0 ergibt (die Ertragsfunktion beginnt dort auf der E-Achse in einem Wert größer als Null).

Der **Durchschnittsertrag** ‚e' in einem beliebigen Punkt A entspricht dem Quotienten

$$(5) \quad e_A = \frac{E_A}{X_A}$$

Dies ist geometrisch der Tangens des Winkels α, den die sogenannte Ursprungsgerade – bzw. synonym: der Fahrstrahl aus dem Ursprung – an den Punkt A mit der X-Achse bildet. Jedem Punkt der E-Funktion ist somit ein bestimmter (unterschiedlicher) Winkelwert α zuzuordnen. Der größte Winkel mit der X-Achse ergibt sich offensichtlich in Punkt B, wo die Ursprungsgerade die E-Funktion gerade noch berührt (tangiert) (7.2/14). In diesem Punkt ist der dem Faktor X zuzuordnende Durchschnittsertrag e also am größten; kleinere oder größere X-Mengen bedeuten jeweils niedrigere e-Werte. Wenn man diese als e-Funktion graphisch darstellt, ergibt sich die darunter dargestellte Funktion e (X), wobei die Punkte A* und A sowie B* und B korrespondieren („zusammengehören").

Man erkennt deutlich, dass aufgrund des Ertragsgesetzes der Durchschnittsertrag zunächst ansteigt und dann – ab dem Tangentialpunkt B – abnimmt.

---

[31] Die Ertragskurve (Funktion) ist beschrieben mit E = f (X) bzw. E (X), der (jeweilige) absolute Ertrag mit E. In der Darstellung wird aus Gründen der sprachlichen Vereinfachung gelegentlich die Funktionsbezeichnung E = f (X) weggelassen und – formal unpräzise – nur von E gesprochen; dies gilt später analog für die Kostenfunktionen K (X), die meist nur als K angesprochen werden.

Abb. 7.2/14: Durchschnittsertrag

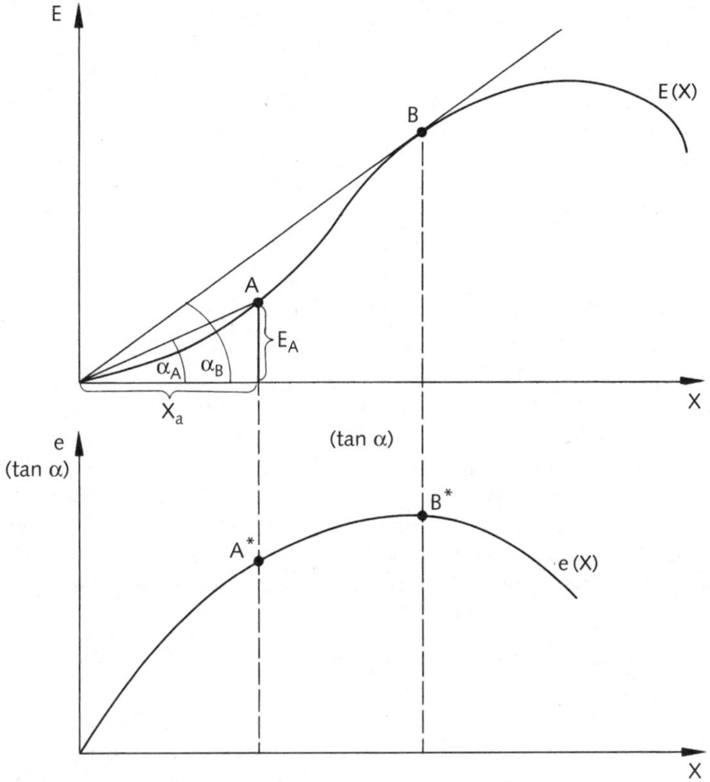

7.2.3.2 (c-4) Grenzertrag

Als Grenzertrag bezeichnet man den Ertrag, der sich ergibt, wenn die Einsatzmenge des Faktors X um eine Einheit erhöht wird; z.B. wenn der Faktoreinsatz in Abbildung 7.2/15 von 7 auf 8 erhöht wird, steigt der Ertrag von 22 auf 24: Der Grenzertrag ist 2.

Mit der bereits im Zusammenhang mit der Preiselastizität üblichen Schreibweise lässt sich der Grenzertrag E' dann wie folgt darstellen:

$$(6) \quad E' = \frac{\Delta E}{\Delta X}$$

Abb. 7.2/15: Grenzertrag I

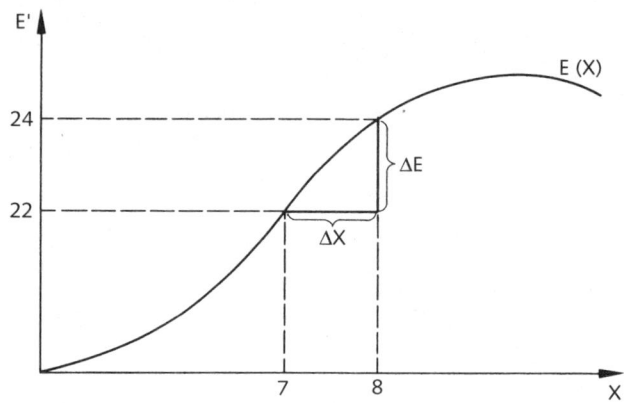

Wenn man von der Betrachtung von „größeren" Veränderungen wie in Abbildung 7.2/15 übergeht zu kleinen, sehr kleinen, im Extrem unendlich kleinen Veränderungen von x, geht man von der Differenzenbetrachtung zur Differentialbetrachtung über (statt Streckenanalyse nun Punktanalyse), aus Δ X bzw. Δ E wird d X bzw. d E, und der **Differenzenquotient** (6) wird zum **Differentialquotienten**

$$(7) \quad E' = \frac{d\,E}{d\,X}$$

E' entspricht geometrisch der Steigung der Funktion E = f (X) in einem bestimmten Punkt, d.h. analytisch wird durch Differenzieren die 1. Ableitung gebildet. Die Steigung der E-Funktion im Punkt A entspricht dem Tangens des Winkels α, den die Tangente an E in A mit der X-Achse bildet (Abbildung 7.2/16). Wiederum ergibt sich für jeden Punkt der E-Funktion ein individueller Winkelwert (α_A, α_W, α_B etc). Vom Ursprung ausgehend nimmt die Steigung der E-Funktion zunächst progressiv zu, dann – ab W – nur noch degressiv und nimmt ab C sogar ab (die Steigung wird negativ). In W, dem Wendepunkt der Tangente, ist also die Steigung (der Tangentialwert des Winkels α) am größten.

Stellt man diese Entwicklung graphisch dar, ergibt sich die Funktion E' in Abbildung 7.2/16 mit dem mit W korrespondierenden Maximalwert W* für den Grenzertrag. In diese Abbildung ist die

Abb. 7.2/16: Grenzertrag II

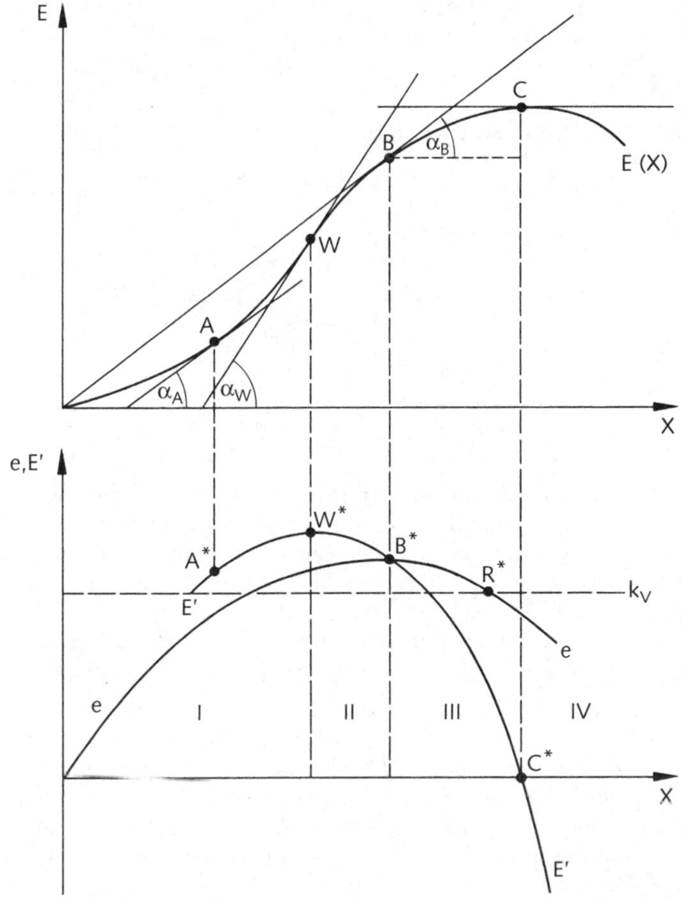

Durchschnittsertragskurve e = f (X) übernommen worden. Dabei zeigt sich, dass sich die e-Funktion und die E'-Funktion im Punkt B* schneiden, und das ist kein Zufall: In B (Abbildung 7.2/14 oder 7.2/16) ist die Ursprungsgerade an E gleichzeitig Tangente an E, d. h. der Punkt B* muss sowohl auf E' als auch auf e liegen – die Kurven müssen sich in B* schneiden. Da der Maximalwert für E' einem kleineren X-Wert zugeordnet ist als der Maximalwert für e, muss das Maximum für E' also vor dem von e liegen, so dass E' die Kurve e von oben schneiden muss. In C hat die E-Funktion ihren Maximalwert; die Steigung in E ist Null; E' muss daher in C* die X-Achse schneiden; E' wird rechts von C bzw. C* negativ.

Abb. 7.2/17: Verlauf der Ertragsfunktionen

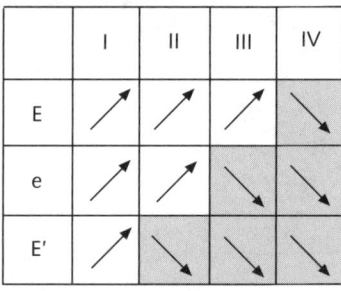

Damit ergeben sich für die ertragsgesetzliche Produktionsfunktion **vier Phasen** I–V (Abbildung 7.2/16), für die in Abbildung 7.2/17 die Steigungsrichtungen der verschiedenen Ertragsfunktionen tabellarisch zusammengefasst sind. Den Punkt W/W* bezeichnet man als Schwelle des Ertragsgesetzes, weil von diesem Punkt an das „Gesetz des abnehmenden Grenzertrags" wirkt, so dass aufgrund sinkender Grenzerträge der absolute Ertrag nur noch unterproportional steigt.

B/B* ist der absolute Optimalpunkt, weil hier der Durchschnittsertrag am größten ist. Welches unter Produktionskostenaspekten der günstigste Punkt ist, hängt vom Kostenverlauf ab: In Abbildung 7.2/16 ist mit Punkt R* der relative Optimalpunkt eingezeichnet, der als Schnittpunkt der Durchschnittsertragskurve e mit der Kurve der durchschnittlichen variablen Kosten k_v definiert ist; dieser Zusammenhang wird in den folgenden Abschnitten erläutert, weil nun auch die Kosten der Produktion mit einbezogen werden.

7.2.3.2 (c-5) Ertragsgebirge

Da die ertragsgesetzliche Produktionsfunktion ja nur einen Produktionsfaktor erfasst, lassen sich zwei Produktionsfaktoren nicht in einer zweidimensionalen Darstellung einfangen. Dies gelingt jedoch in Form eines Ertragsgebirges (Abbildung 7.2/18).

Abb. 7.2/18: Ertragsgebirge

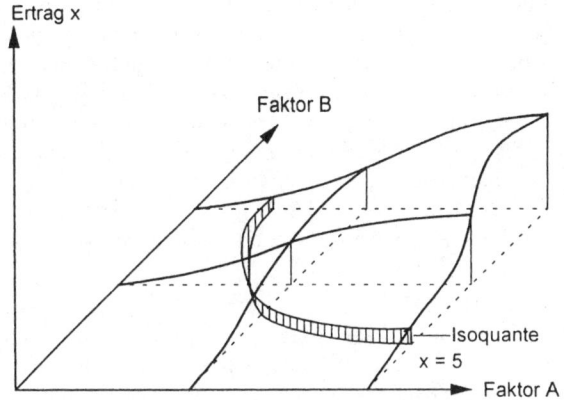

Die Darstellung zeigt den typischen zunächst progressiven, dann degressiven Verlauf der nun kombinierten ertragsgesetzlichen Produktionsfunktionen zweier Faktoren F_1 und F_2.

7.2.4 Produktionskosten

Der Einsatz von Produktionsfaktoren zur Gütererstellung verursacht Kosten. In der Betriebswirtschaftslehre werden die Produktionskosten (Herstellungskosten) zur Bewertung produzierter Güter herangezogen, u. a. bei der Bewertung von Lagerbeständen (Umlaufvermögen) in der Bilanz. In der Volkswirtschaftslehre entspricht die Netto-Wertschöpfung dem Nettoinlandsprodukt, bewertet zu Faktorkosten. Im Zusammenhang dieses Abschnittes ist es zunächst erforderlich, einige wichtige Kosten-Begriffe zu erläutern, ohne allerdings eine vertiefende betriebswirtschaftliche (Kosten-)Analyse vorzunehmen.

7.2.4.1 Kostenbegriffe

Als Kosten bezeichnet man (betriebswirtschaftlich) den bewerteten Güterverzehr zur Leistungserstellung (z. B. Lohn- und Materialkosten, Zinsen, Abschreibungen). Der Einsatz von Produktionsfaktoren verursacht entsprechende Kosten in Form von Material-, Lohn-, Zins-, Energie-, Versicherungs-, Miet- bzw. Pachtkosten usw. In der Betriebswirtschaftslehre werden Kosten und Aufwand unterschieden. Beide Begriffe sind deckungsgleich, wenn es sich um den Verbrauch von Produktionsfaktoren handelt zur Erfüllung des Unternehmenszwecks in der betrachteten Periode. Sofern betriebsfremder, außerordentlicher oder periodenfremder Aufwand entsteht – sogenannter **neutraler Aufwand** – wird dieser von den Kosten abgegrenzt. Aus mikrotheoretischer, aber auch betriebswirtschaftlicher Sicht sind die folgenden Kostenbegriffe zu unterscheiden.

Eine zentrale Unterscheidung ist die zwischen **fixen** und **variablen Kosten**. Ein Telefonbesitzer zahlt meist monatlich für seinen Telefonanschluss eine Grundgebühr, die unabhängig davon fällig ist, ob das Telefon überhaupt benutzt wird; auch ein Auto, das nicht bewegt wird, muss versteuert und versichert werden; ein einmal eingestellter Arbeitnehmer erhält für die Dauer seiner Beschäftigung Lohn, auch wenn er gar nicht eingesetzt wird etc. Solche Kosten, die nicht vom Ausmaß der Gütererstellung abhängen, sondern unabhängig von Veränderungen der Produktionsleistung in konstanter Höhe an anfallen, nennt man fixe Kosten. Im Unternehmen sind dies z. B. Miete während der Mietzeit, Zinsen für Kredite oder (kalkulatorische[32]) Abschreibungen für Maschinen (Abschreibungen erfassen rechnerisch den Wertverlust von Anlagen und vermindern den zu versteuernden Gewinn) sowie kalkulatorische Zinsen auf das eingesetzte Kapital und kalkulatorische Risiken.

Fixkosten sind graphisch als Parallele zur Mengenachse darzustellen, weil sie unabhängig von der Produktionsmenge – bzw. Auslastung der Produktionskapazität – in konstanter (fixer) Höhe anfallen.

Neben den Fixkosten zahlt der Telefonbenutzer pro anfallender Gesprächseinheit eine bestimmte Gebühr. Je mehr telefoniert wird, desto höher ist logischerweise die Summe dieser Gebühreneinheiten (kommen Sie jetzt nicht mit einer flat-rate!). Kosten, deren Höhe vom Ausmaß der Gütererstellung (hier Telefonate) abhän-

---

[32] „Kalkulatorisch" bedeutet: im Rahmen der unternehmensinternen Kostenrechnung (internes Rechnungswesen), da im externen Rechnungswesen (Bilanz, Gewinn- und Verlustrechnung) andere Kriterien zu berücksichtigen sind, vor allem steuerlicher Art oder im Hinblick auf die Bilanzoptik.

gen, nennt man variable Kosten. Variable Kosten reagieren auf Veränderungen der Produktionsleistung, z. B. Materialverbrauch oder Energiekonsum. Wird mehr produziert, steigen die variablen Kosten, geht die Produktion zurück, sinken sie. Die Summe von fixen plus variablen Kosten ergibt die Gesamtkosten oder totalen Kosten, also z. B. die monatliche Telefonrechnung.

In der unternehmerischen Kostenrechnung spricht man statt von **Gesamtkosten** auch von **Vollkostenrechnung**, bei der Betrachtung nur der variablen Kosten von **Teilkostenrechnung**. Eine Teilkostenrechnung ist von großer Bedeutung in Form der sogenannten Deckungsbeitragsrechnung, bei der den Umsatzerlösen (E wie Erlös, U wie Umsatz oder UE wie Umsatzerlös – alles möglich) eines verkauften Produkts zunächst nur dessen variable Kosten gegenübergestellt werden

(a) $DB = E - K_V$ (Gesamt-Deckungsbeitrag),

(b) $db = p - k_V$ (Stück-Deckungsbeitrag),

(c) $DB = db * X$ (X = verkaufte Menge).

Der (hoffentlich) verbleibende positive **Deckungsbeitrag** dient zusammen mit den Deckungsbeiträgen der anderen Produkte der Deckung der gesamten Fixkosten des Unternehmens. Bleibt dabei etwas übrig, nennen wir es **Gewinn**

(d) $G = DB - K_f$ (G = Gesamtgewinn).

Da man dabei aus dem Deckungsbeitrag nicht ablesen kann, ob das betrachtete Produkt insgesamt gesehen einen Gewinn oder Verlust erwirtschaftet, wird in der unternehmerischen Praxis die (kurzfristige) Deckungsbeitragsrechung als Teilkostenrechnung durch eine (längerfristige) Vollkostenrechnung ergänzt, aus der errechnet werden kann

(e) $g = p - (k_V + k_f)$ (g = Stückgewinn).

Zum Nachdenken 7.2.5

In einem Unternehmen betragen die Fixkosten 500 Euro, die variablen Kosten pro Stück 2,50 Euro. Es werden 1.000 Einheiten produziert und zu 4 Euro verkauft. Ermitteln Sie den Deckungsbeitrag und den Gewinn.

In der Abbildung 7.2/19 stellt die horizontale Funktion K_f die Fixkosten dar, zu denen die variablen Kosten K_v hinzukommen. Addiert das Unternehmen eine bestimmte Gewinnmarge (G), ergibt sich die Funktion $A = K_f + K_v + G$, die wir im Prinzip schon im Abschnitt 2.1 besprochen haben.

Abb. 7.2/19: Kosten- und Gewinn-Funktionen

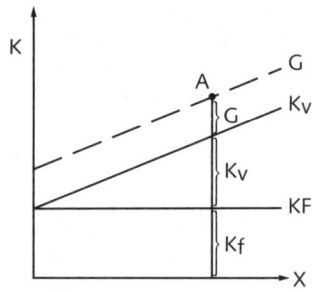

In der Praxis hängt die Preiskalkulation sehr stark von der Marktstellung eines Unternehmens ab. Die gerade skizzierte Addition von fixen und variablen Kosten und Gewinnzuschlag bezeichnet man betriebswirtschaftlich als *Cost-plus*-Kalkulation, d. h. man rechnet von unten nach oben die Kosten hoch zum Angebotspreis. Wenn die Konkurrenz stark ist, kann sich ein Anbieter dabei schnell aus einem Markt herauskalkulieren. Eine solche *Bottom-up*-Kalkulation kann man umso eher vornehmen, je stärker der Nachfrager vom Anbieter abhängt, beispielsweise bei Spezialanfertigungen. Bei gut eingeführten, bekannten und verkaufsstarken Produkten (*cash cows*: „Milchkühe") lassen sich tendenziell höhere Preise verlangen als bei auslaufenden, umsatzschwachen Produkten (*poor dogs*: „arme Hunde"). Im Extrem liegt eine Monopolsituation vor (**Angebotsmonopol**), in der der Anbieter den Preis festsetzen kann; wir gehen im Abschnitt 7.2.5.2 darauf nochmals vertiefend ein.

Realistischer ist in den meisten Märkten eine *Top-down*-Kalkulation: Der Marktpreis ist mehr oder weniger vorgegeben, und da der Anbieter ihn nicht beeinflussen kann, muss er versuchen, seine Kosten so zu gestalten (*Target Costing*: Zielkosten), dass ihm ein Gewinn verbleibt. In der industriellen Beschaffungspraxis gibt der (starke) Kunde dem Lieferanten nicht selten einen Preis vor – der bei langfristigen Lieferverträgen sogar kontinuierlich sinken kann, weil der Kunde beim Hersteller einen Lerneffekt mit entsprechenden Kosteneinsparungen unterstellt. Der Lieferant (Hersteller) muss dann versuchen, seine Kosten der Preisvorstellung des Kunden anzupassen. Sehr häufig arbeiten Hersteller und Kunde dabei bei der Produktentwicklung eng zusammen.

Durchschnittskosten ergeben sich, wenn man die Summe einer Kostenart auf die Produktionsleistung bezieht. Die BWL spricht synonym eher von Stückkosten. Daher unterscheidet man variable und fixe Stückkosten sowie Gesamtstückkosten. Die jeweilige graphische Darstellung werden wir im folgenden Unterabschnitt 7.2.4.2 betrachten.

Bezieht man die Produktionskosten (entweder als totale, variable oder fixe Kosten) auf die Ausbringungsmenge, erhält man „durchschnittliche Kosten", „Durchschnittskosten" bzw. „Stückkosten": diese Begriffe sind synonym.

Ein weiteres Kosten-Begriffspaar wird nur in der internen Kostenrechnung eines Unternehmens, nicht aber mikrotheoretisch verwendet, wir erwähnen es hier aber zur Vollständigkeit: Direkte Kosten (synonym: Einzelkosten) lassen sich unmittelbar einem Kostenträger, d. h. einem Produkt, einer Dienstleistung oder einer Kostenstelle bzw. einem Prozess oder Projekt zurechnen, z. B. Materialkosten oder Fertigungslöhne von Montagearbeitern bei der Produktion von Autos.

Für **Gemeinkosten** (engl. *overheads*) gilt dies nur indirekt: Wie sollen beispielsweise die Lohnkosten im Verwaltungsbereich oder die Feuerversicherung eines Unternehmens den verschiedenen produzierten Gütern zugerechnet werden? In der Praxis werden dafür Verteilungsschlüssel entwickelt, nach denen diese „allgemein" entstehenden Kosten auf die produzierten Einheiten verteilt werden. In der betrieblichen Kostenrechnung gibt es dafür eine Vielzahl von unternehmensspezifischen Methoden. Die (kostenmäßige) Bewertung der Produktion hat aber – über die Bilanz und die Gewinn- und Verlustrechnung eines Unternehmens – u. a. Einfluss auf seinen Gewinn und damit – wieder u. a. – auf seine steuerliche Belastung. Dabei sind in der Praxis verschiedene handels- und steuerrechtliche Aspekte zu beachten, denn bestimmte Kosten muss man, andere darf man, wieder andere darf man nicht in der Kalkulation dem Produktionsergebnis zurechnen und diese Werte in der Bilanz im Umlaufvermögen (Lagerbestände) aktivieren. Wir können diese Zusammenhänge hier aber nur andeuten.

Opportunitätskosten sind kein kostentheoretischer, sondern ein nutzentheoretischer Begriff. Sie entstehen, wenn ein Unternehmen bei der Wahl zwischen z. B. zwei Investitionsalternativen A und B sich für B entscheidet und somit auf A verzichtet. Damit verzichtet es auch auf die aus A potentiell resultierenden Vorteile, Gewinne, Nutzen – was immer. Beispielsweise kann eine Produktionsanlage mit einem Auftrag A oder einem Auftrag B belegt werden, aber nicht mit beiden. Das Entscheidungsproblem besteht darin herauszufinden, bei welcher Alternative die geringeren Opportunitätskosten entstehen.

Ein letzter Kostenbegriff muss noch geklärt werden: **Unkosten**. Die meisten Ökonomen zucken zusammen (manche erstaunlicherweise nicht), wenn sie das Wort hören. Der Begriff „Unkosten" wird teils zu Recht, teils zu Unrecht diffamiert: Sprachhistorisch leitet er sich aus dem mittelniederdeutschen Wort „unkost" ab. Die Bedeutung der Vorsilbe „un-" ist dabei nicht wie bei „ungerade" oder „unschön" als Gegensatz zu interpretieren, sondern wie bei Unwetter, Untat oder Unkraut und hat die Bedeutung von „schlimm". Unkosten sind daher nicht das Gegenteil von Kosten, sondern als Unkosten wurden vielmehr früher solche „schlimmen" Kosten bezeichnet, die sich nicht – wie die „guten" Einzelkosten – direkt dem Einzelerzeugnis zurechnen ließen und daher (im Sinne des heutigen Begriffs Gemeinkosten) auf alle Erzeugnisse umgelegt werden müssen.

Wenn also bei einem Wohltätigkeitsbasar ein „Unkostenbeitrag" erhoben wird, so ist dies insofern falsch, als damit nicht nur Gemeinkosten, sondern auch die durchaus zurechenbaren Einzelkosten abgedeckt werden. Allgemein sollte daher von Kosten – und Kostenbeitrag – gesprochen werden, während das, was man früher mit Unkosten meinte, heute korrekt mit dem Begriff Gemeinkosten bezeichnet wird.

7.2.4.2 Kostenfunktionen

Nachdem wir nun die verschiedenen Kostenbegriffe differenziert haben, bringen wir die Kostenbetrachtung in Zusammenhang mit den Produktionsfunktionen. Die Beziehung

(1) $E = f (F_1, F_2, ..., F_n)$

aus Abschnitt 3.2.3 ist eine allgemeine Ertrags- bzw. Produktionsfunktion, weil die abhängige Variable der Ertrag bzw. die Produktionsleistung ist. Sie lässt sich – wie erwähnt – umschreiben zu

(2) $E = f(X_1, X_2, ..., X_n)$

und dies wiederum umformen zu

(3) $E = f(X_1 * P_1, X_2 * P_2, ..., X_n * P_n)$,

wenn man neben den Faktormengen x_i auch die Faktorpreise p_i
berücksichtigt, d.h. E ist eine Funktion des mit seinen Preisen bewerteten Faktoreinsatzes. Da dieses nichts anderes ist als eine Kostenbetrachtung, kann man auch schreiben

(4) $E = f(K_1, K_2, ..., K_n)$

oder allgemein

(5) $E = f(K)$

d.h. der Ertrag ist eine Funktion der aufgewendeten Faktorkosten. Dennoch sind die Beziehungen (3) bis (5) immer noch Pro-
duktions- oder Ertragsfunktionen, weil E die abhängige Variable
ist. Erst wenn man die Abhängigkeiten umkehrt, ergibt sich eine
Kostenfunktion:

(6) $K = f(E)$,

d.h. die Kosten (K) hängen davon ab, wie groß der Ertrag (E) (d.h.
die Produktionsmenge x) sein soll bzw. ist. Jetzt ist (E) eine unabhängige Variable, und (6) ist eine Kostenfunktion mit (K) als ab-
hängiger Variablen. Wer noch kann, möge sich mit mir einer aus-
führlicheren Betrachtung von Kostenverläufen zuwenden.

7.2.4.2 (a) Linearer Kostenverlauf

Zunächst sei angenommen, dass die variablen Kosten pro Stück
(variable Stückkosten; synonym: variable Durchschnittskosten)
konstant sind, so wie bei dem obigen Telefonbeispiel die Gebühren pro Einheit. Dass sich variable Kosten proportional (linear) zur
Produktion entwickeln, ist eine Annahme, die in der Praxis nicht
zutrifft, denn dort werden u.a. Mengenrabatte zu tendenziell de-

Abb. 7.2/20: Lineare variable Kosten

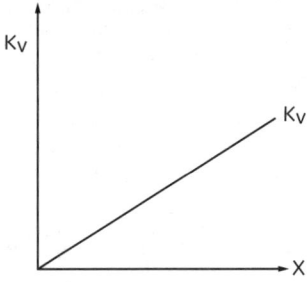

gressiver und z. B. Lohnzuschläge für Überstunden und Sonder-schichten zu tendenziell progressiver Kostenentwicklung führen. Wir werden später nochmals darauf zurückkommen.

Bei unterstelltem linearen Kostenverlauf ist die graphische Dar-stellung der variablen Kosten eine Gerade (Abbildung 7.2/20). Die Kurve der variablen Kosten

(7) $K_v = f(X)$

entspringt – allgemein dargestellt – aus dem Ursprung. [33]

Die Fixkostenkurve

(8) $K_f = f(X)$

ist logischerweise eine Parallele zur X-Achse im Abstand K_f (ver-gleiche auch Abbildung 7.2/21).

Addiert man die Fixkosten zu den variablen Kosten, wird die Kurve K_v in Höhe des Fixkostensockels K_f nach oben verschoben und dann als Gesamtkostenkurve interpretiert:

(9) $K = K_f + K_v = f(X)$

---

[33] Die Kurve (Funktion) der variablen Kosten ist beschrieben mit $K_V = f(X)$, die (jeweiligen) absoluten variablen Kosten mit K_V. In der Darstellung wird aus Gründen der sprachlichen Vereinfachung gelegentlich die Funktionsbe-zeichnung $K_V = f(X)$ oder kürzer: $K_V(X)$ weggelassen und – formal un-präzise – nur von K_V gesprochen. Dies gilt im Folgenden analog für andere Kostenbegriffe.

Abb. 7.2/21: Fixkosten

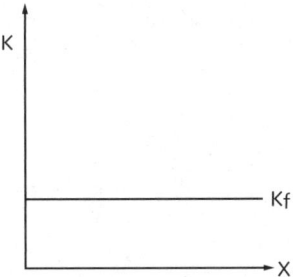

In Abbildung 7.2/22 werden zwei Varianten der Darstellung verwendet, je nachdem, ob man die variablen Kosten zu den Fixkosten addiert oder umgekehrt. Im Ergebnis der Kostensumme ergibt sich natürlich kein Unterschied.

Abb. 7.2/22 Gesamtkosten

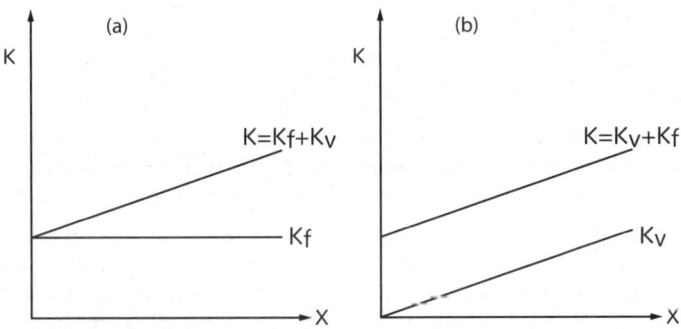

Beispielsweise könnte eine konkrete lineare Kostenfunktion lauten:

(9a) $K = 400 + 25 \cdot X$,

wobei die Fixkosten 400 betragen und die variablen Kosten pro Stück 25.

Wir werden nun die Durchschnittskosten und die Grenzkosten ableiten.

7.2.4.2 (a-1) Durchschnittskosten (Stückkosten)

Durchschnittskosten[34] (Stückkosten) sind allgemein definiert als

$$(10) \quad k = \frac{K}{X}$$

wobei zwischen totalen, variablen und fixen Kosten pro Stück zu unterscheiden ist.[35] Die variablen Kosten pro Stück sind definiert als

$$(11) \quad k_v = \frac{K_v}{X}$$

und die fixen Kosten pro Stück als

$$(12) \quad k_f = \frac{K_f}{X}$$

Die Gleichungen (11) und (12) können zusammengefasst werden zu

$$(13) \quad k = \frac{K_v + K_f}{X} = \frac{K}{X}$$

Graphisch sind die Durchschnittskosten für einen beliebigen Punkt A einer Kostenfunktion folglich zu ermitteln durch den Tangens des Winkels α a, den die Ursprungsgerade an A mit der X-Achse bildet (Abbildung 7.2/23).

Sofern man nur die **variablen Stückkosten** betrachtet, diese aber annahmegemäß konstant sind, haben die Stückkosten gemäß (11) in jedem Punkt der Funktion K_v (X) den Wert β. Beim Telefonbeispiel kostet jede Einheit denselben Betrag, egal, ob man 1 oder

---

[34] Durchschnittswerte werden allgemein mit kleinen Buchstaben, Totalwerte mit großen Buchstaben bezeichnet.

[35] Auch hier ist eine sprachliche Anmerkung erforderlich: Wenn von „fixen Stückkosten" gesprochen wird, so handelt es sich präzise genommen um die „fixen Kosten pro Stück". Die Bezeichnung „fixe Stückkosten" könnte somit fälschlicherweise konstante Stückkosten suggerieren, doch sind diese offensichtlich nicht konstant, sondern nehmen im Gegenteil mit zunehmendem X ab. Diese gilt analog für die oben behandelten „variablen Stückkosten", die bei linearem Kostenverlauf gerade nicht variabel sind, sondern – pro Stück! – konstant sind. Habe ich Sie jetzt verwirrt?

Abb. 7.2/23: Stückkosten I

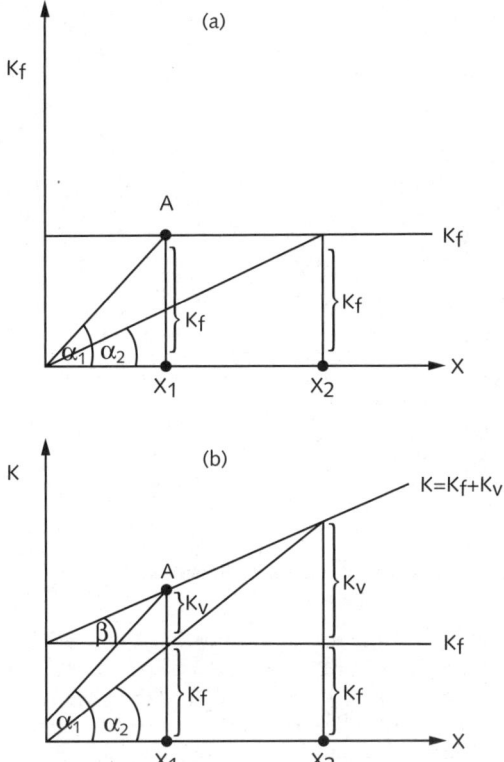

100.000 Einheiten telefoniert. Die graphische Darstellung der variablen Stückkosten ist folglich eine Parallele zur X-Achse im Abstand k_v (Abbildung 7.2/24). Die Steigung der Gesamtkostenkurve K = f (X) wie auch analog der variablen Kostenkurve K_v – ausgedrückt durch den Winkel α der Kostengeraden mit der X-Achse – entspricht also den variablen Durchschnittskosten (variablen Stückkosten) k_v.

Werden hingegen die gesamten Durchschnittskosten k (**totale Stückkosten**) betrachtet, addieren sich jeweils die anteiligen fixen Stückkosten k_f hinzu. Diese sind gleichfalls gemäß (12) durch entsprechende Ursprungsgeraden an K_f (X) abzuleiten. Die Darstel-

Abb. 7.2/24: Stückkosten II

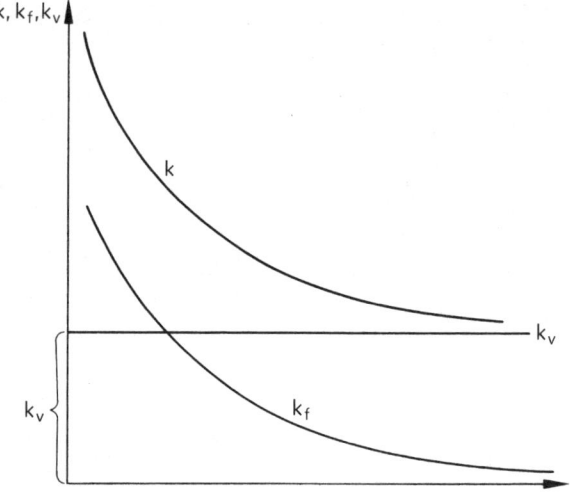

lung der durchschnittlichen fixen Kosten k_f (X) zeigt Abbildung 7.2/24:

Die Funktion k_f kommt aus dem Unendlichen (bei X = 0) und nähert sich dann asymptotisch der X-Achse, weil k_f bei zunehmender Menge x wegen der Konstanz von K_f laufend abnimmt und gegen Null geht: Bei 100.000 Telefoneinheiten im Monat ist der Anteil der Grundgebühr pro Einheit ökonomisch kaum noch spürbar.

Die Kurve der totalen Stückkosten k (X) wird – im Vergleich zur Kurve der fixen Stückkosten k_f (X) – folglich im Abstand k_v nach oben verschoben (Abbildung 7.2/24; vergleiche auch nochmals Abbildung 7.2/22), und die totalen Stückkosten k nähern sich bei zunehmendem x asymptotisch den variablen Stückkosten k_v an. Die totalen Stückkosten entsprechen bei großer Produktionsmenge X – und bei linearem Kostenverlauf – folglich (annähernd) den variablen Kosten pro Stück; der Anteil der Fixkosten pro Stück geht gegen Null. Dasselbe Ergebnis folgt aus der graphischen Umsetzung von (13) bzw. (10), da die Ursprungsgerade an K = K_f + K_v in Abbildung 7.2/20 bei großer Menge X im Extrem eine Parallele zu K (X) wird, d.h. als Minimalwert dieselbe Steigung (k_v) hat.

Dieser Effekt wird im deutschen Sprachgebrauch etwas hochtrabend als „**Gesetz der Massenproduktion**" bezeichnet; im anglophonen Sprachraum wird dafür der Begriff „**economies of scale**" verwendet, was wiederum als **Skaleneffekt** ins Deutsche zurückübernommen wurde. Diese Begriffe beziehen sich also darauf, dass mit zunehmender Produktionsmenge – bei gegebener Kapazität! – die totalen Stückkosten sinken, im Extrem bis zum Minimalwert der (konstanten!) variablen Kosten pro Stück, weil die fixen Stückkosten gegen Null gehen.[36] Skaleneffekte können auch auftreten, weil durch einen größeren Einsatz von Produktionsfaktoren z. B. auf der Beschaffungsseite Mengenrabatte realisiert werden können.

Unternehmen werden folglich danach trachten, ihre Produktionskapazitäten möglichst auszulasten, um die Fixkosten pro Stück zu minimieren. Umgekehrt bedeutet dies, dass eine rückläufige Produktion, z. B. aufgrund ausbleibender Aufträge, zu steigenden Gesamt-Stückkosten führt, da dann die fixen Stückkosten wieder stärker zu Buche schlagen.

Dabei kommt unter Umständen auch die sogenannte **Kostenremanenz** zum Tragen, die sich auf eine fließende Grenze zwischen fixen und variablen Kosten bezieht: Bei zunehmender Produktion steigen beispielsweise die Lohnkosten, da mehr Arbeitskräfte eingestellt bzw. durch Überstunden länger beschäftigt werden; so gesehen, handelt es sich also nach den oben angeführten Definitionen um variable Kosten. Innerhalb der (tarif-)vertraglichen Kündigungsfristen sind Lohnkosten aber fix, denn auch ein in der Produktion nicht mehr benötigter und unter Umständen auch gar nicht mehr eingesetzter Arbeiter erhält während der Kündigungszeit noch Lohn. Geht dann die Produktion zurück, verringern sich jedoch nicht – wie K (X) in Abbildung 7.2/20 behauptet – auch die Kosten, sondern sie verbleiben auch bei rückläufiger Produktion (X sinkt in Abbildung 7.2/25 von X_A auf X_B) zunächst auf dem ursprünglichen Niveau K_A, um erst mit Verzögerung auf K_B abzusinken.

---

[36] Als „economies of scope" wird der Effekt bezeichnet, dass sich z. B. bei Fusionen die Gesamtkapazität erhöht und sich dadurch Kosteneinsparungen realisieren lassen, beispielsweise weil sich nun auch Produktionsanlagen lohnen, die sich bei geringerer Kapazität nicht rechneten.

Abb. 7.2/25: Kostenremanenz

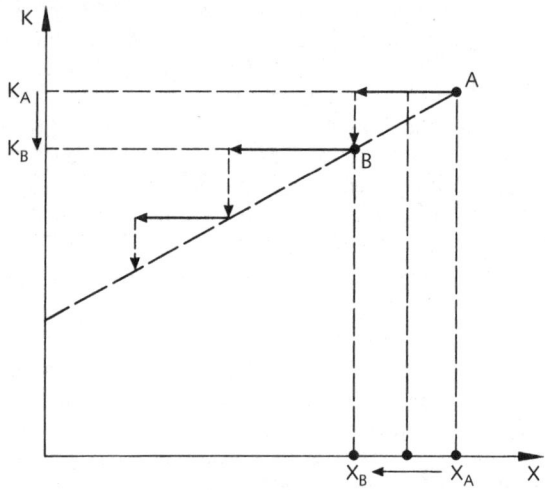

Andererseits sind auch fixe Kosten natürlich nicht auf ewig fix. So können beispielsweise vertraglich fixe Mieten bei Auslaufen oder Kündigung des Mietvertrages ebenso wie Löhne abgebaut werden; man bezeichnet solche Kosten als sprungfixe (intervallfixe) Kosten. Vergleiche in diesem Zusammenhang weiter unten die Ausführungen zur Kostenelastizität in Abschnitt 4.2.2.3.

Die *economies of scale* basieren auf einem statischen Konzept. Dieses ist abzugrenzen gegen das dynamische Konzept der Lernkurve, die auf dem Prinzip *learning by doing* beruht. Der Skalen-Effekt beruht vorrangig auf sinkenden fixen Stückkosten, die Lernkurve stellt ab auf sinkende variable Stückkosten, die sich aus Rationalisierungseffekten im Zeitablauf ableiten, u. a. in Bezug auf Beschaffung, Produktion, Vertrieb oder Forschung und Entwicklung. In der Praxis werden gegenüber Zulieferern nicht selten Verträge durchgesetzt, bei denen im Zeitablauf sinkende Beschaffungskosten vereinbart werden – eben wegen solcher Lerneffekte. Dabei ist es nicht immer leicht, den dynamischen Lerneffekt vom statischen Kostendegressionseffekt zu trennen.

Zum Nachdenken 7.2.6

In der Abbildung 7.2/26 sind für drei Mengen die Gesamtkosten markiert. Bei welcher Menge sind die Stückkosten am höchsten und bei welcher Menge am geringsten?

Abb. 7.2/26 zu: Zum Nachdenken 7.2.6

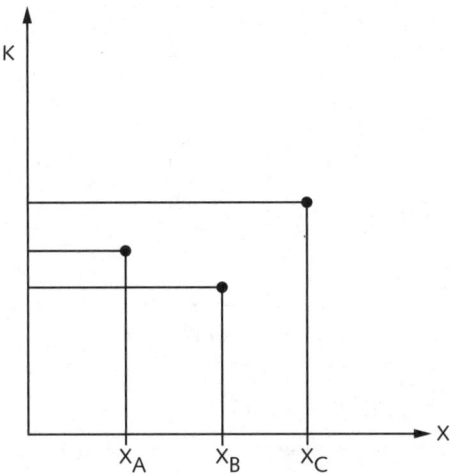

7.2.4.2 (a-2) Grenzkosten

Grenzkosten sind – analog zur Betrachtung des Grenzertrags in Abschnitt 3.2.3.2 – allgemein definiert als die Kosten, die bei Erhöhung der Produktion um eine Einheit zusätzlich entstehen (Abbildung 7.2/27), formal

$$(14) \quad K' = \frac{\Delta K}{\Delta X}$$

Beim Übergang der Differenzenbetrachtung (Streckenanalyse) zur Differentialbetrachtung (Punktanalyse) wird (14) zu

$$(15) \quad K' = \frac{d K}{d X}$$

Abb. 7.2/27: Grenzkosten

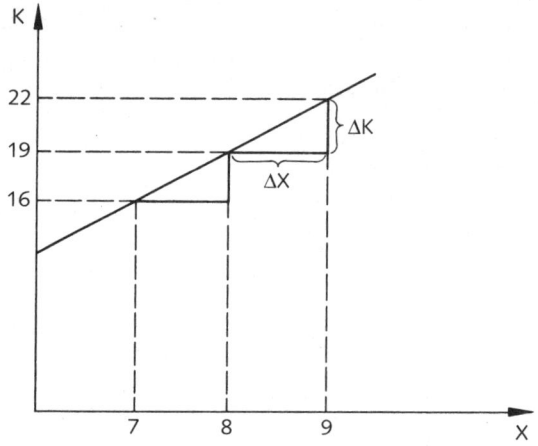

Hieraus folgt logischerweise, dass K' konstant ist, denn (15) beschreibt die Steigung der (linearen) Funktion K (X).

7.2.4.2 (b) Ertragsgesetzlicher Kostenverlauf

Wird die Unterstellung konstanter variabler Stückkosten aufgegeben und statt dessen ein ertragsgesetzlicher Kostenverlauf angenommen, lässt sich die entsprechende Kostenkurve aus der graphischen Darstellung des Ertragsgesetzes ableiten. Dies ist insgesamt realistischer als ein linearer Kostenverlauf, da beispielsweise durch Bestellung größerer Mengen Rabatte zu **Stückkostendegression** führen können (u.a. auch bei den Stromtarifen), während andererseits eine Produktionserhöhung z.B. durch Überstundenzuschläge zu einer **Stückkostenprogression** führen kann. Dessen ungeachtet gibt es – vor allem technisch bedingte – Beispiele auch für lineare industrielle Produktionskostenverläufe innerhalb bestimmter Produktionsgrenzen; in diesem Abschnitt wird davon aber abstrahiert.

In Abbildung 7.2/28 erfolgt eine Modifikation der Darstellung der ertragsgesetzlichen Produktionsfunktion aus Abbildung 7.2/12. Auf der X-Achse werden nicht die physischen Mengen eines Produktionsfaktors abgetragen, sondern gemäß der oben abgeleiteten Beziehung (4) nun

Abb. 7.2/28: Kosten- und Ertragsfunktion

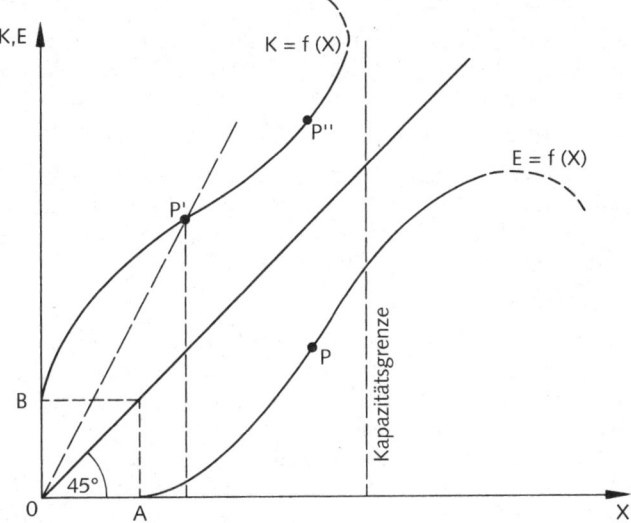

(15) $E = f (K_1, K_2, .., K_n)$

d. h. der Ertrag in Abhängigkeit von den Kosten der eingesetzten Produktionsfaktoren. Wenn man diese zusammenfasst zu variablen und fixen Kosten, wird aus (15) nun

(16) $E = f (K_f, K_v)$

oder allgemeiner

(16a) $E = f (K)$,

d. h. es wird untersucht, wie sich der Ertrag in (E) Abhängigkeit von dem durch Bewertung mit Preisen in Kosten ausgedrückten Faktoreinsatz (K) verändert. Die Strecke OA vom Ursprung bis zum Beginn der Ertragskurve in (A) in Abbildung 7.2/12 entspricht dann K_f.

Bei konstanten Preisen pro Faktoreinheit kann man (16a) wegen $K = x \cdot p$ durchaus auch interpretieren als

(16b) $E = f (X)$;

d. h. der Ertrag ist abhängig von der Produktion (statt von den Kosten); diese Version findet sich in vielen Lehrbüchern. Das Ergebnis dieser längeren Ableitung ist also die Ertragsfunktion E = f (X) in Abbildung 7.2/28.

Wird jetzt wiederum die Betrachtung umgekehrt und die Produktionsfunktion in eine Kostenfunktion überführt – wie oben in (5) und (6) –, ergibt sich

(17) K = f (E),

d. h. wie verändern sich die Produktionskosten bei unterschiedlichen Produktionsmengen. Da diese sich wiederum direkt aus den (unter Umständen auch bewerteten) Mengen der Produktionsfaktoren ableiten, findet sich auch die (vereinfachende) Version

(17a) K = f (X)

d. h. die Kosten sind eine Funktion der Produktionsmenge.[37] Diese Funktion entspricht der an einer 45°-Linie gespiegelten Ertragskurve (Abbildung 7.2/28): Die Strecke OA repräsentiert die fixen Kosten ebenso wie die Strecke OB in Bezug auf die Kostenkurve K = f (X); ab A bzw. B entstehen variable Kosten. Jeder beliebige Punkt P der Ertragskurve entspricht analog einem Punkt P' der Kostenkurve. Die Funktion K (X) sitzt somit auf einem **Fixkostensockel** auf. Der Bereich IV der Ertragsfunktion (absolut sinkender Ertrag) wäre kostenökonomisch nur sehr mühsam zu interpretieren (obgleich natürlich das angeführte Beispiel des überdüngten Ackers hierfür zu strapazieren wäre; gestrichelter Bereich von K). Daher ist es allgemein üblich, die Kostenfunktion als S-förmige Kurve darzustellen, die sich mehr oder weniger asymptotisch einer als Senkrechten dargestellten Kapazitätsgrenze der Unternehmung annähert.

Analog zur bereits erfolgten Betrachtung bei linearem Kostenverlauf werden nachfolgend auch die Durchschnitts- und Grenzkosten bei ertragsgesetzlichem Kostenverlauf abgeleitet; die Darstellung kann aber etwas gestrafft erfolgen.

7.2.4.2 (b-1) Durchschnittskosten

Mit der graphischen Umsetzung der Winkelwerte, welche die Ursprungsgerade mit der X-Achse bildet, lassen sich die Durch-

---

[37] Wobei allerdings bei sehr genauer Unterscheidung sich das X in (16b) auf Faktormengen und das in (17a) auf Produktionsmengen bezieht, beide sich jedoch – je nach Betrachtungsweise – gegenseitig bedingen.

Abb. 7.2/29: Kostenfunktionen

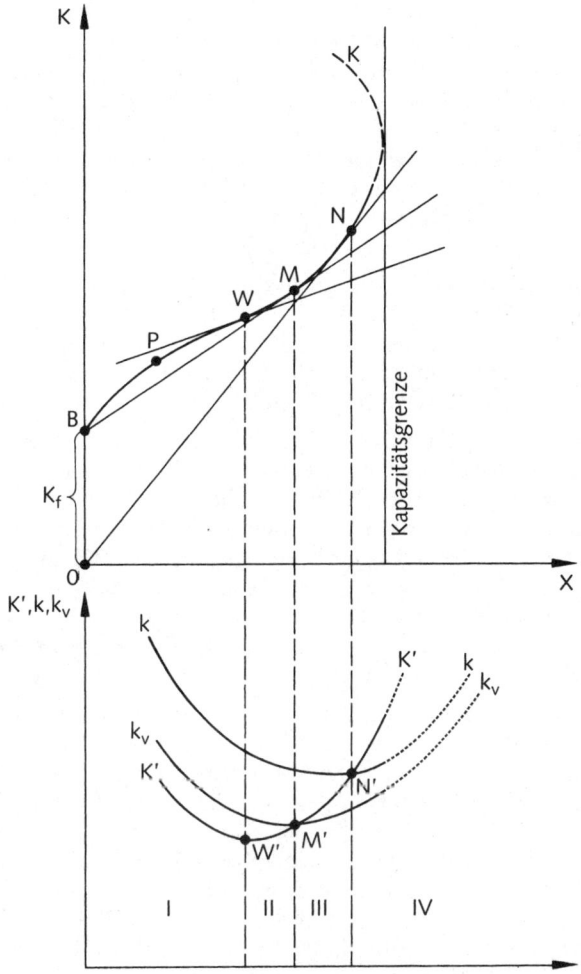

schnittskosten darstellen, entweder als Fahrstrahlen aus B in Abbildung 7.2/29, wenn nur variable (Stück-)Kosten betrachtet werden, oder aus dem Ursprung 0, wenn die totalen (Stück-)Kosten betrachtet werden, wobei der Tangens des Winkels des Fahrstrahls zur X-Achse offensichtlich dem Wert K/X, also den Stückkosten entspricht.

Wie durch Anlegen und Verschieben eines Lineals als Fahrstrahl an die Kurve K = f (X) in Abbildung 7.2/29 leicht nachzuvollziehen ist, wird der Winkel dieses Fahrstrahls mit zunehmender Faktoreinsatzmenge (und damit Produktionsmenge) zunächst kleiner, d. h. dass die Stückkosten zunächst sinken (vergleiche analog Abbildung 7.2/20 für konstante, d. h. lineare Ertragszuwächse bzw. Kosten), während der Winkel später wieder ab P" größer wird, d. h. die Stückkosten steigen progressiv.

Das Minimum der variablen Stückkosten (Betriebsminimum) liegt dabei in Abbildung 7.2/29 offensichtlich bei der zu M gehörenden Produktionsmenge, da in M der Fahrstrahl aus B die Kurve K (X) tangiert; bei kleinerem oder größerem X ist der Winkel des Fahrstrahls mit der X-Achse jeweils größer.

Das Minimum der totalen Stückkosten liegt analog in der zu N gehörenden Ausbringungsmenge, da hier der Fahrstrahl aus dem Ursprung zur Tangente an K (X) wird. Daher korrespondieren in der graphischen Darstellung der totalen Durchschnittskosten k und der variablen Durchschnittskosten k_v in Abbildung 7.2/29 jeweils die Punkte M und M' sowie N und N'. Man nennt den Punkt N auch **Betriebsoptimum**, obgleich er keine Aussage zulässt, ob das Unternehmen bei der betreffenden Absatzmenge Gewinn oder Verlust macht, denn dazu müssten die Umsätze berücksichtigt werden.

Die fixen Stückkosten entsprechen im Funktionsverlauf der Abbildung 7.2/24 und werden hier nicht dargestellt. Die Funktion k (X) muss aber wegen der fixen Stückkosten oberhalb von k_v (X) verlaufen, und entsprechend muss N rechts von M, d. h. bei einer höheren Produktionsmenge liegen. Auf die Ertragskurve bezogen bedeutet dies, dass bei sinkenden variablen Stückkosten pro Kosteneinheit (X) wachsende Ertragszuwächse (E) erzielt werden können. Erst von einem bestimmten Punkt ab – P" in Abbildung 7.2/28 bzw. M/M' in Abbildung 7.2/29 – bedingt die Erzeugung einer zusätzlichen Produktionseinheit zunehmende variable Stückkosten, beispielsweise aufgrund von Überstunden oder Zusatzschichten, die teurer sind als normale Arbeitseinheiten. Somit zeigt die Kostenkurve in diesem Bereich einen progressiv steigenden Verlauf, wobei die Steigung umso mehr zunimmt, je mehr sich ein Betrieb seiner Kapazitätsgrenze nähert.

Sofern also zunächst sinkende, dann steigende variable Stückkosten angenommen werden, verläuft die Gesamtkostenkurve spiegelbildlich zur ertragsgesetzlichen Produktionskurve (Abbildung 7.2/28). Sicherlich gibt es in der industriellen Praxis Produktionsbereiche, wo zumindest partiell die Kostenkurve linear verläuft, d. h. wo man von konstanten variablen Stückkosten ausgehen kann. Realistischer ist aber die Annahme, dass sich (z. B. durch Mengenrabatte) sinkende variable Stückkosten erreichen lassen (degressiv steigender Verlauf der Kostenkurve) und dass nach Überschreiten eines kostenoptimalen Punktes eine Produktionssteigerung nur zu Lasten steigender variabler Stückkosten erreicht werden kann (progressiv steigender Verlauf der Kostenkurve in Abbildung 7.2/28).

Der ertragsgesetzliche Bereich III aus Abbildung 7.2/12 lässt sich ökonomisch nicht realistisch und sinnvoll auf die Kostenkurve übertragen.

Dass k und k_v bei kleinen X-Werten sehr viel stärker voneinander abweichen als bei größeren und schließlich sich asymptotisch einander annähern, liegt an den oben abgeleiteten Skaleneffekten bezüglich der Fixkosten (dem „Gesetz der Massenproduktion"): Je größer X ist, desto geringer ist K_f/X und geht im Extrem gegen Null, so dass mit steigendem X sich k und k_v zunehmend weniger unterscheiden.

7.2.4.2 (b-2) Grenzkosten

Der Verlauf der Grenzkosten ergibt sich aus dem oben abgeleiteten Differentialquotienten (15), hier jetzt:

$$(18) \quad K' = \frac{d\,K}{d\,X}$$

entspricht also der Steigung von K (X). Diese wird gemessen mit dem Tangens des Winkels der Tangenten an K (X) mit der X-Achse. Dieser nimmt – von B ausgehend – über beispielsweise P immer weiter ab, bis er in W (= Wendepunkt der Tangente) wieder größer wird (z. B. auch M, N). In der W entsprechenden Produktionsmenge liegt also das Minimum der Grenzkostenkurve K' (X) (das entspricht W' in Abbildung 7.2/29).

K' (X) schneidet k_v (X) und k (X) nicht zufällig in M' und N': Der Fahrstrahl an K (X) aus B wird in M zur Tangente, der aus Null in N. Die Punkte M' und N' sind daher sowohl „Fahrstrahlen-werte" der Kurven k bzw. k_v als auch gleichzeitig Tangentialwerte von K, müssen folglich zugleich auf K' (X) und k (X) bzw. k_v (X) liegen: Dies sind die Schnittpunkte M' und N'. Der Punkt W' muss wiederum niedriger und vor M' liegen, M' niedriger und vor N'; die Tangentenwinkel von W, M und N verdeutlichen dies optisch.

7.2.4.2 (b-3) Kostenelastizität

Die Kostenelastizität beschreibt, wie sich die Kosten (K) in Abhängigkeit von Veränderungen der Produktionsmengen (X) verändern:

$$(19) \quad \varepsilon_k = \frac{\dfrac{\Delta K}{K} \cdot 100}{\dfrac{\Delta X}{X} \cdot 100}$$

Eine Kostenelastizität größer Eins bedeutet, dass sich die Kosten stärker verändern als eine ursächliche Produktionsveränderung. Bei einer Kostenelastizität von genau Eins würden sich Mengen und Kosten im selben Verhältnis verändern; bei einer Kostenelastizität kleiner Eins würden die Kosten entsprechend geringer reagieren. Die Kostenelastizität kann für variable Kosten oder für die Gesamtkosten berechnet werden. Bei Fixkosten ist sie immer Null (darum heißen sie ja auch Fixkosten...).

Grundsätzlich gilt die Kostenelastizität sowohl für eine Erhöhung als auch für eine Verminderung der Produktionsmengen. Zu beachten ist aber die in Abschnitt 4.2.1.1 behandelte Kostenremanenz, die bei Produktionsverminderungen tendenziell zu Kostenelastizitäten kleiner Eins führt, da sich nicht nur die Fixkosten, sondern auch die variablen Kosten kurzfristig oft nicht abbauen lassen.

7.2.4.2 (b-4) Zusammenfassung

Abbildung 7.2/30 fasst die Verläufe der verschiedenen Kostenkurven den Phasen des Ertragsgesetzes entsprechend tabellarisch zusammen; dabei ist auch k_f berücksichtigt. Unter anderem lässt sich daraus entnehmen:

Die Gesamtkosten steigen in Phase I wegen der zunehmenden Grenzerträge E' (X) bzw. analog: wegen der abnehmenden Grenzkosten von K' (X) nur degressiv, hingegen ab W progressiv (Phase II), weil nun E' sinkt und K' steigt. Ab M (Phase III) sinken die Durchschnittskosten k dennoch weiter, weil der Einfluss sinkender k_f noch nicht von den nun bereits steigenden k_v kompensiert wird; dies geschieht erst ab N (Phase IV): Von da an kann die Fixkostendegression k_f die progressiv steigenden k_v nicht mehr auffangen: auch k steigt.

Abb. 7.2/30: Verlauf der Kostenfunktionen

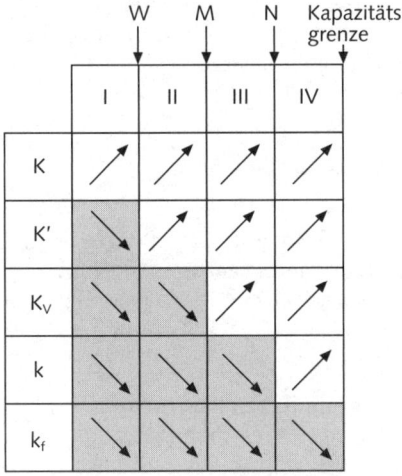

Die wahrscheinlich bei Ihnen, lieber Leser, immer stärker aufkeimende Frage, ob sich diese Erkenntnisse wenigstens näherungsweise in der praktischen Wirtschaft anwenden lassen, muss mit einem klaren Jein beantwortet werden: Es lassen sich mit diesen formalen Analysen einige in der Realität beobachtbare Tatbestände im Produktionsmanagement und in der Kostenrechnung auf eine theoretische Basis stellen. Die Umsetzung der Erkenntnisse der Mikrotheorie erfolgt allerdings in einem Unternehmen nur in abgewandelter Form, aber beispielsweise findet die Degression der Fixkosten pro Produktionseinheit ebenso Eingang in Produktions-

entscheidungen wie die Deckungsbeitragsrechnung zur Kapazitäts-
planung eingesetzt wird (was wir hier allerdings nur behaupten,
aber nicht darstellen können).

Im folgenden Abschnitt wird betrachtet, welche Empfehlungen
sich für Produktionsentscheidungen aus den vorangehenden Kos-
tenbetrachtungen ableiten lassen.

7.2.4.3 Kostenoptimierung

Nach der Betrachtung der verschiedenen Kostenverlaufsfunktionen
folgt nun eine Kombination dieser Erkenntnisse mit produktions-
theoretischen Überlegungen im Hinblick darauf, wie die kostenoptimale Produktionsmenge zu bestimmen ist. Dies wird anschließend ergänzt durch die Überlegung, wie sich darauf aufbauend die
gewinnoptimale Produktion ableiten lässt.

7.2.4.3 (a) Minimalkostenkombination

In Abschnitt 7.2.3 sind die alternativen Faktoreinsatzverhältnisse
(substitutionale bzw. limitationale Faktorbeziehungen) dargestellt
worden. Darauf aufbauend wurde in Abschnitt 7.2.3.2 (c–1) die
allgemeine Produktionsfunktion – Gleichung (2) – für zwei Produktionsfaktoren abgeleitet, hier nochmal

(2) $E = f(F_1, F_2)$.

Sie ergibt in der graphischen Darstellung für limitationale Pro-
duktionsfaktoren rechteckige Isoquanten und für substitutionale
Faktoren konvex zum Ursprung gekrümmte Isoquanten. Auf eine
Wiederholung von Einzelheiten verzichte ich hier.

Angenommen, einer Unternehmung steht für die Produktion eine
bestimmte Geldsumme (ein konstantes Budget) zur Verfügung.
Ferner sei angenommen, dass die Produktionstechnologie substitutionale Faktoreneinsatzverhältnisse zulässt. Die Kosten der Produktionsfaktoren sind (pro Faktoreinheit) konstant. Im Extrem stehen
der Unternehmung zwei Alternativen offen: Sie gibt die gesamte
Geldsumme entweder nur für den einen oder nur für den anderen
Faktor aus (F_1 oder F_2) (ob dies realistisch ist, sei im Augenblick
dahingestellt).

Damit ergeben sich zwei alternative, maximal zu erwerbende Faktormengen F_1 und F_2. Sie entsprechen in Abbildung 7.2/31 den Schnittpunkten A und B der Geraden mit den Achsen und sinngemäß der Beziehung „Budget geteilt durch Preis des Faktors i = maximale Menge des Faktors i". Daneben gibt es – aufgrund der Substitutionalität der Faktoren – eine Vielzahl von Faktorkombinationen, bei denen sowohl F_1 als auch F_2 eingesetzt werden, z. B. repräsentiert durch die Punkte C und D, wobei allen Punkten auf der Geraden AB aber gemeinsam ist, dass sie derselben Kostensumme entsprechen. Diese Gerade wird daher **Isokostengerade**, **Budgetlinie** oder **Budgetgerade** genannt.

Abb. 7.2/31: Budgetlinien

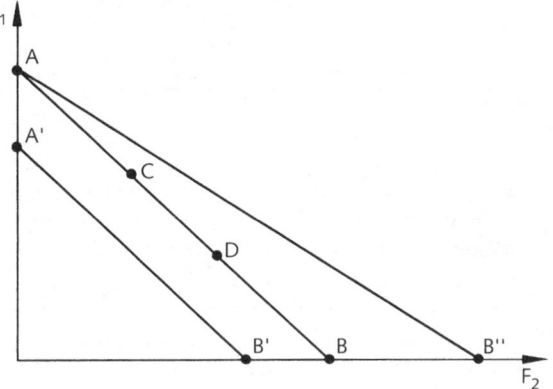

Ändert sich das verfügbare Budget (bei Konstanz der Faktorpreise), verschiebt sich die Budgetlinie parallel nach innen (Budgetkürzung, A'B') bzw. nach außen (Budgeterhöhung, nicht dargestellt). Ändern sich die Faktorpreise bei Konstanz des Budgets, verschieben sich die Schnittpunkte mit den Achsen entsprechend der Preisänderung. In Abbildung 7.2/31 wird dargestellt, dass nur der Faktor F_2 billiger wird. Damit kann statt der Extremmenge B nun B" mit dem gegebenen Budget finanziert werden: Drehung der Budgetlinie in A nach außen. Andere Preisveränderungen lassen sich analog ableiten.

Abb. 7.2/32: Minimal-Kosten-Kombination

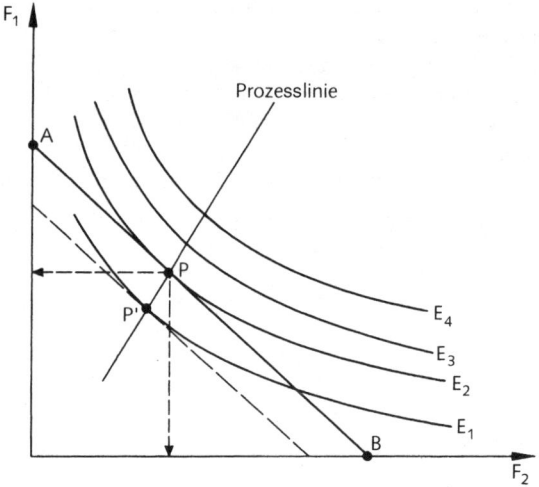

In Abbildung 7.2/32 werden nun verschiedene Isoquanten mit einer gegebenen Budgetlinie AB kombiniert. Alle Ertragspunkte E (F_1, F_2) auf oder unterhalb von AB können realisiert (finanziert) werden. Auf der Basis des Maximalprinzips (Ergebnismaximierung bei gegebenem Faktoreinsatz) kann maximal das Produktionsergebnis E_2 realisiert werden, da die Budgetgerade AB die Isoquante E_2 in P tangiert; alle übrigen mit AB realisierbaren Punkte auf (und natürlich unterhalb) der Budgetgeraden bedeuten kleinere Produktionsmengen und sind somit nicht kostenoptimal, da sie auch mit kleinerem Budget zu realisieren wären. Der Punkt P wird Minimal-Kosten-Kombination („**MiKoKo**") genannt und definiert damit zugleich die optimale Faktorkombination in mengenmäßiger Hinsicht (zu P gehörende Achsenabschnitte auf F_1 und F_2).

Nach dem Minimalprinzip hingegen wäre – z.B. bei einem vorgegebenem Produktionsergebnis E_1 – der Punkt P' kostenoptimal. Die Verbindung aller kostenoptimalen Punkte ist die (kostenoptimale) Prozesslinie oder – wenn sie linear ist (dies ist keinesfalls zwingend, sondern wird meist aus Vereinfachungsgründen unterstellt; vergleiche Abbildung 7.2/33) – ggf. Prozessgerade; Letzteres hängt von der Struktur der Isoquantenschar ab, da diese nicht

Abb. 7.2/33: Limitationale Prozesslinie

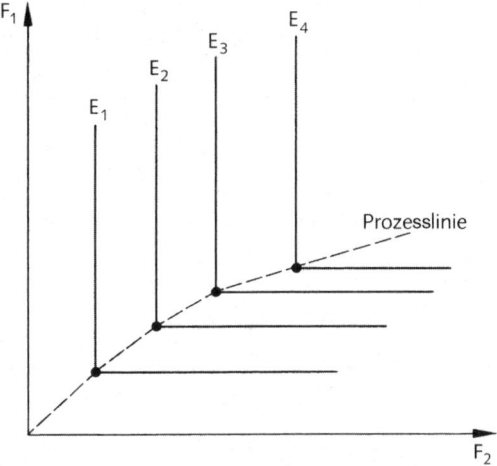

zwingend parallel verlaufen müssen und von technischen Gegebenheiten bestimmt werden.

Bei limitationalen Produktionsfaktoren mit rechteckigen Isoquanten sind logischerweise nur die Eckpunkte kostenoptimal zu realisieren (Abbildung 7.2/33); ihre Verbindung ergibt die Prozesslinie, die in diesem Fall einmal als nichtlinear dargestellt ist: Bei unterschiedlichen Ausbringungsmengen (Produktionsniveaus) können alternative technische Verfahren möglich oder notwendig sein. Auch ein steigender Verlauf der Prozesslinie ist möglich.

7.2.4.3 (b) Substitutions- und Kapazitätseffekt

Die vorangehenden Überlegungen werden in Abbildung 7.2/34 aus anderer Sicht zusammengefasst. Gegeben sei die Minimalkostenkombination P. Nun wird der Faktor F_2 billiger: Der Punkt maximaler F_2-Menge wandert von B nach rechts zu B', und es ergibt sich ein neuer kostenoptimaler Punkt: Nach dem Maximalprinzip ist dies Q, da statt E_1 nun die größere Produktionsmenge E_2 realisierbar ist. Die Bewegung von P nach Q bezeichnet man als Kapazitätseffekt, da die Faktorpreissenkung eine höhere Produk-

Abb. 7.2/34: Kapazitäts- und Substitutionseffekt

tionsleistung bewirkt (immer unterstellt, sie ist technisch realisierbar und absatzmäßig wünschenswert).

Sofern hingegen in Anwendung des Minimalprinzips die Produktionsmenge E_1 als konstant anzunehmen ist, verschiebt sich durch die Faktorpreissenkung die Minimalkostenkombination von P zu R und definiert somit eine veränderte „Mischung" der eingesetzten Faktoren; dies wird als **Substitutionseffekt** bezeichnet.

7.2.4.3 (c) Exkurs: Analogien zur Nutzentheorie

An dieser Stelle bietet es sich an, die in Abschnitt 2.1.2 bereits angedeutete Analogie der soeben angestellten Betrachtungen zur Nutzentheorie etwas näher darzustellen. Die in Abbildung 7.2/31 dargestellten Budgetlinien können – ebenso wie aus der Sicht eines Unternehmens – auch aus der Sicht eines Haushalts interpretiert werden. Die Budgetlinie würde dann ausdrücken, welche alternativen Gütermengen F_1 und F_2 ein Haushalt bei gegebenem Einkommen erwerben könnte; die Extrempunkte A und B würden dann die Ausgabe des gesamten Haushaltseinkommens für jeweils nur ein Gut bedeuten.

Das Praxisproblem liegt sofort auf der Hand: Während es betriebswirtschaftlich durchaus vorstellbar ist, nur zwei Produktionsfaktoren F_1 und F_2 zu betrachten (zum Beispiel Arbeit und Kapital), fällt es schon schwerer, die Konsumentscheidungen eines Haushalts gedanklich auf zwei Güter F_1 und F_2 zu reduzieren. Sofern man sich allerdings Auswahlprozesse vorstellt, die auf der Entscheidung zwischen jeweils Güterpaaren beruhen, ist die Analogie schon eher möglich.

Ähnlich ist es mit den Isoquanten. Wir beschränken uns hier auf eine substitutionale Beziehung, so wie sie in Abschnitt 3.2 ausführlich abgeleitet wurde. Die Isoquanten – als Linien gleicher Mengen – werden in der Nutzentheorie interpretiert als Linien gleichen Nutzens: Alternative Güterkombinationen ergeben für den Verbraucher jeweils denselben Nutzen, so dass er zwischen diesen Alternativen indifferent ist, d.h. er hat keine Präferenz (Vorliebe) für die eine oder die andere Güterkombination und wäre mit allen Güterbündeln auf der Isoquanten gleichermaßen zufrieden. Diese Linien gleichen Nutzens werden daher **Indifferenzkurven** genannt und definieren jeweils ein entsprechendes **Nutzenniveau.**

Bei einem einzelnen Gut ist Indifferenz eher vorstellbar: Wer 20 Fischstäbchen kaufen will, dem ist es – bei gleichem Gesamtpreis – wohl egal, ob er 1 x 20 oder 2 x 10 oder 4 x 5 Stäbchen erhält (sehen wir hier bitte von umweltbezogenen Überlegungen bezüglich der Verpackung ab). Die Indifferenzkurve wäre in diesem Fall eine Gerade, so wie die Budgetlinie. Bei zwei Gütern wird es mit der Vorstellungskraft schwieriger: bei einem Obstsalat kann man vielleicht Äpfel ganz oder teilweise durch Birnen ersetzen; statt Butter kann man Margarine verwenden; statt eines Pullovers kann man ein warmes Hemd anziehen etc. Beispiele für Substitutionsbeziehungen gibt es in großer Zahl, doch sind dies meist Beispiele für 1:1-Substitution wie 100 g Butter durch 100 g Margarine ersetzen. Auch hier wäre die Indifferenzkurve eine Gerade.

Gekrümmte Indifferenzkurven wie analog zu Abbildung 7.2/32 behaupten aber, dass – ausgehend von einer anteiligen Mischung zwischen Äpfel und Birnen – z.B. jeweils 10 g weniger an Äpfeln im Obstsalat nur durch erst 10 g, dann 12 g, dann 15 g, dann 20 g und immer mehr Birnen ersetzt werden müssten. Das ergibt tendenziell einen Birnensalat. Das ist nach dem auch bereits erwähnten Ersten Gossen'schen Gesetz für ein einzelnes Gut auch einleuchtend (Gesetz des abnehmenden Grenznutzens) und somit formal-theoretisch zweifellos korrekt. Die mir bekannten volkswirtschafts-theoretischen Lehrbücher halten sich aber sehr zurück, wenn es darum geht, einleuchtende konkrete Beispiele für Substitution im Konsumbereich mit abnehmender Grenzrate der Substitution zu geben.

Wie dem auch sei: Die Nutzentheorie geht nun einmal davon aus, dass es so ist. Folglich sind die Indifferenzkurven konvex, also zum Ursprung gekrümmt, so wie in Abbildung 7.2/8 – und nochmals in Abbildung 7.2/32 analog – anzusehen. Dass Indifferenzkurven sich nicht berühren oder schneiden können, ergibt sich aus analoger Argumentation wie bei Isoquanten; vergleiche Abbildung 7.2/8a: Aus Nutzensicht interpretiert, wäre das betrachtete Individuum zwischen R und R' (Nutzen 200) und Q und Q' (Nutzen 400) jeweils indifferent, Q' würde aber R' vorgezogen, weil Q' „weiter rechts" liegt als R', umgekehrt aber würde R jedoch Q vorgezogen: Das verstieße aber gegen die **Transitivitätsbedingung** aus Abschnitt 2.1.3.

Wenn man nun in die Darstellung Budgetlinien einbezieht, ergeben sich nutzenoptimale Punkte in dem Sinne, dass z. B. – vergleiche Abbildung 7.2/34 – bei gegebenem Einkommen (Budgetlinie AB) in Punkt Q die höchstmögliche Indifferenzkurve (dort als E_2 bezeichnet) gerade noch erreicht (tangiert) wird. In Analogie zur Minimalkostenkombination könnte man Q in der Nutzentheorie als Maximalnutzenkombination bezeichnen (macht man aber nicht).

Jede Veränderung der Güterpreise bedeutet eine Drehung bzw. Verschiebung der Budgetlinie, so dass sich neue nutzenoptimale Punkte ergeben. Daraus lassen sich ebenso wie in der Betrachtung der Kostenoptimierung Substitutions- und Einkommenseffekte (analog zum Kapazitätseffekt) ableiten; z. B. kann ein bestimmtes Nutzenniveau nach Preissenkung nun mit kleinerem Budget erreicht werden.

Die Indifferenzkurvenanalyse ist ein wichtiges Instrument in der Wohlfahrtstheorie, in der nachgewiesen wird, dass Nutzenmessung und damit interpersonelle Nutzenvergleiche nicht möglich sind.

7.2.5 Gewinnplanung

In diesem Abschnitt bieten wir eine theoretische Erklärung an, weshalb Monopole ordnungspolitisch sehr bedenklich sind – obgleich dies eigentlich intuitiv auch ohne Theorie einleuchtet. Aber auf diesen Überlegungen beruhen auch bestimmte Vorschriften unseres „**Kartellgesetzes**", des Gesetzes gegen Wettbewerbsbeschränkungen (**GWB**), nach dem u. a. bestimmte Kartelle und Fusionen vom Bundeskartellamt in Berlin genehmigt werden müssen, und daher bemühen wir uns um eine wissenschaftliche Erklärung.

Ganz allgemein ist „Gewinn" zu definieren als Umsatz (oder Einnahme oder Erlös) minus Kosten:

(27) $G = U - K$,

wobei (G) = Gewinn, $U = X_G \cdot P_G$ = Umsatz als Produkt aus Güterabsatzmenge X_G mal Güterpreis P_G, $K = X_F \cdot P_F$ = Kosten als Produkt aus Faktoreinsatzmenge X_F mal Faktorpreis(en) P_F (die Indizes $_G$ oder $_F$ werden üblicherweise vernachlässigt, obgleich X_G offensichtlich etwas anderes beschreibt als X_F; analoges gilt für P).

7.2.5.1 Linearer Kostenverlauf

Zunächst wird wieder vereinfachend unterstellt, dass die variablen Stückkosten konstant sind (linearer Kostenverlauf) und der Produktpreis pro Stück ebenfalls. Daraus ergeben sich die in Abbildung 7.2/35 dargestellte Umsatzfunktion U (X) und die Kostenfunktion K (X). In B sind Umsatz und Kosten gleich groß und sowohl Gewinn als auch Verlust gleich Null: Dies ist der **Break-even-Punkt**, der mit der Produktionsmenge X_B korrespondiert („Break-even" bedeutet frei übersetzt, dass der Umsatz mit den Kosten „gleichzieht").

Kleinere Produktionsmengen als X_B bedeuten Verlust (V), größere Gewinn (G). Unter der Annahme, dass die Gewinnmaximierung unternehmerisches Ziel ist (was zwar plausibel, aber nicht zwingend ist, jedoch zu den Annahmen (neo)-klassischer Wirtschaftstheorie zählt), wird das Unternehmen folglich soviel produzieren wie möglich. Der maximale Gewinn wird somit bei einer Produktion an der Kapazitätsgrenze realisiert ("Vollbeschäftigung").

Natürlich hängt der Umsatz von der Höhe des Produktpreises ab, und es hängt wiederum von der Marktstruktur und der Marktsituation ab, ob ein Anbieter den Verkaufspreis als gegeben hinnehmen muss oder selbst festsetzen kann; wir sind im Abschnitt 4.1 ja bereits darauf eingegangen und nehmen dies etwas weiter unten nochmals auf.

Abb. 7.2/35: Break-even-Punkt

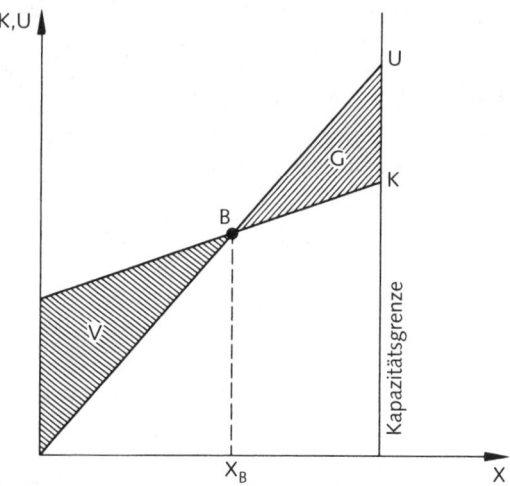

Deutsche Automobilhersteller arbeiten an der Kapazitätsgrenze

Allgemein gute Auftragslage / Sonderschichten

Die Kapazitätsgrenze wird von technischen, aber auch von anderen, z. B. rechtlichen Nebenbedingungen determiniert, beispielsweise einem 8-Stunden-Tag oder Ladenschlussbestimmungen. *Ceteris paribus* ist damit die maximale Kapazität determiniert. Sie kann möglicherweise im Ausnahmefall überschritten werden, z. B. durch Feiertagsarbeit („Überbeschäftigung"), doch dann ist die technische Kapazität nicht erschöpft; Vollbeschäftigung wäre dann eher als „Normalbeschäftigung" zu definieren. Dies ist bei der Interpretation von Begriffen wie Voll-, Über- und Unterbeschäftigung zu berücksichtigen.

Zum Nachdenken 7.2.7

Bei der Produktion von Tragetaschen aus Stoff fallen 5.000 Euro fixe Kosten und 0,50 Euro variable Stückkosten an. Der Verkaufspreis ist 0,75 Euro. Ermitteln Sie mittels einer Deckungsbeitragsrechnung, wieviele Tragetaschen verkauft werden müssen, um den Break-even-Punkt zu erreichen.

Zum Nachdenken 7.2.8

Wieviele Tragetaschen müssen verkauft werden, wenn das Unternehmen einen Mindestgewinn von 2.000 Euro erzielen möchte?

7.2.5.2 Nichtlinearer Kostenverlauf

Bei der Betrachtung nichtlinearer Kostenverläufe im Zusammenhang mit Gewinnmaximierung wird im Folgenden auch die Marktform berücksichtigt, und zwar hier nur in den beiden extremen Varianten vollständige Konkurrenz und Angebotsmonopol.

7.2.5.2 (a) Allgemeine Gewinnmaximierung

Die oben abgeleitete Beziehung

(27) $G = U - K$

gilt auch in den folgenden Betrachtungen. In Abbildung 7.2/36 sind auf der Basis der bisherigen Annahmen die ertragsgesetzliche Kostenfunktion K (X) und die Umsatzfunktion U (X) kombiniert.

Abb. 7.2/36: Gewinnmaximierung

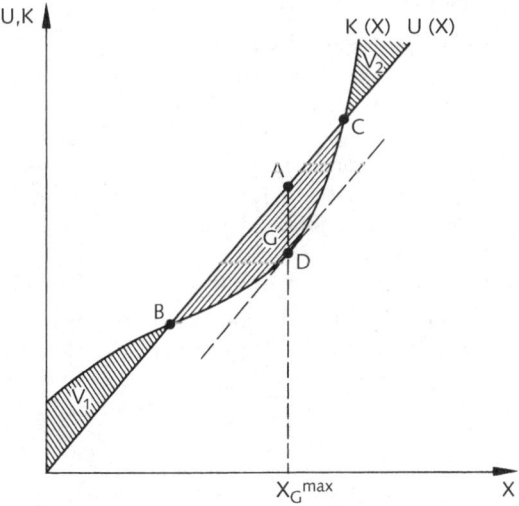

B ist wiederum der Break-even-Punkt, der das Gewinnfeld G nach unten gegen das Verlustfeld V_1 begrenzt. C ist eine analoge obere Begrenzung gegenüber V_2.

Der Gewinn ist maximal, wo der Abstand zwischen U (X) und K (X) am größten ist. Dies ist dort der Fall, wo beide Kurven dieselbe Steigung haben (A bzw. D). Da die Steigungen von U (X) in A dem Grenzumsatz (U') und die von K (X) in D den Grenzkosten (K') entsprechen, ergibt sich als Bedingung für die Gewinnmaximierung

(28) U' = K' .

Der Grenzumsatz U' (d. h. Differentiation der Funktion U = X · P nach X) ist offensichtlich identisch mit P:

(29) U' = P,

so dass sich als Gewinnmaximierungsbedingung ergibt

(30) U' = P = K',

d. h. Preis = Grenzerlös (Grenzumsatz) = Grenzkosten. Diese Bedingung wird nun auf die beiden Fälle der vollständigen Konkurrenz und des Anbietermonopols angewendet.

7.2.5.2 (b) Vollständige Konkurrenz

Für den Unternehmer, der unter den Bedingungen vollständiger Konkurrenz anbietet, ist der zu erzielende Güterpreis ein Datum, den er folglich nicht beeinflussen kann. Dies bedeutet, dass er von den Variablen in Beziehung (30) lediglich auf K' Einfluss hat, indem er die kostenbestimmende Produktionsmenge so anpasst, dass die Gewinnmaximierungsbedingung (30) erfüllt wird. Daher bezeichnet man den unter Bedingungen vollständiger Konkurrenz anbietenden, polypolistischen Unternehmer auch als **Mengenanpasser**. Dies kann anhand von Abbildung 7.2/37 verdeutlicht werden.

Wenn der sich am Markt bildende, vom einzelnen Unternehmer unbeeinflussbare Preis P_3 ist, wird er – um die Gewinnmaximierungsbedingung (30) zu erfüllen – die Menge x_3 produzieren (und anbieten und annahmegemäß absetzen) (Punkt Q). Da P_3 als Stückpreis die Stückkosten k übertrifft, macht der Anbieter auch – auf die Situation p_3 bezogenen – maximalen Gewinn (senkrechter Abstand zwischen P = K' und k).

Abb. 7.2/37: Angebotsfunktion

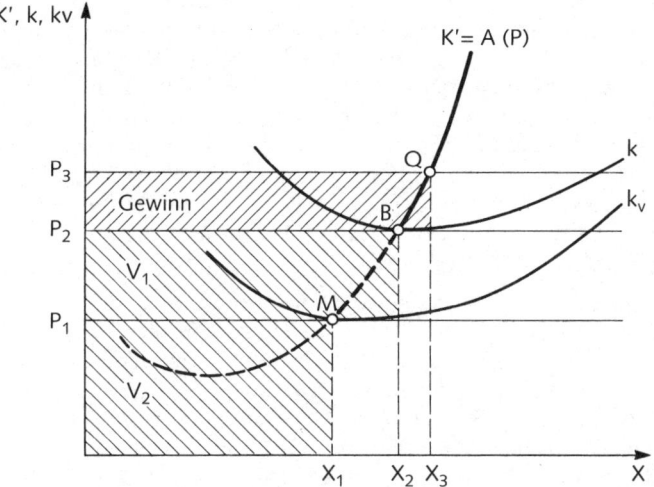

Auch bei sinkenden Marktpreisen (die der Anbieter nicht beeinflussen kann!), verbleibt solange Gewinn, bis der Preis auf p_2 sinkt. P_2 deckt die totalen Stückkosten, aber der Gewinn ist Null. Bedingung (30) gilt somit hier in der Version

(31) K' = P,

die als **Grenzkosten-Preis-Regel** als Bedingung für die Gewinnmaximierung des polypolistischen Anbieters unter vollständiger Konkurrenz bekannt ist. Die Grenzkostenfunktion K' wird hier also als Angebotsfunktion des Unternehmens interpretiert; sie sieht ja in ihrem Verlauf auch so aus wie die bislang aus anderen Überlegungen abgeleitete Angebotsfunktion. Dabei ist aber anzumerken, dass in der Kostenkalkulation bzw. Preisgestaltung eines Unternehmers auch seine eigene Arbeit (sogenannter kalkulatorischer Unternehmerlohn) und die Verzinsung seines eigenen, in der Unternehmung eingesetzten Kapitels (kalkulatorische Zinsen, ggf. auch kalkulatorische Mieten) berücksichtigt werden müssen, sonst wäre eine Angebotssituation ohne Gewinn – auf Dauer – unrealistisch.

Obwohl bei K' = P_2 der Gewinn Null ist, erzielt der Unternehmer dessen ungeachtet eine gemessene Verzinsung seines Kapitals und

Entlohnung seiner Arbeit (die in die (kalkulatorischen) Kosten integriert ist), was man – bürgerlich gesprochen – bereits als „mit Gewinn arbeiten" bezeichnen kann; dies gilt analog für den linearen Kostenverlauf in Abschnitt 4.2.1. P_2 ist daher ein gut zu ertragendes Preisniveau, weshalb man den Punkt B zum einen als **Break-even-Punkt** identifizieren kann, zum anderen als sogenannte **langfristige Preisuntergrenze.** Zu beachten ist dabei aber, dass dies nur unter Voraussetzung einer (eingeschränkten) Produktionsmenge X_2 gilt, denn in B (X_2) gilt $P_2 = k$, nicht aber rechts von B, z. B. X_3, wo gilt $P_2 < k$ und folglich Verlust entsteht.

Dies gilt analog für M: Sofern der Marktpreis unter P_2 sinkt, werden die fixen Kosten nur noch teilweise oder – in M – gar nicht mehr gedeckt; in dieser Höhe entsteht entsprechend Verlust. Vorübergehend kann diese Situation unter Umständen durch Auflösung von Rücklagen aus besseren Zeiten oder auch durch Liquiditätszufuhr durch Aufnahme von Fremdkapital verkraftet werden, jedoch kann dies kein Dauerzustand sein: Im Bereich V_1 treten Verluste in Höhe der nicht durch den Preis gedeckten Fixkosten ein. Wenn der Preis noch tiefer liegt als P_1, werden nicht einmal mehr die variablen Kosten der Produktion gedeckt (V_2). Man kann darüber streiten, ob und wie lange sich eine solche Situation betriebswirtschaftlich aushalten lässt; das Preisniveau p_1 wird jedoch als kurzfristige Preisuntergrenze und der damit korrespondierende Punkt M als **Betriebsminimum** bezeichnet – oder auch sehr treffend als **Shut-down-Punkt** („Mach den Laden zu!").

Im Ergebnis lässt sich für den polypolistischen Mengenanpasser feststellen, dass sich seine Angebotsmengen aus den Schnittpunkten alternativer Preise P_1, P_2, P_3 (allgemein: P_i) mit der Grenzkostenkurve K' ableiten (z. B. X_1, X_2, X_3). In diesen Punkten ist jeweils die Grenzkosten-Preis-Regel (31) erfüllt. Der – zunächst gestrichelte, dann durchgezogene – Bereich von K' oberhalb des Betriebsminimums ist daher die unternehmerische Angebotskurve, so wie sie in der Mikrotheorie als von links unten nach rechts oben verlaufende Angebotsfunktion

(32) $X_A = f(P)$

verwendet wird. Wir werden nun die Situation eines Angebotsmonopolisten betrachten.

7.2.5.2 (c) Monopolpreisbildung

Ein (Angebots-)Monopolist ist in der glücklichen Lage, dass er nicht nur die Produktions- bzw. Angebotsmengen bestimmen, sondern auch den Angebots- und damit Marktpreis festlegen kann.

Abb. 2/38 Monopolpreisbildung

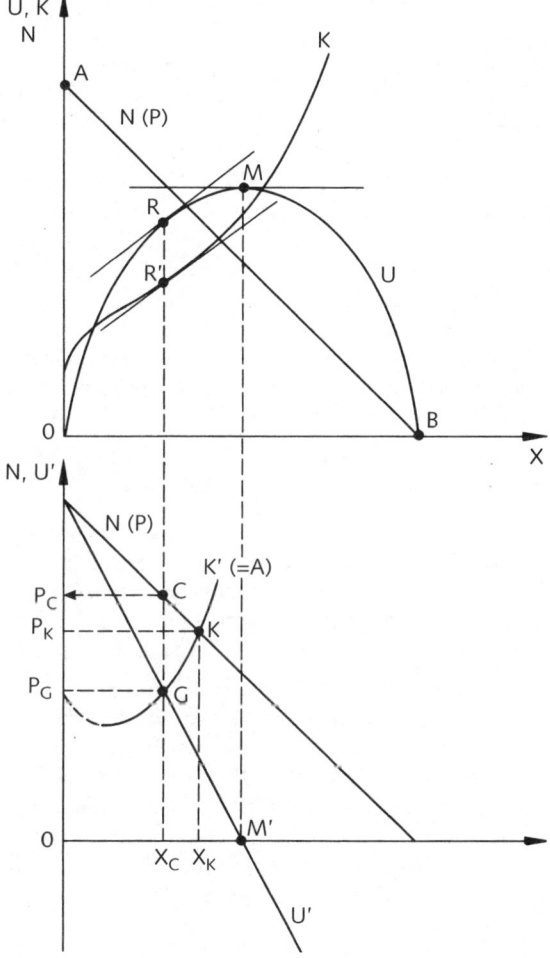

In Abbildung 7.2/38 ist im oberen Teil mit N (P) eine Nachfragefunktion in Abhängigkeit vom Preis eingezeichnet, die analogen Überlegungen entspricht, wie wir sie in Abschnitt 2.2 zur Herleitung der Angebotsfunktion angestellt haben. Daher ist die Nachfragefunktion eine „fallende" Beziehung zwischen Preis und nachgefragter Menge: Je höher der Preis, desto kleiner ist die Nachfrage, und umgekehrt. Diese Funktion wird auch Preis-Absatz-Funktion genannt. Sie könnte beispielsweise eine Form haben wie X = 500 − 2 P.

Außerdem ist in Abbildung 7.2/38 eine Umsatzfunktion U = X · P eingezeichnet, die sich daraus ergibt, dass man die alternativen Nachfragemengen X_N mit den jeweils korrespondierenden Preisen multipliziert.[38] Im Schnittpunkt der Nachfragefunktionen mit der Preisachse (X = 0) ist das Produkt U = X · P offensichtlich ebenso Null wie im Schnittpunkt mit der X-Achse (wo P = 0 ist); die Funktion U = x · p kommt daher aus dem Ursprung (wo X = 0 ist), weist zunehmende Werte X · P auf bis zum Punkt M, der den maximalen Umsatz kennzeichnet (oberhalb der Streckenmitte von AB; dies lässt sich mit einem Lineal und der Berechnung der jeweiligen X_i · P_i leicht nachvollziehen), um dann wieder abzusinken auf U = 0, wenn P = 0 ist. Gleichfalls eingezeichnet ist die bekannte ertragsgesetzliche Kostenfunktion K (X).

Gemäß der obigen Beziehung

(27) G = U − K

ist der Gewinn (G) dort am größten, wo U (X) und K (X) den größten (senkrechten) Abstand voneinander haben, d. h. – wie oben ausgeführt – wo sie dieselbe Steigung aufweisen oder anders ausgedrückt: wo U' = K' ist. Dies ist dort der Fall, wo die Tangente an K (X) in R' dieselbe Steigung hat wie die an U (X) in R.

In Abbildung 7.2/38 ist im unteren Teil zum einen die Grenzumsatzfunktion U' (X) eingezeichnet, die sich aus der Ableitung von U (X) nach x ergibt, bzw. die den jeweiligen Steigungen der Tangenten an U (X) in den verschiedenen Punkten der Funktion entsprechen (Tangens des Winkels der Tangente in einem beliebigen Punkt von U (X) mit der X-Achse). U' (X) muss die X-Achse folglich in dem mit M korrespondierenden Punkt M' schneiden, weil die Stei-

---

[38] Alternativ kann man auch von einer Erlösfunktion E = f (P) sprechen.

gung der Tangente an U (X) in M Null ist; rechts von M ist die Steigung negativ: U (X) „fällt zurück" auf die X-Achse.

An dieser Stelle wird der Unterschied zwischen der Konkurrenzsituation und der Monopolsituation deutlich: Die Gewinnmaximierungsbedingung (30) K' = P = U' gilt nach wie vor grundsätzlich. Für den Monopolisten bedeutet dies, dass in (G) die Bedingung in der partiellen Interpretation als

(33) K' = U'

durch eine Produktions- bzw. Angebotsmenge) X_C erfüllt ist und einen Angebotspreis von P_G bedingen würde. Aufgrund der Nachfragefunktion N (p) lässt sich diese Angebotsmenge X_C jedoch zu einem höheren Preis P_C absetzen (Projektion von X_C über N (p) auf die p-Achse), d. h. der Monopolist könnte zwar – völlig kostendeckend – zu P_G anbieten, wird aber nicht im Traum daran denken, weil er X_C genauso gut zu dem viel höheren Preis P_C absetzen kann. Den Punkt C bezeichnet man nach seinem „Entdecker" Antoine Augustin Cournot als **Cournot'schen Punkt**.

Unter Konkurrenzbedingungen hingegen würde sich aus derselben grundsätzlichen Bedingung (30/31) K' = P ein Preis P_K ergeben, da sich in K Anbieter und Nachfrager auf den Preis P_K einigen würden (vergleiche Abschnitt 7.3), weil sich dort die Angebotsfunktion A (P) und die Nachfragefunktion N (P) schneiden. K wäre unter Wettbewerbsbedingungen gewinnoptimal, C unter Monopolbedingungen.

Dies bedeutet im Ergebnis, dass im Monopol – also in C – die Angebotsmenge kleiner und der Angebotspreis höher ist als in K unter Konkurrenzbedingungen – sehr zum Nachteil der Nachfrager bzw. Verbraucher. Somit liefert der Cournot'sche Punkt einen theoretischen Rechtfertigungsgrund zur Kartell- und Fusionskontrolle.

Zum Nachdenken 7.2.9

Folgende Funktionen sind bekannt:

Preis-Absatz-Funktion:	P = 120 – 10 X
Erlösfunktion:	E = 120 X – 10 X^2
Grenzerlösfunktion:	E' = 120 – 20 X
Kostenfunktion:	K = 210 + 20 X
Grenzkostenfunktion:	K' = 20

Ermitteln Sie das Gewinnmaximum eines Monopolisten.

Zum Nachdenken 7.2.10

Der Preis eines Generikums („Nachbau"-Medikaments) ist auf dem Wettbewerbsmarkt P = 50. Die Gesamtnachfragefunktion auf dem Absatzmarkt lautet p = 84 – 2x. Wie groß ist die Nachfrage?

Zum Nachdenken 7.2.11

Erweitern wir „Zum Nachdenken 7.2.10". Angenommen, Hersteller von Medikamenten könnten gegenüber Generika-Anbietern Patente durchsetzen (was sie zunehmend weniger können). Ein durch Patente geschützter Hersteller von Medikamenten hat eine Kostenfunktion K = 490 + 2,5 X². Zu welchem Preis würde der Hersteller welche Mengen anbieten? Vergleichen Sie mit „Zum Nachdenken 7.2.10"

7.2.5 Fazit

Uff… Wenn Sie dieses Kapitel bis hierher sorgfältig durchgearbeitet haben, verdienen Sie ein Lob. Die Materie ist teilweise sehr formal und erscheint gelegentlich vielleicht etwas blutleer, aber:

Die Produktions- und Kostentheorie liefert in ihrer Stringenz eine theoretische Fundierung von Entscheidungsmodellen und Analyseinstrumenten, die – wenngleich natürlich in abgewandelter Form – in die unternehmerischen Produktionsentscheidungen und Produktionsprozesse eingehen. Viele Aspekte der internen Rechnungslegung der Unternehmen – Kostenrechnung, Controlling – fußen auf mikroökonomischen Überlegungen. Und ungeachtet ihrer formalen Abstraktheit finden sich mikrotheoretische Elemente in den strategischen und operativen Planungen der Unternehmen wieder.

In analoger Weise gehen mikroökonomische Erkenntnisse auch in die wirtschaftspolitischen Konzepte und Entscheidungen des Staates ein – das Beispiel der (un)elastischen Reaktionen der Verbraucher auf Steueränderungen dürfte unmittelbar einleuchten.

In diesem Sinne hoffe ich, dass Sie von nun an im eigenen Leben und in den Medien ständig alte Bekannte aus der Produktions- und Kostentheorie wiedererkennen werden...

7.3 Theorie der Marktpreisbildung

Nun haben Sie die beiden Einflussfaktoren der Marktpreisbildung jeweils für sich analysiert: Die Nachfrage nach Gütern hängt von Bedürfnissen und Preisvorstellungen ab, das Angebot von Gütern wird bestimmt durch Preisvorstellungen und Kosten. Dabei stehen sich offenbar gegensätzliche Vorstellungen gegenüber: Der Nachfrager möchte möglichst niedrige Preise bezahlen, der Anbieter möglichst hohe Preise erzielen. Welcher Preis sich dann tatsächlich einstellt, hängt insbesondere vom Kräfteverhältnis der Marktteilnehmer und von der Marktstruktur ab.

In diesem Abschnitt werden Sie die bislang isolierte Betrachtung des Angebots und der Nachfrage zusammenführen und sich einen Einblick erarbeiten in die Preisbildung in Märkten, in denen keiner der Marktteilnehmer einen bedeutenden Einfluss auf die Preisbildung ausüben kann. Eine solche Marktstruktur wird als **polypolistisch** bezeichnet: „Viele gegen viele". Diese Hypothese liegt – wie Sie sich erinnern werden – dem Modell der Marktwirtschaft zugrunde. Dass sie in der Praxis kaum zutrifft, ändert nichts daran, dass sich aus dem Vergleich der idealtypischen Preisbildung mit den tatsächlichen Verhältnissen Einblicke in die Gründe für die Abweichungen ableiten lassen.

Nach der ausführlichen und formalen markttheoretischen Betrachtung richten wir den Blick nun wieder erkennbarer auf praxisbezogene Probleme. In den vorangehenden Abschnitten wurde bereits verschiedentlich darauf hingewiesen, dass die in diesem Kapitel behandelten Zusammenhänge prinzipiell nur für solche Märkte gelten, auf denen bestimmte Voraussetzungen erfüllt sind: Grundsätzlich wird von einer Wettbewerbssituation ausgegangen, bei der eine polypolistische Marktstruktur vorliegt. Außerdem wird die Erfüllung bestimmter Nebenbedingungen vorausgesetzt, die man mit den Begriffen **„vollständige Konkurrenz"** verbindet. Dies sollten Sie im Hinterkopf parat halten.

Wir werden zunächst einige Anmerkungen machen zu verschiedenen Funktionen des Marktpreises (Abschnitt 7.3.1). Da die Gütermärkte nur selten optimal strukturiert sind, bilden sich unter bestimmten Voraussetzungen Nachfrage- bzw. Angebotsüberhänge oder -lücken, die sich auf die Preisbildung auswirken (Abschnitt 7.3.2). Da alle Marktteilnehmer meist unterschiedliche Preisvorstellungen haben, sind einige mit den Marktpreisen zufrieden, andere nicht (Abschnitt 7.3.3). Veränderungen der Rahmenbedingungen führen zu Veränderungen der Marktpreise (Abschnitt 7.3.4). Einige Veränderungen ergeben sich aufgrund staatlicher Aktionen (Abschnitt 7.3.5).

7.3.1 Funktionen des Marktpreises

Wie sich bereits aus der Kreislaufbetrachtung im Kapitel 3 ergeben hat, unterscheidet man auf der einen Seite zwischen Gütermärkten wie z.B. dem Gebrauchtwagenmarkt, dem Ski-Markt, dem Touristikmarkt, dem Rindfleischmarkt etc.; ferner kann man u.a. zwischen Konsumgüter- und Investitionsgütermärkten unterscheiden. Der Begriff Markt bezieht sich dabei also auf bestimmte *Güter*. Auf der anderen Seite spricht man vom Arbeitsmarkt, vom Immobilienmarkt, vom Geld- und Kapitalmarkt etc., wobei sich *Markt* auf *Produktionsfaktoren* bezieht: Daneben gibt es noch eine Reihe anderer Abgrenzungsmöglichkeiten, z.B. in regionaler Hinsicht (der Arbeitsmarkt in einem Bundesland oder einer Stadt), auf die hier nicht weiter eingegangen wird.

Im Folgenden geht die Betrachtung von Gütermärkten aus, da es für die meisten Faktormärkte eine Reihe von Besonderheiten zu beachten gäbe, die eine allgemeine Darstellung unnötig komplizieren oder einschränken würden.

Auf jedem Markt bilden sich Preise. Sie geben an Anbieter und Nachfrager diverse Information weiter. Grundsätzlich werden sie in Geldeinheiten ausgedrückt: Der Wintermantel kostet 280 Euro. Da auch andere Güter mit Geldpreisen ausgestattet sind – ein Essen im Restaurant kostet 40 Euro, kann man sie aber zueinander in Beziehung setzen: Der Wintermantel kostet 7 Restaurantessen. Bei näherem Hinsehen unterscheidet man verschiedene Funktionen des

Preises, und dies gilt sinngemäß für Güterpreise (Waren, Dienstleistungen, Rechte) wie für Faktorpreise (Arbeitslohn, Miete, Zinsen).

Über die **Informationsfunktion** des Preises kann man ein Gut einordnen, entweder hinsichtlich seines monetären Wertes in Bezug auf andere Güter oder hinsichtlich seiner Realisierbarkeit im Zusammenhang mit dem verfügbaren Einkommen. Grundsätzlich signalisiert ein Preis auch Qualitätsinformationen. Teuer ist zwar nicht immer gut, aber oft.

Daraus leitet sich die **Steuerungsfunktion** ab. Der relative Preis im Verhältnis zu anderen Alternativen weist dem Gut eine Position in der persönlichen Hierarchie der Güter zu. Dies hängt natürlich auch von den individuellen Präferenzen ab, welche die Zahlungsbereitschaft beeinflussen.

Weil Güter üblicherweise nicht umsonst sind, steuert der Preis auch die Verteilung auf eine Nachfrage, die bei knappen Gütern größer ist als das Angebot (Rationierungsfunktion). Bei Versteigerungen lässt sich das gut beobachten.

Aus der Sicht der Anbieter signalisiert der Preis (übersetzt als Gewinn) auch, ob es jetzt und in Zukunft interessant ist, Produktionsfaktoren in die Produktion bestimmter Güter zu stecken. Der Güterpreis hat somit eine Allokationsfunktion bezüglich der Produktionsfaktoren.

Mit der **Finanzierungsfunktion** des Preises meint man, dass der Preis aus dem Einkommen des Käufers bestimmte Teile umlenkt in die Taschen des Verkäufers.

7.3.2 Überhänge und Lücken

Allgemein ist ein Markt das Aufeinandertreffen von Angebot und Nachfrage nach einem bestimmten Gut. Beide „Marktseiten" werden von verschiedenen Faktoren beeinflusst (Abbildung 7.3/1). Dies ist in den vorangehenden Abschnitten ausführlich gezeigt worden, sowohl rein verbal und bürgerlich-verständlich als auch formal und etwas schwieriger verdaulich. In diesem Abschnitt soll die formale Analyse stark zurückgenommen werden. Wir müssen aber dennoch mit ihr beginnen.

Abb. 7.3/1: Markt

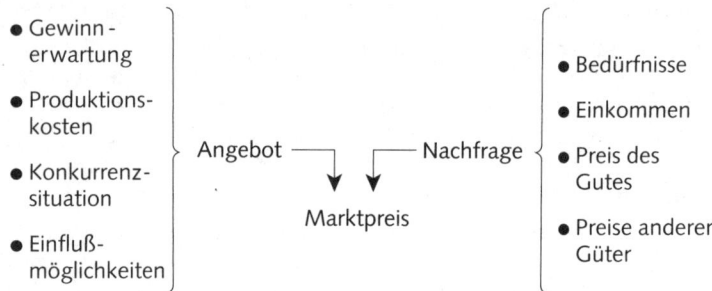

Sie werden sich erinnern, dass die typische Nachfragefunktion, die das typische Nachfrageverhalten der Haushalte widerspiegelt, in der graphischen Darstellung im Koordinatensystem mit den Achsen Preis (P) und Menge (X) von links oben nach rechts unten verläuft: Je höher die Preisvorstellung der Nachfrager, desto kleiner ist die nachgefragte Menge, je niedriger der Preis, desto größer ist die Nachfrage.

Die Anbieter von Gütern verhalten sich genau umgekehrt: Jeder Anbieter muss langfristig seine gesamten Kosten (Vollkosten) decken und zusätzlich einen Gewinn machen, um am Markt bestehen zu können. Je höher der Marktpreis ist, desto größer ist die aggregierte Angebotsmenge, weil dann entsprechend mehr Anbieter „auf ihre Kosten kommen". Daraus ergibt sich eine von links unten nach rechts oben ansteigende Angebotsfunktion, wie sie in Abbildung 7.2/2 zusammen mit einer Nachfragefunktion dargestellt ist. Die Überlegungen zur Aggregation (Zusammenfassung) der individuellen Nachfragefunktionen gelten analog bei der Zusammenfassung der individuellen Angebotsfunktion. Dies verdeutlicht nochmals, dass man unter *Markt* ganz allgemein die *gleichzeitige* Betrachtung von Angebot und Nachfrage versteht. Wie wir ausführlich dargelegt haben, leitet sich der typische fallende Verlauf der Nachfragekurve aus den zusammengefassten unterschiedlichen Vorstellungen der verschiedenen Einzelnachfrager ab, d. h. der eine hält einen Preis von 1.000 Euro für einen antiken Schrank für angemessen, der andere würde nur 800 Euro ausgeben; bei dem niedrigeren Preis von 800 Euro würden also *beide* als Nachfrager auftreten, bei 1.000 Euro nur einer. Analoge Überlegungen gelten für

Abb. 7.3/2 Marktgleichgewicht

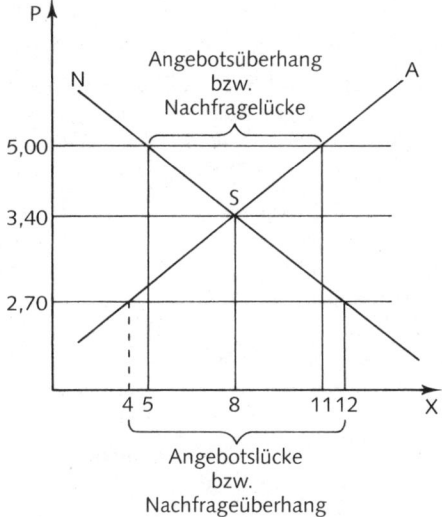

verschiedene Anbieter. Eine volkswirtschaftliche Angebots- oder Nachfragekurve drückt also die *Gesamtheit aller Preisvorstellungen* von Anbietern bzw. Nachfragern aus.

Angenommen, auf einer Obstauktion würden Bananen einer bestimmten Sorte versteigert (wobei die Mengeneinheit – z. B. Tonnen – hier gleichgültig ist), und die entsprechenden Preisvorstellungen von Anbietern und Nachfragern seien durch die Funktionen in Abbildung 7.3/2 dargestellt. Sofern der Auktionator zunächst einen Preis von 2,70 Euro pro Einheit ansetzt, würden 4 Mengeneinheiten (ME, z. B. Tonnen) angeboten, aber 12 nachgefragt. Die entsprechende Marktsituation beschreibt man als Nachfrageüberhang oder Angebotslücke. Die Kaufinteressenten werden sich nun gegenseitig überbieten, wobei mit steigendem Preis einige Nachfrager aufgeben, aber einige Anbieter, die bisher nicht verkaufen wollten, weil ihnen der Preis zu niedrig erschien, nun ebenfalls bereit sind, ihre Ware zu verkaufen. Der Preis wird so lange steigen *(„Versteigerungseffekt")*, bis sich ein Preis findet, bei dem genauso viele Bananen angeboten wie nachgefragt werden, in unserem Beispiel 8 ME bei 3,40 Euro. Diese Situation bezeichnet man als Marktgleichgewicht, weil alle, die zum Gleichgewichtspreis kaufen oder verkaufen wollen, zum Zuge kommen. Für den Gleichgewichtspreis gilt somit:

angebotene Menge = nachgefragte Menge.

Die Koordinaten des Punktes S, des Gleichgewichtspunktes, repräsentieren also den Gleichgewichtspreis (3,40 Euro) und die Gleichgewichtsmenge (8 ME). Hierauf ist gleich zurückzukommen.

Wenn andererseits die angebotene Menge (z. B. bei 5 Euro) größer ist als die nachgefragte Menge, werden einige Anbieter zu diesem Preis ihre Ware nicht absetzen können (Angebotsüberhang [Überangebot] bzw. Nachfragelücke). Der sich einstellende Effekt lässt sich auf jedem Wochenmarkt beobachten, wo man gegen Schluss sehr gut mit Gemüse- und Blumenanbietern verhandeln kann. Diese werden oft bereit sein, bisher nicht verkaufte Ware zu niedrigeren Preisen abzugeben: Der Marktpreis sinkt. Diesen Effekt könnte man als *Schlussverkaufseffekt* bezeichnen.

Sofern angebotene und nachgefragte Mengen bei einem bestimmten Preis nicht übereinstimmen, sofern sich also Angebots- und Nachfragelücken ergeben, werden Preisänderungen dazu führen, dass sich diese Lücken schließen.

7.3.3 „Windfall-Profits", Konsumenten- und Produzentenrenten

Ein wichtiger Punkt ist hervorzuheben: Obgleich man den Preis, bei dem sich Angebots- und Nachfragemenge entsprechen, in der Mikrotheorie als Gleichgewichtspreis bezeichnet, bedeutet das nicht, dass alle ursprünglich am Markt auftretenden Anbieter und Nachfrager zufrieden sind. Oben in Abbildung 7.3/2 ist der Gleichgewichtspreis 3,40 Euro, die Gleichgewichtsmenge 8 ME. Offensichtlich aber gibt es Anbieter, die auch gerne verkauft hätten, aber nur zu höheren Preisen. Sie werden durch Punkte auf dem Abschnitt der Angebotskurve rechts vom Schnittpunkt S dargestellt; z. B. werden in Abbildung 7.3/3 Anbieter durch den Punkt Q repräsentiert, die bei 4,20 Euro und höher verkauft hätten, die aber bei 3,40 Euro nicht bereit sind, ihre Güter zu verkaufen.

Analog gibt es Nachfrager, die gerne gekauft hätten, aber nicht zu dem aus ihrer Sicht zu hohen Preis von 3,40 Euro, sondern nur bei

Abb. 7.3/3: Windfall-Profits

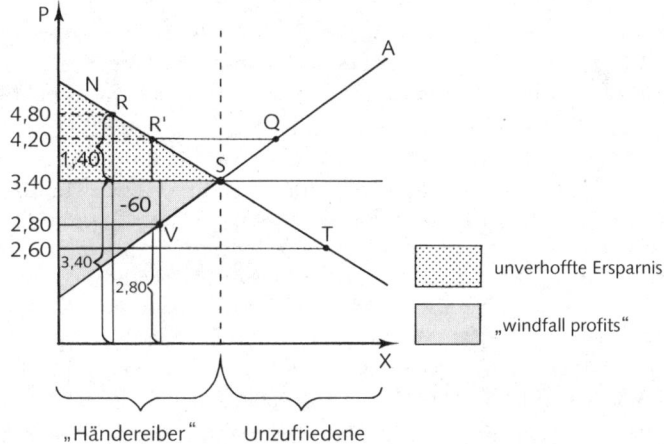

niedrigeren Preisen; sie werden durch Punkte auf dem Strecken-abschnitt der Nachfragekurve rechts vom Schnittpunkt dargestellt; z.B. repräsentiert Punkt T Nachfrager, die zwar bei 2,60 Euro gekauft hätten, aber nicht bei dem sich einstellenden Preis von 3,40 Euro. Die „Unzufriedenen", die beim Gleichgewichtspreis (Marktpreis) von 3,40 Euro nicht zum Zuge kommen, werden also insgesamt durch Punkte auf den Streckenabschnitten rechts vom Schnittpunkt S dargestellt.

Diejenigen Marktteilnehmer hingegen, die durch die Kurvenab-schnitte links vom Schnittpunkt S zwischen Angebots- und Nach-fragefunktion repräsentiert werden, reiben sich die Hände: Sie stellen einmal Nachfrager dar, die durchaus bereit gewesen wären, höhere Preise zu zahlen als den sich ergebenden Marktpreis; z.B. repräsentiert Punkt R solche Nachfrager, die durchaus auch 4,80 Euro bezahlt hatten und nun lediglich 3,40 Euro ausgeben müs-sen; sie machen eine unerwartete „Ersparnis" von 1,40 Euro. Um ein Beispiel zu nehmen: Wer sich einen Pullover kaufen möchte, wird sich eine (subjektive) Preisgrenze setzen. Wenn man einen den Vorstellungen entsprechenden Pullover zu einem niedrigeren Preis findet, als man angenommen hatte, wird man wohl kaum ent-täuscht den Laden verlassen, sondern händereibend kaufen. Diese unerwartete „Ersparnis" wird in manchem volkswirtschaftlichen

Lehrbuch – ziemlich verstaubt – als **Konsumentenrente** bezeichnet. Da die für Punkt R angestellte Überlegung für jeden anderen Punkt der Nachfragefunktion oberhalb des Gleichgewichtspunkts gilt, stellt in Abbildung 7.3/3 der gesamte punktierte Bereich zwischen Nachfragefunktion und der Gleichgewichts-Preislinie das Feld der „unverhofften Ersparnis" dar.

Aus der Sicht der Anbieter ist es hingegen betrüblich, mit ansehen zu müssen, wie ein Kunde händereibend seine Ware einpackt, denn offensichtlich hätte dieser Kunde auch mehr bezahlt, wenn ein höherer Preis verlangt worden wäre. Man kann jedoch etwas unternehmen, um die „Konsumentenrente" abzuschöpfen und in die eigene Tasche zu leiten: Man spricht die Nachfrager mit unterschiedlichen Preisvorstellungen auch unterschiedlich an: im unternehmerischen Marketing nennt man diese Preisstrategie „**skimming**": Abschöpfung. Hierfür gibt es viele Beispiele:

So ist auf dem Büchermarkt zu beobachten, dass Neuerscheinungen zunächst in anspruchsvoller Aufmachung auf den Markt kommen. Später gibt es dann eine Taschenbuchausgabe. Wäre man gleich mit der billigeren Taschenbuchausgabe herausgekommen, hätten die meisten Käufer wahrscheinlich auch die billigere anstelle einer teureren, „besseren" Ausgabe gewählt (abgesehen von solchen Nachfragern, die nicht den Text, sondern 50 Zentimeter Goethe kaufen). Wenn man den Lesestoff als Gut betrachtet, wird er durch unterschiedliche Verpackungen zu heterogenen Gütern, die zu unterschiedlichen Preisen verschiedene Käufergruppen ansprechen. Je mehr es gelingt, den Markt für ein prinzipiell homogenes Gut in Teilmärkte mit (angeblich) heterogenen Gütervarianten aufzuspalten (Produktdifferenzierung), desto eher gelingt es, unterschiedliche Preise für gleichwertige Güter zu verlangen und die Konsumentenersparnis abzuschöpfen.

Beispiele finden sich auch bei bestimmten Markenartikeln, die neben – bei ehrlicher Betrachtung – gleichwertigen billigeren Produkten verkauft werden, z.B. bei Kartoffelchips, ferner bei der Vielzahl von Modellvarianten ein und desselben Autoherstellers; im Lebensmittelbereich gibt es zahllose Brot-, Wurst-, Konservenvariationen etc. Diese Vielfalt angeblich heterogener Güter wird natürlich jeweils zu unterschiedlichen Preisen angeboten, ohne dass diese Preisdifferenzierungen immer mit unterschiedlichen Produktionskosten zu begründen wären. Wenn es also beispielsweise gelingt, drei – bei ehrlicher Betrachtung homogene – Varianten eines Gutes zu 3,40 Euro, 4,20 Euro, und 4,80 Euro, Nachfragern anzubieten, deren subjektive Preiserwartungen durch die Punkte R, R' und S in Abbildung 7.3/3 repräsentiert werden, werden die punktierten Bereiche potentieller „unverhoffter Ersparnis" nicht vom Nachfrager realisiert, sondern fließen den Anbietern zu. Prüfen Sie einmal, ob Sie selbst schon Opfer von Skimming geworden sind...

Umgekehrt bedeuten Punkte auf der Angebotsfunktion links vom Schnittpunkt S, dass es Anbieter gibt, die durchaus auch zu niedrigeren Preisen verkauft hätten und sich über einen höheren Marktpreis freuen; z. B. hätte ein Anbieter, der durch Punkt V repräsentiert wird, auch zu 2,80 Euro, angeboten, kann jetzt aber zum höheren Marktpreis von 3,40 Euro, verkaufen und macht einen „unverhofften Mehrerlös" von 0,60 Euro. Hierauf wäre eigentlich der antiquierte Begriff **„Produzentenrente"** anzuwenden, doch kann man ihn heute gut und treffend durch **„windfall-profits"** ersetzen.

Dieser Ausdruck bezog sich ursprünglich auf den Erdölsektor, wo man vor der ersten Erdölkrise 1972/73 offensichtlich mit und von den sich bis dahin gebildeten Marktpreisen gut leben konnte. Die seitens der OPEC damals durchgesetzten massiven Preiserhöhungen, die ja keineswegs auf Kostensteigerungen zurückzuführen waren, wurden aber auch von solchen Produzenten (gerne?) mitgemacht, die nicht der OPEC angehörten. Diesen Anbietern sind die unverhofften Mehrerlöse sozusagen „durch den Wind in den Schoß gefallen". Der gesamte schraffierte Bereich zwischen Angebotsfunktion und Gleichgewichtspreislinie stellt somit windfall-profits dar.

Im Kleinformat würden sich solche Mehrerlöse durch händereibende Verkäufer ausdrücken. Diesen Effekt kann man als Nachfrager nur vermeiden, wenn es gelingt, den verlangten Angebotspreis zu drücken. Das Feilschen auf einem Basar ist somit der gegenseitige Versuch, der anderen Marktseite keine „Rente" zuzugestehen.

7.3.4 Störungen des Gleichgewichts

In den vorangehenden Abschnitten wurde ausgeführt, dass Angebots- bzw. Nachfragefunktionen die sich *unter sonst gleichen Voraussetzungen* ergebenden Vorstellungen der Marktteilnehmer widerspiegeln, d. h. unter der Voraussetzung konstanter Anzahl von Marktteilnehmern, Einkommen, Güterqualität, Bedürfnisstruktur etc. Bei unterschiedlichen Preisen werden somit lediglich unterschiedlich viele Marktteilnehmer angesprochen, was sich in Bewegungen *auf* den Angebots- bzw. Nachfragefunktionen ausdrückt. Sofern sich keine der als gegeben angenommenen Voraussetzungen ändert, wird sich ein Preis einpendeln, der Angebot und Nachfrage mengenmäßig zum Ausgleich bringt *(Gleichgewichtspreis* und *-menge),* so wie in Kapitel 3 dargestellt.

7.3.4.1 Nachfrageänderungen

Sofern sich allerdings eine oder mehrere der übrigen Voraussetzungen ändern, wird ein bestehendes Marktgleichgewicht gestört, weil die *Ceteris-paribus-Bedingung* verletzt wurde. Werden z. B. statt wie bisher 8 Mengeneinheiten nun 12 kg Bananen bei einem Gleichgewichts-Marktpreis von 3,40 Euro,nachgefragt, drückt die bisherige Nachfragefunktion N dies nicht aus. Vielmehr ist die neue Situation durch eine neue Nachfragekurve N' darzustellen, die u. a. – in der graphischen Darstellung – durch den Punkt 12 Kilo / 3,40 *Euro,*verläuft, mit anderen Worten: Die Nachfragefunktion verschiebt sich nach rechts zu N' (Abbildung 7.3/4a).

Je *unelastischer* dabei das Angebot reagiert (graphisch vereinfacht: je steiler die Angebotsfunktion verläuft), desto stärker wird der dann eintretende Preissteigerungseffekt sein. In der Inflationstheorie spricht man dabei dann von **Nachfrage-Sog-Inflation.** Wenn das Angebot hingegen sehr elastisch reagieren kann, z. B. in einer Situation, in der die Produktionskapazitäten nicht ausgelastet sind (d. h. graphisch, dass die Angebotsfunktion sehr flach verläuft), wird die Nachfragezunahme nicht oder nur wenig zu Preissteigerungen führen (Abbildung 7.3/4 b und c).

In Abschnitt 7.4.2.3 werden im Zusammenhang mit (staatlichen) **Mindestpreisregelungen** Beispiele zur völlig elastischen Angebotsfunktion (keynesianische Arbeitslosigkeit, EU-Agrarmarktordnungen) ausgeführt.

Eine Nachfrageausweitung auf dem Gütermarkt kann die verschiedensten Ursachen haben. So können durch Steuersenkungen die verfügbaren Einkommen gestiegen sein, oder es wurde verstärkt für Bananen geworben, oder es gibt kein anderes Obst, oder die

Abb. 7.3/4: Nachfrageänderung

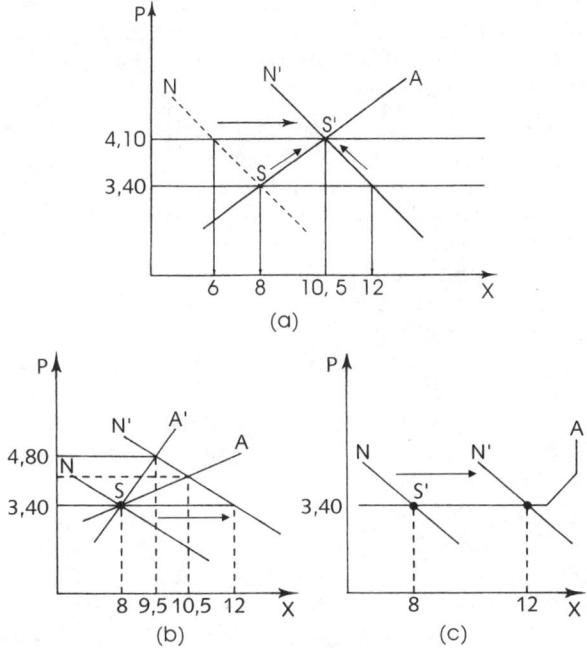

(a)

(b)   (c)

Steigende Nachfrage treibt die Benzinpreise in die Höhe

Bundeskartellamt hat keine Hinweise auf Verabredung

Holznachfrage treibt Preise in die Höhe

Japanische Notenbank kauft Aktien zur Stützung des Finanzsystems

Nachfrageschub führt zu Lieferengpässen bei Keksen

Bahlsen will die Kapazitäten aufstocken

Bevölkerung hat sich vergrößert, oder, oder. In jedem Fall hat sich eine der bisher konstant angenommenen Größen verändert. Bewegungen *auf* der Kurve sind daher – um es nochmals zu betonen – etwas grundsätzlich anderes als Bewegungen *der* Kurve selbst (Kurvenverschiebungen).

Die Rechtsverschiebung der Nachfragefunktion von N zu N' bedeutet – da sich ja auf der Angebotsseite nichts verändert hat und die Angebotsfunktion A konstant bleibt –, dass sich auf der Basis des alten Gleichgewichtspreises von 3,40 Euro,ein *Nachfrageüberhang* ergibt (Nachfrage: 12 ME > Angebot 8 ME). Wie bereits ausgeführt, wird sich in einer solchen Situation ein „*Versteigerungseffekt*" ergeben. Dieser führt dazu, dass der Bananenpreis steigt und dabei einige Nachfrager abschreckt, aber einige neue Anbieter anlockt, bis sich wiederum Angebots- und Nachfragemenge – nun auf einem *höheren Preisniveau* (im Beispiel 4,10) – bei 10,5 Mengeneinheiten ausgleichen (Punkt S'). Abbildung 7.3/4 verdeutlicht, dass die sich so ergebenden Impulse und Veränderungen das Unternehmerherz höher schlagen lassen.

Die Betrachtung lässt sich auch umkehren, wenn man annimmt, dass sich die Nachfragefunktion von N' zu N nach *links* verschiebt, d. h. dass *weniger* Nachfrager als bisher bereit sind, Bananen zu 4,10 Euro,zu kaufen, aus welchen Gründen auch immer. Dann würde sich eine *Nachfragelücke* ergeben (Nachfrage: 6 ME > Angebot: 12 ME), so dass einige Bananenanbieter ihre Ware nicht absetzen können und versuchen werden, durch Preiszugeständnisse ihre Lager zu räumen, was wir als „*Schlussverkaufseffekt*" bezeichnet haben (vergleiche Abbildung 7.3/4a).

7.3.4.2 Angebotsänderungen

Störungen eines Marktgleichgewichts können natürlich auch von der *Angebotsseite* ausgehen, indem sich z.B. die Angebotskurve nach *oben* verschiebt (Abbildung 7.3/5): Dies bedeutet, dass dieselbe Menge wie vorher angeboten wird (8 ME), aber nicht mehr zu 3,40 Euro, sondern *teurer* zu 3,80 Euro. Dies erfolgt z.B. aufgrund von Kostensteigerungen bei der Produktion (Rohstoffe oder Importgüter werden teurer; oder durch Lohnerhöhungen). Bei dem aus Anbietersicht nun wünschenswerten Preis von 3,80 Euro,ergibt sich aber eine *Nachfragelücke* (Punkte Q und T: 4 < 8), so dass die

Abb. 7.3/5: Angebotsänderung I

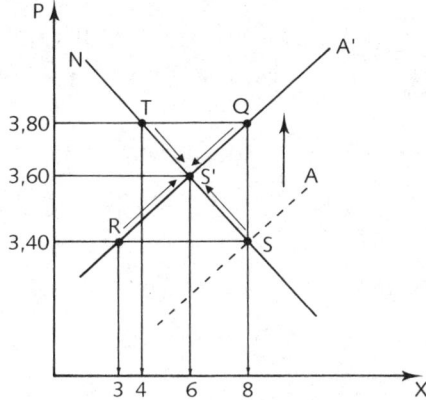

Preiserhöhung nicht in vollem Umfang durchzusetzen ist. Aufgrund der daraus resultierenden Angebotsüberschüsse werden Anbieter um ihre Lagerbestände zu verringern, Preiszugeständnisse machen müssen, d. h. der Marktpreis wird sich tiefer einpendeln (3,60) als von Anbieterseite aus ursprünglich gewünscht.

Ebenso kämen bei dem bisherigen Preis von 3,40 Euro, nun nach der Erhöhung der Produktionskosten weniger Anbieter als vorher „auf ihre Kosten", so dass entsprechend weniger Anbieter als bisher zum alten Marktpreis von 3,40 Euro, verkaufen wollen: Die Angebotsmenge verringerte sich auf der Basis des alten Preises von 3,40 Euro, auf 3 ME, so dass eine *Angebotslücke* entsteht (Punkte R und S: 3 < 8) und der Marktpreis sich höher einpendeln wird (3,60). Die Gleichgewichtsmenge ist dann 6 (Punkt S').

Andererseits würde eine sich in einer Rechtsbewegung der Angebotsfunktion ausdrückende Angebotsausweitung auf der Basis des alten Gleichgewichtspreises zu einem Angebotsüberschuss führen, der – was nach den vorangegangenen Erläuterungen sicher nicht überrascht – zu sinkenden Marktpreisen führen wird. Abbildung 7.3/6 zeigt Beispiele hierfür aus der Praxis. Das Beispiel der dort erwähnten versuchten, aber nicht realisierten Benzinpreiserhöhungen macht dabei deutlich, dass sich zwei Einflussgrößen in ihrer Wirkung aufgehoben haben:

Abb. 7.3/6: Angebotsüberhang

Überproduktion drückt Öl-Preis
Größtes Angebot von Iran, Irak und Ecuador

Überangebot bei Kohle
drückt auf die Preise

Höhere Benzinpreise nicht durchsetzbar

Hohes Angebot drückt auf den Markt

Verkaufswelle für Aktien
drückt Börsenkurse

Automobilindustrie
Überkapazitäten drohen
zum Problem zu werden

Die angestrebten höheren Benzinpreise bedeuten *ceteris paribus* eine Verschiebung der Angebotskurve nach *oben,* was zu einem höheren Gleichgewichtspreis führen müsste. Da aber gleichzeitig sich durch steigende Angebotsmengen, die in den Markt „gedrückt" werden, die Angebotskurve nach *rechts* verschiebt, d.h. der Gleichgewichtspreis *ceteris paribus* sinken müsste, heben sich beide Wirkungen auf.

7.3.4.3 Mengen-, Kosten- und Preisimpulse

Am Beispiel der Angebotskurve soll nochmals ein wichtiger Aspekt betrachtet werden: Aus Abbildung 7.3/5 wäre ohne den eingezeichneten Pfeil zwischen A und A' nicht zu entnehmen, ob sich die Angebotsfunktion von A nach *oben* oder nach *links* zu A' verscho-

Abb. 7.3/7: Angebotsänderung II

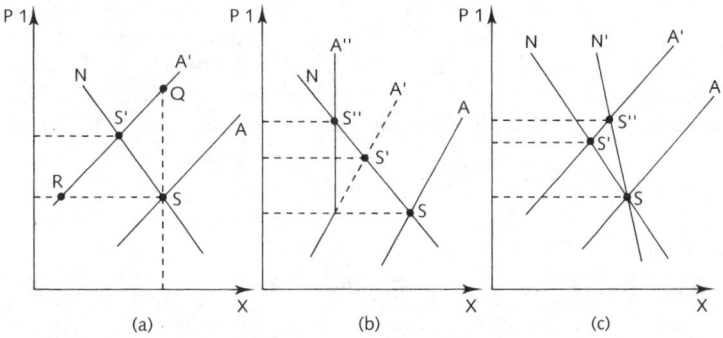

(a)   (b)   (c)

Die OPEC drosselt die Fördermengen

Weinernte in Europa:

Nach Frostschäden und Trockenheit erhebliche Ausfälle / Steigende Preise

Dürre treibt Preise deutlich nach oben

ben hat. Obgleich dies im Endergebnis zum gleichen Ergebnis führt – nämlich dass der Marktpreis steigt –, liegen einer Bewegung der Funktion nach *oben* ganz andere Ursachen zugrunde als einer Bewegung nach *links*:

Die Bewegung nach *oben* bedeutet, dass sich die Summe der Faktorkosten (Vorleistungen, Löhne, Mieten, Zinsen, incl. Gewinnzuschlag) erhöht hat, d.h. dass *dieselbe Menge* wie vorher angeboten wird, aber zu *höheren Preisen* (vergleiche die Punkte Q und S in Abbildung 7.3/7a). Eine Bewegung der Angebotsfunktion nach *links* dagegen bedeutet, dass – auf der Basis des *bisherigen Preises* – nun *weniger* angeboten wird als vorher (vergleiche Punkte S und R).

Letzterer Fall wird besonders deutlich, wenn man sich einen *Angebotsausfall* z.B. durch Missernten, Naturkatastrophen oder

– wie gerade betrachtet – Streiks vorstellt. In solchen Fällen würde die Angebotsfunktion bei der dann gültigen maximalen Angebotsmenge (sinngemäß: Kapazitätsgrenze) senkrecht nach oben abknicken (A" in Abbildung 7.3/7b), denn z. B. bei einer Missernte können auch steigende Preise nicht zu *mehr* Angebot führen, weil keine zusätzlichen Güter vorhanden sind (wenn man von Importgütern absieht). Abbildung 7.3/8 zeigt ein drastisches Beispiel einer Angebotslücke, bedingt durch Zulieferausfälle.

Abb. 7.3/8: Angebotslücke

Quelle: Privatarchiv

Die Wirkungen, die von einer *Nachfragelücke* auf den Marktpreis ausgehen, sind prinzipiell dieselben wie bei einem *Angebotsüberhang*. Daher ist es in der Regel durchaus vertretbar, diese beiden Begriffe gleichzusetzen. Für Nachfrageüberhang und Angebotslücke gilt dies analog. Bei sprachlich schärferer Abgrenzung können die Begriffe *Überhang* und *Lücke* allerdings die *Ursachen* für Marktstörungen verdeutlichen: Eine Nachfrageausweitung führt zu einem Nachfrageüberhang, eine Angebotsverminderung zu einer Angebotslücke, etc. Daher können diese Begriffe jeweils einen anderen Vorgang beschreiben, auch wenn die Wirkungen auf den Marktpreis letztlich gleich sind.

In diesem Zusammenhang kann auch nochmals die Bedeutung der Nachfrage- bzw. Angebotselastizitäten herausgestellt werden: In Abbildung 7.3/7b ist ersichtlich, dass der sich bildende Marktpreis im Falle des *völlig unelastischen* Angebots (A") deutlich höher liegt als bei A', und Analoges gilt auch für die Nachfrage: Je steiler die Nachfragefunktion verläuft (d.h. hier: je unelastischer die Nachfrage auf Preisveränderungen reagiert) (siehe N bzw. N'), desto höher sind die – in der Abbildung nicht alle eingezeichneten – Preissteigerungen bei einer Verschiebung der Angebotsfunktion nach oben bzw. links.

Bei preisunelastischen Nachfrageverhalten können neben Kostendruck auch höhere Gewinnzuschläge *(Gewinndruck)* eine Ursache für verlangte Preiserhöhungen, d.h. Höhenverschiebungen der Angebotsfunktion sein, denn Abbildung 7.3/7c macht deutlich, dass sich die Preiserhöhung bei Funktion N' in einem geringeren Absatzrückgang auswirkt als bei Funktion N. Je monopolähnlicher die Position eines Anbieters ist, desto unelastischer wird die Nachfragereaktion sein; je größer andererseits die Anbieterkonkurrenz ist, desto höher ist die (Substitutions-) Elastizität der Nachfrage.

7.3.4.4 Reaktionsverzögerungen

Der im obigen Beispiel angeführte Hinweis auf zunächst entstehende Lagerbestände macht deutlich, dass ein neuer Gleichgewichtspreis sich in der Realität nicht unverzüglich einstellen wird. Die vorangehenden Überlegungen stellen eine komparativ-statische Analyse dar, bei der Veränderungen im Zeitablauf entweder ignoriert werden oder eine unendlich große Reaktionsgeschwindigkeit unterstellt wird. In der Realität aber werden Reaktionen auf veränderte Daten mit Verzögerung eintreten. Dies lässt sich in einem einfachen dynamischen Modell erfassen. Dabei wird deutlich werden, welchen Einfluss unterschiedliche Nachfrage- bzw. Angebotselastizitäten auf die Ergebnisse haben. Die Elastizitäten drücken sich – vereinfacht – in der Steigung der entsprechenden Funktionen aus.

In Abbildung 7.3/9 wird dargestellt, dass sich die Nachfrage nach einem Gut erhöht (N → N'), z.B. weil ein Substitutionsgut teurer geworden ist. In der komparativ-statischen Analyse würde man sofort zu dem Ergebnis kommen, dass sich nach G nun der neue Gleichgewichtspunkt G' ergibt, wobei sich die Angebotsmenge entsprechend von 7 auf 11 erhöht hat. In der dynamischen Betrach-

Abb. 7.3/9: Spinnweb-Theorem I

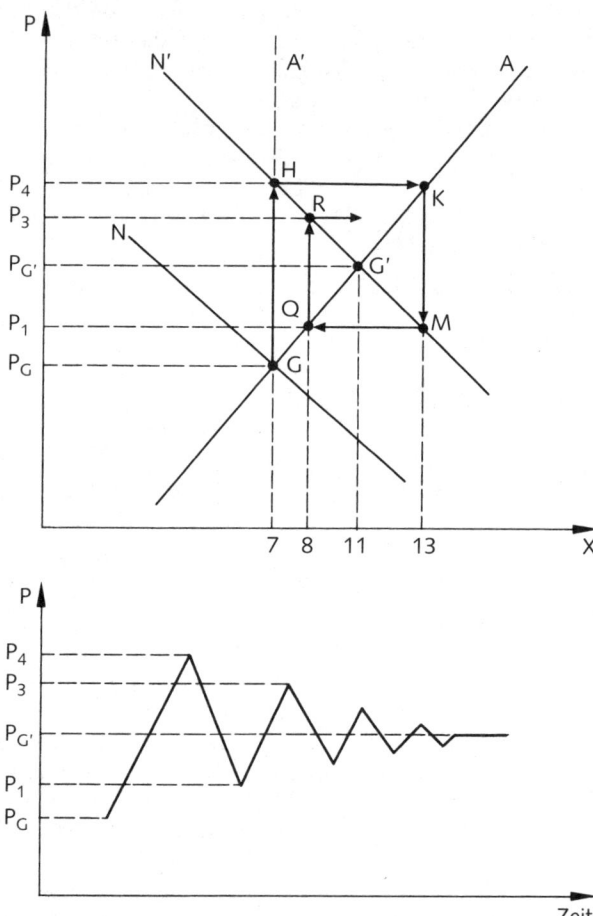

tung mit verzögerter Reaktion wird hingegen unterstellt, dass das Angebot kurzfristig absolut unelastisch ist (A'). Daher steigt der Marktpreis zunächst auf P_4 (Punkt H). Dieser schöne hohe Preis verlockt nun aber doch zu höherem Angebot (Punkt K; die Unterstellung völliger Unelastizität des Angebots wird nun also aufgegeben; beispielsweise werden Überstunden gemacht) und führt

– wie sich aus der Angebotsfunktion ergibt – zu einem Angebot in Höhe von 13; diese Menge allerdings fragen die Nachfrager nur zu einem Preis von P_1 nach (M); um die mit produzierten Gütern gefüllten Lager zu leeren (Angebotsüberhang HK), müssen die Anbieter diesen Preis auch akzeptieren.

P_1 wiederum verschreckt die Anbieter hinsichtlich neuer Produktion, so dass sie nur die Menge 8 anbieten (Q); dies wiederum führt zu einer Angebotslücke (QM), die den Marktpreis wieder auf P_3 steigen lässt (R), usw. Schließlich werden die abwechselnden Anbieter-Nachfrager-Reaktionen zum Gleichgewichtspreis G' führen. Die graphische Darstellung dieser Reaktionslinien sieht wie ein Spinnennetz aus, weshalb diese Theorie als **Spinnweb-Theorem** (oder engl. *cobweb*-Theorem) bezeichnet wird. In der Realität gibt es einige belegbare empirische Beobachtungen für derartige Reaktionen; die berühmteste ist der sogenannte **Schweinezyklus**, der das (irgendwann einmal beobachtete) Verhalten von Schweinezüchtern in der gerade ausgeführten Weise beschreibt.

Die dargestellte Entwicklung ist nur eine von drei möglichen: Es handelt sich hier um die „stabile", „gedämpfte" Variante, die zum Gleichgewicht führt. Daneben gibt es die explodierende, instabile Konstellation, die vom Gleichgewicht weg führt, sowie die indifferente Situation, die sich zirkulär immer wieder um den Gleichgewichtspunkt herum bewegt (Abbildung 7.3/10). Welche der drei Entwicklungen zutrifft, hängt von der relativen Steigung der Angebots- und Nachfragefunktionen ab: Sofern die Nachfragefunktion steiler verläuft („unelastischer ist") als die Angebotsfunktion, explodiert das System; ist es umgekehrt, liegt die stabile Situation vor; wenn sich die Steigungen (absolut) entsprechen, ergibt sich die zirkuläre (indifferente) Entwicklung.

Hierzu hat Peter Dörfler, ein sehr aufmerksamer Leser aus der Schweiz, eine grundsätzliche Anmerkung gemacht: Der Mechanismus des Cobweb-Theorems sei im Rahmen des Möglichen erklärt, jedoch werde sehr großzügig mit der Mathematik umgegangen. Zum Beispiel sei der Zeitmaßstab völlig offengeblieben. Wenn man den Vorgang tatsächlich erklären will, müsse man wahrscheinlich Variable wie Lagergrößen, Reaktionsgeschwindigkeiten etc. einführen. Da hat Herr Dörfler sicher Recht.

Zusammenfassend kann festgehalten werden: Angebots- und Nachfragefunktionen gelten jeweils nur *unter sonst gleichen Vorausset-*

Abb. 7.3/10: Spinnweb-Theorem II

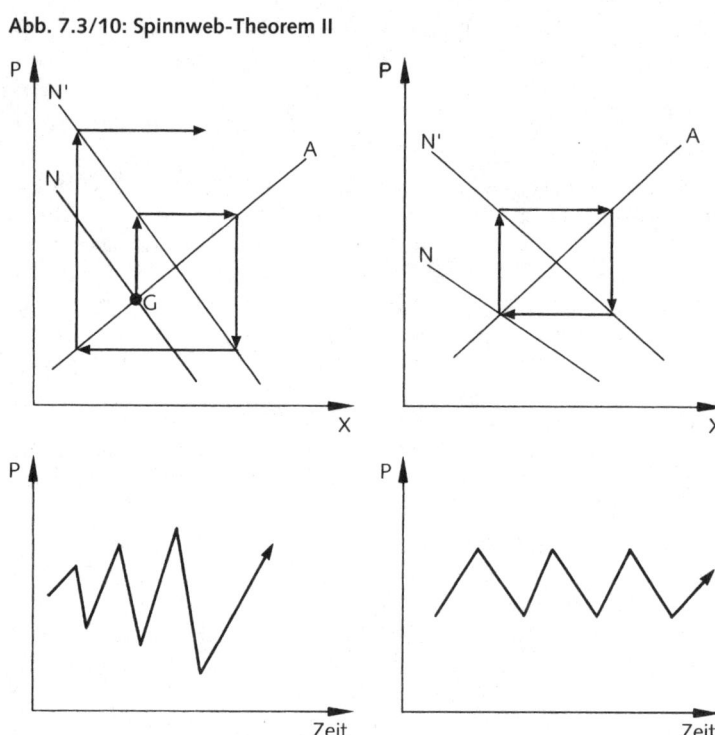

a) instabile Variante   b) zirkuläre Variante

zungen, und dies trifft somit auch auf die Bestimmung eines Markt-gleichgewichts mit Gleichgewichtspreis und Gleichgewichtsmenge zu. *Jeder* Verstoß gegen die *Ceteris-paribus-Bedingung* bedeutet, dass sich die bislang als konstant unterstellten Rahmenbedingungen verändert haben, und dies führt zu einer *Verschiebung* der betref-fenden Funktion. Unter den Nebenbedingungen der *vollständigen* Konkurrenz wiederum ergibt sich aus jeder Kurvenverschiebung eine *neue Gleichgewichtssituation,* die solange Bestand hat, bis sich erneut eine bislang konstante Nebenbedingung verändert. Die marktwirtschaftlich-klassisch orientierte Wirtschaftstheorie geht daher davon aus, dass Märkte bei Störungen des Gleichgewichts *von selbst* zu einem neuen Gleichgewichtszustand zurückfinden, so dass – vor allem staatliche – Eingriffe in das Marktgeschehen prinzipiell eher störend wirken. Da allerdings in der Realität kaum ein Markt die Bedingungen vollständiger Konkurrenz erfüllt, ergeben sich daraus Argumentationspunkte für eine staatliche Beeinflussung des Wirtschaftsgeschehens. Der folgende Abschnitt geht auf staatliche Beeinflussungen der Marktpreisbildung ein.

7.4 Staatliche Eingriffe in die Marktpreisbildung

Ungeachtet eventueller Bedenken hinsichtlich der Nichtübereinstimmung von Modelltheorie und Realität werden im Folgenden staatliche Eingriffe in die Marktpreisbildung anhand der auch in den vorangehenden Kapiteln verwendeten Angebots- und Nachfragefunktionen dargestellt. Dass die gewählten Beispiele sicherlich nicht reibungslos mit der modelltheoretischen Unterstellung vollständigen, polypolistischen Wettbewerbs in Einklang zu bringen sind, ist klar. Dennoch können solche Beispiele *veranschaulichen,* was z. B. durch die verwendeten Graphiken modelltheoretisch *vereinfacht* dargestellt wird. Die Betrachtung erstreckt sich auf die Festlegung von Preisober- bzw. Preisuntergrenzen.

7.4.1 Höchstpreise

7.4.1.1 Schwarzmarktbildung

Die Festlegung von Höchstpreisen bedeutet, dass der Preis für das betrachtete Gut einen bestimmten Betrag nicht über-, wohl aber unterschreiten darf. Sofern der festgelegte Höchstpreis *über* dem Preis liegt, der sich frei am Markt bildet (P^{max} in Abbildung 7.4/1a), hat der Höchstpreis keinerlei Auswirkungen. Er wird erst dann bedeutsam, wenn sich durch Nachfrageausweitung oder Angebotsverknappung ein Gleichgewichtspreis bilden würde, der über dem Höchstpreis läge. Dann ergibt sich eine *Angebotslücke* bzw. ein *Nachfrageüberhang* (Punkte S und R in Abbildung 7.4/1b), wobei die Diskrepanz zwischen Angebot und Nachfrage unter Marktbedingungen durch bereits als *Versteigerungseffekt* beschriebene Reaktionen beseitigt würde, d. h. es würde sich ein höherer Marktpreis einstellen – allerdings auf einem (illegalen) **Schwarzmarkt,**

Abb. 7.4/1: Höchstpreis

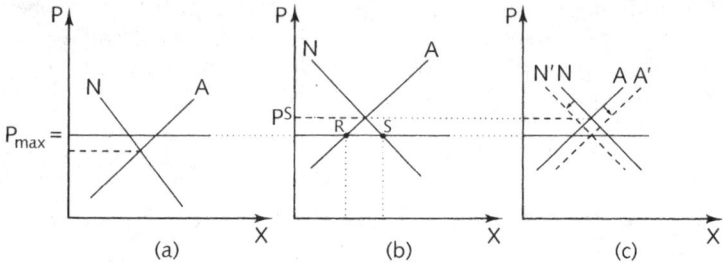

(a)   (b)   (c)

auf dem der sich bildende Preis der tatsächlichen Angebots- und Nachfragesituation entspricht; der Schwarzmarktpreis PS ist in Abbildung 7.4/1b gestrichelt dargestellt.

Da der Schwarzmarktpreis für den Anbieter attraktiver ist als der zulässige Höchstpreis, führen Preisstopps in der Praxis häufig dazu, dass die Angebotsmenge auf den offiziellen Märkten noch geringer wird, da sich das Angebot auf den Schwarzmarkt verlagert oder auch durch Schmuggel ins Ausland geschafft wird, wo bessere Preise zu erzielen sind. Besonders tragisch haben sich derartige Maßnahmen in einigen Entwicklungsländern ausgewirkt, wo wichtige Grundnahrungsmittel aus sozialen Überlegungen mit Höchstpreisen belegt wurden, mit dem Erfolg, dass landwirtschaftliche Erzeuger sich vom Markt zurückzogen und nur noch für den eigenen Bedarf produzierten (**Subsistenzwirtschaft**), so dass sich die Angebotslücken teilweise dramatisch verschärften und Hungersnöte ausbrachen (vergleiche oben Abbildung 7.2/23).

7.4.1.2 Komplementäre Maßnahmen

Ein Höchstpreis ist nur dann sinnvoll, wenn er in der Realität auch *durchgesetzt* werden kann. Der Staat darf somit nicht nur die Preisobergrenze festlegen, sondern muss durch geeignete Maßnahmen dafür sorgen, dass der Höchstpreis gleichzeitig auch Gleichgewichtspreis ist, indem Angebotslücken geschlossen bzw. – sofern dies gegeben ist – Nachfrageüberhänge abgebaut werden. Höchstpreise – oder anders ausgedrückt: **Preisstopps** – sollen dazu beitragen, inflationäre Entwicklungen einzudämmen. Historische Beispiele dafür gibt es genug, nicht nur in Ländern mit **galoppierender**

Abb. 7.4/2: Preisstopps I – gestern und heute

Zimbabwe führt Preiskontrollen ein
Galoppierende Inflation

Neues Wirtschaftsprogramm in Argentinien
Weitere Lohn- und Preiskontrollen / beängstigende Inflation

Paris behilft sich jetzt mit einem Preisstop
Ministerrat verkündet Programm zur Inflationsbekämpfung

Preisstop in Schweden

Athen macht Schluß mit Preisstop

Schweden hebt Preisstop auf

Jugoslawien verfügt Preisstop

Inflation (Hyperinflation) wie in Lateinamerika, sondern auch in einigen skandinavischen Ländern, in Frankreich, den USA, Brasilien, Irland, Palästina, Israel und nicht zuletzt in den damaligen Ostblockländern (vergleiche Abbildung 7.4/2).

Preisstopps wurden meist mit **Lohnstopps** gekoppelt, da sonst die Entwicklung der bei der Güterproduktion entstehenden Faktorkosten die eingefrorenen Marktpreise „überholt". Preis- und Lohnstopps allein sind ein – um es vorwegzunehmen – untauglicher Versuch, Inflation zu verbieten. Zwar mag es gelingen, durch Preisstopps die sichtbare Entwicklung der Preise zu beeinflussen, doch wird sich die Inflation, die nicht offen zutage treten kann, *verdeckt* auswirken, beispielsweise auf Schwarzmärkten, auf denen sich die der Marktsituation entsprechenden höheren Preise bilden, oder indem sich Warteschlangen bilden. Schwarzmärkte wie Warteschlangen sind eindeutige Anzeichen einer verdeckten Inflation.

Im Falle von durch Höchstpreisregelungen entstehenden Angebotslücken bzw. Nachfrageüberhängen müssten staatliche Maßnahmen dafür sorgen, dass entweder das Angebot ausgeweitet wird (Rechtsverschiebung der Angebotskurve), so dass die Angebotslücke geschlossen wird, oder dass die Nachfrage reduziert wird (Linksverschiebung der Nachfragekurve), so dass der Nachfrageüberhang abgebaut wird, oder beides gleichzeitig.

Eine Angebotsausweitung kann direkt durch den Staat erfolgen, z. B. indem staatliche Unternehmen (sofern es sie gibt) die von Preisstopps betroffenen Güter produzieren oder anbieten, oder indirekt, indem durch staatliche Subventionen private Anbieter angeregt werden, ihre Produktion zu erhöhen. Der Teil des eigentlich erforderlichen Preises, den der Markt aufgrund des Preisstopps nicht bezahlt, wird dann durch staatliche Zuschüsse abgedeckt. Außer durch direkte Subventionszahlungen kann dieser Effekt u. a. auch durch Steuererleichterungen erzielt werden. Denkbar ist auch, dass der Staat gezielt entsprechende Importe fördert (was wegen der „importierten Konkurrenz" bedenklich ist).

7.4.1.3 Beispiele

(1) Ein Beispiel für eine Höchstpreisregelung stellt – mit den eingangs hervorgehobenen Einschränkungen bezüglich der Nichtübereinstimmung von Theorie und Realität – der soziale Wohnungsbau dar. Mieten für Sozialwohnungen liegen tendenziell unter dem Mietniveau des freien Wohnungsmarktes. Für den Anbieter von Sozialwohnungen besteht der Anreiz darin, dass ihm u. a. zweckgebundene günstige Baukredite gewährt werden (wodurch graphisch die Angebotsfunktion nach *unten* gedrückt wird und sich – auf der Basis des Höchstpreises – die Angebotsmenge erhöht und die Angebotslücke verringert wird; Abbildung 7.4/1: A zu A').

(2) Ein weiteres Beispiel stellt das Europäische Währungssystem II (**EWS II**) dar, das auf einer Kombination von Höchst- und Mindestpreisen basiert. Die Realisierung der Europäischen Währungsunion (EWU) mit dem Euro als gemeinsamer Währung der hatte das zuvor existierende EWS I abgelöst. Von den 27 EU-Ländern haben bislang 15 den Euro als Währung eingeführt.

Zwölf EU-Staaten sind nicht in der Eurozone (Stand 2008): Bulgarien, Dänemark, Estland, Lettland, Litauen, Polen, Rumänien, Schweden, Slowakei, Tschechien, Ungarn sowie das Vereinigte

Königreich (Großbritannien). Länder, die den Euro als Währung einführen wollen, müssen zuvor zwei Jahre ohne Abwertung ihres Leitkurses am EWS II teilgenommen haben. Dies ist eines von vier **Konvergenzkriterien** zur Euro-Einführung. Derzeit nehmen fünf Länder am EWS II teil: Dänemark, Estland, Lettland, Litauen, Slowakei. Ihre Währungen dürfen ± 15 % um ihren Leitkurs gegenüber dem Euro schwanken. Für die dänische Krone wurde eine Bandbreite von ± 2,25 % vereinbart. Droht die dänische Krone diese Begrenzungen zu durchbrechen, muss die dänische Zentralbank bzw. die Europäische Zentralbank durch Käufe bzw. Verkäufe eingreifen (intervenieren), um ein Ausbrechen des Wechselkurses zu verhindern. Während hier eine Interventionspflicht besteht, kann auch schon – vorbeugend – innerhalb der Bandbreiten interveniert werden. Großbritannien und Schweden nehmen bislang nicht an der EWU teil.

(3) Ein Nachfrageüberhang auf dem Gütermarkt könnte u. a. vermindert oder abgebaut werden durch eine höhere Einkommensbesteuerung (inwieweit diese wirkt, ist eine Frage der Einkommenselastizität der Nachfrage, vergleiche Abschnitt 7.1.4), auch durch Maßhalteappelle, gezielte Anti-Werbung (Rauchen!) oder auch Rationierung, z. B. durch Ausgabe von Bezugsscheinen. Abbildung 4/3 enthält historische Beispiele für den Versuch einer Nachfragereduzierung.

Abb. 7.4/3: Preisstopps II

Preiskontrollen eingeführt zum Druck auf die Inflation

Brasilia (dpa). Die brasilianische Regierung hat Preiskontrollen für mehr als 100 Produkte eingeführt, darunter Nahrungsmittel, Getränke, Autos und Düngemittel. Damit will Brasilia eine Preisexplosion verhindern, wie sie nach der jüngsten Cruzeiro-Abwertung befürchtet wurde. Es war angenommen worden, dass die Inflation nach der Abwertung auf bis zu 150 Prozent im Jahr schnellen könnte.

Tage ohne Fleisch

In Argentinien sind im Rahmen des Programms der Militärregierung zur "Bekämpfung der Inflation und Sicherheit der Reallöhne" Höchstpreise für Butter und Milch festgesetzt worden. Ferner dürfen an zwei Tagen in der Woche (Donnerstag und Freitag) keine Rindfleischgerichte in Restaurants und Hotels serviert werden.

Bezugsscheinsysteme gibt es nicht nur in Kriegssituationen, sondern grundsätzlich immer auch dann, wenn man Eintrittskarten erwerben muss. Ein möglicher Nachfrageüberhang kann sich dann darin äußern, dass die Bezugsscheine (z.B. Eintrittskarten für eine Kinopremiere) auf dem Schwarzmarkt zu höheren Preisen gehandelt werden. Nachfragevermindernde Maßnahmen bedeuten graphisch eine Linksverschiebung der Nachfragefunktion (Abbildung 7.4/1c: N zu N'), wodurch der Nachfrageüberhang vermindert wird. Wenn also staatliche Höchstpreise unter Vermeidung von Schwarzmärkten durchgesetzt werden sollen, ist entweder ein lückenloses Kontrollsystem erforderlich, wie etwa bei den Berechtigungsscheinen für Sozialwohnungen, oder staatliche Maßnahmen müssen dafür sorgen, dass der Höchstpreis zugleich auch *Gleichgewichtspreis* ist, indem Angebotslücken geschlossen bzw. Nachfrageüberhänge abgebaut werden (so dass sich graphisch die Angebots- und Nachfragefunktion auf oder sogar unter dem Niveau des Höchstpreises schneiden; Abbildung 7.4/1c).

7.4.1.4 Preisstopps und Inflation

Höchstpreise allein sind also keine geeigneten Maßnahmen, um inflationären Entwicklungen nachhaltig entgegenzuwirken. In allen Fällen, in denen mit Preis- und Lohnstopps versucht wurde, die Inflation zu „verbieten", konnte allenfalls eine vorübergehende Unterbrechung des „offiziellen" Preisauftriebs erreicht werden. Nach Aufhebung der preisbegrenzenden Verordnungen holten die Preise nach, was vorübergehend nicht möglich war. Man könnte dies mit einer Spiralfeder vergleichen, die man oben festhält und von unten zusammendrückt. Hebt man nach einiger Zeit die Begrenzung auf, schnellt die Spirale sprunghaft nach oben. Preis- und Lohnstopps werden ja in der Regel nur bei gravierenden inflationären Entwicklungen verordnet.

Dabei ist es natürlich nicht möglich, Preise und Löhne beliebig lange einzufrieren, denn u.a. verändern (erhöhen) sich die Preise importierter Güter auf dem Weltmarkt. Daher ist es erforderlich, von Zeit zu Zeit die staatlich verordneten Festpreise anzupassen, d.h. in Stufen anzuheben. Diese Preissprünge sind dann natürlich sehr viel spürbarer als ständige, gleitende Preiserhöhungen, und in einer ganzen Reihe von Ländern haben solche abrupten und drastischen Inflationsschübe zu zum Teil bürgerkriegsähnlichem Widerstand in der betroffenen – meist armen – Bevölkerung geführt. Wenn es somit nicht gelingt, die durch Preisstopps gewonnene „Atempause" dafür zu nutzen, dass die *Ursachen* des Preisauftriebs beseitigt werden, wird die inflationäre Entwicklung nach Aufhebung der Preisstopps nicht mehr nur *verdeckt,* sondern wieder *offen* zutage treten. Diese leidvolle Erfahrung mussten in der jüngeren Vergangenheit auch einige lateinamerikanische Länder machen, die nach entsprechenden Wirtschafts- und Währungsreformen binnen kürzester Zeit wieder galoppierende Inflationsraten ausweisen mussten.

Zum Nachdenken 7.1:

Welcher Preissteigerung entspricht eine Inflationsrate von 1.400 Prozent, wie sie z. B. in Jugoslawien 1992 zu beobachten war?

7.4.2 Mindestpreise

7.4.2.1 Graue Märkte

Mindestpreise dürfen über-, nicht aber unterschritten werden. Wie Abbildung 7.4/4a zeigt, haben Mindestpreise solange keine Konsequenzen, wie sie *unter* dem Gleichgewichtspreis liegen. Sofern der Mindestpreis jedoch *über* dem sich normalerweise am Markt bildenden Gleichgewichtspreis liegt, ist das Preisniveau aus der Sicht der Anbieter attraktiv, aber aus der Nachfragersicht zu hoch. Dementsprechend bildet sich ein Angebotsüberschuss bzw. eine Nachfragelücke (Punkte R und S in Abbildung 7.4/4b). Sofern nicht geeignete Maßnahmen ergriffen werden, die das Angebot vermindern bzw. die Nachfrage erhöhen, können sich sogenannte "**graue Märkte**" bilden. Auf diesen werden die nicht absetzbaren, weil durch Mindestpreis „überteuerten" Güter billiger angeboten (P^G in Abbildung 7.4/4b). Als Beispiel sei auf den „grauen" Automarkt verwiesen, wo bestimmte re-importierte Kraftfahrzeuge zum Teil deutlich billiger gehandelt werden als bei offiziellen Markenhändlern.

Abb. 7.4/4: Mindestpreis I

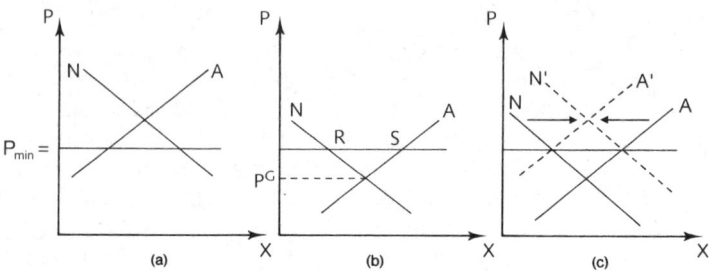

(a)   (b)   (c)

Bis 1974 gab es die Möglichkeit der sogenannten **Preisbindung der Zweiten Hand**, mit der ein Hersteller als „erste Hand" die „zweite Hand", also den Handel, verpflichten konnte, seine Produkte nicht unter bestimmten Mindestpreisen abzugeben. Dies wurde in der Praxis ständig unterlaufen, so dass die Festlegung eines Mindestpreises durch den Hersteller zur reinen Fiktion wurde. Aus diesem und anderen wettbewerbsrechtlichen Gründen wurde die Preisbindung der Zweiten Hand im Rahmen der Kartellgesetzgebung 1974 konsequenterweise aufgehoben und verboten. Sie existiert heute als einzige Ausnahme nur noch für Verlagserzeugnisse (Zeitungen, Zeitschriften, Bücher).

(Eine Anmerkung: Die Preise für Zigaretten einer bestimmten Marke sind bundesweit einheitlich. Dies ist jedoch keine Preisbindung, sondern hat steuerliche Gründe: Die Tabaksteuer wird vom Hersteller an den Fiskus abgeführt, wenn die Tabakwaren den Herstellbetrieb verlassen. Auf den Verpackungen der Tabakwaren werden dazu briefmarkenähnliche Nachweise angebracht, die z.B. bei Zigaretten die enthaltene Stückzahl und die entrichtete Steuer ausweisen. Würde der Endverkaufspreis vom versteuerten Wert abweichen, würde bei höherem Preis Tabaksteuer hinterzogen, und bei niedrigerem Preis hätte der Käufer Anspruch auf eine Steuererstattung. Also wird der Endverkaufspreis fixiert.)

Sofern ein Unterlaufen von Mindestpreisregelungen vermieden werden soll, sind also wiederum flankierende (staatliche) Maßnahmen erforderlich. Entweder muss die Nachfrage erhöht werden (Rechtsverschiebung der Nachfragekurve) (Abbildung 7.4/5), oder das Angebot muss verringert werden (Linksverschiebung der Angebotskurve, Abbildung 7.4/6), oder beides muss gleichzeitig

Abb. 7.4/5: Stützungskäufe

Staatliche Stützungskäufe sollen den Zuckermarkt stabilisieren

Abb. 7.4/6: Produktionsquoten

Preissteigerungen signalisieren „Trendwende" am Milchmarkt
„Die Quoten greifen jetzt"
Härtere Regelungen lassen Liefermengen seit Jahresbeginn sinken

Quoten für Rapsanbau gefordert
Milchmarkt als Beispiel

EU-Milch droht ohne Quote Preisverfall

Minister erhöhen die Milchquote
Reaktion der EU auf Preissteigerungen

erfolgen (Abbildung 7.4/4c: N zu N' bzw. A zu A').Auf die Mindestpreisregelung im Rahmen des EWS II haben wir bereits oben hingewiesen. In der europäischen Stahlindustrie haben die Produzenten im Rahmen eines (genehmigten) *Krisenkartells* Quoten vereinbart, d.h. die Produktion der absetzbaren Mengen wird auf die verschiedenen Anbieter verteilt.

7.4.2.2 Mindestlohn und Unterbeschäftigung

Anhand von Abbildung 7.4/7 lässt sich im Zusammenhang mit Mindestpreisregelungen auch eine grundsätzliche These keynesianischer Beschäftigungspolitik verdeutlichen: **John Maynard Keynes** ging davon aus, dass Löhne nur nach oben, nicht aber nach unten flexibel sind: Ein einmal erreichtes, in Tarifverhandlungen vereinbartes Lohnniveau wird nicht mehr unterschritten. Bis vor kurzem

Abb. 7.4/7: Keynesianische Arbeitslosigkeit

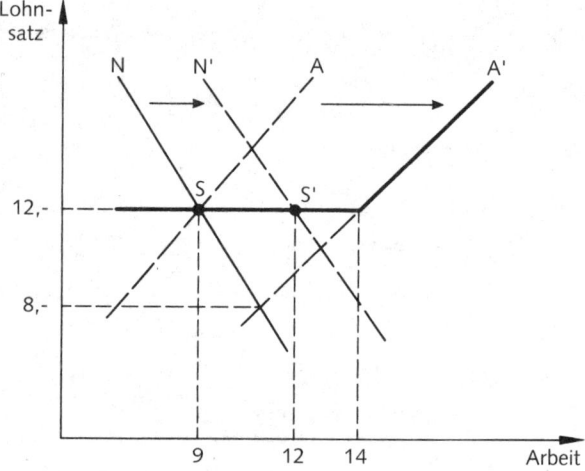

war dies in der Praxis tatsächlich der Fall – heute beobachten wir allerdings bei manchen Tarifverhandlungen eine reale Verschlechterung des Lohnniveaus.

Wenn sich im Ausgangszustand in S in Abbildung 4/7 je eine normal verlaufende Angebots- und Nachfragefunktion (N, A) geschnitten haben, wäre 12 Euro der Gleichgewichtslohnsatz gewesen. Wenn sich nun das Arbeitskräfte-Angebot ausweitet, z.B. durch Bevölkerungswachstum oder Zuzug aus dem Ausland, verschiebt sich die Angebotsfunktion zwar nach rechts, knickt jedoch auf dem bisherigen Lohnniveau waagerecht ab: Die Preislinie 12 Euro ist der nicht zu unterschreitende **Mindestlohnsatz**; unterhalb des Mindestlohnsatzes gibt es kein Angebot, die Angebotsfunktion verläuft auf dem Niveau des Mindestlohnsatzes waagerecht, ist also völlig elastisch. Folglich entsteht ein sogenanntes **Unterbeschäftigungsgleichgewicht**, indem zum Mindestlohn von 12 Euro zwar 9 Einheiten an Arbeitskräften nachgefragt, aber 14 angeboten werden. Die entsprechende Angebotslücke bedeutet Arbeitslosigkeit.

Da die private Nachfrage N also zu gering ist, müsste versucht werden, durch staatliche Nachfrage nach Arbeitskräften oder durch staatliche Anreize die Nachfrage zu erhöhen (graphisch: Rechtsverschiebung der Nachfragekurve zu N'), wodurch die Arbeitslosigkeit teilweise abgebaut wird (S'). Der sich theoretisch unterhalb des Mindestlohnsatzes bildende Gleichgewichtslohn von 8 Euro kann als Lohnsatz auf dem Markt für Schwarzarbeit interpretiert werden. Die Tatsache, dass hohe Mindestlöhne u. a. auch zu Schwarzarbeit und der illegalen Beschäftigung von Arbeitskräften verleiten, braucht wohl nicht näher erläutert zu werden. So gibt es denn auch immer wieder Überlegungen, die Mindestlohnregelungen zu überdenken (vergleiche Abbildung 7.4/8). In der EU gibt es in 18 der 27 Mitgliedsstaaten Mindestlohnvorschriften.

Abb. 7.4/8: Mindestpreis II

Neue deutsche Mindestlöhne am Bau gelten für alle

Mindestlohn für Briefzusteller

Mindestlohn am Bau steht auf der Kippe

Mindestlohn für Zeitarbeit?

MINDESTLOHN FÜR STAATSAUFTRÄGE DES LANDES BERLIN

Mindestlöhne sind in Europa der Normalfall

Dieser wirtschaftspolitische Problembereich kann hier nicht vertieft werden, doch ist die Existenz von Arbeitslosigkeit, die sich *nicht* von selbst abbaut, so wie es den Theorien der freien Marktpreisbildung nach der Fall sein müsste, der Hintergrund für das wirtschaftspolitische Konzept von **Keynes**, der mit seinen Ideen vor dem Hintergrund der Weltwirtschaftskrise nach 1929 eine „Revolution" im wirtschaftspolitischen Denken auslöste: Wenn – wie in diesem Fall auf dem Arbeitsmarkt – eine Nachfragelücke nach Arbeitskräften besteht, die sich nicht von selbst schließt bzw. schließen kann, dann – so Keynes – soll es Aufgabe des Staates sein, diese Nachfrage selbst zu tätigen oder durch geeignete Maßnahmen dafür zu sorgen, dass die private Nachfrage nach Arbeitskräften zunimmt. Dieselbe wirtschaftspolitische Konzeption lässt sich natürlich auch auf den Güterbereich anwenden, indem der Staat bei sich abschwächender Konjunktur die Güternachfrage direkt oder indirekt stärken soll. Solche Maßnahmen werden in der Regel als Beschäftigungs- oder **Konjunkturprogramm** bezeichnet.

Die Diskussion um Mindestlöhne muss natürlich differenziert geführt werden, denn es gibt nicht „den" Arbeitsmarkt mit einem entsprechenden Lohnniveau, sondern eine Vielzahl von Teilmärkten, auf denen jeweils andere Bedingungen herrschen. Dessen ungeachtet zeigen die gerade angestellten theoretischen Überlegungen, dass ein Mindestlohn, der *unter* dem Marktlohn liegt, keine Auswirkungen hat, wohl aber, wenn der Mindestlohn *über* dem Gleichgewichtslohn festgelegt wird. Und dies betrifft eine Reihe von Niedriglohn-Segmenten, in denen derzeit die Arbeitnehmer – also die Anbieter von Arbeitskraft – auch zu niedrigeren Löhnen bereit sind zu arbeiten. Durch Mindestlöhne besteht daher in verschiedenen Arbeitsmarktsektoren die Gefahr, dass schlecht ausgebildete, wenig qualifizierte Anbieter von Arbeitskraft nicht mehr zum Zuge kommen und aus dem regulären Arbeitsmarkt verdrängt werden. Das ifo-Institut schätzte 2008, dass bei Einführung eines allgemeinen Mindestlohns in Deutschland rund 7 % der Beschäftigten davon betroffen wären, was zu einem Job-Verlust von rd. 1 Million Arbeitsplätzen führen dürfte.

Eine Anmerkung: Sprachlich sind die Begriffe „Arbeitgeber" und „Arbeitnehmer" irreführend. Der Arbeitnehmer ist der Anbieter von Arbeitskraft, also eigentlich ein „Arbeitgeber", der Arbeitgeber fragt Arbeitskraft nach, ist also ein „Arbeitnehmer". Ein Gemüsehändler ist auch kein Nachfrager nach einem Kaufvertrag, sondern ein Anbieter von Ware. Man müsste eigentlich von Arbeitsplatzgeber und -nehmer sprechen, dann wäre die sprachliche Unlogik bereinigt, aber es hat sich eben anders eingebürgert.

7.4.2.3 EU-Agrarmarkt

Umfangreiches Anschauungsmaterial für Mindestpreisregelungen liefert auch der EU-Agrarmarkt, der auch die Begleiterscheinungen verdeutlicht. Er ist ein sehr gutes schlechtes Beispiel, wie ein System aus dem Ruder laufen kann, das auszog, die Preisbildung auf den Märkten mit guten Absichten zu beeinflussen. Kennzeichen der EU-Agrarmärkte war, dass sie durch eine große Zahl von Verordnungen reguliert werden. Für die einzelnen Produktbereiche bestehen vielfach mehrere Rats- und Durchführungsverordnungen. Oft werden in den verschiedenen Marktbereichen gleiche Sachverhalte mit ganz unterschiedlichen Begriffen (z. B. bei der Bezeichnung der staatlich festgelegten Preise) belegt. Bestimmte Entscheidungen werden in einem Sektor von der Kommission im Verwaltungsausschussverfahren getroffen, in einem anderen vom Rat selber. Dies hat dazu geführt, dass die Regelungszusammenhänge häufig nur noch den Experten klar sind, was die Transparenz deutlich verringert und Vereinfachungsprozesse erschwert.

Im Juni 2007 wurde dann eine neue Verordnung über eine gemeinsame Organisation der Agrarmärkte und mit Sondervorschriften für bestimmte landwirtschaftliche Erzeugnisse (**Einheitliche GMO**) (unter der deutschen Ratspräsidentschaft) verabschiedet. Dadurch wird zukünftig nahezu das gesamte Ratsrecht im Bereich des Agrarmarktrechts in einer Verordnung zusammengefasst: Rund 50 Ratsverordnungen wurden aufgehoben, die Zahl der relevanten Artikel von etwa 600 auf rund 200 reduziert. Nicht schlecht. Inhaltliche Änderungen gegenüber den bislang geltenden sektorspezifischen Regelungen sind in der Einheitlichen GMO allerdings nicht enthalten.

Die Einheitliche GMO der Europäischen Gemeinschaft gilt für 22 sektorale **Marktordnungen** oder **Marktorganisationen**, die weit über 90 % der landwirtschaftlichen Produkte umfassen; Abbildung 7.4/9 zeigt den gegenwärtigen Stand. Sie weisen alle eine ähnliche Grundstruktur auf, unterscheiden sich jedoch im produktspezifischen Detail. So gibt es z. B. spezielle Überwachungsregelungen für Rindfleisch oder besondere Qualitätsnormen für Obst und Gemüse.

Die Marktordnungen umfassen zum einen in den meisten Fallen einen **Mindestpreis**, der grundsätzlich höher ist als der Weltmarktpreis, gekoppelt mit **Abnahmegarantien**, d. h. der Anbieter, der seine Produkte nicht auf dem freien Markt verkaufen kann, kann diese an staatliche Interventionsstellen zu eben diesen Mindestpreisen (Interventionspreisen) verkaufen. Diese Regelung ist

Abb. 7.4/9: Die Marktorganisationen in der EU

Lebende Pflanzen und Waren des Blumenhandels	Geflügelfleisch
Bestimmte in Anhang I des EG-Vertrages (ehemals Anhang II des EWG-Vertrages) aufgeführte Erzeugnisse	Erzeugnisse der Fischerei und Aquakultur
Rohtabak	Reis
Faserflachs und -hanf	Wein
Hopfen	Rindfleisch
Obst und Gemüse	Verarbeitungserzeugnisse aus Obst und Gemüse
Trockenfutter	Saatgut
Zucker	Milch und Milcherzeugnisse
Getreide	Olivenöl und Tafeloliven
Schweinefleisch	Schaf- und Ziegenfleisch
Eier	Bananen

Quelle: Bundesministerium für Ernährung, Landwirtschaft und Verbraucherschutz (BMELV) 2008

vor dem Hintergrund der Römischen Verträge zu sehen, mit denen 1957 die Europäische Wirtschaftsgemeinschaft begründet wurde. Ziel der gemeinsamen Agrarpolitik sollte es sein, durch garantierte Mindestpreise den landwirtschaftlichen Erzeugern ein Mindesteinkommen zu sichern und damit gleichzeitig die Selbstversorgung der Gemeinschaft zu „angemessenen" Preisen zu gewährleisten. In den 60er Jahren lag der Selbstversorgungsgrad der EU z. B. bei Getreide knapp bei 70 %. Dies hat sich bis heute drastisch geändert; bei sehr vielen Agrarprodukten liegt der Selbstversorgungsgrad weit über 100 %. Zum Schutz dieses Produktionsraumes wurden entsprechende Absicherungen gegenüber dem Weltmarkt geschaffen. In verschiedenen Marktordnungen wurden die Interventionen deutlich zurückgefahren und durch produktionsunabhängige direkte Einkommensbeihilfen ersetzt.

Neben den Abnahmegarantien kommen in den Marktordnungen noch andere Maßnahmen zum Einsatz. Hierzu zählen **Preisstützungsmaßnahmen** durch gezielte Aufkäufe von Überschussproduktion seitens der Interventionsstellen, Produktionsbeihilfen und

-erstattungen, Quotenregelungen für Erzeugermengen, Prämien für Angebotsreduzierungen und anderes mehr. Die EU-Kommission hebt dabei immer wieder die Ausrichtung dieser Maßnahmen an Umweltschutzkriterien hervor. Hinzu kommen weitere **Binnenmarktregelungen** (öffentliche und private Lagerhaltung, besondere Interventionsmaßnahmen, Quotenregelungen bei Milch und Zucker, Beihilferegelungen wie Verarbeitungsbeihilfen und Produktionserstattung, Vermarktungsnormen, Regelungen zu Erzeugerorganisationen und Branchenverbänden, Sonderbestimmungen für einzelne Sektoren (z. B. Absatzförderabgabe im Milchsektor, Maßnahmen bei Störungen der Binnen- oder Weltmarktpreise).

Um das bei Freihandel natürlich sofort in sich zusammenbrechende System der Marktordnungen mit seinen komplexen Preis- und Binnenmarktregelungen aufrecht zu erhalten, basiert es auf einem (wirksamen) Außenschutz: Auf der **Einfuhrseite** werden Agrarimporte durch Einfuhrzölle verteuert (früher hießen diese Abschöpfungen, heute – wegen ihrer besonderen Konstruktion, auf die ich hier nicht eingehe – **Agrarzölle**). Dadurch werden die EU-Erzeuger, denen höhere Preise garantiert sind, vor der Einfuhr billigerer Importware geschützt.

Auf der **Ausfuhrseite** werden die Agrarprodukte, die auf den Weltmärkten zu den hohen EU-Binnenpreisen natürlich absolut unverkäuflich wären, durch **Ausfuhrerstattungen**, die der Exporteur erhält – Klartext: Exportsubventionen –, auf die niedrigeren Weltmarktpreise heruntersubventioniert. Dieses System bezieht sich nicht nur auf landwirtschaftliche Produkte per se, sondern auch auf Weiterverarbeitungserzeugnisse, z. B. Hunde- und Katzenfutter. Die Überwachung der sensiblen Ein- und Ausfuhr im Agrarbereich erfolgt durch besondere EU-Dokumente, sogenannte **Lizenzen**. Für einen großen Teil der Marktordnungswaren ist die Erstattung inzwischen auf „0,00" festgesetzt worden, was einer tatsächlichen Streichung entspricht (Abbildung 7.4/10 zeigt die derzeitige Situation). Ob und wann für einzelne Waren Ausfuhrerstattung (wieder) festgesetzt wird, hängt von verschiedenen Faktoren ab (Marktlage Inland, Weltmarkt, politisch-strategische Überlegungen, völkerrechtliche Vereinbarungen wie WTO etc.).

In der Abbildung 7.4/11 sieht es auf den ersten Blick vielleicht so aus, als seien die Abschöpfungen auf der Einfuhrseite und die Ausfuhrerstattungen symmetrische Zahlungsströme. Das ist nicht der Fall. Viel-

Abb. 7.4/10: Ausfuhrerstattungen

In den Jahren 2003 bis 2006 wurden vom Hauptzollamt Hamburg-Jonas folgende Euro-Beträge an Ausfuhrerstattungen ausgezahlt:

Marktorganisation	2003	2004	2005	2006
Getreide	39.473.381	11.784.724	29.734.630	27.832.394
Reis	21.128	5.050	–	–
Schweinefleisch	398.036	2.168.864	535.461	366.140
Rindfleisch	66.159.386	81.943.137	55.450.899	26.069.466
Eier	663.493	902.275	1.851.114	945.428
Geflügel	2.051.611	2.014.895	1.855.838	1.804.881
Zucker	64.188.859	142.095.880	162.817.465	56.136.609
Obst und Gemüse	31.820	13.530	–	12.041
Verarbeitungserzeugnisse aus Obst und Gemüse	1.153.479	970.938	524.275	409.879
Milch und Milcherzeugnisse	221.405.888	186.674.673	104.995.703	76.801.046
Nicht-Anhang I-Waren	60.393.561	33.910.465	33.095.812	25.875.295
Wein	11.622	9.410	6.417	23.257
Summe Ausfuhrerstattungen	**455.952.264**	**462.493.931**	**390.867.614**	**216.276.436**

Quelle: BMF / Zollverwaltung

mehr übertrifft die Summe der Erstattungen die Abschöpfungen um ein Vielfaches, so dass sich das System keineswegs selbst finanziert. Mittlerweile visiert die EU – auch als Reaktion auf internationalen Druck im Rahmen der WTO-Verhandlungen – einen Abbau der Exportsubventionen an bis zum Jahr 2013. Schau'n wir mal...

In Ergänzung zu den 22 Marktorganisationen hat die EU Regelungen geschaffen für den Handel mit Produkten, die in mehreren Verarbeitungsstufen aus landwirtschaftlichen Erzeugnissen hergestellt worden sind (z. B. Back- und Süßwaren). Für diese **Weiterverarbeitungserzeugnisse**, die auch als **Nicht-Anhang I-Waren** bezeichnet werden, gelten ebenfalls spezielle Regelungen für die Erhebung der Einfuhrzölle und die Zahlung der Ausfuhrerstattungen.

Abb. 7.4/11: EU-Mindestpreis-System

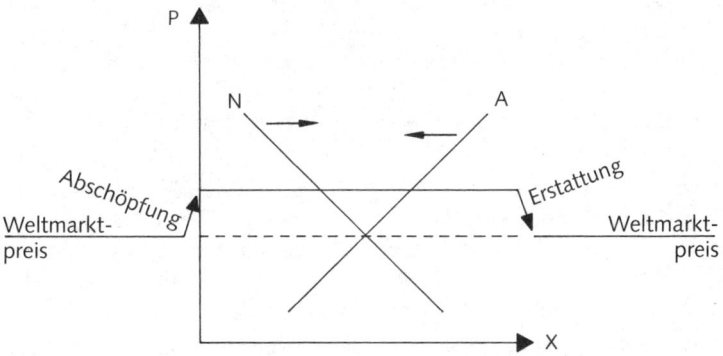

Sollten Sie, lieber Leser, sich näher mit dem System der zahlreichen Marktordnungen vertraut machen wollen: Insgesamt erschließt es sich nur dem sehr engagierten und abgehärteten Spezialisten, und auch dem nicht immer, denn in meiner Praxis berichten mir immer wieder Agrarexporteure über – für sie nicht vorstellbare – Verwerfungen in den Abläufen mit den zuständigen Behörden. Übersichtliche Darstellungen der EU-Agrarmarktpolitik sind weder in der Literatur zu finden (was wegen der sich laufend verändernden Details nicht verwunderlich ist, denn Aktualität von Publikationen ist so gut wie unmöglich), noch verfügen die zuständigen Behörden – in Deutschland wie in Brüssel – über nachvollziehbares Informationsmaterial zu den Agrarmarktordnungen. Vielleicht nicht von ungefähr.

Ich greife nur einige Kommentare wirklicher Spezialisten und Praktiker heraus. Zur Importseite:

1. „Die angestrebte Deregulierung fand überwiegend nicht statt. Das neue Einfuhrregime im Agrarbereich ist in vielen Fällen schwieriger, weniger transparent und auch restriktiver geworden."

2. „Das normale Einfuhrverfahren ist mit Abstand die Ausnahme. Die Quoten sind das Ergebnis politischer Kompromisse; marktwirtschaftliche Überlegungen spielen eine sehr untergeordnete Rolle."

3. „Die Kommission ist mit einer marktgerechten, den Marktre-
alitäten angepassten Verwaltung überfordert. Die Folge sind
Marktstörungen, überraschende Eingriffe, die bei längerfristig
angelegten Dispositionen der Wirtschaft zusätzliche Risiken
für die Unternehmen zumuten – und das bei einem Vertrauens-
schutz, der gegen Null tendiert (...). Mit „mittelstandsfeindlich"
ist diese Politik noch sehr zurückhaltend umschrieben."[39]

Und zur Exportseite: „,Das' Erstattungssystem, verstanden als
einen in sich abgeschlossenen Regelungsbereich, gibt es so leider
nicht. Verschiedene Regelungssysteme laufen zeitlich nacheinander
ab, greifen teilweise aber auch gleichzeitig und laufen so parallel
oder sind besonders miteinander verzahnt."[40]

Grundsätzlich stellt diese Form der Exportsubvention einen klassischen Fall des (Export-)**Dumping** dar, der nach den WTO-Regeln
verboten ist. Wieso kann es dann solche offiziellen Regelungssysteme geben? Weil die EU im Rahmen der WTO-Verhandlungen
eine Ausnahmeregelung für Agrarprodukte durchgesetzt hat...

Die Streitereien über die Agrarsubventionen haben schon diverse
Handelskriege zwischen den USA und der EU ausgelöst, die teilweise sehr plastische und phantasievolle Bezeichnungen wie
„Spaghettikrieg" oder „Hähnchenkrieg" trugen. Diese Auseinandersetzungen haben verschiedene der vergangenen WTO-Verhand-
lungsrunden belastet, und auch in Zukunft wird die Agrarpolitik
auf der Agenda der WTO stehen.

Da sich aber ebenso konträre wie verhärtete Interessen gegenüberstehen – auch seitens der Dritten Welt –, besteht wenig Aussicht
auf baldige Veränderungen. Interessant ist, dass das sehr unüber-
sichtliche System der Agrarerstattungen förmlich zum Betrug ein-
lädt, da die Grenzabfertigungen – und damit die Ansprüche auf
Exporterstattungen – weitestgehend auf Papierbasis erfolgen. Das
tatsächliche Ausmaß der **Agrarbetrügereien** ist nur schwer zu erfassen. Das Rezept ist relativ einfach:

---

[39] Stöhr, Rudolf, *Wirkungen des GATT auf die Einfuhrregeln*, in: Ehlers/
Wolffgang (Hrsg.), *Rechtsfragen der Europäischen Marktordnungen*, Köln
1998, S. 167. An der Aktualität dieser Einschätzung hat sich absolut nichts
geändert.
[40] Vergleiche Halla-Heißen, Isabell/Nonhoff, Fritz, *CMA-Handbuch Ausfuhrerstattung*, Bonn 2001, S. 11.

Je nach Art der Kriterien für die Ausfuhrerstattung, die selbstverständlich bei jeder Marktordnung andere sind, werden auf der Basis gefälschter und frisierter Papiere Ausfuhrerstattungen kassiert. Teils werden Waren deklariert, die faktisch gar nicht ausgeführt werden: Kann man einem mit angeblich gefrorenem Rindfleisch gefüllten Tiefkühltransporter ansehen, ob in der Mitte des Laderaumes nicht lediglich Schlachtabfälle eingefroren sind? Teils wird die ausgeführte Ware durchaus mehrfach ausgeführt, weil sie nach erfolgter Erstausfuhr auf dunklen Wegen den Weg über unvollkommen kontrollierte Grenzen zurück findet in die EU, dem Territorium erneuter Exportsubventionen.

Ein etwas anders gelagerter Fall hat zwar anekdotische Qualität, belegt das Problem aber sehr eindrücklich: Vor vielen Jahren hatte man vorgeschrieben, dass für die Berechtigung, Schlachtprämien für Kühe (zur die Reduzierung der Milchmenge) zu kassieren, als Nachweis der Schlachtung ein Ohr der Kuh vorgewiesen werden musste. Trotz erheblicher Prämienzahlungen reduzierte sich aber weder die Milchmenge noch die Anzahl der Milchkühe. Überprüfungen entdeckten hingegen eine große Anzahl lebender Kühe mit einem oder gar keinem Ohr... Mit Risikoanalysen, verfeinerten Kontrollmethoden und strammen Sanktionen versuchen die nationalen Zollbehörden, die Betrugsfälle zu minimieren, aber das sagt sich einfacher, als es ist.

Die in der Europäischen Gemeinschaft gültigen Mindestpreise liegen klar über den potentiellen Gleichgewichtspreisen, d. h. hier: den Weltmarktpreisen. Die Abbildungen 7.4/11 und 7.4/4b verdeutlichen graphisch, dass dies zu einer Nachfragelücke bzw. einem Angebotsüberhang führen muss, denn die – gemessen am Weltmarktniveau – zu hohen und durch Abnahmegarantien gesicherten Mindestpreise sind natürlich für den Anbieter landwirtschaftlicher Produkte ein Anreiz, so viel wie möglich zu produzieren.

Da die „freiwillige" Nachfrage zu gering ist, muss folglich der Staat die fehlende private Nachfrage ergänzen: Rechtsverschiebung der Nachfragefunktion, analog zu dem Beispiel in Abbildung 7.4/7). Dies bedeutet in der Realität der EU-Agrarmarktordnungen, dass nicht verkaufte Produktionsmengen durch die staatlichen Interventionsstellen aufgekauft werden. Trotz mehrerer kleiner Reformen, z. B. durch Stilllegungs- oder Abschlachtprämien, durch Einführung einer „Mitverantwortungsabgabe" für Milch und Milchprodukte, mit der die Produzenten bestraft werden (graphisch: Linksverschiebung der Angebotsfunktion; Abbildung 7.4/4), durch Festlegung von Produktionszielen, durch Einführung von Milchquoten und andere „Stabilisatoren-Regelungen" (vergleiche oben Abbildung 7.4/6) kam es immer wieder und weiter zu Überproduktionen.

Aber was soll man mit den aufgekauften Gütermengen machen? Auf den EU-Markt zurückschleusen wäre sinnlos, da die Nachfrage auf der Basis der Mindestpreise offensichtlich zu gering bzw. das Angebot ohnehin schon zu groß ist. Die aufgekauften Produkte billig innerhalb der EU anzubieten, würde das Mindestpreissystem ad absurdum führen. Folglich werden z.B. Obst, Gemüse oder Wein laufend vernichtet, was angesichts der Hungersituation in anderen Ländern massive Proteste provoziert.

Auch der Verkauf zu Schleuderpreisen in die Dritte Welt ist möglich. Die entsprechenden Länder ziehen kurzfristig einen Gewinn aus der billigen Einfuhr. Sie können vor allem die wachsende Bevölkerung in den Großstädten besser ernähren. Aber die billigen Nahrungsmittel drücken auf die Preise für landwirtschaftliche Erzeugnisse im Inland, vermindern die Chancen der inländischen Erzeugung, führen zu ungenügender Ausnutzung der eigenen landwirtschaftlichen Ressourcen und zu einer beschleunigten Abwanderung aus den Dörfern in die Städte, in denen der Nahrungsbedarf steigt. Die Nahrungsimporte führen in vielen Fällen zur Verschuldung. Um die Devisen für die Bezahlung von Einfuhren und für den Schuldendienst aufzubringen, werden andere landwirtschaftliche Produkte für den Export erzeugt („cash crops"), was häufig auf Kosten der Erzeugung für die eigene Ernährung geschieht und zur Zerstörung traditioneller ländlicher Strukturen bis hin zur Abholzung oder Brandrodung tropischer Wälder führt, um Anbauflächen zu gewinnen. Das steigende Angebot an diesen Exporterzeugnissen drückt nach einiger Zeit auf die Weltmarktpreise und mindert die Deviseneinnahmen. Handelt es sich dabei um Erzeugnisse, die zollfrei oder mit geringer Zollbelastung in die EU gelangen, verstärken sie dort das Aufkommen von Überschüssen, weil sie z.B. die tierische Erzeugung stimulieren und einheimisches Getreide verdrängen. Entsprechend mehr Fleisch und Getreide werden dann wiederum als Überschuss aus der EU exportiert.

Dies ist ein Grundschema, das in der Praxis in verschiedenen Varianten zu beobachten ist. Andere Güter werden **denaturiert**, d.h.

Abb. 7.4/12: Lagerabbau

EG bewilligt Weihnachtsbutter

Bundesrepublik erhält 100 Millionen Pfund zum halben Preis

Aus EG-Beständen
2,5 Millionen Tonnen Obst
und Gemüse vernichtet

Milliarden Liter Wein vernichtet

China soll Europas Butterberg abbauen

Amerika verkauft wieder
Billig-Weisen an Moskau

Wieder EG-Butter nach Moskau

Die Sowjetunion kauft EG-Getreide

Höhere Ausgaben für Exporterstattungen

zweckentfremdet anderen als den ursprünglichen Verwendungszwecken zugeführt (z. B. wird Milch zu Milchpulver verarbeitet
und dann als Tiernahrung verfüttert, ebenso wie (teures) Nah-
rungsmittel-Getreide verfüttert werden kann, oder Wein wird zu
Industriealkohol verarbeitet); wieder andere Güter (z. B. Fleisch
oder Butter) werden mit hohen Kosten in Kühlhäusern gelagert.
Dadurch bildeten sich die berühmt-berüchtigten Butter-, Getreide-
oder Fleischberge und Milch- oder Weinseen – die vielgestaltige
EU-Agrarlandschaft. Abbildung 7.4/12 enthält auch Maßnahmen
in der Vergangenheit, die heute zum Teil nicht mehr angewendet
werden. Abbildung 7.4/13 zeigt einen der früher verwendeten
riesigen „Kühlschränke" für die Butterbestände (der Butterberg
konnte inzwischen weitestgehend abgebaut werden).

Gemäß den Regelungen der Marktordnungen steigt der Subven-
tionsaufwand in dem Maße, in dem der Export zunimmt und die

Abb. 7.4/13: Butterberg

Weltmarktpreise sinken. Da die Weltmarktpreise unter den EU-Mindestpreisen liegen, werden Importe aus Nicht-EU-Ländern durch Importzölle entsprechend verteuert. Allerdings ist dieses System nicht symmetrisch, denn die Summe, die von der EU als Agrarzoll „kassiert" wird, ist insgesamt erheblich weniger als das, was beim Export an *Erstattungen* zu zahlen ist. Und von diesen Subventionen profitieren insgesamt gesehen nicht die Masse der Exportunternehmen, sondern tendenziell Lebensmittelkonzerne und Agrar-Großbetriebe (Abbildung 7.4/14 und 7.4/15).

In der Konsequenz ergibt sich eine **immense Kostenbelastung** für die EU, denn Aufkauf, Lagerung, Vernichtung, Denaturierung, billiger Verkauf auf dem Weltmarkt oder Erstattung von Preisdifferenzen führen zu ständig wachsenden Ausgaben für die EU-Kasse, die durch Nettozahler gefüllt wird (hierzu gleich). Man sagt, dass zu jedem Euro, mit dem die landwirtschaftliche Produktion gefördert wird, ein weiterer hinzugefügt werden muss, um die Produktion wieder vom Markt zu schaffen. Die EU leidet folglich chronisch unter Finanzierungsproblemen und war bereits mehrfach zahlungsunfähig. 1992 erfolgte eine Reform der Agrarpolitik, weil die Agrarausgaben ins Aberwitzige gestiegen waren. Durch Maßnahmen zur Produktionsbeschränkung (Flächenstilllegungen, Begrenzung der

Abb. 7.4/14: Agrarsubventionen

Konzerne und Großbetriebe sind Hauptprofiteure von EU-Hilfen

EU-Agrarsubventionen: Länder verheimlichen die meisten Großempfänger

In Deutschland erhalten 0,5 Prozent der Betriebe jeweils mehr als 300.000 Euro, 70 Prozent jeweils bis zu 10.000 Euro.

Einige Betriebe erhalten Prämienzahlungen von bis zu 120.000 Euro je Arbeitskraft, der Durchschnitt der Betriebe erhält weniger als 12.000 je Arbeitskraft.

Abb. 7.4/15: Großempfänger von Agrarsubventionen

Nordrhein-Westfalen

Landgaard Obst & Gemüse GmbH & Co KG
Campina GmbH
Humana
Denkavir Futtermittel GmbH
Brünninghof Bochum
Bayer AG / Bayer Industry Services GmbH (CURRENTA)
RWE
Tier&Pflanzenproduktion Felgentreu GmbH

Brandenburg

Stadtgüter Berlin mbH Betriebsgesellschaft
Landwirtschaft Gotzow Betriebs GmbH
Agrargenossenschaft Uckerland Gerswalde
Agrargenossenschaft Neuzelle e.G.
Agrargenossenschaft Mühlberg

Mecklenburg-Vorpommern

Agrar GmbH Sandhagen
Gut Darß GmbH/Biobetrieb
Mecklenburgische Güterverwaltungs und Dienstleistungsgesellschaft mbH und Co. KG, Gut Ferdinandshof
Osterhuber Agrar GmbH
Fleischwerk EDEKA Nord GmbH
Pfanni

Quelle: Damm, Haidy, Agrar-Subventionen in Brandenburg, Mecklenburg-Vorpommern und Nordrhein-Westfalen – Wer profitiert? Initiative für Transparenz bei EU-Agrarsubventionen, Berlin 2008

pro Hektar gehaltenen Tiere usw.) gelang es tatsächlich, die Lagerbestände deutlich zu reduzieren. Dennoch machen die Agrarausgaben rund 40 % des gesamten EU-Budgets von etwa 115 Mrd. Euro aus!

Denken Sie bitte nicht, dass wir unser Thema vergessen hätten. Nein, wir sprechen immer noch von der Marktpreisbildung. Aber die EU-Agrarmärkte produzieren teilweise so absurde Ergebnisse, dass sie als Negativbeispiel eigentlich gar nicht ausführlich genug betrachtet werden können. Allein der Begriff der „Agrar-Markt-Ordnungen" ist schon ein Widerspruch in sich. Von einem frei funktionierenden Markt, von freier Marktwirtschaft kann hier keine Rede sein: Dirigistische Interventionen (Markt-„Ordnungen") regulieren das Geschehen direkt und unmittelbar, also nicht nur durch das Setzen von Rahmenbedingungen. Bis auf weiteres wird der Agrarhaushalt nicht nur die EU-Haushaltsmittel extrem beanspruchen, sondern logischerweise auch die nationalen Haushalte, die entsprechende Beiträge leisten müssen. Über den Nettonutzen lässt sich nur spekulieren. Meine persönliche These ist, dass der ökonomische Nutzen der Agrarpolitik klar negativ ist, so dass sich allenfalls politische Vorteile dagegen rechnen lassen. Aber wem gegenüber ...? Sicherlich nicht aus der Sicht der Agrarproduzenten außerhalb der EU und Nordamerikas.

Da wir hier nur eine allgemeine Betrachtung von Mindestpreisregelungen anstellen wollen, verbietet sich eine eingehende Würdigung der verschiedenen EU-Agrarmarkt-Ordnungen, deren Reformen und der daraus resultierenden Probleme. Ein kurzer Kommentar meinerseits soll daher die Kurzdarstellung des EU-Agrarsystems abschließen:

Das Agrarsystem der EU ist – mit ökonomischen Kriterien gemessen – absurd. Die angestrebten Ziele (Selbstversorgung, Preisstabilisierung, Einkommenssicherung der Landwirte) könnten viel effizienter mit anderen Maßnahmen erreicht werden. Abgesehen davon, dass durch die Mindestpreisregelung das Agrarpreisniveau sehr viel höher ist, als es bei Freihandel wäre (also zu Lasten der Verbraucher), würden *direkte Einkommenstransfers* an die landwirtschaftlichen Erzeuger die Agrarausgaben der EU sehr drastisch senken. Das jetzige System ist jedoch für viele Agrarunternehmer, vor allem Großbauern, aber auch Händler, die mit der Produktion gar nichts zu tun haben, sehr viel profitabler, obgleich gleichzeitig kleine Landwirte deutlich weniger profitieren. Unabhängig von der ökonomischen Verschwendung ist das System der Marktordnungen auch systematisch absurd. Innerhalb der verschiedenen Marktordnungen werden – warum auch immer – gleiche Probleme unterschiedlich geregelt, und vergleichbare Instrumente werden mit zahlreichen verschiedenen Begriffen bezeichnet.

Die europäische Agrarlobby hat in den nationalen Parlamenten und im Europaparlament großen Einfluss. Sie vertritt in erster Linie die Interessen der Agrarindustrie, weniger die der kleinen und mittleren Landwirte und schon gar nicht die der Verbraucher, so dass nicht davon auszugehen ist, dass sich an dem ökonomischen Unsinn der Agrarpolitik in der überschaubaren Zukunft etwas ändern wird.

7.4.2.4 Anti-Dumpingzölle und Ausgleichzölle

Dumping und Ausfuhrsubventionen in Exportländern führen dazu, dass auf der anderen Marktseite Importgüter „zu billig" sind und damit inländische Produzenten schädigen können. Folglich besteht die Anti-Politik darin, solche Importe durch Strafzölle zu verteuern und auf ein bestimmtes Mindestniveau anzuheben, vom Prinzip her ist dies den Agrarzöllen recht ähnlich. Dumping ist eine private Maßnahme auf Unternehmensebene (zur genaueren Definition kommen wir gleich), Exportsubventionen sind staatliche Maßnahmen. Die Wirkungen im Importland sind prinzipiell ähnlich, aber die Verursacher sind folglich unterschiedlich.

Dumping und Exportsubventionen gelten nach dem WTO-Vertrag als „unfaire" Maßnahmen, gegen die sich benachteiligte Staaten wehren können mit Hilfe von Strafzöllen. Bei Dumping nennt man sie **Antidumping-Zölle**, bei Exportsubventionen nicht Anti-Subventionszölle, sondern **Ausgleichszölle**, wiederum: warum auch immer. Undifferenziert spricht man auch von **Strafzöllen** (Abbildung 7.4/16). Diese müssen in der EU von den betroffenen Unternehmensverbänden bei der EU-Kommission beantragt werden. In der EU stützt sich das heutige (Anti-)Dumping- und (Anti-)Subventionsrecht auf die entsprechenden GATT-Kodizes, die in den WTO-Vertrag eingegangen sind. Diese sollen nicht nur die von Dumping-Einfuhren betroffenen Importländer schützen, sondern insbesondere auch den Exportländern Schutz bieten vor ungerechtfertigten Anti-Dumping-Maßnahmen. Es gibt einige Abweichungen zwischen den EU- und den WTO-Bestimmungen, auf die wir hier nicht eingehen.

Abb. 7.4/16: Strafzölle

EG-Strafzölle auf US-Papier, Textilien und Maschinen

US-Strafzölle auf Stahlimporte
EU erhebt Strafzölle auf Schuhe aus China und Vietnam
Schuhe werden deutlich teurer

JAPAN PLANT STRAFZOLL AUF DRAMS VON HYNIX

Strafzölle für CD-Rohlinge: Droht Preisanstieg?
Bis zu 40 Prozent für taiwanesische Lieferungen

Für die Festsetzung von Anti-Dumping-Zöllen und Ausgleichszöllen ist die EU-Kommission zuständig. Sie kann nach Bedarf nationale Behörden einschalten. Für die Einleitung des entsprechenden Prüfverfahrens ist ein Antrag aus dem Kreis des betroffenen Wirtschaftssektors erforderlich. Die Kommission prüft vier Kriterien:

1. ob der *Tatbestand* des Dumping bzw. der Subventionierung besteht,
2. ob eine bedeutende *Schädigung* eines Wirtschaftszweiges in der EU vorliegt oder droht,
3. ob ein kausaler *Zusammenhang* zwischen dieser Schädigung und dem Tatbestand nachgewiesen wird, und
4. ob die Erhebung eines *Strafzolls* im europäischen Interesse ist.

(1) Nachweis des Tatbestands

Dumping kann auf zweierlei Weise definiert werden. (a) Aus betriebswirtschaftlicher (unternehmerischer) Sicht liegt Dumping vor, wenn Produkte zu nicht kostendeckenden Preisen vertrieben werden („**Verlustdumping**"). Um diesen Tatbestand nachzuweisen, müsste man Einblick haben in die unternehmerische *Preiskalku-*

lation, was seitens der angeschuldigten Unternehmen wohl kaum freiwillig geschehen dürfte und nur durch Industriespionage zu erkennen wäre. Obgleich systematisch einleuchtend, ist diese Definition nicht operational. Zudem würde sie mit dem Postulat der *unternehmerischen Freiheit* kollidieren, denn wenn ein Unternehmer beschließt – aus welchen Gründen auch immer –, ein Gut zu nichtkostendeckenden Preisen anzubieten, dann ist das ausschließlich seine Sache. Bei Sommer- und Winterschlussverkäufen und ähnlichen Aktionen kommt dies ja sehr oft vor. Aber ein Verkauf unter Einstandspreis ist nach dem deutschen Wettbewerbsrecht nur in bestimmten Fällen zulässig.

(b) Folglich verwendet man im internationalen Handelsrecht eine andere Definition, nach der Dumping dann vorliegt, wenn ein Produkt auf *Auslandsmärkten* billiger angeboten wird als auf dem inländischen *Heimatmarkt* des Anbieters (sogenannter **Normalpreis**); es muss also eine regionale Preisdifferenzierung vorliegen. Diese zweite Definition liegt sowohl dem WTO-Recht als auch dem EG-Recht zugrunde.

Direkte Exportsubventionen sind nach dem WTO/GATT-Vertrag verboten. Darunter versteht das GATT staatliche Beihilfen zugunsten der inländischen Wirtschaft im weitesten Sinne, mit dem Ziel, die Ausfuhr eines Gutes zu steigern oder die Einfuhr zu verringern. Diese können die unterschiedlichsten Formen annehmen – neben unmittelbaren, direkten finanziellen Zuwendungen z.B. die Befreiung von direkten und indirekten Steuern, Zinsvergünstigungen oder die Übernahme von Verlusten aus Exportgeschäften durch Exportkreditversicherungen (in Deutschland durch die Euler-Hermes-Versicherung) oder durch vergünstigte Transport- und Frachtgebühren für Exporteure. Besondere Bedeutung haben staatliche Export-Fördermaßnahmen in Wirtschaftssektoren mit Struktur- und Beschäftigungsproblemen, in der EU u.a. im Bereich der Agrarwirtschaft (siehe oben, ebenso in den USA) sowie in der Stahl- und der Schiffbauindustrie.

Aber: Staatliche Subventionen, mit denen binnenwirtschaftliche oder sozialpolitische Ziele verfolgt werden (z.B. Beschäftigungssicherung, sogenannte **heimische Subventionen**) sind im Gegensatz zu Exportsubventionen zulässig. Hierzu zählen u.a. die Förderung von Forschungs- und Entwicklungsprogrammen, die Förderung wirtschaftlich und sozial schwacher Regionen sowie beschäftigungsfördernde Maßnahmen (Bergbau im Ruhrgebiet). Diese Unterscheidung ist zum einen schwer zu definieren, zum anderen nicht sehr überzeugend, da solche Subventionen gleichermaßen zu Preisvorteilen führen können wie *direkte* Exportbeihilfen. Der Tatbestandsnachweis ist daher sehr schwer zu führen. Deshalb gibt es in der Praxis kaum Ausgleichszölle gegen Exportsubventionen, vor allem auch, weil entsprechende Probleme in zwischenstaatlichen Verhandlungen gelöst werden und kaum durch Strafzölle (Ausnahme: EU gegen die USA und umgekehrt. Auch Korea war schon mal dabei). Und im Hinblick auf den Agrarbereich haben wir oben bereits gesagt, dass man für die Agrar-Exportsubventionen Sonderregelungen im WTO-Vertrag in Anspruch nimmt, auch wenn sie international äußerst umstritten sind. Der Nachweis des Dumping bzw. des Subventionstatbestandes ist vom geschädigten Wirtschaftszweig zu führen, der einen Strafzoll beantragt. Die entsprechenden Analysen und Gutachten können sehr teuer werden.

(2) Schädigung und kausaler Zusammenhang

Eine Schädigung des betreffenden Wirtschaftszweiges wird u. a. daran beurteilt, ob seit Bestehen des Tatbestandes des Dumpings bzw. der Subventionierung eine erhebliche Zunahme der Importe dieses Gutes zu verzeichnen ist und ob sich dies negativ auf z. B. Auftragsentwicklung, Kapazitätsauslastung, Umsatz, Beschäftigung etc. ausgewirkt hat. Eine Schädigung wird u. a. daran beurteilt, ob die Preise der betreffenden Importgüter niedriger lagen im Vergleich zu vergleichbaren Gütern im Importland (im europäischen Fall: im gemeinsamen Markt. Es muss sich um eine *bedeutende* Schädigung handeln, welche die Hersteller gleichartiger Produkte mit einem Marktanteil von etwa 25 % trifft (Faustregel). Wie im Kartellrecht erweist sich dabei die Marktabgrenzung oft als Problem. Dabei sind besondere Anforderungen an die prognostizierten Entwicklungen und Wirkungen zu stellen, um einem Missbrauch dieser Bestimmungen vorzubeugen. Dabei sind als Indikatoren die im Exportland bestehenden oder absehbar entstehenden Ausfuhrkapazitäten sowie die Wahrscheinlichkeit der Ausfuhr in die EU heranzuziehen. Letzteres kann z. B. durch langfristige Lieferverträge belegt werden.

Auch der kausale Zusammenhang ist durch entsprechende Gutachten nachzuweisen, weil Schädigungen möglicherweise zu Unrecht einem Dumpingtatbestand zugeordnet werden, obgleich ganz andere Faktoren ursächlich sind, z. B. konjunkturelle Schwächen oder Wechselkurseinflüsse. Hierbei treten in der Praxis oft erhebliche Abgrenzungsprobleme auf.

(3) Interessenabwägung

Sofern die vorangehenden zwei Kriterien erfüllt sind, kann das Importland (im europäischen Fall die **EU-Kommission**) entscheiden, ob und in welcher Höhe ein Ausgleichszoll erhoben werden soll. Beispielsweise mögen Uhrenhersteller durch gedumpte Importe bestimmter Werkteile geschädigt werden. Wenn diese Teile aber gleichzeitig in anderen Industriezweigen zu deren Vorteil verwendet werden, muss eine Interessenabwägung stattfinden. Dabei ist immer wieder zu beobachten, dass die Interessen von Produzenten in der EU und von Importeuren sich unterscheiden, weil Importeure natürlich gerne billig im Ausland einkaufen.

Die entsprechenden Prüf- und Festsetzungsverfahren der EU-Kommission können sich über längere Zeit hinziehen (6–12 Monate), während in der Zwischenzeit die Schädigungen andauern. Daher kann bei Dumpingverdacht ein vorläufiger Zoll festgesetzt werden (bis zu vier Monaten, mit möglicher zweimonatiger Verlängerung), der nach Abschluss der Prüfung bestätigt oder aufgehoben wird. Der vorläufige Zoll wird allerdings nicht tatsächlich erhoben, sondern der Zollschuldner (i. d. R. der Importeur in der EU) muss eine entsprechende Sicherheit in Höhe der mutmaßlichen Dumpingspanne leisten, um die Ware in die EU einführen zu können. Dies erfolgt meist durch eine Bankgarantie, die erst bei negativem Aufklärungsergebnis wieder freigegeben wird.

7.5 Schlussbemerkung

Sie haben – so hoffe ich – erkannt, dass das Prinzip der Marktpreisbildung, so wie es für polypolistisch strukturierte und organisierte Märkte abgeleitet wurde, flexibel auf jegliche Art von Veränderung mit Preisveränderungen reagiert, welche sich wiederum auf das Verhalten der Marktteilnehmer – Anbieter und Nachfrager – auswirken. Soweit die Theorie.

In der Praxis sind diese Prozesse nicht immer so klar und deutlich beobachtbar, denn viele Märkte – zum Beispiel die Energiemärkte – sind nicht polypolistisch, sondern oligopolistisch strukturiert, und Oligopole können durchaus auch monopolistische Verhaltensweisen entwickeln. In diesem Zusammenhang verweise ich noch mal auf die Darstellung der **Missbrauchskontrolle** im Wettbewerbs- bzw. Kartellrecht in Kapitel 6.

Hinzu kommt, dass international zu beobachten ist, dass Staaten unerwünschten Marktpreisentwicklungen mit gezielten staatlichen Interventionen entgegenzuwirken versuchen. Diese sind, was die Markteffizienz betrifft – so mein persönliches Werturteil –, durchgängig von wenig Erfolg geprägt, denn sie schaffen zumindest genauso viel neue Probleme wie sie vorgeben zu lösen. In meiner Gutachtersprache würde ich dies vornehm und höflich als „suboptimal" bezeichnen.

8 Schlussbemerkungen zu Theorie und Realität

Gerade die letzten Gedanken verdeutlichen vielleicht, dass die Grenze zwischen Wirtschaftstheorie und -politik inhaltlich leicht überschritten wird, so dass es in diesem Buch immer wieder erforderlich wurde, eher wirtschaftspolitisch einzuordnende Aspekte zu vernachlässigen. In den vorangehenden Kapiteln wurde versucht, einige Grundlagen der volkswirtschaftlichen Theorie mit Hilfe von Beispielen aus der Realität zu erläutern. Dies kann nicht immer mit der erforderlichen Überzeugungskraft gelingen, da die Theorie häufig von Annahmen ausgeht, die in der Praxis nicht verwirklicht sind und teilweise auch nicht verwirklicht werden können.

Die dargestellten Theoriebausteine sind zumeist Elemente einer markwirtschaftlichen Wirtschaftsphilosophie. In der marktwirtschaftlichen **Wirtschaftspolitik** wird versucht, mit Instrumenten, die mit der Marktwirtschaft vereinbar sind, die ökonomische Realität so weit wie möglich an einen als richtig erachteten und theoretisch untermauerten Idealzustand anzunähern. Wie dieser Idealzustand beschaffen sein soll, ist eindeutig eine *politische* Frage und nicht Gegenstand der Betrachtungen in diesem Buch – unabhängig davon, dass an verschiedenen Stellen auch meine persönliche Meinung mit eingeflossen ist: Es ist nicht immer möglich oder sinnvoll, kommentarlos nur darzustellen. Dabei sollten allerdings subjektive Wertungen auch als solche erkennbar sein; dies ist hoffentlich geschehen.

Im Hinblick auf die Bedeutung von Theorien für die Praxis soll abschließend nochmals ein Klärungsversuch gemacht werden (vgl. auch Abschnitt 1.4). Die Praxisrelevanz einer Theorie hängt insbesondere davon ab, wie realistisch die Annahmen sind, von denen sie ausgeht; die Unterstellung eines dreibeinigen Menschen würde jede Theorie in praktischer Hinsicht disqualifizieren.

Es ist daher sehr leicht, Theorien dadurch anzugreifen, dass man ihre Grundannahmen in Frage stellt. Das gesamte Kapitel 7 geht von der Unterstellung polypolistischer Konkurrenz unter einer Vielzahl, insgesamt nicht im Einzelnen ausgeführter Nebenbedingungen aus. Es ist gar kein Problem, diese Annahmen als unrealistisch abzutun. Mit Blick auf die Praxis wäre dies auch angebracht. Man würde jedoch theoretischen Ansätzen damit tendenziell Unrecht zufügen, denn meist wird auch bei praxisfernen Ansätzen offen und ehrlich angeführt, dass man sich gedanklich meilenweit von der Realität entfernt bewegt. Theorien haben aber den unschätzbaren Wert, partielle, losgelöste, durch die *ceteris-paribus*-Annahme isolierte Denkansätze auf logische Widersprüche hin zu überprüfen. Sie schärfen nicht nur die gedanklichen Überlegungen, sondern zwingen insbesondere zur Abstraktion, zur Reduktion komplexer Probleme auf einfachere Zusammenhänge, zur Konzentration auf das Wesentliche. Das gedankliche Konstrukt gewinnt daher seinen Wert in der Darstellung des theoretisch Möglichen und daraus abgeleitet: ggf. auch des Wünschbaren (dann: Werturteil).

Dennoch ist in vielen Fällen die Frage nicht nur erlaubt, sondern auch angebracht, welchen Sinn komplizierte, oft formal sehr anspruchsvolle, teilweise abgehobene Modelle für die konkreten Probleme der Praxis haben, wenn sie kaum einen Bezug zur Praxis erkennen lassen. Ökonomische Probleme sind Praxisprobleme und keine mathematischen Denkübungen (im Englischen treffend als „intellectual gymnastics" qualifiziert). Natürlich ist es erforderlich, komplexe Probleme der Realität auf simplifizierte theoretische Strukturen von „machbaren" Modellen zu reduzieren. Ihre Aussagekraft darf aber nicht überschätzt werden, sofern sie offensichtlich in deutlichem Abstand zur Wirklichkeit stehen. Hier mangelt es sehr oft an einer kritischen Distanz von Modellkonstrukteuren. Der Wert einer *sozial*-wissenschaftlichen Theorie hängt direkt von ihrer Umsetzbarkeit in der Realität ab.

Zum Abschluss soll noch ein kleines Beispiel angefügt werden, das ich dem schon in Abschnitt 1.2 zitierten Buch von Orestes V. **Trebeis** (= Horst Siebert), Nationalökonom*ologie*, Tübingen 1994, unverändert entnommen habe:

Eine erste Lektion in Ökonometrie

von John J. Siegfried (University of Wisconsin)

Ein angehender Ökonometriker muss beizeiten lernen, dass es niemals guten Geschmack beweist, die Summe zweier Größen in der Form

(1) $1 + 1 = 2$

auszudrücken. Wie jeder fortgeschrittene Student der Ökonomie weiß, ist

(2) $1 = \ln e$

und ferner

(3) $1 = \sin^2 q + \cos^2 q.$

Außerdem ist es auch für den flüchtigen Leser offensichtlich, dass

(4) $2 = \sum\limits_{n=0}^{\infty} \dfrac{1}{2^n}.$

Deshalb kann (1) wissenschaftlicher als

(5) $\ln e + (\sin^2 q + \cos^q) = \sum\limits_{n=0}^{\infty} \dfrac{1}{2^n}$

geschrieben werden. Es ist ohne weiteres einzusehen, dass

(6) $1 = \cosh p \sqrt{1 - \tanh^2 p},$

und wegen

(7) $e = \lim\limits_{\delta \to \infty} \left(1 + \dfrac{1}{\delta}\right)^{\delta}$

lässt sich (5) weiter vereinfachen zu

(8) $\ln = \left[\lim\limits_{\delta \to \infty} \left(1 + \dfrac{1}{\delta}\right)^{\delta}\right] + (\sin^2 q + \cos^2 q)$

$\qquad = \sum\limits_{n=0}^{\infty} \dfrac{\cosh p \sqrt{1 - \tanh^2 p}}{2^n}.$

Wenn wir beachten, dass

(9) $0! = 1$

und uns vergegenwärtigen, das die Inverse der Transponierten die Transponierte der Inversen ist, können wir uns durch Einführung des Vektors X der Beschränkung auf den eindimensionalen Raum entledigen, wobei

(10) $(X')^{-1} - (X^{-1})' = 0$.

Die Kombination von (9) und (10) ergibt

(11) $[(X')^{-1} - (X^{-1})]! = 1$.

Setzt man (11) in Gleichung (8) ein, so reduziert sich unser Ausdruck auf

(12) $\ln = \left\{ \lim_{\delta \to \infty} \left\{ [(X')^{-1} - (X-1)']! + \frac{1}{\delta} \right\}^{\delta} \right\} + (\sin^2 q + \cos^2 q)$

$$= \sum_{n=0}^{\infty} \frac{\cosh p \sqrt{1 - \tanh^2 p}}{2}.$$

Jetzt dürfte es keinen Zweifel mehr daran geben, dass Gleichung (12) viel klarer und leichter verständlich ist als Gleichung (1). Man könnte Gleichung (1) mit Hilfe anderer, ähnlicher Methoden vereinfachen, aber die ergeben sich von selbst, wenn der junge Ökonometriker erst einmal die zugrundeliegenden Prinzipien begriffen hat.

Was bewirkt die Volkswirtschaftslehre?

Einer der profiliertesten Fachvertreter der Volkswirtschaftslehre, Bruno S. Frey von der Universität Zürich, hat unlängst eine sehr kritische Analyse vorgelegt unter dem Titel „Was bewirkt die Volkswirtschaftslehre?"[41] Das in meiner Einleitung und hier zum

---

[41] In: Perspektiven der Wirtschaftspolitik 1.2000:1. S. 5–33 (Verein für Socialpolitik. Hrsg.). Frey ist Professor für Empirische Wirtschaftsforschung.

Schluss angeklungene eigene Unbehagen mit der Wirksamkeit volkswirtschaftlicher Beratung, die mich theoretisch und praktisch seit langen Jahren begleitet, wird dort bekräftigt. Frey lässt sowohl Skeptiker als auch Verteidiger zu Wort kommen, endet jedoch mit eher pessimistischen Überlegungen, die auch Bezug nehmen auf die abnehmende Zahl von Studenten der Volkswirtschaft, von abnehmenden Ressourcen in Form von Lehrstühlen und Wissenschaftlern und von abnehmendem Interesse der Medien, und zeigt sich in hohem Maße beunruhigt. Vielleicht hat dieses Buch dazu beigetragen, Ihnen als Leser dennoch den Sinn für relevante volkswirtschaftliche und wirtschaftspolitische Zusammenhänge zu schärfen, um dem von Frey herausgestellten Trend entgegenzuwirken.

Fazit und Eigenwerbung

Dieses Buch sollte Unmögliches leisten: Es sollte zum einen die gerade angesprochenen Theorieansätze erläutern und zum anderen ihre Bezüge zur Realität verdeutlichen. Natürlich konnte dies oft nur in Ansätzen gelingen; viele Theorien sind und bleiben praxisfern; viele Praxisprobleme können nicht vereinfachend theoretisiert werden. Vielleicht ist es aber dennoch gelungen, dem Leser den einen oder anderen Aspekt auch theoretisch näher zu bringen.

Obwohl es erneut wie penetrante Eigenwerbung aussehen mag (ist es ja auch!), sei auf die im Vorwort angeführten ergänzenden Lehrbücher des Autors zur Wirtschaftspolitik und zur Außenwirtschaft verwiesen, da dort viele Aspekte behandelt werden, welche die hier in diesem Buch behandelte Thematik ausbauen, ergänzen und mit der Praxis verbinden, aber hier aus Raumgründen nicht aufgenommen werden konnten. Dies hätte sonst ein Lehrbuch von rund 1.600 Seiten ergeben – ein bisschen viel für ein Taschenbuch. Unabhängig davon enthalten die Literaturhinweise im Anhang zu jedem Kapitel weiterführende und vertiefende Literatur.

9 Hinweise zu den Impulsen zum Nachdenken

Zum Nachdenken 2.1:

Überlegen Sie Beispiele für exogene Einflüsse auf die Bedürfnisentstehung.

Hierzu zählen u.a. die Gesellschaftsordnung, die Familie, die Bildung, die Werbung etc. Dabei wird bereits deutlich, dass keine exakte Trennung zwischen endogen und exogen determinierten Bedürfnissen gezogen werden kann.

Zum Nachdenken 2.2:

Könnte die Budgetlinie die X- oder die Y-Achse schneiden?

Nein, denn das würde negative Mengen bedeuten und wäre nicht nur unsinnig, sondern praktisch unmöglich.

Zum Nachdenken 2.3:

Ein Student offenbart Ihnen folgende Präferenzen:

d > a, a > b, b > c, c > d.

Leiten Sie daraus seine Präferenzordnung ab.

Sie werden feststellen, dass der Student sich offenbar nicht entscheiden kann, denn es ergibt sich ein sogenannter intransitiver Zirkel. Wir gehen im Text darauf ein.

Zum Nachdenken 2.4:

Ermitteln Sie im Internet, wie sich das Stimmrecht im Internationalen Währungsfonds (IWF) oder bei der Weltbank bestimmt.

Die Mitgliederstimmen leiten sich ab aus der Höhe der Beiträge der Mitgliederländer (Quoten), sodass z.B. die USA oder die Europäische Union jeweils für sich genommen Sperrminoritäten haben.

Finanzschwache Mitglieder fordern daher seit langem eine Änderung dieses Entscheidungsverfahrens.

Zum Nachdenken 2.5:

Ein kleiner Junge sammelt rostige Nägel. Sind die Nägel ökonomisch ein Gut?

Na klar. Der Junge hat offenbar das Bedürfnis, diese Objekte zu sammeln. Welches Gut geeignet ist, ein Bedürfnis zu befriedigen, kann nur das jeweilige Individuum („Wirtschaftssubjekt") entscheiden. Darin liegt ja auch das Problem des Staates, der versucht, durch staatliche Entscheidungen die Zufriedenheit der Bürger zu steigern, ohne diese im Einzelfall immer befragen zu können.

Zum Nachdenken 3.1:

Könnten Kieselsteine als Geld dienen?

Grundsätzlich schon, wenn sie selten sind, andernfalls wäre die Geldaufbewahrungsfunktion bedroht (Inflation). Hinzu kommen technische Bedenken wegen des Gewichts.

Zum Nachdenken 3.2:

Sind Schecks „Geld"?

Schecks stellen einen Anspruch auf den Erhalt von Geld dar. Sie sind kein eigentliches Geld, jedenfalls nicht im Sinne eines gesetzlichen Zahlungsmittels. Abgesehen davon können Schecks individuell durchaus wie Geld gewertet werden.

Zum Nachdenken 4.1:

Was bedeutet es, wenn Ex kleiner ist als Im?

Es wird mehr importiert als exportiert. Da Im- und Exporte z.B. in Euro ausgedrückt werden, wird mehr Geld für Importe ausgegeben als an den Exporten verdient wird. Also wird „auf Pump" importiert = Verschuldung.

Zum Nachdenken 4.2:

Umschreiben Sie mit wenigen Worten den Begriff „Inlandsprodukt".

Das Inlandsprodukt ist der Gesamtwert der in einer Volkswirtschaft in einer Periode erstellten Sachgüter und Dienstleistungen, die „über den Markt" gehandelt worden sind.

Zum Nachdenken 5.1:

Nennen Sie jeweils für die Nachfragetheorie und die Angebotstheorie zwei denkbare Maßnahmen zur Konjunkturanregung.

Die Nachfrage könnte angeregt werden 1. durch Ergänzung der privaten Nachfrage durch staatliche Nachfrage oder 2. durch Entlastung der privaten Haushalte von Abgaben, um ihre Kaufkraft zu stärken.

Das Angebot könnte gefördert werden 1. durch Abbau staatlicher Reglementierungen („Bürokratieabbau") oder 2. durch Entlastung der Unternehmen von Kosten (Reduzierung von Lohnzusatzkosten, Zinssenkungen) – usw.

Zum Nachdenken 6.1:

In welcher Markform sind Kartellbildungen am wahrscheinlichsten?

Im Oligopol. Wir gehen noch darauf ein.

Zum Nachdenken 7.1.1:

Es sei zu beobachten, dass die Nachfrage nach Äpfeln auf dem Wochenmarkt im Vergleich zur Vorwoche gestiegen ist. Suchen Sie verschiedene Ursachen, die dafür verantwortlich sein könnten.

- *Die Äpfel sind billiger geworden.*
- *Die Äpfel sind besser als in der Vorwoche.*
- *Es war gerade Zahltag.*
- *Es hat Lohnsteigerungen gegeben.*

- *Die Bevölkerung hat zugenommen.*[42]
- *Das übrige Obst ist teurer geworden.*
- *Die Obstbauern haben verstärkt für Äpfel geworben.*

Dabei können mehrere Faktoren zugleich wirken.

Zum Nachdenken 7.1.2:

Interpretieren Sie den Punkt R in Abb. 7.1.5. Ist er realistisch?

In R ist der bei einem Preis von Null zu definierende Sättigungspunkt nach rechts verschoben worden. Das bedeutet, dass die Nachfrager nicht nur nichts bezahlen müssen, sondern sogar noch bezahlt werden (eine Art „negativer Preis"). Dies ist keineswegs absurd, denn man kann beispielsweise sein altes Auto einem Schrotthändler nur „schenken", wenn man noch ein paar Euro dazulegt, und das gilt genauso für alte Autoreifen: Beide Güter haben aber für den „Erwerber" durchaus einen Weiterverwendungsnutzen.

Zum Nachdenken 7.1.3:

Überlegen Sie, ob und welche Güter es gibt, bei denen Ihre Nachfrage zumindest in einem Teilbereich preisunelastisch ist.

(Lösung ist nur individuell möglich.)

Zum Nachdenken 7.1.4:

Überlegen Sie, welche Güter für Sie Substitutionsgüter sind für: Zeitung, Urlaub, Auto, Reis, Fernsehen, Laptop.

(Lösung ist nur individuell möglich.)

Zum Nachdenken 7.1.5:

Wie groß ist für die Trinkaus AG die direkte Preiselastizität der Nachfrage, wenn ein Preisrückgang von 0,80 Euro auf 0,76 Euro für eine Flasche Mineralwasser zu einem Anstieg der Gesamtnachfragemenge von 24.000 Flaschen auf 24.600 Flaschen führt? Wie

---

[42] Sie ist nicht dicker geworden, sondern hat zahlenmäßig zugenommen, z.B. durch Zuwanderung (externes Wachstum) oder durch biologischen Zuwachs (internes Wachstum).

nennt man diese Reaktion? Wie verändert sich der Umsatz für das Unternehmen?

Der Preisrückgang beträgt 0,8 auf 0,76 → −5%, der Mengenanstieg beträgt 24.000 auf 24.600 → 2,5%, die direkte Preiselastizität ist somit 2,5/−5 = −0,5. Es handelt sich um eine preisunelastische Reaktion. Der Umsatz geht von 0,8 → 24.000 = 19.200 Euro um 504 Euro auf 0,76 → 24.600 = 18.696 Euro zurück, das entspricht 504/19.200 → −2,6%.

Zum Nachdenken 7.1.6:

Wie schätzen Sie Ihre Preiselastizität ein bei Urlaubsreisen, Benzin, Kleidung, Essen im Restaurant, Kaffee, DVD-Geräten?

(Lösung ist nur individuell möglich.)

Zum Nachdenken 7.1.7:

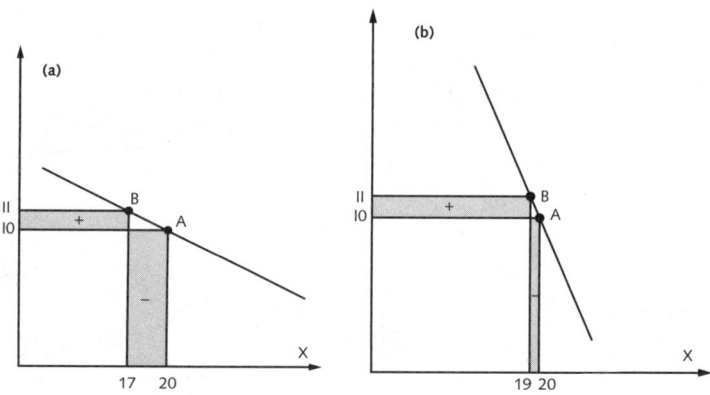

Zeichnen Sie in die Abbildung jeweils die zu den Punkten A und B gehörenden Umsatzfelder ein und vergleichen Sie optisch und rechnerisch die Wirkungen auf den Umsatz, wenn jeweils eine Preiserhöhung von 10 auf 11 Euro (= 10%) vorgenommen wird.

Im Fall (a) reduziert sich der Umsatz von 20 →10 = 200 auf 17→11 = 187; das mit + gekennzeichnete Feld ist auch optisch kleiner als das mit ./. gekennzeichnete.

Im Fall (b) erhöht sich der Umsatz von 20 →10 = 200 auf 19 →11 = 209; das mit + gekennzeichnete Feld ist auch optisch größer als das mit ./. gekennzeichnete.

Zum Nachdenken 7.1.8:

Welche Rückschlüsse ziehen Sie aus dem Vorzeichen der Einkommenselastizität hinsichtlich der Art der betrachteten Güter?

Wie bei den bereits betrachteten Elastizitäten lassen sich auch bei der Einkommenselastizität aus dem Vorzeichen gewisse Schlüsse ziehen: Ein positives Vorzeichen des Elastizitätswertes weist auf den Normalfall hin (vgl. Abb. 5.9 a), dass bei steigendem Einkommen Güter vermehrt nachgefragt werden. Ein negatives Vorzeichen deutet auf den für inferiore Güter normalen Fall hin, dass diese bei Einkommenssteigerungen weniger nachgefragt werden, da sie durch höherwertige Güter ersetzt werden. Bei einer Elastizität von Null reagiert das betrachtete Gut nicht auf Einkommensveränderungen.

Zum Nachdenken 7.2.1:

Nennen Sie jeweils drei Beispiele für Sachgüter, Dienstleistungen und Rechte.

Sachgüter: Autos, Möbel, Kleidung; Dienstleistungen: Steuerberatung, Transport, Versicherung; Rechte: Teilnahme an einer Veranstaltung, Nutzung eines Markennamens, Gewerbezulassung.

Zum Nachdenken 7.2.2:

Ist eine senkrechte Angebotsfunktion realistisch?

Aber ja. Eine senkrechte Angebotsfunktion besagt, dass auch bei steigenden Preisen die Angebotsmenge nicht erhöht wird. Das bedeutet in der Praxis meist: nicht erhöht werden kann, weil die Produktionskapazität ausgeschöpft ist. Sie kann nur durch Investitionen erhöht werden, was Zeit beansprucht.

Zum Nachdenken 7.2.3:

Die Marktpreise für Handys sind permanent gesunken. Trotzdem sind die Angebotsmengen drastisch gestiegen. Was sagt die mikroökonomische Theorie des Güterangebots dazu?

Nach der Theorie des Güterangebots müssten bei sinkenden Marktpreisen die angebotenen Mengen zurückgehen – ceteris paribus natürlich, weil mehr und mehr Anbieter nicht mehr auf ihre Kosten kommen. Tatsächlich aber ist die Ceteris-paribus-Bedingung in der Praxis nicht erfüllt, denn auch die Produktionskosten der Handys sind kräftig gesunken, nicht zuletzt durch Produktionsverlagerungen ins Ausland.

Zum Nachdenken 7.2.4:

Kann die Ertragskurve in Abb. 3.6 die Abzisse (X-Achse) schneiden?

Grundsätzlich nein, weil es keine negativen Mengen gibt. Wenn der Ertrag hingegen in Geldeinheiten ausgedrückt ist, könnte man auch Schäden mit einbeziehen und so zu negativen Erträgen kommen.

Zum Nachdenken 7.2.5:

In einem Unternehmen betragen die Fixkosten 500 Euro, die variablen Kosten pro Stück 2,50. Es werden 1.000 Einheiten produziert und zu 4 Euro verkauft. Ermitteln Sie den Deckungsbeitrag und den Gewinn.

Der Deckungsbeitrag errechnet sich als 1.000 · 4 = 4.000 minus 1.000 · 2,5 = 2.500, also ist der DB 1.500.

Der Gewinn beträgt 1.500 – 500 = 1.000 Euro.

Zum Nachdenken 7.2.6:

In der Abbildung 7.2/26 sind für drei Mengen die Gesamtkosten markiert. Bei welcher Menge sind die Stückkosten am höchsten und bei welcher Menge am geringsten?

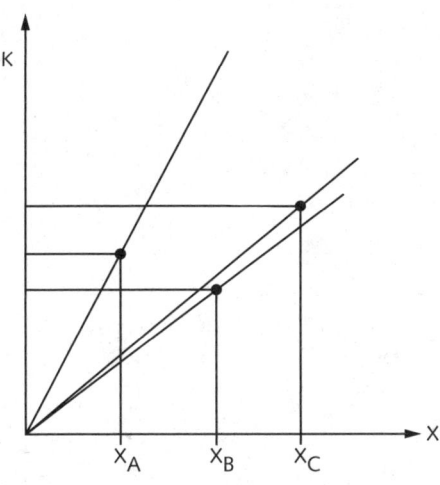

Die Steigung des Fahrstrahls aus dem Ursprung ist für x_A am größten und für x_B am kleinsten. Die Steigung repräsentiert jeweils den Quotienten K/x_i.

Zum Nachdenken 7.2.7:

Bei der Produktion von Tragetaschen aus Stoff fallen 5.000 Euro fixe Kosten und 0,50 variable Stückkosten an. Der Verkaufspreis ist 0,75. Ermitteln Sie mittels einer Deckungsbeitragsrechnung, wieviele Tragetaschen verkauft werden müssen, um den Break-even-Punkt zu erreichen.

Der Deckungsbeitrag beträgt 0,75 – 0,50 = 0,25.

5.000 : 0,25 = 20.000 Stück.

Zum Nachdenken 7.2.8:

Wieviele Tragetaschen müssen verkauft werden, wenn das Unternehmen einen Mindestgewinn von 2.000 Euro erzielen möchte?

(5.000 + 2.000) / 0,25 = 28.000 Stück.

Zum Nachdenken 7.2.9:

Folgende Funktionen sind bekannt:
Preis-Absatz-Funktion: $P = 120 - 10 X$
Erlösfunktion: $E = 120 X - 10 X^2$
Grenzerlösfunktion: $E' = 120 - 20 X$

Kostenfunktion: $K = 210 + 20\,X$
Grenzkostenfunktion: $K' = 20$

Ermitteln Sie das Gewinnmaximum eines Monopolisten.

Die Gewinnmaximierungs-Regel lautet E' = K'
(bzw. synonym: U' = K'); vgl. Beziehung (33), d. h.

$E' = 120 - 20x = K' = 20$
$120 - 20x = 20$
$100 = 20x$
$x_M = 5, p_M = 70$ *(weil p = 120 −10x; p = 120 −10*5 = 70).*

Der Erlös beträgt 350 Euro (5·70, oder errechnen aus E = 120x
− 10x²), Kosten entstehen in Höhe von 310 Euro (weil K = 210 +
20x), also verbleibt ein Gewinn G_M von 40 Euro.

Zum Nachdenken 7.2.10:

Der Preis eines Generikums („Nachbau"-Medikaments) ist auf
dem Wettbewerbsmarkt $P = 50$ *Euro*. Die Gesamtnachfragefunktion auf dem Absatzmarkt lautet $p = 84 - 2x$. Wie groß ist die
Nachfrage?

$p = 84 - 2x$
$50 = 84 - 2x$
$x = 17$

Zum Nachdenken 7.2.11:

Erweitern wir Zum Nachdenken 7.2.10. Angenommen, Hersteller
von Medikamenten könnten gegenüber Generikaanbietern Patente
durchsetzen (was sie zunehmend weniger können. Ein durch Patente
geschützter Hersteller von Medikamenten hat eine Kostenfunktion
$K = 490 + 2,5\,X^2$. Zu welchem Preis würde der Hersteller welche
Mengen anbieten? Vergleichen Sie mit Zum Nachdenken 7.2.10.

Wenn K = 490 + 2,5 x², dann ist K' = 5x, so dass p = 84 − 2x = 5x,
und x = 12 . Bei x = 12 ist p = 60 (p = 84 − 2x = 84 − 24 = 60).

Der Hersteller würde 12 Mengeneinheiten zum Preis von 60 anbie-
ten, d. h. eine geringere Menge zu höherem Preis.

Literaturhinweise (jeweils aktuelle Ausgabe)

Altmann, Jörn, Wirtschaftspolitik, UTB, Stuttgart

Altmann, Jörn, Außenwirtschaft für Unternehmen, UTB, Stuttgart

Arrow, Kenneth J. (1963), Social Choice and individual values, London

Baßeler, Ulrich/Heinrich, Jürgen/Utecht, Burkhard: Grundlagen und Probleme der Volkswirtschaft. Schäffer-Poeschel, Stuttgart

Böventer, Edwin von/Illing, Gerhard: Einführung in die Mikroökonomie. Oldenbourg, München

Breyer, Friedrich, Mikroökonomie, Berlin

Buchanan, James M./Tullock, Gordon, The calculus of consent, Ann Arbour

Fandel, Günter, Produktion I: Produktions- und Kostentheorie, Heidelberg

Fandel, Günter/Lorth, Michael/Blaga, Steffen, Übungsbuch zur Produktions- und Kostentheorie, Heidelberg

Fandel, Günter et al., Produktions- und Kostentheorie interaktiv (CD), Heidelberg

Felderer, Bernhard/Homburg, Stefan: Makroökonomik und neue Makroökonomik. Springer, Berlin

Gabler Wirtschaftslexikon, Gabler Verlag, Wiesbaden

Gäfgen, Gerard, Theorie der wirtschaftlichen Entscheidung, Tübingen

Hamilton, Jonathan H. et al., Übungen zur Mikroökonomie, München

Herdzina, Klaus, Einführung in die Mikroökonomik, München

Hildmann, Gabriele, Mikroökonomie, Wiesbaden

Koch, Walter A.S./Czogalla, Christian: Grundlagen der Wirtschaftspolitik. UTB, Stuttgart

Kroeber-Riel, Werner/Weinberg, Peter, Konsumentenverhalten, München

Kruber, Klaus-Peter, Konsum und Arbeit, München

Löchel, Horst, Mikroökonomik, Wiesbaden

Lipczynski, John/Wilson, John, The Economics of Business Strategy, Prentice Hall

May, Hermann, Die menschlichen Bedürfnisse, in: May, H. (Hrsg.), Handbuch zur Ökonomischen Bildung, München, Kapitel 1.1

Oberender, Peter O., Grundbegriffe der Mikroökonomik mit Übungsaufgaben, Bayreuth

Oberender, Peter O./Fleischmann, Jochen, Einführung in die Mikroökonomik, Bayreuth

Paschke, Dennis, Mikroökonomie, anschaulich dargestellt, Heidenau

Pindyck, Robert S./Rubinfeld, David L., Microeconomics, Prentice Hall (deutsch: Mikroökonomie, Pearson)

Rieper, Bernd/Witte, Thomas, Grundwissen Produktion: Produktions- und Kostentheorie, Frankfurt/M.

Schneider, Erich, Einführung in die Wirtschaftstheorie, Band 2, Göttingen, Kapitel 1, §§ 1–4

Schneider, Hans K., Methoden und Methodenfragen der Volkswirtschaftslehre, in: Ehrlicher, Werner, et al. (Hrsg.), Kompendium der Volkswirtschaftslehre, Band 1, Göttingen, S. 1-15

Schroer, Johannes, Produktions- und Kostentheorie, München, Wien

Schumpeter, Joseph Alois: Kapitalismus, Sozialismus und Demokratie. UTB, Stuttgart

Schweitzer, Marcel/Küpper, Hans-Ulrich, Produktions- und Kostentheorie: Grundlagen – Anwendungen, Wiesbaden

Seidenberg, Ulrich, Produktions- und Kostentheorie. Eine Einführung anhand von Schaubildern, Aa

Sommerer, Gerhard, Produktions- und Kostentheorie, Sternenfels

Steffen, Reiner/Schimmelpfeng, Katja, Produktions- und Kostentheorie, Stuttgart

Steins, Oskar, Bedarf und Bedürfnisse, in HdSW, Band 1

Stocker, Ferry, Spaß mit Mikro, München

Stocker, Ferry/Strobach, Kerstin M., Mikroökonomik. Repetitorium und Übungen, München, Wien

Timmermann, Manfred (Hrsg.): Die ökonomischen Lehren von Marx, Keynes, Schumpeter. Kohlhammer, Stuttgart/Berlin/Köln/Mainz

Vahlens Kompendium der Wirtschaftstheorie und Wirtschaftspolitik, 2 Bände. Verlag Vahlen, München

Varian, Hal R., Grundzüge der Mikroökonomik, München

Weise, Peter, Neue Mikroökonomie, Heidelberg

Wied-Nebbeling/Schott, Hartmut, Grundlagen der Mikroökonomik, Berlin

Wiese, Harald, Mikroökonomik, Berlin

Wiese, Harald, Mikroökonomik. Eine Einführung in 365 Fragen, Heidelberg

Wolfstetter, Elmar, Mikroökonomie, Wiesbaden

Woll, Arthur, Allgemeine Volkswirtschaftslehre, München

Register

Grundwissen der Ökonomik BWL

Herausgegeben von Franz X. Bea und Marcell Schweitzer

 *Stuttgart*

Grundwissen der Ökonomik BWL

Herausgegeben von Franz X. Bea und Marcell Schweitzer

Helm
Marketing
8. A. 2009. ca. € 25,90
(UTB 919)

Helm/Gierl
Marketing Arbeitsbuch
4. A. 2005. € 15,90
(UTB 1801)

Heyd
**Internationale Rechnungs-
legung**
2003. € 39,90
(UTB 2451)

Klimecki/Gmür
Personalmanagement
3. A. 2005. € 24,90
(UTB 2025)

Kuhnle
Bilanzen
2004. € 22,90
(UTB 2119)

Kuß/Tomczak
Käuferverhalten
4. A. 2007. € 19,90
(UTB 1604)

Pechtl
Preispolitik
2005. € 24,90
(UTB 2643)

Perlitz
Internationales Management
5. A. 2004. € 29,90
(UTB 1560)

Schünemann
Wirtschaftsprivatrecht
5. A. 2006. € 29,90
(UTB 1584)

Schwarz/Gebicke
Wörterbuch Wirtschaft
für Studium und Praxis
Dt.-Russ./Russ.-Dt.
2004. € 24,90
(UTB 2624)

Schweiger/Schrattenecker
Werbung
7. A. 2009. ca. € 22,90
(UTB 1370)

Spremann/Gantenbein
Kapitalmärkte
2005. € 18,90
(UTB 2517)

Troßmann
Investition
1998. € 25,90
(UTB 2013)

Troßmann/Werkmeister
Arbeitsbuch Investition
2001. € 16,90
(UTB 2205)

Zahn/Schmid
Produktionswirtschaft I
Grundlagen und operatives
Produktionsmanagement
1996. € 31,90
(UTB 8126)

 *Stuttgart*